山南年鉴

ལྷོ་ཁའི་ལོ་རིམ་མེ་ལོང་།

2023

（总第12卷）

山南市地方志编纂委员会办公室　编

图书在版编目（CIP）数据

山南年鉴. 2023 / 山南市地方志编纂委员会办公室编.—北京：方志出版社, 2023.10

ISBN 978-7-5144-5824-4

Ⅰ. ①山… Ⅱ. ①山… Ⅲ. ①山南－2023－年鉴 Ⅳ. ①Z527.53

中国国家版本馆CIP数据核字（2023）第212397号

责任编辑：刘方圆
责任校对：张玉霞
责任印制：梅中英
出 版 者：方志出版社
地　　址：北京市朝阳区潘家园东里 9 号（国家方志馆4层）
邮　　编：100021
网　　址：http://www.zgfzcb.cn
发　　行：方志出版社图书营销中心（010–67110500）
印　　刷：河南金宝丽印刷科技有限公司
开　　本：889毫米×1194毫米　1/16
印　　张：28
字　　数：932千字
版　　次：2023年10月第1版
印　　次：2023年10月第1次印刷
定　　价：398.00元

《山南年鉴（2023）》编纂委员会

顾　　问：许成仓
主　　任：泽　丽
副 主 任：尼玛旦增　牟永文　安兴国
委　　员：西洛次仁　赵　敏　孙　科　达瓦顿珠　次仁罗布
　　　　　雷　丰　何广海　邢　飞　白江山　仓　决
　　　　　尤　刚　普布曲珍

《山南年鉴（2023）》编辑部

主　　编：安兴国
副 主 编：西洛次仁　赵　敏　孙　科
编　　辑：普布曲珍　成志刚　苏　娟　索朗白珍

编 辑 说 明

一、《山南年鉴（2023）》以马克思列宁主义、毛泽东思想、邓小平理论、“三个代表”重要思想、科学发展观、习近平新时代中国特色社会主义思想为指导，坚持辩证唯物主义和历史唯物主义的立场、观点和方法，客观、翔实、全面、系统地记载2022年山南市政治、经济、文化、社会等各方面的发展状况。为各级领导了解地情、科学决策提供依据，为各单位、各行业、各部门查阅资料提供便利，为社会各界人士了解、认识、研究山南提供信息，同时也是山南文化建设和对外宣传的重要窗口。

二、《山南年鉴（2023）》包括特载、专辑、大事记、市情概览、中国共产党山南市委员会、山南市人民代表大会、山南市人民政府、中国人民政治协商会议山南市委员会、纪检·监察、对口援藏、群众团体、法治、经济综合管理、自然资源·环保·住建、农业农村、水利·林业·电力、交通运输·旅游·邮政·通信、金融、教育·体育·科技·气象、文化·广电、卫生健康、民族·宗教、民政与社会保障、应急管理、区情县情、荣誉、附录、索引等内容。

三、《山南年鉴（2023）》采用分类编辑法，由类目、分目、条目组成。类目下设分目，分目下设若干条目，条目为基本记述层次。条目标题统一使用黑体字加【 】表示。

四、《山南年鉴（2023）》入鉴资料、图片均由各撰稿单位提供，并经主要负责人审核。所用综合性资料、数据等截至2022年年底。年鉴中的统计资料由市统计局提供，正文中的数据由各单位提供。数据一般以现行价格计算。本卷统计资料因统计口径等原因，有关部门所用数据与统计资料中的数据不尽一致，采用时请予以注意。本书中农田土地面积的计量单位使用“亩”。

经济社会平稳健康发展，在全面建成小康社会基础上扎实推进社会主义现代化建设奠定坚实基础

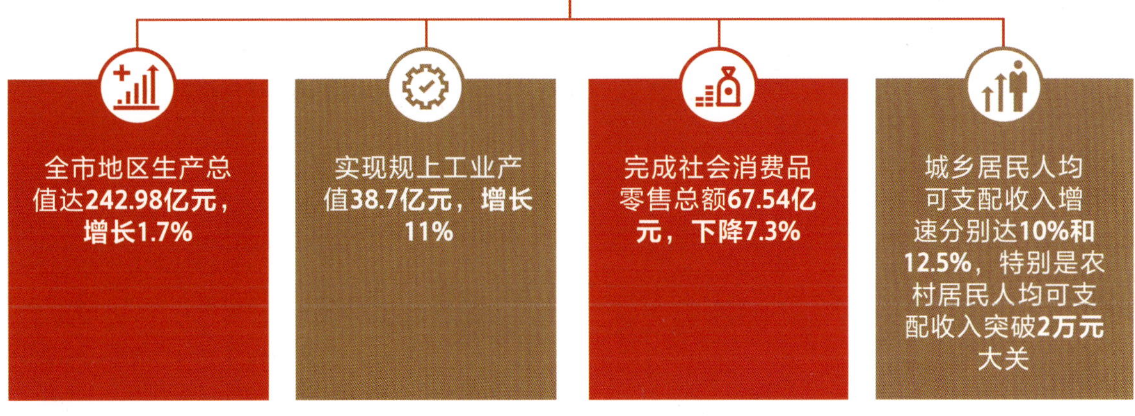

把学习宣传贯彻中共二十大精神作为首要政治任务

把习近平新时代中国特色社会主义思想作为根本行动指南

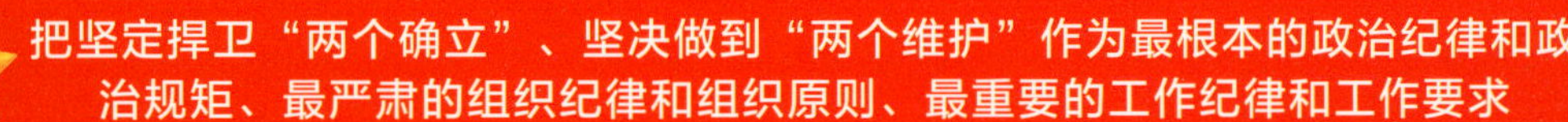

始终在思想上政治上行动上同以习近平同志为核心的党中央保持高度一致，始终用习近平新时代中国特色社会主义思想武装头脑、指导实践、推动工作

始终坚持和加强党对政府工作、经济工作的全面领导，保持绝对忠诚的政治底色、居安思危的政治清醒、坚定一致的政治自觉

▶众志成城抗大疫，打赢疫情阻击战◀

19天时间	社会面清零
24天时间	高质量动态清零

- 边境地区零感染
- 寺庙僧尼零感染
- 校园师生零感染
- 养老院等场所零感染
- 疫情风险零外溢
- 确诊病例零重症零死亡

▶克难奋进强对冲，保持稳健发展之势◀

新增减税降费以及退税、缓税总量超8.65亿元

本级财政投入1.8亿元制定配套措施对冲疫情影响，发放4360万元消费券促进消费，投放普惠金融贷款19.3亿元

在疫情冲击影响下仍新增市场主体3413户，总量达到4.4万户

贡嘎机场二跑道开工建设，隆子支线机场建成运行，街需水电站、措美哲古风电二期顺利开工，拉康水电站首台机组投产发电

粮食产量达到16.85万吨

肉、蛋、奶产量分别达到2.54万吨、0.6万吨、7.36万吨，特别是禽蛋产量增长达到362%，占全区总产量的52%

加快建设雅江中游清洁能源基地，全市建成和在建清洁能源装机容量达到285.5万千瓦、发电量64亿千瓦时、实现产值20亿元，同比分别增长40.9%、48.8%、53.8%

▶普惠民生暖民心，顺应人民群众之盼◀

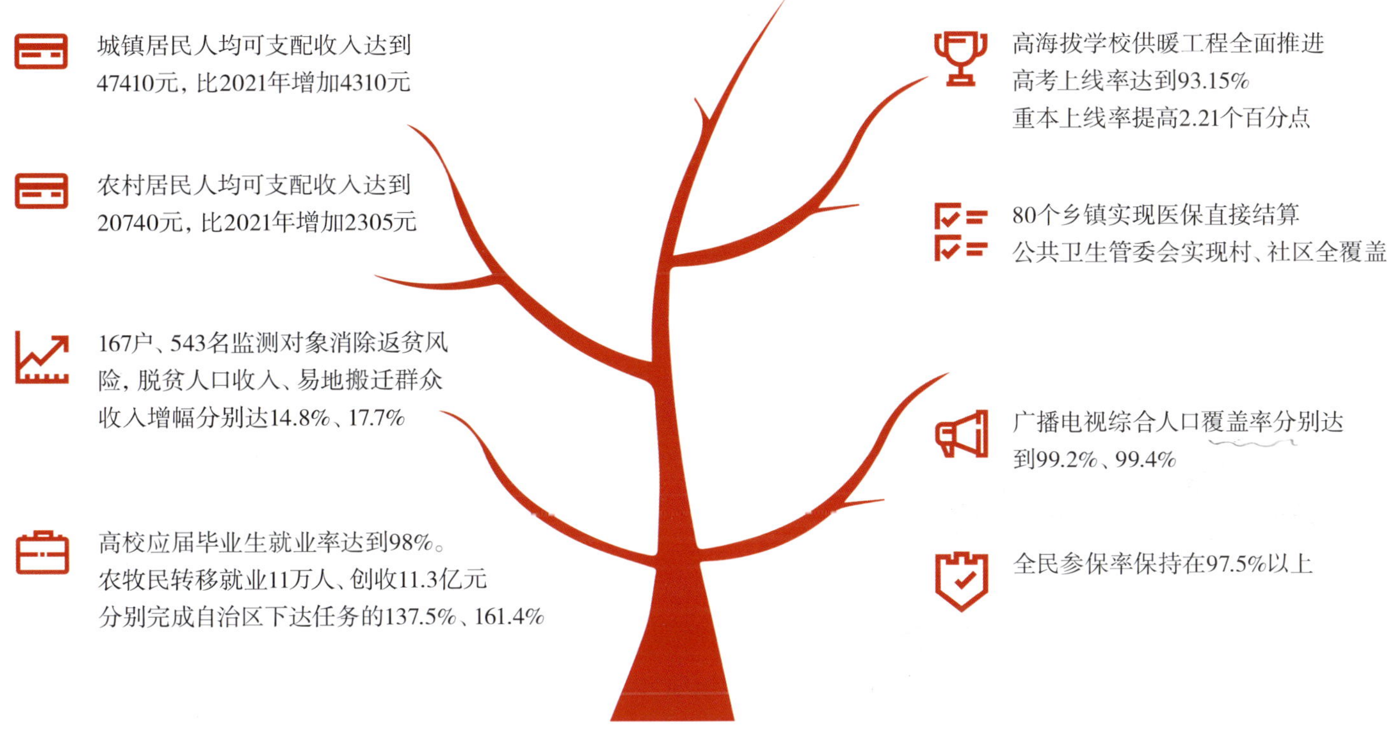

▶统筹兼顾促协调，拓展融合发展之路◀

●加快对接拉萨山南一体化进程，空港新区整体移交山南市、极高海拔生态搬迁圆满完成

●城市扩容提质步伐加快，泽当城区路网改造、综合管廊建设扎实推进，神力时代广场基本建成。高海拔县城、乡镇供暖项目进入收尾阶段

●坚持乡村振兴为农民而兴，乡村建设为农民而建，58个美丽宜居乡村示范点加快建设。成功举办全区“四好农村路”高质量发展现场会

▶保护治理齐推动，厚植绿色发展之韵◀

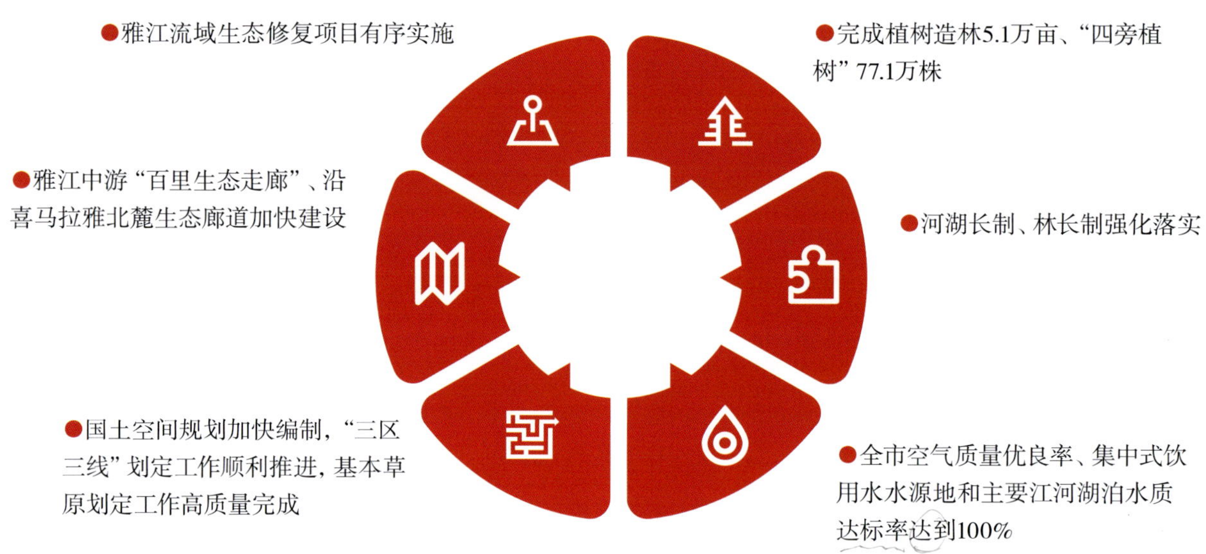

▶居安思危守底线，夯实安全稳定之基◀

坚定不移贯彻总体国家安全观，认真落实各项维稳防控措施，巩固深化平安中国建设示范市创建成果，社会大局持续和谐稳定

坚持和发展新时代“枫桥经验”，深入开展信访积案化解、双拖欠治理专项行动，信访事项按期办结率达98%以上

制订落实安全生产“十五条硬措施”实施方案，强化重点领域安全隐患排查整治，全年生产安全事故起数和死亡人数同比分别下降58.82%和46.15%

▶依法管理保和谐，维护安定团结之局◀

- 坚持以铸牢中华民族共同体意识为主线，深化各民族交往交流交融
- “民族团结一家亲”民族团结进步宣传月”等系列活动广泛开展
- 山南市顺利通过全国民族团结进步示范区创建验收
- 32个（名）集体和个人获评自治区级民族团结进步模范
- 全面贯彻党的宗教工作方针政策，依法管理宗教事务
- 坚持“五个有利于标准，深入开展“国家意识、公民意识、法治意识”教育
- 常态化推进“遵行四条标准、争做先进僧尼”教育实践活动
- 全市宗教和睦、佛事和顺、寺庙和谐

▶勤政务实转作风，彰显政府行政之效◀

深入推进法治政府建设，自觉接受人大及其常委会的法律监督和工作监督、政协民主监督及社会各方面监督，高质量办理人大代表建议85件、政协委员提案74件，办复率、满意率、见面率均达到100%

深化审计监督，“十三五” 规划项目审计完成全覆盖

优化完善政府党组工作规则、制定出台政府系统改进作风狠抓落实十条措施，积极转变政府职能，持续深化“放管服”“一网一门一次”改革，政府服务效能不断提升

大力推进廉洁政府建设，驰而不息纠治“四风”问题，始终保持风清气正的政治生态和干事创业的浓厚氛围

▶荣誉墙◀

- “退减免降缓”经验做法获得国务院通报表扬
- 山南市成功入选全国“无废城市”建设行列
- 乃东区获评全国信访工作示范县
- 乃东区入选国家级健康促进示范县
- 琼结县成功创建国家级生态文明示范区
- 琼结县被评为国家乡村振兴示范县创建单位
- 错那县被列入“四好农村路”全国示范县创建名单
- 23个行政村入选第六批中国传统村落名录
- 《山南市学科类培训机构清零》案例被教育部评为“全国双减工作”优秀案例
- 市教育局被应急管理部授予“第6届全国119消防先进集体”荣誉称号
- 市博物馆被人社部、国家文物局授予“全国文物系统先进集体”荣誉称号
- 市农业技术推广中心试验基地荣获“第二批国家农作物品种展示评价基地”称号
- 市税务局荣获“国家级精神文明单位”称号
- 乃东区公安局被授予“全国公安机关爱民模范集体”荣誉称号
- 乃东区昌珠广场被评为第二批国家级夜间文化和旅游消费集散区
- 桑日县户外劳动者“爱心驿站”荣获2022年全国工会最美户外劳动者服务站点称号
- 浪卡子县普玛江塘乡党委荣获全国“人民满意的公务员集体”称号
- 山南市运动健儿在自治区第13届运动会上荣获3金4银3铜，在第5届民族传统运动会上荣获1个一等奖、3个二等奖、3个三等奖

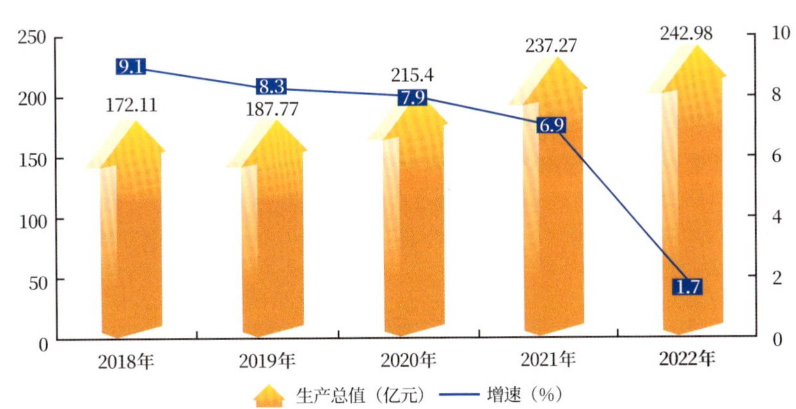

2018—2022年生产总值及增长速度图

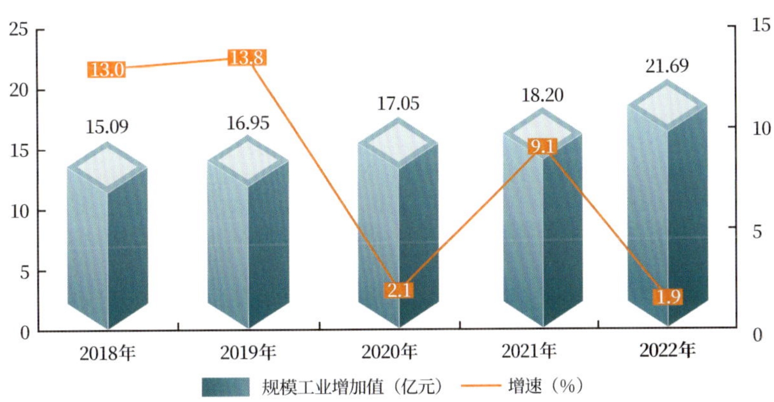

2018—2022年规模工业增加值及增长速度图

2018—2022年一般公共预算收入及增长速度图

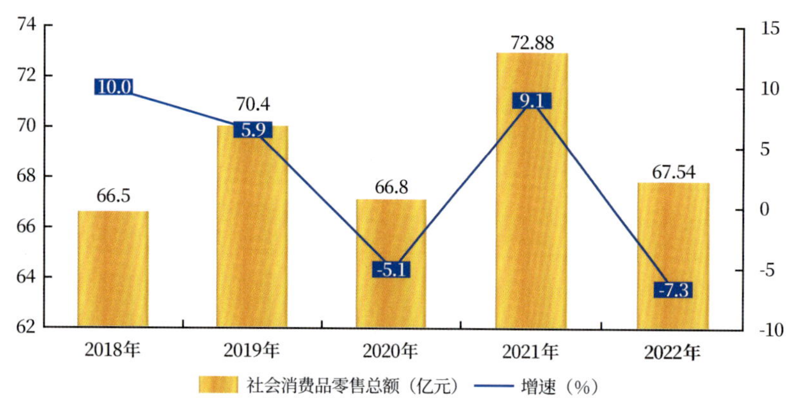

2018—2022年社会消费品零售总额及增长速度图

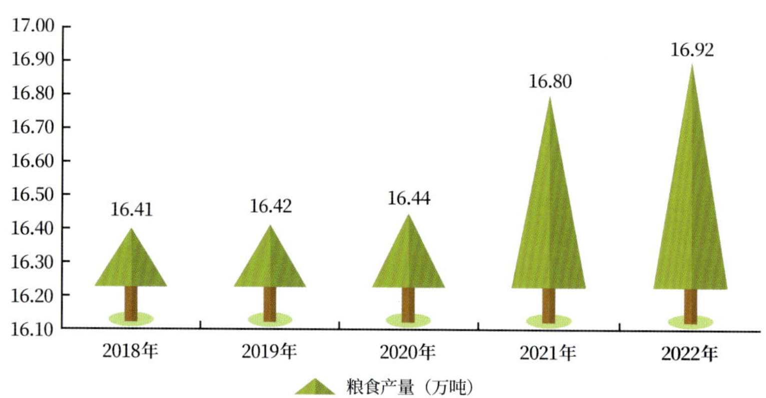

2018—2022年粮食产量图

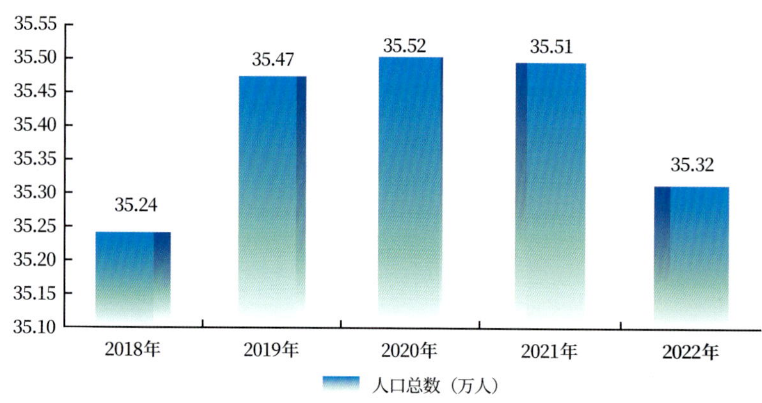

2018—2022年常住人口总数图

党的建设

DANGDE JIANSHE

2022年9月15日，自治区党委书记王君正到山南市贡嘎县督导检查疫情防控工作。图为王君正（前排左二）在贡嘎机场T3航站楼询问航班流量，听取疫情防控落实情况

2022年11月29日，自治区党委副书记、自治区主席严金海到山南市扎囊县、曲松县、桑日县调研产业发展、乡村振兴工作等。图为严金海（中）在扎囊县羊嘎金丝帽厂了解产品制作流程、生产销售和工资收入情况

2022年3月1日，自治区人大常委会副主任、市委书记许成仓到扎囊、贡嘎县调研维护稳定、疫情防控、基层党建、社会管理和河湖长制、项目开复工等工作，看望慰问基层干部群众。图为许成仓（左二）与森布日搬迁群众交谈

2022年1月31日至2月2日，市委副书记、市长次仁平措到隆子县、措美县看望慰问坚守岗位的干部职工、公安民警、驻军部队官兵。图为次仁平措（中）与边防官兵交谈

2022年6月30日，中国共产党山南市第二届委员会第四次全体会议在泽当召开，会议深入学习贯彻习近平总书记关于加强和改进民族工作的重要思想，贯彻落实中央民族工作会议和中央第七次西藏工作座谈会精神，贯彻落实自治区第十次党代会和区党委民族工作会议精神，研究部署当前和今后一个时期民族团结工作，审议通过《中共山南市委员会　山南市人民政府关于以铸牢中华民族共同体意识为主线和战略性任务　全面推进新时代山南民族工作高质量发展的实施方案》。全会由市委常委会主持。自治区人大常委会副主任、市委书记许成仓讲话就《实施方案》作说明。图为大会现场

2022年11月25日，中国共产党山南市第二届委员会第五次全体会议在泽当召开。全会由市委常委会主持，自治区人大常委会副主任、市委书记许成仓讲话。出席全会的有市委委员37人，候补委员6人。全会讨论了许成仓受市委常委会委托所作的工作报告、市委常委会抓党的建设工作情况报告、改进作风狠抓落实工作情况报告和山南市中共十九大以来整治形式主义为基层减负工作情况报告，审议通过了《中共山南市委员会关于贯彻落实〈中共西藏自治区委员会关于深入贯彻党的二十大精神　全面建设社会主义现代化新西藏的意见〉的实施意见》，对学习贯彻中共二十大精神和自治区党委十届三次全会精神，推进长治久安和高质量发展走在全区前列，全面建设社会主义现代化新山南作出了安排部署。图为大会现场

2022年1月10—12日，山南市第二届人民代表大会第二次会议在泽当召开。会议表决通过关于山南市人民政府工作报告的决议（草案），关于山南市2021年国民经济和社会发展计划执行情况与2022年国民经济和社会发展计划的决议（草案），关于山南市2021年财政预算执行情况与2022年财政预算的决议（草案），关于山南市人大常委会工作报告的决议（草案），关于山南市中级人民法院工作报告的决议（草案），关于山南市人民检察院工作报告的决议（草案）。图为大会现场

2022年12月30—31日，山南市第二届人民代表大会第四次会议在泽当召开。会议表决通过关于山南市人民政府工作报告的决议（草案），关于山南市2022年国民经济和社会发展计划执行情况与2023年国民经济和社会发展计划的决议（草案），关于山南市2022年财政预算执行情况与2023年财政预算的决议（草案），关于山南市人大常委会工作报告的决议（草案），关于山南市中级人民法院工作报告的决议（草案），关于山南市人民检察院工作报告的决议（草案）。图为大会现场

2022年1月9日，中国人民政治协商会议第二届山南市委员会第二次会议在泽当开幕。会议审议通过政协第二届山南市委员会第二次会议关于政协第二届山南市委员会常务委员会工作报告的决议（草案），政协第二届山南市委员会第二次会议关于政协第二届山南市委员会常务委员会提案工作情况报告的决议（草案），政协第二届山南市委员会第二次会议政治决议（草案）。图为大会现场

2022年10月27日，山南市召开传达学习中共二十大精神干部大会。会议以电视电话会议形式召开，泽当设主会场，各县（区）设分会场。自治区人大常委会副主任、市委书记许成仓主持并讲话。图为大会现场

2022年6月29日，由市委、市政府主办，市委宣传部、市委组织部承办的“庆七一·喜迎中共二十大”山南市党员干部知识竞赛决赛在泽当举行。此次活动，是近年来山南市规格最高、规模最大、覆盖面最广、参与人数最多的知识竞赛，也是对全市党政干部学习习近平新时代中国特色社会主义思想成效的一次全面检验。图为比赛现场

2022年2月21日，在藏历新年来临之际，山南市举行安置在泽当的离退休老同志新年团拜会，向全市广大离退休老领导老干部致以节日问候和良好祝愿。图为团拜会上离退休老干部表演文艺节目

2022年6月13日，山南市首部原创舞剧《信—党的光辉照边疆》在雅砻剧院首演。图为演出现场

2022年11月19日，错那边境管理大队勒布边境派出所民警教小朋友敬礼

近年来，勒布边境派出所以执法为牵引，纵深推进“雪域固边党建带”品牌建设，坚持执法工作与加强民族团结工作交互开展，通过联合麻麻乡通过建立“民族团结进步示范教育基地”、设立警营开放日等举措，深入开展法治教育、爱国主义教育、理想信念教育、民族团结教育，引导辖区群众铸牢中华民族共同体意识，各族群众像石榴籽一样紧紧抱在一起，共同创造美好生活。图为2022年11月19日，错那边境管理大队勒布边境派出所邀请麻麻乡老党员格桑旺堆向民警和当地群众讲述在他身边发生的民族团结故事

2022年6月23日，山南市委邀请老西藏、老党员王连山在市科技文化中心为市（中、区）直单位党员干部讲党课

2022年10月28日，山南市举办市（中、区）直机关党建工作推进会暨党建示范点现场观摩交流活动，传达学习全市基层党建工作推进会精神，交流机关基层党建示范点创建工作经验，对下一步机关党建工作再安排再部署。图为观摩活动现场

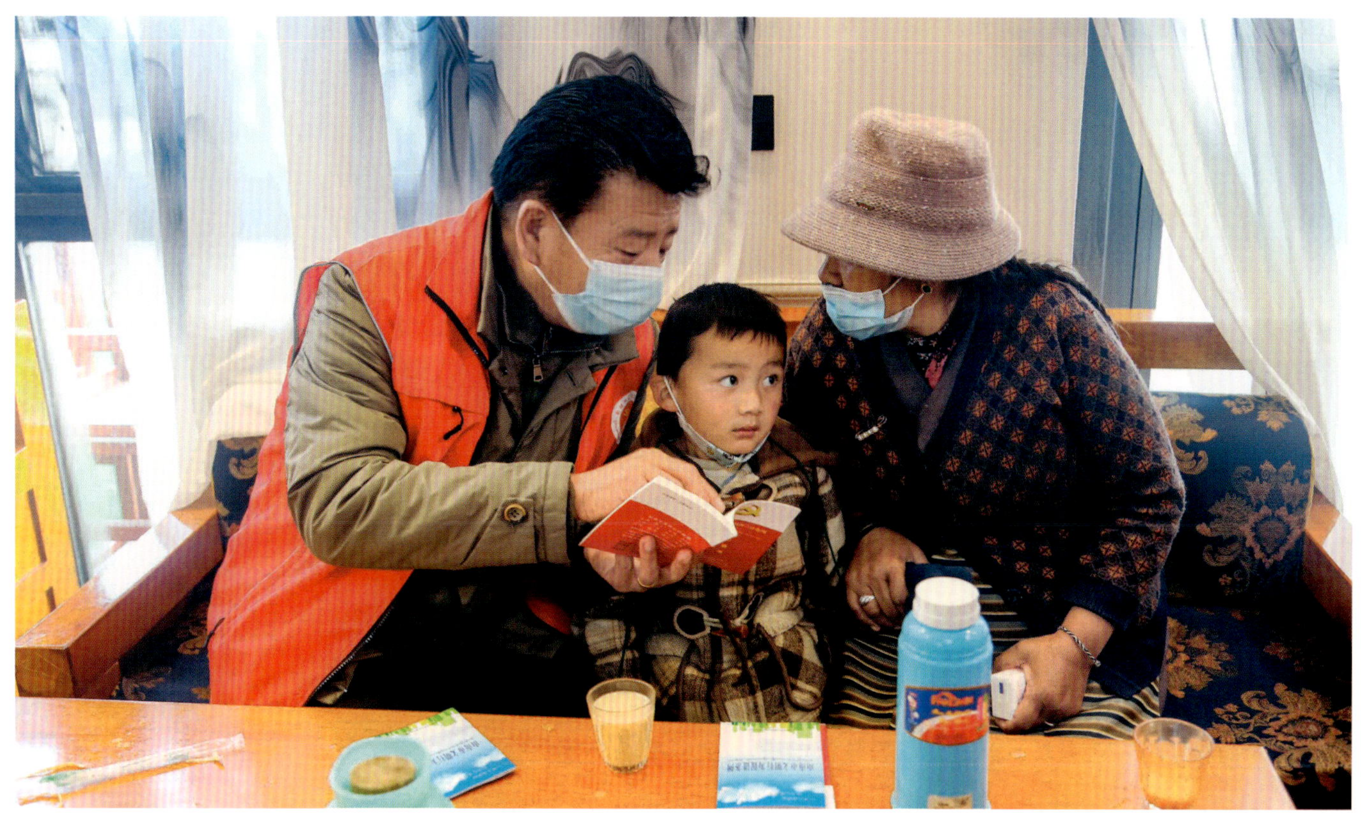

2022年12月15日，市委宣传部党总支、市文明办、市新时代文明实践指导中心联合乃东区新时代文明实践中心、琼结县新时代文明实践中心在通站路扎囊姐妹茶馆和萨热路雍布拉康藏餐馆开展“文明实践正当时　凝心聚力创佳绩”中共二十大精神进甜茶馆志愿服务活动。图为志愿服务者在茶馆宣讲

2022年11月8日，山南市举行“党的光辉照边疆　踔厉奋发新征程——学习贯彻中共二十大精神基层行”主题采访团出征仪式。图为仪式上授旗的16支出征队伍

2022年3月28日，乃东区昌珠镇克松社区举行庆祝“3·28”西藏百万农奴解放纪念日主题活动

2022年1月13日，浪卡子县卡热乡党委和市委办驻边据村工作队组织6个村（居）的第一书记及边据村的党员、群众开展“同画一面旗、共爱一个家”活动。图为边据村党员和群众正在石头上手绘国旗

2022年7月29日，乃东区举行以“奋进新征程　建功新时代”为主题的第二届最美共产党员、最美基层干部颁奖典礼，表彰各条战线和基层一线涌现出的先进典型，激励各级党组织和广大党员对标典型、奋勇争先，锐意进取、砥砺前行。图为颁奖典礼现场

1 2
3

1.在隆子县加玉乡、准巴乡等广阔的边境线上，飞驰着三支巡边骑行队，他们往返于艰难险途，战风雪、斗严寒、趟河流、翻高山，以苦为乐，在雪域高原谱写一曲爱国守边的动人赞歌。图为2022年7月，巡边骑行队队员们整装待发

2.普玛江塘边境派出所民警常年坚守边境一线，在雪山冰川间巡边守边，时刻践行着“边关有我，祖国放心”的神圣誓言，筑牢国土安全的铜墙铁壁。近年来先后被国务院、自治区、山南市授予“全国民族团结进步模范集体”“先进基层党组织”“标兵单位”等荣誉称号。图为2022年10月，普玛江塘边境派出所民警联合政府工作人员在岗布冰川开展巡逻踏查并与国旗合影

3.近年来，玉麦乡传承爱国守边的玉麦精神，持续开展“重走桑杰曲巴巡边路”活动，带动更多牧民群众像格桑花一样扎根在雪域边陲，做神圣国土的守护者、幸福家园的建设者。图为2022年11月11日，玉麦乡玉麦村第一书记索朗顿珠组织护边员开展巡边活动，并在休息间隙宣讲中共二十大精神

高质量发展

GAOZHILIANG FAZHAN

2022年，山南市坚定不移贯彻“疫情要防住、经济要稳住、发展要安全”重要要求，锚定“四件大事”，聚力“四个创建”，围绕“六个走在全区前列”，高效统筹疫情防控和经济社会发展，全力以赴战疫情、保安全、稳经济、惠民生、优生态、守边疆，实现经济社会平稳健康发展，为扎实推进社会主义现代化建设奠定坚实基础。图为2022年泽当城区全景

2022年11月19日，山南市今冬明春重大项目集中开工仪式在泽当中心城区防洪（二期）工程项目场地（乃东区百荣社区）举行，集中开工山南市11—12月新项目64个，总投资127.7亿元，覆盖12个县区，涉及能源电力、农田水利、市政基础、教育发展、乡村振兴等领域。图为开工仪式现场

2022年7月12日，山南市招商引资重点项目——安琪珠峰生物科技益生菌项目开工仪式在加查县举行。西藏安琪珠峰生物科技益生菌项目计划总投资5亿元，一期项目计划年产200吨益生菌菌粉，建成满产达效后预计年产值3亿元以上，利税约1亿元，可提供上百个就业岗位。图为项目开工仪式现场

空港新区整体移交是自治区党委、自治区政府围绕新发展阶段、贯彻新发展理念、服务和融入新发展格局作出的重大决策部署，是推进拉萨、山南一体化发展，推动区域经济协调发展的实质性举措。图为2022年7月5日，西藏空港新区整体移交会召开，西藏空港新区正式调整为山南市属地管理

2022年，山南市统筹推进疫情防控和经济社会发展，在疫情得到有效控制之后，紧盯年初确定的目标任务，着力推进复工复产、复商复市，扎实推进重大项目建设特别是重大民生项目建设，确保42个重点项目疫情防控期间闭环施工、113个项目冬季不停工。图为2022年9月19日，复工项目施工现场

近年来，山南市始终牢记习近平总书记关于建好、管好、护好、运营好农村公路的重要指示精神，大力推进“四好农村路”建设工作，着力疏通偏远村居行路难、发展难的交通瓶颈。图为2022年山南市农村公路一角

近年来，山南市以提升粮食产能为首要目标，以“依靠群众建高标准农田，建好高标准农田为群众”为出发点，通过实施高标准整治，土地平整与客土改良、水渠及田间道路建设等工程，极大地改善项目区农业生产条件，提高土地利用率和农业生产率，为推动粮食高产稳产、农民增收奠定了基础。图为2022年11月4日，琼结县琼结镇雪巴社区高标准农田建设项目现场

措美县哲古风电场建设在海拔5000米至5200米之间，总装机72.6兆瓦，是中国首个超高海拔风电开发技术研究和科技示范项目。图为哲古风电措美县20兆瓦风电项目

山南市中心城区管廊规划总长度31公里，已建成泽当大道综合管廊、湖北大道综合管廊等三仓式综合管廊5.25公里，格桑路、贡布路、金珠南路、泽当大道东延段等地下管沟7.15公里；在建湖北大道综合管廊2.8公里，三湘大道南北延伸段及北段、雅砻林卡西路等地下管沟3.25公里。工程实施完成后，将形成以泽当大道、湖北大道的“T”字形三仓式地下管廊为主干，格桑路、贡布路、三湘大道等地下管沟为支线的地下管网体系。图为2022年泽当大道综合管廊项目一角

山南隆子机场航站楼面积为4080平方米，可满足年旅客吞吐量18万人次、货邮吞吐量600吨的使用需求。2021年4月30日，山南隆子机场正式开工，2022年11月试飞成功，2022年12月23日正式通航。图为2022年11月12日隆子机场通过行业验收

雅砻河生态综合治理项目是山南市加快推进新型城镇化的重要举措和提升城市品质的民心工程。项目建成后，将从根本上改善山南市中心城区段雅砻河沿线的景观环境，有利于实现山南市“一脉串双城”空间发展结构，进一步改善居民生活环境，促进旅游业发展。图为2022年雅砻河生态综合治理一角

西藏宏农全智能化藏鸡产业园项目于2020年6月动工建设，累计完成投资超过6亿元，良种蛋鸡存栏近30万羽，日产鲜蛋超过30万枚，蛋鸡成活率、产蛋率基本接近区外其他省市水平。宏农全智能化藏鸡产业园不仅是山南市实施乡村振兴战略的重要抓手，更是拓宽农民就业增收的重要渠道。图为2022年8月3日，宏农全智能化养殖的藏鸡

为确保极高海拔生态搬迁森布日安置区搬迁群众搬得出、稳得住、能致富，山南市不断加快推进森布日牧业产品加工产业园项目建设，为搬迁群众提供良好的生产环境，保障搬迁群众就近就便就地就业。图为2022年12月25日，森布日现代牧场养殖的奶牛

中共十八大以来，加查县依托核桃资源优势，整合各类资源，大力发展核桃种植业，不断开发核桃产品，优化核桃产业结构，带动当地群众增收，走出一条稳定的脱贫致富之路。图为投入1700万元建设的核桃肽生产线

近年来，山南市严格落实“加快建立多主体供给、多渠道保障、租购并举的住房制度，让全体人民住有所居”要求，积极争取、科学规划、合理布局、规范管理保障性住房建设，有效满足各类人群住房需求，城乡居民住房条件明显改善。图为2022年10月，建设中的幸福家园小区

市直公租房整合建设项目是市委、市政府为增强泽当城区公租房供应能力，改善广大干部职工、城镇中等偏下收入住房困难家庭、新就业无房职工和在城镇稳定就业的外来务工人员住房条件而决策实施的重大民生工程。项目新建公租房3399套，配套相关商业、绿化工程及社区服务中心等附属工程，截至2022年底，实际建设公租房2427套。图为贡布路北侧公租房项目

手工石锅

藏式银饰

藏式木碗

展销品小型酥油桶

民族手工业

民生改善

MINSHENG GAISHAN

改善农村人居环境是实施乡村振兴的重点任务，事关广大农民根本福祉，事关农民群众身体健康，事关美丽中国建设。2022年4月27日，全市农村人居环境整治交流推进会在泽当召开，深入学习贯彻习近平生态文明思想、学习贯彻习近平总书记关于改善农村人居环境的重要指示精神，贯彻落实党中央、区党委、市委关于农村人居环境整治的部署要求，总结成绩，分析形势，交流经验，明晰思路，安排部署当前和今后重点工作。图为参会人员在琼结县拉玉乡强吉村现场观摩人居环境整治工作并听取经验介绍

近年来，山南市始终把促进高校毕业生就业创业作为践行“六稳”工作、落实“六保”任务的举措，通过“线上+线下”招聘模式为广大高校毕业生、农牧民群众搭建更多求职平台。图为2022年5月31日，山南市人力资源市场招聘会现场

2022年12月3日，琼结县创建国家乡村振兴示范县启动仪式在琼结县青瓦达孜广场举行，成为全国“百县千乡万村”乡村振兴示范创建活动西藏自治区第一批入选县。图为活动现场

2022年5月18日，隆子县“聂雄”区域公共品牌发布会在拉萨举办，展出隆子县洛旦农畜产品加工合作社、西藏稞源农业开发股份有限公司等9家隆子县本土企业生产的黑青稞糌粑、藏鸡蛋、藏白酒等13类特色产品。发布会旨在打响“聂雄”区域公共品牌，提升隆子县“聂雄”品牌知名度，提高隆子县农产品商品化率和产业竞争力。图为隆子聂雄投资有限公司与参展企业签订品牌授权协议书

“共康”是“感谢共产党，同步奔小康”的缩写。通过易地扶贫搬迁，共康村村民生产生活条件得到极大地改善，收入得到明显提升，生活水平显著提高，群众的获得感幸福感安全感显著增强。图为2022年9月28日，加查县共康村全景

2019年12月起，西藏自治区实施大规模极高海拔生态搬迁，居住在那曲市双湖县、安多县、尼玛县海拔4800米以上区域的超过3万名群众，相继搬迁至位于山南市贡嘎县森布日村的森布日极高海拔生态搬迁安置点。森布日距离拉萨市区60余公里，安置点内医院、学校、市场等一应俱全。图为2022年12月森布日极高海拔生态搬迁安置点全貌

2022年7月12日，加查县冷达乡共康村村民们身着盛装欢度望果节

1 3 4
2 5

1.近年来，桑日县增期乡雪巴村党总支注重发挥好集体经济“领头雁”作用，始终坚持锚定“风向标”，把好“方向盘”，铺好“经济路”，迈好“致富步”，2022年，全村集体总收入3899748.00元，同比增长24.2%。向每户村集体经济股份成员分红2.8万元，合计274.4万元。图为2022年11月30日，桑日县增期乡雪巴村2022年度温泉产业分红仪式

2.隆子县万头藏香猪标准化养殖基地，是集自繁自育、饲料加工、屠宰深加工、冷链运输于一体的产业链项目。基地一期投资1.3亿元，用地163.83亩，已养殖公猪、母猪1200多头，自繁自育仔猪4800多头，并在玉麦乡建立藏香猪散养基地，项目建设累计为当地提供劳务就业100余人，农牧民就业增收400余万元，可实现年产藏香猪种猪3000头、商品猪1万头。图为2022年隆子县藏香猪养殖基地全景

3.乃东区门中岗社区是西藏第一座宫殿——雍布拉康所在地，而雍布拉康脚下便是西藏“第一块农田”。2022年3月16日，乃东区门中岗社区举行春耕仪式，正式开启辛勤耕耘的一年。图为春耕仪式现场

4.西藏西普农业园区位于山南市扎囊县，为2016年通过招商引资渠道引进的其他省市企业之一，一、二期总投资3.5亿元，占地133.33万余平方米。 初步形成集生态种养、环保旅游、低碳休闲于一体的城郊型经济模式，为推动地方经济转型、促进地方经济发展、增加就业、提高当地居民收入的起到积极作用。图为西普农业园区鸟瞰图

5.湖北安琪集团国家级生物技术中心在山南设立分中心，建成高水平实验平台，筛选高原益生菌株636个，围绕优势菌种申请6项国家发明专利。图为2022年7月13日，技术人员正在调试检查设备

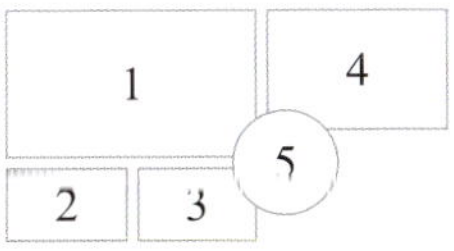

1	4
2	3	5

1.近年来，琼结县依托山南市“菜篮子”工程琼结段千亩连片蔬菜基地，大力发展蔬菜种植产业，不仅让群众吃上新鲜蔬菜，还走出一条帮助群众就近就便就业，实现致富增收的新路子。该基地已吸纳当地70余名群众和大学生就业。图为2022年5月，琼结县“菜篮子”基地工作人员在蔬菜大棚内工作

2.2022年11月30日，琼结县菜篮子基地员工展示奥古斯塔西红柿

3.琼结县“菜篮子”基地灌溉设施作业

4.近年来，加查县冷达乡嘎玛吉塘村按照“四个一”经济发展思路和“一村一品”工作要求，开创“党组织+基地+农户”发展模式，因地制宜发展蓝莓特色产业，累计创收320余万元，帮助群众创收44.6万元。图为2022年7月23日，加查县冷达乡嘎玛吉塘村第三届蓝莓采摘节上采摘蓝莓的群众

5.挂满果的蓝莓树

社会事业
SHEHUI SHIYE

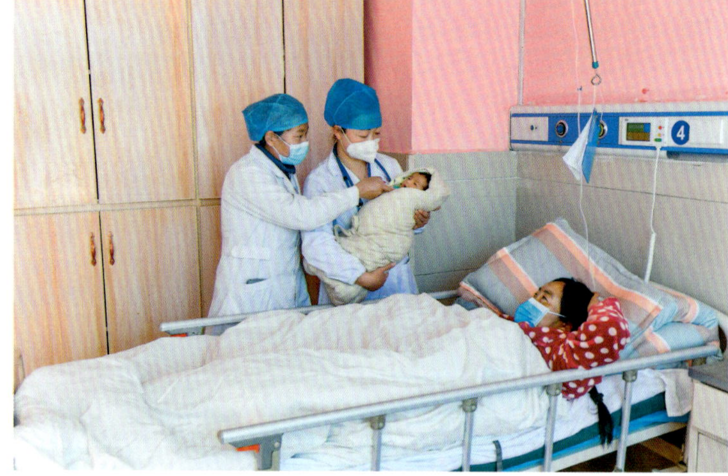

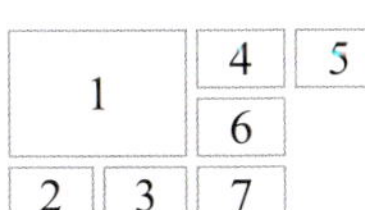

1.中共十八大以来，山南市把改善民生、凝聚人心作为经济社会发展的出发点和落脚点，坚持以人民为中心，每年将本级财政80%以上的资金投向基层民生领域，用心用情用力解决好群众急难愁盼问题，各族群众获得感、幸福感、安全感显著增强。图为2022年10月，雅砻人民公园内欢聚在一起合奏乐器、载歌载舞享受着休闲惬意生活的群众

2.中共十八大以来，山南市始终坚持以人民为中心的发展思想，持续深化健康山南建设，深入推进综合医疗改革，持续开展“优质服务基层行”活动，全市医疗卫生设施不断完善，医疗卫生服务水平持续提升。图为2022年11月15日，隆子县卫生服务中心住院部医生对产妇进行常规检查

3.2022年7月29日，山南市人民医院与西藏民族大学医学院续签附属医院、教学医院协议并揭牌

4.2022年，山南团市委持续抓好希望工程项目，争取到“芙蓉学子”“国酒茅台”“国资委党费专项”“希望工程1+1——幻方助学计划”及援藏省市爱心助学等助学金130万元，惠及学生1259人。图为2022年度助学金发放仪式

5.2022年，山南市广电局联合各县（区）以改进作风狠抓落实工作为契机，组织“广电先锋队”开展“喜迎中共二十大·广电先锋在行动——智慧广电服务乡村振兴”专项行动。图为5月20日，曲松县“广电先锋队”在乃东区多颇章乡嘎东团结新村开展服务活动

6.2022年1月5日，山南市举行“政银”合作启动仪式，市市场监督管理局与西藏银行山南分行、农业银行山南分行签订“政银”战略合作框架协议，西藏银行山南分行正式启动银行网点代办企业登记注册试点。图为活动现场

7.2022年3月2日，山南市举行维稳力量誓师动员大会暨武装拉练活动，进一步统一思想、提高认识，展示力量、展现斗志，确保全国“两会”、北京冬残奥会和藏历新年期间社会稳定，以绝对忠诚、绝对纯洁、绝对可靠的实际行动迎接中共二十大胜利召开。图为协同巡逻队伍以城区主干道、交通枢纽、党政机关等人员密集地区为重点进行武装巡逻

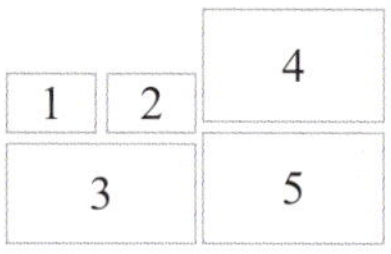

1.2022年4月14日，山南市组织泽当城区美团外卖骑手举办第一期安全教育知识培训班。图为培训活动现场

2.2022年5月8日，山南市人民医院在乃东区泽当街道琼嘎顶社区开展“喜迎二十大　健康进社区”健康宣教和义诊活动，向广大群众普及健康知识和健康理念，提供健康服务。图为义诊活动现场群众正在领药

3.2022年6月1日，山南市实验幼儿园举办以“礼赞中华　童心筑梦　喜迎二十大”为主题的庆“六一”文艺会演活动。图为演出活动现场

4.2022年5月9日，山南市职业教育活动周启动仪式在山南市第二中等职业技术学校举行

5.2022年6月10日，以“连接现代生活　绽放迷人光彩”为主题的山南市2022年“文化和自然遗产日”宣传展演活动在雅砻人民公园举行。活动期间，举办非遗节目展演、政策法规及文化遗产保护成果宣传展示、“非遗购物节”、西藏地方与祖国关系史——山南专题展等活动。图为开幕仪式上藏戏《雅砻扎西雪巴》表演

职业教育是打开通往成功成才大门的金钥匙
技能 让生活更美好
山南市职业教育活动周启动仪式

山南市2022年“文化和自然遗产日”宣传展演活动
连接现代生活 绽放迷人光彩
中国非物质文化遗产
CHINA INTANGIBLE CULTURAL HERITAGE

	3
1	4
2	

1.森布日九年一贯制学校

2.近年来，琼结县紧紧围绕建设更高水平“平安琼结”目标，积极推进平安建设各项工作，走出一条符合琼结实际、具有琼结特色的平安建设与社会治理路子，连续4届荣获全国平安建设“先进县”“示范县”称号，2次荣获全国平安建设“长安杯”。图为2022年1月19日琼结县公安民警正在街上巡逻

3.2022年11月30日，山南市人民检察院联合浪卡子县人民检察院在浪卡子县张达乡康如村举行中共二十大精神宣讲暨国家司法救助金发放仪式

4.中国美丽休闲乡村——琼结县拉玉乡强钦村

党的二十大精神宣讲暨司法救助金发放仪式
国家司法救助金
¥160000元

1.2022年，山南市坚持以铸牢中华民族共同体意识为主线，深化各民族交往交流交融，“民族团结一家亲”“民族团结进步宣传活动月”等系列活动广泛开展，32个集体和个人获评自治区级民族团结进步模范。图为2022年7月27日，天马商贸有限公司党支部开展“民族团结”主题团建活动

2.2022年1月11日，“皖藏手拉手·学子心连心”皖藏青少年民族团结融情交流主题营在合肥三十五中开营。来自山南市的120名学生代表到安徽省合肥市、芜湖市交流学习，进一步加深皖藏两地青少年之间的交流。图为主题营学员合影

3.2022年8月6—12日，来自乃东区、琼结县、扎囊县、加查县的110名少先队员、团员到湖北武汉参加“民族团结一家亲·同心喜迎二十大”2022年鄂藏青少年同心营。图为学员们在黄鹤楼前合影

近年来，乃东区始终紧扣改革试验主题，围绕改革试点任务，先后完成农村宅基地调查摸底，建立农村宅基地数据库，制定《乃东区深化农村宅基地改革试点工作指导意见（试行）》《乃东区农村宅基地管理暂行办法（试行）》等一系列制度办法，全面落实乡镇（街道）属地管理责任，强化农村宅基地审批管理，深化农村宅基地制度改革试点基础工作全部完成。图为2022年4月13日，乃东区多颇章乡布麦村农村房地一体不动产权证书颁发仪式

近年来，错那县紧紧围绕铸牢中华民族共同体意识这条主线，大力推进民族团结宣传教育活动，不断夯实民族团结进步的思想基础。错那县先后获得“自治区双拥模范县”“自治区文明城市”“全国双拥模范县”称号。图为2021年12月，错那县创建成为全国民族团结进步示范县，举办“唱响民族团结情·舞动民族互助心”主题文艺会演现场

生态建设
SHENGTAI JIANSHE

中共十八大以来，山南市牢固树立“绿水青山就是金山银山、冰天雪地也是金山银山”的理念，坚持生态优先、绿色发展，大力弘扬“雅江造林”传统，持续推进国土绿化和荒漠化治理行动，大力发展绿色生态产业，全力推动“美丽山南”建设。图为2022年雅江防护林一角

雅江防护林全景

雅鲁藏布江边

沙丘变绿洲

雅鲁藏布江扎囊段

扎囊大桥

2017年以来，山南市着力把“泽贡高速”和S5沿线打造成“景观路”“幸福路”，推进雅江河谷生态廊道建设，形成防风固沙、保持水土的生态屏障。图为泽贡高速两岸生态廊道

泽当城区远眺

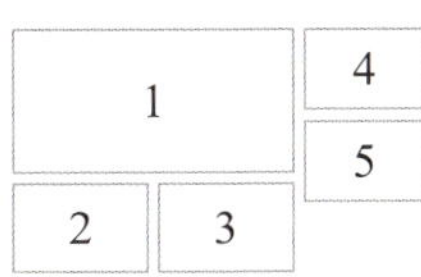

1.大地春意盎然
2.雅江中游“百里生态走廊”扎囊桑耶段
3.夏季的曲卓木千年沙棘林一角
4.琼结县琼果沟出没的藏野驴
5.琼结县加麻沟白唇鹿

1 2 3

1. 2. 3.泽当春色

1

2 3 4

1.2022年，山南市坚持山水林田湖草沙一体化保护和系统治理，完成植树造林5.1万亩、“四旁”植树77.1万株。图为3月24日万人义务植树活动现场

2.图为干部职工正在给树苗浇水

3.图为干部职工正在种树

4.图为学生正在搬运树苗

目 录

特 载

专 辑

大事记

市情概览

中国共产党山南市委员会

山南市人民代表大会

山南市人民政府

中国人民政治协商会议山南市委员会

纪检·监察

对口援藏

群众团体

自然资源·环保·住建

农业农村

水利·林业·电力

交通运输·旅游·邮政·通信

教育·体育·科技·气象

卫生健康

民族·宗教

民政与社会保障

应急管理

荣 誉

附 录

索 引

特载

中国共产党山南市第二届委员会第五次全体会议精神（摘要）

中国共产党山南市第二届委员会第五次全体会议在泽当召开。全会由市委常委会主持，自治区人大常委会副主任、市委书记许成仓讲话。出席全会的有市委委员37人，候补委员6人。全会讨论了许成仓受市委常委会委托所作的工作报告、市委常委会抓党的建设工作情况报告、改进作风狠抓落实工作情况报告和山南市党的十九大以来整治形式主义为基层减负工作情况报告，审议通过了《中共山南市委员会关于贯彻落实〈中共西藏自治区委员会关于深入贯彻党的二十大精神 全面建设社会主义现代化新西藏的意见〉的实施意见》，对学习贯彻党的二十大和自治区党委十届三次全会精神，推进长治久安和高质量发展走在全区前列，全面建设社会主义现代化新山南作出了安排部署。全会指出，各级党组织和广大党员干部要充分认识党的二十大和自治区党委十届三次全会的重大意义，不断提高政治判断力、政治领悟力、政治执行力，在全面学习、全面把握、全面落实上下功夫，切实把思想和行动统一到党的二十大精神上来，统一到自治区党委部署要求上来，坚定不移朝着习近平总书记指引的方向奋勇前进。全会强调，当前和今后一个时期，要高举中国特色社会主义伟大旗帜，坚持以习近平新时代中国特色社会主义思想为指导，深刻领悟“两个确立”的决定性意义，增强“四个意识”、坚定“四个自信”、做到“两个维护”，全面贯彻党的二十大和二十届一中全会精神，深入贯彻习近平总书记关于西藏工作的重要指示和新时代党的治藏方略，弘扬伟大建党精神，牢记“三个务必”，立足新发展阶段，完整准确全面贯彻新发展理念，服务和融入新发展格局，锚定“四件大事”“四个确保”，聚力“四个创建”“四个走在前列”，扎实推进长治久安和高质量发展走在全区前列，不断开创社会主义现代化建设新局面。许成仓强调，市第二次党代会上，我们按照自治区第十次党代会的统一部署和王君正书记“山南要走在全区前列”的指示要求，明确了“六个走在全区前列”的重点任务。“六个走在全区前列”是市委贯彻落实党的二十大精神、习近平总书记关于西藏工作的重要指示和新时代党的治藏方略的重大举措，是贯彻落实区党委决策部署的实际行动，是市委牢牢把握山南工作的阶段性特征和规律作出的具体实践。我们必须保持战略定力，继续抓好以下重点工作：一是深刻领悟“两个确立”的决定性意义，着力推动铸牢政治忠诚走在全区前列。要忠诚捍卫“两个确立”，坚持不懈用习近平新时代中国特色社会主义思想凝心铸魂，坚决贯彻党中央和区党委决策部署，以实际行动践行对党忠诚。二是坚决维护国家安全和社会稳定，推进社会治理体系和治理能力现代化走在全区前列。牢固树立总体国家安全观，警钟长鸣、警惕常在，谋长久之策、行固本之举，坚决维护社会和谐稳定，不断铸牢中华民族共同体意识，推进藏传佛教中国化，确保国家安全、社会稳定、人民幸福。三是加快构建新发展格局，着力推动高质量发展走在全区前列。完整、准确、全面贯彻新发展理念，坚决落实“三个赋予一个有利于”要求，坚持完善基础、产业立市、统筹城乡、新区引领，坚持把稳投资作为稳增长的关键，坚持把发展经济的着力点放在实体经济上，促进城乡区域协调发展，持续深化改革开放，着力推动经济实现质的有效提升和量的合理增长。四是扎实推进共同富裕，推动各族人民生活品质走在全区前列。坚持以人民为中心的发展思想，把握好改善民生、凝聚人心这个出发点和落脚点，着力解决好人民群众急难愁盼问题，不断增进民生福祉。五是促进人与自然和谐共生，推动生态文明建设走在全区前列。牢固树立和践行“绿水青山就是金山银山、冰天雪地也是金山银山”的理念，坚持走生态优先、绿色发展之路，加强生态保护修复，提高环境治理能力，推动绿色低碳发展，着力创建国家生态文明高地。六是加快边境地区建设，推动强边固防兴边富民走在全区前列。坚持屯兵和安民并举、固边和兴边并重，以稳得住、守得好、不添乱为工作底线，大力推进守边固边富边强边，坚决守好每一寸神圣国土，确保边防巩固和边境安全。许成仓要求，要深入推进党的建设新的伟大工程，把党建设得更加坚强有力。要始终牢记“两个永远在路上”，全面落实新时代党的建设总要求，坚持和加强党的集中统一领导，以党的政治建设统领党的建设各项工作，持之以恒推进全面从严治党，发展全过程人民民主，着力建设高素质干部人才队伍，不断增强基层组织政治功能和组织功能，持续改进作风、狠抓落实，牢牢把握团结奋斗的时代要求，坚决打赢反腐败斗争攻坚战持久战，为全面推进社会主义现代化建设提供坚强政治保证。许成仓要求，要加强组织领导，认真抓好党的二十大和区党委十届三次全会精神的学习宣传贯彻落实。全市各级党组织和广大党员干部要把学习宣传贯彻党的二十大精神作为当前和今后一个时期的首要政治任务，按照中央统一部署和区党委工作要求，压实工作责任，把握正确导向，提升实际效果，以更加有力的举措和更加务实的作风，切实抓好学习宣传贯彻工作。

山南市人民代表大会常务委员会工作报告

——在山南市第二届人民代表大会第四次会议上

山南市人大常委会主任 王德文

（2022年12月30日）

2022年的工作回顾

2022年是踏上全面建设社会主义现代化国家、向第二个百年奋斗目标进军新征程的重要一年，是完成自治区第十次党代会、市第二次党代会目标任务的关键之年，是市二届人大及其常委会依法履职的开局之年。一年来，市人大常委会在市委的坚强领导下，深入学习贯彻习近平新时代中国特色社会主义思想，深入学习贯彻党的十九大及十九届历次全会和党的二十大及二十届一中全会精神，锚定“四件大事”，聚力“四个创建”，紧扣“六个走在全区前列”，认真履行各项法定职权，共召开常委会会议8次、主任会议21次，审议通过法规3件，开展监督工作36项，作出决议决定7件，依法人事任免56人次，39名拟任命人员参加法律知识考试并作任职表态发言，举行5次宪法宣誓仪式，对市人大常委会任命的“一府两院”5名人员开展履职评议。圆满完成了市人代会确定的各项任务，人大工作迈上新台阶。

一、聚焦政治统领，在理论武装、思想坚定上有新提升

牢牢把握人大常委会机关的政治属性，不断提高“政治三力”，确保人大工作沿着正确政治方向前进。

一是不断提高政治判断力。常委会旗帜鲜明讲政治，深刻领悟“两个确立”的决定性意义，增强“四个意识”、坚定“四个自信”、做到“两个维护”，时刻牢记西藏是特殊的边疆民族地区，从“五期叠加”的新的阶段性特征出发，准确把握党中央方针政策和区党委、市委安排部署，准确把握“四件大事”对人大工作的新要求，找准找实结合点切入点，不断增强科学把握形势变化、精准识别现象本质、清醒明辨行为是非、有效抵御风险挑战的能力，始终坚持党对人大工作的全面领导，坚定不移走中国特色社会主义政治发展道路，始终坚定人大制度自信，紧密结合实际，依法履职尽责，用做好人大工作的实际行动及成效来体现对以习近平同志为核心的党中央的绝对忠诚。

二是不断提高政治领悟力。深入学习贯彻党的十九大及十九届历次全会和党的二十大及二十届一中全会精神，以习近平新时代中国特色社会主义思想凝心铸魂，着力学懂弄通做实习近平法治思想、习近平总书记关于坚持和完善人民代表大会制度的重要思想、关于西藏工作的重要指示和新时代党的治藏方略，深刻领悟、准确把握蕴含的世界观和方法论。召开2次专题会议全文学习了党的二十大报告和习近平总书记在党的二十大和二十届一中全会期间的系列重要讲话精神以及新修改的党章、中纪委报告和大会相关决议，制订了《关于学习宣传贯彻党的二十大精神实施方案》，以党的二十大关于“发展全过程人民民主，保障人民当家作主”和“坚持全面依法治国，推进法治中国建设”决策部署为主题进行2次深入研讨交流。全年开展中心组学习11次、专题学习会议6次，举办市、县（区）人大常委会主任专题读书班1次，经常同习近平总书记重要要求和党中央的安排部署对标对表，在政治上思想上行动上自觉同以习近平同志为核心的党中央保持高度一致。深入学习贯彻中央和区党委、市委人大工作会

议精神，召开4次学习研讨会和1次学习贯彻工作座谈会，组织5个组分赴12个县（区）及部分乡镇进行宣传宣讲，不断推进会议精神深入人心。以“与时俱进履好职，喜迎党的二十大”为主题深入开展9月的“人大制度宣传月”活动，制作专题宣传片、主题歌和人大抗疫短视频，办好“山南人大之声”（半月报）、“山南人大”公众号，全方位、多形式反映各级人大工作成效、展示代表履职风采。

三是不断提高政治执行力。严格执行请示报告制度，就重要会议、重点工作、重大事项及时向市委请示报告30余次。围绕中心大局和市委部署，认真制定并落实常委会工作要点和立法、监督、决定、代表工作“四个计划”，自觉做到党委有号召、人大有行动。认真履行全面从严治党主体责任，认真制定并落实党组工作要点和党建、党风廉政建设、意识形态、理论学习中心组学习“四个计划”。深入开展转变作风、狠抓落实活动，对照“四查四问”深刻检视、整改落实。始终严明政治纪律和政治规矩，认真贯彻落实中央八项规定及其实施细则精神，力戒形式主义、官僚主义。深入开展反分裂斗争，扎实开展维稳督导、矛盾化解。积极投身疫情防控，常委会发出倡议书，全市各级人大400余名人大干部、3000余名人大代表参与，各级人大干部、代表捐款捐物达1176万余元。

二、聚焦良法善治，在切合实际、富有特色上有新作为

常委会推进科学立法、民主立法、依法立法，不断提高立法质量，努力以良法促进发展、保障善治。

一是生态环保立法彰显特色。制定沙棘林保护条例，对沙棘资源保护、利用等作出明确规定，这是目前全区唯一一部仅针对一种林木资源的立法，更加有利于更好保护沙棘林资源，维持生物多样性和生态平衡，维护生态安全。

二是社区治理立法紧贴实际。从社区这一社会基本基础单元的特征和其独有的特殊重要性出发，着力推动发挥社区治理在国家治理中的基础作用，制定城乡社区治理促进条例，就团结和谐促进、自治法治德治、公共安全与综合治理、人居环境治理、服务保障与监督等作出明确规定，努力建设人人有责、人人尽责、人人享有的社会治理共同体。

三是区域协同立法先行先试。在自治区人大常委会有力指导下，在市委坚强领导下，我市人大常委会牵头和涉雅江拉萨、日喀则、林芝三市首次开展共同立法，四市同时制定雅鲁藏布江保护条例，共护一江水，共抓大保护，对保护好雅江这一西藏人民的“母亲河”具有特殊而重要的意义。

在立法过程中，坚持规划先行，从设区市立法权限和我市法治需要出发，制定了市二届人大常委会五年立法规划及2022年度立法计划，着力满足日益增长的立法需求；坚持质量第一，对法规草案多方论证、反复打磨，注重“小切口”立法，把不抵触、有特色、可操作、能管用贯穿始终；坚持开门立法，通过报刊网站、基层立法联系点和援藏三省人大等渠道多方征求意见，积极组织与法规有关的机关、团体、专家和人大代表进行座谈；坚持问效于民，委托第三方首次进行立法后评估，对城市建设管理条例的立法质量、实施效果作出分析评价，及时掌握法规实施过程中出现的问题，在质量评价上更多地让人民参与、由人民评判，为适时进行法规修改提供科学依据。

三、聚焦监督有效，在突出重点、精准发力上有新成效

坚持正确监督、有效监督、依法监督，强化针对性有效性，监督内容更加聚焦、监督实效不断增强。

一是助力经济高质量发展。密切关注宏观经济运行，听取审议计划、预算执行和调整、财政决算等报告，有针对性提出意见建议。加强国有资产管理监督，重点听取审议市属企业国有资产管理情况的报告。听取审议政府债务管理情况的报告，进一步加强对政府债务审查监督力度。听取审议2021年度本级财政预算执行和其他财政收支的审计工作报告和审计查出问题整改情况的报告，并就审计查出问题整改工作进行专题询问和满意度测评，推动审计查出问题整改，提高资金使用绩效，防范化解重大风险隐患。听取审议产业振兴、粮食安全、边境小康村建设情况等专项工作报告。

二是助力社会高效能治理。听取审议法治政府建设情况的报告，促进行政机关强化法治思维、坚持依法行政，建设人民满意的法治政府。听取审议公安机关执法规范化建设促进公平正义情况的报告并进行工作评议，促进公安机关履行好新时代使命任

务，维护社会持续安全稳定。听取审议“八五”法治宣传教育规划情况的报告，推动压实普法主体责任，提升普法宣传质效。首次听取审议市监委关于正确行使职权推进监察工作规范化法治化的报告，支持推进市监委进一步加强制度建设，强化落实监督责任，推进监察监督全覆盖。听取审议全市法院立案诉讼服务、全市检察机关控诉案件工作情况的报告，促进公正司法、维护公平正义。以“民族团结进寺庙，和谐稳定我出力”为主题深入开展“民族团结进步雅砻行”活动，听取审议全市贯彻实施国旗法、国歌法、国徽法情况的报告和市人大常委会对“三法”的执法检查报告。对国家通用语言文字法进行执法检查。对13件规范性文件进行备案审查，将3件规范性文件报送自治区人大常委会备案。

*三是助力人民高品质生活。*把良好生态环境是最普惠的民生福祉要求落实到人大监督工作中，听取审议上年度环境质量状况和环境保护目标完成情况的报告，深入开展了以“抓好环保整改、守护碧水蓝天”为主题的“雅砻环保行”活动，紧扣贯彻实施环境保护法、自治区国家生态文明高地建设条例和环保督察、森林督查问题的整改落实聚焦发力，查找短板弱项，提出意见建议。听取审议城乡居民、城镇职工医保政策落实情况的报告，积极推进医疗保障政策更好惠及民生，进一步促进医疗卫生事业健康持续发展。就残疾人保障法和自治区实施办法实施情况进行执法检查，认真研究解决影响法律法规贯彻实施的主要问题，切实维护残疾人合法权益，促进残疾人事业与经济社会协调发展。对文物保护法和自治区文物保护条例、市文明行为促进条例的实施情况进行执法检查。

把增强监督实效摆在重要位置，抓好重点监督工作开展，围绕稳定发展生态强边“四件大事”来确定监督项目，确保人大监督工作紧扣中心大局、符合人民意愿、回应社会关切；抓好方式方法综合运用，既运用好听取审议专项工作报告、执法检查等常规手段，又运用好专题询问、工作评议、满意度测评等方式方法，不断做深做实“雅砻环保行”和“民族团结进步雅砻行”两大监督品牌活动，听取审议“一府一委两院”专项工作报告前都要进行深入调研，全年共开展25次调研，对10部法律法规进行执法检查，每个监督报告均附问题清单；抓好审议意见有效办理，今年向“一府一委两院”交办审议意见24件（其中建议124条、问题清单324条），“一府一委两院”认真办理并反馈，还听取审议了市政府办理2021年度13件审议意见的综合报告，所交办的意见建议和问题清单都得到落实和解决。

四、聚焦决定任免，在依法合规、积极稳慎上有新进展

坚持把党的主张通过人大常委会法定程序转化为广大人民意愿，坚持党管干部原则与人大依法任免的有机统一，扎实做好重大事项决定和人事任免工作。

*一是积极推进决定工作。*作出关于全面贯彻实施《中华人民共和国国旗法》《中华人民共和国国歌法》《中华人民共和国国徽法》的决议、关于开展第八个五年法治宣传教育的决议、关于依法助推山南走在全区前列 积极贡献人大力量的决定，以及关于批准去年财政决算、今年预算调整的决议，作为立法补充，为经济社会发展提供法治保障。

*二是依法开展人事任免。*强化法治意识，所有拟任命人员均要参加法律知识考试，并在任后进行宪法宣誓。强化任前审查，法定提请机关“一府一委两院”负责人和组织部门负责人均在主任会议和常委会会议上作说明，拟任命人员作任职表态发言。强化任后监督，听取审议“一府两院”5名被任命人员的履职报告，提出评议意见，进一步抓好整改落实。

五、聚焦人民民主，在民有所呼、我有所应上有新举措

始终坚持践行发展全过程人民民主，深化民主民意表达渠道，保障代表依法行使职权，切实发挥人大代表作用，把人大工作的根深深扎在人民群众之中。

*一是代表之家常态化活动。*全市400余个“人大代表之家（联络站）”统一行动、统筹推进，定期认真组织辖区各级人大代表深入开展以学习培训、联系选民、代表议事和集中研讨、建议督办、视察检查、调研献策以及组织代表学好一部法律、宣讲一次政策、开展一次走访、提出一条建议、做好一件实事、化解一个矛盾、解决一个问题、进行一次述职为主要内

容的“三日四周八个一”活动，今年以来共接待选民6321人次，广泛收集意见建议1530条，帮助解决困难问题934件，“家（站）”已成为反映社情民意、维护群众利益的重要渠道。

二是设岗定责经常性履职。全市市县乡三级5000余名代表参与代表设岗定责，从民族团结岗、综合治理岗、乡村振兴岗、文明新风岗、为民纾困岗、生态文明岗、环境治理岗、稳边兴边岗中共认领岗位2万余个，其中市级人大代表共认领岗位914个，并按照岗位职责要求认真开展活动。就在着力创建全国民族团结进步模范区中发挥代表表率作用发出倡议书，从人大实际出发进行安排，在各级人大代表中深入开展铸牢中华民族共同体意识学习教育实践、国家通用语言文字学习使用和“创建民族团结进步模范区——人大代表在行动”等活动，2781名基层农牧民人大代表参与掌握国家通用语言文字情况测试。年初报经市委同意在全市所有县乡全面推开民生实事项目人大代表票决制工作，共票决出民生实事项目212个，涉及资金约3.4亿元，形成“党委领导、群众参与、代表票决、政府实施、人大监督”的工作机制，把党委政府要干的、人民群众期盼的、代表票决推进的紧密结合起来了，真正将民生实事办到人民群众的心坎上，通过解决群众关心的“小事”，体现人民民主的“大事”。这一全区首创的有效做法，已被写入区党委人大工作会议文件中。

三是代表建议高质量办理。把代表在市人代会期间审议发言时所提1077条意见与按法定程序所提94件建议一同交办，听取审议了市政府办理情况的报告和常委会督办情况的报告，市委办首次报告市委系统办理代表建议情况，目前各项建议均已按期办理并答复代表，所提建议已经解决或已列入计划、三年内能够解决的占建议总数的85%。坚持和完善市政府领导领衔督办、主任会议成员重点督办工作机制，今年市政府领导对10件代表建议进行领衔督办、主任会议成员对5件代表建议进行重点督办。代表建议办理质效实现了逐年提升。

四是人民群众多渠道参与。不断扩大人民有序政治参与，健全完善民主民意表达机制，做到立法工作广泛反映民意、听民声遂民愿，监督工作回应群众关切、察民情惠民生，决议决定深入把握民情、纳民言聚民智，选举任免坚持民主集中、合民心顺民意，代表工作汇聚人民力量、入民中聚民力。每次常委会会议均邀请10名人大代表列席会议、4名不是人大代表的基层一线公民旁听会议，让广大人民群众近距离感受到民主政治就在身边。认真落实常委会组成人员联系代表、代表联系人民群众制度，每名常委会组成人员分别与2—3名基层代表保持经常性联系。深入推进各专门委员会对口联系代表机制。

六、聚焦走在前列，在与时俱进、推陈出新上有新气象

紧扣“六个走在全区前列”对人大工作的新要求，有机体现到人大履职尽责各项工作中来。

一是及时安排部署。常委会坚持围绕中心、服务大局，准确把握新形势新任务对人大工作的新要求，从人大的优势和特点出发，专门就全市人大系统如何走在前列、提供法治保障，从铸牢政治忠诚、服务中心大局、提升工作质量、发挥代表作用、加强自身建设等五个方面作出安排部署，把走在前列要求与人大工作紧密结合，不断提高人大工作在全局工作中的站位和担当作为。

二是着力开拓创新。今年召开推进会，对全市人大系统“走在前列谱新篇、人大奋力做贡献”大讨论大实践活动进行推动落实。成立“走在前列做贡献”领导小组及办公室和服务“四个创建”、助推“走在前列”立法、监督、代表工作和自身建设四个专项组，对标先进、瞄准前列，不断加强和改进依法履职的重点和质效，走过了立法工作特色明显、监督刚性和实效彰显、代表履职实招凸显的一年，着力推动我市人大工作整体上台阶、走在前、开新局，为长治久安和高质量发展贡献人大力量。

三是提升能力素质。从走在前列的要求出发，全面加强政治建设、思想建设、组织建设、作风建设，持续开展以查看思想认识差距、增强人大制度自信的坚定性，查看职能实施差距、增强依法履职尽责的有效性，查看代表工作差距、增强闭会期间活动的主动性，查看制度规范差距、增强纪律规矩执行的约束性，查看能力素质差距、增强激励奖惩机制的真实性为主题的“五查五增、质效提升”活动，着力打造政治坚定、服务人民、尊崇法治、发扬民主、勤勉尽责的高素质干部队伍。每次主任会议、常委会会议都要传

达学习相关法律法规，全年共认真学习11部法律法规。加强对县乡人大工作的督导和检查，查漏补缺，比学赶超，共同推进全市人大工作整体向前发展。

各位代表！一年来，市人大常委会各项工作成绩的取得，根本在于以习近平同志为核心的党中央的坚强领导，根本在于习近平新时代中国特色社会主义思想的科学指引，是在自治区人大及其常委会关心指导下，在市委坚强领导下，全体市人大代表、常委会组成人员、各专门委员会成员以及机关工作人员履职尽责、扎实工作的结果，是市人民政府、市政协、市监察委员会、市中级人民法院、市人民检察院密切配合、大力支持的结果，是广大人民群众和社会各界充分信任、积极参与的结果。在此，我谨代表市人大常委会，向大家表示衷心的感谢！

我们也清醒地认识到存在的问题和不足，主要是：对"六个走在全区前列"工作的法治供给的谋划研究亟待加强；综合运用监督方式有待深化，监督的精准性和实效性需要进一步增强；人民群众、人大代表参与人大工作的渠道有待拓展，人大在发展全过程人民民主中的优势需要进一步放大；人大干部服务长治久安和高质量发展的能力需要进一步提升。对于这些问题，我们将在今后工作中高度重视，切实推动解决。

各位代表，当前，法治建设前景广阔、使命神圣，人大工作形势大好、机遇难得。党的二十大报告中第六部分"发展全过程人民民主，保障人民当家作主"、第七部分"坚持全面依法治国，推进法治中国建设"都直接与人大工作紧密相关，在我们党的历史和人大制度发展史上首次召开的中央人大工作会议给我们指明了前进方向，区党委人大工作会议作出全面安排，市委人大工作会议及出台的意见，把市委对人大工作的领导和加强推进到一个崭新阶段。我们要抓住机遇，不辱使命，毫不动摇坚持党的全面领导这一最高政治原则，牢牢把握发展社会主义民主政治、坚定不移走中国特色社会主义政治发展道路这一根本方向，牢牢把握高举人民民主旗帜、发展全过程人民民主这一社会主义民主政治的本质要求，牢牢把握坚持和完善人民代表大会制度这一根本政治制度，突出鲜明主题，把牢职责定位，明确重点任务，扭住重要抓手，将一年工作与一届工作统筹起来，将目标导向与效果导向统一起来，既勇于担当又善于作为，既思进求进又重效求效，守正创新、开拓进取，不断推动人大工作高质量发展，更好地为"山南之治"彰显"人大之能"、激发"人大之为"、贡献"人大之力"，在走在前列中展现人大担当作为，以实际工作成效担当起新时代赋予人大工作的历史使命。

2023年的主要安排

2023年，是全面贯彻落实党的二十大精神的开局之年，是全面建设社会主义现代化国家、谱写以中国式现代化推进中华民族伟大复兴山南新篇章的重要一年，人大工作肩负着神圣使命、重要职责。明年常委会工作总体要求是：高举中国特色社会主义伟大旗帜，坚持以习近平新时代中国特色社会主义思想为指导，深刻领会"两个确立"的决定性意义，增强"四个意识"、坚定"四个自信"、做到"两个维护"，全面贯彻党的二十大和二十届一中全会精神，深入贯彻习近平法治思想、习近平总书记关于坚持和完善人民代表大会制度的重要思想、关于西藏工作的重要指示和新时代党的治藏方略，按照中央决策部署和区党委、市委安排部署，坚持党的领导、人民当家作主、依法治国有机统一，聚力"四个创建""四个走在前列"和山南"六个走在全区前列"，严格履行法定职责，依法做好各项工作，全面提升人大工作质量和水平，努力把人大及其常委会建设成为自觉坚持中国共产党领导的政治机关、保证人民当家作主的国家权力机关、全面担负宪法法律赋予的各项职责的工作机关、始终同人民群众保持密切联系的代表机关，不断开创我市人大工作新局面，为全面建设社会主义现代化新山南提供有力法治保障。

*一是要始终紧跟核心，努力打造立场坚定的政治机关。*全面学习、全面把握、全面贯彻党的二十大精神，坚持把学习贯彻习近平新时代中国特色社会主义思想作为党组会议"第一议题"、理论学习中心组"第一议程"、干部学习"第一主题"，持之以恒深入学习贯彻习近平新时代中国特色社会主义思想，特别是习近平法治思想、习近平总书记关于坚持和完善人民代表大会制度的重要思想、关于西藏工作的重要指示和新时代党的治藏方略，深入学习贯彻中

央和区党委、市委人大工作会议精神，不断提高政治判断力、政治领悟力、政治执行力，筑牢捍卫“两个确立”、做到“两个维护”的思想根基。始终坚持党对人大工作的全面领导，坚决落实市委工作要求，人大工作中的重要会议、重大问题和重要事项及时向市委请示报告，确保市委各项安排部署在人大工作中不折不扣地得到全面贯彻落实，做到全市工作重心在哪里，人大工作就跟进到哪里、力量就汇聚到哪里、作用就发挥到哪里。适应新时代人大工作需要，全面加强人大自身建设，牢牢把握政治机关的第一属性，把党的政治建设作为根本性建设，巩固拓展党史学习教育和改进作风狠抓落实工作成果。

二是要始终紧贴民心，努力打造人民至上的权力机关。充分发挥人民代表大会制度在发展全过程人民民主中的重要制度载体作用，不断扩大人民有序政治参与，把人民当家作主真实、生动、具体地体现在人大工作的各方面、落实到依法履职各环节、贯穿于发挥作用全过程。深入践行以人民为中心的发展思想，坚持问需于民、问计于民，更好接地气、察民情、聚民智、惠民生，把人大各项工作建立在坚实的民意基础之上。坚持开门立法，拓展群众参与立法、表达诉求的途径和方式，完善民主立法的制度机制，积极回应人民群众对立法的新要求新期待，使各项法规更好体现人民意志、凝聚最大共识。坚持把群众关切作为监督的着力点，围绕群众关心的急难愁盼问题，深入基层、深入群众、深入一线，真找准问题、真抓住问题、真解决问题，使监督过程真正成为维护人民利益的过程。深入开展、不断完善民生实事项目人大代表票决制工作。坚持人大代表履职行权的法定性、组织性、有序性，把密切联系群众作为践行全过程人民民主的重要内容，创新联系方式，拓宽联系渠道，充分听取和反映群众呼声和期盼，更好保障人民依法行使国家权力。

三是要始终紧扣中心，努力打造依法履职的工作机关。坚持紧扣大局，着眼急需，突出实施性、补充性、试验性，加强“小切口”“小快灵”立法，扎实做好农牧区人居环境整治、城乡饮用水安全管理等的立法，深入推进协同立法，积极推进优化营商环境立法，不断扩大基层立法联系点规模和覆盖面，在提高精细化、精准度、针对性上下功夫，制定更多务实、管用、行得通、有特色的地方性法规。加强对“一府一委两院”规范性文件的备案审查，切实维护法治统一。坚持围绕中心、突出重点、增强实效，统筹运用法定监督方式，加强对“一府一委两院”的法律监督和工作监督，寓支持于监督之中，紧扣法律规定，突出法律责任，坚持问题导向，强化跟踪监督，加强对“十四五”规划纲要实施和2023年计划执行情况的监督，强化预算决算和政府债务审查监督、国有资产管理情况监督，跟踪监督审计查出问题整改情况，强化对行政审判和公益诉讼工作的监督。开展国防教育法、预算法、统计法、乡村振兴促进法、环境保护法、民族团结进步模范区创建条例、国家生态文明高地建设条例等的执法检查，加强对法治政府建设、环境状况和环保目标完成、强化医疗服务能力建设、提升公共卫生保障水平以及“八五”普法、审议意见办理等的监督。明确主题，完善方式，上下联动，持续深入开展“雅砻环保行”和“民族团结进步雅砻行”活动。扎实做好工作评议、专题询问、满意度测评和任后监督。对铸牢中华民族共同体意识、加强新时代检察公益诉讼工作、加强冰川保护作出决议决定。依法做好人事任免工作。

四是要始终紧守初心，努力打造人民满意的代表机关。人大代表肩负着人民赋予的光荣职责，是人民代表大会的主体。要进一步增强尊重代表、依靠代表、服务代表意识，加强代表工作能力建设，进一步推动代表工作的组织方式活起来、服务保障实起来、管理监督严起来。建立代表提出议案建议前的沟通协调机制，提高议案审议质量和代表建议办理满意度，加大重点督办力度。健全联系代表工作机制，做好常委会组成人员联系代表工作。加强代表参加原选举单位活动的组织，充分发挥代表履职平台载体作用，进一步密切代表与群众的联系。坚持代表列席常委会会议制度和会议期间座谈会制度，深化代表对立法、监督等工作的参与，做实做细设岗定责工作。不断强化代表学习培训工作，提高系统化、规范化、专业化水平。加强履职评价和激励约束，教育引导代表切实扛起政治责任、社会责任、法律责任，提高政治能力，依法履职尽责，尽心为民服务。

山南市人民政府工作报告

——在山南市第二届人民代表大会第四次会议上

山南市人民政府市长 次仁平措

（2022年12月30日）

2022年工作回顾

2022年极不平凡、极具挑战、极其难忘，盛世盛会凝聚奋进力量，大疫大考彰显硬核担当。在以习近平同志为核心的党中央亲切关怀下，在区党委、政府的坚强领导和市委的有力指挥下，我们坚定不移贯彻“疫情要防住、经济要稳住、发展要安全”重要要求，锚定“四件大事”，聚力“四个创建”，围绕“六个走在全区前列”，高效统筹疫情防控和经济社会发展，全力以赴战疫情、保安全、稳经济、惠民生、优生态、守边疆，实现了经济社会平稳健康发展。预计全市地区生产总值达248亿元，增长3.4%，实现规上工业产值38.7亿元，增长11%，完成社会消费品零售总额76亿元，增长5%，城乡居民人均可支配收入增速分别达10%和12.5%，特别是农村居民人均可支配收入突破2万元大关，为在全面建成小康社会基础上扎实推进社会主义现代化建设奠定了坚实基础。

——旗帜鲜明讲政治，淬炼了对党忠诚之魂。我们始终把学习宣传贯彻党的二十大精神作为首要政治任务，把习近平新时代中国特色社会主义思想作为根本行动指南，把坚定捍卫“两个确立”、坚决做到“两个维护”作为最根本的政治纪律和政治规矩、最严肃的组织纪律和组织原则、最重要的工作纪律和工作要求，始终在思想上政治上行动上同以习近平同志为核心的党中央保持高度一致，始终用习近平新时代中国特色社会主义思想武装头脑、指导实践、推动工作，始终坚持和加强党对政府工作、经济工作的全面领导，把贯彻党中央决策精神体现到制定政策、部署任务、推进工作的实践中，保持了绝对忠诚的政治底色、学以增信的政治清醒、坚定一致的政治自觉。

——众志成城抗大疫，打赢了疫情阻击之战。面对突如其来的新冠疫情，我们坚持人民至上、生命至上，迅速成立联合指挥、联动作战、提级调度的扁平化指挥体系，35万山南各族人民万众一心、守望相助，党员干部、医务人员、公安民警、志愿者等集结一线奉献付出，348名医务人员义无反顾驰援兄弟地市，湘鄂皖三省和中粮集团无私援助，“三省”选派医疗队与我们携手抗疫，凝聚了共克时艰的强大合力。坚定不移贯彻落实总策略总方针，协同加强物资保障和抗疫能力建设，用19天时间实现社会面清零，用24天时间实现高质量动态清零，取得了边境地区零感染、寺庙僧尼零感染、校园师生零感染、养老院等场所零感染、疫情风险零外溢、确诊病例零重症零死亡的良好成果。中央出台疫情防控优化完善措施后，迅即把防疫工作重点由严防死守转向医疗救治，提早做好医疗物资、医护力量、救治场所等准备工作，加快提升老年人群体疫苗注射率，全市上下正在科学精准应对疫情防控新阶段挑战。

——克难奋进强对冲，保持了稳健发展之势。我们把保市场主体作为稳住经济大盘的“先手棋”，着力强信心、降成本、减税费、增信贷，新增减税降费和退缓税总量超8.65亿元，本级财政投入1.8亿元制定配套措施对冲疫情影响，发放4360万元的消费券促进消费，投放普惠金融贷款19.3亿元，在疫情冲击影响下仍新增市场主体3413户、总量达到4.4万户,“退减免降缓”经验做法获得国务院通报表扬。坚持把稳投资放在更加突出的位置,42个重点项目疫情期间闭环施工、113个项目冬季不停工,贡嘎机场二跑道开工建设,隆子支线机场建成通航,街需水电站、措美哲古风电二期顺利开工,拉康水电站首台机组投产发电,有效发挥了投资拉动作用。坚定坚决落实粮食安全党政同责制,做优做大特色农牧业规模,预计粮食产量达到16.85万吨,肉、蛋、奶产量分别达到2.54万吨、0.6万吨、7.36万吨,特别是禽蛋产量增幅达到362%、占全区总量的52%。加快建设雅江中游清洁能源基地,全市建成和在建清洁能源装机容量达到285.5万千瓦、发电量64亿千瓦时、实现产值20亿元,同比分别增长40.9%、48.8%、53.8%。

——普惠民生暖民心,顺应了人民群众之盼。坚持把增收作为第一民生工程和硬任务,强化政策、产业、就业协同增收力度,开辟一、二、三产多元增收渠道,预计城镇和农村居民人均可支配收入分别达到47410元、20740元,比上年分别增加4310元、2305元。持续巩固拓展脱贫攻坚成果,167户543名监测对象消除返贫风险,脱贫人口收入、易地搬迁群众收入增幅分别达14.8%、17.7%,实现了高于全市农牧民收入增速的目标。实施高校毕业生高质量就业促进行动,应届毕业生就业率达到98%。实施农牧民组织化转移就业提升行动,转移就业11万人、创收11.3亿元,分别完成自治区下达任务的137.5%、161.4%。高海拔学校供暖工程全面推进,教育质量稳步提升,高考上线率达到93.15%,重本上线率提高2.21个百分点。健康山南加快建设,80个乡镇实现医保直接结算,公共卫生管委会实现村居全覆盖,乃东区入选国家级健康促进示范县。文化事业繁荣发展,广播电视综合人口覆盖率分别达到99.2%、99.4%。体育事业蓬勃发展,我市运动健儿在自治区第十三届运动会上荣获三金四银三铜的优异成绩。城乡社保统筹推进,全民参保率保持在97.5%以上。

——统筹兼顾促协调,拓展了融合发展之路。着力推动区域、城乡协调发展,加快推进拉萨山南一体化进程,空港新区整体移交我市、极高海拔生态搬迁圆满完成。城市扩容提质步伐加快,泽当城区路网改造、综合管廊建设扎实推进,神力时代广场基本建成,高海拔县城、乡镇供暖项目进入收尾阶段。坚持乡村振兴为农民而兴、乡村建设为农民而建,58个美丽宜居乡村示范点加快建设,23个行政村入选第六批中国传统村落名录,琼结县被评为2022年国家乡村振兴示范县创建单位。成功举办全区“四好农村路”高质量发展现场会,错那县被列入2022年“四好农村路”全国示范县创建名单。

——保护治理齐推动,厚植了绿色发展之韵。坚持山水林田湖草沙一体化保护和系统治理,雅江流域生态修复项目有序实施,完成植树造林5.1万亩、“四旁”植树77.1万株,雅江中游“百里生态走廊”、沿喜马拉雅北麓生态廊道加快建设。河湖长制、林长制强化落实。国土空间规划加快编制,“三区三线”划定工作顺利推进,基本草原划定工作高质量完成。纵深推进污染防治攻坚战,全市空气质量优良率、集中式饮用水水源地和主要江河湖泊水质达标率均达到100%。我市成功入选全国“无废城市”建设行列。琼结县成功创建国家级生态文明示范区。

——居安思危守底线,夯实了安全稳定之基。坚定不移贯彻总体国家安全观,认真落实各项综合性维稳防控措施,巩固深化平安中国建设示范市创建成果,社会大局持续和谐稳定。坚持和发展新时代“枫桥经验”,深入开展信访积案化解、双拖欠治理专项行动,信访事项按期办结率达98%以上。乃东区获评全国信访工作示范县。制订落实安全生产“十五条硬措施”实施方案,强化重点领域安全隐患排查整治,全年生产安全事故起数和死亡人数同比分别下降58.82%和46.15%。持续推进兴边富民、稳边固边,党政军警民团结一心筑牢了边境安全防线。

——依法管理保和谐,维护了安定团结之局。坚持以铸牢中华民族共同体意识为主线,深化各民族交往交流交融,“民族团结一家亲”“民族团结进步宣传活动月”等系列活动广泛开展,我市顺利通过全国民族团结进步示范区创建验收,32个集体和个人获评自治区级民族团结进步模范。全面贯彻党的宗教工作方针政策,依法管理宗教事务,持续加大“导”的力度,坚持“五个有利于”标准,深入开展“国家意识、公民意识、法治意识”教育,常态化推进“遵行四条标准、争做先进僧尼”教育实践活动，全市宗教和睦、佛事和顺、寺庙和谐。

——勤政务实转作风，彰显了政府行政之效。深入推进法治政府建设，自觉接受人大及其常委会的法律监督和工作监督、政协民主监督及社会各方面监督，高质量办理人大代表建议85件、政协委员提案74件，办复率、满意率、见面率均达到100%。深化审计监督，“十三五”规划项目审计完成全覆盖。坚持把依法行政、重行务实贯穿政府工作全过程各方面，优化完善政府党组工作规则、制定出台政府系统改进作风狠抓落实十条措施，积极转变政府职能，持续深化“放管服”“一网一门一次”改革，政府服务效能不断提升。大力推进廉洁政府建设，驰而不息纠治“四风”问题，始终保持了风清气正的政治生态和干事创业的浓厚氛围。

回望一年来的奋斗历程，我们深刻体会到，所取得的成绩根本在于习近平总书记掌舵领航和党中央坚强领导，根本在于习近平新时代中国特色社会主义思想的科学指引，根本在于中国特色社会主义制度的无比优越，根本在于习近平总书记关于西藏工作的重要指示和新时代党的治藏方略的英明正确，是区党委政府正确领导、市委有力指挥、援藏省市和企业无私援助、全市各族干部群众团结奋斗的结果。在此，我代表市人民政府，向各位人大代表、政协委员和全市各族人民，向驻山南人民解放军、武警官兵，向关心支持山南发展的援藏省份、企业和各界人士，致以崇高敬意和衷心感谢！

面对百年未有之大变局，面对“六个走在全区前列”的目标要求，面对日趋激烈的区域竞争态势，我们更清醒地看到工作中存在的问题和不足。推进高质量发展还有不少卡点瓶颈，有效投资渠道和途径有待进一步拓展，城乡区域发展不平衡不充分问题依然存在，民生福祉还有短板，公共服务供给精准性协调性仍需提高，政府系统创新精神和实干作风还需进一步锤炼。对此，我们一定直面问题挑战，以更大决心、更实举措认真加以解决，不辜负全市人民的期待和重托。

2023年重点工作

2023年，是全面贯彻落实党的二十大精神的开局之年，是实施“十四五”规划承上启下的重要一年。做好政府工作，必须坚持以习近平新时代中国特色社会主义思想为指导，全面贯彻落实党的二十大精神，深入贯彻习近平总书记关于西藏工作的重要指示和新时代党的治藏方略，坚持稳中求进工作总基调，坚持以推动高质量发展为主题，完整、准确、全面贯彻新发展理念，主动服务和融入新发展格局，锚定“四件大事”，聚力“四个创建”，围绕“六个走在全区前列”，更好统筹疫情防控和经济社会发展，更好统筹发展和安全，坚持“完善基础、产业立市、统筹城乡、新区引领”的经济工作思路，按照“一产上水平、二产壮筋骨、三产提品质”的产业发展要求，着力推进高质量发展，加快建设现代化产业体系，大力提振市场信心，持续有效扩大内需，全面深化改革开放，有效防范化解重大风险，努力推动山南长治久安和高质量发展走在全区前列，为全面建设社会主义现代化新山南开好局起好步。

主要预期目标是：地区生产总值增长8%左右，全社会固定资产投资增长13%左右，社会消费品零售总额增长10%左右，城乡居民人均可支配收入分别增长10%和12%，居民消费价格涨幅控制在3%以内，城镇调查失业率控制在5.5%以内，能耗、碳排放强度和污染减排指标控制在核定范围内。

围绕上述目标，我们将做好以下重点工作：

（一）以“推动经济实现质的有效提升和量的合理增长”为奋进航向，聚力构建多点发力、多元支撑的现代化经济体系。

增强投资关键作用。坚持把稳投资作为稳增长的关键，根据全区“狠抓投资落实年”部署，按照清单化、项目化、任务化要求，谋划推进稳投资工作，积极争取国家投资、加大金融投资、培育优质投资、引进战略投资、激活民间投资、吸引招商投资、促进援藏投资，努力推动形成多种投资有机统一、相互补充的固定资产投资结构。以构建现代化基础设施体系为用力方向，加快实施“十四五”规划项目，适度超前开展基础设施投资，优化基础设施布局、结构、功能和系统集成。加强交通设施建设，积极跟进谋划拉林铁路二期项目，争取空港新区立体交通枢纽、泽当城区环城路等重大项目纳入自治区“十四五”规划盘子，全面完成贡嘎机场第二跑道和隆子机场建设，推动S5拉萨至山南快速通道建成通车。加强水利设施建设，开工建设措美下巴水库，推进重点水源、灌区、水利设施建设现代化标准化改造，推动供水管网向农牧区延伸。提高能源供应保障能力，提前谋划和推进能源送出网络建设，推进城网和农网改造升级，提升偏远乡镇和村居供电稳定性、应对灾害可靠性。加强新基建布建应用，重点布局建设宽带基础网络设施，提升5G网络覆盖率。

增强产业支撑作用。把发展经济的着力点放在实体经济上，着力补链强链，加快建设现代化产业体系。加快打造雅江中游百亿产业走廊，大力发展现代农牧业，着力在苹果的产业链延伸、葡萄的品牌化打造、绵羊的集约化饲养、生猪的规模化养殖、蔬菜的基地化建设、奶制品的深度加工、益生菌的产品研发等方面取得实质性进展，提升产品附加值，广辟本土产品区外销售渠道和市场。坚持水光风热互补、源网荷储一体部署，基地建设与通道建设同步推进，聚力打造雅江中部清洁能源示范区，做好增期、大古、永木等抽蓄电站前期工作，力争开工建设巴玉、冷达水电站，实施罗布莎、加娃水光互补电站建设，实现街需电站拦河筑坝、拉康电站和措美哲古风电二期建成送电目标。加大铬铁、岩金等绿色矿产资源开发，实施罗布莎南部矿区、香卡山矿区改建扩能项目；以转型赋能水泥产业高质量发展，引导水泥行业向产业上下游拓展、向节能环保迈进，确保规上工业增加值增长10%以上。开辟后疫情时代旅游高质量发展路径，全链条、全流程、全领域、全系统推动旅游经济回温复苏，确保全年旅游接待人次和收入分别增长30%、25%以上。加快发展现代服务业，积极发展研发设计、信息数据等生产性服务业，支持发展健康医疗、养老育幼等生活性服务业。在坚持房住不炒定位前提下，抓住因城施策的政策窗口，积极支持刚性和改善性住房需求，加快房地产市场和消费复苏，促进房地产业向新发展模式平稳过渡。加快建设集中采购和跨区域配送物流集散中心项目，下决心打通与区外市场直接联通的渠道，加快融入国内大循环。

增强消费基础作用。把恢复和扩大消费摆在优先位置，用市场化、可持续的办法扩大消费，增强消费能力、改善消费条件、提振市场信心。繁荣发展商贸经济。打造火车站站前广场、神力时代广场、泽当综合农贸市场等新商圈，改造提升月光市场，完善以泽当城区商业区为核心、县域商圈为支点、农村集市为补充的多层次商贸服务和消费网络，力争新增入统限上企业5家以上。加快推进供销合作社综合改革，完成12个县区供销社组织体系全覆盖。大力拓展消费热点。实施扩大消费专项行动，提振大宗商品和餐饮、住宿、家政等服务消费，促进家电家具家装消费，强化线上线下消费有机融合，规范发展农牧区电商、直播电商，积极开辟新能源汽车、夜间经济等新热点，为新消费创造新供给、以新供给满足新需求。

（二）以“着力推进城乡融合和区域协调发展”为实践路径，聚力构建优势互补、同频共振的城乡区域统筹体系。

大力度促进区域融合。深入实施区域协调发展战略、主体功能区战略，积极推进拉萨山南一体化进程，发展壮大“一主两翼”格局，加快融入全区“一核一圈两带三区”新格局。统筹贡嘎和隆子机场，高标准编制空港新区发展规划，吸引高端酒店落户空港新区，谋划发展临空制造、临空商务、现代物流等产业，谋划实施仓储物流集散中心、临空综合保税区等项目，发展壮大空港经济、拓展航空口岸功能，把空港新区打造成为融入大循环的重要节点。把园区作为区域融合的排头兵、开放合作的主平台，坚持产业带园区、园区聚产业，扎实推进森布日牧业产品加工产业园、经开区、鲁琼商贸物流园等园区建设，加快配套完善园区道路、供水供电、污水处理等基础设施，提升产业发展承载力。

高标准打造宜居城镇。推进以人为核心、县城为重要载体的新型城镇化，加快建设以泽当城区为核心、贡嘎加查隆子县城为副中心的“一主三副”城市发展格局，力争城镇化率达到38%。加快推进城市更新行动，力争新建萨热路跨江大桥，完成泽当大道拓宽，实施城市照明提升、绿化整治工程，改造康桑苑等9个老旧小区，谋划城市供暖供氧，下决心解决停车难问题，推进防洪排涝、雨污分流等项目，优化城市建筑风貌设计，打造智慧城市、品质城市。理顺城市治理职能，建立城市建设管理智慧化“一张图”，一体提升城市规划、建设、治理水平。

全方位推动乡村振兴。坚决扛起粮食安全政治责任，全面落实粮食安全党政同责，严守耕地底线红线，新建和改造高标准农田7万亩，推广作物良种36万亩，实施科技人员蹲点包产责任制，落实新一轮粮食产能提升行动，以大食物观丰富粮仓、菜篮、油瓶、果盘，构建多元化食物供给体系，力争农作物播种面积达到37万亩、粮食总产达到16.86万吨，肉、蛋、奶产量分别达到2.63万吨、0.9万吨、7.8万吨。坚持“五大振兴”统筹部署，一体推进农业现代化和农村现代化，优化完善乡村基础设施和公共服务布局，深化农村人居环境整治，打造92个美丽宜居乡村示范点，加强23个传统村落保护建设。持续巩固拓展脱贫攻坚成果，严格落实“四不摘”政策，强化监测预警、政策兜底、产业就业帮扶工作力度，深化易地搬迁安置点“领导联系、单位结对、企业帮扶”制度，确保脱贫人口收入增速高于农牧民收入增速、易地搬迁群众收入增速高于脱贫人口收入增速，让脱贫群众生活更上一层楼。

（三）以“不断满足人民群众对美好生活的向往”为执政理念，聚力构建全面发展、共同富裕的民生改善体系。

实施增收致富行动。坚持把增加农牧民收入作为“三农”工作的中心任务，千方百计拓展增收渠道，逐步缩小城乡居民收入差距。坚持就业促增收，深入开展精准化培训、组织化转移，加大国家投资项目吸纳当地农民工、使用本土建筑建材工作力度，完成农牧民技能培训1万人以上、转移就业11万人以上、创收12亿元以上。坚持产业促增收，立足清洁能源、矿产资源、文化旅游、汉族药材和藏药材等特色优势资源，以土地现金入股、优先使用当地劳务、开发企业属地注册、积极发展配套产业等为重点，建立优势资源开发利益共享机制，推动资源开发和产业发展成果更多惠及农牧民群众。坚持经营促增收，用好用活党的强农惠农政策，培育发展种养大户、家庭农牧场，支持乡镇村居发展集体经济，培植致富带头人，鼓励引导农牧民群众投身二、三产业，开展特色农畜产品加工增值，发展商贸、旅游、餐饮、文化娱乐等服务业，在一、二、三产融合发展中开辟新的增收致富渠道。

实施就业促进行动。坚持在推动高质量发展中强化就业优先导向，优化完善3.1亿元就业政策资金发放使用，健全覆盖就业指导、技能培训、劳动保障等各环节的就业公共服务体系，不断扩大政策覆盖面，提高政策引领高质量就业、促进更充分创业的水平。把促进青年特别是高校毕业生就业工作摆在更加突出的位置，坚持政府、市场、援藏等多向发力，不断拓宽就业渠道、创新就业形式，引导学生转变就业观念，推动就业向市场转移、向产业靠拢、向企业倾斜、向区外延伸，确保应届高校毕业生就业率达95%以上、区外就业率达10%以上。加强就业困难群体帮扶，确保零就业家庭动态清零。

实施教育提质行动。坚持以人民为中心发展教育，安排资金25.3亿元支持教育事业发展、落实教育惠民政策。协同开展薄弱学科攻坚、国家通用语言文字推广、师德师风建设、义务教育优质均衡发展和城乡一体、职业学校办学条件达标、高海拔学校供暖等工程，加快建设覆盖学前、义务、高中、职业各阶段的高质量教育体系，巩固提升学前教育毛入园率、义务教育巩固率、高考本科上线率、职业教育就业率。

实施健康促进行动。坚持把保障人民健康放在优先发展的战略位置，安排资金3.4亿元加快健康山南建设。深化医疗卫生体制改革，促进医保、医疗、医药协同发展和治理，深化以公益性为导向的公立医院改革，规范民营医院发展。推动优质医疗资源扩容下沉，完成市妇幼保健院综合楼建设、疾控中心整体搬迁和传染病医院标准化改造，加快中（藏）医药特色发展，推进乡镇卫生院和村居卫生室改造提升，提高基层防病治病和健康管理能力。坚持预防为主，加强大骨节病、包虫病等地方病慢性病综合防治。加强重大疫情防控救治体系和应急能力建设，完善多渠道监测预警和快速高效应急处置机制，有效遏制重大传染性疾病传播。

实施文化润民行动。坚持把铸牢中华民族共同体意识的主线贯穿文化事业发展全过程各方面，持续巩固各族人民团结奋斗的共同思想基础。安排资金1.2亿元发展文化事业，加快建设市文化艺术中心、广播电视中心，精心举办雅砻文化旅游节和文艺下乡活动，全面加强文物保护研究利用，推进广播电视事业高质量发展，大力传播现代文明理念和行为方式，促进满足人民文化需求和增强人民精神力量相统一，完成好举旗帜、聚民心、育新人、兴文化、展形象的使命任务。

实施社保兜底行动。安排资金5.6亿元，加强社会保障体系建设。健全覆盖城乡居民的基本养老、基本医疗、失业、工伤、生育等保险制度，确保各类社保参保率保持在98%以上。开展医保支付方式改革试点，推进医保直接结算向村居延伸。成立市慈善总会。做好“一老一小”、特殊群体关爱、社会救助等工作，逐步提高失能、半失能特困人员集中供养率。加强住房供给保障，建设公租房和周转房1万套以上。不折不扣贯彻落实自治区以社保民生为重点、以提标扩面为关键的“21项民生实事”，确保民生实绩更贴民心、民生答卷更有温度。

（四）以“深入推进改革创新，坚定不移扩大开放”为重要抓手，聚力构建开放有序、活力释放的内生动能体系。

重改革创新。毫不动摇巩固和发展公有制经济，深化国资国企改革，完善现代公司治理体系，支持市属国企聚焦主责主业，优化发展布局，做大资产包，增强产业链供应链支撑和带动能力，提高核心竞争力，确保总体营业收入、利润总额均增长10%。毫不动摇鼓励、支持、引导非公有制经济发展，坚持思想上一视同仁、政策上平等对待，认真落实税费“减降缓”等一揽子助企纾困政策，大力优化民营经济发展环境，激发市场主体活力，确保市场主体增长6.5%以上。认真落实省以下财政体制改革。持续深化农村承包地、宅基地“三权分置”等改革。实施科技体制改革三年攻坚行动，进一步推动科技项目向特色产业聚焦、科学研究向培植优势聚力、科技推广向提质增效聚拢，力争在智慧农牧业、高新数字业、绿色热暖产业发展等方面取得新的进展。发展壮大人力资源，尊重劳动、尊重知识、尊重人才、尊重创造，落实好“育、引、用、留”四大工程，更好发挥人才第一资源作用。

重环境优化。坚持以群众评价、企业感受、市场预期为第一标准，扎实开展优化营商环境攻坚行动。用“放管服”的办法减繁去苛，下决心推行联审联批、限时办结、容缺受理等制度，从经营管理、招投标、公平交易等方面整顿优化市场秩序，以更大力度优化企业开办、项目审批环节，提升用地、用能、用水和信贷便利度，帮助中小微企业、个体工商户提振信心、增强活力。成立市级融资担保公司，引导金融机构加大对小微企业、科技创新、绿色发展等领域支持力度，确保民营企业贷款、涉农贷款、普惠小微贷款、绿色贷款增速均高于各项贷款平均增速。营造公平竞争环境，支持民营企业参与项目建设、产业发展、资源开发，凡市场能解决的事都让市场主导推动，充分发挥市场在资源配置中的决定性作用，更好发挥政府作用。

重开放合作。把招商引资作为对外开放的突破口，坚持招商第一要事，聚焦招大引强、招新引优，制定招商引资优惠政策，围绕主导产业和优势资源，突出项目招商、产业招商、园区招商、平台招商，加大援藏招商、县区招商、专班招商、以商招商等工作力度，精准高效开展受援合作，促成意向企业签约落地、签约项目建成投产、投产项目做大做强，力争招商引资固定资产投资达60亿元以上，援藏项目投资达4亿元以上，更好借助招商引资、借力援藏支持发展新产业、拥抱新经济、融入大市场。

（五）以“尊重自然、顺应自然、保护自然”为内在要求，聚力构建节约集约、绿色低碳的生态文明体系。

加快发展方式绿色转型。牢固树立“绿水青山就是金山银山理念”，推进减污降碳协同增效，落实“双碳”政策措施，推进工业、建筑、交通等领域清洁低碳转型，坚决做到“两高”项目零审批零引进，推动经济社会发展绿色化、低碳化。加快调整优化能源结构，推进薪柴和化石能源替代，申报建设清洁能源供暖试点城市，推动清洁能源低碳高效利用。实施全面节约战略，抓好“无废城市”建设，推进各类资源节约集约利用，努力让绿色生活方式成为新生活的主基调。

深入推进环境污染防治。坚持精准治污、科学治污、依法治污，保持力度、延伸深度、拓宽广度，持续打好蓝天、碧水、净土保卫战。强化城镇空气质量管控，抓好减排、抑尘、治车等重点任务，确保空气质量优良率保持在99.5%以上。统筹水资源、水环境、水生态治理，严格落实河湖长制，加强雅江、羊湖等重要江河湖泊生态保护治理，编制支那沟水体整治方案，明确雅砻河补水技术路径，规范运营县城污水处理厂，全面整治吉雄干渠、浪卡子县城排污问题。加强土壤污染源头防控，科学合理使用化肥农药，保持土壤环境质量总体稳定。持续整治和规范采砂采石行为，大力推进绿色矿山建设。

持续强化生态系统保护。坚持山水林田湖草沙一体化保护和系统治理，以打造雅江中游“百里生态走廊”、沿喜马拉雅北麓生态廊道为重要抓手，不断提升生态系统多样性、稳定性、持续性。高质量完成“三区三线”划定，专班推动雅砻风景名胜区调规工作。加快实施重要生态系统保护和修复重大工程，建成雅江中游贡嘎机场周边河道生态保护和修复试点项目，高标准推进桑耶、结巴和贡嘎片区山水项目建设。开展大规模国土绿化行动，认真落实拉萨南北山植树造林山南片区工作，完成植树造林 5 万亩。深化生态文明示范创建，力争把错那、贡嘎两县创建为自治区级生态文明建设示范区，在人与自然和谐共生中，打造蓝天常驻、青山常在、绿水长流的美好家园。

（六）以“新安全格局保障新发展格局”为目标导向，聚力构建群防群治、共治共享的社会治理体系。

坚定不移护社会安全。更好统筹发展和安全，深化反分裂、反渗透、反自焚、反暴恐等专项斗争，推进扫黑除恶常态化，严厉打击分裂破坏和危害国家安全犯罪活动。推进社会治理现代化，完善网格化管理、精细化服务、信息化支撑的基层治理平台，构建纵横交错、分片包干、分级管理、网格兜底的管理体系。加强和改进人民信访工作，有效排查化解各类社会矛盾风险。以铸牢中华民族共同体意识为主线，依法治理民族事务，推进民族团结进步示范创建。依法加强宗教事务管理，重点在“导”上下功夫，持续淡化宗教消极影响。

精准科学抓防疫安全。更好统筹疫情防控和经济社会发展，全面落实新阶段疫情防控“二十条”措施和“新十条”要求，以更精准、更科学的举措顺利度过流行期，重点抓好老年人和患基础病群体的防控，着力保健康、防重症，确保平稳转段和社会秩序稳定。引导群众当好自身健康“第一责任人”，让各族群众共克时艰、共享健康，取得抗击疫情的全面胜利。

防患未然保生产安全。坚持安全第一、预防为主，压紧压实安全生产责任，实施市应急管理指挥中心建设，落实落细安全生产“十五条硬措施”，深入开展安全生产风险专项整治。加快整合自然灾害监测预警平台与信息传输网络，有序推进自然灾害防治工程建设，切实加强食品药品、产品质量和特种设备安全监管，努力构建大安全大应急工作新格局。

尽心尽责守边境安全。加快补齐边境地区发展短板，补点扩面推进水电路讯网、科教文卫保等设施建设，持续改善边民生产生活条件，持续增强边境县人口集聚能力。加快边境地区产业发展布局，因地制宜发展小流域水电开发、黑青稞、奶牛养殖、茶叶种植等特色产业，促进边境地区实体经济发展。配合做好中央和国家机关定点帮扶，加大沟通对接力度，争取更多优惠政策和帮扶项目落地见效。坚持党政军警民联防联控，持续优化护边员队伍建设，着力提高固边兴边富民水平，让祖国边疆永远稳固、边民生活幸福安康。

各位代表！面对新的形势和任务，我们要挺起政治忠诚的铁骨脊梁，坚决捍卫“两个确立”，忠诚践行“两个维护”，坚持以习近平新时代中国特色社会主义思想凝心铸魂，不断增强政治判断力、政治领悟力、政治执行力，全面、系统、整体落实党对政府工作、经济工作的全面领导。坚持依法行政，一体推进法治政府、法治社会、法治山南建设。依法接受人大及其常委会的监督，自觉接受人民政协的民主监督，主动接受社会和舆论监督，强化审计监督。严格落实全面从严治党要求，始终牢记“三个务必”，锲而不舍落实中央八项规定及其实施细则精神，持续纠治“四风”，严防和整治权力集中、资金密集、资源富集领域的腐败，让权力在阳光下运行。政府工作人员要廉洁修身、勤勉尽责，自觉接受党内监督、法律监督、监察监督和人民的监督，清清白白做人、干干净净做事，绝不辜负人民公仆的称号！

各位代表！新时代承载伟大梦想，新征程呼唤奋斗激情。让我们更加紧密地团结在以习近平同志为核心的党中央周围，在市委的正确领导下，践行为民造福的初心使命，涵养百折不挠的斗争精神，锤炼真抓实干的务实作风，踔厉奋发、勇毅前行，奋力谱写全面建设社会主义现代化国家山南篇章！

中国人民政治协商会议第二届山南市委员会常务委员会工作报告（草案）

——在政协第二届山南市委员会第三次会议上

山南市政协主席　巴　珠

（2022年12月29日）

2022年工作回顾

2022年是我市发展进程中极不平凡的一年。一年来，在市委的坚强领导和市人大、政府的大力支持下，市政协团结引领全市各级政协组织、政协各参加单位和广大政协委员，坚持以习近平新时代中国特色社会主义思想为指导，深入学习贯彻党的十九大、十九届历次全会和党的二十大精神，学习贯彻习近平总书记关于加强和改进人民政协工作的重要思想、关于西藏工作的重要指示和新时代党的治藏方略，全面贯彻落实中央、区党委、市委的各项决策部署，牢牢把握团结民主两大主题，紧紧围绕全市工作大局，认真履行“落实下去、凝聚起来”的政治责任，主动担当作为、履职尽责，为助推“四件大事”“四个确保”“四个创建”“四个走在前列”和我市“六个走在全区前列”作出了贡献。

一、高举旗帜，毫不动摇坚持党的全面领导，把牢新时代政协工作政治方向

常委会高举中国特色社会主义伟大旗帜，坚持以习近平新时代中国特色社会主义思想为指导，坚持党对政协工作的全面领导，把坚决服从市委领导贯穿于政协履职全过程、各方面，始终做市委决策部署的坚定拥护者和执行者。始终不渝坚持党的全面领导。坚持把“两个维护”作为最高政治原则和根本政治规矩，不断增强拥护核心、紧跟核心、捍卫核心的思想自觉政治自觉行动自觉，始终同以习近平同志为核心的党中央保持高度一致，坚持党的全面领导，坚定捍卫“两个确立”，坚决做到“两个维护”。从严落实向市委请示报告制度，重大事项及时报告、重点工作专题报告、重要建言专项报告，确保市委部署要求在政协得到不折不扣贯彻落实。深入学习宣传贯彻党的二十大精神。通过召开党组理论学习中心组学习会、开展研讨交流、撰写心得体会、上专题党课、作辅导讲座、进行理论测试和市县（区）政协领导带头宣讲、委员向基层群众宣讲等多种形式，深入学习宣传党的二十大精神，深刻领会蕴含其中的重要思想、重要观点、重大战略、重大举措，着力把思想和行动统一到党的二十大精神上来，把智慧和力量凝聚到实现党的二十大确定的目标任务上来，体现在坚决贯彻党中央决策部署的行动上，体现在履职尽责、做好本职工作的实效上。持之以恒强化思想政治建设。坚持将学习作为政治责任，完善以政协党组中心组学习会为引领，主席会议和常委会会议集体学习、专委会专题学习、委员集中培训、“书香政协”读书活动等相配套的学习制度，积极组织政协委员和干部深入学习习近平新时代中国特色社会主义思想，学习《习近平谈治国理政》第四卷、《中国共产党政治协商工作条例》，学习中央、区党委、市委关于加强和改进新时代人民政协工作的部署要求，引领政协委员和干部在不断学思践悟中夯实团结奋斗的共同思想政治基础，在不断提高政治判断力、政治领悟力、政治执行力中坚定政协工作的正确政治方向。

二、强化主业，全面提升专门协商机构效能，以高质量建言服务高质量发展

常委会聚焦全市中心工作，深入调查研究，多层次、多形式开展协商活动，一批调研报告和协商议政成果得到市委、政府主要领导肯定并给予批示交办，有力助推了我市长治久安和高质量发展。专题协商与党政“同轴共转”。围绕深化农村人居环境整治议政建言，组织委员深入扎囊、曲松、隆子、措美、错那、乃东6个县（区）26个乡（镇）开展专题调研，成功召开山南市农村人居环境整治专题议政性常委会会议，针对农村改厕、污水治理、垃圾处理、村容村貌、村庄规划和村民参与等方面提出了务实管用的意见建议。围绕提升职业教育水平、培养更多技能型人才建言献策，组织委员深入隆子、扎囊、加查3个县和职业技术学校、校企合作企业、劳动技能实训基地进行专题调研，从强化政府主导、提升办学水平、提高保障能力、加强资源整合、转变思想观念、健全工作机制等方面提出了针对性强的意见建议。围绕夯实易地扶贫搬迁群众新生活基础献计出力，组织委员深入贡嘎、扎囊、乃东、隆子、加查、桑日6个县（区）15个搬迁安置点开展专题调研，就夯实配套设施建设、后续产业培育、就业增收渠道、搬迁政策保障、基层组织建设基础等方面提出了有分量、有价值的工作建议。围绕挖掘古建筑历史文化资源、加快旅游产业发展建言资政，组织委员深入措美、洛扎、贡嘎、扎囊、桑日、曲松、琼结、乃东8个县（区）开展专题调研，就深化古建筑历史文化价值认识、加强顶层设计和专业人才培养、加大保护挖掘和开发力度、打造文化旅游精品、促进文旅产业融合发展等方面提出了具体建议。围绕联动履职形成工作合力，协助自治区政协完成了“优化营商环境”“藏医药特色产业管理体制”“民族团结进步模范区建设”“宗教界三个意识教育”“加强边境地区公共服务能力建设”“政协协商民主在发展全过程人民民主中的独特优势”等专题调研视察任务。提案协商与委员“同向发力”。坚持把提案办理协商作为政协协商民主的重要内容，市政府和政协领导对重点提案进行领衔督办，用好200万元提案办理专项资金，先后召开6场提案现场办理协商会，就维修昌果乡主干渠、解决加查县两乡镇饮水问题、提高驾校考证办证效率、加强思金拉措环境卫生管理、完善拉康社区配套设施、增设网围栏防止野生动物毁坏庄稼等进行深入协商，推动有关问题妥善解决，充分发挥了重点提案办理的示范引领作用，市政协二届一次和二次会议立案的78件提案办复率达100%，办理质量得到进一步提高。驻我市的全国、自治区政协委员在“两会”期间积极反映山南实际困难并提出意见建议，共提交提案52件，助推解决了一批群众关注的重大项目、基础设施建设、改善民生等问题。民主监督与百姓“同声相呼”。坚持以民为本的履职理念，聚焦民生民利，不断健全常态化监督机制，积极安排委员90余人次参加市委、市政府及有关部门的民主生活会、征求意见会、情况通报会、知情听证会、法院审判会和各类公招、考试监考等，真诚坦率提出意见建议，对涉及群众切身利益、社会各界关注度高的问题进行民主监督。畅通社情民意反映渠道，认真收集上报社情民意信息，及时反映一线情况和基层呼声，《关于进一步规范泽当城区部分路段人行道绿化和管理工作的建议》等得到市委、市政府领导批示交办，充分发挥了社情民意信息在民主监督中的重要作用。

三、广聚共识，充分发挥统一战线组织功能，着力汇聚奋进新征程磅礴伟力

常委会把加强思想政治引领、广泛凝聚共识作为政协履职的中心环节，坚持以协商聚共识、以共识固团结，积极搭建凝聚共识的平台载体，主动联系、服务和教育政协委员，着力做好宣传政策、协调关系、引导预期、化解矛盾的工作，广泛凝聚团结奋斗的正能量。在“交朋友”中凝聚共识。坚持把“交朋友”活动作为政协履职尽责的重要载体，认真落实政协班子成员联系委员、党员委员联系党外委员等制度，主动加强同各方面人士的联系，深入开展走进基层委员和界别群众“讲党恩、听心声、办实事、聚人心”的交朋友活动，利用下乡调研视察、政协各类会议、入户走访看望等机会，面对面地与委员交心谈心、聊心事话家常，了解他们的生产生活和工作情况，在广泛联谊中有效沟通情况、交流思想、增进感情、扩大共识、加强团结，今年市政协班子成员和机关干部共交朋友91名，不断推动形成了和衷共济、携手同行的良好氛围。在“讲故事”中凝聚共识。坚持把讲好“委员故事”“西藏故事”作为深化思想政治引领

的重要抓手，积极引导各级委员结合自身经历和身边实际，认真搜集整理各方面的优秀故事，面向基层界别群众讲好爱党爱国、新旧西藏对比、红色革命历史的故事，讲好民族交往交流交融、中华民族一家亲的故事，讲好巩固脱贫攻坚成果、推进乡村振兴的故事，讲好热心公益事业、共建美丽幸福家园的故事，讲好守边固边兴边强边、维护边境安全稳定的故事，通过一个个"小而美"的故事和真实鲜活的感人事例，热情讴歌了新时代党的治藏方略和富民兴藏各项政策的英明伟力，更加厚植了各族各界群众听党话、感党恩、跟党走的真挚情怀，更好地把广大群众团结凝聚在了党的周围。今年市政协共收集整理25篇优秀故事，《"次麦模式"的探索者和实践者》《我的民族团结故事》等被自治区政协采用刊发。在"强引领"中凝聚共识。发挥政协独特优势，积极助力做好民族宗教工作，联合市人大发出《关于全市各级人大代表 政协委员在着力创建全国民族团结进步模范区中发挥表率作用的倡议书》，教育引导广大委员充分发挥表率作用，带头铸牢中华民族共同体意识，带头开展民族团结进步宣传教育和创建活动，主动为民族团结做好事、办实事，合力共建民族团结进步模范区。坚持藏传佛教中国化方向，政协班子成员深入联系寺庙开展"三个意识"教育宣讲活动，引导宗教界人士进一步树牢国大于教、国法大于教规、教民首先是公民的观念。充分发挥宗教界委员作用，深入宣传党的宗教政策，积极协助党委、政府加强寺庙管理，教育引导广大僧尼深入揭批十四世达赖反动本质和险恶用心，坚定坚决地与十四世达赖集团作斗争，教育引导信教群众理性对待宗教，减少宗教消费，过好今生幸福生活，不断促进宗教与社会主义社会相适应。我市委员关于"推进藏传佛教中国化的方法路径"的发言得到了自治区政协充分认可。在"广宣传"中凝聚共识。加强政协宣传工作，利用我市主流媒体、政协微信公众号、政协文史馆等宣传平台，加大宣传报道和工作交流力度，今年共发布信息205条，累计接待参观文史馆达200余人次。深化各地政协交流合作，协助吉林省、山西省、日喀则市、林芝市等15个考察团在我市考察学习。编辑出版《山南山水名录》，充分发挥政协文史资料存史、资政、团结、育人的重要作用。

四、勇挑重担，投身一线体现政协责任担当，全面助力打赢疫情防控攻坚战

常委会面对突如其来的疫情，闻令而动、听令而行，主动担当作为，团结带领全市各级政协组织、政协委员和干部职工冲锋在前、奋战一线，以履职为民的实际行动彰显了政协政治担当，为打赢疫情防控攻坚战贡献了政协力量。勇于担当作表率。疫情发生后，政协班子成员按照市委要求第一时间赶赴有关县进行督导，市政协第一时间发出倡议，广大政协委员和干部职工紧急行动起来，纷纷下沉一线，主动亮身份、当先锋、冲在前，把担当写在行动上，把责任落在岗位上，全力做各族群众生命安全和身体健康的贴心守护者。主动请缨战火线。各级政协委员和政协干部职工主动报名参加防疫宣传、卡点检查、隔离点督导、方舱医院值守、核酸检测、隔离管控、消毒消杀、人员排查、物资搬运、后勤保障等志愿服务和专项工作，村村寨寨、边境一线处处活跃着政协志愿者的身影，彰显了"政协人"为国履职、为民尽责的强烈使命担当。据统计，全市共有930余名政协委员、110余名政协干部职工参加疫情防控工作。彰显情怀献爱心。各级政协委员和政协干部职工勇担社会责任，自发捐款捐物献爱心，在抗击疫情的洪流中凝聚起了宏大而温暖的"政协力量"，谱写了中华民族一家亲的动人乐章。据统计，全市各级政协委员和政协干部职工共捐款92.3万余元、捐物价值1114.5万余元，一份份浓浓的爱心汇聚起了强大的战疫力量。

五、力行实干，积极加强自身建设，不断提升广大委员和政协干部能力素质

常委会坚持以党的建设为引领，着力在强素质、提能力上狠下功夫，努力推动新时代我市政协工作高质量发展，充分发挥政协重要阵地、重要平台、重要渠道作用。着力推进政协党的建设。认真贯彻新时代党的建设总要求，以党的政治建设为统领，全面加强政协党组自身建设，积极健全完善政协党建责任体系，制定《关于加强市政协机关党建工作的意见》，落细落实全面从严治党主体责任，充分发挥政协党组把方向、管大局、保落实的重要作用。坚持每半年召开1次党建、党风廉政、意识形态工作专题会议，党组成员积极参加"三会一课"、主题党日等组织

生活，党员委员积极参加所在地政协党组织的各项活动，推动政协党建工作从“有形覆盖”向“有效覆盖”转变，着力促进政协党建与履职深度融合、相得益彰。着力提升履职尽责本领。强化委员履职情况常态化引导、督促和考核，全面加强机关各项建设，着力打造有担当的政协委员队伍和服务型的政协干部队伍。注重提升委员履职能力，经常性开展学习培训和互鉴交流活动，教育引导新任委员入好政协门、当好政协人、干好政协事。召开全市基层政协工作现场推进会，组织各县（区）政协主席观摩学习加查、琼结、措美3个县及6个乡（镇）推进新时代基层政协工作的有益探索和成功经验。举办各乡（镇）政协联络员、农牧区基层委员2期培训班，分别对84名联络员和90名基层委员进行专题培训，帮助其学习掌握好人民政协理论和业务知识，增强了履职能力。安排40余名政协干部、政协委员参加上级政协和区市党校等举办的各类学习培训，促进新时代履职“跟得上趟、承得了重”。着力转变机关工作作风。坚持问题导向，认真落实全面从严治党的各项措施，狠抓政协机关改进作风狠抓落实工作，“作风怎么看、工作怎么干”大讨论暨表态发言实现全覆盖，积极开展“政协机关是我家、团结奋进靠大家”演讲比赛、“我为办公室献良策”、干部职工“一对一互帮互助”等活动，建立健全29项规章制度，成立8个专项工作小组，整合工作力量进行合署办公，加强干部职工之间的交流合作，一些优秀干部及时得到提拔晋升，提高了机关工作整体效能，形成了团结干事、风清气正的良好环境。

各位委员，一年来政协工作取得的成绩，根本在于有习近平总书记作为党中央的核心、全党的核心领航掌舵，在于有习近平新时代中国特色社会主义思想科学指引，是区党委坚强领导和自治区政协精心指导的结果，是市委坚强领导和市人大、政府大力支持帮助的结果，是全市各级各部门、各族各界积极配合支持和全市各级政协组织、政协各参加单位、广大政协委员、政协干部职工共同团结奋斗的结果。在此，我代表市政协常委会表示衷心的感谢！

在肯定成绩的同时，也要清醒地看到，我们的工作与人民政协的新使命和人民群众的新期盼相比，还有一定差距。政协协商民主的制度化建设仍需加强，基层政协基础工作和人员力量薄弱的问题仍需破解，加强思想引领、广泛凝聚共识的能力水平仍需提升，等等。这些都需要在今后工作中切实加以改进。

2023年工作安排

2023年是全面贯彻落实党的二十大精神的开局之年，也是实施“十四五”规划的关键一年，做好政协工作意义重大。总体要求是：高举中国特色社会主义伟大旗帜，坚持以习近平新时代中国特色社会主义思想为指导，深入贯彻落实党的二十大和二十届一中全会精神，贯彻落实习近平总书记关于加强和改进人民政协工作的重要思想、关于西藏工作的重要指示和新时代党的治藏方略，贯彻落实区党委十届三次全会和市委二届五次全会精神，按照市委对政协工作的部署要求，锚定“四件大事”“四个确保”，聚力“四个创建”“四个走在前列”和我市“六个走在全区前列”，认真履行全面发展协商民主的政治责任，坚持发扬民主和增进团结相互贯通、建言资政和凝聚共识双向发力，充分发挥人民政协专门协商机构作用，为全面建设社会主义现代化山南，以中国式现代化全面推进中华民族伟大复兴贡献智慧和力量。

一、深入贯彻党的二十大精神，坚持不懈用习近平新时代中国特色社会主义思想凝心铸魂

学习贯彻党的二十大精神是当前和今后一个时期人民政协的首要政治任务，要持续掀起学习贯彻热潮，在全面学习、全面把握、全面落实上下功夫，学深悟透党的二十大提出的新思想新论断、作出的新部署新要求，学出政治坚定、学出历史自信、学出使命担当、学出能力水平，切实把思想和行动统一到党中央决策部署上来，增强全面建设社会主义现代化国家、全面推进中华民族伟大复兴的政治责任感和历史使命感。要深刻领悟“两个确立”的决定性意义，忠诚拥护、坚定捍卫“两个确立”，不断增强“四个意识”、坚定“四个自信”、做到“两个维护”，不断提高政治判断力、政治领悟力、政治执行力，做到政治上绝对忠诚、思想上高度统一、认识上态度明确、行动上步调一致，确保党中央各项决策部署在人民政协政令畅通、执行到位、落地见效。要深入学习贯彻习近平

新时代中国特色社会主义思想，深刻领会蕴含其中的世界观方法论和立场观点方法，从中找寻做好新时代政协工作的思想方法和工作方法，做到学思用贯通、知信行统一，自觉做习近平新时代中国特色社会主义思想的坚定信仰者、忠诚实践者。要深刻认识协商民主是实践全过程人民民主的重要形式，准确把握人民政协作为协商民主的重要渠道和专门协商机构性质定位，更加自觉地坚持和完善中国共产党领导的多党合作和政治协商制度，更加自觉地坚持党的领导、统一战线、协商民主有机结合，坚定不移走中国特色社会主义政治发展道路。

二、矢志不渝全面发展协商民主，以强烈的政治担当助力全面建设社会主义现代化山南

市委二届五次全会对全面建设社会主义现代化山南作出了战略部署，要围绕市委描绘的宏伟蓝图、明确的目标任务和重大举措，聚焦我市中心工作，发挥政协优势，针对改革创新的难点、工作落实的阻点、群众关注的焦点、高质量发展的堵点，找准履职切入点和发力点，深入调研、深度协商，扎实推进协商民主的生动实践，助推市委决策部署落地见效。要围绕夯实粮食安全根基，组织开展“进一步保护耕地、确保粮食安全”专题调研，助推守牢耕地红线和粮食安全底线。围绕提升居民生活品质，组织开展“规范小区物业管理、提高市域治理水平”专题调研，不断增强居民获得感幸福感安全感。围绕加强边境地区建设，组织开展“推进边境搬迁点建设”专题调研，积极助推守边固边兴边强边。围绕推进文化惠民，组织开展“建强乡村文化阵地”专题调研，进一步提升基层公共文化服务效能。围绕促进农牧民增收致富，组织开展“助推农牧区电商产业发展”专题调研，助力打造特色产品流通新格局。围绕提高社会保障水平，组织开展“加强城乡养老服务体系建设”专题调研，促进养老服务事业高质量发展。围绕完善社会治理体系，组织开展“人民调解助推基层社会治理”专题调研，助力把矛盾纠纷控制在源头、化解在基层。要强化调研协商成果转化落实情况的跟踪了解，通过有效的民主监督推动协商成果落实。

三、牢牢把握团结奋斗时代要求，着力汇聚起全面建设社会主义现代化山南的强大正能量

团结就是力量，团结才能胜利，要牢牢把握团结奋斗的时代要求，自觉把凝聚共识贯穿政协工作全过程各方面，着力汇聚全面建设社会主义现代化山南的强大正能量。要从严落实好党员委员联系党外委员、与委员“交朋友”等制度，进一步健全完善委员联系界别群众制度机制，加强与各族各界沟通联系，主动邀请他们参与调研视察、协商议政、民主监督等活动，鼓励和支持他们发表意见建议、表达群众心声、促进团结合作。要加强与党政部门协调衔接，紧盯乡村振兴、产业发展、项目建设、招商引资、民生改善等大事难事急事，坚持“准、深、透、实”标准，多组织实质性、有深度、可参与的协商活动，凝聚多方共识，切实提出一批实事求是、言之有理、言之有据、富有针对性和前瞻性的意见建议，为党政决策提供更多有效参考，把履职过程变成汇聚智慧力量的途径。要以乡（镇）政协联络办、“政协委员之家”为平台，积极探索打造“群众上报、乡（镇）协商、政协统筹”的“微协商”平台，重点遴选基层群众关切、社会舆论关注、群众利益关联的焦点议题，通过座谈交流、田园会话等方式开展“有事好商量”基层协商活动，做到协商于民、协商为民。要教育引导委员在同基层群众“零距离”接触、“面对面”交流的过程中，宣传党的方针政策，及时反映群众诉求，做好理顺情绪、化解矛盾的工作，将广大群众紧紧团结在党的周围，凝聚起同心共圆中国梦的强大合力。

四、坚定不移推进政协党的建设，奋力推动新时代山南政协工作高质量发展

做好新时代政协工作，关键在加强政协党的建设，要坚持党对政协工作的全面领导，认真贯彻落实《关于加强和改进新时代市县政协工作的意见》，把建强政协委员和政协干部队伍作为主抓手，不断增强政协工作高质量发展的动力。要认真履行管党治党政治责任，以增强政协党组织政治功能和组织功能为重点，打造具有政协特色的党建品牌，推动政协党的建设工作强起来、实起来、活起来、亮起来。要紧紧抓住制度建设这个“牛鼻子”，充分立足工作实际，进一步健全完善各项制度，加强政协工作制度化、规范化、程序化等功能建设，着力提升政协工作质效。要提高履职能力，加强联络服务和考核，通过学习培训、外出考察和创新履职实践，切实增强委员意识、责任意识，掌握协商规则、工作技巧，练好履职

基本功，做“懂政协、会协商、善议政，守纪律、讲规矩、重品行”的践行者。全体委员要在“六个走在全区前列”中担当作为、真抓实干、尽职尽责，在事关国家统一、民族团结、社会稳定等重大原则问题上，积极正面发声，旗帜鲜明斗争。要持续加强政协作风建设，持续深化纠治“四风”，重点纠治形式主义、官僚主义，严格执行中央八项规定及其实施细则精神，营造良好政治生态。要坚持严管和厚爱相结合，注重从制度约束做起、从激励奖惩严起，大力弘扬实干精神，提高工作标杆、提升执行效力，推动形成能者上、庸者下、优者奖、劣者汰的良好用人导向，不断激励政协干部新时代新担当新作为。

各位委员，新征程无比辉煌，新使命无上荣光。让我们更加紧密地团结在以习近平同志为核心的党中央周围，全面贯彻习近平新时代中国特色社会主义思想，在区党委、市委的坚强领导下，奋力做好新时代政协工作，在全面发展协商民主中担当实干、善作善成，在推动山南工作走在全区前列中踔厉奋发、勇毅前行，为全面建设社会主义现代化山南、全面推进中华民族伟大复兴而团结奋斗！

专 辑

学习贯彻落实习近平总书记重要论述、重要讲话、重要指示批示精神

【概况】 2022年,山南市始终把贯彻落实习近平总书记重要指示批示精神和党中央决策部署作为坚定拥护“两个确立”、坚决做到“两个维护”的具体行动,坚持以习近平新时代中国特色社会主义思想为指导,深入学习贯彻习近平总书记关于西藏工作的重要指示和新时代党的治藏方略,及时跟进学习贯彻落实习近平总书记最新重要讲话精神和一系列重要指示批示精神。学习贯彻党中央各项决策部署特别是中共二十大精神,召开市委常委会(扩大)会议、理论学习中心组学习会议43次,一条一条梳理、一项一项研究、一件一件落实,确保山南工作始终沿着习近平总书记指引的方向前进。

【深入学习宣传贯彻落实中共二十大精神】 中共二十大胜利闭幕后,及时召开全市党员干部大会、市委常委会(扩大)会议、理论学习中心组学习会议等10次,学习中共二十大精神,制订《党委(党组)理论学习中心组深入学习党的二十大精神工作方案》和相关学习培训方案等。召开二届市委五次全会,对学习宣传贯彻中共二十大精神进行全面部署,研究制定《中共山南市委员会关于贯彻落实〈中共西藏自治区委员会关于深入贯彻党的二十大精神 全面建设社会主义现代化新西藏的意见〉的实施意见》。先后组织全市党员干部群众收听收看中共二十大开幕会盛况、中央宣讲团报告会、全区领导干部大会,交流学习心得。举办村(社区)主干和驻村干部、党员领导干部学习贯彻中共二十大精神培训班。市委主要负责人带头精读细研中共二十大报告,深入企业、工地、学校、村居、边境搬迁点、边防连队、寺庙、边防巡逻点等开展宣讲近30次。市委班子成员和各地级领导干部示范引领,积极参加分管领域、分管单位集体学习、交流发言,走基层、下一线开展宣讲。全市各级党组织集中学习2000余场次、党员干部撰写心得体会5万余篇,开展各类宣传宣讲活动2800余场次。

【深入贯彻落实习近平总书记关于西藏工作的重要指示和新时代党的治藏方略】 2022年,山南市委及时召开市委常委会(扩大)会议认真学习、研讨交流,全面梳理、细化安排贯彻落实工作。开展习近平总书记重要指示批示精神贯彻落实情况“回头看”、习近平总书记给玉麦群众回信5周年活动,逐项梳理、推动铸牢中华民族共同体意识、城市更新行动、“双碳”经济、兴边富民、稳边固防等重大战略部署落实。成立着力推动“六个走在全区前列”领导小组和6个专项组,推动党中央和区党委作出的重大决策部署付诸行动、见之于成效。

【认真贯彻落实习近平总书记关于维护国家安全和社会稳定的重要指示精神】 2022年,山南市深入开展反分裂斗争,着力建设更高水平的平安山南,完成中共二十大等维稳工作任务,全面加强社会面管理,常态化推进扫黑除恶斗争,严厉打击违法犯罪行为。

全面推广新时代"枫桥经验",排查化解信访问题400余件。严格落实安全生产责任制,制定落实安全生产"十五条硬措施"。琼结县再获"长安杯",授予83个平安乡镇(街道)称号、252个平安寺庙称号。维护意识形态领域安全,严格落实意识形态工作责任制,制定《党委(党组)网络意识形态工作责任制》,加强宗教、教育、基层领域阵地建设。突出网络和学校主阵地,坚持依法管网治网,深入推进"净网""断链"专项行动,建立寺管会、公安、家长联席制度,严禁师生参与宗教活动、进入寺庙,严格课堂纪律和教材管理,严禁宗教出版物进校园,坚决守住学校意识形态阵地。积极引导宗教与社会主义社会相适应,常态化开展"四条标准"教育实践活动,深入开展"三个意识"群众性教育实践活动,严守"三个不增加"底线和"三项要求",稳妥推进洛卓窝龙寺专项整治工作,176座寺庙财税监管工作有序推进,制定《山南市关于落实县(区)、乡(镇)党政主要领导负责人宗教工作责任述责述职考核评议办法》,将严守寺庙管理底线纳入领导干部考核制度。

【认真贯彻落实习近平总书记关于推动高质量发展的重要指示精神】 2022年,山南市坚决贯彻党中央和区党委关于稳经济大盘的一系列决策部署,多次召开专题会议,调度研究新情况、及时解决新问题,制定稳经济二十二条措施,推动经济高质量发展。加快推动产业发展,抓好粮食生产和重要农产品供给,持续开展高标准农田建设,推进青稞、藏羊等高原特色品种保护与开发,大力发展设施农业、现代牧业,有序发展建筑建材、天然饮用水等产业。雅江中游清洁能源基地加快建设,街需水电站、措美哲古风电二期取得核准,拉康水电站送出工程开工建设。着力推动重大项目建设,实行重大项目地级领导包保机制,建立前置手续集中审批联席会议制度,"十四五"规划项目前期工作完成率达81%。狠抓冬季施工,加快推进项目建设进度,隆子支线机场校飞通航,贡嘎机场二跑道开工建设。推动区域协调发展,大力打造空港新区、市经开区和藏中清洁能源基地建设三个经济增长极,不断巩固雅江中游经济带"一主两翼"协同发展格局,"百亿产业走廊"取得新成效,拉萨山南一体化发展进程加快推进,空港新区整体顺利移交,森布日极高海拔安置点二期群众搬迁入住工作顺利开展,牧业产品加工产业园初具规模。经开区建设进展有力,桑耶文化旅游创意区、昌果新兴产业聚集园区规划工作加快推进。深化改革开放,推进政务服务"一网一门一次"改革,大力推行互联网+政务服务,将中央和自治区投资3000万元以下项目审批权限全部下放到县(区)。全面落实新增减税降费及退税缓税政策,开展"招商引资百日攻坚"行动,持续深化农村承包地"三权分置"改革。

【深入贯彻落实习近平总书记关于提高人民生活品质的重要指示精神】 2022年,山南市持续巩固拓展脱贫攻坚成果,健全完善动态监测预警机制,通过项目带动脱贫群众就近就便就业。想方设法促进群众增收,建立重大项目用工责任制和对接等机制,出台冬季务工留岗等补助政策,提高群众外出就业组织化程度,实现转移就业11万人、创收11.3亿元。实施高校毕业生高质量就业促进行动,应届毕业生就业4262人、首次就业率达到98%,新增城镇就业6788人,城镇"零就业"家庭全部"动态清零"。提升公共服务水平,全面落实15年公费教育等政策,高海拔学校供暖全覆盖项目扎实推进,高考上线率达到93.15%,重本上线率提高2.21个百分点。制订《山南市职业教育发展水平全面提升工作细化方案》,提升职业教育现代化水平。稳步推进健康山南建设,市人民医院与各县(区)成功建立医联体,医保直接结算覆盖80个乡镇卫生院,公共卫生管理委员会实现村居全覆盖。精准推进参保扩面,积极开展社会救助工作。大力实施"文化润边"工程,免费开放全市县级以上公共场所体育场馆。全面推进乡村振兴,加快统筹整合财政涉农资金项目建设,58个美丽宜居乡村振兴示范点已完工10个、在建48个,实施中央扶持壮大村集体经济资金项目44个。23个行政村入选第六批中国传统村落名录,琼结县被列入"2022年国家乡村振兴示范县"。科学精准抓好疫情防控。坚持把快严实细的要求贯穿于防疫工作始终,成立联合指挥、联动作战,实施"八大行动",用19天时间实现社会面清零、用24天时间实现动态清零;坚决落实"新十条"措施,以"五个转变"为重点科学精准调整防控策略,把工作重心从防控感染转到医疗救助上,全面设置发热门诊,储备重点检测试剂和各类重点药品,强化医护力量准备,确保随时能够投入医疗救治主战场。

【深入贯彻落实习近平总书记关于生态文明建设的重要论述】 2022年，山南市坚决落实生态环境保护责任，召开市委生态文明建设领导小组等会议。编制完善《山南市“十四五”国土空间总体规划》，科学划定并落实“三区三线”。扎实做好中央环保督察整改工作，中央督察组转办的群众信访案件已办结或阶段性办结率88.6%。全面落实河湖长巡河巡湖和生态补偿政策。加强生态环境综合治理，雅江流域山水林田湖草生态修复等项目扎实推进，积极打造雅江中游“百里生态走廊”、沿喜马拉雅北麓生态廊道，大力实施国土绿化行动，开展空气污染防治行动。持续改善人居环境，建设城镇污水收集和处理设施，稳步推进“无废城市”建设，县、乡垃圾清运及处理体系初步建成，生活垃圾分类试点成效显著。深入实施开展农牧区人居环境整治提升五年行动，推广绿色积分兑换机制等先进典型做法，扎实推进“厕所革命”。建成自治区级美丽休闲、幸福宜居、干净整洁示范村56个，琼结县荣获2022年全国村庄清洁先进县称号。

【深入贯彻落实习近平总书记关于铸牢中华民族共同体意识的重要指示精神】 2022年，山南市构筑中华民族共有精神家园，召开市委二届四次全会，专题研究部署民族团结工作，制订《关于以铸牢中华民族共同体意识为主线和战略性任务全面推进山南民族工作高质量发展的实施方案》。深入实施“四大工程”“六项行动”，全面推广普及国家通用语言文字，深入开展青少年爱国主义教育。促进各民族交往交流交融，扎实开展民族团结“九进”活动，构建相互嵌入式的社区结构和社区环境，民族联姻家庭达2189户，积极组织开展双向交流活动超过1万人次，建成湖北黄石组团式援藏就业基地。加快推进民族团结进步创建，组织开展民族团结进步模范县（区）、模范单位评选推荐和典型选树工作，成功迎接国家民委对山南市创建民族团结进步示范市的考核工作。累计创建全国民族团结进步示范区（单位）7个、个人21人、教育基地1个和自治区级示范区（单位）1个。

【深入贯彻落实习近平总书记关于西藏工作特别是强边工作的重要论述】 2022年，山南市不断壮大守土固边力量。推进项目、资金、人才向边境一线倾斜，党政军警民合力筑牢边境防线。编制完成边境地区村镇建设实施方案，续建的1个边境搬迁安置点项目已竣工交付使用，13个新开工安置点总体形象进度已达75%以上，向632户、2114人搬迁群众发放住房钥匙，动员腹心地区边境搬迁920户、3054人。健全完善外事巡边员管理机制，外事巡边员队伍达1470人，及时兑现自治区边民补助。提高边境地区自我发展能力。加强水电路网等基础设施建设，边境地区通车里程4673.7千米，部分边境道路直达通外山口，主电网延伸到所有边境乡镇和具备条件的边防哨所，4G网络和移动信号实现乡村全覆盖。边境地区建设项目稳步推进，中央和国家机关4个部委投资9221万元的18个边境支持项目进展顺利。逐步形成以高原湖泊观光旅游业、高山畜牧业等特色产业为代表的边境产业带，方便边境群众就近就便就业增收。

【深入贯彻落实习近平总书记关于全面从严治党的重要论述】 2022年，山南市坚持和加强党的全面领导，召开市委常委会（扩大）会议等，听取市人大、政府、政协、监委、法院、检察院等党组工作汇报，支持人大及其常委会工作，完善协商民主体系。建设忠诚干净担当的高素质干部人才队伍，坚决落实新时代好干部标准和民族地区干部“四个特别”要求，坚持凭能力用干部、以实绩论英雄，强化选人用人监督检查，制定加强和改进新时代山南人才工作的实施意见。不断加强基层党组织建设，统筹推进各领域基层党组织建设，常态化整顿软弱涣散基层党组织38个，打造市级基层党建示范点120个。实施“两个覆盖”攻坚行动，清查整治突出问题规范党务，推动基层党建工作提质增效。坚决打赢反腐败斗争攻坚战持久战，深化整治权利集中、资金密集、资源富集领域腐败问题，依纪依法查处违纪违法案。各级纪检监察机关共受理信访举报155件次，处置问题线索315件，立案118件，给予党纪政务处分104人，移送司法机关16人，运用“四种形态”批评教育和处理278人次。深入开展改进作风，狠抓落实，营造激励干部担当作为、干事创业的浓厚氛围。严格落实中央八项规定及其实施细则精神，坚决整治“四风”。持续改进文风会风，为基层减负松绑，市级层面发文同比下降9%、开会下降17.5%。

作风建设

【概况】 2022 年，山南市通过改进作风狠抓落实，广大党员干部工作作风明显好转，事业心、责任心不断增强，干事创业的氛围更加浓厚，党群干群关系更加密切，特别是在疫情防控工作中，全市各级各部门和广大党员干部各司其职、各尽其责，发扬伟大抗疫精神，团结一心、众志成城，做到守土有责、守土担责、守土尽责，5.4 万余名党员干部、4560 名医务工作者、2500 余名警力积极响应号召，主动请战，下沉到基层社区、居民小区、检查卡点、隔离管理区等抗疫一线，以转作风的实际行动取得疫情防控的重大胜利。

【加强对作风建设的领导】 2022 年，山南市委召开市委常委会（扩大）会议、市委理论学习中心组学习会 42 次，及时跟进学习习近平总书记最新重要讲话和重要指示精神，及时传达学习、分解任务、贯彻落实，确保习近平总书记重要指示精神落地落实。先后召开 6 次市委常委会（扩大）会议，深入学习习近平总书记关于改进作风、狠抓落实的重要论述，全区改进作风狠抓落实工作动员部署会精神特别是自治区党委书记王君正讲话精神。加强对全市改进作风狠抓落实工作的组织领导，召开动员部署会，成立领导小组、设立工作专班，围绕推动“四查四问”“八个抓落实”，制定印发《市委常委会关于加强政治建设 持续转变作风的规定》《关于贯彻落实〈中共西藏自治区委员会关于进一步改进作风狠抓落实的意见〉任务分工方案》。市委主要领导召开 2 次领导小组会议调度部署工作，先后作出 20 次批示督促工作落实。制定改进作风狠抓落实工作实施方案，一体推进纪检监察专项整治、强化督促检查、树立鲜明选人用人导向、持续用力抓基层强基础固基本、狠抓巡视反馈问题整改和深化政治巡察、畅通群众反馈渠道、大兴调查研究之风等八项重点工作。紧扣目标任务和工作举措，建立工作平台，细化每个阶段工作任务，明确“时间表”和“路线图”，实行项目化、台账化、清单化、动态化管理和定期调度，序时推进工作落实。

【贯彻落实党中央和区党委决策部署】 2022 年，山南市建立完善贯彻落实习近平总书记重要指示批示和党中央决策部署工作机制，开展习近平总书记重要指示批示精神贯彻落实情况“回头看”、习近平总书记给玉麦群众回信 5 周年活动，逐项梳理、推动落实铸牢中华民族共同体意识、城市更新行动、“双碳”经济、兴边富民、稳边固防等重大战略部署。认真贯彻落实自治区第十次党代会精神和自治区党委书记王君正关于山南工作的讲话指示精神，对照区党委着力推进“四个创建”、努力做到“四个走在前列”，成立市推动自治区创建“三区一高地”工作领导小组，研究制定《关于深入学习贯彻党的十九届六中全会和自治区第十次党代会精神 加快推进山南长治久安和高质量发展走在全区前列的意见》《关于以铸牢中华民族共同体意识为主线和战略性任务全面推进山南民族工作高质量发展的实施方案》，一项一项研究部署、一件一件推动落实。认真贯彻落实王君正在山南考察调研时重要讲话精神，将王君正书记“山南要走在全区前列”的指示要求作为市第二次党代会的主题，制订下发具体分工方案，提出“六个走在全区前列”的重点任务，明确每项重点工作由一名副书记或常委班子成员牵头负责，带动全市各级党员干部转作风抓落实，以贯彻落实党中央和区党委决策部署的实际行动捍卫“两个确立”、增强“四个意识”、坚定“四个自信”、做到“两个维护”。

【作风突出问题处理】 2022 年，山南市坚持治标与治本并重、激励与惩罚并举、纠偏与整改结合，对照党中央和区党委指出作风建设存在的突出问题，坚持举一反三，全面梳理与新形势新任务新要求不相适应的问题，建立台账，逐一整改。坚决贯彻落实中央八项规定及其实施细则精神，着重整治“四风”特别是形式主义、官僚主义突出问题，开展监督检查

81次，发现并推动立行立改问题248条，查处违反中央八项规定精神问题4件、4人，给予党纪政务处分4人，通报曝光违反中央八项规定精神问题典型案例12起、14人，责成相关单位党委（党组）谈话提醒5人。严格落实精文减会要求，制定下发2022年度考核计划，明确开会、发文总量和督查检查的计划时间、对象范围，市级层面发文同比下降9%、开会下降17.5%，持续为基层松绑减负。坚定不移全面从严治党，充分发挥政治巡察监督利剑作用，二届市委首轮巡察发现问题524个、移交线索22条，第二轮巡察全面启动。督促各级党委召开述责述廉评议会13场次，指导下级党委（党组）民主生活会72场次。围绕“十四五”规划实施、生态环保问题整治、常态化疫情防控等情况开展监督检查，对反馈意见整改不力的单位党委（党组）负责人进行约谈提醒。强化责任担当，紧扣部门职责，重点查处领导干部特别是“一把手”当“甩手掌柜”、漠视群众诉求、推诿扯皮等行为，深挖不担当不作为背后的思想根源和问题症结。坚决整治群众身边“微腐败”，紧盯乡镇财务管理、教育医疗、就业创业、养老社保、食品药品安全等领域，发现并督促整改问题231条，处置问题线索25件，给予党纪政务处分6人，组织处理1人，移送司法机关2人。树立鲜明导向，坚持凭能力用干部、以实绩论英雄，全年共提拔使用（晋升职级）县级干部200名，对推动疫情防控措施不力的46名党员、干部及监察对象追责问责。健全完善制度，新建《山南市干部监督员工作制度（试行）》等制度561项，修订制度436项，把有效的做法通过制度形式固定下来。

【领导示范引领】 2022年，山南市领导始终发挥示范引领作用，带头践行“六个表率”，带头转变作风，身体力行，以上率下，带动全市党员干部转变作风。制定印发《关于调整充实地级领导有关工作联系点的通知》《全市重大项目包保推进工作机制》，重点工作和21个重大项目实行市领导包保推进落实。市委主要领导带头示范，深入工地针对雅江中游清洁能源基地建设、加娃、罗布莎水光互补和永木二级、大古抽水蓄能电站选址、地下综合管廊项目、市政道路征地拆迁等，现场办公，制定对策措施，研究解决问题，压实部门责任，提出明确要求。地级干部主动对标，深入重大项目建设工地严督实导，全面加强重点项目检查调度，传导责任压力，狠抓工作落实，推动隆子支线机场、泽当城区市政设施改造提升工程、市直公租房等项目加快建设，以拼搏奋斗的劲头和务实的工作作风铸牢政治忠诚、推进社会治理体系和治理能力现代化、推动高质量发展、提升各族人民生活品质、加强生态文明建设、强边固防兴边富民，更好建功新时代，奋进新征程。

【践行群众路线】 2022年，山南市始终坚持以人民为中心的发展思想，以改善民生、凝聚人心为出发点和落脚点，密切党群干群血肉联系。市委主要领导围绕宣传宣讲中共二十大精神、维护社会稳定、重大项目建设、生态文明建设、边境地区发展、民族团结进步等重点工作，带头深入各县（区）、边境地区、边境搬迁点等地开展督导调研32次，听取情况汇报，研究解决问题。地级领导认真落实“市级领导包县”制度，蹲点指导、靠前指挥、跟踪推动，坚持“一竿子插到底”，采取“四不两直”方式，多次深入乡镇、村居、寺管会、学校、边防连队以及边防一线、偏远地区调研督导工作，深入联系点、联系企业、联系寺庙指导全面从严治党、开展调查研究、加强班子建设、指导乡村振兴工作均2次以上，督促各项工作措施落地落细，带动各级各部门眼睛向下、重心下移、工作下沉，开展实地调研1660次、实现成果转化696个，着重解决巩固脱贫攻坚、就业、教育、社保、医疗、养老、托幼、住房等领域急需解决的问题。围绕助企纾困、民生兜底出台103条个性化配套措施。把信访作为群众送上门来的工作，受理群众来信来访449批（件）、690人次，已办结430件，办结率95.77%。设立监督信箱，共受理网民反映问题32件，已办结31件，正在开展核查1件，网民满意率100%，有效解决一批基层和群众普遍关心的难点、热点问题。累计开展“我为群众办实事”实践活动7432次，投入资金2.2亿余元，各族群众切身感受到改进作风狠抓落实带来的新气象、新变化。

【督导工作】 2022年，山南市始终把督促检查作为传导压力、落实落地的关键一招，研究制订《2022年实地暗访督查工作方案》，统筹整合力量，组建4个实地暗访督查组，紧紧围绕党中央和区党委工作大局，分阶段深入各县（区）、各部门，针对维护社会稳定、疫情防控、安全生产、生态环境保护等工作贯彻落实情况开展督导检查7轮，督导检查单位6041家（次），发现并督促整改各类问题1041个，实现督导检查全覆盖。强化改进作风狠抓落实工作指导，下派2个专项组深入各县（区）、部分市（中、区）直单位开展实地指导工作，了解和掌握改进作风狠抓落实工作开展以来取得的成效、解决的难题、办理的实事，发现存在问题、总结典型经验，帮助后进单位抓整改、促提升。

幸福家园建设

【概况】 山南市幸福家园建设管理局（以下简称市幸福家园建设管理局）编制西藏山南幸福家园发展规划》《西藏山南幸福家园国土空间规划》《西藏山南幸福家园产业发展规划》三个长远规划，完成森布日二期搬迁工作，加快幸福家园节点园区基础设施建设，推进幸福家园产业发展和配套产业建设，完成招商引资企业固定资产投资47.35亿元。

【规划编制审批】 2022年，市幸福家园建设管理局坚持顶层设计、规划引领。从幸福家园建设需求出发，编制《西藏山南幸福家园发展规划》《西藏山南幸福家园国土空间规划》《西藏山南幸福家园产业发展规划》三个管长远、管全局、管宏观的顶层设计。充分发挥顶层规划的指导引领作用，推进经开区、森布日安置区、森布日牧业产品加工产业园、新兴产业聚集园区、桑耶文化旅游创意区的规划编制工作。

【森布日二期搬迁】 2022年，市幸福家园建设管理局按照自治区党委、自治区政府总体工作安排，森布日安置区二期搬迁计划实施那曲市6306户、26304人。提前统筹制定搬迁工作实施方案，并预算安排500万元搬迁工作专项经费，悬挂彩旗横幅营造搬迁氛围，协调做好道路交通安全、应急处突、餐饮供应、医疗保障等各服务保障工作准备。7月9日启动集中搬迁工作，8月7日结束，完成那曲市尼玛、双湖、安多3个县6306户、26304人搬迁工作，森布日安置区累计入住搬迁群众7263户、30362人。

【幸福家园节点园区基础设施建设】 2022年，市幸福家园建设管理局加快推进园区基础设施建设，森布日安置区基础设施和经开区水电路讯网等基础设施日臻完善。产城一体示范点园区（经开区）完成110千伏变电站项目、1—3号和5—8号道路亮化项目建设，同步推进城北污水处理厂项目、24号道路北延伸段项目、16—19号道路建设项目、9号道路建设项目。极高海拔地区生态搬迁森布日安置区完成二期民房及附属工程、九年一贯制学校项目、3所幼儿园项目建设，基本建成森布日二期周转房和人民医院。森布日牧业产品加工产业园加快市政道路和防洪工程项目。全年完成国家固定资产入库资金9.63亿元，完成年度目标任务9.5亿元的101.37%。

【幸福家园产业发展和配套产业建设】 2022年，市幸福家园建设管理局结合山南市打造“沿江百亿产业走廊”的产业发展导向，按照产业聚集、集约高效的原则，市幸福家园建设管理局规划构建以高原绿色食（饮）品加工业、生物制药业和现代服务业为主导产业的山南经济开发区，以高原特色种业、高原特色农牧业、高原特色农牧文化旅游休闲业为主导产

森布日派出所（2022年12月摄）

森布日安置区全貌（2022年12月摄）

业的西藏森布日牧业产品加工产业园，以特色民族手工业和文化旅游业为主导产业的桑耶文化旅游创意区，以高新数字、新型建材为主导产业的山南市新兴产业聚集园区。为加快幸福家园产业发展，在产城一体示范点园区（经开区）规划建设民族手工业区、农副产品加工区、高原生物及特色食（饮）品加工区、仓储物流区及综合服务区，入驻产业项目 37 个，建成项目 16 个。在森布日牧业产品加工产业园及安置片区同步配套建设皮革毛纺厂、现代牧场、惠民光伏、藏鸡养殖、冷链物流基地等产业项目，各产业项目建设取得阶段性成效，配套产业初具规模。皮革毛纺厂项目主体及附属工程全面建成，正在试运营。现代牧场项目全部完工，引进奶牛 1500 头并正式投入运营；藏鸡养殖项目基本建成，正在开展向贡嘎县移交工作；三峡惠民光伏项目全部建成且并网发电。

【招商引资】 2022 年，市幸福家园建设管理局紧盯目标任务，克服疫情影响，组织开展招商引资百日攻坚行动，全面促进招商企业复工复产，加快编制产业招商项目册，多渠道开展招商。组织编制完成《山南市人民政府进一步优化营商环境实施意见》《山南市人民政府进一步优化营商环境行动方案（试行）》，修改完善招商引资政策，编制形成《山南市促进招商引资企业发展优惠政策（试行）》（送审稿）。组织开展外出招商 21 次（区外 12 次、区内 9 次），累计接待、洽谈招商引资企业 170 多家、210 余人次，签约协议企业 13 家、签约协议金额 90.29 亿元；准备签约企业 11 家，计划总投资 24.1 亿元；已签约落地企业 11 家，计划总投资 7.04 亿元。全年完成招商引资企业到位资金 55.85 亿元，占自治区下达年度目标任务 51 亿元的 109.51%。

山南市第十一批干部驻村工作

【概况】 2022年，山南市共有大、中、小村分别为66个、183个、318个，先进、中间、后进村党组织分别为109个、383个、75个，易地搬迁村20个。第十一批驻村工作启动以来，全市共选派驻村工作队567个，其中自治区级选派驻村工作队9个、市级选派驻村工作队125个。149个村采取“3名干部+X名专干”模式派驻，418个村采取“2名干部+X名专干”模式派驻。共选派驻村工作队队员2410名，其中选派干部1283名、各类专干1127名，其中选派县级干部40名、乡村振兴专干542名。全市各级强基办和各驻村工作队精准把握驻村工作目标和定位，认真学习自治区党委书记王君正在全区干部驻村工作大会上的重要讲话精神，自治区党委常委、组织部部长赖蛟在全区驻村工作总领队培训班开班式上的讲话精神，按照王君正对干部驻村工作提出的“六个下功夫”的要求，着力把基层党组织建设成为铸牢中华民族共同体意识、带领群众致富、维护社会稳定、守卫边疆领土、开展反分裂斗争的坚强战斗堡垒。

【民族团结】 2022年，全市各驻村工作队紧紧抓住铸牢中华民族共同体意识这条主线，深化中共二十大精神、民族团结、反分裂斗争、国家通用语言文字培训教育等，构建起维护祖国统一和民族团结的铜墙铁壁。

中共二十大精神家喻户晓。2022年，全市各驻村工作队充分发挥驻村工作队党的方针政策“宣讲员”作用，分级分类制定宣传方案，组建基层宣讲队，创新采取“互动式”“引导式”“启发式”“滴灌式”等宣讲方式方法，把报告讲清楚、说明白，累计开展学习宣传中共二十大精神4135场次，受教育群众33.9万人次。

2022年6月20日，全市干部驻村工作重点培训班在泽当开班

民族团结教育。2022年，全市各驻村工作队深入开展铸牢中华民族共同体意识宣传教育实践活动，开展党史、新中国史、改革开放史、社会主义发展史以及西藏地方和祖国关系史宣讲教育活动3400场次，受教育群众25.3万人次，以庆祝西藏民主改革63周年宣讲活动等为载体，深入开展民族团结进步创建宣传活动2790场次，覆盖群众18.6万人次，各族群众“五个认同”“三个离不开”思想基础更加夯实。

国家通用语言文字教育培训。2022年，全市各驻村工作队把教育培训工作作为铸牢中华民族共同体意识的重要途径，深入落实“十个一批”举措，创新开展帮学机制领学、交流活动促学、文化浸润深学活动9116场次，覆盖村干部45922人次，让下派干部教、村干部自己上台讲、红色文化长期教育，增强学习国家通用语言文字成效，全市不会使用村干部国家通用语言文字的村干部同比下降10个百分点。

【群众增收致富】 2022年，全市各驻村工作队完整准确全面贯彻新发展理念，落实“三个赋予一个有利于”要求，协助基层党组织推进乡村振兴产业、集体经济发展，以发展成果促进民生改善，群众获得感成色更足、幸福感更可持续、安全感更有保障。

政策落实。2022 年，全市各驻村工作队强化责任意识，严格落实“四不摘”要求，帮扶 6286 户、20360 人，制定帮扶措施 1874 条，落实帮扶资金 861 万余元。开展党的富农强农政策宣讲 3700 余场次，帮助所驻村（社区）“两委”理清发展思路 710 余条。发挥强基惠民工作经费效益，坚持“县（区）指导规划，乡镇统筹整合，村（社区）安排使用”的原则和补齐短板的要求，使用好强基惠民工作经费，切实把经费用到刀刃上，在基层组织建设、村级集体经济、群众增收、美丽乡村建设等方面发挥应有作用，取得良好成效。

服务美丽乡村建设。2022 年，全市各驻村工作队引导各族群众牢固树立“绿水青山就是金山银山、冰天雪地也是金山银山”的理念，发挥好各族群众保护生态的优良传统，组织党员先锋队、新时代文明实践站志愿者、双联户户长等开展农牧区人居环境整治五年提升行动、国土绿化行动，组织开展整治脏乱差、种草植树护绿，建设美丽乡村活动 3.2 万余场次。

树立新风尚。2022 年，全市各驻村工作队深入开展文明村、文明家庭、道德模范、身边好人评选创建及各类群众性文体娱乐活动 2100 余场次，整治宗教高消费、铺张浪费等陈规陋习，引导信教群众理性对待宗教、过好幸福生活，推动乡村移风易俗。

【乡村治理】 2022 年，全市各驻村工作队把维护稳定作为第一要务，坚持底线思维，增强斗争精神，把反分裂斗争、维护稳定、基层治理等各项工作做在日常，做在基层，为全市社会大局持续和谐稳定奠定坚实基础。

反分裂斗争。2022 年，全市各驻村工作队稳妥有效地在广大农牧民群众中开展“国家意识、公民意识、法治意识”教育活动 2600 余场次，坚决防范打击“藏独”反动宣传品渗透。深入揭批十四世达赖反动本质，引导各族群众坚决与十四世达赖和十四世达赖集团划清界限。

维护社会稳定。2022 年，全市各驻村工作队及时掌握重度残疾人、五保户、低保户、临时生活困难等人员情况，帮助解决生产生活困难。紧紧盯牢重点事，发挥三级调解和网格化管理优势，延伸触角，深入开展矛盾纠纷和风险隐患排查化解 3200 余次。紧紧盯牢重要部位，积极配合村“两委”，组建党员先锋队、“红袖标”巡逻队、“四护队”1573 支，常态化开展应急演练、治安巡逻 7.1 万余次，重点领域排查 2.1 万余次，收集社情民意 3600 余条，最大限度把各类隐患消除在萌芽状态，推动农牧区社会大局持续稳定。

基层治理。2022 年，全市各驻村工作队常态化开展认清“村霸”问题的表现、危害及实质宣传活动，帮助建章立制、完善村规民约 747 次，深入开展普法宣讲教育 3200 余场次，培养法律“明白人”4185 人，通过各类媒体推送法治宣讲信息、视频 2200 余条，推动健全村（社区）党组织领导的自治、法治、德治相结合的基层治理体系。

【守土固边】 2022 年，全市各驻村工作队把固边兴边富民作为重大政治责任，深化“五共五固”结对共建，深入开展国防教育，用好用活兴边富民政策，构建党建引领边民生活有保障、致富有渠道、守边有动力、发展有支撑工作格局。

“五共五固”夯基础。2022 年，边境村、边境一线村特别是边境搬迁村（社区）的驻村工作队强化责任落实，突出“政治铸魂”，深化共学党的理论和信仰信念，深入开展党的创新理论宣讲 6700 余场次；突出“强筋壮骨”，深化共建基层组织固一线堡垒，协助村党组织落实“三会一课”“四议两公开”“党群活动日”等制度，累计开展相关活动 1.1 万余场次。突出“凝心聚力”，深化共树文明新风固民族团结，协助村党组织完善村规民约 628 份，引导群众破除陈规陋习。突出“守土固边”，深化共守神圣国土固边境安宁，深入开展反蚕食、反渗透、反分裂斗争，切实把边境一线村级党组织建设得更加坚强有力。

宣讲典型树榜样。2022 年，全市各驻村工作队带领党员群众深入学习习近平总书记给西藏隆子县玉麦乡牧民卓嘎、央宗姐妹的回信精神，宣传桑杰曲巴、卓嘎、央宗等父女三代人守土固边先进事迹 2800 余场次，引导教育党员和群众进一步增强国家意识、国防意识、国土意识，让边境一线群众在生产、放牧、护林的同时担任边境动态观察员、情况记录员、情报收集员、问题报告员、稳控协管员，坚决筑牢边境一线守土固边的“钢铁长城”。

党建示范促引领。2022年，各边境县驻村工作队协助村党组织打造具有边境一线特色党建品牌，创建固边兴边富民基层党组织示范点12个，不断提升边境一线基层党组织的政治领导力、发展推动力和群众组织力，团结带领党员群众描绘出边民富、边疆美、边防固的幸福美丽边境小康村画卷。

【为民办实事】 2022年，全市各驻村工作队坚决贯彻以人民为中心的发展思想，走群众路线，办好群众的事，不断满足基层广大农牧民群众对美好生活的向往。各驻村工作队坚持尽力而为、量力而行，结合村（社区）实际和派驻单位职能，帮助解决群众就业、医疗等急难愁盼问题2.95万余件。协助做好“一站式服务”“一门式办理”工作，开展线上线下代缴代办等便民服务2.3万余件，增强群众的获得感、幸福感和安全感。疫情防控工作开展以来，各驻村工作队以高度的政治责任感和使命感协助村（社区）调整充实村级疫情防控领导小组567个，召开疫情防控专题会议3400余场次，完善制定疫情防控应急预案770份，成立疫情防控应急（志愿者）队伍1800余支，设立疫情防控排查值班点1200余个，免费发放口罩、消毒液等防疫物资220万余个（箱、件），为基层打好疫情防控阻击战提供强大力量支撑。

大事记

1月

2日　出席自治区十一届人大五次会议的山南代表团召开第一次全体会议，传达学习自治区“两会”党员干部大会和自治区十一届人大五次会议代表团召集人、工作机构负责人会议精神，以及自治区“两会”改进会风会纪的具体措施，审议自治区十一届人大五次会议主席团和秘书长名单（草案）、会议议程（草案），推选许成仓为山南代表团团长，次仁平措、鲁韬、王德文为副团长；推选许成仓为山南代表团临时党支部书记，次仁平措为临时党支部副书记。自治区人大常委会副主任、市委书记许成仓主持会议。市委副书记、市长次仁平措，市人大常委会主任王德文出席会议。

3—7日　市领导许成仓、次仁平措、王德文、巴珠、丹增、李亚祥赴自治区参加“两会”。

4日　全市村（社区）党组织书记学习贯彻中共十九届六中全会、自治区第十次党代会和市第二次党代会精神重点培训班开班。市委常委、组织部部长冯小义出席会议并讲话。

7日　市政府系统召开改进作风狠抓落实工作部署会，传达学习自治区党委书记王君正在全区改进作风狠抓落实工作动员部署会上的讲话精神和市委书记许成仓在全市改进作风狠抓落实工作动员部署会上的讲话精神。市委常委、常务副市长牟永文出席会议并讲话。

8日　自治区人大常委会副主任、市委书记许成仓主持召开二届市委第六次常委会（扩大）会议，传达学习习近平总书记二〇二二年新年贺词、近期重要讲话重要指示和贺信精神，传达学习十届自治区党委常委会第四次会议和自治区“两会”精神，研究山南市贯彻意见。市领导次仁平措、王德文、巴珠、尼玛旦增、丹增、李亚祥、扎西平措、牟永文、冯小义出席会议。

同日　市二届人大常委会召开第三次会议，传达学习西藏自治区十一届人大五次会议、全区改进作风狠抓落实工作动员部署会议精神和《中华人民共和国反有组织犯罪法》，审议市人大常委会工作报告（稿）、市二届人大二次会议议程（草案）、主席团和秘书长名单（草案）、列席人员名单（草案）。王德文主持会议并讲话。

9日　自治区人大常委会副主任、市委书记许成仓主持召开市“两会”党员干部大会。市领导次仁平措、王德文、巴珠、尼玛旦增、丹增、李亚祥、扎西平措、牟永文、冯小义、刘圣育出席会议。

同日　政协第二届山南市委员会第二次会议在泽当召开。市领导许成仓、次仁平措、王德文、尼玛旦增、丹增、李亚祥、扎西平措、牟永文、冯小义、刘圣育出席会议。市政协主席巴珠代表政协第二届山南市委员会常务委员会作工作报告。大会审议通过政协第二届山南市委员会第二次会议议程。

10日　“皖藏手拉手 · 学子心连心”皖藏青少年民族团结融情交流主题营在合肥市第三十五中学开营。安徽团省委书记杨正，安徽省第七批援藏工作队总领队、市委副书记、常务副市长汪华东，安徽省合作交流办副主任李定松为山南市青少年民族团结交流代表团授旗。

11日 政协第二届山南市委员会第二次会议在泽当胜利闭幕。市领导许成仓、次仁平措、王德文、尼玛旦增、李亚祥、扎西平措、牟永文、丹增、刘圣育等到会祝贺。市政协主席巴珠主持闭幕会并讲话。会议审议通过关于政协第二届山南市委员会常务委员会工作报告的决议,关于政协第二届山南市委员会常务委员会提案工作情况报告的决议,政协第二届山南市委员会第二次会议政治决议。

11—13日 自治区党委常委、组织部部长赖蛟一行到山南市调研基层组织建设和医疗人才"组团式"援藏等工作。

12日 山南市第二届人民代表大会第二次会议在泽当胜利闭幕。大会主席团常务主席、执行主席许成仓出席大会。市领导次仁平措、巴珠、尼玛旦增、丹增、李亚祥、扎西平措、牟永文、刘圣育在主席台就座。大会主席团常务主席、执行主席王德文主持闭幕会并讲话。会议表决通过关于山南市人民政府工作报告的决议(草案),关于山南市2021年国民经济和社会发展计划执行情况与2022年国民经济和社会发展计划的决议(草案),关于山南市2021年财政预算执行情况与2022年财政预算的决议(草案),关于山南市人大常委会工作报告的决议(草案),关于山南市中级人民法院工作报告的决议(草案),关于山南市人民检察院工作报告的决议(草案)。

同日 全市各县乡民生实事项目人大代表票决制工作座谈会召开。市人大常委会主任王德文主持会议并讲话。会议通报《关于在全市各县乡开展民生实事项目人大代表票决制工作的方案》,琼结、措美、错那、加查4个县人大常委会负责人作交流发言。

13日 市政府与国家能源集团西藏分公司党委副书记、总经理杨卫一行举行座谈,就加快建设冷达电站,助力早日建成雅江中游清洁能源基地事宜进行深入座谈交流。市委副书记、市长次仁平措主持会议并讲话,市委常委、常务副市长牟永文出席会议。

13—15日 自治区人大常委会副主任、市委书记许成仓到浪卡子、洛扎、错那、措美四县宣讲中共十九届六中全会和自治区第十次党代会精神,调研维护稳定、生态保护、边境基础设施建设、乡村振兴、人居环境整治、党的建设等各项工作,看望慰问坚守在边境最前线的基层干部群众和驻地部队官兵。

18日 市政协主席巴珠先后到扎囊县扎其乡申藏村、扎其乡政协联络办、扎唐镇、扎囊县政协,贡嘎县昌果乡昌果村、昌果乡政协联络办、吉雄镇吉雄社区、杰德秀镇政协联络办、岗则嘛呢拉康等地看望慰问基层政协委员。

同日 湖南省援藏工作队在湖南省长沙市召开专题会议,传达学习自治区党委经济工作会议精神,贯彻自治区党委主要领导关于进一步加强招商引资工作的指示精神,部署招商引资工作。市委副书记、常务副市长、湖南省第九批援藏工作队总领队杨昶主持会议并讲话。

19日 自治区人大常委会副主任、市委书记许成仓主持召开县(区)委书记、市直行业系统党工委书记抓基层党建工作述职评议会。

22日 市委副书记、市长次仁平措主持召开全市重点项目前期工作调度推进会,通报全市项目前期经费使用和2022年重点项目计划安排情况。市委常委、常务副市长牟永文就重点工作作部署。

24日 山南市党史学习教育总结会议在泽当召开。自治区人大常委会副主任、市委书记许成仓出席会议并讲话。自治区党委党史学习教育第三巡回指导组副组长李海波到会指导。市委副书记尼玛旦增主持会议,市领导次仁平措、李亚祥、扎西平措、冯小义出席会议。

25日 自治区人大常委会副主任、市委书记许成仓主持召开二届市委第八次常委会(扩大)会议,传达学习习近平总书记在省部级主要领导干部学习贯彻中共十九届六中全会精神专题研讨班开班式上、在十九届中央纪委六次全会上的重要讲话精神,传达学习习近平总书记对党的建设研究工作、政法工作作出的重要指示精神,传达学习自治区党委书记王君正在自治区党委办公厅调研时的讲话精神和在会见平安中国建设西藏自治区先进集体和先进个人代表、模范市县代表时的讲话精神,传达学习十届区党委常委会会议精神,传达学习中央、自治区相关会议、文件精神,研究山南市贯彻意见。市领导次仁平措、巴珠、尼玛旦增、邓稳根、丹增、李亚祥、牟永文、冯小义、刘圣育出席会议。

同日　市委政法工作会议在泽当召开，自治区人大常委会副主任、市委书记许成仓出席会议并讲话，市委副书记、市长次仁平措主持会议。市领导尼玛旦增、丹增、李亚祥、扎西平措、冯小义出席会议。

同日　市委副书记、市长次仁平措主持召开全市环保督察整改工作推进会，通报山南市中央环保督察反馈问题整改落实情况，提出下一步工作要求。市委常委、常务副市长牟永文出席会议。

27日　市委副书记、市长次仁平措到贡嘎县调研指导工作，看望慰问基层民（辅）警、驻村工作队队员。市委常委、贡嘎县委书记刘圣育陪同调研。

28日　自治区人大常委会副主任、市委书记许成仓主持召开二届市委第九次常委会（扩大）会议，传达学习1月24日中央政治局会议精神和习近平总书记在中央政治局第三十六次集体学习时的重要讲话精神，传达学习自治区党委书记王君正在1月27日自治区国安指挥部视频会议和应对新冠肺炎疫情领导小组视频会议上的讲话精神，传达学习王君正在自治区纪委十届二次全会上的讲话精神，研究《中国共产党山南市第二届纪律检查委员会第二次全体会议工作报告（审议稿）》，听取近期全市维稳和疫情防控、市纪委监委2021年工作情况汇报，研究山南市贯彻意见。市领导次仁平措、巴珠、尼玛旦增、邓稳根、丹增、李亚祥、扎西平措、牟永文、冯小义、刘圣育出席会议。

同日　山南市组织党员干部集中观看反腐纪录片《零容忍》。自治区人大常委会副主任、市委书记许成仓出席活动并讲话。市领导尼玛旦增、丹增、牟永文、冯小义与400余名党员干部在市委礼堂共同观看。

同日　市委常委、贡嘎县委书记刘圣育到贡嘎县加气站、加油站、农贸市场、粮食储备库、烟花爆竹销售点、超市、人民医院、国安指挥部督导近期重点工作。

29日　市纪委二届二次全会在泽当召开，总结2021年推进全面从严治党、党风廉政建设和反腐败斗争情况，分析形势，部署2022年工作任务。自治区人大常委会副主任、市委书记许成仓出席会议并讲话，李亚祥主持会议。市领导次仁平措、尼玛旦增、扎西平措、牟永文、冯小义、刘圣育出席会议。

同日　全市政法队伍教育整顿总结会在泽当召开。自治区人大常委会副主任、市委书记许成仓出席会议并讲话。市委副书记尼玛旦增主持会议。市领导扎西平措、冯小义出席会议。

30日　市领导许成仓、次仁平措、尼玛旦增分别看望慰问次仁拉姆等老干部，节日期间坚守岗位、值班值守的一线工作人员和驻军部队、武警官兵，向他们转达区党委、政府和自治区党委书记王君正的关心关怀，并向他们致以节日的问候和诚挚的祝福。

2月

10日　自治区人大常委会副主任、市委书记许成仓主持召开二届市委第十次常委会（扩大）会议，传达学习习近平总书记在二〇二二年春节团拜会、党外人士迎新春活动、山西考察时的重要讲话精神，传达学习全国全区宣传部长会议、十届自治区党委常委会第九次会议和区党委农村工作会议精神，研究山南市贯彻意见。市领导次仁平措、巴珠、赫沛、燕红、李亚祥出席会议。

同日　市委副书记、市长次仁平措主持召开全市生活垃圾分类工作专题会暨领导小组第一次会议，传达住建部《关于山南市2021年第三季度生活垃圾分类工作评估情况通报》，通报《山南市生活垃圾分类工作领导小组及成员单位职责分工》，听取全市生活垃圾分类工作推进情况，研究《山南市2021年生活垃圾分类评估情况通报问题的整改方案》和《山南市城市生活垃圾分类治理行动计划（2021—2025）》，安排部署下一阶段重点工作。

16日　市委农村工作会议在泽当召开，深入学习领会习近平总书记关于“三农”工作的重要论述，贯彻落实中央农村工作会议和区党委农村工作会议精神，总结2021年全市“三农”工作，表彰2021年度农牧民增收和农村集体产权制度改革先进集体，安排部署2022年各项任务。自治区人大常委会副主任、市委书记许成仓对“三农”工作作指示，市委副书记、市长次仁平措讲话。

17日　市委副书记、市长次仁平措到贡嘎县江塘镇江塘村、森布日高海拔生态搬迁点、杰德秀镇斯麦社区三组、昌果乡团结新村，扎囊县阿扎乡章达村等地，实地调研易地扶贫搬迁后续服务保障、产业发展、群众生产生活和就业增收等工作，看望慰问村“两委”班子、驻村工作队和企业员工。

18日　市“扫黄打非”办联合市新时代文明实践办在天马市场开展以“喜迎党的二十大　志愿服务暖民心”为主题的文明志愿进市场宣传活动。市委常委、宣传部部长燕红参加活动。

19日　市委副书记、市长次仁平措到雅砻河综合整治、琼嘎顶社区门次老旧小区改造、泽当大道改扩建、湖北大道综合管廊建设、三湘大道南北延伸段改造升级等项目现场，实地调研项目开复工、防疫和安全生产措施落实、本地民工参与项目建设等情况，现场办公解决项目推进中遇到的困难和问题，看望慰问施工作业人员。

21日　自治区人大常委会副主任、市委书记许成仓主持召开二届市委第十一次常委会（扩大）会议，传达学习习近平总书记近期重要致辞精神；传达学习中共中央、国务院近期重要文件、重要会议精神，区党委常委会第十次会议精神，研究山南市贯彻意见，听取全市人才工作、民族工作和民族团结进步示范市创建工作、重点项目开复工、河湖长制工作、2022年春季造林绿化工作情况汇报，研究部署相关工作。市领导次仁平措、巴珠、赫沛、丹增、燕红、李亚祥出席会议。

22日　市委民族工作会议在泽当召开，总结工作，分析形势，安排部署当前和今后一个时期民族工作。自治区人大常委会副主任、市委书记许成仓出席会议并讲话。市领导赫沛、燕红、李亚祥等出席会议。市委常委、统战部部长丹增主持会议并宣读国家民委《关于命名第九批全国民族团结进步示范区示范单位的决定》，市委、市政府《关于命名山南市民族团结进步模范县（区）、第一批山南市民族团结进步模范单位的决定》。

同日　市委人才工作会议在泽当召开，自治区人大常委会副主任、市委书记许成仓出席会议并讲话。市委副书记、市长次仁平措主持会议，市领导赫沛、燕红、李亚祥出席会议。

同日　全市宣传部长会议召开。市委常委、宣传部部长燕红出席会议并讲话。

同日　全市统战部长会议召开，传达学习中央和区党委民族工作会议、全区统战部长会议和市委民族工作会议精神，总结2021年工作成绩，表彰先进集体和个人，部署2022年重点任务。市委常委、统战部部长丹增出席会议并讲话。

25日　山南市召开2022年各族各界代表人士迎藏历新年座谈会，传达学习中央民族工作会议、全国宗教工作会议精神和习近平总书记在中央党外人士迎新春座谈会上的讲话精神、自治区党委书记王君正在全区宗教界代表人士座谈会上的讲话精神，通报山南市2021年经济和社会各项事业发展情况和2022年发展计划，并向与会人员代表敬献哈达、发放慰问金，送上新年的美好祝愿。市委常委、秘书长赫沛出席会议并讲话，市委常委、统战部部长丹增主持会议。

25—26日　市政协主席巴珠到贡嘎县东拉乡、措美县哲古镇、措美镇等地检查乡镇政协委员联络办，检查姐德秀区曲河长制工作，并到联系寺庙贡嘎曲德寺走访看望僧人和驻寺干部。

3月

1日　自治区人大常委会副主任、市委书记许成仓到扎囊县、贡嘎县，先后到桑耶寺、桑耶社区、森布日高海拔生态搬迁点、贡嘎机场、贡嘎县城疫情防控隔离点、苏若林寺等地，调研维护稳定、疫情防控、基层党建、社区管理和河湖长制、项目开复工等工作，看望慰问基层干部群众。市委常委、秘书长赫沛陪同。

2—3日　市委副书记、常务副市长杨昶率项目组、招商小分队及长沙、株洲援藏队负责人，赴福建厦门、漳州等地开展招商引资活动，重点围绕矮化苹果、扎囊果蔬、桑日葡萄等农特产品深加工产业补链延链，针对性地开展洽谈合作。杨昶一行先后到喜多多集团、江平生物总部、漳州明德食品有限公司、大闵食品（漳州）公司实地考察，与企业负责人进行座谈，详细了解企业生产经营状况、长期发展战略和近期投资意向，向客商介绍山南市营商环境、发展优势、政策机遇等，并提出下一步工作设想。

5日　十三届全国人民代表大会第五次会议在北京隆重开幕，山南市干部群众通过电视、网络等方式收听收看十三届全国人大五次会议开幕盛况，认真聆听国务院总理李克强所作的政府工作报告。自治区人大常委会副主任、市委书记许成仓，自治区政协副主席、自治区驻山南督导组组长雷桂龙同山南市干部群众一同收看。自治区督导组副组长玉珍和督导组成员，以及赫沛、牟永文等一同收看。

6日　藏历新年期间，自治区人大常委会副主任、市委书记许成仓到琼结县检查站、加麻乡白松村、唐布齐寺、坚叶寺、县维稳指挥部，曲松县邱多江乡邱多江村、江塘村、下江乡加娃村，调研督导维护稳定、加强和创新寺庙管理、乡村振兴、春耕春播、群众增收、人居环境整治、基层党建等工作，看望慰问基层干部群众。

9日　自治区人大常委会副主任、市委书记许成仓主持召开市委第十二次常委会（扩大）会议，传达学习全国“两会”精神和习近平总书记在全国“两会”期间的重要讲话精神，传达学习习近平总书记近期重要讲话重要指示、重要回信精神以及文件精神，听取全市新时代文明实践中心（所、站）发挥作用情况汇报，研究山南市贯彻意见。市领导巴珠、汪华东、杨昶、尼玛旦增、邓稳根、赫沛、李亚祥、牟永文、冯小义出席会议。

13日　乃东区举行泽当城区2022年第一季度重点项目集中开复工仪式。市委常委、常务副市长牟永文宣布项目复工。乃东区2022年第一季度计划开复工项目78个，总投资105亿元，涉及乃东区湖北大道（泽当大道—和平北路段）综合管廊工程、泽当大道扩宽工程、乃东区泽当片区棚户区改造项目、泽当大道商住楼等重点项目，涵盖保障和改善民生、市政府基础设施建设、商业综合体开发等多个领域。

14日　市委政法委组织综治成员单位在泽当城区人流密集点开展综治宣传月集中宣传活动。市委副书记尼玛旦增到活动现场了解活动开展情况。此次活动共有77家单位参与，出动宣传车辆73辆，制作宣传展板40个，横幅80条，设立咨询台86个，发放宣传资料637种、75916份。

15日　市委常委、贡嘎县委书记刘圣育到贡嘎火车站、克西乡、克西乡派出所、苏若林寺管会、顿布曲果寺管会、杰德秀镇、沃拉公安检查站、贡嘎国际机场T3航站楼、江塘公安检查站、那曲驻森布日易地搬迁点指挥部、森布日防疫临时检查卡点等，督导检查近期重点工作。

15—18日　市委副书记尼玛旦增到桑日、加查、隆子、措美、浪卡子、贡嘎等县，调研督导疫情防控、维护稳定、寺庙管理、文物保护、群众增收、春耕春播、学校教育、生态保护和河湖长制等工作，并在雅鲁藏布江桑日至加查段开展巡河检查。在桑日县江北卡点、加查县热当二级公安检查站，

18日　市委副书记、市长次仁平措先后到乃东、桑日、贡嘎、扎囊等地，调研督办环保问题整改工作。

22日　市委副书记、市长次仁平措主持召开全市2022年重点项目工作推进电视电话会议，贯彻落实全区2022年重点项目工作推进暨一季度项目集中开复工电视电话会议精神，通报全市重点项目建设和固定资产投资完成情况，分析当前形势，安排部署重点项目建设工作。市委副书记、常务副市长汪华东出席会议，市委常委、常务副市长牟永文通报有关情况，安排具体工作。

23日　市委召开农村工作领导小组第一次会议暨全市农村工作调度会，传达学习区党委农村工作会议精神，听取第一季度劳动力转移就业、春季农牧业生产、农村人居环境整治、农牧民增收和乡村振兴示范点建设项目进展情况，安排部署下一阶段工作。市委副书记、常务副市长杨昶出席会议并讲话。

24日　山南市开展万人义务植树活动。市领导次仁平措、汪华东、杨昶、尼玛旦增、赫沛、丹增、牟永文、刘圣育参加义务植树活动。

同日　全市组织部长会议召开，传达学习全国全区组织部长会议精神和自治区党委书记王君正对全区组织工作的批示精神，通报2021年县（区）委书记和市直行业系统党工委书记抓基层党建工作述职评议考核结果，总结2021年工作，部署2022年任务。市委常委、组织部部长冯小义出席会议并讲话。

24—25日　市政协主席巴珠到加查县安绕镇、加查镇，琼结县琼结镇、拉玉乡，措美县哲古镇、措美镇，实地考察学习三县乡（镇）基层政协工作的主要做法、有益探索和成功经验，并在泽当召开现场推进会议。

27日 市委副书记、市长次仁平措到扎囊县扎塘镇嘎扎村，现场督办中央生态环保督察组转办案件。

28日 自治区政协党组副书记、副主席雷桂龙到市政协，开展纪念西藏民主改革63周年主题宣讲。市政协主席巴珠主持会议。

同日 山南市在市体育场隆重举行“升国旗、唱国歌”仪式，庆祝西藏百万农奴解放63周年。市领导次仁平措、巴珠、尼玛旦增、扎西平措、冯小义出席仪式。

同日 市委常委、秘书长赫沛率市配合环保督察工作领导小组整改督办组、市委督查室相关人员，采取“四不两直”的方式到琼结县维稳指挥部、疫情办、县城垃圾填埋场、污水处理厂、恒华新型建材有限公司、琼结镇仲堆采石场、琼结县曲河道整治现场、雅拉香布实业有限公司、县“菜篮子”二期工程建设项目等地，督导检查维护稳定、疫情防控、生态环境保护、迎接配合中央生态环境保护督察、企业复产复工等重点工作，现场交办督导发现的问题。

30日 市政府举行“高质量发展讲坛”第二期讲座，市委副书记、市长次仁平措围绕学习贯彻习近平生态文明思想作主题党课，对习近平生态文明思想进行系统阐释和深入解读，并分享个人学习习近平生态文明思想的心得体会和认识。市领导汪华东、牟永文聆听讲座。

31日 市委副书记、市长次仁平措到空港新区甲竹林镇甲竹林社区，实地督导检查中央生态环保督察组转办案件整改工作落实情况。市委常委、贡嘎县委书记刘圣育陪同督导。

同日 全国、全区安全生产电视电话会议结束后，市委副书记、市长次仁平措主持召开电视电话会议，通报全市安全生产形势，对安全生产工作进行再动员、再部署。市领导汪华东、牟永文出席会议。

4月

1日 市委副书记、市长次仁平措与中国联通西藏分公司总经理周鹏程一行座谈，就贯彻落实自治区党委书记王君正在自治区数字西藏建设领导小组2022年第一次会议上的重要讲话精神，携手推进数字山南建设事宜进行交流。

同日 市二届人大常委会第四次会议召开，传达学习十三届全国人大五次会议精神和地方组织法，听取审议市政府关于2021年度法治政府建设情况的报告、关于在全市开展法治宣传教育第八个五年规划（2021—2025年）情况的报告，表决通过市二届人大常委会五年立法规划、关于开展第八个五年法治宣传教育的决议、关于依法助推山南走在全区前列积极贡献人大力量的决定和人事任职事项。市人大常委会主任王德文主持会议并讲话。

同日 市委常委、贡嘎县委书记刘圣育到县配合中央生态环保督察工作领导小组办公室现场指导《贡嘎县人民政府关于贡嘎县空心砖厂中央生态环保督察举报问题的整改方案》起草工作，听取迎检各项工作开展情况汇报。

5日 山南市召开配合中央生态环境保护督察工作领导小组会议，听取各小组和相关部门工作推进情况汇报，进一步安排部署迎督察各项工作。市委副书记、市长次仁平措主持会议并讲话。市委常委、秘书长赫沛出席会议。

6日 山南市召开国土绿化部署推进电视电话会议，传达学习习近平总书记在参加首都义务植树活动时的重要指示精神，传达学习自治区党委书记王君正在全区开展国土绿化行动暨拉萨南北山绿化动员部署会议上的讲话精神和在拉萨参加义务植树活动时的指示精神，听取拉萨南北山造林绿化工程劳务输出情况和山南片区工作推进情况汇报，安排部署全市国土绿化工作。市委副书记、市长次仁平措主持会议并讲话。市领导汪华东、杨昶、牟永文出席会议。

同日 市委党校（行政学院）举行2022年春季学期暨中青班开班式。市委副书记尼玛旦增出席会议并讲话，市委常委、组织部部长冯小义主持会议。

6—8日 自治区政协副主席、区妇联党组副书记、主席江措拉姆一行到隆子、加查、桑日县督导调研创建全国民族团结进步模范区工作和妇女儿童工作。调研组一行通过实地走访、听取汇报、观看宣传片、查阅资料、入户调研等方式进行全面督导调研，对山南市民族团结进步创建工作和妇女儿童工作给予充分肯定，提出符合山南实际的意见建议。

7日 山南市新时代文明实践志愿服务队授旗仪式在白日街藏源广场举行。市委副书记、常务副市长杨昶出席仪式并致辞。

7—9日 自治区党委副书记、常务副主席陈永奇先后到山南市贡嘎、扎囊、乃东、桑日、加查等县区调研指导疫情防控工作。市委副书记、常务副市长汪华东陪同调研。

9日 全市2022年常态化推进“遵行四条标准 争做先进僧尼”教育实践活动和宗教界深入开展“国家意识 公民意识 法治意识”教育活动动员部署会议召开，传达学习习近平总书记关于宗教工作的重要论述，宣读活动方案，总结2021年工作，安排部署2022年工作。市委副书记尼玛旦增出席会议并讲话，市委常委、统战部部长丹增出席会议。

11日 自治区人大常委会副主任、市委书记许成仓主持召开二届市委第十四次常委会(扩大)会议，传达学习习近平总书记对东航客机坠毁作出的重要指示精神和李克强总理批示精神，以及中共中央政治局常务委员会会议精神，传达学习习近平总书记在参加首都义务植树活动时和在北京冬奥会冬残奥会总结表彰大会上的重要讲话精神，传达学习十届自治区党委常委会第十三、十四次会议精神，传达学习党中央、区党委有关批示、文件和会议精神，研究山南市贯彻意见，听取山南市配合中央第四生态环境保护督察组开展工作情况汇报，部署相关工作。市领导次仁平措、王德文、巴珠、汪华东、杨昶、尼玛旦增、赫沛、丹增、李亚祥、扎西平措、冯小义出席会议。

12—13日 自治区党委常委、纪委书记、监委主任王卫东到山南市、贡嘎县、琼结县拉玉乡强吉村等实地调研，了解市县乡三级纪检监察工作开展情况。市委常委、纪委书记、监委主任李亚祥全程陪同，市委常委、贡嘎县委书记刘圣育在贡嘎调研时陪同。

12—15日 自治区人大常委会副主任旦科率执法检查组到山南市直机关、学校、寺庙、景区，乃东区、琼结县、扎囊县、贡嘎县及部分乡镇、村居和农户家中，就山南市贯彻实施《西藏自治区民族团结进步模范区创建条例》情况进行检查，并召开座谈会。市人大常委会主任王德文陪同检查并主持座谈会。

14—15日 全区“四好农村路”高质量发展现场会在山南市召开，会议深入贯彻习近平总书记关于“四好农村路”建设的重要指示精神以及自治区党委、政府和交通运输部关于推进农村公路“建、管、养、运”协调发展的安排部署，总结交流全区“四好农村路”建设典型经验，就推进全区“四好农村路”高质量发展进行再动员、再部署。自治区副主席王勇出席会议并讲话。市委副书记、市长次仁平措致辞，区交通运输厅党委书记、副厅长达娃欧珠安排部署工作，区交通运输厅党委副书记、厅长徐文强主持会议。

15日 山南市在白日街联合开展以“树牢总体国家安全观，感悟新时代国家安全成就，为迎接中共二十大胜利召开贡献山南力量”为主题的全民国家安全教育日集中宣传活动。市领导赫沛、扎西平措到场指导。此次活动共发放各类宣传资料5800余张(册、份)，宣传品2.3万余件，受教育群众达1600余人。

16日 市委副书记、市长次仁平措到拉萨南北山绿化工程山南片区项目点，调研项目推进情况。市领导赫沛、刘圣育陪同调研。

17日 市委副书记、市长次仁平措到扎囊县桑耶镇亚杰村，实地督导检查中央生态环境保护督察组转办案件整改工作落实情况。

20日 市政府与安徽九洲基业股份有限公司考察组座谈，共商合作事宜，共谋携手发展。市委副书记、市长次仁平措主持会议并讲话，市委副书记、常务副市长汪华东出席会议。

22日 自治区副主席罗梅带队的调研组先后到贡嘎县朗杰学乡岗则玛尼拉康、吉雄镇扎庆社区、县人民医院、江塘镇江塘村、森布日极高海拔易地搬迁面山造林点，调研县域综合医改、基层卫生健康、医疗保障工作及疫情防控、联系点基层党建、基层治理、村集体经济发展、副总林长责任区域林业等工作开展情况。

同日 全市各乡(镇)政协联络员专题培训班结业。市政协主席巴珠出席结业仪式并讲话。

同日 市税务局、市财政局、邮储银行山南分行联合举办“作风怎么看 工作怎么干”主题演讲活动。市委常委、常务副市长牟永文出席活动并为参赛选手颁发荣誉证书。

24日 自治区人大常委会副主任、市委书记许成仓主持召开二届市委第十五次常委会(扩大)会议,传达学习习近平总书记重要讲话指示精神和中央有关会议精神,传达学习区党委有关会议和自治区领导近期讲话指示批示精神,通报中央环保督察组与山南市主要领导谈话时的反馈意见,研究山南市贯彻意见,部署相关工作。市领导次仁平措、王德文、巴珠、汪华东、杨昶、尼玛旦增、赫沛、丹增、李亚祥、扎西平措、牟永文、冯小义出席会议。

同日 山南市召开"七五"普法表彰暨"八五"普法推进会。市委常委、政法委书记扎西平措出席会议并讲话。

27日 全市农村人居环境整治交流推进会在泽当召开。会议深入学习贯彻习近平生态文明思想、学习贯彻习近平总书记关于改善农村人居环境的重要指示精神,贯彻落实党中央、区党委、市委关于农村人居环境整治的部署要求,总结成绩,分析形势,交流经验,明晰思路,安排部署当前和今后重点工作。市委副书记、市长次仁平措讲话。市委副书记、常务副市长杨昶主持会议。市领导赫沛、牟永文、刘圣育出席会议。

28日 市二届人大常委会第五次会议召开。会议传达学习《中华人民共和国国旗法》《中华人民共和国国歌法》《中华人民共和国国徽法》和自治区十一届人大常委会第三十九次会议精神,听取审议《山南市村(社区)治理条例(草案)》、市政府有关工作报告和市人大常委会相关执法检查报告,表决通过相关决议和人事任职事项。市人大常委会主任王德文主持会议并讲话。

同日 山南市召开林长制会议,深入贯彻落实习近平生态文明思想,传达学习中央和自治区全面推行林长制相关文件精神和自治区总林长会议精神,通报全市《全面推行林长制实施方案》。市委副书记、市长次仁平措讲话。市委副书记尼玛旦增主持会议。市领导巴珠、杨昶、赫沛、牟永文、刘圣育出席会议。

29日 自治区政协调研组与山南市政协座谈。自治区政协副主席王亚蔺出席会议并讲话。市政协主席巴珠主持并汇报山南市政协工作开展情况。

5月

1日 市委副书记、市长次仁平措到桑日、加查两县,看望慰问节日期间仍奋战在一线的干部群众、企业职工,调研企业运行、群众增收、生态保护、安全生产和疫情防控等情况。

5日 市委副书记、常务副市长汪华东到乃东区安康时代广场、火车站北侧居民区、康珠商业大厦、昌珠社区、扎西曲登社区调研居民自建房安全专项排查整治情况。

6—8日 全国政协人口资源环境委员会副主任、湖北省建藏援藏工作者协会顾问杨松率队到山南市调研大骨节病救治工作和湖北援藏工作,并与山南市有关人员座谈。自治区副主席罗梅陪同并出席座谈会,自治区政协副主席扎西达娃参加部分活动。市领导次仁平措、巴珠等参加座谈并陪同调研。

6—11日 自治区高级人民法院党组书记、院长索达在山南市错那、隆子、浪卡子、洛扎等地调研督导边境县人民法院和乡镇人民法庭发挥司法审判职能作用、助推国家固边兴边富民行动和深化巩固政法队伍教育整顿成果等工作,并与山南市有关人员座谈。市领导扎西平措、牟永文出席座谈会。

10日 山南市召开平安山南建设工作推进会,深入学习贯彻习近平总书记关于平安中国建设的重要指示精神,贯彻落实区党委平安建设领导小组会议精神,通报2021年平安建设考评情况,宣读2021年"先进双联户"创建活动先进集体和先进个人表彰决定。市委副书记尼玛旦增出席会议并讲话,市委常委、政法委书记扎西平措主持会议。

同日 "地震科普 携手同行"主题活动在乃东区中学启动。市委常委、常务副市长牟永文出席启动仪式并为乃东区中学"国家级防震减灾科普示范学校"揭牌。

11日 市委副书记、市长次仁平措在泽当城区调研老旧小区改造提升工作。市委副书记、常务副市长汪华东陪同调研,市委常委、秘书长赫沛参加部分活动。

14日 由自治区文化厅主办,自治区群众艺术馆、市文化局承办的全区县(区)艺术团歌曲写作培训在山南市开班。自治区文化厅党组成员、副厅长甘立泉，市委副书记、常务副市长汪华东出席会议并讲话。

同日 山南市召开湖北省第十批短期援藏专业技术人才座谈会。市委常委、组织部部长冯小义出席会议并讲话。

15日 市公安局联合市税务局、市烟草专卖局、市经侦支队、乃东区公安局等10家单位在白日街共同举办以“与民同心 为你守护”为主题的“5·15”经侦宣传日活动。市领导扎西平措、牟永文到活动现场指导工作。此次活动，发放宣传资料1.5万余份，宣传品1万余个，受教育群众2000余人。

16日 自治区人大常委会副主任、市委书记许成仓主持召开二届市委第十六次常委会（扩大）会议，传达学习中共中央政治局常务委员会会议和中共中央政治局会议精神，传达学习习近平总书记在中共中央政治局第三十八次集体学习时的重要讲话精神以及中央财经委员会第十一次会议上的重要讲话精神，传达学习习近平总书记近期重要讲话、重要指示和重要贺信精神，传达学习十届自治区党委常委会第十五、十六次会议精神，传达学习中央和自治区有关文件精神，传达学习中共西藏自治区委员会办公厅关于昌都市委原书记阿布严重违纪违法案件的通报精神，研究山南市贯彻意见。市领导次仁平措、巴珠、汪华东、杨昶、赫沛、李亚祥、扎西平措、牟永文、冯小义、刘圣育出席会议。

17日 市委常委、常务副市长牟永文与湖南省湘西办主任、省援藏援疆办主任夏文斌一行座谈，双方就做好各项援藏工作进行深入交流。

18日 山南市在市博物馆举办“西藏地方与祖国关系史——山南专题展”暨山南市青少年爱国主义教育基地揭牌仪式。市委副书记、常务副市长汪华东出席仪式并揭牌。

20日 山南市启动“智慧广电服务乡村振兴”专项行动。此次专项行动将为8个县（区）、12个乡镇2308户安装新一代直播卫星接收系统设备。

23日 山南市召开学习贯彻习近平总书记在庆祝中国共产主义青年团成立100周年大会上的重要讲话精神座谈会，传达学习习近平总书记重要讲话精神、自治区党委书记王君正在庆祝中国共产主义青年团成立100周年暨西藏共青团成立70周年座谈会上的重要讲话精神，传达学习习近平总书记考察中国人民大学的重要讲话精神、给中国航天科技集团空间站建造青年团队的回信精神。自治区人大常委会副主任、市委书记许成仓出席会议并讲话。市委副书记尼玛旦增主持会议。市领导次仁平措、汪华东、赫沛、李亚祥、扎西平措、牟永文、冯小义出席会议。

同日 全市宗教界深入开展“国家意识、公民意识、法治意识”教育动员部署会在泽当召开。自治区人大常委会副主任、市委书记许成仓出席会议并讲话，市委副书记、市长次仁平措主持会议，市委副书记尼玛旦增就“三个意识”教育方案作说明。市领导王德文、巴珠、汪华东、杨昶、赫沛、李亚祥、扎西平措、牟永文、冯小义、刘圣育出席会议。

25日 市发改委（粮储局）联合乃东区农业农村局开展以“科技兴粮兴储 创新有你有我”为主题的2022年粮食和物资储备科技活动周宣传活动。市委常委、常务副市长牟永文到现场检查指导工作，并到市粮食储备库实地查看粮食储备规模、防潮防霉措施、人员配备等情况。

25—27日 由安徽省消防救援总队副总队长薛亚群率队的国务院安委会第七巡察组一行，对山南市安全生产和消防工作进行实地巡察考核。市委常委、常务副市长牟永文陪同检查。巡察组一行到顺丰快递山南分公司、市人民医院、乃东区扎西曲登社区、桑日县达古景区等地，对安全生产和消防工作制度、灭火应急疏散预案、消防设施设备运行及员工消防安全意识等情况进行检查。

27日 山南市举行蜜蜂产业助力乡村振兴签约暨蜜蜂首发仪式，启动2022年新蜜生产。市委副书记、常务副市长汪华东出席仪式。仪式上，夜伴蜂声发布乡村振兴行动计划，并与乃东区、错那县、浪卡子县、曲松县、扎囊县、琼结县、桑日县7个县（区）签订乡村振兴战略合作协议，并发放蜜蜂。2021年，夜伴蜂声与乃东区、错那县、措美县合作，试点群众养蜂34户，为群众提供蜂箱、技术及销路，户均增收1万—2万元，取得良好效果。此次签约仪式共计投放蜜蜂2000箱，建设64个养蜂点，预计产值达3200万元，为村民分红200余万元。

28日　山南市召开湖南省第十批短期援藏专业技术人才座谈会。市委副书记、常务副市长杨昶出席会议并讲话。市委常委、组织部部长冯小义主持座谈会。

30日　自治区副主席、区政协副主席多吉次珠一行到措美县哲古景区项目点、哲古湖观景台、乃东区民族哔叽手工编织专业合作社、西藏海思科制药有限公司厂区项目点、市文化艺术中心项目点调研旅游景区建设、文化产业发展、民营企业招商引资情况。

同日　自治区政协常委、经济和人口资源环境委员会主任赤列多吉率队，到山南市调研关于优化营商环境、藏医药产业发展、低氟健康茶补贴政策在边境地区的落实情况并召开座谈会。

31日　山南市召开贯彻落实全国稳住经济大盘电视电话会议精神部署推进暨经济运行分析调度会议，贯彻落实党中央、国务院关于稳住经济大盘的一系列决策部署，贯彻落实全国稳住经济大盘电视电话会议和自治区会议精神，调度分析当前经济形势，安排部署下一阶段任务。市委副书记、市长次仁平措主持会议并讲话。市委常委、常务副市长牟永文出席会议。

同日　山南市召开深化"五共五固"活动推进会，通报全市"五共五固"活动开展情况，研究审议深化"五共五固"活动方案，安排部署下一阶段重点工作。市委常委、组织部部长冯小义出席会议。

6月

1日　自治区"三个意识"教育宣讲团第三宣讲分团在山南市宣讲。自治区"三个意识"教育宣讲团第三分团团长、区人大常委会副主任旦科作宣讲报告。尼玛旦增主持会议。

3日　自治区人大常委会副主任、市委书记许成仓到扎囊县、乃东区现场检查督导中央第四生态环境保护督察组反馈问题整改落实情况。

4日　自治区人大常委会副主任、市委书记许成仓到贡嘎县、空港新区、浪卡子县，实地督导中央第四生态环境保护督察组反馈问题整改落实情况。市委常委、常务副市长牟永文全程陪同调研，市委常委、贡嘎县委书记刘圣育陪同部分调研。

6日　自治区人大常委会副主任、市委书记许成仓到曲松县、加查县调研雅江中游清洁能源基地建设工作，实地查看加娃、罗布莎水光互补光伏选址点和永木二级、大古抽水蓄能电站选址点，现场了解街需、巴玉、冷达等水电站推进情况。

7日　自治区人大常委会副主任、市委书记许成仓主持召开二届市委第十七次常委会（扩大）会议，传达学习5月27日中共中央政治局会议精神、习近平总书记在中共中央政治局第三十九次集体学习时重要讲话精神、给南京大学留学归国青年学者重要回信、致中国儿童中心成立40周年重要贺信和致2022年六五环境日国家主场活动贺信精神，传达学习《中共中央办公厅关于印发〈关于当前意识形态领域形势的通报〉的通知》精神和中央有关会议精神，传达学习自治区党委书记王君正在听取阿里地委、行署汇报时讲话精神和自治区维稳指挥部视频会议精神，王君正对全区工会工作作出的批示精神和自治区有关会议精神，研究山南市贯彻意见。市领导次仁平措、王德文、巴珠、汪华东、杨昶、尼玛旦增、李亚祥、扎西平措、冯小义、刘圣育出席会议。

8日　市政府与中国农业发展银行西藏自治区分行进行座谈，双方就深化政银合作，推动重大项目建设等进行深入交流对接。市委副书记、市长次仁平措，农发行西藏自治区分行党委书记、行长吴险锋出席座谈会并讲话。市委常委、常务副市长牟永文出席会议。

同日　山南市召开自建房安全专项整治工作领导小组电视电话会议，传达学习中央和自治区有关文件精神，听取工作推进情况汇报，安排部署全市自建房安全专项整治工作。市委副书记、市长次仁平措主持会议并讲话。市领导汪华东、牟永文出席会议。

8—9日　市委副书记、常务副市长杨昶率调研组到贡嘎县杰德秀镇、扎囊县桑耶镇、措美县哲古镇，采取听取工作汇报、实地查看、现场督导等方式，就城镇建设项目推进情况进行调研。

9日　自治区体育局党组副书记、局长尼玛次仁带队的自治区文化旅游产业专项组在山南市举行报告会暨西藏体育产业发展交流会。市委副书记、市长次仁平措主持会议并讲话，市委副书记、常务副市长汪华东出席会议。

10日 山南市与湖南省招商引资企业座谈，共商合作事宜，共谋携手发展。市委副书记、常务副市长杨昶主持并讲话。市委常委、常务副市长牟永文出席会议。

13日 市委副书记、市长次仁平措与湖南省长沙市青年企业家协会企业家座谈，共商合作事宜，共谋发展之计。市委副书记、常务副市长杨昶主持，市委常委、常务副市长牟永文出席。

同日 山南市首部原创舞剧《信·党的光辉照边疆》在雅砻剧院进行首演。自治区文化厅副厅长邹佳默，市领导巴珠、汪华东、尼玛旦增一同观看演出。舞剧分为"孤独而伟大""祖国一直在身后""胜利的曙光""党的光辉照边疆"等四幕，讲述玉麦乡桑杰曲巴一家在半个多世纪的时间里，以牧带巡、爱国守边、守护祖国神圣领土的感人故事和守好祖国每一寸土地的誓言，谱写"党的光辉照边疆、边疆人民心向党"的生动篇章。

14日 自治区人大常委会副主任、市委书记许成仓主持召开市委着力创建高原经济高质量发展先行区暨当前稳经济大盘工作专题会，传达学习6月12日自治区党委常委会（扩大）会议和自治区党委书记王君正讲话精神，听取市发展改革委、教育局、财政局、住建局等有关部门固定资产投资、重点项目推进和各项重要经济指标完成等情况汇报，深入分析面临的形势，研究解决存在的困难和问题，改进作风、狠抓落实，推动经济工作高质量发展。市领导次仁平措、汪华东、杨昶、牟永文出席会议。

同日 市政府与华新水泥股份有限公司座谈，双方就助企纾困、推动华新水泥创新发展等进行深入交流。市委副书记、市长次仁平措，华新水泥股份有限公司副总裁、西部区域党委书记、总经理袁德足出席座谈会并讲话。

15—16日 自治区党委常委、纪委书记、监委主任王卫东到桑日县、加查县纪委监委机关调研，了解纪检监察工作开展情况、县级纪委监委机构设置及内设机构改革工作推进情况。市委常委、纪委书记、监委主任李亚祥陪同调研。

16日 市政府与安能集团第三工程局有限公司座谈，共商合作事宜，共谋携手发展。市委副书记、市长次仁平措，安能集团第三工程局有限公司党委副书记、总经理谌少英出席座谈会并讲话。市委常委、常务副市长牟永文出席。

16—17日 市委副书记尼玛旦增到扎囊县鑫玉采石场、松卡铜矿厂、宏佳防水材料厂，贡嘎县天瑞食品有限公司、空港新区污水一体化处理厂、甲竹林镇吉雄干渠流域和进水口、刘琼村采石场、红星砖厂，浪卡子县卡若拉冰川、县污水处理厂，实地检查督导中央第四生态环境保护督察组反馈问题整改落实情况。

17日 市政协二届五次常委会会议召开。市政协主席巴珠主持会议。会议应到35人，实到25人，因事因病请假10人，符合政协章程规定。会议审议通过政协第二届山南市委员会常务委员会第五次会议（草案）；审议通过政协第二届山南市委员会副秘书长名单（草案）；审议通过《市政协常务委员会工作规则》；审议通过《市政协专门委员会工作通则》。

18—19日 自治区人大常委会副主任、市委书记许成仓到隆子县扎日乡、三安曲林乡、斗玉乡、准巴乡，实地调研维护稳定、边境搬迁点建设、边境基础设施建设、产业发展、乡村振兴、人居环境整治等情况，看望慰问基层干部群众和部队官兵，到寺庙僧尼开展"三个意识"教育宣讲。

19日 市委副书记、市长次仁平措到贡嘎县调研有关项目建设进度和产业发展等情况。

20日 自治区人大常委会副主任、市委书记许成仓到隆子县隆子镇扎果寺、隆子机场、隆子县藏香猪标准化养殖基地、加玉乡，错那县卡达乡、浪坡乡调研。

20—24日 自治区人大常委会党组成员、副主任唐明英率调研组到山南市乃东、琼结、错那、隆子等县（区）人社局、双创基地、企业、区外就业大学生家庭等20余处实地调研点，通过查看台账、实地走访、座谈等方式，深入了解大学生就业情况。市人大常委会主任王德文陪同并主持座谈会，市委常委、常务副市长牟永文汇报山南市大学生就业创业情况。

21—22日 自治区人大常委会副主任、市委书记许成仓到洛扎县边巴乡雪玛村、色桥公安检查点、顿尼林寺和浪卡子县桑顶寺，调研维护稳定、乡村振兴、守土固边、人居环境整治、基层党组织建设等工作，到寺庙开展“三个意识”宣讲教育。

22日　市委副书记、市长次仁平措到乃东区结巴乡滴新村、多若村，调研招商引资企业落地经营情况和基础设施项目配套情况，现场办公解决企业提出的困难和问题。

23日　自治区人大常委会副主任、市委书记许成仓主持召开二届市委第十八次常委会（扩大）会议，传达学习6月17日中共中央政治局会议精神和习近平总书记在中共中央政治局第四十次集体学习时的重要讲话精神，习近平总书记在四川考察时的重要讲话精神和中央审计委员会第五次会议精神，《中共中央办公厅关于印发〈领导干部配偶、子女及其配偶经商办企业管理规定〉的通知》精神，自治区党委书记王君正对关于加强家庭家教家风建设作出的批示精神和自治区有关会议、文件精神，研究山南市贯彻意见。市领导次仁平措、杨昶、尼玛旦增、邓稳根、李亚祥、扎西平措、牟永文、冯小义出席会议。

25日　山南市在全市范围内开展以“庆七一·喜迎二十大”为主题的理论知识测试。全市所有村（社区）“两委”班子成员，所有基层党委（党组）、党总支、党支部班子成员，40周岁以下机关干部共计16996人参加理论知识测试。市领导杨昶、尼玛旦增、冯小义巡考理论测试各考点。此次理论知识测试内容涵盖习近平新时代中国特色社会主义思想、习近平总书记关于西藏工作的重要指示和新时代党的治藏方略，中央第七次西藏工作座谈会、习近平总书记视察西藏重要讲话、自治区第十次党代会以及市第二次党代会涉及的知识点。

26日　山南市在泽当主要街区开展以“健康人生、绿色无毒”为主题的形式多样的禁毒宣传活动。市委副书记、市长次仁平措到宣传点检查指导。

29日　由市委、市政府主办，市委宣传部、市委组织部承办的“庆七一·喜迎党的二十大”山南市党员干部知识竞赛决赛在泽当举行。自治区人大常委会副主任、市委书记许成仓出席活动并为获奖选手颁奖。市委副书记、常务副市长杨昶致辞。市领导李亚祥、冯小义出席活动。市、县两级机关企事业单位干部专场和村“两委”班子成员专场分别参与初赛、复赛、决赛过程，累计产生48支复赛队伍和24支决赛队伍。经过激烈角逐，共计12支队伍分别获得两个专场的一、二、三等奖。活动通过微山南官方视频号和山南融媒抖音号首次实现现场直播，观看人数达到4万余人次，点赞量11.5万余次。

30日　中国共产党山南市第二届委员会第四次全体会议召开，深入学习贯彻习近平总书记关于加强和改进民族工作的重要思想，贯彻落实中央民族工作会议和中央第七次西藏工作座谈会精神，贯彻落实自治区第十次党代会和区党委民族工作会议精神，研究部署当前和今后一个时期民族团结工作，审议通过《中共山南市委员会　山南市人民政府关于以铸牢中华民族共同体意识为主线和战略性任务　全面推进新时代山南民族工作高质量发展的实施方案》。全会由市委常委会主持。自治区人大常委会副主任、市委书记许成仓讲话，并就实施方案作说明。市领导次仁平措、汪华东、杨昶、尼玛旦增、丹增、李亚祥、扎西平措、牟永文、冯小义、刘圣育在主席台就座。

7月

1日　自治区人大常委会副主任、市委书记许成仓率市委、人大、政府、政协四大班子成员和市中级人民法院、市人民检察院的领导干部，到山南市“身边事教育身边人”廉政警示教育展参观学习，开展廉政警示教育活动。市领导王德文、巴珠、汪华东、杨昶、尼玛旦增、丹增、李亚祥、扎西平措、牟永文、冯小义等参加活动。

同日　自治区人大常委会副主任、市委书记许成仓在泽当城区实地督导调研重大项目建设。市领导汪华东、杨昶、牟永文一同调研督导。许成仓一行先后到贡布路与泽当大道东延伸段交叉口、国道349延伸段、香曲西路市政工程、湖北大道综合管廊项目、乃东区乃东居委会片区棚户区（城中村）改造项目建设点调研。

1—2日　市二届人大常委会第六次会议召开，会议应到常委会组成人员36名，因事因病请假13

名，实到23名，出席人数符合法定人数。会议传达学习《中华人民共和国环境保护法》《西藏自治区民族团结进步模范区创建条例》和自治区十一届人大常委会第四十次会议精神，听取审议《山南市城乡社区治理促进条例（草案三审稿）》《山南市沙棘林保护条例（草案）》，市人大常委会3个执法检查报告、1个跟踪检查报告和"雅砻环保行"活动情况报告，市政府关于2021年度环境质量状况和环境保护目标完成情况的报告、粮食安全工作情况的报告、有关审议意见落实情况的报告，首次听取审议市监委专项工作报告，表决通过人事任免事项并举行宪法宣誓仪式。市人大常委会主任王德文主持并以"切实增强'时时放心不下'的责任感全面提升'事交我办放心'的高素质"为题，从"为何放心不下、放心不下什么、如何使人放心"三个方面向与会人员讲党课。市委常委、纪委书记、监委主任李亚祥列席会议。

2日 自治区政协副主席、佛协西藏分会常务副会长、西藏佛学院院长珠康·土登克珠受邀到山南市开展"国家意识、公民意识、法治意识"教育宣讲。市委副书记尼玛旦增主持，市领导巴珠、丹增出席。

同日 市委副书记、市长次仁平措到扎囊、贡嘎两县，实地督导检查乡村振兴项目进展情况。市委副书记、常委副市长杨昶一同调研。次仁平措先后到扎囊县扎其乡孟卡荣村巩固提升项目点、贡嘎县昌果乡矮化苹果加工及仓储建设项目选址点、江塘镇雅江河谷游客集散中心项目点、岗堆镇岗堆村乡村振兴引领点建设等项目现场督导检查。

2—6日 全市公安机关"决战2022"第二届全警实战大比武在琼结县举行。扎西平措出席活动，此次比武共有12个参赛队、144名民警参加。

5日 西藏自治区招商引资推介会在四川省成都市西藏饭店成功举办。市委常委、常务副市长牟永文带领市幸福家园建设管理局招商团队与出席此次推介会的其他省市知名企业、商会代表围绕产业发展、区域合作、政策扶持、合作方式等内容进行深入的座谈交流。共签约项目3个，签约投资额达5.6亿元。对接洽谈企业8家，达成合作意向企业3家。

6日 市委副书记、市长次仁平措到措美县哲古镇哲古社区、措美镇雪热村、玉美村等地，实地督导检查乡村振兴项目进展情况，调研人居环境整治和增收工作等情况，看望慰问基层干部群众。

同日 市委副书记、市长次仁平措到措美县玛悟觉寺开展国家意识、公民意识、法治意识教育宣讲，调研"三个意识"教育开展情况和寺庙管理工作情况，督导维稳工作，看望慰问寺管会干部和僧人。

7日 自治区人大常委会副主任、市委书记许成仓与黄石市委书记郄英才及黄石市党政代表团一行座谈。市领导次仁平措、李修武、尼玛旦增、冯小义参加。

11日 山南市召开第九批援藏工作总结暨第九、十批援藏干部人才欢迎欢送大会。自治区人大常委会副主任、市委书记许成仓出席会议。市委副书记尼玛旦增，湖北省委组织部常务副部长、迎送团团长雷文洁和湖南省委组织部副部长、迎送团团长赵凯明出席并讲话。市委常委、常务副市长牟永文主持，市领导王德文、燕红、李亚祥、冯小义出席。会上，许成仓等领导为第九批援藏干部人才代表颁发荣誉证书。湖北省第九批援藏工作队领队李修武，湖南省第九、十批援藏工作队领队杨昶作交流发言。湖北省第十批援藏工作队领队王云清作表态发言。

12日 市委副书记、市长次仁平措到加查县加查镇龙巴村，调研核桃产业研发培育工作，看望慰问长江大学西藏高原核桃产业研究所的专家和科技工作者。市委常委、常务副市长牟永文一同调研。

同日 2022年山南市招商引资重点项目——西藏安琪珠峰生物科技益生菌产业化项目开工仪式在加查县举行。市委副书记、市长次仁平措宣布开工，湖北省委组织部常务副部长雷文洁出席；市委副书记、常务副市长李修武主持，市领导王云清、牟永文出席活动。西藏安琪珠峰生物科技益生菌项目是全区援藏干部招商引资项目集中签约仪式签约落地的重点项目，计划总投资5亿元，一期项目计划年产200吨益生菌菌粉，建成满产达效后预计年产值3亿元以上，利税约1亿元，可提供上百个就业岗位。项目投产后，将有力带动加查县核桃深加工及关联产业，促进高原特色微生物产业发展，推动传统产业现代化发展、特色产业提档升级，对带动农牧民群众就业增收、扶持壮大集体经济等方面将发挥重要作用。

12—14日 全国人大常委会委员、监察和司法委员会副主任委员韩晓武和全国人大常委会委员、监察和司法委员会委员王长河，全国人大监察和司法委员会委员张立军一行，到山南市及乃东区、琼结县、浪卡子县相关部门，就推进监察工作规范化、法治化、正规化建设情况进行调研。市人大常委会主任王德文陪同调研并主持座谈会，市委常委、纪委书记、监委主任李亚祥就山南市推进监察工作规范化法治化正规化建设情况进行汇报。调研组对山南市推进监察工作规范化、法治化、正规化建设情况取得的成绩给予充分肯定。

15日 市委副书记、市长次仁平措到乃东区昌珠镇和泽当城区，实地调研泽当中心城区防洪工程（二期）规划设计工作。

16日 自治区人大常委会副主任、市委书记许成仓主持召开市委常委会（扩大）会议，传达学习习近平总书记重要讲话和回信精神，自治区党委书记王君正近期讲话以及自治区有关会议精神，听取2022年上半年全市经济运行情况报告，研究山南市贯彻意见。

17日 山南市召开安徽省第七批援藏工作总结暨第七、八批援藏干部人才欢迎欢送大会。自治区人大常委会副主任、市委书记许成仓出席会议。市委副书记尼玛旦增，安徽省委组织部副部长、援藏干部人才迎送团团长蒋曦出席并讲话。市委常委、常务副市长牟永文主持，市领导王德文、燕红、李亚祥、冯小义出席。会上，自治区人大常委会副主任、市委书记许成仓等领导为安徽省第七批援藏干部人才代表颁发荣誉证书。安徽省第七批援藏工作队总领队汪华东作交流发言，安徽省第八批援藏工作队总领队单强作表态发言。

同日 自治区人大常委会副主任、市委书记许成仓与中粮集团党组成员、副总裁王新东率领的赴藏调研组一行座谈。市委常委、常务副市长牟永文出席。

19—29日 全国政协常委、中国佛协副会长、佛协西藏分会会长班禅额尔德尼·确吉杰布赴贡嘎、隆子、错那、洛扎和浪卡子等县，就边境建设和民族团结进步创建工作考察学习并开展佛事活动。自治区领导桑顶·多吉帕姆·德庆曲珍、许成仓、多吉次珠、萨龙·平拉、索朗仁增参加相关活动。

20—22日 市委副书记、市长次仁平措率领山南代表团随自治区党政代表团赴湖南参加回访活动，并赴有关市共叙援建深情、共商援建大计，考察文旅产业、城市规划、园区经济等事宜，开展招商引资洽谈等工作。市委副书记、常务副市长杨昶一同参加考察。在中车株机、三一重工、郴州粮机、三一重能等制造业企业，就山南籍高校毕业生“组团式”市场化就业和订单式职业技能人才培养等工作达成初步合作意向；在千金药业、九芝堂、方盛制药等医药企业，重点就藏药资源开发、中藏药产业融合发展等进行交流探讨和积极接洽；在湘江集团、张家界旅游集团等文旅企业，就旅游资源开发、旅游市场开拓、旅游行业龙头企业培育等进行深度对接；在岳阳林纸、唐人神集团等农林企业，就林业生态产品价值实现、造林绿化、农牧业全产业链经营等事宜进行认真洽谈，取得良好的工作成效。

23日 自治区人大常委会副主任、市委书记许成仓主持召开市委理论学习中心组学习（扩大）会议，重温习近平总书记视察西藏重要讲话重要指示精神，研究部署下一步学习贯彻工作。市领导次仁平措、杨昶、尼玛旦增、丹增、扎西平措作书面发言，燕红、李亚祥、牟永文、冯小义、刘圣育作现场交流发言。

27—29日 全区妇联改革现场交流推进会在山南市召开，会议传达学习区党委常务副书记、区政协党组书记庄严关于对自治区妇联深化改革的批示精神和全国妇联第十二届五次执委会议精神，七地市妇联代表作交流发言。自治区政协副主席、区妇联党组副书记、主席江措拉姆出席会议并讲话，市委副书记尼玛旦增致辞。

29日 乃东区举行以“奋进新征程建功新时代”为主题的第二届最美共产党员、最美基层干部颁奖典礼。市领导出席颁奖晚会。

8月

1日 自治区人大常委会副主任、市委书记许成仓主持召开市委常委会（扩大）会议，传达学习习近平总书记在省部级主要领导干部“学习习近平总书记重要讲话精神，迎接党的二十大”专题研讨班上的重要讲话精神和中共中央政治局会议等有关会议、文件精神，传达学习中央纪委关于张某泽严重违纪违法问题的通报以及自治区有关会议精神，听取市委落实全面从严治党、国家民委民族团结进步创建专题调研和全区民族团结进步模范区创建工作经验交流现场会筹备等工作开展情况汇报，研究山南市贯彻意见。

2日　自治区人大常委会副主任、市委书记许成仓与华电集团有限公司党组副书记、董事祖斌一行座谈。市委常委、常务副市长牟永文参加。

3日　市委副书记、市长次仁平措与长江大学党委书记王建平一行座谈，就推动校地双方全方位合作进行深度交流。市领导王云清、牟永文出席。

4日　山南市开展“理润山南·文明实践行”新时代文明实践活动之聚焦学习《习近平谈治国理政》第四卷活动。市委常委、宣传部部长燕红出席并讲话。

5日　自治区人大常委会副主任、市委书记许成仓在贡嘎县、空港新区实地调研森布日搬迁、沿江植绿护绿、人居环境综合整治、贡嘎机场二跑道项目建设、中央环保督察整改落实情况、空港新区管委会班子运行和工作移交情况。市领导杨昶、刘圣育一同调研。

同日　自治区人大常委会副主任、市委书记许成仓与湖北省副省长、宜昌市委书记王立及宜昌市党政代表团一行座谈。市领导王云清、牟永文参加。

9日　自治区人大常委会副主任、市委书记许成仓主持召开市应对新冠肺炎疫情工作领导小组会议，贯彻落实自治区党委书记王君正在全区新冠肺炎疫情防控工作推进会上的讲话精神。市委副书记、市长次仁平措作具体工作安排部署。市领导杨昶、单强、王云清、牟永文、刘圣育出席。会议听取全市和各县（区）疫情防控工作开展情况汇报，分析研判当前形势，当场解决具体问题，安排部署下一步工作。

10日　自治区人大常委会副主任、市委书记许成仓采取“四不两直”方式，到市人民医院、市藏医医院、乃东区卫生服务中心和市疾控中心，实地调研疫情防控、医疗卫生服务等工作。市委副书记、市长次仁平措参加部分调研。

12日　自治区人大常委会副主任、市委书记许成仓到拉萨贡嘎机场、空港新区、贡嘎县、扎囊县检查督导疫情防控工作，看望奋战在疫情防控一线的工作人员。市委常委、贡嘎县委书记刘圣育参加部分活动。

15日　市委副书记、市长次仁平措以“四不两直”方式，到扎囊、贡嘎和森布日极高海拔生态搬迁安置点，看望慰问一线工作人员。市委常委、贡嘎县委书记刘圣育参加部分调研。

16日　自治区人大常委会副主任、市委书记许成仓以“四不两直”方式，到惠好百货超市、百益超市、西区菜市场，乃东区昌珠镇门中岗社区、颇章乡哈罗岗社区、格拉村、地新村，亚堆乡疫情防控检查点、亚堆乡政府、曲德贡村、郭乃村，现场检查指导群众生活物资储备供应保障、防疫措施落实等情况。

同日　自治区人大常委会副主任、市委书记许成仓与国务院联防联控机制综合组增派赴西藏自治区工作组第二组（山南市）组长、国家癌症中心党委书记张勇一行座谈。市领导次仁平措、杨昶、单强出席。

16—29日　自治区区党委常委、宣传部部长汪海洲在山南市实地检查疫情防控工作开展情况，慰问一线工作人员。汪海洲一行先后到，贡嘎国际机场T3航站楼、中建一局核酸采样点、市鲁琼方舱医院建设点等地，了解疫情防控部署落实、防疫物资储备等情况。自治区人大常委会副主任、市委书记许成仓一同督导检查。市领导次仁平措、杨昶、尼玛旦增、单强、王云清、丹增、燕红、扎西平措、冯小义、刘圣育等参加相关活动或通过电话连线参加电话调度会。

17日　国务院联防联控机制综合组增派赴西藏自治区工作组第二组（山南市）组长、国家癌症中心党委书记张勇在山南市指导疫情防控工作，并召开座谈会。

18日　国务院联防联控机制综合组增派赴西藏自治区工作组第二组（山南市）组长、国家癌症中心党委书记张勇到市疫情防控指挥部、定点隔离酒店、定点医院等指导疫情防控工作并召开座谈会。市委副书记、市长次仁平措陪同并出席座谈会，杨昶、牟永文参加相关活动。

19日　自治区人大常委会副主任、市委书记许成仓以“四不两直”方式，到方舱医院建设现场、嘎玛庆社区核酸检测点、西区菜市场、乃东区政府，实地检查督导疫情防控工作，对发现的问题现场提出整改要求，推动工作落实。

同日　国务院联防联控机制综合组增派赴西藏自治区工作组第二组（山南市）组长、国家癌症中心党委书记张勇到乃东区、泽当城区各民生保障点、物流企业和社区，指导疫情防控和民生保障工作，并围绕发挥好湖南、安徽、湖北三省医疗援助队作用召开座谈会。市委副书记、市长次仁平措陪同并出席座谈会。张勇一行先后到乃东一期“菜篮子”工程、西藏宏农全智能化藏鸡产业园、雅投蔬菜实训基地、京东物流城区临时分拣中心和市国家粮油储备库，详细了解粮油、肉蛋、蔬菜、水果等生活必需品存储及供应保障情况。

20日　自治区人大常委会副主任、市委书记许成仓以“四不两直”方式到乃东区卫生服务中心新院区和赞堂社区、郭莎居委会、万人小区防疫卡点，查看医院隔离区建设、高中低风险区防抗疫措施落实情况，看望慰问一线医务人员和防疫人员。

同日　国务院联防联控机制综合组增派赴西藏自治区工作组第二组（山南市）组长、国家癌症中心党委书记张勇到贡嘎机场、公安综合检查站，指导机场疫情防控和旅客服务工作并召开座谈会。市领导尼玛旦增、单强、刘圣育陪同并出席座谈会。张勇一行先后到贡嘎机场T3航站楼、如家商旅酒店、豪迪酒店、贡嘎县公安综合检查站、县人民医院分子生物实验室、空港新区甲竹林小学、贡嘎机场T1/T2航站楼，详细了解疫情防控措施落实、滞留旅客服务保障等情况，提出专业指导意见，研究解决实际问题。

21日　自治区人大常委会副主任、市委书记许成仓到扎囊县吉汝乡扎西林村、扎其乡西卡学村三组，实地检查督导疫情防控工作。

22日　自治区党委常委、宣传部部长，自治区疫情防控工作山南包保组组长汪海洲同国务院联防联控机制综合组增派赴西藏自治区工作组第二组（山南市）组长、国家癌症中心党委书记张勇一行座谈。市委常委、宣传部部长燕红参加座谈会。

同日　自治区人大常委会副主任、市委书记许成仓到贡嘎机场、空港新区、西藏航空公司、民航生活区等地，看望机场滞留游客安置情况。

同日　国务院联防联控机制综合组增派赴西藏自治区工作组第二组（山南市）组长、国家癌症中心党委书记张勇到扎囊县调研指导疫情防控工作并召开座谈会。

23日　市委副书记、市长次仁平措先后到警训基地临时方舱医院和鲁琼方舱医院建设现场调研督导建设情况。

24日　自治区人大常委会副主任、市委书记许成仓与国务院联防联控机制综合组增派赴西藏自治区工作组第二组（山南市）组长、国家癌症中心党委书记张勇进行座谈，市委副书记、市长次仁平措主持座谈会。会议听取山南市各医疗机构近期疫情防控工作开展情况，新冠肺炎防控西藏工作组山南组和湖南、湖北、安徽援藏专家组提出意见建议。

25日　国务院联防联控机制综合组增派赴西藏自治区工作组第二组（山南市）组长、国家癌症中心党委书记张勇到贡嘎县调研指导疫情防控工作，并在森布日极高海拔生态搬迁安置点召开座谈会。张勇一行到西藏幸福家园投资建设集团和贡嘎县东拉乡吉琼村，详细了解疫情防控措施落实等情况，并提出专业性指导意见。

26日　国务院联防联控机制综合组增派赴西藏自治区工作组第二组（山南市）组长、国家癌症中心党委书记张勇到浪卡子县调研指导疫情防控工作，并召开座谈会。市委副书记、市长次仁平措陪同并主持座谈会。张勇一行先后到羊湖酒店、陇巴庄园酒店、县人民医院、藏医院、干部周转房小区、多却乡多却村、张达乡下西村，详细了解院感防控、社区服务保障等情况。

28日　市委副书记、市长次仁平措率慰问组到拉萨，看望慰问山南市援助拉萨医疗队医护人员。

30日　国务院联防联控机制综合组增派赴西藏自治区工作组第二组（山南市）组长、国家癌症中心党委书记张勇在泽当城区部分社区、寺庙、监管场所、养老机构等封控管理区调研指导疫情防控工作。市委副书记、常务副市长单强陪同。

31日　国务院联防联控机制综合组增派赴西藏自治区工作组第二组（山南市）组长、国家癌症中心党委书记张勇在桑日县各检查站和市方舱医院调研指导疫情防控工作，提出专业性指导意见。市领导杨昶、单强参加相关活动。

同日 市委副书记、市长次仁平措到加查、桑日两县重点项目建设和重点企业生产现场，督导调研疫情防控、复工复产情况并召开座谈会。次仁平措一行先后到街需水电站、大古水电站、华新水泥厂等，认真听取情况介绍，与企业负责人深入交谈，详细询问项目建设和生产经营情况，现场办公协调帮助企业解决困难问题。

9月

1日 国务院联防联控机制综合组增派赴西藏自治区工作组第二组（山南市）组长、国家癌症中心党委书记张勇在贡嘎机场和琼结县调研指导疫情防控工作。市领导尼玛旦增、单强、刘圣育参加相关活动。

2日 自治区人大常委会副主任、市委书记许成仓到鲁琼专业市场、桑日县绒乡吉隆村、市人民医院、乃东区嘎玛庆社区格巴小区，调研疫情防控工作和社会面清零后复工复产复商复市相关准备情况。

同日 国务院联防联控机制综合组增派赴西藏自治区工作组第二组（山南市）组长、国家癌症中心党委书记张勇到加查县部分村居、检查站、医院、集中隔离点，调研指导疫情防控工作，并看望慰问一线工作人员。市委副书记、常务副市长单强参加相关活动。

3日 国务院联防联控机制综合组增派赴西藏自治区工作组第二组（山南市）组长、国家癌症中心党委书记张勇到山南市各医院调研指导院感防控工作，并召开核酸检测工作专题座谈会。市委副书记、常务副市长单强陪同并主持座谈会。

4日 国务院联防联控机制综合组增派赴西藏自治区工作组第二组（山南市）组长、国家癌症中心党委书记张勇到曲松县2021年公共租赁住房项目建设点、曲松县G560至曲松镇下洛村吾金古如自然组公路项目建设点、下洛村乡村振兴示范点项目建设点、日果曲德寺、曲松县人民医院、渝津宾馆、扎囊县桑耶寺调研指导疫情防控工作。市委副书记、常务副市长单强陪同。

同日 由市人民医院、市妇幼保健医院、扎囊县人民医院、加查县人民医院4家医院的10名医护人员组成的山南市援助日喀则抗疫医疗队出征，驰援日喀则协助开展疫情防控工作。市委常委、组织部部长冯小义为援助日喀则抗疫医疗队送行。

5日 市委副书记、市长次仁平措赴拉萨看望慰问援助拉萨抗疫工作的湖南、湖北两省援藏医疗队。

6日 国务院联防联控机制综合组增派赴西藏自治区工作组第二组（山南市）组长、国家癌症中心党委书记张勇在泽当城区西区菜市场、鲁琼建材专业市场、绿源农畜产品仓储分配中心调研指导物资保障工作。市委副书记、常务副市长单强陪同。

同日 市委副书记、市长次仁平措以“四不两直”方式到贡嘎县甲竹林镇、吉雄镇、杰德秀镇等地，实地督导疫情防控工作，看望慰问奋战在抗疫一线的工作人员。市领导尼玛旦增、刘圣育出席会议。

6—13日 市委副书记、市长次仁平措先后到贡嘎县杰德秀镇、吉雄镇、甲竹林镇、岗堆镇、江塘镇、东拉乡，空港新区，浪卡子县白地乡、张达乡等一线，督导检查疫情防控工作。

7日 自治区人大常委会副主任、市委书记许成仓赴乃东区颇章乡哈鲁岗村、亚堆乡曲德贡村、亚桑寺警务室，措美县哲古镇卡珠村、宗宗村、哲古社区疫情防控卡点和安徽产业援藏千亩蔬菜基地，检查督导疫情防控、秋收工作和蔬菜供应保障，看望慰问卡点工作人员。

同日 市委副书记、市长次仁平措到贡嘎县集中隔离点调研督导疫情防控工作，看望慰问持续奋战在防疫一线的工作人员。市委副书记尼玛旦增、刘圣育参加部分调研。

同日 国务院联防联控机制综合组增派赴西藏自治区工作组第二组（山南市）组长、国家癌症中心党委书记张勇在措美县哲古风电厂和县城供暖项目、达当大道项目建设点、措美镇当许社区、县干部职工周转房小区、渝柏酒店、县人民医院、藏医医院调研指导疫情防控工作。市委副书记、常务副市长单强陪同。

8日 国务院联防联控机制综合组增派赴西藏

自治区工作组第二组（山南市）组长、国家癌症中心党委书记张勇在山南市指导消毒消杀、医废处置和贡嘎县疫情防控工作，并在贡嘎县召开疫情防控工作座谈会。市委副书记、市长次仁平措主持会议，市领导单强、刘圣育出席会议。座谈会上，贡嘎县和各进驻贡嘎专项组汇报近期工作开展情况，次仁平措从强化指挥、严抓管理、深化核酸检测、有序隔离转运、全力支援、严肃纪律六方面就蹲点推进贡嘎县疫情防控工作进行全面报告，专家组提出专业指导意见。

9日　国务院联防联控机制综合组增派赴西藏自治区工作组第二组（山南市）组长、国家癌症中心党委书记张勇在市委宣传部、市委网信办调研指导疫情防控宣传引导工作，看望慰问坚守一线的新闻工作者和网信工作者。市领导单强、燕红陪同。

11—12日　国务院联防联控机制综合组增派赴西藏自治区工作组第二组（山南市）组长、国家癌症中心党委书记张勇到洛扎县调研指导疫情防控工作。市委副书记、常务副市长单强陪同。

14日　自治区人大常委会副主任、市委书记许成仓到嘎玛庆社区吉荣家园、罗布林卡社区桑吉林花园和乃东社区江斯巷散户区，调研9月13日泽当主城区第一批有序恢复生产生活秩序的居民小区（散户区）相关情况。市委副书记、常务副市长王云清　同调研。

同日　国家卫生健康委、国家疾病预防控制局新冠肺炎疫情防控西藏工作组第二组到贡嘎县、扎囊县调研指导疫情防控工作。市领导单强、刘圣育陪同。专家组一行到贡嘎县森布日矮化苹果一期基地、维也纳国际酒店、如家商旅酒店、豪迪酒店、吉雄镇桑吉苑小区、杰德秀镇，扎囊县现代农业产业园、西普农业园区、桑耶镇洛村，详细了解集中隔离点管理运行、社区管理、有序恢复生产生活秩序等情况，提出专业意见建议。

15日　自治区党委书记王君正到山南市贡嘎县督导检查疫情防控工作。

同日　国家卫生健康委、国家疾病预防控制局新冠肺炎疫情防控西藏工作组第二组到桑日县、乃东区调研指导疫情防控工作。市委副书记、常务副市长单强陪同参加相关活动。

16日　国家卫生健康委、国家疾病预防控制局新冠肺炎疫情防控西藏工作组第二组到琼结县、泽当城区调研指导疫情防控工作。市委副书记、常务副市长单强陪同。

17日　国家卫生健康委、国家疾病预防控制局新冠肺炎疫情防控西藏工作组第二组到贡嘎县江塘镇曲水大桥卡点、市儿童福利院调研指导疫情防控工作。市领导单强、刘圣育参加相关活动。

20日　市委副书记、市长次仁平措到乃东区泽当街道暗访常态化疫情防控和复工复产工作。

同日　国家卫生健康委、国家疾病预防控制局新冠肺炎疫情防控西藏工作组第二组到泽当城区调研指导常态化疫情防控工作。市委副书记、常务副市长单强陪同。

21日　自治区人大常委会副主任、市委书记许成仓主持召开市委常委会（扩大）会议，传达学习习近平总书记在中央政治局会议、辽宁考察时、中央深改委会议的重要讲话精神和近期重要回信、批示精神，传达学习全区宗教工作会议精神，研究山南市贯彻意见。

22日　山南市召开统筹疫情防控和复工复产工作电视电话会议，通报《山南市关于统筹疫情防控和有序启动企业复工复产的指导意见》《山南市关于稳定市场主体推动复工复产的十项措施》，对统筹疫情防控和复工复产工作进行再安排、再部署。自治区人大常委会副主任、市委书记许成仓作出批示，市委副书记、市长次仁平措主持会议并讲话。杨昶、王云清、牟永文出席泽当主会场会议。

25日　市委副书记、市长次仁平措率市疫情防控指挥部专家指导组和安徽省援藏抗疫医疗队专家，到桑日县增期乡扎热塘公安检查站等地，实地督导调研检查站点疫情防控工作，看望慰问一线工作人员。

30日　山南市在山南烈士陵园举行烈士纪念日向烈士敬献花篮仪式。

同日　自治区人大常委会副主任、市委书记许成仓主持召开市委常委会（扩大）会议，传达学习习近平总书记近期重要讲话、贺信、指示批示和全国重要会议精神，传达学习自治区党委书记王君正在自治区维稳指挥部视频会议上的讲话精神，研究山南市贯彻意见，安排部署全市疫情防控和维护稳定工作。

10月

1日 山南市举行庄严的升国旗唱国歌仪式，庆祝中华人民共和国成立73周年。市领导许成仓、次仁平措、王德文、杨昶、单强、王云清、李亚祥、扎西平措、牟永文、冯小义等出席仪式。市（中、区）直单位和乃东区干部职工代表、驻军部队代表、群众代表等130余人参加"升国旗、唱国歌"仪式。

3—6日 自治区政协副主席、自治区赴山南督导组组长白玛旺堆率督导组到山南市开展维稳督导工作。白玛旺堆一行先后到寺庙、社区、住宅小区、建筑工地、各相关单位和便民警务站，实地督导检查维稳工作、疫情防控、安全生产等工作开展情况。

6日 市委副书记、市长次仁平措到泽当城区检查指导项目开复工和疫情防控、安全生产等工作。市领导杨昶、牟永文一同调研。次仁平措一行到泽当大道扩宽工程、市直公租房项目、湖北大道综合管廊项目、卓吉林小区项目、锦砻·御江府商住开发等项目施工现场，详细了解项目点疫情防控、安全生产、人员和物资保障等措施落实情况，现场办公协调解决项目建设中存在的困难问题。

9日 市委副书记、市长次仁平措到京东快递乃东营业部、方春商贸仓储库、绿源农畜产品仓储分配中心、惠好超市仓储中心和天马商场等，详细了解货源渠道、市场价格、市场销售、配送方式等情况，仔细检查各个环节防疫措施落实情况。

10—11日 市二届人大常委会第七次会议召开，会议应到组成人员36名，因事因病请假6名，实到30名，出席人数符合法定人数。会议传达学习全国人大常委会议事规则和相关讲话精神以及有关会议精神，听取审议有关条例草案和立法后评估报告，市人民政府有关报告及市人大相关专门委员会审查结果的报告，市中级人民法院和人民检察院相关工作情况的报告，市人大常委会相关执法检查报告和活动情况报告，听取市人大常委会部分被任命人员履职情况的报告并进行履职评议，表决通过《山南市城乡社区治理促进条例》《山南市沙棘林保护条例》和人事任免事项，批准市本级2022年财政预算调整方案和2021年本级财政决算。市人大常委会主任王德文主持并讲话。

11日 市委副书记、市长次仁平措率相关部门负责人先后到泽当城区防洪堤工程、城市供水管网工程、中心城区停车场建设项目规划选址现场，详细了解项目规划设计和前期工作推进情况，现场办公协调解决存在的困难问题。市委副书记、常务副市长杨昶一同调研。

15—23日 自治区人大常委会副主任、市委书记许成仓，错那县吉巴门巴民族乡党委副书记、乡长索朗德吉，山南市隆子县玉麦乡玉麦村村民卓嘎赴北京参加中国共产党第二十次全国代表大会。

16日 山南市安排部署学习宣传贯彻中共二十大报告精神工作。自治区政协副主席白玛旺堆出席会议，市委副书记、市长次仁平措主持并讲话，市委副书记尼玛旦增出席主会场会议。

19日 市委副书记、市长次仁平措到百浩体育公司、清诺科技产业孵化园、清匠公司项目点、结巴乡农业园和功德糌粑加工厂等民营企业，宣讲中共二十大报告精神，了解企业复工复产情况和常态化疫情防控措施落实情况，看望慰问企业员工，现场办公研究解决复工复产中遇到的困难和问题。

21日 市委副书记、市长次仁平措先后到华新水泥厂、桑日县绒乡吉荣村、卓吉村、扎巴村等地，实地调研企业复工复产、群众增收和相关惠民利民配套政策落实情况，向企业员工和农牧民群众宣讲中共二十大报告精神。

27日 山南市召开干部大会，传达学习中共二十大精神。自治区人大常委会副主任、市委书记许成仓主持并讲话，市委副书记、市长次仁平措传达中共二十大精神。市领导王德文、巴珠、杨昶、单强、王云清、尼玛旦增等出席会议。

同日 市委召开常委会（扩大）会议暨理论学习中心组学习会，传达学习习近平总书记在中国共产党第二十次全国代表大会上的报告精神。自治区人大常委会副主任、市委书记许成仓主持并讲话。

29日 自治区人大常委会副主任、市委书记许成仓到企业、重大项目施工一线宣讲中共二十大精神，调研疫情防控、重大项目建设等工作。宣讲期间，许成仓与华能、华电、国能以及藏木、街需、大古、加查、冷达、巴玉水电站项目负责人进行座谈，详细了解企业学习宣传中共二十大精神、疫情防控、复工复产情况和项目建设中存在的问题和困难。

同日　市委常委、纪委书记、监委主任李亚祥到桑日县开展增久曲巡河、联系村党建工作调研指导等工作。

31日　自治区人大常委会副主任、市委书记许成仓主持召开市委常委会（扩大）会议，传达学习习近平总书记近期重要讲话精神和中央近期有关会议、文件精神，传达学习全国政协主席汪洋、全国人大常委会副委员长白玛赤林在参加中共二十大西藏代表团讨论时的讲话精神和自治区党委书记王君正在西藏代表团全体会议上的讲话精神、十届自治区党委常委会第二十九、三十次会议精神，听取山南市前三季度经济运行情况报告。

同日　市委常委、政法委书记扎西平措赴错那县娘姆江曲流域开展巡河检查工作，详细了解娘姆江曲流域生态环境保护和流域治理工作开展情况，现场研究解决存在的困难和问题并主持召开座谈会。

11月

1日　市委人大工作会议在泽当召开。自治区人大常委会副主任、市委书记许成仓出席会议并讲话。市委副书记、市长次仁平措主持会议，市人大常委会主任王德文就《中共山南市委员会关于贯彻落实中央和区党委人大工作会议精神　加强和改进新时代山南人大工作的意见》作说明并部署人大系统贯彻落实工作。市领导巴珠、杨昶、尼玛旦增、单强、王云清等出席会议。

2日　自治区人大常委会副主任、市委书记许成仓调研重大项目建设，了解项目建设进度、配套设施建设等情况，并现场研究解决工作中存在的难点、堵点问题。市领导次仁平措、杨昶参加调研。

同日　市委常委、宣传部部长燕红带领有关部门负责人到乃东区开展河湖巡察工作。燕红一行先后到流经乃东区索珠乡和结巴乡的温曲河河段，沿河实地查看河道周边生态环境治理、河道隐患整治等情况，听取各乡镇工作落实情况汇报，详细了解河道保洁、河岸维护、清除违规乱建等工作情况。

3日　市二届人大常委会第八次会议召开，会议应到组成人员36名，因事因病请假6名，实到30名，出席人数符合法定人数。会议传达学习中共二十大精神、习近平总书记在二十届中共中央政治局常委同中外记者见面时的重要讲话精神和《中华人民共和国国家安全法》、市委人大工作会议精神，审议并表决通过有关条例，审议市人民政府有关报告。市人大常委会主任王德文主持并作专题党课，市委副书记、常务副市长王云清列席会议。

4日　自治区人大常委会副主任、市委书记许成仓主持召开全市援藏工作座谈会。市领导次仁平措、杨昶、单强、王云清、冯小义出席会议。会上，自治区人大常委会副主任、市委书记许成仓听取三省一公司援藏工作队和各县（区）援藏工作队的发言。

同日　自治区人大常委会副主任、市委书记许成仓到市完全中学，与师生员工和教育系统干部职工代表座谈，宣讲中共二十大精神，交流学习体会。

同日　市委副书记、常务副市长王云清先后到山南市藏鸡产业研究院、西藏宏农农业发展有限公司和昌珠镇等地通过实地察看、听取汇报等方式，详细了解重点项目建设和企业生产运营情况，并指导相关工作。

8日　学习贯彻中共二十大精神中央宣讲团宣讲报告会在拉萨举行。市领导许成仓、次仁平措、王德文、巴珠、杨昶、尼玛旦增、单强、王云清、丹增、燕红、李亚祥、扎西平措、冯小义等与广大党员干部通过视频收听收看宣讲报告会。宣讲报告会上，中央宣讲团成员、中央纪委国家监委宣传部部长王建新从深刻把握中共二十大的重大意义、过去五年的工作和新时代十年的伟大变革、开辟马克思主义中国化时代化新境界的历史责任、以中国式现代化全面推进中华民族伟大复兴的使命任务、全面建设社会主义现代化国家的目标任务、以伟大自我革命引领伟大社会革命的重要要求、以顽强斗争应对风险挑战的要求共七个方面，对中共二十大精神作了全面系统、重点突出、深入浅出地宣讲解读。

同日　山南市举行“党的光辉照边疆　踔厉奋发新征程——学习贯彻党的二十大精神基层行”主题采访团出征仪式暨庆祝第23个中国记者节活动，表彰全市优秀新闻工作者，为16支出征队伍授旗并开展业务培训。市委常委、宣传部部长燕红出席仪式。

13日　自治区党委常委、组织部部长赖蛟在琼结县拉玉乡堆巴村、强吉村，下水乡唐布齐村安徽产业援藏千亩蔬菜基地和山南市雅拉香布实业有限公司等地调研指导乡村振兴、“菜篮子”基地、天然饮用水产业发展等情况，向基层干部群众宣讲中共二十大精神。市委常委、组织部部长冯小义陪同。

14日　自治区人大常委会副主任、市委书记许成仓主持召开市委常委会(扩大)会议，传达学习中央政治局常务委员会会议精神，传达学习习近平总书记在中央政治局第一次集体学习时的重要讲话精神，传达学习自治区党委书记王君正在自治区政法系统宣讲中共二十大精神时的讲话精神，传达学习十届自治区党委常委会第三十一、三十二次会议精神，听取全市疫情防控、意识形态工作情况汇报，研究山南市贯彻意见。

15日　自治区副主席坚参率调研组赴琼结县调研创建国家乡村振兴示范县工作。调研组一行先后到琼结县拉玉乡堆巴村、下水乡“菜篮子”项目点、雅拉香布实业有限公司、手工藏毯厂等地，调研“党建链”串联乡村振兴“全链条”党建特色工作、“菜篮子”工程运行及带动就业等，并召开座谈会，听取琼结县乡村振兴工作开展情况。

17日　自治区党委副书记、自治区主席严金海到山南市宣讲中共二十大精神。自治区人大常委会副主任、市委书记许成仓主持。

同日　市委副书记、市长次仁平措主持召开二届市人民政府第十八次常务会议，传达学习中央政治局常委会会议精神，传达学习中央、自治区会议、文件精神，研究贯彻落实意见。

18日　市委副书记、市长次仁平措先后到森布日牧业产品加工园市政道路、吉雄灌区、甲竹林镇林布沟河道治理、贡嘎机场新建二跑道和雅江中游机场周边河道生态保护和修复试点工程等项目施工现场，实地调研项目建设进展情况，现场办公协调解决项目建设中存在的困难和问题。

19日　山南市举行今冬明春重大项目集中开工仪式。市委副书记、市长次仁平措出席并宣布开工。市委副书记、常务副市长杨昶出席，市委副书记、常务副市长王云清主持。此次集中开工项目涉及山南市11至12月新开工项目64个，总投资127.7亿元，近期计划投资19.6亿元。主要包括泽当中心城区防洪(二期)、雅江中游机场周边生态保护和修复、西藏民信扎囊一期20兆瓦并网光伏发电、森布日牧业产品加工产业园市政道路、琼结110千伏输变电等项目，覆盖12个县区，涉及能源电力、农田水利、市政基础、教育发展、乡村振兴等领域。

24日　市委常委、宣传部部长燕红带领市消防救援支队负责人，到中国人寿保险股份有限公司山南分公司、市委宣传部机关、市融媒体中心、雅砻数字影城、新华书店、华远影院等地，全面督导检查安全生产工作。

25日　中国共产党山南市第二届委员会第五次全体会议在泽当召开。全会由市委常委会主持，自治区人大常委会副主任、市委书记许成仓讲话。出席全会的有市委委员37人，候补委员6人。全会讨论许成仓受市委常委会委托所作的工作报告、市委常委会抓党的建设工作情况报告、改进作风狠抓落实工作情况报告和山南市中共十九大以来整治形式主义为基层减负工作情况报告，审议通过《中共山南市委员会关于贯彻落实〈中共西藏自治区委员会关于深入贯彻党的二十大精神　全面建设社会主义现代化新西藏的意见〉的实施意见》，对学习贯彻中共二十大和自治区党委十届三次全会精神，推进长治久安和高质量发展走在全区前列，全面建设社会主义现代化新山南作出安排部署。

26日　市委副书记、市长次仁平措在泽当城区调研市政项目建设，先后到滨江路建设项目、文化艺术中心建设项目、湖北大道综合管廊建设项目、广播电视中心建设项目、城区重要易涝点排水防洪项目等施工现场和市健康服务中心(游泳馆)项目选址点，实地查看项目建设进展和成效，现场协调解决困难和问题。市委副书记、常务副市长杨昶一同调研。

27日　市委副书记、市长次仁平措到物交会现场调研，详细了解展区搭建、疫情防控、基础设施和安全保障等情况，对准备工作进行再调度、再部署。

12月

1日　以“提信心　促流通　增收入　助发展”为主题的山南市第42届雅砻物资交流会在乃东区鲁琼物交会市场举办。市委副书记、市长次仁平措到各展区和宣传点考察。

2日　市委副书记、市长次仁平措到疫情防控指挥部和复工复产专班办公室，专题调研疫情防控和复工复产专班工作开展情况。

3日　琼结县创建国家乡村振兴示范县启动仪式在青瓦达孜广场举行。市委副书记、市长次仁平措出席并宣布琼结县创建国家乡村振兴示范县工作正式启动，自治区农业农村厅党组副书记、厅长杜杰讲话。据悉，琼结县系全国“百县千乡万村”乡村振兴示范创建活动西藏自治区第一批入选县。

4日　自治区2022年度巩固拓展脱贫攻坚成果同乡村振兴有效衔接考核汇报暨反馈会在泽当召开。市委副书记、市长次仁平措出席并作表态发言，自治区农业农村厅党组副书记、厅长、考核组组长杜杰讲话，市委副书记、常务副市长杨昶主持。

6日　江泽民追悼大会在北京人民大会堂隆重举行。山南市广大党员、干部、群众认真收听收看追悼大会现场直播。深切缅怀江泽民同志的卓越功勋，深刻感悟江泽民的精神风范。市领导许成仓、次仁平措、王德文、巴珠、杨昶、尼玛旦增、王云清等集中收听收看追悼大会。

7日　全市党员领导干部学习贯彻中共二十大精神集中培训班在泽当开班。自治区人大常委会副主任、市委书记许成仓作专题辅导报告，市委副书记、市长次仁平措主持。市领导王德文、巴珠、杨昶、尼玛旦增、王云清、丹增、燕红、李亚祥、扎西平措、冯小义出席会议。

7—9日　全市党员干部学习贯彻中共二十大精神专题培训班在市委礼堂举办。市委副书记、市长次仁平措和杨昶、尼玛旦增、王云清、李亚祥分别作报告，市委常委、组织部部长冯小义作总结讲话。市委副书记、市长次仁平措围绕高质量发展主题作了辅导报告。

10日　市二届人大常委会第九次会议在泽当开幕。市人大常委会主任王德文主持。会议应到36人、因事因病请假11人、实到25人，符合法定人数。会议传达学习《中华人民共和国湿地保护法》《西藏自治区各级人民代表大会常务委员会规范性文件备案审查条例》和西藏自治区十一届人大常委会第四十二次会议精神。会议听取市人大常委会主任会议关于提请审议召开市二届人大第三次会议的决定（草案）、议程（草案）、主席团和秘书长名单（草案）的议案的说明。听取市人民政府关于市公安局机关执法规范化建设促进公平正义、关于2021年度本级财政预算执行和其他财政收支审计查出问题整改、关于市二届人大一、二次会议代表建议办理情况的报告和市科技局关于2021年度审计查出问题整改、山南城市建设投资有限公司关于2021年度审计查出问题整改、琼结县人民政府关于2021年度审计查出问题整改情况的报告。听取市人大常委会执法检查组关于检查《山南市文明行为促进条例》实施情况，市人大法制委员会关于2022年度规范性文件备案审查工作、市人大常委会关于对市二届人大一、二次会议代表建议进行重点督办情况的报告。听取市人民政府、市委组织部和市中级人民法院关于人事任免事项的说明以及市人大常委会主任会议关于任前法律知识考试情况的报告。

11日　市二届人大常委会第九次会议闭幕，会议应到常委会组成人员36名，因事因病请假10名，实到26名，出席人数符合法定人数。市人大常委会主任王德文主持并讲话。会议听取关于审议有关议题情况的报告，会议表决通过人事任免事项，决定任命郑传经为市政府副市长。王德文向新任命的国家机关工作人员颁发任命书。刘宗昌就落实工作评议意见作表态发言。

12日　自治区人大常委会副主任、市委书记许成仓主持召开市委常委会（扩大）会议，传达学习习近平总书记重要讲话和党中央、国务院和自治区有关会议、文件精神，传达学习十届区党委常委会会议精神等，研究山南市贯彻意见。

12—13日　市第二届人民代表大会第三次会议在泽当召开，会议传达学习中共二十大精神，选举产生山南市出席自治区第十二届人民代表大会代表。会议期间，召开党员干部大会、预备会议、2 次主席团会议和各代表团会议。自治区人大常委会副主任、市委书记许成仓主持召开大会选举大会。市领导次仁平措、王德文、杨昶、尼玛旦增、丹增、李亚祥、扎西平措、冯小义、刘圣育在主席台就座。大会严格按照法定程序，以无记名投票方式进行选举，47 名候选人全部当选为山南市出席自治区第十二届人民代表大会代表。

23 日　自治区人大常委会副主任、市委书记许成仓主持召开常委会（扩大）会议，传达学习中央经济工作会议精神，传达学习习近平总书记重要指示精神，传达学习国务院有关文件精神，传达学习自治区党委书记王君正在自治区党委常委会（扩大）会议上关于全区经济工作的讲话精神和十届区党委常委会第三十七次会议精神，听取山南市 2022 年全市经济工作汇报，研究山南市贯彻意见。

28 日　市委经济工作会议在泽当召开。自治区人大常委会副主任、市委书记许成仓出席并讲话，市委副书记、市长次仁平措对做好 2023 年全市经济工作作出具体安排，市委副书记、常务副市长杨昶主持会议，市领导巴珠、单强、王云清等出席。

同日　市二届人大常委会第十次会议召开，会议传达学习《中华人民共和国全国人民代表大会议事规则》、自治区十一届人大常委会第四十三次会议精神、自治区人大常委会关于加强经济工作监督的决定和关于加强自治区级预算审查监督的决定，表决通过关于召开市二届人大四次会议的决定，原则通过市人大常委会工作报告（稿）、市二届人大四次会议议程（草案）、主席团和秘书长名单（草案），表决通过市二届人大四次会议列席人员名单和个别代表的代表资格的报告、公告以及人事免职事项。市人大常委会主任王德文主持并讲话。

29 日　政协第二届山南市委员会第三次会议开幕。市领导许成仓、次仁平措、王德文、单强、王云清、李亚祥等在主席台就座。市政协主席巴珠代表政协第二届山南市委员会常务委员会作工作报告。大会审议通过政协第二届山南市委员会第三次会议议程。

30 日　山南市第二届人民代表大会第四次会议在泽当开幕。自治区人大常委会副主任、市委书记许成仓出席大会，市人大常委会主任王德文主持开幕会议。市领导次仁平措、巴珠、王云清、李亚祥等出席会议。次仁平措代表市政府向大会作政府工作报告。

同日　市第二届人民代表大会第四次会议举行第二次全体会议，听取市人大常委会工作报告、市中级人民法院工作报告和市人民检察院工作报告。市领导王德文、巴珠、单强、王云清、李亚祥等出席会议。

同日　政协第二届山南市委员会第三次会议在泽当胜利闭幕。市领导许成仓、次仁平措、王德文、单强、王云清、李亚祥等出席大会。市政协主席巴珠主持闭幕会并讲话。会议审议通过政协第二届山南市委员会第三次会议关于常务委员会工作报告的决议，政协第二届山南市委员会第三次会议关于提案工作情况报告的决议，政协第二届山南市委员会第三次会议关于提案审查情况的报告，审议通过政协第二届山南市委员会第三次会议政治决议。

31 日　山南市第二届人民代表大会第四次会议胜利闭幕。自治区人大常委会副主任、市委书记许成仓出席会议，市人大常委会主任王德文主持闭幕会并讲话。市领导次仁平措、巴珠、单强、王云清、李亚祥等出席会议。会议表决通过关于山南市人民政府工作报告的决议、关于山南市 2022 年国民经济和社会发展计划执行情况与 2023 年国民经济和社会发展计划的决议、关于山南市 2022 年财政预算执行情况与 2023 年财政预算的决议、关于山南市人大常委会工作报告的决议、关于山南市中级人民法院工作报告的决议、关于山南市人民检察院工作报告的决议。

市情概览

基本地情

【地理位置】 山南市位于冈底斯山至念青唐古拉山以南，雅鲁藏布江干流中下游地区，地处北纬27° 08′—29° 47′、东经90° 14′—94° 22′，东连林芝，南与印度、不丹接壤，西邻日喀则，北靠拉萨。山南市总面积7.93万平方千米，占西藏自治区总面积的1/15。中共山南市委员会、山南市人民政府驻地为乃东区泽当镇，位于雅鲁藏布江中游的雅砻河谷平原，海拔3580米，距贡嘎机场97千米，距拉萨135千米。

【历史沿革】 山南历史悠久、文化灿烂，是西藏古文明的发祥地之一。公元6世纪，吐蕃赞普囊日松赞主要以泽当为中心区进行活动。公元7世纪，赞普松赞干布统一西藏，建立吐蕃地方政权，泽当成为吐蕃政权的政治、经济、文化中心。1912年，西藏地方政府在这里设有洛喀基巧堪布（即山南总管）。1956年8月，成立山南基巧办事处，驻地为泽当。1959年12月，成立山南专员公署，属自治区人民政府的派出机构，驻地为泽当，泽当成为山南政治、经济、文化中心。2016年1月，国务院批复同意撤销山南地区和乃东县，设立地级山南市，山南市设立乃东区，以原乃东县的行政区域为乃东区的行政区域。2016年5月27日，中共山南市委、市人大、市政府、市政协和市纪委举行揭牌仪式，标志着山南市正式成立。2016年8月14日，山南与尼泊尔巴德岗市建立友好城市关系。

【行政区划】 山南市辖1个区（乃东区），11个县（琼结县、扎囊县、贡嘎县、浪卡子县、洛扎县、措美县、错那县、隆子县、曲松县、加查县、桑日县），24个镇（含甲竹林镇），59个乡，555个村（居）委会（其中居委会59个、村委会496个）。有边境县4个，边境乡（镇）24个，边境村（居）委会97个。其中，有民族乡5个（麻麻、勒、贡日、吉巴4个门巴民族乡和斗玉珞巴民族乡）。

【人口】 2022年年末全市人口35.32万人，比2021年末减少0.19万人，其中城镇人口114956人，城镇化率32.5%。全年出生人口2936人，出生率8.17‰；死亡人口2134人，死亡率5.94‰；自然增长率2.23‰。

【气候资源】 山南具有较丰富的气候资源，有经向和纬向的地带性变化，属高原温带半干旱季风气候。全年干湿分明，年降水200—500毫米，主要集中在6—9月。太阳辐射较强，年平均日照2600—3300小时。气温年差较小、日差较大，年平均气温5.6℃，极端最高气温为31℃、最低气温为零下27℃。冬季降水少，多大风，年平均大风日数为70天。2022年，山南市总体天气气候特征为降水时空分布不均，极端性天气较多，多短时强降水，5月、6月和9月多局地短时强对流天气，沿江中东段、南部边缘及东南部低海拔一带降水强度大，7—8月出现晴热少雨时段。2月和10月南部地区出现暴雪天气。气温波动大。高海拔地区多大风，沿江河谷一带扬沙、浮尘天气较频繁。各地雨季明显提前，5月11日起全面进入雨季，各县（区）雨季较常年同期偏早20—30天。

气温。2022年,山南市年平均气温为7.3℃,较常年同期值偏高0.3℃。各地平均气温为0.7—10.4℃,与常年相比正常。

降水。2022年,山南市年平均降水量为369.8毫米,较常年同期值偏少20.9%。各地年降水量在187.6—1317.6毫米,与常年相比,琼结偏少34%,其余各地正常。

日照。2022年,山南市年平均日照时数为3155小时,较常年同期值偏多13.2%。各地日照时数在2512—3697小时,与常年相比,泽当、加查、琼结偏多29%—34%,其余各地正常。

大风。2022年,山南市年平均大风日数为39天,较常年偏少2.1天。各地大风日数在3—133天。与常年同期值相比,泽当、贡嘎、琼结、曲松、洛扎偏多4—16天,其余各地偏少4—20天。

【土地资源】 山南市耕地面积为156.9万亩,园地面积0.3万亩,林地面积5421.15万亩,草地面积4503.9万亩,城镇村及工矿用地面积29.25万亩,交通用地面积11.4万亩,水域及水利设施用地面积为533.7万亩,其他土地面积1231.5万亩。

【水利资源】 山南市水利资源丰富,流域面积50平方千米以上河流有355条,湖泊有200余个。湖泊蓄水量170亿立方米,地下水约125亿立方米。境域河流年均径流量706亿立方米。雅鲁藏布江由西向东流经境内7个县(区),流程337千米,流域面积1.69万平方千米,天然水能理论蕴藏量2389万千瓦。

【矿产资源】 山南已探明的矿藏有37种,矿产地108处。优势矿产有铬铁、铅锌、岩金、铜,具有潜在优势的有石灰岩、水晶、大理岩、矿泉水、地热等矿产和资源。

【林业资源】 山南市森林资源相对集中,主要分布在错那、隆子、洛扎、加查4个重点有林县。山南市森林面积118.28万公顷,森林覆盖率24.79%,活立木蓄积量3463.29万立方米。人工林面积3.64万公顷,林地面积为130.7万公顷。人工林以雅鲁藏布江两岸分布最多,树种以杨树、柳树、新疆杨、银白杨等为主,天然乔木林在加查、隆子、错那、洛扎4个有林县分布最多,树种以落叶松、云杉、冷杉、柏树、白桦等为主。

【植物资源】 山南主要有饲用植物、花卉植物、药用植物、菌类。其中,饲用植物以菊科、禾本科、莎草科、豆科、蔷薇科、石竹科、玄参科、毛茛科、龙胆科、报春花科、百花科为主,约占全市植物总数的78.2%。花卉植物主要有滇藏木兰、滇牡丹、大白杜鹃、绒毛杜鹃、高山毛叶杜鹃、芒刺杜鹃、高山杜鹃、长毛杜鹃、羽叶粉花绣线菊、金露梅、锡金海棠、大叶蔷薇、西康蔷薇、线叶毛蔷薇、高茎绿绒蒿、白花绿绒蒿、藏南绿绒蒿、美丽绿绒蒿、西藏绿绒蒿、大花绿绒蒿、尼泊尔绿绒蒿、小丛红景天等。药用植物主要有多刺绿绒蒿、船盔乌头、西藏狼牙刺、翼首花、杉叶藻、虫草、贝母、雪莲花、天麻、红景天、三七、远志、爬地柏、银白杨、人参果、知母、当归、黄芪、黄檗、党参、狼毒等。菌类主要是虫草、茯苓及各类食用菌,珍贵食用菌有猴头、刷把菌、牛肝菌、黄木耳、黑木耳、松茸等。

【动物资源】 山南地域辽阔、地形复杂,江河、高山湖泊众多,植被类型多样,为动物生存提供较好的场所。境域内鸟类主要有普通秋沙鸭、斑嘴鸭、绿头鸭、赤麻鸭、雪鸽、岩鸽、石鸡、西藏毛腿沙鸡、山斑鸠、喜鹊、红嘴山鸦、大嘴乌鸦、大杜鹃、小杜鹃、斑啄木鸟、棕腹啄木鸟、大山雀、高山旋木雀、小山雀、褐翅雪雀等。兽类有狼、狐、藏狐、赤狐、艾虎、黄鼬、果子狸、豹猫、野猪、高原兔、岩羊、藏野驴、喜马拉雅旱獭等。有国家一级保护动物藏野驴、黑颈鹤、雪豹、麝、白唇鹿、西藏盘羊等23种,国家二级保护动物藏原羚、猕猴、藏马鸡等53种。

【文化旅游资源】 山南是藏民族的摇篮,藏文化的发祥地。有西藏第一块农田索当、第一座村庄索卡、第一座宫殿雍布拉康、第一座寺庙桑耶寺等西藏历史上诸多"第一"。有西藏民主改革第一村、第一批农牧民党员、第一个农村党支部等民主改革后"八个第一"。截至2022年底,山南市有国家级非物质文化遗产传承人15人、自治区级74人、市级15人、县级191人。全国重点文物保护单位19处、自治区级

108处、县级248处；国家级非物质文化遗产项目19项、自治区级60项、市级42项、县级198项。有国家级风景名胜区1处（雅砻国家风景名胜区），国家级自然保护区1处（雅鲁藏布江中游河谷黑颈鹤国家级自然保护区），国家湿地公园4处（拉姆拉措、琼果河、曲松夏洛、拿日雍措），国家森林公园1处（姐德秀）。有A级旅游景区15处，其中国家AAAA级旅游景区3处（桑耶景区、昌珠寺旅游景区、玉麦自然人文景区）、AAA级旅游景区8处、AA级旅游景区4处。有旅游文化投资公司1家，旅行社7家，旅游汽车公司1家（旅游车辆30辆），星级饭店（酒店）共16家，其中四星级2家、三星级12家、二星级2家。

经济社会发展

【主要经济指标】 2022年，山南市地区生产总值242.98亿元，增长1.7%。其中，第一产业增加值9.88亿元，增长5.2%；第二产业增加值115.69亿元，增长1.8%；第三产业增加值117.41亿元，增长1.3%。第一产业增加值占地区生产总值比重4.1%；第二产业增加值占地区生产总值比重47.6%；第三产业增加值占地区生产总值比重48.3%，与2021年相比第一产业、第二产业比重均提升0.3个百分点，第三产业比重下降0.6个百分点，三次产业比调整为4.1∶47.6∶48.3。全年全市人均地区生产总值68609元，增长2.7%。全年居民消费价格指数（CPI）累比涨幅1.3%。八大类商品和服务价格类比呈“六涨一降一平”态势。其中，交通和通信类、食品烟酒类、其他用品和服务类、衣着类、教育文化及娱乐类、医疗保健类价格类比分别增长4.8%、1.4%、1.3%、0.2%、0.2%和0.1%；生活用品及服务类价格类比下降0.2%；居住类价格类比持平。

【农牧业】 2022年，山南市实现农林牧渔业总产值18.22亿元，增长9.5%。其中，农业产值8.03亿元，增长7.2%，占总产值比重44.1%；林业产值0.3亿元，增长6.4%，占总产值比重1.6%；牧业产值9.37亿元、增长12.1%，占总产值比重51.4%；农林牧渔专业及辅助性活动产值0.51亿元，增长1.8%，占总产值比重2.7%。粮食作物种植面积25481.45公顷，比2021年增加1068.64公顷，增长4.4%。其中青稞种植面积18285.07公顷，比2021年增加2762.06公顷，增长17.8%；小麦种植面积6557.67公顷，比2021年减少1191.69公顷，下降15.4%；油菜籽种植面积2534.64公顷，比2021年减少284.41公顷，下降10.1%；蔬菜种植面积2566.68公顷，比2021年增加102.78公顷，增长4.2%。粮食总产量16.92万吨，比2021年增加0.12万吨，增长0.7%。其中青稞产量11.44万吨，比2021年增加1.53万吨，增长15.4%；小麦产量5.23万吨，比2021年减少1.09万吨，下降17.3%；油菜籽产量0.76万吨，比2021年减少0.03万吨，下降2.6%；蔬菜产量6.77万吨，比2021年减少0.18万吨，下降2.4%。年末牲畜存栏头数126.59万头（只、匹），其中牛、羊、猪、马驴骡分别为50.24万头、72.11万只、3.16万头和1.07万头匹。全年牛羊猪出栏总头数41.59万头只，其中牛、羊、猪出栏13.96万头、24.94万只、2.69万头，出栏率32.6%。全年猪牛羊禽肉产量24136.36吨，下降5.7%。其中猪肉产量2494.4吨，下降2.5%；牛肉产量17346.82吨，下降6.2%；羊肉产量3502.9吨，下降3.3%；禽肉产量792.24吨，下降14.2%。禽蛋产量6238.9吨，增长365%。牛奶产量72778.23吨，增长11.4%。

【工业和建筑业】 2022年，山南市实现工业增加值22.96亿元，下降4.1%。其中规模以上工业增加值21.69亿元，增长1.9%。全部工业企业总产值46.14亿元，其中规模以上工业企业产值39.29亿元，增长0.2%。分三大门类看，规模以上工业电力生产和水的供应业增加值10.84亿元，增长23.1%，占规模工业增加值比重50%；采矿业增加值6.36亿元，下降7.6%，占规模工业增加值比重29.3%；制造业增加值4.49亿元，下降19.1%，占规模工业增加值比重20.7%。分产品产量看，规模工业发电量58.98亿千瓦时，增长24.5%；包装饮用水38088.1吨，增长21.2%；铬矿石19.93万吨，下降7.7%；商品混凝土53.05万立方米，下降38%；水泥172.99万吨，下降20.1%；中成药13.55吨，下降28%。分重点行业看，规模工业电力生产业增加值增长23.3%；黑色金属矿采选业增加值下降0.8%；包装饮用水制造业增加值增长23%；有色金属矿采选业增加值下降12.6%；水泥制造业增加值下降18%；医药制造业增加值下降27.7%。完成规模以上清洁能源产值14.87亿元，增加值10.07亿元，同比增长23.3%，占规模以上工业增加值比重46.4%。年末全市已建成投产发电装机容量204.5万千瓦，增长0.9%，占全区清洁能源装机容量比重31.2%。其中，水电装机容量171.39万千瓦、增速与2021年持平；并网太阳能发电装机容量30.91万千瓦，增长6.4%；风电装机容量2.2万千瓦，增速与2021年持平。

【服务业】 2022年，山南市实现批发和零售业增加值15.96亿元，下降9.3%；交通运输、仓储和邮政业增加值3.75亿元，下降17.4%；住宿和餐饮业增加值1.78亿元，下降28.1%；金融业增加值26.84亿元，增长9.9%；房地产业增加值4.42亿元，下降3.1%；信息传输、软件和信息技术服务业增加值16.3亿元，增长4.6%；租赁和商务服务业增加值8.81亿元，下降5.8%。全年规模以上服务业企业营业收入下降10.1%。货物运输总量502.9万吨、下降12.2%；货物运输周转量128965.4万吨千米，下降9.7%。旅客运输总量52.9万人次，下降35.3%；旅客运输周转量5316万人千米，下降40.8%。年末全市民用汽车保有量62762辆，比2021年末增加3828辆。其中载客汽车保有量39880辆，增加2963辆；载货汽车保有量21317辆，增加914辆。完成邮政行业业务收入5001.07万元，下降12.6%。邮政行业寄递业务量累计1562.6万件，增长3.3%，其中快递业务量累计43.46万件，下降12.5%；邮政寄递服务业务量累计1519.14万件，增长3.8%。全年完成电信业务总量2.7亿元，增长11%；移动业务总量3.08亿元，增长4.3%，联通业务总量0.28亿元，增长29.7%。年末电信电话用户数15万户，移动电话用户16.27万户，联通电话用户1.6万户。电信、移动、联通互联网上网用户分别达到8万户、6.43万户和0.26万户。

【国内贸易】 2022年，山南市完成社会消费品零售总额67.54亿元，下降7.3%。按经营地分，城镇消费品零售额56.14亿元，下降6.8%；乡村消费品零售额11.4亿元，下降9.6%。按消费类型分，商品零售额63.4亿元，下降6.7%；餐饮收入额4.14亿元，下降15.6%。限额以上单位商品零售额中，粮油、食品类零售额下降10.1%；饮料类下降2.6%；烟酒类下降12.7%；服装、鞋帽、针纺织品类下降18.4%；化妆品类下降29.4%；金银珠宝类增长3.2%；日用品类增长8.3%；家用电器和音像器材类增长19.6%；中西药品类下降67.6%；文化办公用品类下降8.2%；通信器材类增长6.4%；石油及制品类下降3.4%；汽车类增长25.6%。

【固定资产投资】 2022年，山南市固定资产投资下降18.2%。第一产业投资下降57.1%；第二产业投资下降1.1%；第三产业投资下降16.2%，结构为5.7：19.5：74.9。国家投资下降14.3%，占总投资比重88.6%；民间投资下降39.3%，占总投资比重11.4%。基础设施投资下降6.6%；工业投资下降1.1%；房地产开发投资下降59.1%。

【财政和金融】 2022年，山南市完成一般公共预算收入12.19亿元，下降36.7%。其中税收收入7.37亿元，下降40.7%，占一般公共预算收入比重60.5%。增值税收入4.25亿元，下降48.9%；企业所得税收入0.43亿元，下降57%；个人所得税0.89亿元，增长7.2%。一般公共预算支出208.29亿元，增长17.6%。其中一般公共服务支出39.64亿元，增长16.3%；公共安全支出14.23亿元，增长24.2%；教育支出26.11亿元，增长11.6%；文化旅游体育与传媒支出4.17亿元，增长59.8%；国防支出0.1亿元，增长25%；科学技术支出0.46亿元，增长64.3%；社会保障和就业支出14.11亿元，增长44.1%；卫生健康支出16.33亿元，增长55.8%；节能环保支出3.26亿元，增长76.2%；农林水支出43.91亿元，下降17.6%；城乡社区事务支出19.24亿元，增长12.3%；住房保障7.26亿元，增长32%。年末金融机构各项存款余额516.55亿元，增长18.6%。其中，住户存款146.05亿元，较年初增加25.51亿元，增长21.2%，占各项存款比重28.3%；非金融企业存款余额106.59亿元，较年初增加2.81亿元，增长2.7%，占各项存款比重20.6%。各项贷款余额337.82亿元，增长1.9%。其中，住户贷款余额96.23亿元，增长5.1%；企（事）业单位贷款余额241.6亿元，增长0.7%。

【居民收入和社会保障】 2022年，山南市城镇居民人均可支配收入45233元，增长4.9%。其中，工资性收入35278元，增长4.6%；经营净收入4342元，增长4.6%；财产净收入2714元，增长6.7%；转移净收入2899元，增长8.5%。农村居民人均可支配收入19845元，增长7.6%。其中工资性收入7303元、增长8.4%；经营净收入7509元，增长6.6%；财产净收入472元，增长18.6%；转移净收入4561元，增长7.2%。城乡居民人均可支配收入比值为2.28，较2021年缩小0.06个百分点。各类社会保险参保26.36万人次（不含医疗、生育），其中企业职工基本养老保险18651人；机关事业单位养老保险23007人；工伤保险39240人；城乡居民基本养老保险155273人；失业保险26429人；参保率均达97%以上。征缴保费13.54亿元，其中企业职工基本养老保险3.3亿元；机关事业单位基本养老保险9.4亿元；城乡居民基本养老保险2931.55万元；工伤保险3054.9万元；失业保险2461.4万元。全市开发就业岗位33392个。全年新增城镇就业6701人，完成农牧民转移就业11.04万人，创收11.3亿元。年末全市共有1824户、4591人享受农村最低生活保障，全年落实资金1700.35万元；348户、557人享受城镇生活最低保障，全年落实资金397.04万元。全市特困供养2954人，其中集中供养1443人，分散供养1511人。儿童福利院集中收养孤儿319名（那曲148名），有意愿收养率100%。

【教育】 2022年，山南市共有各类学校446所，在校生62669人。其中，高中生6972人、初中生11655人、中职在校生4242人、小学生27014人、幼儿园12679人、特校生107人。全市各级各类学校专任教师5674人，其中高中697人、初中1222人、中职349人、小学2463人、幼儿园893人、特校50人。学前教育毛入园率达96.99%，小学入学率达100%，初中毛入学率达103.91%，高中阶段毛入学率达96.99%。

【文化旅游、卫生健康】 2022年，山南市共有专业艺术团体1个，从业人员63人；县（区）艺术团体13个，从业人员319人；县级综合文化活动中心12个，从业人员131人。广播、电视综合覆盖率分别达到99.2%、99.4%。全市共接待国内外旅游者310.27万人次、下降40.8%，实现旅游收入13.23亿元、下降36.1%。全市共有卫生机构776家，其中医院26家（含私立医院、民族医院）、卫生院82个、疾病预防控制中心12个、妇幼保健院（站）13个，各类诊所及医务室67个。实际开放床位1561张，其中市级855张、县级499张、乡镇级207张。卫生技术人员3838人（含村医），其中市级公立医院1045人、县级公立医院797人、乡镇级748人、村级卫生人员1103人、私立医院及诊所医务室技术人员145人。

【安全生产】 2022年，山南市共各类事故42起、死亡17人，较2021年同期分别减少27起、10人，分别下降39.1%和37%。生产安全事故7起、死亡7人、受伤1人，较2021年同期分别减少11起、7人和6人，分别下降61.1%、50%和85.7%。其中，道路交通事故34起、死亡10人、受伤34人，事故起数、死亡人数较2021年同期分别减少18起、4人，分别下降34.6%和28.6%；建筑施工事故3起、死亡3人、受伤1人，事故起数、死亡人数较2021年同期分别减少8起和4人，分别下降72.7%和57.1%；非煤矿山事故3起、死亡4人，事故起数、死亡人数较2021年同期分别减少3起和2人，分别下降50%和33.3%。

中国共产党山南市委员会

综述

【概况】 2022年，中共山南市委员会（以下简称山南市委）坚持以习近平新时代中国特色社会主义思想为指导，以迎接服务、学习贯彻中共二十大为主线，坚决贯彻落实习近平总书记关于西藏工作的重要指示和新时代党的治藏方略，推进山南长治久安和高质量发展。

【政治建设】 2022年，山南市委始终以党的政治建设为统领，以"铸牢政治忠诚走在全区前列"为目标，弘扬伟大建党精神，不断提高政治判断力、政治领悟力、政治执行力，一切事情都按习近平总书记和党中央号令办，一切事情都按习近平总书记和党中央部署要求去落实，始终在思想上政治上行动上同以习近平同志为核心的党中央保持高度一致，出台《中共山南市委员会关于加强政治建设　持续转变作风的规定》，制定《中共山南市委员会贯彻落实中央八项规定精神和区党委〈实施办法〉的实施意见》《山南市委常委会关于贯彻落实〈西藏自治区党委常委会关于坚定坚决维护以习近平同志为核心的党中央集中统一领导的规定〉的实施意见》，推动党的政治建设工作走深走实。

【党的创新理论学习】 2022年，山南市委召开市委常委会（扩大）会议、理论学习中心组学习会议43次，深入学习习近平总书记在中央党校（国家行政学院）中青年干部培训班开班式上、在省部级主要领导干部学习中共十九届六中全会精神专题研讨班开班式上发表的重要讲话精神，及时跟进学习习近平总书记在地方考察时的重要讲话、重要指示精神，深入学习习近平总书记出席各类重大活动的重要讲话重要致辞精神，确保山南工作始终沿着习近平总书记指引的方向前进。市委主要负责人亲自审定习近平新时代中国特色社会主义思想全民性宣传教育体系建设细化方案和市委理论学习中心组年度学习安排，深入基层、一线宣传宣讲80余次，市委班子成员深入联系县（区）、单位、寺庙人均宣传宣讲20次以上。市委常委会班子带头开展习近平新时代

2022年1月30日，西藏自治区人大常委会副主任、山南市委书记许成仓（右一）在节前看望慰问泽贡高速一级检查站执勤民警

中国特色社会主义思想专题研讨4次,组织开展《习近平谈治国理政》第四卷学习研讨。开展以“庆七一·喜迎二十大”为主题的知识竞赛,所有村(社区)“两委”班子成员、党委(党组)班子成员4100余人参加开卷测试,40周岁以下机关干部7200余人参加闭卷测试,整体及格率达96.46%、优秀率达20.98%。

【党中央和区党委决策部署落实】 2022年,山南市委召开市委常委会(扩大)会议、深改委会议、财经委会议、审计委会议、国安委会议、边防委会议以及生态文明建设、人才工作、党建工作、农村工作领导小组会议、信访联席工作会议、人大工作会议等专项会议40余次,对党中央关于生态文明建设、乡村振兴、稳经济大盘、疫情防控、强边固防、铸牢中华民族共同体意识等重大决策部署和区党委关于加强基层社会治理、加快重大项目建设、中央环保督察整改、边境搬迁、就业增收等部署要求,及时传达学习、研究部署,责任到人、明确时限,推动贯彻落实。开展习近平总书记重要指示批示精神贯彻落实情况“回头看”、习近平总书记给西藏隆子县玉麦乡牧民卓嘎、央宗姐妹的回信5周年活动,逐项梳理、推动铸牢中华民族共同体意识、城市更新行动、“双碳”经济、兴边富民、稳边固防等重大战略部署落实。认真贯彻自治区第十次党代会和王君正书记关于山南工作的讲话指示精神,成立着力推动“六个走在全区前列”领导小组和六个专项组,推动党中央和区党委作出的重大决策部署付诸行动、见之于成效。

【政治纪律建设】 2022年,山南市委共查处违反政治纪律问题4件、6人。常态化开展党性教育、政治教育、理想信念教育,举办市级党员政治教育集中培训班15期、受教育党员达6000余名。严格执行请示报告制度,及时向区党委报告重大项目推进、生态环境保护、疫情防控、自然灾害救治、宗教领域整治、边境地区建设等重大事项35次。

【中共二十大迎接服务学习宣传贯彻工作】 2022年,山南市委开展中共二十大代表选举工作,开展“奋进新征程、建功新时代”“西藏这十年·山南”系列主题宣传,用最短的时间控制住疫情,全力维护社会大局和谐稳定。中共二十大胜利闭幕后,及时召开全市党员干部大会、市委常委会(扩大)会议、理论学习中心组学习会议等10次,学习中共二十大精神,制订《党委(党组)理论学习中心组深入学习党的二十大精神工作方案》和相关学习培训方案等。召开二届市委五次全会,对学习宣传贯彻中共二十大精神进行全面部署,研究制定《中共山南市委员会关于贯彻落实〈中共西藏自治区委员会关于深入贯彻党的二十大精神全面建设社会主义现代化新西藏的意见〉的实施意见》。先后组织全市党员干部群众收听收看中共二十大开幕会盛况、中央宣讲团报告会、全区领导干部大会,交流学习心得。举办村(社区)主干和驻村干部、党员领导干部学习贯彻中共二十大精神培训班,2100余名村(社区)干部、1700余名县处级党员干部和乡镇班子成员参加培训。市委主要负责人带头精读细研中共二十大报告,深入企业、工地、学校、村居、边境搬迁点、边防连队、寺庙、边防巡逻点等,以及区党委明确的联系点开展宣讲近30次。市委班子成员和各地级领导干部示范引领,参加分管领域、分管单位集体学习、交流发言,走基层、下一线开展宣讲。全市各级党组织集中学习2000余场次,党员干部撰写心得体会5万余篇,开展各类宣传宣讲活动2800余场次。

【反分裂斗争】 2022年,山南市委完善特定时期涉稳突发事件防范处置预案和13个子预案,加强实战演练,严防死守关键节点,做好充分的思想、工作、措施、力量和物质准备。深入开展反分裂、反恐怖专项斗争,侦办危安案件3起,抓获犯罪嫌疑人3人。坚决防止敌对势力和十四世达赖集团利用宗教问题进行渗透破坏。持续深化反分裂斗争教育,教育引导各族群众坚决与十四世达赖和十四世达赖集团划清界限。

【平安山南建设】 2022年,山南市委完成中共二十大、“两会”、北京冬奥会、冬残奥会、疫情防控期间维稳工作任务。发现并整改安全隐患73处。常态化推进扫黑除恶专项斗争,侦破涉恶案件6起、9人。严厉打击“黄赌毒”“盗抢骗”“食药环”及电信诈骗等违法犯罪行为,成功破获巴桑次仁系列

2022年11月，自治区人大常委会副主任、市委书记许成仓（右二）深入边境地区，向边境群众宣讲

诈骗案、“5·23”网络信息犯罪案。全面推广新时代“枫桥经验”，排查化解信访问题400余件。严格落实安全生产责任制，制定落实安全生产“十五条硬措施”，确保不发生重特大安全生产事故，生产安全事故、死亡率分别同比下降71.4%、53.3%。琼结县再获“长安杯”，获评83个平安乡镇（街道）、252个平安寺庙。

【意识形态领域安全】 2022年，山南市委严格落实意识形态工作责任制，制定《党委（党组）网络意识形态工作责任制》，加强宗教、教育、基层领域阵地建设。突出网络和学校主阵地，坚持依法管网治网，深入推进“净网”“断链”专项行动，搜集各类情报信息3500条，侦办涉藏网络情报专案5起。建立寺管会、公安、家长联席制度，严禁师生参与宗教活动、进入寺庙，严格课堂纪律和教材管理，严禁宗教出版物进校园，坚决守住学校意识形态阵地。

【铸牢中华民族共同体意识】 2022年，山南市委召开市委二届四次全会，专题研究部署民族团结工作，制订《关于以铸牢中华民族共同体意识为主线和战略性任务全面推进山南民族工作高质量发展的实施方案》，明确从2023年开始市本级财政每年安排1000万元、各县（区）财政每年安排100万元，用于推进民族团结进步工作。深入实施“四大工程”“六项行动”，开展铸牢中华民族共同体意识教育宣传120余场次，受教育群众8000余人次。全面推广普及国家通用语言文字，义务教育阶段“三科”统编教材实现全覆盖，会使用国家通用语言文字村干部达82.05%。深入开展“爱我中华播种”行动，建成市青少年爱国主义教育基地，1500余名中小学生接受爱国主义教育。

【民族交往交流交融】 2022年，山南市委开展民族团结“九进”活动，构建相互嵌入式的社区结构和社区环境，民族联姻家庭达2189户。组织基层干部、统战爱国人士、青少年学生、农牧民群众开展双向交流活动超过1万人次。在区外就读的山南籍大学生达8800余人，到区外就业的山南籍高校毕业生345名。建成湖北黄石组团式援藏就业基地，89名种养大户、致富能手与山南群众结对子、交朋友。

【民族团结进步创建】 2022年，山南市委组织开展自治区2022年第一、二批民族团结进步模范县（区）、模范单位评选推荐和典型选树工作，启动100家市级民族团结进步模范单位推荐评选工作。成功迎接国家民委对山南市创建民族团结进步示范市的考核工作，累计创建全国民族团结进步示范区（单位）7个、个人21人、教育基地1个和自治区级示范区（单位）1个。

【宗教与社会主义社会相适应】 2022年，山南市委常态化开展“四条标准”教育实践活动，深入开展“三个意识”群众性教育实践活动，开展爱国主义、普法宣传等1000余场次，广大宗教界人士深刻认识到国大于教、国法大于教规、公民大于教民。召开市委宗教工作专题会议，研究解决宗教领域历史遗留和深层次问题。176座寺庙财税监管工作有序推进，寺庙管理实现由“管得住”向“管得好”转变。制定《山南市关于落实县（区）、乡（镇）党政主要领导负责人宗教工作责任述责述职考核评议办法》，将严守寺庙管理底线纳入领导干部考核制度。对294名教职人员和90名副科级及以下寺管会干部进行培训，不断提升宗教治理能力。

【守土固边】 2022年，山南市推进项目、资金、人才向边境一线倾斜，党政军警民合力筑牢边境防线。编制完成边境地区村镇建设实施方案，续建的1个边境搬迁安置点项目已竣工交付使用，13个新开工安置点总体形象进度已达75%以上。健全完善外事巡边员管理机制，及时兑现自治区边民补助，边境一线群众可支配收入高于全市平均水平。加强水网、电网、路网和通信网络基础设施建设，主电网延伸到所有边境乡镇和具备条件的边防哨所，4G网络和移动信号实现乡村全覆盖。兴边富民中心城镇试点项目、拉康水电站220千伏送出工程、边境公路、重点乡（镇）固边能力提升工程等项目稳步推进，中央和国家机关4个部委的边境支持项目进展顺利。逐步形成以高原湖泊观光旅游业、高山畜牧业、小流域水电开发、黑青稞、奶牛养殖、茶叶种植业、高原蜜蜂等特色产业为代表的边境产业带，方便边境群众就近就便就业增收。

【党的全面领导】 2022年，山南市委召开市委常委会（扩大）会议等，听取市人大、政府、政协、监委、法院、检察院等党组工作汇报。召开市委人大工作会议，出台加强和改进新时代山南人大工作意见，支持人大及其常委会制定地方性法规3件、作出决定决议5件、开展监督工作26项。支持完善协商民主体系，召开专题协商会议7次，办复提案81件。巩固和发展爱国统一战线，推荐7名政治可靠、有一定影响力的宗教界代表人士为自治区级政协委员。推动法治政府建设，“八五”普法深入推进，法治山南建设进一步加强。

【人才工作】 2022年，山南市委坚决落实新时代好干部标准和民族地区干部“四个特别”要求，坚持凭能力用干部、以实绩论英雄，持续深化干部政治素质考察，严肃开展干部选拔任用工作“一报告两评议”，强化选人用人监督检查。加大优秀年轻干部选拔使用力度，提拔使用“90后”正科级干部75名、“85后”县级干部17名。实施干部教育培训“135”工程，抓好中青年干部教育培训。建立干部交流机制，组织81人开展轮岗、双向等交流。召开援藏工作座谈会，高质量完成援藏干部人才轮换工作。召开市委人才工作会议，制定加强和改进新时代山南人才工作的实施意见，协调对口支援省市选派“组团式”医疗、教育人才100人。

【基层党组织建设】 2022年，山南市委统筹推进各领域基层党组织建设，推动农牧区、边境搬迁点、城市社区、机关、学校、国企、“两新”、离退休、寺管会等领域党建工作。常态化整顿软弱涣散基层党组织38个，打造市级基层党建示范点120个。实施“两个覆盖”攻坚行动，“三有”标准非公有制企业党组织覆盖率达79.4%。开展清查整治突出问题规范党务工作，清查整治问题408个。开展全市基层党建创新案例评选活动，评选出优秀案例10个，以赛促学，推动基层党建工作提质增效。推进抓党建促乡村振兴、抓党建促强边固边，开展村“两委”班子换届“回头看”，调整不胜任岗位村“两委”班子成员11名。严把发展党员政治关、程序关、入口关，发展党员1135名。

【反腐败斗争】 2022年，山南市委深化整治权利集中、资金密集、资源富集领域腐败问题，依纪依法查处陈某平等“一把手”和领导干部严重违纪违法案，追缴违纪违法资金1222万余元。各级纪检监察机关共受理信访举报155件次，处置问题线索315件，立案118件，给予党纪政务处分104人，移送司法机关16人，运用“四种形态”批评教育和处理278人次。坚决整治群众身边不正之风和腐败问题，共受理群众身边不正之风和腐败问题线索16件，办结25件，给予党纪政务处分6人，组织处理1人，移交司法机关2人，通报曝光典型案例3起、5人。召开干部警示教育大会，举办廉政警示教育展，发放忏悔录，市委主要领导带领四大班子和法检两院领导干部参观“身边事教育身边人”廉政警示教育展。完成二届市委第一轮巡察工作，启动第二轮巡察。

【作风建设】 2022年，山南市委严格落实中央八项规定及其实施细则精神，坚决整治“四风”，开展监督检查81次，查处违反中央八项规定精神问题4件、4人，给予党纪政务处分4人，通报曝光违反中央八项规定精神问题典型案例12起、14人。推出改进作风狠抓落实、推进“四个创建”“四个走在前列”系列评论员文章11篇，营造激励干部担当作为、干事创业的浓厚氛围。对标对表“八个必须”“八个抓落实”“六个表率”要求，加大作风不实、落实不力等问题的追责问责力度，对推动落实疫情防控措施不力的46名党员、干部及监察对象进行追责问责。持续改进文风会风，为基层减负松绑，市级层面发文同比下降9%、开会下降17.5%，让基层干部有更多时间和精力抓落实。大力弘扬“一线工作法”，帮助群众解决困难问题108件，为民办实事300余件，带领全市党员干部作风持续向好，社会各界普遍感受到改进作风、狠抓落实工作带来的新风尚、新变化、新成效。

办公室日常事务

【概况】 2022年，中共山南市委员会办公室（以下简称市委办公室）紧紧围绕山南市委中心工作，主动开展服务，扎扎实实开展工作，充分发挥参谋助手、督促检查、综合协调和后勤保障作用，保证山南市各级党政机关的高效运转。

【文电办理】 2022年，市委办公室严格遵守《国家行政机关公文处理条例》《西藏自治区党政机关公文处理办法》，加强发文必要性审查，从严控制发文数量，办文质量有较大提升。全年共办理各类文电11643件，直送市委主要领导文件8863件，印发文件390件、电报120件，印制各类文件材料100多万份。严格执行党内法规和规范性文件备案审查相关规定，做到“有件必备、按时报备、规范报备”，向区党委备案党内法规和规范性文件18件、报备率达100%。

【沟通协调】 2022年，市委办公室秉持主动服务、能动协调的工作理念，坚持统筹兼顾、精心安排、优化细节、无缝对接，充分发挥职能作用，开展各类会议会前准备、会中服务、会后总结和编发会议纪要等工作。协助其他部门做好会务活动工作，讲效率、重质量、求实效，保障中央、自治区、市委的决策部署得到全面贯彻落实。全年共组织各类会议活动162次，其中重要会议70余次，编发各类会议纪要30期，起草各类会议和调研活动方案65个。

【文秘服务】 2022年，市委办公室注重加强和改进调查研究，坚持吃透上情、研究下情、掌握实情、做好结合，主动站在市委领导的角度思考问题、谋划工作，力求起草的每一篇文稿与市委意图思路合拍共振。全年起草文稿229件，核发公文338件，其中起草修改领导讲话、汇报、理论文章、调研报告等63篇，编发党办通报25期，起草、修改新闻报道稿130多篇。

【信息报送】 2022年，市委办公室聚焦“四件大事”，深挖特色亮点、重点项目建设、生态环境、作风建设等方面的信息素材，总结提炼有价值的综合性信息，围绕社会热点难点问题等及时整理形成较高质量信息专报。广泛搜集社情民意，注重捕捉具有普遍性、倾向性、苗头性的信息，发挥好领导决策的参谋助手作用。编辑上报山南信息稿件1560余篇，撰写上报区党办综合性约稿信息40余期，被自治区采用180余期，情况交流综合性信息1篇被自治区党委办公厅转发至各地市予以借鉴学习，自治区党委书记王君正批示1件次，得到领导的充分肯定。

【督查督办】 2022年，市委办公室突出政治督查，紧紧围绕市委工作部署和主要领导指示批示、各阶段重点任务，跟踪督办重要决策和重点工作300余项，实地督查83次，文稿督查53次，开展维护稳定、疫情防控、安全生产等专项督查46次，发现和督促整改问题409件。按年度计划，开展“督检考”18项。向区党委督查室上报《督查专报》59期，下发和转办《领导批示》299期。开展会风会纪监督42次，发现问题46个，下发《会风会纪督查通报》2期。

【机要工作】 2022年，市委办公室完成密码部门收发办理密码电报8699份、72452页，电子政务内网公文交换系统收发文件9万余份，日均800份，加密视频会议服务保障3000余场次，市、县（区）密码通信演练15次。以“全民国家安全教育日”为契机，全市机要密码部门为700余家市、县（区）各级部门发放《中华人民共和国密码法》《中华人民共和国密码法释义》及密码法宣传彩页1200余册，悬挂横幅13条，制作宣传海报40张，摆放展牌12个，发放密码法宣传单、宣传品8300余件。组成3个专项检查组，对92家市（中、区）直单位、12个县（区）开展密码安全保密专项检查，核查核心密码设备84套、普通密码设备110套、密码设备使用管理登记本98本、抽查密码电报和业务文件232份、专管人员资料172份。推进山南市“县乡涉密政令传输系统”建设工作。开展全市机要秘书、电子政务内网及四大办OA系统使用操作人员集中培训3次，共998人次参训，“一对一”业务培训400余人次。疫情防控期间成立3个机要应急小分队，为自治区包保领导、市委、市政府、市疫情防控指挥部提供密码通信随行服务和信息技术服务保障工作，为市委、市政府领导线上指挥决策提供优质高效的服务。完成市电子政务内网横向网络建设，特别是同步建成的集约化“市电子政务内网数据中心”，在七地（市）中率先完成国家和自治区政务信息化建设“十四五”规划中的重要任务。完成市委应急视频指挥中心建设和市政府驻成都、拉萨办事处“520”加密视频会议室建设，进一步完善应急指挥手段。完成“雪亮工程”“国安指挥部视频会议系统”“乡乡通视频会议系统”“交通综合动态监测管理系统”等迁移融合、资源共享建设工作。完成市委大院双保险应急不间断电源建设工作。邀请湖南省国家保密局开展全市电子政务内网分级保护测评工作，顺利通过国家保密测评以及电子政务内网终验工作。完成山南市“安可替代工程”第三方审计工作，及时调剂分配335台安可设备，完善全市5879台安可设备台账。制订印发《山南市深化安全可靠应用替代总体工作方案》，对全市安可替代工作提出具体目标、工作措施和实施步骤。

【信息化建设】 2022年，市委办公室主动承担任务，对市电子政务内网安全保密和分级保护测评前期自我测评60余家单位和部分县区进行检查，对90余家单位安可替换项目进行审计。参与办公室OA系统流程服务优化工作。开展信息化服务保障工作，截至年底，累计处理故障70余起。开展网络自查工作5次。开展市委门户网站信息发布工作，全年共发稿4900余条，月均发稿量保持在400条。

【保密工作】 2022年，市委办公室开展专项保密检查2次、定密培训4次。以综治宣传和法治宣传等活动为契机，持续开展保密法治宣传活动，宣传保密法规、保密制度、保密纪律和保密知识等内容，共悬挂横幅8条，摆放宣传栏12个，发放宣传手册1100余册、宣传单3300余张。与市、县（区）广播电视台协调，在山南网、微山南等平台上推送播放保密宣传片《保密防线》1个月，在办公区域、住宿区域以及火车站、客运站等张贴宣传海报1万余张。集中组织各县（区）、各单位保密工作负责人及保密兼职干部观看保密警示教育片《莫让微信成“危信”》，共810余人观看。开展保密专题培训，共举办各类培训6期，970余人参训。开展保密检查3次，检查范围覆盖12个县（区）、18个乡（镇）、69家县（中、区）直单位和88家市（区、中）直单位，共检查涉密计算机132台、非涉密计算机559台、微信公众号41个、互联网政务邮箱53个。截至年底，共查处违规案件2起，泄密案件1起，处理相关责任人5人。为各县（区）、各单位擦除硬盘数据15300G，收集需销毁的纸介质涉密载体21吨、涉密计算机58台、涉密硬盘157个、各类废旧打印机

2022年6月30日，市委办公室机关党组织在市委礼堂举行“喜迎二十大 奋进新征程”庆祝中国共产党成立101周年文艺活动

15 台、光盘 36000 余张，为 47 次重要会议、重大活动安装手机信号屏蔽设备 264 台次，参与各类考试保密服务保障工作 18 次，共出动人员 25 人次。

【史志工作】 2022 年，市委办公室加快二轮志书编审进度，全年审改市、县（区）两级二轮志书 700 万余字，参加验收会 1 场，形成评审意见 2 万余字。截至年底，《山南地区志（2001—2015）》交付出版社准备出版印刷，12 个县（区）二轮志书全部完成终审，其中，提交验收 5 部、完成总编 2 部。加强行业志和专志指导，审改《山南地区法院志》30 万余字，组织召开验收会，并通过验收。印发《山南市扶贫志编纂工作实施方案》，启动市、县（区）两级扶贫志编纂工作。推进乡镇村志编纂，《玉麦乡志》完成初审，《克松村志》《昌珠镇志》已形成初稿。《列麦乡志》《勒布沟志》资料收集工作已基本完成。狠抓地方综合年鉴编纂，保质保量如期《山南年鉴（2021）》出版印刷工作，抓紧推进《山南年鉴（2022）》编纂。稳步开展《山南大事记》编印，按时完成《山南大事记（2021）》编撰印发工作。收集、整理、编撰 2022 年每周《山南大事记》35 期 40 万余字。重新收集、整理和编辑 1951—1988 年《山南党史大事记》相关资料，并在此基础上编辑 1989 2000 年山南党史资料。

【后勤保障服务】 2022 年，市委办公室开展预决算编报及执行工作，严格“三公”经费支出和政府采购管理，加强项目资金监管和固定资产登记管理。强化服务保障，协调相关部门开展各级党政代表团和工作组在山南期间的后勤保障工作。及时清查、腾退部分大院周转房。机关食堂改革运营，提高干部职工生活水平。严格公车管理，确保用车安全。全面做好大院环境卫生保洁和绿化维护管理，营造干净整洁舒适的办公生活环境。完成市委大院东北侧自来水管网改造、安装饮水净化设备、市委办公楼配电房进行改造、老旧线路进行更换维护、维修维护市委礼堂供暖设备、清理、腾退周转房等工作。

【综治安保】 2022 年，市委办公室严格执行 24 小时值班带班和出入登记管理制度，共盘查进出车辆 27620 辆、人员 45720 人次。加强院内外巡逻检查，及时更换消防设施设备，严防火灾盗窃等安全事故发生。开展“3 月综治宣传月”“6 月综治宣传周”、“9·16”平安宣传日、“12·4”法治宣传日等活动。全力开展疫情防控工作，落实“藏易通”绿码通行，做好办公区、会议室、生活区等场所的日常消毒工作，确保大院绝对安全。

组织 编办

【概况】 2022 年，中共山南市委员会组织部（以下简称市委组织部）坚持把政治标准摆在首位，严格政治审查，共发展党员 1220 名，其中农牧民党员 445 名，占发展党员总数的 36.48%；少数民族党员 998 名，占发展党员总数的 81.8%；女性党员 610 名，占发展党员总数的 50%；大专及以上学历党员 721 名，占发展党员总数的 59.1%，全市党员质量不断提升，党员结构不断优化。截至年底，山南市共有基层党组织 2977 个，其中党委 156 个（机关党委 4 个、事业单位党委 5 个、国有经济控制的企业党委 4 个、“两新”党委 11 个、退休党委 3 个、乡镇党委 82 个、乡镇社区党委 16 个、行政村党委 31 个），党总支部 319 个（机关党总支部 56 个、事业单位党总支部 14 个、国有经济控制的企业党总支部 1 个、“两新”党总支部 1 个、退休党总支部 24 个、城市社区党总支部 6 个、乡镇社区党总支部 24 个、行政村党总支部 193 个），党支部 2502 个（机关党支部 755 个、事业单位党支部 222 个、国有经济控制的企业党支部 28 个、“两新”党支部 274 个、寺管会党支部 90 个、退休党支部 83 个、城市社区党支部 19 个、乡镇社区党支部 143 个、行政村党支部 888 个）。

【干部队伍建设】 2022 年，市委组织部坚持新时代好干部标准和民族地区干部“四个特别”要求，树立凭能力用干部、以实绩论英雄的鲜明导向，选拔任用县处级干部 202 人。提拔晋升“85 后”副县级干部 17 人，破格提拔优秀科级干部 8 人，提拔使用“90 后”正科级干部 40 人，不断充盈年轻干部“蓄水池”。晋升四级调研员以上职级人员中县乡干部占 85.6%。提拔晋升处分影响期满且表现优秀的干部 24 人，轮岗、关怀交流干部 81 人，各县区提拔调整科级干部

2012人次，有效激发基层干部干事创业热情。持续保持乡镇党政正职“一藏一汉”配备格局，不断建强乡镇党政正职队伍。规范县区纪委监委及法检“两院”班子成员选任程序。深入推进县以下事业单位管理岗位职员等级晋升工作，12个县（区）共晋升职员134名。选拔少数民族干部，统筹开展女干部和党外干部选配工作，注重培养选拔使用长期在藏工作的汉族干部和进藏干部，鼓励优秀援藏干部特别是医疗教育援藏人才调藏留藏。制定考核办法和指标体系，对各县区各部门进行全面“体检”，发挥考核“指挥棒”作用。截至年底，全市县级干部总数1223人（含相应职级人员），其中正县级领导干部162人、副县级领导干部508人；男969人，女254人；汉族482人，藏族及其他民族741人；平均年龄46.4岁，“85后”副县级及相应职级人员33人。乡镇党政正职163人，平均年龄37.8岁，“90后”10人。

【干部教育培训】 2022年，市委组织部坚持把学习习近平新时代中国特色社会主义思想作为首要政治任务，组织开展中共十九届六中全会暨自治区第十次党代会精神、中共二十大精神集中培训，做到县处级领导干部和乡镇党政正职轮训全覆盖。深化干部教育培训“135”工程，举办习近平新时代中国特色社会主义思想专题、对党忠诚教育、“一把手”政治能力提升和“治边稳藏”专业化能力锻炼4类培训18个综合性班次，培训党员干部1.2万人次。引进浦东干部学院网络培训资源，首次开展山南市市管干部网络专题培训班。在中青年干部培训班中实施学员微论坛、移动课堂、“三进三同”等举措，有力提升培训质效。严格执行述学考学评学制度，2次在县处级以上党员干部中开展理论知识测试。组织开展“庆七一、喜迎党的二十大”理论知识测试，全市共有11419名党员干部参加测试，学习型领导班子、干部队伍和党组织建设迈出坚实步伐。

【领导干部报告个人有关事项工作】 2022年，市委组织部从严部署推进2022年领导干部个人有关事项集中填报工作，加大政策宣传、严格审核把关，高质量完成2022年领导干部个人有关事项集中填报，审核、录入个人有关事项报告765份。先后抽查186名领导干部个人有关事项报告，对不如实报告的9名领导干部分别给予批评教育和诫勉处理。

【“一报告两评议”工作】 2022年，市委组织部严格贯彻落实《地方党委常委会向全委会报告干部选拔任用工作并接受民主评议办法（试行）》，高质量完成山南市12个县区、62家市直单位“一报告两评议”工作。根据评议结果，对排名靠后的3个县和9家市直单位主要负责人进行约谈，要求作出书面说明、加以整改，着力提升选人用人满意度和公信度。

【经济责任审计】 2022年，市委组织部侧重权力集中、资金密集、资源富集的重点部门“一把手”和需要经济责任审计的领导干部，会同干部科提出48名经济责任审计对象。结合审计工作实际，对市生态环境局、市旅游发展局党政“一把手”、个别县区乡（镇）长共9人进行经济责任审计。

【选人用人专项检查】 2022年，市委组织部落实《干部选拔任用工作监督检查和责任追究办法》，结合二届市委第二轮巡察，对2019年以来市经济和信息化局的选人用人工作情况进行专项检查，认真检查动议、民主推荐、考察、讨论决定、任职等环节，提出存在问题和整改要求，着力规范干部选任程序，不断提高选人用人工作规范化水平。

【人才工作建设】 2022年，市委组织部研究制定《关于加强和改进新时代山南人才工作的实施意见》，在人才引进、培育、流动、激励、服务等方面提供政策支撑，着力破除束缚人才发展的思想观念和体制机制障碍。健全完善《市委人才工作领导小组工作规则》和党委联系服务专家等制度，落实人才关心关怀政策，着力凝聚各方面优秀人才。把人才资源开发纳入经济社会发展规划，列入本级财政预算，从市级人才资源开发资金中投入790万元，推动人才“育引用留”四大工程。

【人才培养引进】 2022年，市委组织部加大急需紧缺人才培养力度，先后投入41.9万元开展社工人才专题培训、家庭医生康复技术培训，投入191.9万元实施旅游企业经营管理人才和基层农技人才培养。组织实施领军人才培养开发工程，选派12名领军人才培养对象赴三省挂职锻炼1年，推荐2名优秀青年人才作为“西部之光”培养对象人选。强化13所名师工作室扶持力度，投入39万元帮带培养一批导师队伍和富有特色的学科组。持续深化“招才引智”工程，柔性引进文化艺术创意类和城市管理类人才3名。

【人才载体创新】 2022年，市委组织部制定《山南市“雅砻英才”评选管理办法（试行）》，打造人才脱颖而出的竞技平台。开展“高端人才山南行”活动，邀请清华大学EMBA校友会、北京启迪创业孵化器有限公司专家人才赴山南实施“四个一”（开展一次实地考察、开办一场雅砻讲坛、举办一次高峰论坛、签署一份就业协议）行动，帮助提出人才服务产业发展路径与措施。建立山南市高层次人才储备库，收录各类高层次优秀人才61名。推选推荐优秀专家人才为党代表、人大代表、政协委员，努力营造尊重劳动、尊重知识、尊重人才、尊重创造的浓厚氛围。

【援藏工作】 2022年，完成第九（七）、十（八）批援藏干部人才轮换工作。第十（八）批援藏干部人才共273人，其中安徽省84人、湖北省94人、湖南省92人、中粮集团2人、中国浦发机械工业股份有限公司1人；党政干部82人，专业技术人才191人；组团式援藏医疗人才45人、组团式援藏教育人才55人。援藏干部人才中专技人才

2022年8月5日，市委组织部组织机关全体干部职工开展组工业务讲堂学习活动

占70%，医疗教育人才占36.6%，支援县区干部人才占32.6%，做到援藏资源向基层一线、民生领域倾斜。召开援藏工作座谈会、举办援藏干部人才培训班，引导援藏干部人才转变角色、发挥作用。强化援藏干部招商引资工作统筹，围绕现代农牧业、文化旅游业、清洁能源业等五大特色产业精准招商，宏农藏鸡、巅峰贡蜜等特色产业蓬勃发展。拓展医疗教育“组团式”援藏成果，医疗援藏“以院包科”经验、“三全”教育模式全面推广。隆子、洛扎两县医疗“组团式”援藏工作稳步推进。聚焦桑耶园区建设、农畜产业发展，持续推动“小组团”援藏工作提质增效。

【公务员录用】 2022年，市委组织部通盘考虑公务员队伍人员结构、工作需要等，提供2022年高校毕业生公开考录公务员岗位12个，指导招录机关优化职位条件，推动招录计划更加科学规范。深入抓好双向专招工作，组织4个专招工作组分赴安徽、湖南、湖北、江西四省，招录区外高校非西藏生源毕业生71名；协调对口援藏省市为西藏籍少数民族高校毕业生提供区外公务员岗位41个。

【公务员激励表彰工作】 2022年，市委组织部开展全国“人民满意的公务员”和“人民满意的公务员集体”推荐工作，浪卡子县普玛江塘乡党委、错那县勒门巴民族乡格桑旦增分获全国人民满意的公务员集体和个人称号。严格落实公务员年度考核记三等功、嘉奖规定，为2019年来记三等功人员颁发证书、奖章，督促各单位为2021年嘉奖人员发放奖金。精心组织实施2022年市直单位公开遴选工作，为市直单位遴选优秀干部60名，有效打通基层干部“上行通道”。用好职务与职级并行制度，充分释放政策红利，激励担当作为。

【公务员待遇落实】 2022年，市委组织部对全市享受增资人员情况

进行统计核实，累计兑现增资1.45亿余元。开展工资审批工作，办理公务员晋级晋档6712人次、级别晋升1845人次，其他日常工资变动审批1279人次，确保及时兑现各项工资福利待遇。做好提前退休人员呈报工作，筛选出112名病情较重无法坚持正常工作的人员，报区党委组织部审批，组织34人异地复检，呈报相关资料。做好工龄折算工作，为693名援藏干部折算在藏工龄、出具相关证明。

2022年10月16日，市委组织部务会成员、部机关全体干部职工集中观看中共二十大开幕会

【机构编制工作】 2022年，市委编办坚持“总量和结构双控”，加大创新挖潜和统筹使用力度，收回456名事业编制，通过“减上补下”为12个县区下达用编242名，有效加强重点领域、民生领域、基层基础领域机构编制保障。优化机构编制资源配置，设立、调整市一级事业单位74个，精准配置184名事业编制，确保有机构履职、有人员办事。管好用活现有各类编制，改进用编审核工作，挖潜盘活370余名编制保障高校毕业生就业和政策性安置。实行年度用编计划机制，下达各县区、各部门自主用编120余名，助力改善队伍结构，提升编制资源使用效益。截至年底，全市核定编制总量19720名，其中行政编制5122名，政法专项编制1734名，事业编制12780名，工勤编制84名。实有在编人员23182人，超编3462人。

【中共二十大代表推荐提名工作】 2022年，市委组织部采取自下而上、上下结合、充分酝酿、逐级遴选等方式，推荐提名山南市出席中共二十大代表人选。自治区人大常委会党组成员、副主任、山南市委书记许成仓，错那县吉巴门巴民族乡党委副书记、乡长、四级调研员索朗德吉，隆子县玉麦乡玉麦村村民卓嘎3人当选中共二十大代表。

【党建工作】 2022年，市委组织部深入推动各领域党组织建设，创新开展全市基层党建创新案例评选，选树全市十大党建品牌。推进市级基层党建示范点创建，打造基层党建示范点120个。常态化整顿软弱涣散基层党组织38个。实施村主干国家通用语言培训两年攻坚行动、三年巩固提升工程，探索实施学唱一批红色歌曲、用好一批新兴媒体等“十个一批”举措，坚持分类培训，突出抓好“冬训”，推动全市会使用国家通用语言文字的村干部比例达84.7%。推进“两新”领域“两个覆盖”攻坚行动，“三有”标准非公有制企业党组织覆盖率达79.4%；批准成立市住房和城乡建设领域行业党委、市交通运输行业党委。召开全市深化“五共五固”活动推进会，推动“五共五固”活动扎实有效开展。推进寺管会标准化建设，全市90个寺管会党组织全部达标。推进中小学校党组织领导下的校长负责制工作，实现全市中小学校党组织覆盖率100%，具有独立法人资格的书记校长分设100%目标。

【党建促乡村振兴】 2022年，市委组织部印发《全市抓党建促乡村振兴工作实施方案》，制定20条抓党建促乡村振兴具体措施。实施“空壳村”清零、“薄弱村”提升行动，开展2022年中央扶持壮大村级集体经济资金项目申报、评审工作，投入资金2200万元、实施项目44个，带动年收入5万元和50万元以上的村分别达到74.8%、12.2%。抓党建促乡村振兴经验做法在全区交流。

【党建引领基层治理】 2022年，市委组织部全面推进网格化服务管理，建立网格台账，共设立网格2644个，依托网格设立党组织2192个，安排网格包保领导干部2071名，构建村级党组织—网格党支部—双联户党员中心户的网格体系。在琼结县试点开展抓党建引领乡村治理工作，取得较好成效。探索推广党员群众积分管理自治模式，引导党员群众把“村里事”当“自家事”、变“站着看”为“抢着干”。

【党内激励关怀帮扶】 2022年，市委组织部为119名党员划拨自治区党内激励帮扶资金23.4万元，为257名党员划拨市党内激励帮扶资金50万元。审核申报新增“三老”人员220名，为全市2183名“三老”人员划拨生活补助1880.064万元。为全市225名符合条件的党员申报“光荣在党50年”纪念章，把党中央的关怀送到每名老党员手中。

【党建引领疫情防控】 2022年，新冠疫情发生后，市委组织部第一时间发出通知和倡议，迅速号召全市2900多个基层党组织、2.8万余名党员挺身而出、向疫而行，高效动员1.5万余名干部下沉一线、服务社区，2400余名居家办公干部就近就便融入网格、志愿服务。发动党员组建志愿服务队1690支，设立党员先锋岗1829个，开展为民服务26万余次，138名党员自愿交纳大额党费16.5611万元，充分发挥先锋模范作用。

思想教育与宣传

【概况】 2022年，山南市宣传思想文化战线自觉践行职责使命，围绕中心服务大局，不断强化自身建设，推动理论宣传、新闻宣传、社会宣传、网络宣传、对外宣传、理论武装、意识形态、新闻舆论、精神文明、文化文艺等工作，为山南市经济社会高质量发展提供有力思想保证、舆论支持、精神动力和文化条件。

【中共二十大理论宣传】 2022年，中共山南市委员会宣传部（以下简称市委宣传部）紧扣迎接宣传贯彻中共二十大精神工作主线，扎实推进习近平新时代中国特色社会主义思想全民性宣传教育体系建设，持续推动党的创新理论学习宣传贯彻工作走深走实走心。开展“奋进新时代　喜迎二十大”理论征文活动，挑选优秀理论文章在山南报、山南网和微山南官方等市级媒体开设理论专栏进行集中展播。《西藏日报》理论版刊发以市委理论学习中心组名义撰写的理论文章《牢记嘱托　在新征程上书写山南发展新篇章》。着力打造“理润山南”理论品牌，在市级媒体开设“理润山南·每日一习话”专题专栏，诵读学习习近平新时代中国特色社会主义思想、中共二十大报告、《习近平谈治国理政》第四卷等，营造全社会学习贯彻的浓厚氛围。5月初至6月底，组织开展“庆七一·喜迎二十大”党员干部理论知识竞赛测试活动，覆盖全市所有党员干部，取得良好效果。

【理论学习】 2022年，市委宣传部制定印发《全市各级党委（党组）理论学习中心组2022年专题学习重点内容安排》，持续开展党委（党组）理论学习中心组学习巡听旁听工作，推动各级党委（党组）理论学习中心组学习制度化、常态化、长效化开展。市委理论学习中心组共组织学习14次，全市各级党组织开展学习2420余场次，迅速掀起学习贯彻中共二十大精神热潮。进一步用好“学习强国”学习平台，健全覆盖12个县（区）和市直单位的供稿员队伍，加大各类稿件的推送力度。措美县、乃东区融媒体中心推荐的作品先后荣获全国县级融媒体中心优秀作品季度赛一等奖和二等奖。

【理论宣讲】 2022年，市委宣传部重点围绕中共二十大精神开展宣讲工作，自治区人大常委会副主任、市委书记许成仓和全体地级领导带头深入基层、深入联系点开展示范宣讲，组建市宣讲团赴12个县（区）乡镇、村（社区）开展集中宣讲。充分发挥各级宣讲队伍和新时代文明实践理论宣讲志愿者、农牧民骨干宣讲员作用开展全覆盖宣讲，共宣讲6100余场次，受众50.81万余人次。

【意识形态工作】 2022年，市委宣传部通过将意识形态责任落实情况纳入市委巡察等进一步压紧压实各级党委（党组）的主体责任，宣传部门以二届市委第一轮巡察发现意识形态领域有关问题整改为契机，开展“回头看”工作，到有关单位指导检查，帮助被巡察单位推动问题整改落实，不断完善长效机制。

【重大主题宣传】 2022年，市委宣传部围绕"迎接学习宣传贯彻党的二十大"这条主线，全市各级媒体开辟《非凡十年》《二十大时光》等栏目，推出《幸福的日子都是奋斗出来的》《镌刻在白玉地区的"忠诚坐标"》等一系列有分量、有影响的报道，重点反映中共十八大以来，山南经济社会发展取得历史性成就、历史性变革。

【作风建设宣传报道】 2022年，市委宣传部围绕改进作风狠抓落实工作，全市各媒体开设《改进作风　狠抓落实》专栏，《山南报》刊发5篇评论员文章和聚焦"四件大事"聚力"四个创建"6篇评论员文章，推出"一把手"微访谈15条，作风建设永远在路上43条，改进作风狠抓落实大家谈16条。

【上级媒体宣传】 2022年，市委宣传部协调中央驻藏媒体和自治区媒体，对山南市各行各业的典型做法、典型人物进行采访报道，先后推出《守高原生态　护大河奔腾》《二十大时光·我从基层来　卓嘎：见证家乡巨变　守护祖国边疆》《全国人大代表扎西江村的履职路》等一批稿件。截至年底，中央级媒体播发有关山南市新闻稿件320余篇条，自治区级媒体播发有关山南市新闻稿件2700余篇条。

【精神文明机制体制完善】 2022年，市委宣传部及时调整充实山南市精神文明建设领导小组，选优配强工作专班，成立市新时代文明实践指导中心，组建市级14支新时代文明实践志愿服务队伍，强化精神文明建设力量。市委、市政府投入经费1307.89万元用于开展全市精神文明创建工作。

2022年2月，市委宣传部组织党员干部参观烈士陵园，并在党旗下重温入党誓词

【精神文明理论宣讲】 2022年，市委宣传部创新方式方法，用好红色资源开展"沉浸式"宣讲，加强理想信念教育。打造宣讲"流动课堂"，广大新时代文明实践理论政策宣讲志愿者走村入户，将宣讲搬到田间地头、家庭院落、企业工地，让群众听得懂、能领会、可落实。加强对群众的感党恩教育，深化"甜茶馆里话党恩"宣讲品牌，把党的创新理论政策转化成本土味道的"百姓语言"，让党的创新理论深入人心。截至年底，全市共开展宣讲21407场次，受众173.2万余人次。

【文明实践】 2022年，市委宣传部培育和践行社会主义核心价值观，以每月5日新时代文明实践推动日为契机，创新开展"强国复兴有我""听党史、谈幸福、讲政策""理润山南·文明实践行""悦读·新思想""帐篷里的党史""红色电影进茶馆""学雷锋"志愿服务、"村晚"等群众喜闻乐见、特色鲜明的实践活动53684场次，受众254.3万人次，不断丰富群众精神文化生活。推进"文化银行"试点建设，以积分兑换形式激励群众学习使用国家通用语言文字，宣传移风易俗、好人好事、疫情防控、网络安全、红色文化、家风家训、农技知识等内容，让群众得实惠、有收获。

【先进典型评选】 2022年，市委宣传部开展"中国好人""新时代好少年"、学雷锋志愿服务"四个100"先进典型、新时代文明实践"示范中心(所、站)""最美守边人"等推荐评选活动，1人获评"全国岗位学雷锋标兵"；1名学生被评为"全国新时代好少年"。

【未成年人思想道德建设工作】 2022年，市委宣传部推进乡村"复兴少年宫”建设。开展“小手拉大手”“童心向党”“经典诵读进校园”“新时代好少年 强国有我”主题读书活动和社会主义核心价值观活动1299场次，受众16.7万余人次。

【社会面氛围营造】 2022年，市委宣传部以迎接学习宣传贯彻中共二十大为主线，在全市各级各类媒体所属新闻网站和新媒体平台首页首屏显著位置、户外LED屏、电子显示屏、大型广告牌和户外宣传栏、公交车和出租车车载显示屏等，广泛刊载悬挂宣传标语，营造浓厚社会氛围。市县两级共更新更换户外广告牌宣传标语300余幅（面）、横幅标语200余条、公交站台宣传标语100余条，更新更换国旗8万余面、彩旗10万余面。

【国家意识、公民意识、法治意识宣传教育活动】 2022年，市委宣传部深入推进习近平新时代中国特色社会主义思想全民性宣传教育体系建设工作，开展铸牢中华民族共同体意识教育、爱国主义教育、反分裂斗争教育等，全年共开展各类宣传教育活动4万余场次。广泛开展中国特色社会主义和中国梦宣传教育。在农牧区和各级各类学校规范开展升国旗唱国歌、入党入团入队仪式。开展“中国梦·劳动美”“网聚职工正能量，争做中国好网民”“争做新时代向上向善好青年”“我们的价值、我践行”“强国复兴有我”等活动。制定《山南市新时代爱国主义教育基地管理办法》。

【民族团结进步创建】 2022年，市委宣传部起草《山南市高质量创建全国民族团结进步示范市宣传工作方案》。指导全市基层农牧民骨干宣讲员围绕铸牢中华民族共同体意识等开展宣讲。截至年底，全市各级宣讲队伍共宣讲4440余场次，受众36万余人次。中央、自治区媒体刊播、转载山南市民族团结进步有关新闻稿件300余篇（条），市、县两级媒体刊播600余篇（条）。投入10万余元创作民族团结进步主题文艺节目，深入村居（社区）开展巡回演出，让农牧民群众接受民族团结进步教育。

【文化市场】 2022年，市委宣传部按照自治区印发的有关政治性有害出版物、涉党史领域境外有害出版物等查堵目录要求，共转发涉藏违禁、非法出版物目录等共13批次。全市共组织开展“扫黄打非”联合检查156次，检查各类场所1330家，共收缴侵权盗版等非法出版物共8类125册（件），行政立案10起。深入开展“护苗2022·绿书签”系列宣传活动。市“扫黄打非”办公室投入4.35万元制作“护苗2022”宣传海报4000张、书签3000个，全年共组织开展各类宣传活动达500余场次，在各学校集中播放“护苗·网络安全课”50余场次，发放“扫黄打非”宣传海报及绿书签共6000余张（个），发放“扫黄打非”工作举报奖励办法、“扫黄打非”宣传手册、“扫黄打非”基层工作手册等宣传册共计1.5万册。

【对外宣传】 2022年，山南市首次以市委名义组织召开新闻发布会，全面介绍中共十八大以来山南市各项事业取得的历史性成就、发生的历史性变革。召开市级新闻发布会共22场次，在线观看量平均1万人次以上。协助完成中央广电总台、中国外文局国际传播中心、湖南广播电视台、五洲传播中心等媒体完成“新时代中国时代人权”电视政论片、微纪录片《西藏日与夜》、自驾节目《西藏 在路上》、大型纪录片《征程》、纪录片

2022年4月14日，山南市召开2022年“扫黄打非”工作部署会暨业务培训会

《中国之治》《中国家庭的守护》、微纪录片《这十年》在山南市拍摄工作。切实发挥电影潜移默化、寓教于乐的作用，放映《雪山泪》《农奴》《金珠玛米》等藏语译制片共426场次，观影28542人次。组织全市77支放映队，落实“每月每村放映一场”电影放映任务，共展映4067场次，观影群众183599人次。

【文化文艺】 2022年，山南市创作《这里是山南》《青稞飘香》《欢乐牧人》《金色的太阳》等优秀文艺作品，打造山南市首部舞剧《信·党的光辉照边疆》，并在中共二十大开幕会当天进行线上展播。举办喜迎中共二十大书法美术作品展，完成山南市首届“缘起山南 最美河谷”摄影大赛。截至年底，全市创作关于“喜迎党的二十大”文艺作品共390余部。完成《格桑花开——青稞飘香》第二季山南赛区各项工作。深入基层开展“我们的中国梦——文艺进万家”活动，共开展各类文艺演出2200余场次，参与群众23.6万余人次。挖掘整理和推广红色文化资源，持续做好对中印边境自卫反击战前线指挥所旧址提升、展示、保卫工作。累计投入1770余万元对山南烈士陵园、“民主改革第一村”陈列馆进行升级改造。完成隆子县桑杰曲巴旧居展览馆、“穷棒子朗生互助组”展厅、山南档案综合展厅、甘巴拉雷达站4处申报自治区级爱国主义教育基地工作。联合新华社拍摄完成《山南红色记忆》纪录片。

【西藏百万农奴解放63周年纪念活动】 2022年，市委宣传部制定印发《关于做好西藏百万农奴解放63周年宣传纪念活动的通知》和《关于印发〈山南市2022年庆祝西藏百万农奴解放63周年“升国旗 唱国歌”活动方案〉的通知》。开展“升国旗、唱国歌”活动。全市各级机关企事业单位、乡镇村居、街道社区、各类学校、宗教场所等同步开展“升国旗、唱国歌”。共开展“升国旗、唱国歌”活动2万余场次。广泛开展群众性文艺活动。市县两级艺术团体共开展文艺下乡演出400余场次。

【习近平新时代中国特色社会主义思想全民性宣传教育体系建设】 2022年，山南市以市委办名义下发《关于印发〈习近平新时代中国特色社会主义思想全民性宣传教育体系建设细化方案〉的通知》，制定印发《关于印发〈习近平新时代中国特色社会主义思想全民性宣传教育体系建设任务分工表〉的通知》。召开《全市习近平新时代中国特色社会主义思想全民性宣传教育体系建设工作推进会》。全市各级党委（党组）共开展各类理论学习7600余次。

【专题活动】 2022年，市委宣传部开展“三下乡”“三个意识”宣传教育活动，进一步加强铸牢中华民族共同体意识教育、爱国主义教育、反分裂斗争教育、新旧西藏对比教育等。印发《关于印发〈深入学习贯彻党的十九届六中全会精神广泛开展2022年文化科技卫生“三下乡”活动实施方案〉的通知》，共开展“三下乡”宣传教育活动4万余场次。制订印发《关于开展“国家意识、公民意识、法治意识”群众性宣传教育活动的细化方案》，召开全市动员部署会。下发《关于在全市深入开展铸牢中华民族共同体意识和国家意识公民意识法治意识专题宣讲工作的通知》。

【铸牢中华民族共同体意识宣传】 2022年，市委宣传部实施习近平总书记关于加强和改进民族工作的重要思想入脑入心工程开展铸牢中华民族共同体意识宣传教育行动、开展“中华民族一家亲·同心共筑中国梦”宣讲宣传活动。在宣传教育活动中，充分利用各级各类志愿者进一步引导各族群众不断增进“五个认同”。共开展各类宣传教育和宣讲宣传活动2万余场次。

【“强国复兴有我”群众性主题宣传教育活动】 2022年，市委宣传部开展喜迎中共二十大“强国复兴有我”群众性主题宣传教育活动。全市各级各类宣讲队伍共开展宣讲2场次，受众36万余人次。开展向“时代楷模”卓嘎央宗等典型学习的宣传活动。开展“道德模范”“中国好人”“新时代好少年”“学雷锋示范点和岗位学雷锋标兵”“最美守边人”等先进典型的推荐评选活动，充分利用新时代文明实践中心（所、站），大力宣传身边好人、道德模范、最美人物的先进事迹，营造人人学习典型、争当先进的良好氛围。

【民族团结进步创建宣传工作】 2022年，市委宣传部开展铸牢中华民族共同体意识宣传教育，及时向市（中、区）直各单位和全市

1000余名农牧民骨干宣讲员发放《铸牢中华民族共同体意识读本》藏文汉文版共计2000余本，印制并发放《西藏自治区民族团结进步模范区创建条例》藏语汉语宣传手册1000册。指导全市1000余名基层农牧民骨干宣讲员围绕铸牢中华民族共同体意识等开展宣讲工作，全市各级宣讲队伍共宣讲4440余场次，受众36万余人次。进一步加强对民族团结进步创建工作的宣传报道。中央、自治区媒体刊播、转载山南市民族团结进步有关新闻稿件300余篇（条），市、县两级媒体刊播600余篇（条）。社会宣传持续发力，共制作大型户外广告牌宣传标语30余面，营造浓厚社会氛围。

统一战线

【概况】 中共山南市委员会统一战线工作部（以下简称市委统战部）位于泽当街道办事处湖南路29号。市委统战部内设6个行政机构（部办公室、政策研究室、民族宗教工作科、党外知识分子和新的社会阶层人士工作科、侨务工作科、非公有制经济工作科），1个参公事业机构（山南市归国藏胞接待办公室），1个事业单位（山南市社会主义学院）。市委统战部编制43名（行政24名，参公3名，事业14名，工人2名），部门领导职数5名（不含兼职），科级领导职数9名。实有工作人员30名，其中副地级领导1名，正县级领导4名，副县级领导（含非领导职数）3名，正科级（含非领导职数）人员8名。

【市委民族工作会议】 2022年2月22日，山南市委民族工作会议召开。自治区人大常委会副主任、市委书记许成仓出席并讲话，市委常委、市委统战部部长、市政协党组副书记丹增主持，市委领导赫沛、燕红、李亚祥和其他在岗地级领导出席会议。会议围绕铸牢中华民族共同体意识这一主线，推进中华民族共有精神家园建设，大力弘扬爱国主义精神，促进各民族为建设富强民主文明和谐美丽的社会主义现代化新山南而努力奋斗作了安排部署。市（中、区）直部门和单位、市属国有企业主要负责人，12个县（区）委统战部部长（民宗局长）、分管民族工作的副县（区）长、民创办负责人等参加会议。

【全市统战部长会议】 2022年2月23日，山南市召开全市统战部长会议。市委常委、统战部部长、市政协党组副书记丹增出席并讲话，副市长刘宗昌主持会议，市政协党组副书记、副主席、市工商联主席赤列央金，桑耶寺管会党组书记、主任平措扎西出席会议。会议总结2021年工作，对2021年度全市统战系统信息工作先进集体和个人进行表彰，并全面安排部署2022年统战工作。市委统一战线工作领导小组，宗教工作领导小组成员单位主要负责人，市委统战部、工商联、民宗局（处）级干部、各科室负责人，各县（区）委副书记、统战部部长（民宗局局长）、工商联主席以及部分寺管会书记主任参加会议。

【党外人士迎新春茶话会】 2022年2月25日，山南市召开党外代表人士迎新春茶话会。市委常委、秘书长赫沛出席并讲话，市委常委、统战部部长丹增主持会议。市人大常委会副主任索朗多吉，副市长江嘎，市政协副主席、市工商联主席赤列央金，市政协副主席、市佛协会长达瓦次仁出席会议。来自全市各界党外政协委员代表、党外知识分子代表、党外干部代表、新的社会阶层人士代表、宗教界人士代表、农牧民代表、归国定居藏胞代表、商会会员代表、统战爱国人士遗孀、遗属代表，共计50人参加茶话会。

【宗教界“三个意识”教育动员部署会】 2022年5月23日，山南市召开宗教界深入开展“国家意识、公民意识、法治意识”教育动员部署会。自治区人大常委会副主任、市委书记许成仓出席并讲话，市委副书记、市长次仁平措主持。会议强调，要完整准确全面贯彻落实新时代党的宗教工作的基本方针政策，自觉把思想和行动统一到习近平总书记关于宗教工作的重要论述和党中央决策部署上来，坚持藏传佛教中国化方向，积极引导宗教与社会主义社会相适应，不断提升藏传佛教治理体系和治理水平，保持宗教领域和谐稳定，为推动山南市的长治久安和高质量发展贡献宗教界力量。市领导王德文、巴珠、汪华东、杨旭、赫沛、李亚祥、扎西平措、牟永文、冯小义、刘圣育等出席会议。

【非公有制经济发展】 2022年，市

委统战部加强市县工商联党组织的领导和工作联系指导，构建新型“亲”“清”政商关系，开设“民营企业大讲堂”，提升民企惠企政策知晓率。完成工商联（商会）换届工作，选举产生新一届工商联（商会）领导班子，制定出台《山南市民营经济统战工作协调机制》。

【党外人士队伍建设】 2022年，市委统战部走访、慰问171名党外代表人士，发放慰问金20余万元，及时兑现全市459名党外人士的生活补助。推荐4名党外人士在各领域任县处级职务，1名党外人士任副地级职务。选派21名党外人士参加中央、自治区培训，选派7名定居藏胞参加自治区举办的“祖国行”活动。协同市直13家参评部门，完成对42名市直企业非公有制经济代表人士和非公有制经济代表提名人选的综合评价。健全完善党外代表人士基础信息，建立1225名优秀爱国人士代表数据库。制定下发《关于加强自由职业人员统战工作实施意见》《关于在全市党外知识分子和新的社会阶层人士中深入开展喜迎党的二十大主题教育活动方案》，起草完善《关于开展党外知识分子和新的社会阶层人士调研统计工作的通知》《党外代表人士联谊制度》。组织召开以“送温暖·话党恩”为主题的山南市各族各界代表人士藏历新年座谈会，为90名各族各界代表人士发放慰问金9万元，组织举办“七一”庆祝党的生日党外人士教育活动。以实地走访和委托县（区）委统战部两种形式，慰问56名党外代表人士，共送去慰问金5.6万元。

2022年2月22日，市委民族工作会议在泽当召开

【藏胞服务管理】 2022年，市委统战部对12名定居藏胞和3名境外藏胞境内亲属开展节前走访慰问活动，协助自治区藏胞接待委员会走访慰问5名定居藏胞和3名境外藏胞境内亲属。审查外籍藏胞回国探亲申请并提出审核意见及时上报自治区。深入开展摸底调研，全面了解掌握基本情况，全力做好服务工作。

【民族团结】 2022年，市委统战部始终坚持以铸牢中华民族共同体意识为主线，贯彻“有形、有感、有效”要求，聚焦“四个创建”目标任务，营造“市县乡村一起抓、党政军警民一起创”的浓厚氛围，先后召开市委常委会等大小会议40余次，特别是二届市委召开全会专题研究部署民族团结创建等民族领域的重要工作，审议通过《中共山南市委　山南市人民政府关于以铸牢中华民族共同体意识为主线和战略性任务　全面推进新时代山南民族工作高质量发展的实施方案》，制定印发创建方案等规范性文件7份，市本级财政投入创建经费500万元，各县（区）投入资金达到2000余万元，制作、张贴、发布、播出民族团结主题宣传标语、展板、图片、视频1万余条（张），开展民族团结主题宣传宣讲活动近2000场次，受教育干部群众达10万余人次，打造隆子县等边境4个县“边境红色民族团结长廊”，乃东区开展“唐蕃联姻”三交工作、龙马民族团结商圈，桑日县中学“民族团结从娃娃抓起”等典型特色，以创建“九进”为平台，各族各界双向交流超1万人次，利用湖北黄石组团式援藏就业基地，开展种养大户、致富能手与山南群众结对子、交朋友89对，全市民族通婚家庭达2189户，累计开发援藏就业岗位3632个，推动形成“市县乡村一起抓、党政军警民一起创”的工作格局。

【宗教治理】 2022年，市委统战部坚持在“导”上下功夫，严格落实

"五级书记"抓宗教工作机制，制定实施《山南市关于落实县（区）、乡（镇）党政主要领导宗教工作责任述责述职考核评议办法》，严格执行各部门协作机制和联席会机制，在维护稳定、疫情防控、教育引导、民族团结进步创建、依法治理宗教事务等工作中，"大统战"工作格局不断得到升华和巩固，增强党在全市统一战线中的政治领导力。出台《全市宗教领域排查清理违反"三个不增加"要求工作方案》和《山南市关于贯彻落实〈西藏自治区关于开展整治非法宗教活动遏制宗教渗透蔓延工作的实施方案〉的意见》，开展整治非法宗教活动遏制宗教渗透蔓延工作，有效防止非法传教组织渗透蔓延。将淡化宗教消极影响纳入村规民约。

【宗教事务管理】 2022年，市委统战部调完成101座寺庙财税监管改革，制订下发《山南市2022年寺庙财税监管工作实施方案》，组织和选派僧尼、寺管会财务人员参加区、市寺庙财税培训，对全市75座寺庙开展财税监管工作。落实《关于进一步加强西藏佛学院分院管理意见》和课程2：2：6设置要求，桑耶佛学分院管理得到进一步加强。出台《山南市"十四五"驻寺干部教育培训规划》，为寺庙管理专业人才队伍打下坚实基础。成立佛协换届工作领导小组和工作专班，制订佛协换届方案，佛协换届稳步开展。开展"四条标准"等各类教育实践活动和政策法规学习教育4000余场次，受教育达4万余人次，开展僧尼谈心谈话5000余人次，僧尼参与率达100%。

【"三个意识"教育】 2022年，市委统战部制订实施《山南市关于在宗教界深入开展"三个意识"教育实施方案》《"三个意识"教育宣讲工作方案》《"三个意识"教育指导督导方案》等，结合山南实际，突出"一月一专题、一月一要点、一月一辅导"工作模式，创造性提出"十项主题实践活动"（升国旗唱国歌活动、民族团结进步创建进寺庙活动、国情区情市情教育活动、藏传佛教教义教规中国化阐释活动、藏传佛教活佛转世政策法规宣讲活动、国家通用语言文字普及推广活动、法律进宗教活动场所活动、"喜迎党的二十大　争做模范僧尼"系列主题活动、年度综合考评活动、承诺践诺签名活动）；打造"八讲"模式（领导干部带头讲、专家学者辅导讲、统战民宗干部主责讲、寺管会干部主体讲、代表人士身边讲、宣讲员全面讲、乡镇干部"乡情"讲、创新模式"云"上讲），将宗教界深入开展"三个意识"教育与常态化"四条标准"教育实践活动等相结合。全市宗教领域开展政策、法律法规宣讲3128场次，参与36568人次。

2022年2月23日，全市统战部长会议在泽当召开

政策研究

【概况】 2022年，中共山南市委员会政策研究室（以下简称市委政研室）发挥文稿起草、调查研究、政策参谋、深化改革、财经工作等职能作用，求真务实、真抓实干，转变作风、狠抓落实，扎实推进各项工作。

【文稿起草】 2022年，市委政研室始终胸怀"国之大者"，凡事都从政治上认识、考量和把握，自觉把山南工作放在全国全区大局中思考谋划推进，主动对标对表党中央决策部署和区党委工作安排，锚定"四件大事""四个确保"，围绕"四个创建""六个走在前列"，以钉钉子精神质量抓好文稿服务工作，撰写一大批切实服务决策、指导工作的文稿，严格审核把关其他部门起草的涉及市委及市委主要领导的讲话、总结、报告、会议纪要、新闻稿等重要文稿,为全市经济工作会议、农村工作会议等重要会议提供高质量文稿服务,全年累计起草、审核各类文稿材料1800余篇,编发《党办通报》26期。

【调查研究】 2022年,市委政研室始终把调查研究作为发挥参谋辅助的重要手段,不断强化调研职能,坚持问题导向,紧紧围绕影响山南长足发展、长治久安的战略性、前瞻性、全局性问题,围绕全面深化改革的重点领域、关键环节、主攻方向,围绕农牧民群众关切的热点难点问题,开展调查研究,全面真实地了解情况。充分利用陪同市委领导下乡调研机会,合理安排党员干部深入基层、深入群众、深入边境一线,结合年初确定的调研主题开展调查研究工作20余次,形成关于边境地区发展情况等调研报告2篇,为市委决策部署提供科学参考。

【深化改革】 2022年,市委政研室筹办市委深改委会议,制定《中共山南市委员会全面深化改革委员会2022年工作要点》,精心谋划议题,安排听取重点领域改革工作推进情况汇报,各项改革工作有力推进。协调8个专项组办公室,以自治区党委深改为2022年工作要点的50项改革任务涉及山南市的41项改革任务为重点,建立任务清单和工作台账,实行项目化推进。协调组织成立国防动员体制改革专班,稳步推进国防动员体制改革工作。组织精干力量按照一季度一梳理、一总结的模式,协调各专项组全面梳理重点领域改革任务落实情况,认真总结梳理,全面掌握了解全市改革工作推进情况,形成全市季度全面深化改革工作进展情况报告5篇,年度总结报告1篇。及时总结改革工作经验举措,报送典型材料5篇,上报改革经验信息12篇。

【财经工作】 2022年,市委政研室筹办市委财经委会议,制定《中共山南市委员会财经委员会2022年工作要点》。协调调整充实市委财经委员会工作领导小组,抽调专人负责日常工作。协调推动财经委成员单位对标对表党中央和区党委、市委关于稳经济大盘、疫情防控等重大决策部署和工作要求,建立任务台账,明确牵头领导、责任部门、完成时限,定期调度进展情况,推动落实落细。积极协调沟通财政、人行、雅投公司等单位推进设立政府性融资担保机构工作事宜。把主动防范化解金融风险放在更加重要的位置,抓实抓细防范和处置非法集资工作,协调推动财经委成员单位对山南市存在疑似风险点的10家企业进行专项排查整治,对76家在建工程进行实地考察,对特困人员集中供养中心等57家重点场所进行养老领域诈骗防范化解工作摸底排查。组织成员单位认真开展防范非法集资宣传活动679场次,受众达7.63万余人次。在全市范围内组织开展防范非法集资知识答题赛和短视频竞赛活动,短视频《这下全完》作品荣获国家防范非法集资短视频征集大赛三等奖。

2022年3月21日,市委政研室召开党员大会,表彰先进科室和个人

党校 行政学院

【概况】 2022年,中共山南市委员会党校(山南市行政学院)(以下简称市委党校)突出政治建校、质量立校、人才兴校、从严治校的要求,全体教职工团结一心、恪尽职守、守正创新、忠诚尽责,围绕市委、市政府中心工作,不断强化领导干部教育培训工作,推进新时代党校事业高质量发展。

2022年7月28日，市委政研室党支部书记为全体党员干部讲题为《重温习近平总书记视察西藏重要讲话指示精神、传承好“老西藏精神”、“两路”精神，争做新时代合格党员》的专题党课

【教学培训】 2022 年，市委党委坚持把教学管理作为提升办学质量的重要手段，通过创新教学机制，为“用学术讲政治”提供制度保障。共修订完善 7 项教学管理相关制度，提升教学的科学性和政治方向性。坚持加大教学模式创新，突出教学精准度，增强培训实效性。始终坚持突出党的理论教育和党性教育，开发具有党校特色和西藏特点的党性教育品牌，持续创新教学方式。结合中共二十大精神及习近平新时代中国特色社会主义思想开发完善教学专题 33 个。完成对“列麦精神”“玉麦精神”“克松精神”的宣传，以及对“张国华对印自卫反击战前沿指挥所”“烈士陵园”“山南市廉政教育基地”等党性教育现场教学点的开发。始终坚持“内容系统、层次分明、点面结合、重点突出”的教学理念及“请进来、走出去”的教学布局，确保干部培训全覆盖。全年以习近平新时代中国特色社会主义思想、中共二十大精神及习近平总书记关于西藏工作的重要论述为主要内容，举办各类培训班 23 个，培训学员 2353 人次。协助 94 家市直、县区单位选派 30 余名教师开展“四件大事”“四个创建”和“六个走在全区前列”相关内容的理论专题辅导，充分发挥党校理论研究宣传阵地作用。

【学校建设】 2022 年，市委党委不断增强党校校园红色文化底蕴、优化校园文化环境，突出党校校园文化的教育作用，营造党校红色学府氛围。全年共投入资金 28 余万元，围绕中共二十大精神相关主题，持续推进校园文化建设，形成以中共二十大精神为主要内容的校园文化格局。

【队伍建设】 2022 年，市委党委制定和完善教学、科研奖惩制度、市县两级职称评审制度共 5 项，推进党校教师竞聘上岗。引进华中师范大学历史专业全日制研究生 1 名，邀请 9 名市直单位领导，5 名区党委党校、西藏大学相关行业领域学者到党校授课。坚持以本校学科学术带头人及三省援藏资源为主体，培养政治强、业务精、作风好的青年骨干教师。通过加强经典著作学习、加强教学科研实践、发挥优秀教师传帮带作用、选派教师赴三省援藏党校学习交流、抽调县级党校教师跟班学习等多种途径，加强党校系统人才队伍培养模

2022年4月26日，自治区党委党校（行政学院）常务副校（院）长熊刚毅（左排左二）一行到山南市委党校调研

式建设。全年传帮带6名县级党校人员，选派1名高级讲师赴安徽省委党校挂职锻炼。

【教学管理】 2022年，市委党委将强化教师外出授课报备作为深化教学管理、全面推进从严治校的重要举措。建立健全干部职工外出报备及请销假相关制度。结合改进作风狠抓落实工作，驰而不息反对“四风”，强化内部管理，严格执行工作纪律。建立党校改进作风狠抓落实工作督导检查机制，开展制度执行评比工作。坚持在校学员封闭式管理的同时，修改完善12项学员管理相关制度、对主体班开展“一巡双查”（巡课、查课、查门岗）、学习情况通报、撰写学习体会（党性分析报告）、成绩、考勤、班级总结等方式，将学员日常表现、考试成绩相结合，切实推进学员培训成果考核的科学性、综合性，加大党校培训结果运用力度。全年培训20班次、1954人，组织8场闭卷考试，累计考试915人次。

【教研活动】 2022年，市委党委始终坚持严把科研课题和决策咨询项目“立项、调研、结项”三关，规范教学科研管理，提升科研的精准度，决策咨询、课题研究与山南实际的契合度，确保党校教师学术发表的政治性引导性。组织专兼职教师结合区情、市情积极申报科研课题，其中校级课题成功立项11项、市级大调研项目成功立项12项，共向中国藏学研究中心、西藏自治区社科院等申报项目6项，结项2项。学校专兼职教师撰写的《坚持依法治藏 推进法治西藏建设》理论文章入选全区党校（行政学院）系统学习贯彻中共二十大精神青年教师座谈会范文。自主创办的《雅砻论刊》学术刊物，完成4期刊物的出版发行工作，共收录党校专兼职教师理论文章15篇。编辑出版《党史教育教学专题汇编》《中央第七次西藏工作座谈会教学专题汇编》《习近平新时代中国特色社会主义思想教学专题汇编》《藏语专题汇编》4本党校内部教学辅导读本。

2022年4月6日，市委党校（行政学院）举行2022年春季学期暨中青班开班式

机关党建

【概况】 2022年，山南市（中、区）直各单位有基层党组织223个，其中党委8个、党总支38个、支部177个。党委8个，其中机关党委2个、事业党委2个、公有制企业党委1个、退休党委3个。党总支38个，其中机关党总支14个、事业党总支3个、离退休党总支21个。党支部177个，其中机关党支部87个、事业党支部34个、公有制企业党支部5个、离退休党支部51个。市（中、区）直机关党员共6135人。

【思想政治建设】 2022年，中共山南市委员会直属机关工作委员会（以下简称市直机关工委）结合《2022年山南市基层党建工作要点》，制定《2022年山南市机关党建工作要点》，明确重点任务，将深入学习习近平新时代中国特色社会主义思想、习近平总书记在西藏视察时的重要讲话重要指示精神和中共二十大、中央第七次西藏工作座谈会精神，新时代党的治藏方略和习近平总书记关于西藏工作的重要论述，以及党章和《中国共产党支部工作条例（试行）》《中国共产党党和国家机关基层组织工作条例》《中国共产党党员教育管理条例》等党内重要法规列入重点学习内容，为市（中、区）直单位广大党员征订配发《党的二十大报告学习辅导百问》《二十大党章修正案学习问答》《党的二十大文件汇编》等学习用书。全年举办中共二十大精神专题辅导报告会1场，300余人参加。“山南机关党建”微信公众号推送中共

2022年6月14日，市直机关工委在泽当饭店举办市（中、区）直单位第六期党员发展对象培训班

二十大精神和习近平总书记最新重要指示批示、重要讲话精神等稿件400余篇。市（中、区）直单位广大党员“学习强国”个人年度最高积分达到1.7万余分。

【精神文明建设】 2022年，市直机关工委全面落实山南市文明委全体会议暨精神文明建设安排部署会精神，聚焦“四个创建”“四个走在前列”和“六个走在全区前列”重点任务，持续推进“三包五带五促”“七彩志愿服务”等活动，推动机关党员干部到社区报到服务，参与社区治理。市（中、区）直单位各级机关基层党组织开展“三包五带五促”进社区活动118次，参与党员干部累计达到2302人次；开展“七彩志愿服务”活动172次，参与党员干部累计达到2610人次。发挥“山南机关党建”微信公众号作用，转载转发《习近平关于社会主义精神文明建设论述摘编》、文明礼仪小知识等内容50余篇。西藏突发疫情后，第一时间激活机关快响机制，组织发动市直机关各级党组织和广大党员投身疫情防控一线，设立防疫党员先锋岗235个、志愿服务队195个，21名干部在战疫一线递交入党申请书、44名党员主动交纳大额党费5.4万元、2000余名党员参与“战疫”，为民服务6万余人次。

【党务干部培训】 2022年，市直机关工委制定《山南市（中、区）直单位关于开展党务工作者“大学习大练兵大比拼”活动的通知》，各级机关党组织开展党务工作者业务大学习149次、岗位大练兵56次、能力大比拼33次。联合市委组织部举办全市机关基层党组织书记和党务工作者基层党建工作专题研讨班，参训人员151人，实现机关基层党组织书记培训全覆盖。举办山南市（中、区）直单位第六、第七期发展对象培训班，邀请市委党校老师对中共二十大、十九届六中全会精神、《习近平谈治国理政》第四卷以及党务知识进行系统阐释，参训发展对象136人。举办“机关党建讲堂”党建业务培训会，围绕《中国共产党支部工作条例（试行）》《中国共产党党和国家机关基层组织工作条例》等开展专题培训，培训发展对象68人、机关党务工作者188人。

【基层党组织建设】 2022年，市直机关工委严格落实《中国共产党支部工作条例（试行）》《中国共产党党和国家机关基层组织工作条例》和《中国共产党基层组织选举工作暂行条例》，督促指导各单位机关基层党组织换届选举工作，选优配强基层党组织班子成员，指导机关基层党组织换届36个，组建基层党组织2个，调整充实机关基层党组织书记及委员49人，撤销原基层党组织1个。严把政治标准、严格政治审查，吸收预备党员77人，转为中共正式党员114人。运用全国党员管理信息系统做好党组织关系线上转接工作，转接组织关系412人，开展流动党员集中排查工作，排查流动党员38人。持续巩固“八星党支部”创建和“三个专项行动”成果，申报7个市级基层党建示范点。精准点“穴”破题，指导2020年4个软弱涣散党支部、2021年4个软弱涣散基层党组织实现晋位升级。

【党建工作】 2022年，市直机关工委召开市（中、区）直机关党建工作推进会暨党建示范点现场观摩交流活动，组织68名党（总）支部书记赴市政府办、市委组织部、市藏医医院观摩学习。完成年底党建考核，召开市（中、区）直单位党

2022年1月21日，市直机关工委组织党员深入浪卡子县卡热乡驻村点开展民族团结宣传活动

组(党委)书记2022年度抓机关基层党建工作述职评议会。围绕庆祝中国共产党成立101周年、创建全国民族团结进步示范市、学习宣传贯彻中共二十大精神等工作，制定《山南市(中、区)直单位“喜迎二十大 建功新时代”庆“七一”系列活动实施方案》《关于开展民族团结进步“四学一论一测试、三讲二看三争创”活动进机关的实施方案》，组织市直机关各级党组织开展重温红色家书、“薪火相传 光荣接棒——老党员为新党员佩戴党徽”“光荣在党50年”老党员讲党课等活动。配合市委组织部、市委宣传部组织36名机关党员干部参加“庆七一·喜迎二十大”主题知识竞赛，荣获全市机关企事业干部专场组第二、三名。选派57名机关党员赴林芝市参加“喜迎党的二十大·聚力奋进新时代”首届全区“七一”歌咏比赛，荣获优秀组织奖。集中走访慰问老骨干党员、维稳疫情防控一线党员、优秀党务干部等132人，发放慰问金13.2万元。开展违规违纪发展党员专项整治工作“回头看”，排查党员830名，认定问题1221条，指导严重违反入党程序问题的595人完成整改。开展党内激励帮扶工作，确定2023年自治区级和市级党内激励关怀帮扶资金申报单位14个，累计申报资金2.03万元。

老干部事务

【概况】 截至2022年底，山南市共有离退休干部4100人，其中离休干部7人、退休干部4093人；区内安置3959人，区外安置141人；党员2913人。全市共有离退休党总支24个、党支部79个，建有离退休党支部活动中心6个、活动室65个。

【政策理论教育】 2022年，中共山南市委员会老干部局(以下简称市委老干部局)组织离退休干部深入学习习近平总书记对老干部工作作出的重要指示精神，收听全国离退休干部网上专题报告会，利用《西藏日报》《山南报》《西藏老干部》等报纸杂志，以及每月编发《山南市离退休党总支(支部)学习资料汇编》、每日推送微信公众号等形式，抓好中共二十大精神、区党委、市委重要会议精神和《关于加强新时代离退休干部党的建设工作的意见》的学习宣传，组织全市4000余名离退休干部观看中共二十大盛况，并利用微信群及时交流中共二十大精神学习心得体会。

【感党恩教育】 2022年，市委老干部局依托“3·28”西藏百万农奴解放纪念日、“七一”等重大节庆日，先后组织2000余名离退休干部参观张贵荣烈士纪念碑、列麦精神纪念馆、张国华将军前线指挥所，参观纪念百万农奴解放纪念馆、林周农场党性教育基地、拉萨市警示教育基地、成都战旗村等红色教育基地，增强离退休干部的党性修养，坚定听党话、感党恩、跟党走的信心和决心。

【老干部宣讲教育】 2022年，市委老干部局在泽当、拉萨、成都3个集中安置点，组织40名老干部宣讲员，结合老干部实际，深入开展中共二十大精神、新旧西藏对比、反分裂斗争、法律法规教育等宣讲40余次，4000余人参与。

【党建责任落实】 2022年，市委老干部局及时制定印发离退休领域工作要点、“九个一”系列活动实施方案和关于学习贯彻中办发31号文件、落实基层党组织建设“五项要求”方案等，强化跟踪问效，深入泽当、拉萨、成都集中安置点开展督导调研10余次，提出整改意见20余条，压紧压实党建工作责任。

【党建基础建设】 2022年，市委老干部局争取和筹集资金70余万元，对泽当东北、结莎、英雄路离退休党总支活动室基础设施及其功能进行升级改造。到自治区老干部大学参观学习，围绕日常教学管理、师资队伍建设、精品课程设置等方面进行深入学习，为山南市创建老干部大学借鉴经验。推进清查整治突出问题规范党务工作，排查和梳理离退休领域存在的问题，对需要完善的事项立即进行整改落实。

【党建载体建设】 2022年，市委老干部局根据部分离退休党员居住分散、年高体弱、参加活动不方便等情况，除了日常的送学送资料上门外，还依托山南老干部微信公众号和微信学习群，推送时事政治、工作动态、健康教育等三大板块，内容丰富、操作方便，做到政治理论时时学、处处学。结合党建示范点创建和“共建共学、互帮互促”工作安排，创建市级离退休党组织标准化规范化示范点党支部1个。通过与社区居民党支部共建、联建等形式，引导各离退休党总支自觉融入社区，设立党员先锋岗9个，组建党员志愿服务队9支，开展为民服务20次服务400余人次，推出“共建共学、互帮互促”党支部4个。

【“暖心”工程】 2022年，市委老干部局坚持对离休干部和省级、地级、十八军退休干部每月电话联系一次，全面了解掌握老领导的思想动态和身体状况，通报传达中央、区、市重要文件精神。为56名地厅级退休干部办理西藏自治区特约医疗证。联合市医疗保障局在各党总支巡回召开医疗保险政策宣讲会，让老干部职工及时掌握最新医保政策。

【诉求排查化解】 2022年，市委老干部局建立健全离退休老干部诉求排查机制，每季度对排查出的各类诉求进行分类办理，耐心接待老干部的来电来访，属于政策范围内的问题及时给予解决，超出政策范围的耐心细致做好解释工作。全年老干部共提出诉求问题32件，完成32件。

【慰问帮扶】 2022年，在“三大节日”期间，在各县（区）委和市直各单位自行开展慰问的同时，市委老干部局先后慰问178名地厅及以上和特困离退休干部，发放慰问金35.2万元，组织1100余名离退休老干部召开泽当、成都安置地新年团拜会和座谈会，走访慰问20余名驻拉萨离退休干部代表。投入资金2.16万元，对21名生病住院的离退休老干部和病故老干部遗属进行慰问；投入资金23.8万元，对全市36名特困离退休干部和离退休干部遗属进行帮扶。

【养老诈骗宣传】 2022年，市委老干部局通过线上线下相结合的方式，开展宣传引导工作。线上加开微信公众号养老诈骗专栏，利用学习工作微信群，及时推送专项行动工作动态及宣传资料；线下采取悬挂横幅、制作警示牌、发放宣传册和邀请专家授课等方式，宣讲身边案例和常见的诈骗类型，提升老干部防骗意识。全年共开展防诈宣讲活动59次，制作发放宣传资料2461份，受教离退休人员达1万余人次。

【“建言二十大”调研】 2022年，

2022年6月28日，山南市举办离退休干部“银发心向党　喜迎二十大”暨庆祝建党101周年文艺汇演

市委老干部局组织开展“建言二十大”暨“我看中国特色社会主义新时代”调研活动。通过召开座谈会、研讨会和个别访谈等形式，广泛听取老干部的心声和意见建议。为经济社会发展提建议、出点子50多条，得到各级党委和政府的充分肯定。

【征文和书画展系列活动】 2022年，市委老干部局开展“最美的祝福献给党”主题征文和“建言二十大暨我看中国特色社会主义新时代”书画展活动，面向泽当、拉萨、成都集中安置点离退休老干部，征集以中共十九大以来的新发展、新变化、新生活为主题的文稿书画作品。共收集文稿40余篇、书画作品60多幅，稿件相继被推送到“山南老干部”微信公众号，书画作品在市老干部活动中心展出。

【“爱心帮扶基金”】 2022年，山南市老干部捐款30余万元，与乃东区、扎囊县的部分社区、村居、学校结成帮扶对子。东北离退休党总支为泽当藏语汉语幼儿园300余名小朋友送去价值1.74万元的学习用品，慰问困难群众29户、大学生10余名，发放慰问金及慰问品价值5万余元，用实际行动巩固脱贫攻坚成果和助力乡村振兴。

【文艺下乡活动】 2022年，市委老干部局举办“银发心向党　喜迎二十大”暨庆祝建党101周年主题文艺会演。深入隆子玉麦、列麦等边境乡镇开展“赞新时代生活　展老干部风采”文艺会演。

档案管理

【概况】 2022年，山南市共有1个市级综合档案馆、12个县级综合档案馆、588个档案室，包括83个乡镇档案室和72个村（居）档案室，基本实现档案局、馆、室建设全覆盖。全年档案部门共采集65家市（中、区）直企事业单位、592家县（区、中）直、乡镇部门的档案数据。

【档案行政执法】 2022年，山南市档案馆（以下简称市档案馆）对17家市（中、区）直企事业单位进行档案行政执法检查。针对检查过程中发现的问题进行口头反馈并提出整改意见共26条。12个县（区）结合工作实际，以抽检、培训相结合的方式，对县、乡、村进行专项检查，提出整改意见30余条。

【村级档案工作】 2022年，山南市档案馆开展“一示范两试点”工作。通过对试点工作进行点对点服务、面对面指导、手把手教学，乃东区克松社区、错那县勒村共整理档案16卷、315盒、5692件，爱民固边、“三老”人员、竹器编制、茶叶协会、普法、门巴戏等材料11袋、照片档案4盒、国民经济和社会发展统计30本。

【档案系列职称评审工作】 2022年，山南市共21名档案专业职称申报人员通过档案系列职称评审，16人获助理馆员职称，5人获馆员职称。

【重大工程竣工验收】 2022年5月、11月，市档案馆参与对扎囊县卓于水库项目档案510盒、3800余件、西藏自治区山南市电子政务内网分级保护建设项目档案148盒、1367件进行验收，并分别提出验收整改意见。

【档案业务指导】 2022年，山南市档案馆对市人大办等10余家单位进行进馆前立卷归档指导检查工作。对50余家市（中、区）直企事业单位进行业务指导。并指派专人赴乃东区、隆子县开展档案基础业务培训，参训人员250人。

【档案收集归档】 2022年，山南市档案馆完成10家单位和国有企业退休、死亡人员档案的接收进馆工作，共69卷、1478盒、21819件。各县（区）档案馆共接收203家单位和乡镇部门文书档案154卷、8130盒、117006件，包括党史学习教育档案430盒、10866件，资料260册，光盘44张，疫情防控67盒、1046件，农村土地确权档案10577盒。

【法规宣传】 2022年，山南市各级档案部门以新修订《中华人民共和国档案法》等宣传重点，充分利用横幅、展板、电子屏、短信息以及现场咨询等方式，创新宣传手段，丰富活动形式，依托新型传播媒介，线上线下开展多形式的档案宣传活动。全市推送档案法治宣传短信2万余条，超市、企事业机关单位室内外LED屏滚动播放档案宣传标语400余条，制作宣传展板47块，现场发放印有档案图标和档案宣传标语的无纺布袋、鼠标垫、雨伞、杯子等文化宣传载体4

2022年10月17日，市档案馆工作人员在市财政局进行档案业务指导

万余份，宣传册4200余册，各类宣传彩页6万余张，现场接待咨询群众600余人，受众4.3万余人。积极征订中国档案杂志社推出的国际档案日主题宣传册、宣传折页共1200余份，宣传书签180余个。

【档案提供利用】 2022年，山南市档案馆接待中纪委、中央环保专项督导组等及45家市（中、区）直企事业单位共计410余人次，现场调阅文书档案、科技档案、勘界档案、婚姻档案、干部退休、死亡档案及各种资料7914卷（盒、册），复印档案7043份、46735页。12个县（区）档案馆共接待各种档案资料利用者570余人次，查阅21564卷（件、册）。为山南市对印自卫反击战纪念馆建设查找提供30余件有价值的文书档案和20余张图片资料。

【信息化建设管理】 2022年，加查县档案馆在全市12个县（区）中率先启动档案数字化工作。申请70万档案援藏资金完成县委档案156卷、16697件、县政府档案12463件、疫情防控档案562件的数字化录入工作，数字化率达50%。

山南市人民代表大会

综述

【概况】 2022年，山南市人民代表大会常务委员会（以下简称市人大常委会）共召开常委会会议8次、主任会议21次，审议通过法规3件，开展监督工作36项，作出决议决定7件，依法人事任免56人次，39名拟任命人员参加法律知识考试并作任职表态发言，举行5次宪法宣誓仪式，对市人大常委会任命的“一府两院”5名人员开展履职评议。圆满完成市人代会确定的各项任务。

【视察调研】 2022年，市人大常委会开展关于全市边境小康村建设情况的专题调研。开展2022年上半年经济运行情况专题调研。开展市属企业国有资产管理情况的专题调研。开展政府债务管理情况的专题调研。开展全市产业振兴情况的专题调研。开展2021年本级财政预算执行和其他财政收支审计查出问题整改情况专题调研。开展山南市城乡居民、城镇职工医保政策落实情况的专题调研。开展全市法院立案诉讼服务工作开展情况专题调研。开展全市检察机关控诉案件工作开展情况专题调研。开展全市公安机关执法规范化建设促进公平正义情况的专题调研。

【人事任免】 2022年，市人大常委会坚持强化被任命人员法治意识，所有拟任命人员均要参加法律知识考试，并在任后进行宪法宣誓。强化任前审查，法定提请机关“一府一委两院”负责人和组织部门负责人均在主任会议和常委会会议上作说明，拟任命人员作任职表态发言，依法人事任免56人次，39名拟任命人员参加法律知识考试并作任职表态发言，举行5次宪法宣誓仪式。强化任后监督，听取审议“一府两院”5名被任命人员的履职报告，提出评议意见。

【代表建议办理】 2022年，市人大常委会把代表在市二届人大一次、二次会议期间审议发言时所提1077条意见与按法定程序所提94件建议一同交办，听取审议市政府办理情况的报告和常委会督办情况的报告，市委办首次报告市委系统办理代表建议情况，截至年底，各项建议均已按期办理并答复代

2022年8月15日，市人大常委会主任王德文（中）到琼结县督导防疫工作

表，所提建议已经解决或已列入计划、三年内能够解决的占建议总数的85%。坚持和完善市政府领导领衔督办、主任会议成员重点督办工作机制，市政府领导对10件代表建议进行领衔督办、主任会议成员对5件代表建议进行重点督办。代表建议办理质效实现逐年提升。

重要会议

【市二届人大二次会议】 2022年1月10—12日，山南市第二届人民代表大会第二次会议在泽当召开。会议应到代表251人，因事因病请假41人，实到210人，出席人数符合法定人数。大会共安排8项议程。根据议程安排，共举行3次全体会议、4次主席团会议、1次预备会议、5次代表团会议、5次大会秘书处会议。会议深入学习贯彻自治区十一届人大五次会议精神。经过审议并表决，会议通过关于市人民政府工作报告的决议，批准政府工作报告；通过关于山南市2021年国民经济和社会发展计划执行情况与2022年国民经济和社会发展计划的决议，批准山南市2022年国民经济和社会发展计划；通过关于山南市2021年财政预算执行情况与2022年财政预算的决议，批准山南市2022年财政预算；通过关于市人大常委会工作报告和市中级人民法院、市人民检察院工作报告的决议，批准市人大常委会工作报告、市中级人民法院工作报告、市人民检察院工作报告。

【市二届人大三次会议】 2022年12月12—13日，山南市第二届人民代表大会第三次会议在泽当召开。会议应到代表251人，因事因病请假49人，实到202人，出席人数符合法定人数。共安排3项议程。根据议程安排，共举行1次全体会议、2次主席团会议、1次预备会议、2次代表团会议、3次大会秘书处会议。会议深入学习贯彻中共二十大精神。选出山南市出席西藏自治区第十二届人民代表大会代表47名，分别为：王卫东（汉族）、王德文（汉族）、扎西多布杰、丹增卓嘎（女）、斗卓玛（女、门巴族）、巴桑次仁、邓博（汉族）、石桂玲（女、汉族）、龙措（女）、平措、旦巴曲桑、旦增次旦（女）、央宗（女）、白玛拉姆（女）、尼玛次仁、尼玛卓嘎（女）、尼玛洛桑、边巴次仁、刘勇（汉族）、次仁平措、次仁拉姆（女）、次旦卓玛（女）、江白、许成仓（汉族）、牟永文（汉族）、李宁（汉族）、李亚祥（汉族）、李浩路（汉族）、陈凡彦（汉族）、陈学义（汉族）、卓玛（女）、罗云（汉族）、赵小舟（汉族）、郝涛（汉族）、钟萍（女、汉族）、洛桑江村、洛桑旺姆（女）、秦梅鸯宗（女）、格桑旦增、格桑次仁、索朗巴珠、索朗平措、索朗格桑、桑旦、鲁绪超（汉族）、赖蛟（汉族）、廖文华（汉族）。

【市二届人大四次会议】 2022年12月30—31日，山南市第二届人民代表大会第四次会议在泽当召开。会议应到代表247人，因事因病请假66人，实到181人，出席人数符合法定人数。共安排10项议程。根据议程安排，共举行4次全体会议、4次主席团会议、1次预备会议、4次代表团会议、4次大会秘书处会议。会议经过审议并表决，会议通过关于市人民政府工作报告的决议，批准政府工作报告；通过关于市2022年国民经济和社会发展计划执行情况与2023年国民经济和社会发展计划的决议，批准市2023年国民经济和社会发展计划；通过市2022年财政预算执行情况与2023年财政预算的决议，批准市2023年财政预算；通过关于市人大常委会工作报告和市中级人民法院、市人民检察院工作报告的决议，批准市人大常委会工作报告、市中级人民法院工作报告、市人民检察院工作报告；通过关于重新确定市二届人大常委会组成人员名额的决定、关于调整和更名有关专门委员会的决定。会议还依法补选市人大常委会委员12人，并依法举行宪法宣誓仪式。扎西桑布、巴果、民久、次仁罗布、李艳霞、杨娟宏、单增尼玛、尚变丽、胡新薇、查日、索朗旺堆12人当选为市人大常委会委员。

【市二届人大常委会】 第三次会议。2022年1月8日，市二届人大常委会第三次会议在泽当召开。会议传达学习西藏自治区十一届人大五次会议精神、全区改进作风狠抓落实工作动员部署会议精神和《中华人民共和国反有组织犯罪法》，审议《山南市人民代表大会常务委员会工作报告（稿）》《山南市第二届人民代表大会第二次会议议程（草案）》《山南市第二届人民代表大会第二次会议主席团和秘书长名单（草案）》《山南市第二届人民代表大会第二次会议列席人员名单（草案）》。

第四次会议。2022年4月1日，市二届人大常委会第四次会议在泽当召开。会议传达学习十三届全国人大五次会议精神和《中华人民共和国地方各级人民代表大会和地方各级人民政府组织法》，审议市二届人大常委会五年立法规划（草案）、市人民政府关于2021年度法治政府建设情况的报告、市人民政府关于在全市开展法治宣传教育第八个五年规划（2021—2025年）情况的报告、人事任职事项，通过市人大常委会关于开展第八个五年法治宣传教育的决议、市人大常委会关于依法助推山南走在全区前列积极贡献人大力量的决定，并举行宪法宣誓仪式。

第五次会议。2022年4月28日，市二届人大常委会第五次会议在泽当召开。会议传达学习《中华人民共和国国旗法》《中华人民共和国国歌法》《中华人民共和国国徽法》及西藏自治区十一届人大常委会第三十九次会议精神，审议《山南市村（社区）治理条例（草案二审稿）》、市人民政府关于贯彻实施《中华人民共和国国旗法》《中华人民共和国国歌法》《中华人民共和国国徽法》情况的报告、市人民政府关于对2021年度市人大常委会审议意见办理情况的综合报告、市人民政府关于山南市属企业国有资产管理情况的报告、市人民政府关于山南市边境地区小康村建设情况的报告、市人大常委会执法检查组关于检查《中华人民共和国国旗法》《中华人民共和国国歌法》《中华人民共和国国徽法》实施情况的报告和人事任职事项，通过市人大常委会关于全面贯彻实施《中华人民共和国国旗法》《中华人民共和国国歌法》《中华人民共和国国徽法》的决议，并举行宪法宣誓仪式。

第六次会议。2022年7月1—2日，市二届人大常委会第六次会议在泽当召开。会议传达学习《中华人民共和国环境保护法》《西藏自治区民族团结进步模范区创建条例》、西藏自治区十一届人大常委会第四十次会议精神，审议《山南市城乡社区治理促进条例（草案三审稿）》《山南市沙棘林保护条例（草案）》、市人民政府关于2021年度环境质量状况和环境保护目标完成情况的报告、市人民政府关于粮食安全工作情况的报告、市人民政府关于《山南市人大常委会关于〈山南市民族团结进步模范区创建工作情况的报告〉和〈西藏自治区民族团结进步模范区创建条例〉实施情况的报告的审议意见》落实情况的报告、市监察委员会关于依法正确行使职权、推进监察工作规范化法治化的专项工作报告、市人大常委会执法检查组关于检查《中华人民共和国环境保护法》和《西藏自治区环境保护条例》实施情况的报告、市人大常委会执法检查组关于检查《中华人民共和国国家通用语言文字法》实施情况的报告、市人大常委会执法检查组关于检查《中华人民共和国残疾人保障法》和西藏自治区实施办法实施情况的报告、市人大常委会跟踪检查组关于对《山南市人民政府关于山南市民族团结进步模范区创建工作情况的报告》和《山南市人大常委会执法检查组关于检查〈西藏自治区民族团结进步模范区创建条例〉实施情况的报告》的审议意见贯彻落实情况的跟踪检查报告、市人大常委会关于"雅砻环保行"活动情况的报告和人事任免事项，并举行宪法宣誓仪式。

第七次会议。2022年10月10—11日，市二届人大常委会第七次会议在泽当召开。会议传达学习《中华人民共和国全国人民代表大会常务委员会议事规则》、全国人大常委会委员长栗战书在西藏调研时的讲话精神、王君正、洛桑江村在自治区党委人大工作会议上的讲话精神、洛桑江村在全区地（市）县（区）人大常委会主任座谈会上的讲话精神、自治区十一届人大常委会第四十一次会议精神、洛桑江村在自治区十一届人大常委会第四十一次会议闭幕会上的讲话精神，通过《山南市城乡社区治理促进条例》和《山南市沙棘林保护条例》，审议《山南市雅鲁藏布江保护条例（草案）》《山南市城市建设管理条例》立法后评估报告、市人民政府关于2022年以来国民经济和社会发展计划执行情况的报告（草案）、市人民政府关于2022年以来财政预算执行情况的报告（草案）、市人民政府关于山南市本级2022年财政预算调整方案的报告（草案）、市人民政府关于2021年山南市本级财政决算（草案）的报告、市人民政府关于2021年度山南市本级财政预算执行和其他财政收支的审计工作报告、市中级人民法院关于全市法院立案诉讼服务工作情况的报告、市人民检察院关于全市检察院办理控诉案件工作情况的报告、市人大常委会执法检查组关于检查《中华人民共和国文物保护法》和《西藏自治区文物保护条例》实施情况的报告、市人大常委会关于开展“民族团结进步雅砻行”活动情况的报告、市人大常委会部分被任命人员履职情况的报告和人事任免事项，批准山南市本级2022年财政预算调整方案、山南市2021年本级财政决算，对市人大常委会部分被任命人员进行履职评议，并举行宪法宣誓仪式。

第八次会议。2022年11月3日，市二届人大常委会第八次会议在泽当召开。会议传达学习中共二十大精神、习近平总书记在二十届中共中央政治局常委同中外记者见面时的讲话精神、《中华人民共和国国家安全法》、市委人大工作会议精神，通过《山南市雅鲁藏布江保护条例》，审议市人民政府关于山南市政府债务管理情况的报告、关于山南市产业振兴情况的报告、审议山南市人民政府关于山南市城乡居民、城镇职工医疗保障政策落实情况的报告。

第九次会议。2022年12月10—11日，市二届人大常委会第九次会议在泽当举行。会议传达学习《中华人民共和国湿地保护法》《西藏自治区各级人民代表大会常务委员会规范性文件备案审查条例》及西藏自治区十一届人大常委会第四十二次会议精神，通过《山南市人民代表大会常务委员会关于召开山南市第二届人民代表大会第三次会议的决定》，审议市人大常委会主任会议关于提请审议《山南市第二届人民代表大会第三次会议议程（草案）》的议案、市人大常委会主任会议关于提请审议《山南市第二届人民代表大会第三次会议主席团和秘书长名单（草案）》的议案、市人民政府关于山南市公安机关执法规范化建设促进公平正义情况的报告，市人民政府关于2021年度本级财政预算执行和其他财政收支审计查出问题整改情况的报告，并进行专题询问和满意度测评、市科技局关于2021年度审计查出问题整改情况的报告，山南城市建设投资有限公司关于2021年度审计查出问题整改情况的报告、琼结县人民政府关于2021年度审计查出问题整改情况的报告，市人大常委会执法检查组关于检查《山南市文明行为促进条例》实施情况的报告，市人民政府关于山南市二届人大一、二次会议代表建议办理情况的报告，市人大常委会关于对山南市二届人大一、二次会议代表建议进行重点督办情况的报告，市人大法制委员会关于2022年度规范性文件备案审查工作情况的报告和人事任免事项，并举行宪法宣誓仪式。

第十次会议。2022年12月28日，市二届人大常委会第十次会议在泽当召开。会议传达学习《中华人民共和国全国人民代表大会议事规则》、自治区十一届人大常委会第四十三次会议精神、自治区人大常委会关于加强经济工作监督的决定、自治区人大常委会关于加强自治区级预算审查监督的决定，通过市人大常委会关于召开山南市第二届人民代表大会第四次会议的决定，审议《山南市人民代表大会常务委员会工作报告（稿）》、市人大常委会主任会议关于提请审议《山南市第二届人民代表大会第四次会议议程（草案）》的议案、市人大常委会主任会议关于提请审议《山南市第二届人民代表大会第四次会议主席团和秘书长名单（草案）》的议案、市人大常委会主任会议关于提请审议《山南市第二届人民代表大会第四次会议列席人员名单（草案）》的议案、市人大常委会代表资格审查委员会关于个别代表的代表资格的报告及公告（稿）和人事免职事项。

立法工作

【生态环保立法】 2022年10月10—11日，市二届人大常委会第七次会议通过《山南市沙棘林保护条例》，对沙棘资源保护、利用等作出明确规定，这是全自治区唯一一部仅针对一种林木资源的立法，有利于更好地保护沙棘林资源，维持生物多样性和生态平衡，维护生态安全。

【社区治理立法】 2022年10月10—11日，市二届人大常委会第七次会议通过《山南市城乡社区治理促进条例》，从社区这一社会基本基础单元的特征和其独有的特殊重要性出发，着力推动发挥社区治理在国家治理中的基础作用，就团结和谐促进、自治法治德治、公共安全与综合治理、人居环境治理、服务保障与监督等作出明确规定，努力建设人人有责、人人尽责、人人享有的社会治理共同体。

【区域协同立法】 2022年，市人大常委会牵头和涉雅江拉萨、日喀则、林芝三市首次开展共同立法，4

市同时制定雅鲁藏布江保护条例，共护一江水，共抓大保护。11 月 3 日，市二届人大常委会第八次会议通过《山南市雅鲁藏布江保护条例》，对保护好雅江这一西藏人民的“母亲河”具有特殊而重要的意义。

监督工作

【概况】 2022 年，市人大常委会围绕稳定发展生态强边“四件大事”来确定监督项目，确保人大监督工作紧扣中心大局、符合人民意愿、回应社会关切。抓好方式方法综合运用，既运用好听取审议专项工作报告、执法检查等常规手段，又运用好专题询问、工作评议、满意度测评等方式方法，不断做深做实“雅砻环保行”和“民族团结进步雅砻行”两大监督品牌活动。抓好审议意见有效办理，全年向“一府一委两院”交办审议意见 24 件（建议 124 条、问题清单 324 条），“一府一委两院”办理并反馈，听取审议市政府办理 2021 年度 13 件审议意见的综合报告，所交办的意见建议和问题清单都得到落实和解决。

【经济监督】 2022 年，市人大常委会密切关注宏观经济运行，听取审议计划、预算执行和调整、财政决算等报告，有针对性提出意见建议。加强国有资产管理监督，重点听取审议市属企业国有资产管理情况的报告。听取审议政府债务管理情况的报告，进一步加强对政府债务审查监督力度。听取审议 2021 年度本级财政预算执行和其他财政收支的审计工作报告和审计查出问题整改情况的报告，并就审计查出问题整改工作进行专题询问和满意度测评，推动审计查出问题整改，提高资金使用绩效，防范化解重大风险隐患。听取审议产业振兴、粮食安全、边境小康村建设情况等专项工作报告。

【政治监督】 2022 年，市人大常委会听取审议法治政府建设情况的报告，促进行政机关强化法治思维、坚持依法行政，建设人民满意的法治政府。听取审议公安机关执法规范化建设促进公平正义情况的报告并进行工作评议，促进公安机关履行好新时代使命任务，维护社会持续安全稳定。听取审议“八五”法治宣传教育规划情况的报告，推动压实普法主体责任，提升普法宣传质效。首次听取审议市监委关于正确行使职权推进监察工作规范化法治化的报告，支持推进市监委进一步加强制度建设，强化落实监督责任，推进监察监督全覆盖。听取审议全市法院立案诉讼服务、全市检察机关控诉案件工作情况的报告，促进公正司法、维护公平正义。以“民族团结进寺庙，和谐稳定我出力”为主题深入开展“民族团结进步雅砻行”活动，听取审议全市贯彻实施国旗法、国歌法、国徽法情况的报告和市人大常委会对“三法”的执法检查报告。对国家通用语言文字法进行执法检查。对 13 件规范性文件进行备案审查，将 3 件规范性文件报送自治区人大常委会备案。

【社会生活监督】 2022 年，市人大常委会把良好生态环境是最普惠的民生福祉要求落实到人大监督工作中，听取审议上年度环境质量状况和环境保护目标完成情况的报告，深入开展以“抓好环保整改、守护碧水蓝天”为主题的“雅砻环保行”活动，紧扣贯彻实施环境保护法、自治区国家生态文明高地建设条例和环保督察、森林督查问题的整改落实聚焦发力，查找短板弱

2022年10月12日，市人大常委会在泽当举办市县（区）人大常委会主任专题读书班

项，提出意见建议。听取审议城乡居民、城镇职工医保政策落实情况的报告，推进医疗保障政策更好惠及民生，促进医疗卫生事业健康持续发展。就残疾人保障法和自治区实施办法实施情况进行执法检查，研究解决影响法律法规贯彻实施的主要问题，切实维护残疾人合法权益，促进残疾人事业与经济社会协调发展。对文物保护法和自治区文物保护条例、市文明行为促进条例的实施情况进行执法检查。

人大代表

【概况】 2022年，山南市400余个"人大代表之家（联络站）"统一行动、统筹推进，定期认真组织辖区各级人大代表深入开展以学习培训、联系选民、代表议事和集中研讨、建议督办、视察检查、调研献策以及组织代表学好一部法律、宣讲一次政策、开展一次走访、提出一条建议、做好一件实事、化解一个矛盾、解决一个问题、进行一次述职为主要内容的"三日四周八个一"活动，全年共接待选民6321人次，广泛收集意见建议1530条，帮助解决困难问题934件，"家（站）"已成为反映社情民意、维护群众利益的重要渠道。

【设岗定责经常性履职】 2022年，全市市县乡三级5000余名代表参与代表设岗定责，从民族团结岗、综合治理岗、乡村振兴岗、文明新风岗、为民纾困岗、生态文明岗、环境治理岗、稳边兴边岗中共认领岗位2万余个，其中市级人大代表共认领岗位914个，并按照岗位职责要求认真开展活动。就在着力创建全国民族团结进步示范区中发挥代表表率作用发出倡议书，从人大实际出发进行安排，在各级人大代表中深入开展铸牢中华民族共同体意识学习教育实践、国家通用语言文字学习使用和"创建民族团结进步模范区——人大代表在行动"等活动，2781名基层农牧民人大代表参与掌握国家通用语言文字情况测试。年初报经市委同意在全市所有县乡全面推开民生实事项目人大代表票决制工作，共票决出民生实事项目212个，涉及资金约3.4亿元，形成"党委领导、群众参与、代表票决、政府实施、人大监督"的工作机制，把党委政府要干的、人民群众期盼的、代表票决推进的紧密结合起来，真正将民生实事办到人民群众的心坎上，通过解决群众关心的"小事"，体现人民民主的"大事"。这一全自治区首创的有效做法，已被写入自治区党委人大工作会议文件中。

【人民群众多渠道参与】 2022年，市人大常委会不断扩大人民有序政治参与，健全完善民主民意表达机制，做到立法工作广泛反映民意、听民声遂民愿，监督工作回应群众关切、察民情惠民生，决议决定深入把握民情、纳民言聚民智，选举任免坚持民主集中、合民心顺民意，代表工作汇聚人民力量、入民中聚民力。每次常委会会议均邀请10名人大代表列席会议、4名不是人大代表的基层一线公民旁听会议，让广大人民群众近距离感受到民主政治就在身边。认真落实常委会组成人员联系代表、代表联系人民群众制度，每名常委会组成人员分别与2—3名基层代表保持经常性联系。深入推进各专门委员会对口联系代表机制。

自身建设

【概况】 2022年，市人大常委会从走在前列的要求出发，全面加强政治建设、思想建设、组织建设、作风建设，持续开展以查找思想认识差距、增强人大制度自信的坚定性，查找职能实施差距、增强依法履职尽责的有效性，查找代表工作差距、增强闭会期间活动的主动性，查找制度规范差距、增强纪律规矩执行的约束性，查找能力素质差距、增强激励奖惩机制的真实性为主题的"五查五增、质效提升"活动，着力打造政治坚定、服务人民、尊崇法治、发扬民主、勤勉尽责的高素质干部队伍。每次主任会议、常委会会议都要传达学习相关法律法规，全年共认真学习11部法律法规。加强对县乡人大工作的督导和检查，共同推进全市人大工作整体向前发展。

【坚持党的领导】 中共二十大胜利闭幕后，市人大常委会党组先后召开第十五次党组（扩大）会议和党组理论学习中心组第十四次学习（扩大）会议全文传达学习中共二十大报告，习近平总书记在中共二十大和二十届一中全会期间的系列重要讲话，以及新修改的党章、中纪委报告和大会相关决议，并进行深入研讨交流。制定下发关于学习宣传贯彻中共二十大精神的实施方案、关于深入学习宣传贯彻落实中央和区党委、市委人大工作会议精神的方案，指导全市人大系统抓好贯彻落实，确保人大工作始终在党的领导下进行。始终严格落实向市委请示报告制度，2022年共向市委请示报告30余件次。

【坚持思想引领】 2022年，市人大常委会党组开展中心组学习10次、交流发言50余人次，市人大常委会党组书记讲专题党课2次、党组成员讲党课2次，机关党组书记讲党课2次，召开学习贯彻中央和区党委、市委人大工作会议精神座谈会1次并组织党组班子成员分赴12个县（区）及部分乡镇进行宣传宣讲，召开学习贯彻全国人大委员长栗战书在西藏调研时的重要讲话精神专题会议1次，举办市县（区）人大常委会主任专题读书班1次。

【党组作用发挥】 2022年，市人大常委会共召开党组会议12次，组织召开人代会3次、常委会会议8次、主任会议21次。制定常委会党组工作要点和党建、党风廉政建设、意识形态、理论学习中心组学习4个工作计划，在第一季度进行安排部署、在10月专题听取工作开展情况报告。常委会党组研究制定2022年度常委会工作要点和立法、监督、决定、代表4个工作计划。

2022年9月16日，市人大常委会办公室在白日街开展人大制度宣传月活动

【意识形态】 2022年，市人大常委会创新开展"庆'七一'喜迎党的二十大"等系列活动，组织开展以"与时俱进履好职，喜迎党的二十大"为主题的"人大制度宣传月"活动。制作市人大及其常委会成立5周年宣传片，"抗疫有我　山南人大在行动"宣传短视频，制作人大主题歌《为了人民的重托》。严格宣传阵地监督管理，依托区、市主流媒体和自治区人大常委会刊物、网站和"山南人大之声"（半月报）、"山南人大"微信公众号等平台，全方位、多形式反映各级人大工作、展示代表履职风采，较好地提升全市人大宣传工作的传播力和影响力，受到社会广泛好评。

【党风廉政建设】 2022年，市人大常委会党组召开党风廉政建设工作专题会议，有针对性作出安排并狠抓落实。坚持把《中国共产党章程》《关于新形势下党内政治生活的若干准则》《中国共产党党内监督条例》《中国共产党纪律处分条例》《中华人民共和国公职人员政务处分法》等内容的学习作为党组班子成员和全体党员的重要政治任务。严格执行中央八项规定及其实施细则精神，力戒形式主义、官僚主义，不断深化拓展党史学习教育成果。加强廉政教育，注重先进模范引领和反面典型警示相结合，组织观看警示教育片4次，参观警示教育基地1次，开展线上廉政知识测试1次，集中传达违反党规党纪典型案例通报，牢固树立没有任何特殊性的思想，始终保持反腐倡廉常抓不懈、警钟长鸣。坚持把反腐倡廉教育融入干部培养、选拔、管理和使用全过程，强化党员干部自警自律。

山南市人民政府

综述

【概况】 2022年，山南市人民政府(以下简称市政府)坚持“完善基础、产业立市、统筹城乡、新区引领”经济工作思路，高效统筹疫情防控和经济社会发展，突出抓好“四件大事”，全力以赴防疫情、稳经济、保安全。坚决贯彻落实国务院稳大盘一揽子政策、自治区稳经济临时性措施，投入本级财政资金1.8亿元制定配套措施。完成地区生产总值242.98亿元、增长1.7%，社会消费品零售总额67.54亿元、下降7.3%，一般公共预算支出208.29亿元、增长17.6%，城镇和农村居民人均可支配收入分别达到45233元和19845元，分别增长4.9%和7.6%，经济增长的韧性持续显现。

【项目建设】 2022年，山南市积极争取国家投资、加大金融投资、培育优质投资、引进战略投资、激活民间投资、吸引招商投资，全力助推经济复苏。严格落实领导干部包保项目机制，成立复工复产专班，全面推行定包保领导、定责任单位、定投资任务、定时限进度“四定”机制，定期调度、梳理通报、跟踪督导项目建设情况，协调解决各类困难问题，以勤调度推动项目快建设。8—9月疫情期间42个重点项目闭环施工不停工，动态清零后第一时间实现361个项目全部复工，复工率达到100%。贡嘎机场二跑道开工建设，隆子支线机场建成通航，综合管廊、高海拔县城乡镇供暖等项目进入收尾阶段，全社会固定资产投资总量位居全区第二。建立前置手续集中审批联席会议制度，统筹用好1.5亿元项目前期工作经费，加大项目用地、用电、林草地征占等要素保障问题协调解决力度，及时解决街需、贡嘎机场第二跑道等重大项目“挡手”问题。建立疫情期间专班协调保供、国企牵头保供工作机制，开辟建材运输车辆通行证审批绿色通道，核发电子通行证1.55万张，按需调运建筑建材24万吨。加强技术人员转运，采取包机进藏、包车进点的方式，安全闭环转运区外技术人员返岗820人、市域内施工人员返岗8000人次。及时启动“十四五”规划项目中期评估工作，

2022年3月18日，市委副书记、市长次仁平措（前排右三）到乃东、桑日、贡嘎、扎囊4个县（区）调研督办生态环境问题整改工作

储备2023年中央预算内申报项目370个、总投资76.3亿元。抢抓国务院稳大盘和自治区稳经济政策机遇，申报政策性开发性金融工具备选项目4个、总投资4亿元。加强债券项目建设，申报实施债券项目40个、总投资26.24亿元，排名全区第一。针对疫情防控薄弱环节，储备抗疫应急类项目205个、总投资49亿元。举行今冬明春重点项目集中启动仪式，建立冬季施工项目包保推进机制，梳理冬季施工项目425个，在保证生产安全、质量安全的前提下，采取增派力量、轮班作业、夜间施工、拓宽作业面等方式，加快项目建设进度。出台冬季务工留岗、复工企业建材运输补助政策，鼓励具备条件的项目施工单位冬季不停工，促进更多务工人员参与项目建设。

【产业立市】 2022年，山南市把经济发展重点放在实体经济上，加快推进雅江中游"百里产业长廊"建设，构建雅江经济带"一主两翼"协同发展格局，经济高质量发展后劲更足。持续推进农牧业生产，在严防疫情的同时同步推进"三秋"工作，粮食产量达到16.92万吨（其中青稞产量11.4万吨）。牲畜存栏126.59万头（只、匹）、出栏42.4万头（只），蔬菜、肉、奶、蛋产量分别达到7万吨、2.64万吨、7.42万吨和0.62万吨。高标准农田、设施农业、现代牧业加快实施，矮化苹果、核桃、葡萄、藏猪等种养殖产业初见成效，宏农藏鸡产业园养殖规模达到52万羽，全市禽蛋产量同比增长3.6倍。发展工业经济，建筑建材、天然饮用水等产业有序发展，雅江中游清洁能源基地加快建设，街需水电站、措美哲古风电二期取得核准，拉康水电站送出工程开工建设，12个存量光伏增配储能电力保供项目扎实推进，全市建成和在建清洁能源装机达到285.5万千瓦，各类能源企业发电量达到63.2亿千瓦时、实现产值20亿元，规模以上工业企业实现产值21.67亿元，增长1.9%（可比价增速）。加快发展现代服务业，全年共投入资金5651.336万元开展促消费活动，其中自治区投入资金3209.641万元，市级配套资金2441.695万元，带动消费1.72亿元，助力餐饮、家电、百货等行业加快恢复发展。安全圆满举办第42届雅砻物交会，交易额达到3.52亿元。出台旅游行业纾困政策，开展A级旅游景区门票优惠促销活动，全面落实支援西藏抗疫医护人员和配偶及双方直系亲属市域内全境游免门票政策，累计接待游客310.3万人次，实现收入13.2亿元。

【营商环境建设】 2022年，山南市坚持把保市场主体作为稳经济的重中之重，着力优化营商环境，加大招商引资力度，帮助广大市场主体特别是中小微企业、个体工商户渡过难关。制订出台进一步优化营商环境的实施意见和行动方案，持续深化"放管服"改革，推行互联网+政务服务、联审联批、限时办结、容缺受理、绿色通道等制度，打造"零障碍、低成本、高效率"的优质政务服务环境，县、乡、村三级便民服务大厅使用率分别达到100%、95%和95%，受理政务服务事项9.2万件、办结率达到99%。加强已签约项目的跟踪对接、洽谈磋商，逐一落实前置手续、逐一保障建设要素、逐一攻克堵点卡点，确保招商项目有序建设、尽快投产达效。全市完成招商引资到位资金55.85亿元，在建项目82个，其中新建项目23个，续建59个。落实对中小微企业、个体工商户等特殊困难行业的精准帮扶措施。各类市场主体新增3413户，达到4.4万户。新增减税降费以及退税、缓税总量超8.65亿元，"退减免降缓"经验做法获得国务院通报表扬。

【民生福祉改善】 2022年，山南市深入贯彻以人民为中心的发展思想，严格落实"三个赋予一个有利于"要求，尽心竭力解决群众"急难愁盼"问题，人民生活品质不断提升。坚持把群众增收作为重大政治任务，制定实施年度增收工作实施方案，全面推行"按月调度、年终考核、专人负责、分片督导"工作机制，推动政策、就业、产业促增收措施协同发力，引导群众提高牲畜出栏、农畜产品出售和参与务工积极性，农牧民群众收入稳步增长。实施农牧民组织化转移就业提升行动，深化市场对接，拓展就业渠道，全市劳务输出11.04万人、创收11.3亿元，分别完成自治区下达任务的137.5%和161.4%。坚持把就业作为"一把手"工程，强化就业优先政策，落实落细稳就业工作举措，城镇新增就业6701人，完成自治区下达任务的111.7%，零就业家庭动态消零。把高校毕业生就业作为重中之重，清单化开发就业岗位，巩固发展企业就业、自主创业、区外就业、政府兜底就业"多位一体”就业格局，开发就业岗位20188个，应届高校毕业生就业率达到98.65%。坚持城乡教育协调发展，优化调整中小学网点布局，全面完成幼儿园分类评估定级和各项招生考试等工作，各学校有序复学复课。稳步提升教育质量，高考上线率达到93.15%，重本上线率提高2.21个百分点。推进高海拔学校供暖工程。加快建设健康山南，“三病”防治、“两降一升”“两癌”筛查等工作有序开展，市人民医院与各县（区）成功建立医联体，医保直接结算覆盖80个乡镇卫生院，公共卫生管理委员会实现所有村居全覆盖。深入实施“文化润边”工程，开展各类文艺演出4400场，市文化艺术中心、广播电视中心等项目加快建设，广播电视综合人口覆盖率分别达到99.2%和99.4%。城乡居民最低生活保障、特困人员救助供养、临时救助等工作有力有序，全民参保率保持在97%以上。

【乡村振兴】 2022年，山南市坚持农业农村优先发展，持续巩固拓展脱贫攻坚成果，扎实推动乡村产业、人才、文化、生态、组织振兴。出台《关于健全防止返贫致贫动态监测和帮扶机制的工作方案》等十项制度，把农牧区人口全部纳入监测范围，动态掌握群众医疗、教育、收入等情况。严防疫情冲击造成脱贫群众返贫，统筹安排财政资金给予脱贫不稳定户、边缘易致贫户、突发严重困难户每户1000元一次性生活补助，易地扶贫搬迁群众收入增速达到17.7%，建档立卡脱贫群众收入增速达到14.8%，牢牢守住不发生规模性返贫的底线。落实易地扶贫搬迁后续扶持政策，建立易地扶贫搬迁安置点“领导联系、单位结对、企业帮扶”制度，统筹2.02亿元实施21个易地扶贫搬迁后续扶持项目，重点抓好基础配套、产业发展等，推动实现搬得出、稳得住、逐步能致富。建立防止返贫帮扶救助“1+N”工作机制，设立1000万元返贫应急帮扶救助基金，有效发挥防止返贫“最后一道防线”作用。广泛实施农村供水保障工程、公路畅通工程、清洁能源建设工程、通信网络覆盖工程，乡镇村居通畅率分别达到100%和86.12%，行政村主电网覆盖率达到100%，4G网络村居全覆盖。实施农村人居环境整治提升五年行动，加快推进58个美丽宜居乡村示范点项目建设，持续抓好村容村貌提升，乡村环境显著改善。23个行政村入选第六批中国传统村落名录，琼结县被评为2022年国家乡村振兴示范县创建单位，错那县成功创建2022年“四好农村路”全国示范县。森布日二期安置点搬迁全面完成。深化农村集体产权制度改革，认定村级集体经济组织成员28.2万人，量化村级资产总额15.77亿元。推进宅基地“三权分置”改革，全面完成农村土地（耕地）承包经营权登记颁证。加快培育家庭农场牧场、农牧民合作社等新型经营主体，累计发展家庭农牧场55家，注册登记农牧民专业合作社1714家，总注册资金9.75亿元。

【边境地区建设】 2022年，山南市以“着力创建国家固边兴边富民行动示范区，固边兴边富民行动走在全国前列”为目标，坚持屯兵和安民并举、固边和兴边并重，推进边境搬迁和兴边富民，加快筑牢重要的国家安全屏障。实施边境地区军民一体化能力试点项目、兴边富民中心城镇项目和边境公路、重点乡镇固边能力提升工程等项目，边境地区基础设施持续完善。对接国家四部委援助边境四县工作，已落地帮扶项目18个、总投资0.92亿元。以高原特色优势产业为主的边境产业带加快建设，促进边民就近就便就业增收，边境一线群众人均可支配收入高于全市平均水平。党政军警民合力强边政策改革工作有序推进。2022年，边境搬迁安置点项目总体形象进度超过75%。坚持把推动边境人口持续增长作为强边工作的重要任务，严格落实自治区鼓励边境搬迁的政策措施，面向非边境地区群众广泛宣传边境搬迁优惠政策。

【安全发展】 2022年，山南市坚定不移贯彻总体国家安全观，强化维稳安全与综治安全、信访安全、防疫安全、生产安全、公共安全等的统筹结合、系统推动，坚决消除可能引发不稳定的因素，平安山南建设迈出新步伐。坚守和谐稳定底线，深入开展反分裂斗争，全力保障中共二十大等重要时期安全稳定，依法管理宗教事务，社会局势持续和谐稳定。铸牢中华民族共同体意识，全面推广普及国家通用语言文字，全国民族团结进步示范市创建顺利通过验收。坚持和发展新时代“枫桥经验”，深入开展信访积案化解、双拖欠治理专项行动，按期办结率达98%以上。坚

2022年3月26日，市委副书记、市长次仁平措（中）先后到桑日大古、加查藏木等水电站，详细了解电站运行、复工复产、带动群众就业增收情况和生态保护、安全生产、疫情防控等措施落实情况

守生态环境底线，开展中央环保督察整改工作，受理来电来信转办44件，剔除重复案件后为40件，已办结36件、阶段办结2件、正在办理2件。坚持山水林田湖草沙冰一体化保护和系统治理，强化落实河湖长制、全面推行林长制，加快实施雅江流域生态修复项目，完成植树造林5.18万亩、飞播造林18.4万亩。纵深推进污染防治攻坚战，入选全国“无废”城市建设行列，全市空气质量优良率、集中饮用水水源地和主要江河湖泊水质达标率均达到100%。琼结县成功创建国家级生态文明示范区。高效完成历年森林资源督查案件整改工作。生活垃圾分类试点工作有序推进。坚守安全生产底线，严格落实安全生产责任制，制订落实安全生产“十五条硬措施”细化方案，盯紧看牢道路交通、工程建设、非煤矿山、危险化学品等重点领域和重点部位，动态消除安全隐患，生产安全事故起数和死亡人数实现“双下降”。

【廉洁政府建设】 2022年，市政府认真贯彻落实新时代党的建设总要求，坚持“三个牢固树立”，把全面从严治党贯穿到政府工作全过程、各方面，切实加强政府自身建设。严格履行主体责任，不折不扣落实全面从严治党主体责任规定，通过召开政府系统廉政工作会议、党风廉政专题学习会和市政府常务会议，及时学习典型案例通报，听取工作情况汇报、分析形势、安排部署党风廉政建设工作，做到警钟长鸣、警惕常在。自觉接受人大法律监督和政协民主监督，全力支持纪检监察机关工作，解决纪委监委专项经费280万元、巡察办工作经费200万元。坚持依法行政，深化法治政府建设，及时修订《市政府工作规则》《市政府党组工作规则》，进一步明确依法履职的各项要求。持续加强作风建设，召开政府系统改进作风狠抓落实工作部署会，出台《山南市政府系统改进作风狠抓落实十条措施》，坚持班子成员带头、一级带着一级干、一级做给一级看，促进政府系统广大党员干部转作风抓落实。锲而不舍贯彻落实中央八项规定及其实施细则精神，持之以恒“纠治”四风。2022年，列入精文减会范围的会议和发文数量较2021年分别下降8%和15%。坚持政府过紧日子、群众过好日子，市本级非刚性、非重点项目支出压减7.6%。

【自身建设】 2022年，市政府深刻领悟“两个确立”的决定性意义，增强“四个意识”、坚定“四个自信”、做到“两个维护”，坚持不懈用习近平新时代中国特色社会主义思想武装头脑、指导实践、推动工作，不断提高政治判断力、政治领悟力、政治执行力。始终坚持对党绝对忠诚，坚定不移向习近平总书记看齐，向党中央决策部署看齐，向党的理论和路线方针政策看齐，把对党绝对忠诚的行动体现在坚决贯彻落实习近平总书记重要指示精神和党中央决策部署的具体行动上，体现在服务服从党中央、区党委和市委的工作大局上，体现在履职尽责抓好“四件大事”、做好政府工作的实效上，自觉做到党中央、区党委和市委提倡的坚决响应、决定的坚决照办、禁止的坚决杜绝。坚持党对经济工作、政府工作的全面领导，严格落实请示报告制度，市政府党组向市委报告和请示事项38件。召开理论学习中心组学习会议和市政府常务会议组织理论学习23次，深入学习贯彻党中央决策和区党委、市委工作部署，及时研究政府系统贯彻落实措施，确保各项部署要求及时高效落实到位。把学习宣传贯彻中共二十大精神作为首要政治任务，先后召开市政府党组理论学习中心组学习、政府系统学习宣传贯彻中共二十大精神暨经济运行调度等会议，认真学习中共二十大精神，围绕专题进行交流发言，推动学习中共二十大精神走深走实。按照市委统一部署，班子成员深入联系县（区）、寺庙、乡镇、学校、企业以及分管领域，开展中共二十大精神专题宣讲70余次，推动大会精神家喻户晓、深入人心。及时对市委经济工作会议明确的目标要求和工作任务作了分解，细化明确108项任务清单、责任清单和办结时限，压实工作责任。召开季度经济运行分析会议2次、市政府常务会议14次，研究解决农牧民增收、稳经济基本盘、重点项目建设、统筹疫情防控和经济社会发展、全面推进乡村振兴、国资国企改革、招商引资等热点难点问题，细化分解390项任务，明确牵头领导、责任单位和责任人，确保党中央、区党委和市委各项决策部署落地生根、开花结果。

重要会议、重要活动

【概况】 2022年，市政府共召开9次市政府党组会议和理论学习中心组学习会议，14次政府常务会议，48次政府专题会议。

【市政府党组会议和理论学习中心组学习会议】 2022年2月14日，市委副书记、市政府党组书记、市长次仁平措主持召开山南市二届人民政府党组第六次理论学习中心组（扩大）学习会议暨“高质量发展讲坛”第一期专题讲座，深入学习贯彻习近平新时代中国特色社会主义经济思想，邀请中共湖北省委党校（湖北省行政学院）经济学与经济管理教研部主任、教授王能应作专题讲座。

3月25日，市委副书记、市政府党组书记、市长次仁平措主持召开山南市二届人民政府党组第七次理论学习中心组（扩大）学习会议暨“高质量发展讲坛”第二期专题讲座，深入学习习近平生态文明思想，研究贯彻落实事宜，市政府党组班子成员和相关部门围绕学习主题进行交流发言。

4月29日，市委副书记、市政府党组书记、市长次仁平措主持召开山南市二届人民政府党组第八次理论学习中心组（扩大）学习会议暨“高质量发展讲坛”第三期专题讲座，深入学习贯彻党中央、区党委关于专项债券使用管理的各项决策部署，就进一步科学规范全市地方政府债券项目资金管理使用，提高资金使用效益事宜进行研究部署。财政部四川监管局西藏监管处处长梁莉受邀出席并作题为《以财政监管视角看地方政府债务管理》专题讲座。

5月13日，市委副书记、市政府党组书记、市长次仁平措主持召开山南市二届人民政府第九次党组会议暨理论学习中心组（扩大）学习会议，传达学习《中华人民共和国宪法》和习近平论全面依法治国重要论述摘编、习近平总书记在十九届中央政治局第三十五次集体学习时的重要讲话精神，传达学习自治区党委书记王君正在自治区党委全面依法治藏委员会会议上的讲话精神和中共西藏自治区委员会关于印发《贯彻落实〈法治社会建设实施纲要（2020—2025年）〉的实施方案》的通知、关于印发《贯彻落实〈法治中国建设规划（2020—2025年）〉的实施方案》的通知以及中共山南市委员会关于印发《贯彻落实〈法治中国建设规划（2020—2025年）〉的实施方案》的通知精神，市政府党组班子成员和有关部门负责人作交流发言。研究《中共山南市人民政府党组工作规则》。

5月31日，市委常委、市政府党组副书记、常务副市长牟永文主持召开山南市二届人民政府党组第十次理论学习中心组（扩大）学习会议暨“高质量发展讲坛”第四期专题讲座，传达学习习近平总书记关于安全生产重要论述和《中华人民共和国安全生产法》以及2022年全国“安全生产月”活动启动视频会、全区“安全生产月”“安全生产西藏行”活动启动视频会精神，安排部署贯彻落实事宜。四川师范大学安全工程系主任、副教授华道友受邀出席并作题为《深入学习贯彻习近平总书记关于安全生产重要论述，强化责任落实，促进安全发展》的讲座。

7月25日，市委常委、市政府党组副书记、常务副市长牟永文主持召开山南市二届人民政府党组第十一次理论学习中心组（扩大）学习会议暨“高质量发展讲坛”第六期专题讲座，传达学习《关于深化统计管理体制改革提高统计数据真实性的意见》《统计违纪违法责任人处分处理建议办法》《防范和惩治统计造假、弄虚作假督察工作规定》《关于更加有效发挥统计监督职能作用的意见》等统计法律法规，安排部署贯彻落实事宜。自治区统计局统计执法监督处处长周路春、固定资产投资统计处副处长刘玉堂受邀出席并围绕完整准确全面理解掌握防范和惩治统计造假、弄虚作假相关规定以及投资领域统计相关知识作专题讲座。

10月9日，市委副书记、市政府党组书记、市长次仁平措主持召开市二届人民政府第十二次党组会议暨理论学习中心组学习会议，传达学习习近平总书记在十九届中共中央政治局第四十次集体学习时的重要讲话精神，《中共中央办公厅关于印发〈领导干部配偶、子女及其配偶经商办企业管理规定〉的通知》和《中共中央办公厅关于印发〈推进领导干部能上能下规定〉的通知》，自治区党委书记王君正在自治区省级干部集体参观自治区廉政警示教育展时的讲话精神和市委书记许成仓在集体参观廉政警示教育展时的讲话精神，市政府党组班子成员围绕党风廉政建设进行专题研讨。

10月14日，市委副书记、市政府党组书记、市长次仁平措主持召开市二届人民政府第十三次党组会议暨理论学习中心组学习会议，传达学习《中国共产党第十九届中央委员会第七次全体会议公报》和习近平总书记在参观"奋进新时代"成就展时的重要讲话精神以及中共中央办公厅转发《中央宣传部　中央组织部关于认真组织学习〈习近平谈治国理政〉第四卷的通知》、区党委办公厅转发《自治区党委宣传部、自治区党委组织部关于认真组织学习〈习近平谈治国理政〉第四卷的通知》精神，市政府党组班子成员围绕学习贯彻《习近平谈治国理政》第四卷进行专题研讨。

10月28日，市委副书记、市政府党组书记、市长次仁平措主持召开市二届人民政府第十四次党组会议暨理论学习中心组学习会议，专题学习中共二十大精神和党中央、区党委、市委关于学习宣传贯彻中共二十大精神决策部署，市政府党组班子成员围绕学习贯彻中共二十大精神进行专题研讨。

【市政府常务会议】 2022年1月12日，市委副书记、市长次仁平措主持召开市二届人民政府第六次常务会议，传达学习习近平总书记重要讲话重要指示重要贺信精神，传达学习自治区和市委有关重要会议精神，通报各县（区）疫苗接种情况，安排部署贯彻落实市委经济工作会议和2022年《政府工作报告》重点任务分工相关事宜。

2月8日，市委副书记、市长次仁平措主持召开市二届人民政府第七次常务会议，传达学习习近平总书记近期重要讲话精神和中央、自治区有关重要会议、文件精神，研究《关于审核政府规章和行政规范性文件清理结果的请示》等有关议题。

2月23日，市委副书记、市长次仁平措主持召开市二届人民政府第八次常务会议，传达学习习近平总书记近期重要讲话精神和中央、自治区有关重要会议、文件精神，研究《关于呈报〈山南市本级民生政策梳理情况的报告〉的请示》等有关议题。

3月22日，市委副书记、市长次仁平措主持召开市二届人民政府第九次常务会议，传达学习全国"两会"精神、习近平总书记重要讲话重要指示精神，传达学习国务院、自治区和市委有关会议和文件精神，研究《山南市"十四五"旅游发展规划》《山南市全域旅游发展规划》《山南市边境旅游发展规划》等有关议题。

4月20日，市委副书记、市长次仁平措主持召开市二届人民政府第十次常务会议，传达学习习近平总书记近期重要讲话精神和中央、区党委、市委有关会议和文件精神，研究《关于召开2022年山南市民族团结进步表彰大会的请示》《山南市关于贯彻落实〈西藏自治区民族团结进步模范评选表彰办法〉实施细则》《山南市民族团结进步模范县（区）、模范单位、民族团结进步教育基地考评命名实施细则的请示》《关于山南市2022年拟推荐第十批全国民族团结进步示范区示范单位的请示》等有关议题。

5月17日，市委副书记、市长次仁平措主持召开市二届人民政府第十一次常务会议，传达学习习近平总书记近期重要讲话精神，传达学习自治区党委副书记、自治区主席严金海在山南调研时的指示精神和区党委、市委有关会议精神，研究任免职等有关议题。

5月26日，市委副书记、市长次仁平措主持召开市二届人民政府第十二次常务会议，传达学习习近平总书记重要文章和李克强总理近期重要讲话精神，传达学习党中央、国务院和区党委、市委有关会议、有关文件精神，研究《山南市文化艺术中心建设项目有关事宜的请示》《山南市职工综合服务中心建设项目相关事宜的请示》等有关议题。

6 月 10 日，市委副书记、市长次仁平措主持召开市二届人民政府第十三次常务会议，传达学习习近平总书记近期重要讲话精神，传达学习党中央、国务院和区党委、市委有关会议、有关文件精神，研究《山南市政府系统改进作风狠抓落实十条措施》等有关议题。

7 月 4 日，市委副书记、市长次仁平措主持召开市二届人民政府第十四次常务会议，传达学习习近平总书记近期重要指示精神，传达学习党中央、国务院和区党委、市委有关会议、文件精神，研究《山南市人民政府关于进一步优化营商环境的实施意见》《山南市人民政府关于进一步优化营商环境的行动方案》等有关议题。

9 月 22 日，市委副书记、市长次仁平措主持召开市二届人民政府第十五次常务会议，传达学习习近平总书记近期重要讲话精神，传达学习党中央、国务院和区党委、市委有关会议精神，研究《山南市 2022 年上半年国民经济和社会发展计划执行情况报告》《山南市 2022 年上半年财政预算执行情况的报告》《山南市 2022 年市本级财政预算调整方案的报告》《山南市人民政府关于 2021 年度本级决算（草案）报告》《山南市人民政府关于 2021 年度本级预算执行和其他财政收支的审计工作报告》等有关议题。

10 月 12 日，市委副书记、市长次仁平措主持召开市二届人民政府第十六次常务会议，传达学习习近平总书记近期重要指示精神，传达学习党中央、国务院和区党委、市委有关会议、文件精神，研究《山南市关于贯彻落实〈关于稳经济若干临时性措施〉的配套措施》等有关议题。

10 月 29 日，市委副书记、市长次仁平措主持召开市二届人民政府第十七次常务会议，传达学习近期国务院常务会议精神，研究《山南市促进招商引资企业发展优惠政策（试行）》等有关议题。

11 月 17 日，市委副书记、市长次仁平措主持召开市二届人民政府第十八次常务会议，传达学习党中央和区党委、市委有关会议、文件精神，研究《山南市第 42 届雅砻物资交流会实施方案（送审稿）》等有关议题。

12 月 14 日，市委副书记、市长次仁平措主持召开市二届人民政府第十九次常务会议，传达学习习近平总书记重要讲话、重要指示精神和党中央、国务院以及区党委、市委有关会议、文件精神，研究《山南市贯彻落实〈法治政府建设实施纲要（2021—2025 年）〉的实施方案》等 15 项议题。

【专题会议】 2022 年 1 月 17 日，市委副书记、市长次仁平措主持召开市政府专题会议，研究《雅江中游贡嘎机场周边河道沙化应急治理工程 2022 年实施方案》。

1 月 22 日，市委副书记、市长次仁平措主持召开全市项目前期工作调度部署会议，通报市本级财政预算的项目前期经费使用情况和工作中存在的主要问题及对策建议，听取相关县（区）、部门 2022 年重点项目前期工作进展情况汇报，安排部署有关工作。

1 月 26 日，市委副书记、市长次仁平措主持召开全市生态环境保护督察整改推进会暨中央环保督察整改工作领导小组会议，观看中央环保督察典型案例通报专题片，传达学习区党委生态文明建设领导小组会议精神和许成仓书记关于中央环保督察反馈问题整改工作的批示精神，通报全市生态环境保护督察整改“回头看”工作开展情况，听取相关部门中央环保督察反馈问题整改工作进展情况汇报，安排部署生态文明建设和深化巩固中央环保督察反馈问题整改工作成果有关事宜。

2 月 10 日，市委副书记、市长次仁平措主持召开生活垃圾分类工作专题会议暨领导小组第一次会议，传达学习习近平总书记关于生活垃圾分类工作的重要指示精神，传达学习住房和城乡建设部办公厅《关于山南市 2021 年第三季度生活垃圾分类工作评估情况的通报》精神，通报市生活垃圾分类工作领导小组成员单位及职责分工，听取全市生活垃圾分类工作情况汇报，研究《山南市 2021 年第三季度生活垃圾分类工作评估情况通报问题的整改方案》和《山南市城市生活垃圾分类治理行动计划（2021—2025）》，对做好全市生活垃圾分类工作作出安排部署。

2月17日，市委副书记、市长次仁平措深入贡嘎县江塘易地扶贫搬迁点、斯麦易地扶贫搬迁点、团结新村易地扶贫搬迁点和扎囊县章达村易地扶贫搬迁点等地调研，并在贡嘎县昌果乡团结新村主持召开现场会议，专题研究解决团结新村易地扶贫搬迁安置后续帮扶工作亟须解决的困难问题，安排部署全市易地扶贫搬迁巩固提升工作。

2月18日，市委副书记、市长次仁平措主持召开市2022年度国家投资重点项目建设部署会议，深入学习贯彻中央、区党委和市委经济工作会议精神，传达学习自治区党委书记王君正在自治区财政厅、发改委调研时的重要讲话精神和市委书记许成仓关于加快推动全市重大项目建设的指示精神，通报全市2022年度国家投资重点项目建设计划和一季度工作进展情况，研究《全市重大项目包保推进工作机制》，就抓好全年重点项目建设工作特别是第一季度项目推进工作作出安排部署。

3月11日，市委常委、常务副市长牟永文主持召开全市2022年重点项目开复工推进会议，通报全市2022年重点项目开复工情况和1—2月固定资产投资完成情况，听取国家投资项目和招商项目开复工情况汇报，调度拉萨南北山绿化工程劳务输出工作，就抓好全年重点项目建设工作特别是项目开复工工作作出安排部署。

4月3日，市委副书记、市长次仁平措主持召开市政府专题会议，听取贡嘎机场新建第二跑道项目建设工作情况汇报，研究部署支持保障贡嘎机场新建第二跑道项目顺利开工事宜。

4月6日，市委副书记、市长次仁平措主持召开全市森林资源督查案件整改工作部署推进会议，传达学习《国家林草局驻成都专员办向王君正书记的报告》《自治区赴成都专员办协调组关于赴国家林草局驻成都专员办对接情况的报告》《自治区林长办致市（地）林长的一封信》和自治区领导有关批示精神以及全区森林督查整改推进专题会议精神，研究《山南市历年森林资源督查反馈问题整改方案》，就从严从实抓好全市历年森林资源督查反馈问题整改工作进行安排部署，相关县（区）和部门以现场签任务交办单形式认领整改任务单并作表态发言。

4月6日，市委副书记、市长次仁平措主持召开市政府专题会议，传达学习习近平总书记在参加首都义务植树活动时的重要指示精神、自治区党委书记王君正在全区开展国土绿化行动暨拉萨南北山绿化动员部署会议上的讲话精神和在拉萨参加义务植树活动时的指示精神，听取拉萨南北山绿化工程山南片区造林绿化项目推进和劳务输出情况汇报，研究部署有关工作。

4月10日，市委副书记、市长次仁平措主持召开山南市支持保障贡嘎机场新建第二跑道项目建设工作领导小组会议，传达学习自治区副主席王勇在4月8日自治区人民政府专题会议上的讲话精神，听取贡嘎县关于支持保障贡嘎机场新建第二跑道项目建设工作推进情况汇报，研究加快推进贡嘎机场新建第二跑道项目开工事宜。民航西藏区局局长李洪一行应邀出席会议。

4月13日，市委副书记、市长次仁平措主持召开市政府专题会议，研究解决卓吉林还迁房项目历史遗留问题。

4月16日，市委副书记、市长次仁平措到贡嘎机场新建第二跑道项目部调研，并主持召开山南市支持保障贡嘎机场新建第二跑道项目建设工作领导小组第三次会议，听取贡嘎县工作推进情况汇报，安排部署下步工作。民航西藏区局、拉萨市空港新区、甲竹林镇等有关负责人应邀出席会议。

4月16日，市委常委、常务副市长牟永文主持召开市人民政府专题会议，传达学习4月11日自治区政府性债务管理领导小组办公室约谈会议精神，通报全市债券项目建设情况、资金支出情况和“十四五”规划第一批前期经费项目前期工作进展情况，就抓好下一步工作作出安排部署。相关县（区）和部门围绕项目推进计划作表态发言，市政府分管领导与债券项目责任单位签订《债券项目包保责任书》。

4月26日，市委副书记、市长次仁平措主持召开全市易地扶贫搬迁后续扶持工作推进会，听取市发改委、乡村振兴局关于开展易地扶贫搬迁后续扶持工作专题调研情况汇报，研究解决存在的突出问题，安排部署巩固提升工作。

4月30日，市委副书记、市长次仁平措主持召开市政府专题会议，听取隆子等县（区）群众购买红岩杰狮牌大型货运车辆经济纠纷问题协调进展情况汇报，研究部署解决群众经济纠纷及信访事宜。

5月1日，市委常委、常务副市长牟永文主持召开市政府专题会议，传达学习习近平总书记对湖南长沙居民自建房倒塌事故作出的重要指示精神以及李克强总理批示精神，传达学习市委书记许成仓的指示精神和次仁平措市长的部署要求，听取有关部门对城乡居民自建房安全专项整治工作的安排部署，研究部署有关工作。

5月5日，市委副书记、市长次仁平措主持召开市政府专题会议，听取市广播电视中心项目设计方案修改完善和前期工作推进情况汇报，研究部署项目建设工作。

5月10日，市委副书记、市长次仁平措主持召开市政府专题会议，研究部署支曲流域酸性劣质水体治理有关事宜。

5月12日，市委常委、常务副市长牟永文主持召开市政府专题会议，传达学习自治区党委书记王君正在2022年自治区党委审计委员会第一次会议上的讲话精神，市委书记许成仓和市长次仁平措在《西藏自治区审计调查报告》上的批示精神，通报《山南市人民政府关于自治区审计厅审计发现问题的整改方案》，听取有关县（区）、部门审计反馈问题整改进展情况汇报，对整改落实工作进行研究调度。

5月12日，市委常委、常务副市长牟永文主持召开分管及交叉代管领域党风廉政建设工作专题会议，总结分管领域2021年党风廉政建设工作，研究分析存在的问题隐患，部署2022年重点任务。

5月16日，市委副书记、市长次仁平措主持召开全市“三区三线”划定工作推进会议，学习贯彻国务院和自治区“三区三线”划定工作电视电话会议精神，安排部署全市“三区三线”划定工作。

5月18日，市委副书记、市长次仁平措主持召开全市历年森林资源督查反馈问题整改工作推进会，传达学习自治区关于加快推进森林资源督查反馈问题整改工作的部署要求，通报全市历年森林资源督查反馈问题整改工作进展情况，听取各县（区）和领导小组办公室及各专项组工作开展情况汇报，研究解决整改推进中的堵点难点问题，就攻坚推进问题整改事宜进行再安排、再调度。

5月19日，市委常委、常务副市长牟永文主持召开市政府专题会议，研究《关于请求解决市直部门森林督查违法项目整改所需资金的请示》《关于解决雅江流域山水林田湖草生态保护修复项目全过程绩效管理经费的请示》《交通运输厅关于商请协调解决农村公路建设项目配套资金有关事宜的函》等相关事宜。

5月24日，市委常委、常务副市长牟永文主持召开市政府专题会议，听取全市1—4月经济运行情况和重点项目、债券项目、招商引资项目建设情况汇报，对推进全市重点项目建设进行研究调度。

6月8日，市委副书记、市长次仁平措主持召开市政府专题会议暨市自建房安全专项整治工作领导小组会议，传达学习中共中央办公厅　国务院办公厅关于印发《农村乱占耕地建房专项整治试点工作方案》的通知和全国、全区自建房安全专项整治工作方案，听取山南市自建房安全专项整治工作推进情况汇报，研究审议《山南市自建房安全专项整治工作方案》，对下一步排查整治工作进行再安排、再部署。

6月13日，市委副书记、市长次仁平措主持召开市政府专题会议，传达学习自治区主席严金海在5月31日自治区政府专题会议上的讲话精神和6月1日、11日自治区水利厅专题会议精神，听取《雅江中游贡嘎机场周边河道生态应急治理2022年试点工程实施方案》编制工作推进情况汇报，研究部署下一阶段工作。

6月11日，市委副书记、市长次仁平措带领乃东区、桑日县政府和市相关部门主要负责人，深入桑日县绒乡鲁牡村专题调研鲁牡木材石材专业市场规划建设情况，并召开现场会议研究解决专业市场加快投用方面存在的困难问题。

6月15日，市委副书记、市长次仁平措主持召开市政府专题会议，传达学习许成仓书记在市委着力创建高原经济高质量发展先行区暨当前稳经济大盘工作专题会议上的讲话精神，安排部署贯彻落实事宜，研究2020年市直公租房建设项目剩余指标分配事宜。

6月20日，市委副书记、市长次仁平措主持召开市政府专题会议，深入学习贯彻全国、全区能源保供工作电视电话会议精神，听取山南市能源保供及清洁能源产业项目推进情况汇报，研究部署能源扩容增效工作。

6月25日、26日，市委副书记、

市长次仁平措主持召开市政府专题会议，传达学习自治区党委书记王君正关于做好当前经济工作特别是固定资产投资的指示精神和自治区人民政府狠抓固定资产投资的部署要求，听取全市上半年固定资产投资预计完成情况汇报，深入分析当前投资形势，研究解决问题，安排部署下一步工作。

6月29日，市委副书记、市长次仁平措主持召开空港新区划转工作领导小组会议，传达学习自治区党委书记王君正在区党委常委会会议研究关于调整空港新区管理体制机制有关事项时的讲话精神和市委书记许成仓批示精神，听取贡嘎县和市直有关部门与拉萨市、空港新区管委会的沟通对接情况汇报，就进一步精准精细、高效有序、安全圆满推进空港新区划转工作进行安排部署。

7月13日，市委常委、常务副市长牟永文主持召开市政府专题会议，通报全市重点项目开复工、7月新项目入库、“十四五”规划第一批前期经费项目前期工作进展、债券项目推进、2021—2022年基本建设项目政府投资未全部支付项目支出情况，听取各县（区）、相关部门项目推进情况汇报，研究解决项目推进存在的困难问题，安排部署下一步工作。

7月20日，市委常委、常务副市长牟永文主持召开山南市人民政府与安徽省争华羊业集团有限公司座谈会，就安徽省争华羊业集团有限公司在山南落地发展事宜进行洽谈，研究解决当前面临的困难问题，安排部署相关工作。

7月22日，市委常委、常务副市长牟永文主持召开市政府专题会议，研究《山南市公共信用信息共享平台建设项目方案》，安排部署有关工作。

8月3日，市委副书记、市长次仁平措主持召开市政府专题会议，传达学习自治区党委书记王君正关于羊卓雍错舆情事件的批示精神和市委书记许成仓的指示精神，听取游客违规自驾开车进羊湖事件处理情况汇报，对下一阶段羊湖保护管理工作进行安排部署。

8月7日，市委副书记、市长次仁平措主持召开市政府专题会议，传达学习《西藏自治区审计厅关于山南市“十三五”期间完成的政府投资项目的审计决定》，听取山南市“十三五”期间完成的政府投资项目审计整改工作情况汇报，对审计整改工作进行再研究、再部署。

9月15日，市委副书记、市长次仁平措主持召开市政府专题会议暨国务院第九次大督查反馈问题和“十三五”期间完成的政府投资项目审计发现问题整改工作推进会议，传达学习《西藏自治区人民政府印发〈西藏自治区关于国务院第九次大督查反馈问题整改方案〉的通知》精神，听取问题整改工作进展情况汇报，就进一步从快从严从实抓好整改工作进行安排部署。

9月22日，市委副书记、市长次仁平措主持召开全市统筹疫情防控和复工复产工作部署会，传达学习市委书记许成仓关于统筹疫情防控和复工复产工作的重要批示精神，通报《山南市关于统筹推进疫情防控和有序启动企业复工复产的指导意见》《山南市关于稳定市场主体推动复工复产的十项措施》，安排部署有关工作。

9月26日，市委副书记、市长次仁平措主持召开全市党政军警民合力强边政策调整改革推进工作调度会，听取涉边县工作推进情况汇报，就加快推进党政军警民合力强边政策实施工作进行再调度、再安排。

10月19日，市委常委、常务副市长牟永文主持召开山南市迎接自治区政策落实督导组暨推进自治区一揽子政策措施和临时性措施落实部署会，传达学习《西藏自治区人民政府办公厅关于建立自治区稳住经济大盘督导和服务工作机制的通知》精神，安排部署推进稳住经济一揽子政策措施和临时性措施落实工作。

10月20日，市委副书记、市长次仁平措主持召开全市稳经济若干政策措施落实情况和疫情防控、复工复产工作调度会，传达学习任维常委在自治区政府专题会议上的讲话精神，听取各县（区）、各部门落实稳经济若干政策措施情况和近期疫情防控、复工复产工作情况汇报，对进一步深入贯彻落实国务院、自治区和市级出台的稳经济一系列政策措施，从严从实抓好当前疫情防控，高效有序推进复工复产，扎实做好迎接自治区稳住经济大盘督导准备工作等事宜进行安排部署。

10月25日，市委副书记、市长次仁平措主持召开全市重点项目建设和固定资产投资调度会，学习贯彻自治区党委常委任维、自治区副主席王勇在自治区政府专题会议上的讲话精神，就加快重点项目建设进度，努力完成年度固定资产投资任务进行安排部署。

10 月 25 日，市委常委、常务副市长牟永文主持召开市政府专题会议，研究自治区财政厅 2022 年第二批重点生态功能区转移支付资金预算指标分配事宜。

11 月 13 日，市委副书记、市长次仁平措主持召开今冬明春重点项目建设动员部署电视电话会议，听取有关部门关于加快推进今冬明春重点项目建设攻坚行动、政策性惠民资金和债券资金执行情况、年末国民经济统计工作、增收统计工作等工作汇报，对今冬明春重点项目建设事宜进行再研究、再部署。

11 月 21 日，市委副书记、市长次仁平措主持召开市委实施乡村振兴战略领导小组会议，通报中央 2022 年巩固拓展脱贫攻坚成果同乡村振兴有效衔接考核评估工作要求，研究部署迎考核评估有关工作。

11 月 23 日，市委副书记、市长、雅砻物交会工作领导小组组长次仁平措主持召开山南市第 42 届雅砻物交会工作领导小组会议，听取各项组工作开展情况汇报，对下一阶段工作进行再研究、再安排、再部署。

11 月 27 日，市委副书记、市长次仁平措主持召开市政府专题会议，安排部署琼结县创建国家乡村振兴示范县各项工作。

【经济运行会】 2022 年 5 月 31 日，市委副书记、市长次仁平措主持召开贯彻全国稳住经济大盘电视电话会议精神部署推进暨经济运行分析调度会，主要任务是以习近平新时代中国特色社会主义思想为指导，贯彻落实党中央、国务院关于稳住经济大盘的一系列决策部署，贯彻落实全国稳住经济大盘电视电话会议和自治区会议精神，调度分析当前经济工作，安排部署下一阶段任务，确保经济运行在合理区间。次仁平措强调六个方面的意见（项目建设要掀起热潮，市场主体要育强做大，民生改善要聚焦重点，产业培育要精准高效，工作底线要坚决守牢，调度督导要严深细实）。

【政府系统学习宣传贯彻中共二十大精神暨经济运行调度会议】 2022 年 11 月 9 日，市委副书记、市长次仁平措主持召开政府系统学习宣传贯彻中共二十大精神暨经济运行调度会议，主要任务是学习贯彻中共二十大精神，学习贯彻党中央、国务院关于稳住经济大盘的一系列决策部署，学习贯彻区党委和市委有关会议精神，通报前三季度经济运行情况，安排部署高标准农田建设、农牧民增收和巩固拓展脱贫攻坚成果同乡村振兴有效衔接工作，就当前稳经济工作进行再分析、再部署、再加油、再推动。次仁平措强调三个方面的意见（深入学习宣传贯彻中共二十大精神，正确认识和把握当前经济形势，扎实抓好全年收官阶段各项重点任务）。

【重要活动】 2022 年 1 月 5 日，山南市举行“政银”合作启动仪式，市市场监督管理局和西藏银行山南分行正式启动银行网点代办企业登记注册试点。

1 月 13 日，市政府与国家能源集团西藏分公司党委副书记、总经理杨卫一行举行座谈，就加快建设冷达电站，助力早日建成雅江中游清洁能源基地事宜进行深入座谈交流。

1 月 22 日，市委副书记、市长次仁平措在市突发疫情应急指挥中心检查调度山南市突发疫情应急指挥体系运行情况。调度检查山南市疫情防控启动响应、快速流调、场所封控、核酸检测、转运隔离、病例救治等环节和工作程序。

2 月 17 日，市委副书记、市长次仁平措先后到贡嘎县江塘镇江塘村、森布日高海拔生态搬迁点、杰德秀镇斯麦社区三组、昌果乡团结新村，扎囊县阿扎乡章达村等地，实地调研易地扶贫搬迁后续服务保障、产业发展、群众生产生活和就业增收等工作，看望慰问村“两委”班子、驻村工作队和企业员工。

3 月 2—3 日，市委副书记、常务副市长、湖南省第九批援藏工作队总领队杨昶率项目组、招商小分队及长沙、株洲援藏队负责人，赴福建厦门、漳州等地开展招商引资活动，重点围绕矮化苹果、扎囊果蔬、桑日葡萄等山南市农特产品深加工产业补链延链，有针对性地开展洽谈合作，积极对接有投资意向的企业，为山南市培育和打造一条全区领先、全国知名的食品加工产业链贡献援藏力量。

3 月 20 日，市委副书记、市长、总河湖长次仁平措率市政府办、乃东区、市水利局、生态环境局、自然资源局等有关部门负责人及专家，深入乃东区亚堆乡支那村调研生态环境保护、河湖长制工作落实情况并开展巡河。

3月24日，山南市开展万人义务植树活动。市领导次仁平措、汪华东、杨昶、牟永文、平措、张维、刘雪英参加义务植树活动。这次植树的主要树种有沙柳、云杉、刺槐、青杨油松等。

3月26日，市委副书记、市长次仁平措先后到桑日大古、加查藏木等水电站，详细了解电站运行、复工复产、带动群众就业增收情况和生态保护、安全生产、疫情防控等措施落实情况。

5月1日，市委副书记、市长次仁平措到桑日、加查两县，看望慰问节日期间仍奋战在一线的干部群众、企业职工，调研企业运行、群众增收、生态保护、安全生产和疫情防控等情况，代表市委、市政府，代表许成仓书记向全市广大劳动者致以节日问候和崇高敬意。

5月20日，山南市启动“智慧广电服务乡村振兴”专项行动。

7月6日，市委副书记、市长次仁平措到措美县玛悟党寺开展“国家意识、公民意识、法治意识”教育宣讲，调研“三个意识”教育开展情况和寺庙管理工作情况，督导维稳工作，看望慰问寺管会干部和僧人。

7月19—23日，市委副书记、市长次仁平措率领山南代表团随自治区党政代表团赴湖南参加回访活动，并赴有关市共叙援建深情、共商援建大计，考察文旅产业、城市规划、园区经济等事宜，开展招商引资洽谈等工作。

8月13日，市委副书记、市长次仁平措采取“四不两直”方式，随机深入泽当城区集中隔离点、人员分流点调研督导疫情防控工作，现场办公研究解决问题，慰问一线工作人员。

10月21日，市委副书记、市长次仁平措先后到华新水泥厂、桑日县绒乡吉荣村、卓吉村、扎巴村等地，实地调研企业复工复产、群众增收和相关惠民利民配套政策落实情况，向企业员工和农牧民群众宣讲中共二十大报告精神，看望慰问企业员工和基层干部群众。

11月18日，市委副书记、市长次仁平措先后到森布日牧业产品加工园市政道路、吉雄灌区、甲竹林镇林布沟河道治理、贡嘎机场新建二跑道和雅江中游机场周边河道生态保护和修复试点工程等项目施工现场，实地调研项目建设进展情况，看望慰问施工一线作业人员。

办公室政务

【概况】 2022年，山南市人民政府办公室（以下简称市政府办公室）起草综合材料450余篇。全力拓展信息来源、提高信息质量，着力在典型性、综合性、创新性和时效性上下功夫，2022年信息报送数量翻一番。严格执行公文运转规则和限时办结制有关规定，全年签收办理各类文件3400余件、电报280余件，承办各类会议350余次，做到“零差错”“零失误”。

【效能建设】 2022年，市政府办公室着力强化“细节定成败、态度定高度”的理念，主动加强与各级各部门沟通联系，既牵头抓总，又积极补位，跨界工作勇于牵头，急难险重任务大胆协调，重大会议活动、重大项目主动调度，圆满完成中央生态环境保护督察组、国务院大督查、市疫情防控等全市重大任务，精心保障“309”工作组、中纪委调研组、中组部干部考察组、国家安全生产检查组、援藏“三省”干部轮换等重要活动，为全市改革发展稳定大局做到全时“在线”、全程“连线”。

2022年10月28日，市政府办公室到争创市级基层党建示范点观摩学习

2022年3月24日，市政府办公室参加山南市万人植树活动

【督查督办】 2022年，市政府办公室不断创新督查机制，实行季督查和月梳理、周督办、日督促相结合，既敢于斗争碰硬、在原则问题上注重“刚性”要求，又注意方式方法、在考虑客观因素上注重“弹性”空间，围绕学习贯彻中共二十大精神、中央环保督察反馈问题整改、国家统计督察反馈意见整改、冬季施工项目、重点项目开复工、疫情防控、维护稳定、作风建设等重点工作，开展各类实地督查102次，同比增长59%，确保中央、自治区和市委、市政府各项决策部署落地落细。创新开展建议提案“三个首次”（代表委员见面沟通率首次达到100%、首次开展建议提案办理实地调研督查、首次赴县区开展建议提案办理业务培训），159件建议提案办复率、满意率、见面率均达到100%。

【“12345”市长热线】 2022年，市政府办公室注重做好为民解琐事、暖人心常态化工作，充分发挥人民网地方领导留言板、市长信箱、市长热线等平台功能，高效快速回应网民留言、群众来电相关诉求。全年“12345”市长热线受理群众来电事项14250件，回复率达100%，市长信箱、人民网市长等各类平台留言383条，办结率达97%以上，彰显民之所需工作所趋的务实作风。

【公费使用】 2022年，市政府办公室牢固树立“把钱用在刀刃上”的理念，加强预算支出管理，降低行政运行成本，严格执行报销层层审批机制，切实提高财务管理水平和资金使用效率，全年“三公”经费支出182.12万元，同比下降10.75%。

外事及港澳事务

【外事交流】 2022年3月18日，山南市外事办公室（以下简称市外事办）致信尼泊尔巴德岗市询问了解巴德岗市新冠肺炎疫情态势，表达对巴德岗市的亲切关心和在力所能及的范围内提供一定抗疫医疗物资援助的愿望。3月31日，山南市接到尼泊尔巴德岗市市长的来信，信函提出：巴德岗市新冠肺炎疫情已经得到有效控制，希望为巴德岗市科沃帕市政医院提供呼吸机、电动手术台、手术无影灯等共10项、13台医疗设备的请求。山南市援助呼吸机、电动手术台、手术无影灯共3项医疗设备，由市外事办牵头，开展程序报批、物资采购、质量检验、运送物资等各项工作。7月21日，由山南市外事

2022年7月21日，山南市向尼泊尔巴德岗市援助抗疫医疗物资

办党组副书记、主任西洛组成的援尼抗疫医疗物资派送组一行5人到日喀则市聂拉木县樟木口岸采取“零接触”方式，将呼吸机、电动手术台、手术无影灯各1台共3项价值30万元的抗疫医疗物资交付给山南市对口国际友好城市尼泊尔巴德岗市政府。7月31日，收到尼泊尔巴德岗市政府的感谢信，表示衷心感谢山南市政府和人民提供的抗疫医疗援助物资。

【港澳事务】 2022年8月11日，为稳妥处理好因新冠疫情滞留山南市的港澳籍人员出藏工作，根据《新型冠状病毒肺炎防控方案（第八版）》《市应对新冠肺炎外事组入境来山南人员疫情防控工作办法》等相关要求，市外事办加强统筹协调管理，细致梳理在山南市的港澳籍人员。指导隆子县相关部门妥善处理4名港澳籍游客因突发新冠疫情改变行程计划所产生的不满情绪，耐心引导、解释市县防疫政策，细致回答港澳游客关心的问题，并协调相关单位安排医务人员优先为4名港澳籍游客采集核酸，协调相关单位按照个人意愿陪同4名港澳籍游客第一时间离开山南市。8月12日，4名港澳籍游客为隆子县赠送一面锦旗表示谢意，并通过电话对隆子县委、县政府所给予的关心和帮助表达感谢。

行政审批 便民服务

2022年10月19日，市行政审批和便民服务局与武汉市公共资源交易中心签订跨地市远程异地评标协议

【概况】 2022年，市政务服务中心受理行政审批及公共服务事项91850件，办结90839件，办结率98.9%。截至年底，市政务服务大厅进驻部门45个（其市中直31个，乃东区8个，第三方服务机构6个），服务窗口63个，行政审批及公务服务事项346项，可集中办理户籍、婚姻、社保、医保、刻章、快递、不动产、准生证、企业登记注册、边境通行证、车辆违章缴款、缴纳水电费等便民服务事项。市政务服务中心建立与通用基础标准、服务保障标准、服务提供标准相配套的服务标准体系，梳理汇编各项标准规范586项，基本满足运行管理要求，基本实现各个管理和服务环节有标准可依，标准覆盖率达97%以上。

【审批行政许可事项】 2022年，市政务服务中心梳理山南市地方性法规设立的行政许可，涉及7部条例6个部门，无地方性法规设立的行政许可。编制发布《山南市行政许可事项清单（2022年版）》316项，梳理乡村振兴高频事项32项，可以通过“一网通办”平台上查询受理条件、办理材料、收费标准、办理时限、办理环节等信息。

【政务服务和便民服务】 2022年，山南市累计在西藏政务服务网注册个人用户177647人、法人用户13049个。政务服务一体化平台录入办件2344583件，推送170302条数据。咨询24条，回复率100%；梳理市、县电子证照清单180项、833项。个体自助服务机累计办理营业执照400余张。完成山南市政务服务大厅排队叫号机系统、7×24小时自助服务区、政务服务中心机房改造3个项目建设并投入使用。

【政务服务中心管理】 2022年，市政务服务中心严格窗口管理，强化服务意识，提高服务水平。每月根据窗口工作人员考勤、服务、业务办理等情况，评选“党员示范窗口”“民族团结模范窗口”“青年标兵窗口”“巾帼文明窗口”，充分发挥优秀窗口模范作用。结合改进作风狠抓落实工作，建立帮办代办制度，成立帮办代办队伍，新增8个“帮办代办”事项，共20个事项纳入帮办代办范围，累计帮办代办970件。推动西南五省政务服务“跨省通办”。6月启用“西藏自治区人口系统”，实现户籍业务“跨省通办”452件。建成7×24小时自助服务区并投入使用，明确30个自助服务事项。

【业务指导和管理考核】 2022年，市行政审批和便民服务局邀请自治区公共资源交易中心工作专班领导及专业技术人员开展2次培训，专家组围绕线上评标、异地评标等方面授课，为推动公共资源交易工作更好地服务于山南市经济社会建设奠定基础。3月23—24日，贵州省政务服务中心“跨省通办”巡回互助工作组一行6人考察调研山南市“跨省通办”工作。专家组先后实地调研山南市桑日县、加查县2个政务服务大厅和市政务服务中心、开展座谈研讨，对西南五省政务服务“跨省通办”工作规程、事项清单，政务服务“跨省通办”操作，政务服务网建设及运行情况，贵州政务服务法治化建设情况等方面多维度进行实操演练和经验分享。7月7—8日，市行政审批和便民服务局安排2名业务骨干参加自治区行政许可事项清单管理培训会。7月18日，市行政审批和便民服务局召开市县两级行政许可事项清单管理及电子证照重点工作任务部署电视电话会，传达有关文件精神，讲解行政许可清单编制、明确电子证照重点工作任务。

【加强监管】 2022年，市行政审批和便民服务局开展“互联网+监管”工作，明确由主要领导负总责和分管副局长具体抓的机制。协调确定北京太极公司1名技术人员负责山南联络工作，对山南市“互联网+监管”工作进行业务指导以及处理系统相关问题。印发2022年《山南市关于“互联网+监管”平台数据录入情况的通报》《山南市关于10月“互联网+监管”平台数据录入情况通报》，有力提升山南市“互联网+监管”数据录入量。开展山南市部门及各县区“互联网+监管”个人数字证书信息汇总工作，共统计上报人员信息349人。

2022年3月24日，市行政审批和便民服务局与贵州省政务中心开展“跨省通办”巡回互助活动

【互联网+公共资源交易】 2022年，山南市公共资源交易管理服务进一步提升，6月完成与山南市住建局交易中心职能划转工作。截至年底，完成进场交易项目1138项，交易额共计789331.76万元。实行评标区严格管理，采取评审专家签订责任书、通信工具统一保管、评标时间内信号屏蔽、评标结束后对专家进行“一标一评”打分考核机制，重视交易记录影像资料保存等工作，有效防范交易主体违法违规行为发生。稳步推进不见面开标。依据自治区统一要求和标准，按照“一网三平台”（公共资源交易网、交易平台、服务平台、监督平台）模式，推动所有招投标项目从线下交易到线上交易的转变，所有进场项目推行线上提交材料、线上核验、线上开评标，确保公共资源交易行为在阳光下操作。有序推进远程异地评标，与对口援藏三省武汉、长沙、芜湖、黄石等五地开展合作，首次实现远程异地评标和专家资源共享，极大缓解山南市专家不足和因疫情项目积压问题。

信访

【概况】 2022年，山南市信访局

2022年5月10日，市信访局在泽当城区开展《信访工作条例》5月集中宣传月活动

（以下简称市信访局）开展“学习宣传贯彻《信访工作条例》、大督查大接访大调研、全国信访工作示范县创建”三大活动，忠诚履行服务党和国家大局、维护群众合法权益、化解信访突出问题、促进社会和谐稳定四项职责使命，强力推进信访积案化解专项工作、深化信访制度改革、信访问题源头治理、重点时期信访保障、信访干部队伍建设五项重点任务，更好地服务经济发展和社会稳定，为中共二十大胜利召开营造安全稳定的社会环境。市信访总体形势呈现信访件次和人次“双下降”的趋势。截至年底，山南市信访系统共登记受理信访事项 492 件 745 人次，信访件次、人次较 2021 年分别下降 31.22% 和 34.81%。工程建设领域“两拖欠”信访事项 395 件、658 人次，占信访总量的 80%。其中，城乡建设领域 234 件、交通建设领域 45 件、铁路建设领域 15 件、农林业建设领域 21 件、水利建设领域 8 件、其他领域 72 件。全市信访事项及时受理率 100%，信访事项按期答复率 99%，信访事项办理群众满意率 99%。

【信访化解】 2022 年，山南市党、政主要领导带头阅信接访，亲自召开专题会议，协调和督促处理信访突出问题，妥善化解群众急难愁盼问题。全年共办结 489 件信访事项和 7 件久拖未决、群众反映强烈的突出问题，有效维护群众合法权益，提升群众获得感幸福感满意度。

【健全机制】 2022 年，为进一步畅通和规范群众诉求表达、利益协调、权益保障通道，市信访局充分发挥乡镇党委和政府、街道党工委和办事处在矛盾纠纷源头预防和前端化解上的优势，在全市乡镇（街道）一级建立健全信访工作联席会议机制。

【法规宣传】 2022 年，市信访局坚持和加强党对信访工作的全面领导，开展新颁布实施的《信访工作条例》学习、宣传、贯彻落实工作，结合山南实际，制定科学有效措施，充分利用山南电视台、山南网、微山南和网信山南等媒介，面向社会大力宣传，开展《信访工作条例》5 月集中宣传月活动，推动《信访工作条例》进乡村、进社区、进企业、进单位、进工地，推动实现宣传全覆盖，营造依法信访、违法必究的信访法治氛围。

藏语言文字

【概况】 2022 年，山南市藏语文工作委员办公室（市编译局）（以下简称市编译局）全年翻译总数达 63 万余字；政务服务中心翻译窗口承接各类社会用字翻译服务 4000 人次，将 2022 年翻译成果整理成册。举办第十一期基层藏语和汉语翻译骨干培训班，各县（区）业务人员、寺管会干部、乡（镇）翻译人员等 40 名基层一线翻译工作者参加。配合自治区藏语委办（编译局）筹办全区藏语委办（编译局）主任（局长）工作会议。开展藏语文宣传周活动，发放各类宣传单 800 余份、宣传手册 800 余册、各类图书 300 余本、发放标有国家通用语言文字和藏语文宣传词语的宣传品 100 余份。集中开展社会用字检查整改专项行动 6 次。完成拉萨至泽当快速公路和泽贡高速 400 余条标识牌翻译和校审工作。对县（区）明察暗访 4 次，发现的问题，跟踪整改，整改率达 99%。整改答复区市网信办移交的社会用字不规范舆情 2 件，整改率达 100%。

2022年1月，全区藏语委办（编译局）主任（局长）工作会议在泽当召开

【社会用字监督检查】 2022年，市编译局坚持以中共二十大胜利召开营造健康的语言文字环境为己任，组织精干力量对全市各大景区景点、经营主体商户、公路沿线、公共服务窗口、公安边防检查站、宗教活动场所等，集中开展社会用字专项检查整改行动2次。主要领导和科室牵头组织人员深入县（区）乡（镇）村（社区）主要街道、宗教活动场所、中小学校、公路沿线、异地搬迁区、红色教育基地、边境小康示范村等地开展社会用字检查和藏语和汉语教育体系督导工作。组织协调市、县（区）宣传、民宗、藏语委办等部门，深入开展民族团结进步示范市宣传标语专项检查和中共二十大精神宣传标语专项检查工作，重点检查藏语和汉语内容、文字、翻译等情况，对责任单位和责任人进行现场指导和提出限期整改要求。针对高速公路标识牌用字不规范问题，主动与工程指挥部和养护中心沟通协调，提前介入工程实施中用字规范工作，通过搜集地名释义、查找相关史材、咨询权威人士等方式，对拉萨至泽当快速公路和泽贡高速400余条标识牌进行翻译和校审工作。及时整改答复区市网信办移交的抖音等网上社会用字不规范舆情2件。

【宣传教育】 2022年，市编译局开展4月藏语文宣传周活动，广泛宣传《中华人民共和国国家通用语言文字法》《中华人民共和国民族区域自治法》《西藏自治区学习使用和发展藏语文的规定》，集中发放藏语和汉语宣传单800余份、宣传手册150余份、图书300余本，发放标有国家通用语言文字和藏语文宣传词语的宣传品100余份。向全市各党政机关、企事业单位印发《关于组织全市干部群众积极关注“轻松学藏语”公众号的通知》，引导和鼓励汉族干部和其他少数民族通过“轻松学藏语”App学习使用少数民族语言文字，提高与基层群众的沟通交流能力。督促执法人员积极参加全区行政执法人员网络法治教育培训，提升行政执法水平。年初全区藏语委办（编译局）主任（局长）工作会议在泽当召开，市编译局充分利用此契机向全区兄弟地（市）宣传山南藏语文（编译）工作，自治区政府副秘书长曲达、自治区藏语委办（编译局）主任（局长）洛布等领导对山南市藏语文（编译）工作给予充分肯定，对翻译成果、藏语文社会用字规范情况等工作给予高度赞许。

【翻译服务】 2022年，市编译局完成山南市第二届人民代表大会第二次会议上的《政府工作报告》等

2022年4月12日，市藏语委办（编译局）开展藏语文宣传周活动

“两会”材料6万多字翻译任务，完成宗教界“三个意识”教育活动材料2万多字的翻译任务，完成《山南市城市管理综合执法办法》《山南市村（社区）治理促进条例》1.2万多字翻译任务，完成市四大班子和市委组织部等相关部门交办的应急翻译任务7.8万字翻译校审任务。完成山南市知识竞赛试题题库4万多字藏文审稿工作，完成山南市佛协二届代表会议材料8万多字藏文审稿工作。政务服务中心翻译窗口接待4000余人次，完成各类横幅、门牌、公章、路标、户外广告等10万多字翻译任务。完成4.7万余字的《习语金句》《习近平新时代中国特色社会主义思想应知应会100条》藏语和汉语版口袋书编写印刷工作。

【人员培训】 2022年，市编译局成功举办山南市第十一期基层翻译骨干培训班，12个县（区）藏语委办（编译局）、乡（镇）、寺管会以及市直有关部门从事藏汉翻译工作人员共41名参训，培训以翻译实践及技巧、藏语和汉语语法、公文写作、新词术语及社会用字翻译等为内容，邀请区内翻译及国家通用语言文字专家进行授课，有效提升基层藏汉翻译骨干的业务能力和常用公文写作水平。全年共选派7名基层翻译人员赴拉萨、兰州等地接受藏汉翻译及国家通用语言文字素养提升培训，为促进藏语文（编译）事业健康发展奠定坚实基础。

中国人民政治协商会议山南市委员会

综述

【概况】 2022年，中国人民政治协商会议山南市委员会（以下简称市政协）牢牢把握“团结、民主”两大主题，紧紧围绕全市工作大局，认真履行“落实下去、凝聚起来”的政治责任，主动担当作为、履职尽责，为助推“四件大事”“四个确保”“四个创建”“四个走在前列”和山南市“六个走在全区前列”作出贡献。

【提案工作】 2022年，市政协常委会注重规范提升政协经常性工作，努力提高履职实效，推动政协工作高质量发展。加大提案办理督办力度，市政府和政协领导领衔督办重点提案，市政协二届一次会议以来立案78件提案办理质量得到进一步提高，委员满意和基本满意率达到97.6%。先后召开6场提案现场办理协商会，就维修昌果乡主干渠、解决加查县两乡镇饮水问题、提高驾校考证办证效率、加强思金拉措环境卫生管理、完善拉康社区配套设施、增设网围栏防止野生动物毁坏庄稼等进行深入协商，推动有关问题解决。市政府为政协解决提案办理专项资金200万元，促进提案办理落实。驻山南市的全国、自治区政协委员在“两会”期间积极反映山南实际困难并提出意见建议，共提交提案52件，助推解决一批群众关注的重大项目、基础设施建设、改善民生等问题。

【文史资料工作】 2022年，市政协编辑出版《山南山水名录》，充分发挥政协文史资料存史、资政、团结、育人的重要作用。加强政协宣传工作，共发布信息205条，累计接待参观文史馆达200余人次。坚持把讲好“委员故事”“西藏故事”作为深化思想政治引领的重要抓手，共收集整理25篇优秀委员故事，《“次麦模式”的探索者和实践者》《我的民族团结故事》等被自治区政协采用刊发。

【交流合作】 2022年，市政协协助吉林省、山西省、日喀则市、林芝市等15个考察团在山南考察学习，增进同各地政协的交流合作。

【政协宣传工作】 2022年，市政协以“山南政协”微信公众号为抓手，加大宣传报道力度，发布信

2022年7月5日，山南市农牧区基层政协委员专题学习培训班开班

息72期360余条，积极宣传政协履职成效和基层政协工作的好经验、好做法，增强政协工作的社会影响力。

重要会议

【二届二次全体委员会议】 2022年1月9—11日，中国人民政治协商会议第二届山南市委员会第二次会议在泽当举行，会议应到委员204人，实到187人，符合政协章程规定。会议由市政协党组书记、主席巴珠主持。大会听取并审议通过政协第二届山南市委员会常务委员会工作报告、提案工作情况报告。与会委员列席山南市第二届人民代表大会第二次会议，听取、讨论并赞同政府工作报告，协商讨论并赞同计划报告、预算报告和市中级人民法院工作报告、市人民检察院工作报告。

【二届三次全体委员会议】 2022年12月29—30日，中国人民政治协商会议第二届山南市委员会第三次会议在泽当举行，会议应到委员204人，实到174人，符合政协章程规定。会议听取并审议通过政协第二届山南市委员会常务委员会工作报告、提案工作情况报告，补选政协第二届山南市委员会1名副主席。与会委员列席山南市第二届人民代表大会第四次会议，听取、讨论并赞同政府工作报告，协商讨论并赞同计划报告、预算报告和市中级人民法院工作报告、市人民检察院工作报告。

【政协常委会会议】 二届二次常委会。2022年1月9日，政协第二届山南市委员会常务委员会第二次会议在泽当召开，会议应到常委会组成人员36人，实到31人，符合政协章程规定。会议由市政协党组书记、主席巴珠主持。会议审议通过关于召开政协第二届山南市委员会第二次会议的决定（草案）；政协第二届山南市委员会第二次会议议程（草案）；政协第二届山南市委员会第二次会议日程（草案）；政协第二届山南市委员会常务委员会工作报告（草案）及报告人；政协第二届山南市委员会常务委员会提案工作情况报告（草案）及报告人、政协第二届山南市委员会第二次会议秘书长副秘书长名单（草案）、撤销陈国平二届市政协常务委员、委员资格和市政协社会法制外事教科卫体委员会主任职务的决定（草案）；审议通过接受周斌请辞政协第二届山南市委员会委员的决定（草案）。

二届三次常委会。2022年1月10日，政协第二届山南市委员会常务委员会第三次会议在泽当召开，会议应到常委会组成人员35人，实到31人，符合政协章程规定。会议由市政协党组书记、主席巴珠主持。会议审议通过政协常委会工作报告决议（草案）；审议通过提案工作情况报告决议（草案）；审议通过政治决议（草案）。

二届四次常委会。2022年6月17日，政协第二届山南市委员会常务委员会第二十四次会议在泽当召开，会议应到常委会组成人员35人，实到25人，符合政协章程规定。市委副书记、常务副市长杨昶出席会议并讲话，市人大常委会副主任安兴国出席会议，市政府副市长次仁出席会议并报告山南市农村人居环境整治工作开展情况，驻泽当的自治区政协委员和市政协委员、各县（区）政府分管副县长、各县（区）政协主席，以及市发展改革委、教育局、财政局、乡村振兴局、自然资源局、生态环境局、住房城乡建设局、农业农村局、文化局、卫生健康委、综合执法局等部门负责人列席会议。会议围绕山南市农村人居环境整治存在的困难和问题，广泛听取各方意见建议，积极知情明政、协商议政、建言献策、凝心聚力，为山南市农村人居环境整治工作贡献智慧和力量，全面助推实施乡村振兴战略。

二届五次常委会。2022年6月17日，政协第二届山南市委员会常务委员会第五次会议在泽当召开，会议应到常委会组成人员35人，实到25人，符合政协章程规定。会议由市政协党组书记、主席巴珠主持。会议审议通过政协第二届山南市委员会副秘书长名单及《市政协常务委员会工作规则》《市政协专门委员会工作通则》。

二届六次常委会。2022年12月28日，政协第二届山南市委员会常务委员会第六次会议在泽当召开，会议应到常委会组成人员35人，实到32人，符合政协章程规定。会议由市政协党组书记、主席巴珠主持。会议审议通过关于召开政协第二届山南市委员会第三次会议的决定（草案）、政协第二届山南市委员会第三次会议议程（草案）、政协第二届山南市委员会第三次会议日程（草案）、政协第二届山南市委员会常务委员会工作报告（草案）及报告人、政协第二届山南市委员会常务委员会提案工作情况报告（草案）及报告人、政协第二届山南市委员会第三次会议秘书长副秘书长名单（草案）、听取人事事项说明、政协第二届山南市委员会委员增补名单（草案）、接受巴桑旺堆等3人请辞政协第二届山南市委员会委员的决定（草案）。

二届七次常委会。2022年12月30日，政协第二届山南市委员会常务委员会第七次会议在泽当召开，会议应到常委会组成人员35人，实到32人，符合政协章程规定。会议由市政协党组书记、主席巴珠主持。会议审议通过政协第二届山南市委员会第三次会议关于提案审查情况的报告（草案）、政协第二届山南市委员会第三次会议选举办法（草案）、政协第二届山南市委员会副主席候选人名单（草案）、政协第二届山南市委员会第三次会议总监票人和监票人名单（草案）、政协第二届山南市委员会第三次会议关于常务委员会工作报告的决议（草案）、政协第二届山南市委员会第三次会议关于提案工作情况报告的决议（草案）、政协第二届山南市委员会第三次会议政治决议（草案）。

【主席会议】 第四次主席会议。2022年1月10日，政协第二届山南市委员会召开第四次主席会议。市政协党组书记、主席巴珠主持会议。会议专题听取市政协二届二次会议开幕以来，与会委员听取并讨论政府工作报告、政协常委会工作报告、提案工作情况报告等其他报告，酝酿市政协二届二次会议政治决议等有关决议，对各个报告、决议的评价、意见与建议。

第五次主席会议。2022年4月25日，政协第二届山南市委员会召开第五次主席会议。市政协党组书记、主席巴珠主持会议。会议审议通过《市政协主席会议规则》《市政协提案工作制度》《政协提案审查实施细则》《重点提案遴选与督办暂行办法》《政协西藏山南市委员会重点提案办理和督办暂行办法》《山南市政协提案办理协商办法（试行）》《山南市政协提案工作表彰办法》。

第六次主席会议。2022年5月13日，政协第二届山南市委员会召开第六次主席会议。市政协党组书记、主席巴珠主持会议。会议审议通过《关于深入开展“交朋友”活动的实施方案》《在全市政协组织政协委员中讲好“委员故事”“西藏故事”的实施方案》、2022年度提案办理专项资金支出事宜。

第七次主席会议。2022年5月25日，政协第二届山南市委员会召开第七次主席会议。市政协党组书记、主席巴珠主持会议。会议审议通过《市政协农村人居环境整治工作调研报告》《市政协农村人居环境整治专题议政性常委会会议方案》。

第八次主席会议。2022年12月19日，政协第二届山南市委员会召开第八次主席会议。市政协党组书记、主席巴珠主持会议。会议审议通过关于召开市政协二届六次常委会的建议、关于召开市政协二届三次会议的建议、市政协二届三次会议筹备工作方案、常委会工作报告（草案）、提案工作情况报告（草案）。

第九次主席会议。2022年12月30日，政协第二届山南市委员会召开第九次主席会议。市政协党组书记、主席巴珠主持会议。会议专题听取关于市政协二届三次会议委员小组讨论情况，审议通过《选举办法（草案）》《政协第二届山南市委员会副主席候选人名单（草案）》《总监票人、监票人名单（草案）》《常务委员会工作报告的决议（草案）》《提案工作情况报告的决议（草案）》《政治决议（草案）》。

参政议政

【围绕党政中心工作协商议政】2022年，市政协组织委员深入扎囊、曲松、隆子、措美、错那、乃东6个县（区）26个乡（镇）围绕深化农村人居环境整治开展专题调研，召开山南市农村人居环境整治专题议政性常委会会议。组织委员深入隆子、扎囊、加查3个县和职业技术学校、校企合作企业、劳动技能实训基地围绕提升职业教育水平、培养更多技能型人才进行专题调研。组织委员深入贡嘎、扎囊、乃东、隆子、加查、桑日6个县（区）15个搬迁安置点围绕夯实易地扶贫搬迁群众新生活基础开展专题调研。组织委员深入措美、洛扎、贡嘎、扎囊、桑日、曲松、琼结、乃东8个县（区）围绕挖掘古建筑历史文化资源、加快旅游产业发展开展专题调研，协助自治区政协完成“优化营商环境”“藏医药特

2022年7月13日，市政协机关干部职工开展"一对一"互帮互助活动

色产业管理体制""民族团结进步模范区建设""宗教界三个意识教育""加强边境地区公共服务能力建设""政协协商民主在发展全过程人民民主中的独特优势"等专题调研视察任务。

民主监督

【对重要工作监督】 2022年，市政协安排委员90余人次参加市委、市政府及有关部门的民主生活会、征求意见会、情况通报会、知情听证会、法院审判会和各类公招、考试监考等，对涉及群众切身利益、社会各界关注度高的问题进行民主监督。

【社情民意工作监督】 2022年，市政协加大社情民意信息报送力度，向市委、市政府报送1篇社情民意信息，《关于进一步规范泽当城区部分路段人行道绿化和管理工作的建议》得到市委、政府领导批示交办。

自身建设

【深入学习宣传贯彻中共二十大精神】 2022年，市政协通过召开党组中心组学习会、开展研讨交流、撰写心得体会、上专题党课、作辅导讲座、开展理论测试和市县（区）政协领导带头宣讲、委员向基层群众宣讲等多种形式，深入学习宣传中共二十大精神。

【强化理论武装】 2022年，市政协通过召开政协党组会和中心组学习会，举办专题讲座和培训班，深化"书香政协"读书活动，积极组织政协干部和政协委员深入学习习近平新时代中国特色社会主义思想，学习中共二十大精神、全国"两会"精神，学习《习近平谈治国理政》第四卷、《中国共产党政治协商工作条例》，学习中央、区党委、市委关于加强和改进新时代人民政协工作的部署要求，引领政协委员和干部在不断学思践悟中夯实团结奋斗的共同思想政治基础，在不断提高政治判断力、政治领悟力、政治执行力中坚定政协工作的正确政治方向。

【学习培训】 2022年，市政协举办各乡（镇）政协联络员、农牧区基层委员2期培训班，分别对84名联络员和90名基层委员进行专题培训。安排40余名政协干部、政协委员参加上级政协和区市党校等举办的各类学习培训，促进新时代履职"跟得上趟、承得重"。召开

2022年11月2日，市政协机关召开中共二十大精神专题研讨会

全市基层政协工作现场推进会，组织各县（区）政协主席观摩学习加查、琼结、措美3个县及6个乡（镇）推进新时代基层政协工作的有益探索和成功经验。

【党建工作】 2022年，市政协以党的政治建设为统领，健全完善政协党建责任体系，制定《关于加强市政协机关党建工作的意见》，落实全面从严治党主体责任。坚持每半年召开1次党建、党风廉政、意识形态工作专题会议，党组成员积极参加“三会一课”、主题党日等组织生活，党员委员积极参加所在地政协党组织的各项活动。坚持重大事项请示报告制度，主动向市委汇报政协重要工作30余次，始终在市委的坚强领导下依法依章履职。

【党风廉政建设】 2022年，市政协坚持全面从严治党，强化主体责任，突出问题导向，认真落实加强党风廉政建设的各项措施，积极抓好巡视整改工作，狠抓政协机关作风建设，坚持用“身边事”教育“身边人”，教育引导干部职工知敬畏、存戒惧、守底线，持之以恒正风肃纪，着力营造风清气正的政治生态。

纪检·监察

综述

【概况】 山南市纪委监委机关内设机构14个,共有人员编制66名(其中,行政编制60名、事业编制3名、机关后勤事业编制3名),实有干部职工62名(干部60名、工人2名),其中班子成员10名(含3名援藏干部,援藏干部不占领导职数)、副县级室主任12名、正科级领导干部14名、副科级干部11名。山南市纪委监委设7个综合派驻纪检监察组,核定编制45名,实有干部33名,空缺科级及以下干部12名。山南市委巡察工作领导小组下设1个办公室、3个巡察组,核定编制26名(事业编制3名),实有干部26名。

【重大纪检工作会议】 中国共产党山南市第二届纪律检查委员会第二次全体会议,于2022年1月29日在泽当召开。市纪委委员21人出席,市(中、区)直各单位党政主要负责人等152人列席,自治区人大常委会副主任、市委书记许成仓出席全会并讲话。次仁平措、尼玛旦增、李亚祥、扎西平措、牟永文、冯小义、刘圣育等地级领导出席会议。全会由山南市纪律检查委员会常务委员会主持。全会总结2021年纪检监察工作,部署2022年任务,审议通过李亚祥代表市纪委常委会所作的题为《坚持纵深推进全面从严治党,持续打好党风廉政建设和反腐败斗争攻坚战持久战,以实际行动迎接党的二十大胜利召开》的工作报告。

【政治建设】 山南市纪委常委会把握“两个确立”最高政治原则,坚守“两个维护”根本政治规矩,坚决听从习近平总书记和党中央号令指挥,推动习近平总书记重要指示要求、党中央重大决策部署和区市党委重要工作安排落地见效。采取常委会(扩大)会、理论学习中心组学习会、“三会一课”、干部集中学习会、业务讲坛等形式,深入学习领会中共十九大和中共十九届历次全会精神。通过集中收听收看、参加学习培训、撰写学习心得、集中交流研讨、邀请专家解读、印发实施方案、线上线下宣传宣讲等方式,认真学习宣传贯彻中共二十大精神。坚持自觉主动学、及时跟进学、联系实际学、深入思考学、笃信笃行学,深入学习贯彻习近平新时代中国特色社会主义思想特别是习近平总书记关于全面从严治党的重要论述、

2022年4月22日,市纪委监委召开“作风怎么看、工作怎么干”交流研讨会

西藏工作的重要指示精神和新时代党的治藏方略。坚决贯彻落实中央纪委国家监委和自治区党委、自治区纪委监委、市委关于全面从严治党重大决策部署和工作安排，严格规范落实双重领导体制机制，加强重大事项请示报告，确保山南纪检监察工作始终沿着正确方向前进。采取印发工作提示、调研督导、听取汇报、查阅资料等方式，加强对学习宣传贯彻中共二十大精神以及学习贯彻习近平总书记关于西藏工作的重要指示和新时代党的治藏方略的监督检查。围绕贯彻落实自治区第十次党代会和市第二次党代会精神，督促解决贯彻“三新一高”、落实“四件大事”、实施“十四五”规划等重大部署走形式、搞变通、打折扣、作选择问题。扎实推进中央环保督察反馈意见整改工作，开展跟踪督办14次，督促整改问题39条，办结转办问题线索3件。“室组地”联动开展山南市“十三五”政府投资项目审计反馈问题整改监督检查，追责问责党组织5家及党员干部44人。开展涉粮领域专项整治，推动专项检查和巡察反馈问题整改走深走实。针对安全生产、国家自然资源督察、森林督查等领域发现问题以及乱占耕地建房、统计领域数字造假等情况，采取印发工作提示、实地督导、随机抽查等方式督办整改。开展招商引资领域整治，对国有融资平台、开发区(产业园区)设立运行、政府隐性债务、“某长制”设立运行等情况开展专项调研和专项督查，推动“放管服”措施落实落地，发现并督促解决工作合力和社会参与不够等问题。

2022年1月25日，市纪委监委集中观看反腐纪录片《零容忍》

【巡察监督】 协助制定《中共山南市委员会巡察工作规划(2022—2026年)》，指导督促县(区)同步科学制订规划。开展市县党委第一、二轮巡察，对28个单位开展巡察监督，发现突出问题1024个、移交问题线索28件，提出意见建议332条。派员参加动员部署会、领导小组会和书记专题会，实现对县(区)巡察工作指导调研全覆盖。向地级分管领导、县(区)党委通报巡察发现问题并推动全面整改。组织全市各级党委(党组)学习贯彻《党的十九大以来中央巡视工作总结报告》，进一步汇聚巡察工作合力。开展巡察干部巡前集中业务培训，巡中深入巡察组“一对一”指导，巡后认真总结复盘，提升巡察干部能力素质。

【体制机制改革】 配合全国人大工作组专项调研。依法向市人大常委会专项报告市监委工作，抓好市人大常委会反馈意见整改。务实推进市纪委监委机关内设机构改革。巩固扩大县(区)纪委监委内设机构改革和乡镇纪检监察片区协作试点成果。探索建立村(居)务监督委员会监督清单。督促指导派驻纪检监察组采取“一单位一清单”模式开展监督。稳慎推进市属国有企业纪检监察体制改革。规范落实留置对象领导首谈、“走读式”谈话安全管理、办理指定管辖等工作制度机制。全面整改自治区纪委监委案件质量评查反馈问题，开展市县案件质量评查和受处分人员回访教育及处分决定执行情况监督检查。制定《市纪委监委留置点看护工作规范》《山南市纪委监委办案出差审批表》《审查调查安全工作手册》，加强“走读式”谈话场所和贡嘎县留置分中心监管，制定实施《山南市纪检监察机关县(区)案审操作指南(试行)》。

【自身建设】 把学习贯彻中共二十大精神、习近平新时代中国特色社会主义思想和习近平总书记重要讲话重要指示精神作为“第一议题”“第一课题”，规范常委会会议、理论学习中心组学习会、党支部学习会学习内容、方式、对象、要求，编发应知应会手册、开辟专题专栏、开展在线测试，进一步增强政治理论学习的针对性有效性。采取组织学习轮训、举办业务讲坛、参加系统培训、参与巡视跟班跟案等方式，加强干部纪法训练和实践锻炼。建立与驻山南中（区）直部门业务沟通协作机制。把牢新时代好干部标准和民族地区干部“四个特别”要求，调整使用干部143名、轮岗交流73名，公开遴选4名优秀年轻干部。落实山南市留置中心机构编制，推进山南市留置中心建设，完成贡嘎县留置分中心配套改造任务。召开机关党建、意识形态工作专题会议。学习领会中央纪委《关于推动市地纪委监委工作高质量发展的调研报告》和自治区纪委监委印发的《王卫东同志在山南市调研时有关意见要求》《关于西藏自治区纪委监委业务工作和班子建设“内部小巡视回头看”情况报告的整改方案》《自治区纪委监委关于赴山南市纪委监委调研的报告》精神，全面对照检查整改问题不足。制定实施《进一步改进作风狠抓落实工作实施方案》，严格落实西藏纪检监察干部行为规范以及规范饮酒、禁止参与赌博行为规定，下发会风会纪及规范饮酒工作提醒单，签署禁酒、禁赌承诺书，组织集中观看电视专题片《零容忍》。

党风廉政建设

【反腐倡廉】 依纪依法查处陈国平、陈喜等“一把手”和任兴宝、扎西、贵桑措吉等领导干部严重违纪违法案，追缴违纪违法资金1376.48万元。积极配合张永泽案调查取证，认真查办张永泽案涉及山南市干部问题线索。加强对县（区）纪委监委审查调查工作的领导指导，10个县（区）纪委监委（中共十九大以来，2个县纪委监委已运用“第四种形态”查办案件）运用“第四种形态”查办案件。全市各级纪检监察机关共受理信访举报162件次，处置问题线索360件，立案135件，给予党纪政务处分135人，移送司法机关17人。协助市委制订《关于加强对“一把手”和领导班子监督的实施方案》，制订市纪委监委机关贯彻落实方案工作清单，强化对“一把手”的监督和同级监督。市县两级纪委书记开展任前廉政谈话、个别谈心谈话、提醒谈话。派员指导以案促改专题民主生活会，精准运用“两书一函”，推动案发地区和部门强化整改落实，堵塞制度漏洞。充分利用“两网两微一端”，通报违纪违法典型案例。举办“身边事教育身边人”廉政警示教育展，组织阅看忏悔录，开展廉政知识测试，拍摄警示教育片，组织旁听职务犯罪案件庭审，召开干部警示教育大会，开展廉洁文化社会宣传。

【作风建设】 持续开展长期借用公款不还问题专项治理和新建楼堂馆所专项监督。推动腾退违规占用周转房34套。及时发现并推动整改改进作风狠抓落实4类共性问题。聚焦形式主义官僚主义问题，开展监督检查81次，发现并推动立行立改问题248条，处置形式主义官僚主义问题线索17件，给予党纪政务处分6人，组织处理5人，责成相关单位党委（党组）提醒谈话8人。发布节前廉洁提醒、印发加强纪律作风建设通知4期，制作推广“党员干部十不准　廉政警示牌”。处置违反中央八项规定精神问题线索19件，给予党纪政务处分8人，通报曝光典型案例16起18人。处置打架斗殴、酒驾醉驾无证驾驶问题线索38件，给予党纪政务处分38人，其中开除党籍19人，开除公职3人。给予参与“黄赌毒”党员干部党纪政务处分17人，其中开除党籍3人。

【整治群众身边腐败和作风问题】 坚持抓早抓小，全市共深化运用“四种形态”批评教育和处理342人次，“四种形态”分别占比59.4%、25.7%、3.2%和11.7%。查处村集体“三资”挪用、教育三包经费贪污侵占、医疗卫生领域利用职务便利收受财物等问题6件7人。督促困难群众救助补助资金审计发现问题整改。发现并督促整改生态岗位主体责任落实不到位、群众分红兑现不及时等问题139条。开展“欠薪”整治工作专项监督检查，督促解决“双拖欠”资金3751.71万元。市县乡村四级联动深化巩固拓展脱贫攻坚成果同乡村振兴有效衔接专项监督，紧盯政策支持力度大、投资密集、资源集中的项目梳理监督清单，发现并督促整改问题11类92条，办结问题线索3件，给予党纪政务处分2人，通报曝光典型案例3起5人，下发纪检监察建议1次。2022年，共处置群众身边不正之风和腐败问题线索25件，给予党纪政务处分6人，组织处理1人，移送司法机关2人，通报曝光典型案例3起5人。

对口援藏

安徽援藏

【概况】 2022年7月,安徽省第八批援藏工作队进藏以来,认真贯彻落实习近平总书记关于西藏工作的重要指示和新时代党的治藏方略,深入学习宣传贯彻中共二十大精神,按照皖藏两地党委部署要求,在产业培育、就业帮扶、项目建设、基层人才培养等方面加大对口支援力度,全力投入山南市疫情防控阻击战,促进民族交流交往交融,有效增强"皖藏一家亲"深厚情谊。

【党建工作】 2022年,安徽省第八批援藏工作队将学习宣传贯彻中共二十大精神作为工作队的首要政治任务来抓,通过集体学习、专题研讨、专家授课等形式,深刻领会中共二十大提出的重要思想、重要观点、重大战略、重大举措,将党的创新理论成果转化为推进援藏工作的生动实践。坚持党建工作常态化,成立工作队临时党委以及错那、措美、浪卡子县3个临时党支部,定期开展党员教育,通过重温入党誓词、参与志愿服务、巡边共建等活动,不断加强党性锤炼、凝聚团队力量。把管队伍作为基础性工作来抓,全面加强人员管理、业务培训和服务保障,确保援藏干部人才精神状态饱满、业务工作熟悉、队内纪律严明。通过抓紧调研,制定安徽省第八批援藏工作队三年规划,明确三年援藏总体思路和具体任务;形成工作规章制度10余项,涵盖项目管理、后勤保障、队内纪律和党建工作等领域,确保各项工作在制度框架内运行。成立14个专项工作组,让干部人才参与日常管理,实现自我服务、自我监督,团队的向心力和归属感进一步增强。

【智力援藏】 2022年,安徽省在省直和对口支援市2000余名报名参加援藏的干部人才中,经过层层选拔,最终确定85人援藏。协调安徽省直部门、企业高校和有关市县,定向选派50名短期援藏人才进藏工作,通过建立健全"专家带骨干""师傅带徒弟"等帮带机制,投入援藏专项资金100万元,在国家通用语言学习、基层治理能力提升等方面,对措美、错那、浪卡子、洛扎四县320名村居基层干部开展培训,带动山南干部群众解放思想、更新观念,帮助培养一支带不走的本地干部人才队伍。

【项目建设】 2022年,安徽省第八批援藏工作队按照援藏资金向基层倾斜、向农牧民倾斜的原则,安排援藏项目37个、资金14200万元,其中投入民生领域项目资金达13950万元,占比98.2%,最大限度激活援藏力量和市场力量推进产业发展,推动输血援藏向造血援藏转变。推进项目实施,抢抓项目施工黄金期,强化项目建设要素保障,在项目建设速度和工程质量等方面压实项目单位主体责任,督促其按照序时进度完成工作量。每月对援藏项目进行专题调度和现场调研,推进交往交流交融、乡村振兴、高原特色产业等35个援藏项目复工复产。将高原生态旅游与乡村振兴有机结合,投入2000余万元实施错那县曲卓木沙棘林特色旅游提升工程、措美县哲古边疆明珠小镇等项目,显著改善当地基础设施条件,将乡村旅游打造成为经济发展的新引擎。推进山南市"菜篮子"工程,打造2000亩蔬菜育苗、种植、销售、观光基地,带动当地400多名农牧民就近就业,日产蔬菜产量1万余千克，并在山南市设立蔬菜直销点，在疫情期间有效发挥市场保供、平抑物价的作用。总结历年来援藏项目实施成效，把握自治区、山南市“十四五”产业发展方向，结合对口援藏规划“十四五”中期评估调整，谋划错那县莓茶种植、措美县哲古生态旅游等一批可落地、早见效的招商引资项目，培育山南产业新的增长点。

【教育援藏】 2022年，安徽省第八批援藏工作队广泛开展皖藏教育交往交流交融，组织12名山南籍教师到安徽省名优学校跟岗学习，合肥三十五中、铜陵五中代培山南籍初高中学生240名，拓宽农牧区学生享受优质教育资源的渠道。选派20名优秀教师到安徽省对口援建的山南市第二高级中学开展教育援藏工作，推进“智慧校园”项目建设，2022年重点本科上线率同比增长11个百分点，创建校以来最高水平。疫情期间，“组团式”教育援藏工作队精心组织备课授课，制定线上教学实施方案，做到停课不停教、停课不停学，实现线上与线下同质等效，赢得山南广大师生、家长高度评价。

【医疗援藏】 2022年，安徽省第八批援藏工作队把山南市人民医院作为医疗援藏的主战场，建成自治区首家高级卒中中心、国家消化道早癌防治中心，实现527种大、中病不出市治疗，患者满意度达98.6%，市人民医院在国家卫健委全国三级综合医院考核中名列自治区第一。选派安徽省立医院2名专家领导和20名医务人员入驻山南市人民医院，实施三级预防分诊、消毒隔离等制度，设立过渡病房、ICU隔离病房，全面恢复门急诊，最大限度保障群众疫情期间就诊需求。“组团式”医疗专家通过线上培训、实地操作等方式，培训医护人员3000人次，提高一线人员防疫能力，留下一支带不走的检测队、流调队、医疗队。

【就业增收】 2022年，安徽省第八批援藏工作队推进“组团式”就业援藏，完善就业援藏考核激励机制，筹备山南市大学生就业指导中心迁址合肥。协调省内提高岗位适配性，落实16个公务员岗位和40个事业岗位，推动山南市与对口援藏市签订就业合作协议，征集优质民营企业岗位1500个以上，保障藏族毕业生在安徽顺利就业。邀请省内专家开展线上创业指导，培训山南籍高校毕业生和农牧民60余人。从受援县选派18名有创业意愿的高校毕业生到区外企业跟班学习，并在返藏后提供创业政策支持。

湖南援藏

【概况】 2022年7月，湖南省第十批援藏工作队进藏以来，主动融入新环境，勇敢担负新使命，以实际行动展示湖湘儿女的家国情怀，全力推动民族交往交流交融，扎实推进维稳援藏、经济援藏、民生援藏、文化援藏、智力援藏和招商引资等各项工作，不断为山南长治久安和高质量发展作出新贡献。

【党建工作】 2022年7月，湖南省第十批援藏工作队深入学习贯彻中共二十大精神，组织全体队员集中收看中共二十大开幕会，组织开展以“一次专题辅导、一次支部研讨、一次学习征文、一次红歌颂党”为主要内容的学习贯彻活动。推动理论学习常态化，编写印发《湖南援藏工作队应知应会理论知识二十五条》；严格落实理论学习第一议题制度，进藏以来开展队委会（扩大）集中学习8次、支部学习会110余次，重点学习中共二十大精神、习近平总书记关于西藏工作的重要指示和新时代党的治藏方略、中央第七次西藏工作座谈会、第三次对口支援西藏工作会议以及湘藏两省区有关援藏工作等重要会议精神。制定《湖南省第十批援藏工作队从严管理“十严禁”》等规章制度，列出负面清单，画出底线红线，严明政治纪律和政治规矩。制定《湖南省第十批援藏工作队请示报告制度》，要求队员重大事项须及时向工作队请示报告，工作队重大事项须及时向湘藏两地党委政府请示报告。严格执行党的民族政策，要求全体队员尊重当地民族风俗习惯。

【民族团结】 2022年7月，湖南省第十批援藏工作队不断创新载体、搭建平台，开展各类交往交流交融活动，有效增进各族群众对伟大祖国、中华民族、中华文化、中国共产党、中国特色社会主义的认同。做好西藏自治区党政代表团赴湘考察访问、湖南省援藏工作座谈会、山南市党政代表团赴湘考察访问等党政领导交流互访活动的有关联络工作，为湘藏两地间的深入交

湖南援藏项目——桑日县增期乡乡镇（村）供水工程建设项目于2021年9月开工建设，2022年5月完工投入使用，项目总投资1250万元

流提供服务保障。开展“湘遇山南·格桑花开——湘藏青少年交往交流交融活动”，邀请一批山南少数民族学生赴湘学习交流，创新设置家庭结对环节。从医疗、教育、农业、林业、住建、新闻传媒等领域选派42名中高级专业技术人才开展点对点支援，带动更多科技人才走进山南，有效促进专业技术人才交流。援藏教师采取“一帮一”“一带多”等方式，开展人才培养和传帮带。援藏医生与当地医护人员结成带教对子，开展操作带教培训。为山南籍毕业生拓展就业岗位，主动了解掌握群众和学生到湖南就业意愿，全面做好区外就业咨询服务。征集湖南就业援藏岗位4144个，包括公务员岗位15个、事业单位岗位42个、省属国有企业岗位63个。组织队员赴桑日县拉龙村开展“凝心聚力促三交，结对帮扶显真情”主题党日活动，通过结对一个藏族家庭、一名藏族学生和一名藏族干部等方式，引导队员与藏族同胞之间走心走实走亲。开展送医送药下乡和健康宣讲活动，为村民进行义诊，免费发放药品2万余元。通过举办山南市首届文创设计大赛、区外艺术家走进山南开展采风活动、湖南·山南文艺作品线上交流等方式，进一步促进湘藏两地各界人士的交流。

【民生项目建设】 2022年7月，湖南省第十批援藏工作队严格按照援藏项目资金80%投向民生、80%投向基层的要求谋划项目，开展项目调查摸底工作，在此基础上制订三年援藏工作规划、2023年援藏项目计划表，加大项目前期工作推进力度。

【教育援藏】 2022年7月，湖南省第十批援藏工作队巩固创新以全区域辐射、全学段培养、全员结对帮扶为主要内容的“三全”教育援藏模式，搭建山南三小牵手芙蓉区东风小学合作平台，提升山南三小教学质量。在疫情期间，山南三小坚持“停课不停教”，制定全学科居家学习指南，持续开展网上教学30余天。支持山南青少年在湖南省内就学，推动望城一中新增1个高中代培班，年招生规模已达80人。协助办好湖南一师师范班和湖南体育职院“苗圃计划”班。湖南一师、望城一中等省内优质学校的山南代培生规模达288人。

【卫生援藏】 2022年7月，湖南省第十批援藏工作队推进支援山南市藏医医院创建三甲民族医院复审准备工作，全力协调解决山南市藏医医院制剂室所制药品使用财政票据和推广销售配备难题，为山南群众购买藏药制剂、解决基层医疗机构藏药供应难题打下坚实基础。继续实施包虫病临床诊治与早期诊断技术研发、儿童先心病免费救治、口腔疾病防治、捐赠医疗物资设备等医疗惠民项目。组织开展先心病儿童复查确诊和免费救治活动，对40名初筛疑似患儿开展筛查确诊，将3名有手术指征的儿童送到湖南省儿童医院进行免费治疗。

【产业发展】 2022年7月，湖南省第十批援藏工作队推动“湘企入藏”，通过组织开展招商引资推介会、山南党政代表团入湘考察等方式，对接千金制药、唐人神集团、岳阳林纸、京东物流、中车株所、德旺农业等企业，初步形成投资意向。对接茶颜悦色、燕浏记、儿时味等网红企业到山南投资兴业，致力打造网红商品一条街。推动湖南泰瑞医疗高原制供氧项目、西藏山南德诺农林产业项目等完成备案、用地招拍挂、规划设计等手续。成功

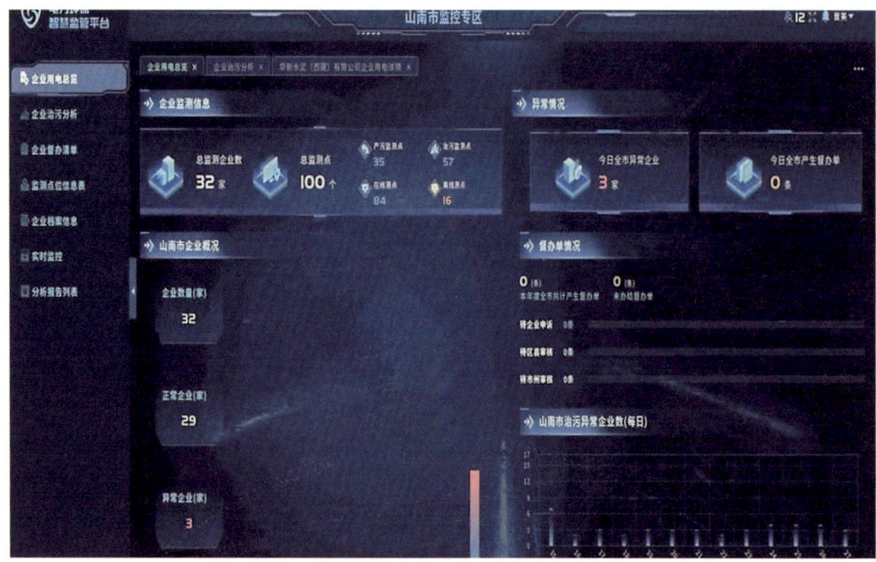

2022年9月，由湖南援建的全区首个电力环保智慧监管平台（山南版）正式运行

举办桑耶文创园线上招商交流会，吸引120余家企业参会，与15家企业保持深度洽谈。对接有关平台企业和新闻媒体，不断加大对山南特色产品的市场推介和宣传力度。充分发挥湘藏经贸中心的平台作用，推进“藏品入湘”，推动隆子藏香猪、桑日葡萄、扎囊果蔬、贡嘎矮化苹果、昌果土豆等特色农产品在区外的销售。

【智力援藏】 2022年7月，湖南省第十批援藏工作队充分发挥“小组团”人才优势，坚持通过“传帮带”，努力打造一支永不走的援藏队伍，为山南高质量发展提供有力人才支撑。集中桑耶文创园小组团力量，对接西藏自治区幸福投资集团引入专业团队启动实勘设计和内容设计，加快桑耶文创园开发建设步伐。集中旅游小组团人才力量，加大旅游营销力度，支持山南构建线上旅游营销平台，加快建设社交媒体旅游营销矩阵，推动山南旅游业积极复苏，“藏源山南 盛世边疆”精品红色乡村旅游线路入选2022年“乡村是座博物馆”全国乡村旅游精品线路，浪卡子县扎玛龙村入选第四批全国乡村旅游重点村。依托湖南科技创新资源优势，通过远程医疗、空中课堂、网络直播等信息化手段，邀请省内专家为山南提供指导服务，推动湖南优质人才资源优势向山南辐射。邀请省农科院邹学校院士团队对山南核心耕地区的微生物有机肥进行研发，为高原农牧业发展提供技术支撑。建立完善“团队带团队”“专家带骨干”“名师带骨干”“师傅带徒弟”等人才培养机制，帮助山南培养紧缺专技人才。

湖北援藏

【概况】 2022年7月，湖北省第十批援藏工作队进藏以来，主动融入西藏高质量发展大局，迅速适应高原工作生活环境，顺利完成交接。全力推动民族交往交流交融，扎实推进维稳援藏、经济援藏、民生援藏、文化援藏、智力援藏和招商引资等各项工作，受到西藏自治区党委组织部、山南市委、市政府的肯定。

【党建工作】 2022年，湖北省第十批援藏工作队坚持党建引领，全面加强援藏干部人才管理服务，着力打造政治强、作风实、业务精、守纪律的高质量援藏干部人才队伍。组织全员重点学习贯彻党中央治藏方略，继承和发扬治藏、稳藏、兴藏的成功经验。进藏后及时召开全体会议，深入开展“来藏为什么、在藏干什么、离藏留什么”主题讨论，统一思想，凝聚共识。召开7次临时党委会议，开展研学讨论7次，各支部理论学习常抓不懈。深入学习贯彻中共二十大精神。开展系列学习活动，组织集中收看中共二十大直播，开展党员干部“对党说句心里话”活动；组织全员赴山南烈士陵园开展主题党日活动，在烈士纪念碑前重温入党誓词；组织开展学习贯彻中共二十大精神知识竞赛活动。坚持以严密的组织体系贯穿援藏工作全过程，成立临时党委。明确党委成员及职责分工，设立9个党支部，将133名队员统一纳入支部管理。出台《工作季报制度》，全体队员每季度向组织报告个人工作完成事项清单。组织对第十批短期援藏人才进行期满考核，39名短援人才完成工作任务并集中安全返鄂。严格落实全面从严治党要求，织密织牢作风建设“高压电网”。严格执行援藏干部人才“十严禁”行为规范，强化政治、工作、安全和生活纪律约束。

【交往交流】 2022年，湖北省第十

批援藏工作队邀请湖北省人大、省政府领导及省司法、农业、文化等部门负责人到山南调研考察，推动多领域援助合作。先后赴各县区、重点企业、学校、医院等单位进行调研走访，形成科技援藏思考等系列基础调研报告，因地制宜谋划推进湖北援藏工作。加强文化交流，持续通过“格桑花”宣讲队、话剧、书籍、展馆等常态化开展民族团结进步宣教。以筹备雅砻文化节为契机，谋划一系列合作交流论坛。促进人才交流，探索开展市场化就业援藏，组织19名山南籍高校毕业生到湖北就业。举办山南市青少年民族团结交流活动出征仪式，组织山南115名青少年赴湖北开展学习交流活动。湖北省事业单位专项公开招聘工作人员64名，岗位首先面向山南籍高校毕业生公开招聘，空余岗位由自治区统筹面向全区西藏籍高校毕业生公开招聘，促进区外与西藏人才交往交流交融。11月22日，远程面试工作顺利完成。针对山南市生态地位突出而生态环境监测基础薄弱问题，制定出台《山南市生态环境质量监测工作管理制度（试行）》，推行工作项目清单化。指导监测人员做好持证上岗应考，邀请湖北省生态环境监测中心站专家团队，通过线上、线下结合的方式对参考人员开展集中培训。通过建制度、补短板，助力打造山南生态环境铁军，提升山南监测队伍水平。

【卫生援藏】2022年，湖北省第十批援藏工作队持续加大对医疗基础设施投资和建设力度，改善基层农牧民群众就医环境。以武汉协和医院、湖北省妇幼保健院为依托，启动“巩固二甲、争创三甲”创建活动，先后建立自治区首家“两癌”筛查中心、出生缺陷筛查中心、5G远程医疗服务平台，建成总投资1.2亿元的山南妇幼保健业务综合大楼项目。11月，启动武汉协和医院正式第二轮远程教学，从山南医疗的现状出发，制定多层次多维度的教学内容，打造符合山南医疗实际需求的“精品课程”，山南妇幼保健院以及贡嘎县、曲松县、桑日县、洛扎县等众多基层医院医护工作者上线学习，参学人数创下线上学习人数的新高，课程效果获得本地医护人员的高度评价。

【教育援藏】2022年，湖北省第十批援藏工作队充分发挥援藏教育“组团式”优势，提升教育硬件设施和教学质量。办好武汉西藏中学山南代培班，推进混班教学，促进各民族师生交往交流交融。推动华中师范大学、湖北大学支援东辉中学发展，东辉中学连续2年中考成绩全市第一。加查县中学中考成绩从多年全市倒数跃居14个县级中学前列。教育“援藏团”党员人才帮扶基层师生，开展“研学促成长、帮扶心连心”活动，到山南市措美县哲古小学、隆子县雪沙乡下木达村开展研学和对口帮扶，谋划开展研学交流、教研帮扶、关爱留守儿童、心理辅导等多项活动。

【项目建设】2022年，湖北省第十批援藏工作队紧紧围绕“十四五”对口援藏发展规划，实施2022年规划项目共五大类、37个项目（社会事业、保障和改善民生、智力工程、交流交往交融、基层组织及阵地建设），项目总投资12883万元。乃东区美丽乡村建设、琼结县强钦庄园片区乡村振兴示范项目、加查县核桃精深加工产业园项目有序推进。为克服疫情影响，助推山南市复工复产，10月19日，通过视频连线方式，协调湖北武汉与西藏山南签订远程异地评标协议，创下山南市招投标工作“三个第一”，开拓援藏工作新领域。组织湖北专家线上参与跨省异地评标，支持山南市首例跨省远程异地开评标水利项目顺利启动。

【产业发展】2022年，湖北省第十批援藏工作队坚持把产业援藏作为重点，加大招商引资力度。聚焦山南市藏鸡、高原益生菌、核桃、青稞、文旅、新能源等优势产业开展招商引资。西藏宏农一期投资100万元的羽园区已投产。以“飞地经济”模式带动山南市3个县区20个集体经济薄弱村参与藏鸡养殖，每村每年增收20万元以上，受益群众7000余户。二期于10月1日全面开工，完成投资1亿元。疫情期间，鲜蛋降价15%，向西藏市场保供鸡蛋2000余万枚，向各界捐赠鸡蛋50余万枚，提供饲料100余吨，帮助山南养殖企业共渡难关。湖北安琪集团总投资5亿元的西藏高原益生菌产业化项目已签约落地。安琪集团生物技术公共服务中心援藏分中心，联合加查县企业研发生产安琪纽特核桃油。谋划推进文化旅游项目，支持对口4个县区一县一示范，重点打造乃东区扎西曲登社区、琼结县强钦村、曲松县下江村、加查县拉岗

2022年8月6—12日，110名西藏青少年到湖北武汉参加2022年“民族团结一家亲·同心喜迎二十大”鄂藏青少年同心营活动

村乡村民宿旅游，促进山南文化旅游健康发展。积极投入、精心筹备，举办以“提信心、促流通、增收入、助发展”为主题的第42届雅砻物资交流会，工作队领队与各对口区（县）领队担任现场指挥，热情接待来访群众，保障现场活动安全有序，物交会期间成交额逾3亿元。

【科技援藏】 2022年，湖北省第十批援藏工作队协调支持湖北高校院所与山南开展科技创新合作，提升重点产业技术创新水平。协调长江大学分别与山南市政府、自治区科技厅、自治区林业和草原局、加查县政府签署战略合作协议。协调山南科技部门支持长江大学承担自治区科技项目，落实经费230万元。协调山南科技部门支持湖北农科院与山南市共建的藏鸡研究院开展技术创新，安排经费400万元。协调引进中国农业科学院油料作物所与山南合作培育筛选“双低”油菜良种。

中粮集团援藏

【概况】 2022年，中粮集团经严格审核并报中组部，精心选派2名第八批援藏干部，分别担任洛扎县委、县政府班子成员，继续开展新时代洛扎援藏工作。全年投入帮扶资金2000万元，共实施8个项目。改善民生领域补短板5个项目，涉及资金1056万元，分别为扎日乡小学学生宿舍及附属设施建设项目740万元，洛扎县德玛隆执勤点建设项目200万元，洛卓瓦隆寺周边监控系统100万元，洛扎县五保户供养中心监控系统建设项目16万元。产业发展方面1个项目，藏鸡养殖运营管理、配套黄粉虫养殖蔬菜种植循环产业项目、藏鸡蛋风味测评及包装设计改善项目总计399万元。教育援藏方面1个项目，洛扎学生配餐营养分析及视力改善项目150万元。文旅援藏方面2个项目，涉及资金320万元，分别为库拉岗日—白玛林措玉村旅游民宿改造提升项目300万元，文旅宣传广告牌制作项目20万元。

【招商引资】 2022年，中粮集团援藏工作队全面落实招商引资“百日攻坚”行动方案，积极寻商、招商，结合洛扎县库卡拉岗日—白玛林湖文旅资源禀赋，初步与西藏平措康桑文旅股份有限公司达成合作，共同实施提升改造民宿项目，实现招商引资120万元。

自西藏发生疫情以来，中粮集团援藏工作队打响“众志成城、同心抗疫、西藏必胜”口号，向洛扎紧急驰援抗疫物资。图为捐赠的一部分物资

群众团体

工会

【概况】 2022年,山南市及12个县(区)出台工会改革方案,涉及改革措施328项,市级工会领导班子实现专兼(挂)职配备,山南市及贡嘎、加查、浪卡子总工会主席实现高配。全市82个乡(镇),已建职工之家44家,提档升级职工之家2家、建成职工书屋66家。山南市职工综合服务中心建设项目,计划投资1.15亿元,开展项目前期工作。参与党建带群团组织建设攻坚行动,实现全市48家符合"三有""两新"组织全覆盖,全市符合"三有""两新"组织建会463家,发展会员6678人,建会入会率达到86%。新就业群体组织建会20家,发展会员1422人。全市557个行政村中,建会入会289个,农民工会员25人以上建制行政村137家。指导基层工会会员登记管理系统,实名制录入39114人,全市会员录入率达85%以上。

【重要会议】 2022年11月15日,山南市总工会第二次代表大会于在泽当召开,大会选举产生山南市总工会第二届委员会主席、常务副主席、副主席、常务委员会委员,山南市总工会第二届经费审查委员会主任、副主任。

【劳模推荐】 2022年,山南市总工会(以下简称市总工会)弘扬劳模精神、劳动精神、工匠精神。在原有2家劳模创新工作室基础上,创新创建劳模、工匠工作室1家,向全总、区总选派劳模参加疗休养5人、2批次。兑现28名劳模"三大节日"慰问金、荣誉津贴、困难帮扶资金7.05万元。兑现95名全国五一劳动奖章和自治区劳模专项补助资金20.9万元。为18名市级五一劳动奖章获得者发放"三大节日"慰问金1.8万元。培育选树典型,成功推选全国工人先锋号1科室(山南华康医院外科),西藏五一劳动奖状2个集体(乃东区民族哔叽手工编织专业合作社、山南贡桑禽业发展有限责任公司),西藏五一劳动奖章2个(西藏山南隆子县宗那建筑有限公司管理员占堆次仁、山南市人民医院骨科主任次仁伦珠)、西藏工人先锋号1个班组(雅砻投资有限公司山南市印刷厂星辉国旗车间)。推荐城投公司海星物业为全国"安康杯"优胜

2022年11月15日,山南市总工会召开第二次代表大会

企业。

【劳动领域责任落实】 2022年，市总工会协同信访、劳动监察等部门深入梳理劳动关系领域存在的矛盾风险，参加劳动领域政治安全工作专题会议1次，建立全市工会领域根治欠薪月报制度和中共二十大期间根治欠薪周报制度，要求各县（区）每周、每月上报区域性、行业性职工队伍矛盾隐患排查情况。开展工会领域拖欠农民工工资隐患专项排查3次，覆盖职工群众800余人次，协助市委、政府和企业把矛盾纠纷解决在基层、化解在萌芽状态。

【维权服务】 2022年，山南市市、县两级工会会同职工所在单位工会，入户走访困难职工家庭1次，跟踪监测脱困职工家庭经济收入、生产生活等情况。规范完善困难职工档案，实现精准建档、精准脱档目标，全年新增16户，脱困16户，注销2户，全市在档困难职工共计65户。筹集帮扶资金76.27万元，帮扶救助困难职工78人次。“三大节日”期间送温暖投入工会经费17.88万元，慰问团体16个，职工133人次。班子成员深入隆子、错那等6个县（区）开展调研活动，其间对16家单位7名职工进行慰问，共计3.9万元。投入工会经费17.5万元，完成区内疗休养活动1批次，惠及职工25名。年底，全市15家机关企事业单位职工参加新一轮职工互助保障活动，惠及职工1613名，参保资金32.6万元。建立山南职工维权法律服务站点1个，聘请法律顾问1人，为劳动权益受到侵害的职工提供各类法律服务。

【全国民族团结进步模范区创建】 2022年，市总工会党组班子成员深入包村支农点、乡镇、企业、困难职工家庭开展政策理论宣讲6场次，教育广大职工群众充分发扬工人阶级团结友爱、互助进步的光荣传统，促进各族职工交往交流交融，铸牢中华民族共同体意识。推选少数民族劳动模范74人，占比69%，门巴、珞巴等较少民族劳模2人，占比2%。为充分发挥优秀少数民族工人阶级代表参政议政作用，山南市工会第二次代表大会代表中，推选藏族等少数民族代表121人，占比60%。开展民族团结模范单位创建工作，党组书记讲民族团结专题党课1次，授听人数24人。开展民族团结家庭摸排活动，全市各机关企事业单位民族团结进步家庭共394户。

【高原经济高质量发展先行区创建】 2022年，市总工会开展劳动和技能培训2场次，参与职工60人次。组织职工广泛参与技术革新、技术写作、发明创造、网上练兵和“五小”等群众性活动，向区总推选创造发明3件。开展“消费帮扶新春行动”促居民消费活动，累计消费帮扶1960万元。制定《2021—2022年援助计划书》《援藏计划项目完成作战表》，及时通报各县（区），警示工作进度。实施项目34个（16个乡镇职工书屋建设项目、15个户外劳动者站点建设、疗休养项目、社会化工作者项目、工会工作经费项目、3个高原氧吧建设项目），总投资704.1万元。

【国家生态文明高地创建】 2022年，市总工会联合市林业局开展“我为山南添点绿全民义务植树竞赛活动”，全市机关企事业单位干部职工、部队官兵、生态岗位管护人员、农牧民群众代表5172人参与，种植苗木8.3万余株，增强职工群众筑牢国家生态安全屏障的责任感。支持、参与生态环境领域

2022年10月14日，市总工会干部职工慰问一线防疫工作人员

职工技术比武、岗位练兵活动，联合市气象局、人社局开展“山南市气象行业第四届县级综合气象业务技能竞赛”，全市7个县（区）40余名气象从业人员参加比赛。联合市水利局推荐全国第二届“最美河湖卫士”2名。

【国家固边兴边富民行动示范区创建】 2022年，山南市所属4个边境县，37个乡（镇）均已设立工会组织。各搬迁点建设工会组织18个，建设工会委员会1个，发展会员13人。建成全国工会职工书屋示范点1个。6月15日，党组班子成员到隆子、错那2个边境县开展“守边有你温暖有我”活动，投入资金1.2万元。投入工会经费20万元开展劳动和技能竞赛，参与职工3450人。投入工会经费12万元开展“格桑花盛开边疆”青年职工集体婚礼暨交友联谊活动。

共青团

【概况】 截至2022年底，山南市团员19100人，团组织数共有1367个，其中基层团委98个，团总支39个，团支部1193个；专职团干部52人，基层团干部1446人。团组织、团干部、团员智慧团建录入率均达到100%。全市农村、机关、学校、街道社区、社会组织等满足建团条件的基层组织均已建立团组织。在传统领域组织建设方面，农村、机关、学校、街道社区等传统领域共有团组织1361个。在新兴领域组织建设方面，社会组织共建立团组织2个，分别是山南市青年志愿者协会、山南锦砻志愿者协会。在系统和行业团组织建设方面，共建立4个团工委，分别是山南市教育、金融、国企、快递行业团工委。建立美团外卖团委。在非公有制企业方面，全市已建党且符合建团条件的非公有制企业建团率达到60%。

【团代会】 2022年11月8日至10日，共青团山南市第二次代表大会胜利召开，来自各市直单位、各县（区）的139名优秀共青团代表及团员青年代表在泽当参加会议。大会选举产生共青团山南市第二届委员会，通过题为《牢记嘱托 砥砺奋进 聚焦“走在前列”目标奋力开创共青团事业高质量发展新篇章》的工作报告。

【团干部业务培训】 2022年，共青团山南市委员会（以下简称团市委）共派出16名各领域团干部参加中央、自治区级培训班。全市参与青马工程及团干部线上培训班人数达200人。组织全市各级团组织负责人133人，开展2022年度山南市基层团干部培训暨“青年马克思主义者培养工作”培训班，提高山南各级团干部政治站位、理论素养和履职能力，增强为党和人民服务的使命和决心。组织全市各级少工委主任、少先队辅导员、少先队工作者142人开展2022年度山南市少先队辅导员线上培训班。

【团员队伍教育管理】 2022年“五四”青年节前夕，团市委组织100名2022年度新发展的团员代表到爱国主义教育基地——西藏民主改革第一村陈列馆开展“传承红色基因·永远跟党走”活动，引导他们立志坚定不移跟党走、矢志不渝听党话，从小学好本领，兴边建藏，建设家乡。严把团员入口关，坚决把政治标准放在首位，下发《关于做好2022年发展团员调控的通知》，根据团西藏自治区委团员发展编号分配指标下发山南市2022年发展团员数量1515人，同比例调控各县区团委发展团员数量。自2022年起逐步增加山南市农牧区、社会领域团员发展数量，做好除传统领域外团员发展工作，山南市团员信息系统录入率100%。开展2021年发展团员核查工作，通过网上核查、集中核查、交叉检查等方式，核查出2021年37名新发展团员存在入团志愿书抄袭和发展团员团组织审批把关不严等问题，已责令相关县区团委限期改正并重新上传入团志愿书。

【青年发展规划】 2022年，团市委发挥乃东区作为全国中长期青年发展规划实施试点县示范引领作用。争取援藏经费58万元，用于开展希望空间项目建设，加查县在19户异地扶贫搬迁点完成建设，乃东、错那、琼结推动落实工作。为山南市县级青创组织和创业青年提供线上创业培训课程账号170个，通过线上创业培训，拓宽创业青年创业思路，创业难题得到解答。实施西藏大学生乡村创业帮扶计划，为具备一定操作性和发展前景并有较大资金需求的大学毕业生创业项目提供免息借款帮助，共11名大学生申请免息借款。组织25名未就业青年开展“山南市第二届青年创业讲师培训”，发挥团组织服务青年的职能作用，为推动山南市双创工作的发展起到积极作用。成功举办“盛夏之约·如‘七’而至”山南市第三届青年交友联谊活动，共有86名单身青年参与，最终牵手5对男女嘉宾。

【“我为青年办实事”系列活动】 2022年，团市委组织17家青年文明号单位及紫竹钦瓦林联合社（见习基地代表）开展“学史力行践初心·我为青年办实事”实践活动，共计200余人参加此次活动，为赞巴组易地扶贫搬迁安置点村民送去价值2.2万元的生活物资，为4名未就业青年提供就业平台。争取教育类数字产品企业支持，为全市小学生发放1万个“一起学轻课”学习兑换码，价值400万元，涵盖作业报告、点读、错题记录、教育资讯、兴趣培养等各方面，覆盖全市1万名小学生。联合市文联10余名书法家在春节、藏历新年前夕到天马市场、白日街开展“张贴万家迎新愿望　书写中华传统美学”送春联活动，将600余副春联送到群众手中，把党和政府和关怀送到群众的心坎上。

【青少年合法权益维护】 2022年，团市委组建“12355”青少年服务台专家库，线上受理青少年心理困惑问题4个。沟通市检察院，邀请专家开展“扫黄打非·护苗”进校园活动活动，宣讲新修订《中华人民共和国预防未成年人犯罪法》内容及典型案例分析。开展“喜迎二十大、权益护航·我为青少年做件事”模拟法庭进校园普法宣传教育活动，50余名师生参加现场模拟，体验审判流程，零距离感受法庭威严，并为他们送去价值3000元的活动奖品。深入隆子、错那两个边境县开展“喜迎二十大·呵护青少年”——护航边境青少年健康成长调研帮教活动，共300余名师生参与，通过以案说法、以案释法、互动问答等形式，在隆子、错那两县中学为师生们作专题普法讲座，为60名边境困境青少年送去价值9000余元的生活物资和学习用品。组织开展“青春自护·平安春节”为主题的青少年自护教育活动，活动覆盖1000余名青少年。组织20名志愿者在一小、三小、实验学校、东辉中学门口开展“文明交通　安全出行”志愿服务活动，协助交警管理上下学时段校车及接送学生车辆，均衡交通流量、减少交通冲突、保障交通安全，劝导800余台车辆，发放交通安全宣传资料500余份、宣传物品300余件。

2022年11月28日至12月7日，团市委在泽当饭店举办山南市第二届青年创业讲师培训班。图为开班典礼

【希望工程】 2022年，团市委争取自治区青基会、对口援藏，希望工程1+1——幻助学计划”、湖南青基金会助学金等助学金共计140.3万元，全市1303名困难家庭青少年学生受助。对2021年度山南市获得“向阳花少儿医疗救助基金”5名青少年进行走访慰问，为5名青少年送去8100元医疗救助金。拍摄《团市委助力乡村振兴·服务青少年成长成才——为困境学生捐资助学》微视频。

【周末小课堂】 2022年，团市委举办“七彩格桑·周末小课堂”寒假爱心托管班，托管班以寒假作业辅导为主，以参观红色教育基地、观看红色电影和开展自护教育活动以及手工剪纸、绘画、阅读等兴趣培养活动为辅，100余名学生和25名志愿者参与。

【专题辅导】 2022年高考临近之际，团市委邀请区外心理咨询辅导专家老师在市直四所高中开展2022年“轻松备考·12355与你同行"高考减压辅导专题讲座活动，受益高三学生 2800 余人。

【西部计划】2022 年，团市委优化西部计划工作，做好大学生西部计划志愿者日常服务管理、考核评优、延期、留藏申请及管理服务等工作，全年共有 195 名西部计划志愿者在医疗、卫生、教育、扶贫等领域进行志愿服务。

【重要精神贯彻学习】2022 年，山南市各级团组织分别在中共二十大开幕会和建团 100 周年庆祝大会当日组织 3.6 万名、2.5 万名团员青年、少先队员通过电视、网络等媒体收听收看。结合山南实际、共青团特色和青少年特点开展线上学习培训班、中共二十大宣讲会等各类活动 130 余场，学习逾 6.8 万人次，推动全市青少年学习贯彻中共二十大精神和习近平总书记重要讲话精神走深走实。

【爱国主义教育】2022 年，团市委抓住元旦、清明节、"六一"、"七一"、国庆节等重要节点开展"喜迎二十大·争做新时代好队员"为主题的开学第一课、"清明祭英烈"实践、"七彩格桑·周末小课堂""学习讲话精神　欢庆六一节日"等系列主题教育 100 余场，受教育人数 6 万余人次。选派山南边境 4 个县共 10 名优秀少先队员到拉萨参加 2022 年"边境少年研学行，红色教育润童心"研学实践教育活动。开展以"喜迎二十大、永远跟党走、奋进新征程"为主题的教育实践活动，截至年底，山南市各级团组织共开展集中学习 1823 次，覆盖全市 12 个县（区）团委、8 所市直学校团委、15 个市直单位团支部、3 个团工委，覆盖全市 1.9 万名青年、基层团干部，学习达 5 万人次。

2022年11月25日，团市委、市青联联合团琼结县委在琼结县下水乡易地搬迁点举行希望空间·筑梦启航项目揭牌仪式

【新媒体作用发挥】2022 年，团市委组织团员青年参与"青年大学习"网上主题团课 30 期，累计学习超 30 万人次。组织少先队员参与"红领巾爱学习"网上主题队课 16 期，学习率达 100%，激发广大青少年主动学习习近平新时代中国特色社会主义思想的热情和韧劲。"青春雅砻"微信公众号粉丝量增长至 1.3 万人，原创内容推送量增加，共发布内容丰富、形式多样、青年喜爱的推文 700 余篇，受众广度显著提升。

【先进示范作用发挥】2022 年，山南市荣获区级以上"两红两优"先进个人称号 7 人、先进集体称号 2 个，荣获"西藏青年五四奖章"集体称号 1 个，荣获 2022 年度全区青年安全生产示范岗创建集体称号 3 家，获评 2021—2022 年度市级青年文明号单位 4 家。全面开展"红领巾奖章"争章活动，按照《"红领巾奖章"实施办法》《关于使用"红领巾奖章"章样图案规范开展争章活动的工作指引》有关规定要求，认真开展定章、争章、考章、颁章活动。推报山南市加查县洛桑卓玛荣获"中国电信奖学金·飞 Young 奖"。从推报的"红领巾奖章"个人 113 个、集体 76 个中最终评选出山南市 2022 年度"红领巾奖章"三星章个人 30 个、集体 15 个。组织各级少先队广泛开展"喜迎二十大·争做好队员"主题队日活动，全市各级少先队探索实施分批入队仪式，新入队少先队员 5000 余名。开展"中国青年五四奖章（集体）事迹分享会"3 场，来自各行各业青年代表近 200 人聆听分享会。

【铸牢中华民族共同体意识】2022 年，团市委开展皖藏青少年民族团结融情交流主题营活动，共选派山南市各县（区）学生120人，到安徽省合肥市、芜湖市交流学习。开展鄂藏青少年民族团结融情交流主题营活动，选派乃东区、琼结县、扎囊县、加查县学生110人，到湖北省武汉市交流学习。“团情陪伴·情暖新春”“手拉手 心连心 民族团结一家亲”“石榴籽一家亲”、湘藏两地青少年携手“云”上过“六一”等活动10余场，参与活动人数逾1000人。鄂藏、皖藏、湘藏两地少年儿童书信往来1万余封，增强各对口援助山南省份的少年儿童对党和祖国的热爱和对中国文化、中国特色社会主义道路的认同感，不断巩固和发展各民族大团结的大好局面。组织返乡大学生、西部计划志愿者在市儿童福利院开展“团情陪伴·情暖新春”送温暖活动，共200余人参加。北京冬奥会期间，组织大学生志愿者和50余名中小学生结对共同开展“青春爱运动·一起迎冬奥”线上打卡活动，互相分享家乡传统习俗，传播优秀传统文化。成功挂牌山南市青少年铸牢中华民族共同体意识教育基地，进一步铸牢山南青少年中华民族共同体意识。

【中共二十大精神线上有奖竞答活动】 2022年12月1—7日，团市委在全市各族青少年中开展中共二十大精神线上有奖竞答活动。此次答题活动以中共二十大报告、《中国共产党章程》、《西藏自治区民族团结进步模范区创建条例》等内容为题，活动参与7122人，共答题1.8万次，累计抽奖3612人次。

妇联

【概况】 2022年，山南市共有12个县（区）级妇女联合会，83个乡（镇）级妇女联合会，555个村妇代会，69个市（中）直妇委会。

【妇女思想政治引领】 2022年，山南市妇女联合会（以下简称市妇联）充分发挥联字优势，参与巾帼大宣讲。深入开展“跟党奋进新征程巾帼建功新时代”巾帼大宣讲暨全国三八红旗手“四进”示范宣讲等活动，各县（区）妇联开展巾帼大宣讲活动线下200次，受益107951人次，线上次37次，受益10687人次。组织单位干部职工开展“巾帼心向党 寄语二十大”活动，共同聆听习近平总书记代表十九届中央委员会作的报告，在“雅砻女性”微信公众号上及时推送基层妇联“喜迎党的二十大”主题活动。召开学习中共二十大报告精神专题研讨会3次。党组书记、主席以学习中共二十大精神为题讲党课、宣讲4次。开展“学习新党章 启航新征程”主题党日活动1次。

【“家家幸福安康工程”】 2022年，市妇联组织党员干部在隆子县玉麦乡、扎日乡开展全国首个家庭教育宣传周系列活动及“少年儿童心向党”为主题的亲子阅读，组织玉麦乡农牧民群众举行国家通用语言学习开班仪式。寻找推荐民族团结、爱党爱国、勤劳致富、热心公益、平安和睦、孝老爱亲、教子有方、移风易俗、绿色节俭、清正廉洁10类100户“最美家庭”。制订《市妇联开展“不让毒品进我家”活动方案》，参与“禁毒宣传”活动。组织英雄路离退休党总支妇联等4个基层妇联的妇女志愿者90余人在泽当社区开展“共建清洁美丽世界”宣传及垃圾清理活动。推选命名市级2022年“美丽家园 幸福人家”示范户120户，引导广大家庭养成良好的卫生习惯和文明健康的生活方式。开展“把爱带回家——送温暖、送家风到家”活动，为易地扶贫搬迁点的16名儿童发放价值4800元的冬日温暖礼包，为10名贫困妇女发放价值8000元的厨具，为边境搬迁户发放价值3.6万元的“母亲邮包”。联合市卫生健康委员会等6家单位下发《关于印发〈山南市妇女“两癌”综合防治工作实施方案〉的通知》，下发《山南市妇联关于山南市妇女“两癌”综合防治工作的行动方案（试行）的通知》。为打隆镇康萨社区驻村工作队解决1.6万元的帮扶资金购买大米、面粉、砖茶，帮助46户巾帼志愿者家庭疫情后恢复生产生活。从妇女工作经费中为7名“两癌”妇女解决救助资金3.5万元。严格落实疫情防控措施，组织成立领导小组，制订工作方案，成立疫情志愿服务队，畅通维权热线，按照要求处置疫情期间捐赠的防疫物资，在山南市应对新冠肺炎疫情防控工作领导小组第十四场新闻发布会上，介绍疫情发生以来全市各级妇联，广大妇女和家庭在疫情防控中发挥作用情况。

【乡村振兴巾帼行动】 2022年，市妇联打牢民族团结妇女群众基础，铸牢中华民族共同体意识。组织各族各界妇女举办以“巾帼心向党 喜迎二十大”为主题的“3·28”西藏百万农奴解放纪念日系列活动，为英雄路离退休党总支、山南市巾帼健身队、非遗囊玛堆谐队三家“妇女之家”发放扶持物资共计16.96万元。为罗林离退休党总支妇联创建“妇女之家”解决扶持资金7.3万元。在隆子、加查、桑日县参与创建全国民族团结进步模范区工作调研。聚力“四个创建”“六个走在全区前列”，服务强边固边。制订《市妇联关于深入贯彻党的二十大精神 助力山南走在全区前列的工作方案》，在隆子县扎日乡桑巴东村、错那县浪坡乡聚塘村实施“妇女儿童之家”提质扩容项目。协调组织全区第22期尼姑及驻寺干部培训班在乃东区昌珠镇西藏民主改革第一村克松村、山南市博物馆、乃东区结巴乡西藏第一个“朗生互助组”的诞生地、隆子县列麦精神纪念馆、隆子县玉麦乡桑杰曲巴故居等参观学习。联合自治区、林芝市妇联组织墨脱县33名妇女群众在山南市隆子县玉麦乡开展“回信记心间 争做戍边人”边境研学交流活动。开展援藏项目对接工作，及时研究通过《关于2022年湖南省妇联“援藏项目”的实施意见》《关于2022年湖北省妇联“援藏项目”的实施意见》，督促乃东区妇联、加查县妇联按照《2022年湖南省妇联对口援助山南市项目实施方案》《加查县妇联在安绕镇拉宇村创建“妇女之家”示范点工作实施方案》明确的项目建设内容抓好建设工作。

【妇女儿童权益保障】 2022年，市妇联颁布实施《山南市妇女发展规划（2021—2025年）》和《山南市儿童发展规划（2021—2025年）》。制定《山南市妇联系统“八五”普法工作实施方案》，深化“建设法治西藏·巾帼在行动”“送法进万家 家教伴成长”等活动。举办“家庭教育促进法”讲座2次，召开市域社会治理专题会议1次。

【“三八”活动】 2022年，山南市各县（区）妇联在“三八”节日期间和三月学雷锋送温暖活动中慰问困难群众593人，发放物资及慰问金合计34.4万元。利用“三八”维权周等节点，开展宪法、反家庭暴力法、妇女权益保障法、家庭教育促进法等普法宣传，发放宣传材料12549份和宣传品1518件。

【“六一”活动】 2022年，市妇联开展“六一”国际儿童节系列活动。6月8—10日，配合自治区妇联、中国空军某部赴洛扎县拉郊乡、边巴乡“蓝天春蕾学校”开展调研。空军部队分别为两所“蓝天春蕾学校”各送去1万元慰问金，自治区妇联为学生们赠送学习用品和“爱心毛衣”。市妇联为加查县异地搬迁小学发放价值3000元的学习文具。6月15日，配合自治区妇联在市第二高级中学举行“雪域蓝天”奖学金发放仪式，为50名在校学生以每人2000元的标准，发放奖学金共计10万元。

【妇联干部队伍建设】 2022年，市妇联召开改进作风狠抓落实动员部署会议、推进会各1次，制订《市妇联党组关于进一步改进作风狠抓落实工作细化方案》，进行自查自纠，党组书记以“筑牢拒腐防变的思想堤坝，做忠诚干净担当的妇联干部”为主题上廉政党课。选

2022年7月27—29日，全区妇联改革现场交流推进会在山南召开。自治区妇联领导及其他六地市妇联领导干部出席会议

2022年12月15日，山南市第二次妇女代表大会在泽当召开

派干部参加区内外业务培训3批、15人。举办培训2次，党组书记分别以《深入学习贯彻党的十九届六中全会精神铸牢中华民族共同体意识》《深入学习贯彻党的二十大精神 推动妇联工作高质量发展》《妇联干部如何提高履职能力》为主题，对县（区）乡镇村居基层妇联干部、妇联主席进行"领头雁"培训。召开山南市第二次妇女代表大会，产生妇女代表180名，选举第二届妇联执委27名、常务委员会组成人员13名。选拔任用干部2名，其中，三级主任科员晋升二级主任科员1名，专技人员提任妇女儿童活动中心副主任（八级管理岗位）人员1名。

工商联

【概况】2022年，山南市工商业联合会（以下简称市工商联）响应市委、市政府号召，引导民营经济人士牢牢把握中国经济总体向好的发展态势，不断增强发展的信心和韧劲。引导民营企业迎难而上、自强不息，为党分忧、为国效力、为民造福。截至年底，全市民营经济市场主体达到43100户，注册资金5823700万元，同比分别增长9.48%和4.38%。其中，登记注册民营企业6630户、注册资金5104400万元，同比分别增长12.83%和5.16%。上缴税收153000万元，占全市的90%，同比分别增长12.83%和5.16%。

2022年山南市民营经济发展情况表

表1

企业类型		统计指标	期末实有		同期对比	
			2021年12月	2022年12月	增长量	增长率（%）
总计	民营经济市场主体	户数（户）	40290	43100	2810	0.7
		注册资金（元）	55225406600	58237000000	3011593400	54.53
其中	私营企业	户数（户）	5110	6630	1520	29.75
		注册资金（元）	48786611800	51044000000	2257388200	46.27

2022年山南市重点民营企业情况表（排名不分先后）

表2

企业名称	注册资金（万元）	营业额（万元）	年利润（万元）	资产总额（万元）	纳税额（万元）	就业人数（人）
西藏海思科药业集团股份有限公司	107668.622	268381.34	19270.05	474644.80	13015.04	1371
西藏山南羊湖建设集团有限公司	16000	49063.17	239.07	77830.79	1730	2104
西藏弘树建设有限公司	5200	260830	230	348518	476	1250

续表 2

企业名称	注册资金（万元）	营业额（万元）	年利润（万元）	资产总额（万元）	纳税额（万元）	就业人数（人）
山南市月光建筑有限责任公司	3700	4710.0646	2826.038	15714	317.7335	240
西藏雅砻文化旅游产业开发有限公司	5000	1200	200	6601	35	72
山南乃东哗叽民族服饰有限公司	3000	31700	5153	42775	4833.18	127
隆子县日当镇宗那建筑有限责任公司	5000	20100	1030	15030	2100	521
山南市永创发展建设有限公司	5000	3954	258	32694	102	863
西藏稞源农业开发股份有限公司	1000	612	91.8	5000	免税	45
西藏宏农农业发展有限公司	10000	186	–731	20629	0.95	126
西藏绿之源现代农业科技股份有限公司	6258	234.9	–261	8715.6	免税	23
扎囊县西普休闲观光农业发展有限公司	5000	5752.65	1100.99	15000	328.77	158
西藏藏草新绿生态发展有限公司	2100	148.28	–791.69	4278.68	1.22	16
西藏叁柒伍零商贸有限公司	100	450	36	2000	12	13
西藏雅润房地产开发有限公司	1000	8660	670	9938	421	24
桑日县帕竹荣顺（净土）庄园有限公司	1396	397.3	32.69	4237	23.1	15
山南健民医院有限公司	500	7360	3096	3395	69	140
山南拉康电站有限公司	60000	45.87	38.66	410620.53	164.93	7
西藏金珠雅砻藏药有限责任公司	1134.33	6082.07	157.67	13585.34	704.05	119

【惠企政策落实】 2022 年，市工商联充分发挥联系服务企业的桥梁纽带作用，宣传自治区人民政府 38 条“稳经济一揽子优惠政策”、19 条“临时性措施”“山南市复工复产 10 条措施”。加强与市直相关部门的沟通协调，采取“退减免降缓”多种方式加大政策解读力度，帮助企业掌握好、用好政策，提振民营企业发展信心。5 月、6 月，分别邀请市财政、发改、人社、人行、税务等部门业务骨干，组织全市会员企业，举办以“助企纾困——政策解读会”为主题的民营经济大讲堂、全区民营经济领域“扎实稳住经济一揽子政策措施”解读视频会议，全年集中宣讲 83 场次，累计培训辅导 2072 人次。解读 2022 年新出台的《稳经济大盘激市场活力》支持疫情防控和复工复产税费优惠政策指引 86 项措施，加大全市增值税期末留抵退税 76008 万余元、小规模纳税人免征增值税 1766 万余元、小微企业所得税优惠政策减免 2214 万余元，阶段性降低失业、工伤、保险费率缓缴社保政策，缓缴医保费 248 万元。失业、工伤保减费 1198 万元实施非居民用水欠费不停供，和 10% 应缴水费 6 个月补贴措施，减免水费共 50 万余元。10 月，以腾讯视频会议形式召开市民营企业常态化疫情防控和复工复产座谈会议，讲解区、市两级复工复产、复商复市优惠政策等。出台《山南市扶持民营企业贷款贴息的补充通知》，共为 48 家企业贷款贴息 200 万余元，撬动银行贷款 69 万余元。下发《市工商联关于《贯彻藏政发〔2022〕14 号、藏政发〔2022〕18 号文件精神》的通知》，转发《山南市人民政府印发〈山南市关于贯彻落实〈关于稳经济若干临时性措施〉的配套措施〉的通知》，配合企业申请房租补贴资金 192.43 万元。

【招商引资】 2022 年，市工商联向自治区工商联推送上报山南市幸福家园局招商引资项目 45 个、农业农村局边境搬迁点产业项目 21 个、乡村振兴局边境村产业项目

11个和乡村振兴项目8个。

【政商关系】 2022年，市工商联加强宣传贯彻落实《关于完善山南市民营企业诉求督办督查机制的通知》，拓宽民营企业诉求渠道。协调有关部门解决措美县月光建筑有限公司历史遗留问题。下发《民营企业遗留问题清单》，全年共收集各县区民营企业12条遗留问题，报送市政府督查室督办。向市中级人民法院发出《关于建议提前审理判决土地权益纠纷案件的函》，建议提前审理判决裕建综合开发有限公司与乃东区国土局土地权属案。将民营企业调查点扩面，由原来60家企业调查点增加到100家。

【社会责任履行】 2022年，市工商联引导民营企业聚焦“四件大事”、聚力“四个创建、“六个走在全区前列”，在光彩事业、乡村振兴、生态保护、强边固边、疫情防控中履行社会责任，展现新时代民营企业家精神。开展“万企兴万村”行动，下发《关于组织动员民营企业参与易返贫监测户结对帮扶工作的通知》，倡导企业参与帮扶工作。39家会员企业与17户脱贫不稳定户、26户易返贫致贫户、3户突发重大困难户，共46户157人建立结对帮扶关系。开展消费扶贫行动，会员企业累计购买农畜产品总价达14480100元。全年民营企业捐款6703000元慰问低收入群体及边境搬迁群众，吸纳就业537人，创收11159000元。8家企业向125户农户分红509500元。

【民营经济人士参政】 2022年，市工商联落实山南市“六个走在全区前列”的要求，引导民营会员企业深入开展理想信念教育，巩固党史学习教育成果，增强民营经济人士感党恩、听党话、跟党走的思想自觉和行动自觉。贯彻落实山南市民族团结进步模范区创建工作要求，持续推进模范区创建进企业活动，铸牢中华民族共同体意识，唱响时代主旋律。继续实施“两新”组织全覆盖攻坚行动，持续推进“四好”商会建设。全年共吸收会员组织4个，整顿软弱涣散企业党支部1个。发展党员31人，转为正式党员9人，吸收入党积极分子10人。

【营商环境优化】 2022年，市工商联深入学习宣传贯彻《西藏自治区优化营商环境条例》，开展减证便民行动。落实市场准入负面清单制，开展公平竞争审查。健全联系民企常态机制，广泛开展政、银、企面对面活动。11月，市工商联、人行、邮储银行、中国银行和市直25家核心会员民营企业主要领导举行政、银、企对接会，宣讲中共二十大精神，宣传惠企政策，建立金融机构与企业良性互动机制，出台《山南市金融工作联系机制》和《政、银、企对接机制》。山南浩瑞汽贸有限公司与邮储银行签约合作，拉开政、银、企良性互动的序幕。

【民营企业招聘】 山南市政府每年设立高校毕业生就业补助资金1000万元，鼓励企业吸纳高校毕业生就业。截至2022年底，提供新开发岗位355个，完成岗位开发数的101%。吸纳286名高校毕业生就业。引导全市会员企业吸纳农牧民转移就业，要求对辖区内的会员企业招用农牧民转移就业，全年提供岗位527个，吸纳1813名农牧民就业。指导帮助企业完善公司治理制度，引导民营企业加强信用体系和标准化建设，提升自我发展能力。引导羊湖建设集团公

2022年5月27日，市工商联在维也纳酒店五楼会议室举办以助企纾困政策解读为主题的民营经济大讲堂活动

2022年7月22日，市工商联在岗全体党员干部及市商会、非公有制企业各党支部党员代表在党员活动室开展喜迎党的二十大暨7月主题党日活动

司借鉴阿里巴巴管理模式为员工设定职级考核晋升程序吸引和留住优秀人才。鼓励西藏宏农农业公司借签上市公司管理模式，吸纳农牧民75人本地就业。

【合作交流】 2022年，市工商联制定招商引资百日攻坚行动的细化方案，与湖北、湖南、安徽三省工商联进行对接，推进招商引资项目，邀请参加山南雅砻文化节的招商推介活动以及西藏自治区藏博会的招商引资相关活动。因疫情原因最终没有开展成。8月，发出倡议书，动员全市民营会员企业参加疫情防控。共有174家民营企业通过爱心捐赠、志愿服务、减免房租等形式参与疫情防控，累计捐款捐物共价值3011万余元，参加志愿服务5200余人次。截至10月底，企业为承租商铺减免租金2439万余元。

【重要会议】 2022年，市工商联根据区、市两级关于换届工作相关指导意见和《中华全国工商业联合会章程》，严把程序关，树立正确的选人用人导向，召开山南市工商业联合会第二次代表大会，全面总结和回顾山南市工商联5年以来的各项工作、经验措施和差距不足，明确今后5年的总体要求和目标任务，审议通过《山南市工商业联合会第二次代表大会决议》，选举产生新一届领导机构和领导班子。

【非公党建】 2022年，市工商联按照《中国工商业联合会章程》和统战工作条例推进民营企业、商会党建工作。调整充实山南市商会党支部成员，理顺商会党建工作管理体制。不断扩大商会党建覆盖面，成立2家商会党组织。支持和参与民营企业党建工作，对会员企业符合“三有”标准进行全面摸底统计。组建党总支1个（党支部4个）、单建党支部10个、联建党支部2个、挂靠党支部3个，规范党员档案189份，覆盖企业数17个，实现党的组织和工作全覆盖。选派50名发展对象参加市委“两新”工委举办的发展党员培训班学习。选派4名党务工作者参加“全区宣传员及党建负责人培训班”学习，支持企业党组织更好发挥在职工群众中的政治核心作用、在企业发展中的政治引领作用。

残联

【概况】 2022年，山南市残疾人联合会（以下简称市残联）制定出台《山南市残疾人事业发展行动计划（2021—2025年）》。推进残疾人基层协会建设，全市共有83个乡镇残疾人协会，572个村级（社区）残协，422名残协专职委员。协调市藏医院、人民医院为各县（区）残疾证到期的1186人进行重新鉴定，并及时换证。完成残疾人基本服务状况和需求信息数据动态更新系统信息采集工作。认真贯彻落实全国残联系统援藏会议精神，争取湖北省残联援藏资金40万元，安排6名工作人员赴湖北省考察学习。协调安徽、湖南两省各选派1名短期援藏专业技术人才进藏开展康复工作。加强基础设施建设，争取总投资400万元的市残疾人托养服务中心附属设施及业务设备能力提升改造工程项目。实施市残疾人康复中心和托养服务中心后期提升改造工程项目。

【换届选举】 2022年，市残疾根据《中华人民共和国残疾人联合会章程》和《自治区地（市）、县（区）残联换届工作的意见》，市残联起草《山南市残疾人联合会第二次代表大会工作方案》，经自治区残联和市委批准同意，于2023年1月9日召开市残联第二次代表大会，完成换届选举工作。

【残疾人就业培训】 2022年，市残联举办残疾人技能培训班2期，77名残疾人受训。选送7名残疾人参加自治区缝纫技能培训。开展残疾人就业保障金征收工作和年审工作，征收残疾人就业保障金5603万元。开展就业援助月宣传活动，发放宣传资料300余份，为50余人提供政策法规咨询和就业指导。制定《市残联关于做好巩固拓展脱贫攻坚成果同乡村振兴战略实施方案》，对63名易返贫残疾人监测户的家庭基本情况进行全面核查。对44名应届残疾大学毕业生建立“一人一策”，开展跟踪就业服务指导。对全市16—59周岁三、四级有就业能力的残疾人情况进行摸底统计，经统计共计7212人。其中，通过集中就业、按比例就业、自主创业、灵活就业等方式已实现就业6035人，农村户口5904人，城镇户口131人，未就业农村户口1163人，城镇户口14人。

【二代残疾证办证】 2022年，市残联协调市藏医院、人民医院为各县（区）残疾证到期的1186人进行重新鉴定，并及时换证。截至年底，全市持证残疾人共16911人。

【残疾人康复托养】 2022年，市残联为23名残疾儿童免费提供集中托养和康复服务。举办一期由桑日、贡嘎、洛扎3个县84名县（区）、乡镇、村（居）三级医师参加的家庭医生签约残疾人基本康复服务技术人才培训班。开展残疾儿童康复救助3名，实施肢体（脑瘫）残疾儿童康复救助21名。为全市790名残疾人适配各类辅助器具992件。

【扶残助残】 2022年“三大节日”和全国助残日期间，市残联对20户易返贫残疾人监测户和18名残疾儿童进行慰问，发放慰问金共计3.8万元。各县（区）残联为全市易返贫残疾人监测户及困难重度残疾人发放慰问金共计8.057万元，发放宣传资料680份，政策解答318人，为102名残疾人发放辅助器具共34件，为347名残疾人发放衣物362件。开展“党的光辉照边疆　博爱温暖千万家”“衣恋集善·幸福温暖”项目、湖南省援藏“三交”项目——“湘”助残障人士等扶残助残活动。为894名残疾人和残疾学生送去运动鞋、棉鞋等生活用品和价值136.4万元的慰问物资。康达实业和爱婴堡公司为25名残疾儿童送来价值5万元的慰问品。为全市11名环卫工残疾人和3名重度残疾人发放慰问金1.4万元和鞋子、袜子、卫衣等日常物资。

【惠残资金】 2022年，市残联为140名残疾人拨付“阳光家园”计划资金21万元；下拨残疾人文化家庭“五个一”工程资金3万元；下达残疾人事业发展补助（中央彩票公益金）困难重度残疾人家庭无障碍改造项目649户、305.9万元；为100名精神重度残疾人发放办证补贴资金1.5万元；为69名有劳动能力且有就业愿望参加实用技术培训人员拨付补贴资金15.05万元；为34名自主创业残疾人拨付创业扶持资金58.5万元；为3名创业的残疾大学生拨付扶持资金15万元；向各县（区）残联下拨中央专项彩票公益金——残疾儿童康复救助资金43.6万元；下拨自治区、市级残疾儿童康复救助配套资金186.93万元。

2022年4月27日，市残联到错那县开展残疾人自主创业入户回访工作

2022年6月21日，市残联在市瑞通驾校举办第一期残疾人汽车驾驶C照培训班，为全市12个县（区）60名残疾人开展免费培训

【结对帮扶活动】 2022 年，市残联对扎囊县吉汝乡沙布夏村 5 户和格色村 8 户结对帮扶户送去 9400 元资金并填写《扎囊县脱贫攻坚结对帮扶四联台账》。

文联

【概况】 山南市文学艺术界联合会（以下简称市文联）是中共山南市委员会领导的由全市性文艺家协会和全市性的产（行）业文学艺术界联合会组成的人民团体，成立于 1993 年 3 月，自 2019 年 12 月机构改革后设定副县级团体单位，内设综合科，下设文学艺术服务中心，配备行政编制 4 名，事业编制 5 名，其中行政领导 2 名，有行政人员 6 名、事业工作人员 5 名。市文联下属三大协会，包括作家民间文艺家协会、美术摄影书法家协会、音乐舞蹈曲艺家协会。2022 年，市文联开展文艺惠民活动，完成 4 期《山南文艺》出版工作，收集编辑《山南文艺》期刊创办以来的 200 多部（篇）优秀作品，出版 5 本《山南当代文学丛书》丛书及文学采风作品《雅砻纪行 II》。

【“喜迎党的二十大”文艺惠民活动】 2022 年，市文联举办“倡导全民阅读　建设书香山南”喜迎党的二十大第二十七个世界读书日活动。向山南职业技术学校捐赠各类书籍 2000 余册、书法作品 55 幅、摄影作品 30 张。举办山南市喜迎中共二十大书法美术作品展，展出书法作品 60 余幅、摄影作品 30 余张。市文艺家创作关于“喜迎党的二十大”文艺作品共 390 余个，其中文学作品 14 篇、摄影作品 300 余张、书法作品 50 余幅、音乐作品 1 首、美术作品 25 幅。在“山南文艺”微信公众号开设“喜迎二十大·欢度国庆节”“喜迎二十大　奋进新征程”等文艺作品展专栏，推送 6 期、50 余个文艺作品。

【采风活动】 2022 年，市文联邀请国内知名文学艺术家 20 人，深入山南各边境县，围绕反映中共十八大以来山南社会经济发展所取得的辉煌成就、习近平总书记关于加强和改进民族工作的重要思想及“四个创建”“四个走在前列”等主题，开展“深入生活、扎根人民”的文学、摄影采风创作活动。创作 11 部文学作品及 300 张摄影作品。

【“迎新春、送春联”文化惠民活动】 2022 年 1—2 月，为营造节日的

2022年1—2月，市文联组织开展“迎新春 送春联”活动

氛围，“三大节日”前夕，市文联组织山南书法家协会会员，在乃东、加查、扎囊、贡嘎、浪卡子、桑日等各县（区）举办“迎新春、送春联”文化惠民活动。活动为群众赠送3000副对联和500多幅新年祝词，活动还为群众免费发放年挂历及各类书籍共3000册。

【送书法进边关活动】 2022年，市文联邀请6名中国书协、北京书协及区内知名书法家，深入边防一线，为部队官兵、干部职工、师生、群众送出500余幅现场创作的书法作品，并现场开展书法培训3场。

【“雅砻文艺讲堂”活动】 2022年6—12月，为进一步加强文学艺术对社会引导作用，增进市文联三大协会会员及广大文艺爱好者之间的文艺交流，相互了解，相互促进，提高服务群众能力，开办3次“雅砻文艺讲堂”活动，参加260余人次。

2022年4月23日，市文联组织开展“倡导全民阅读　建设书香山南”第二十七个世界读书日活动

【《山南文艺》工作】 2022年，市文联按照《出版管理条例》和《报刊出版管理规定》相关要求，编辑部严格把关政治观，严格执行三审三校制度，保质保量按时完成编辑出版任务，全年共出版4期，每期印刷2000册，共印刷8000册，每季度期刊赠送给各学校、文化活动室、农家书屋、寺庙书屋等文化场所。

【“文艺两新”组织】 2022年，市文联调研对山南“文艺两新”组织基本情况进行摸底掌握，组织召开“文艺两新”代表座谈会，分析研究“文艺两新”工作中存在的薄弱环节，探讨加强“文艺两新”工作的思路和举措。参与中国舞蹈家协会中国舞等级考试西藏山南考级点考试工作。推荐山南市文艺家参加中国文联第三期新文艺群体网络培训班。

法 治

政法 综治

【概况】 2022年，中共山南市委员会政法委员会(以下简称市委政法委)始终把维护稳定作为第一位的任务，把疫情防控作为头等大事，以防范化解各类风险为着力点，以构建全方位、立体化社会治安防控体系为抓手，开展市域社会治理、扫黑除恶专项斗争、“先进双联户”创建活动，深入推进平安山南、法治山南建设。

【政法工作会议】 2022年1月25日，召开市委政法工作会议，自治区人大常委会副主任、市委书记许成仓出席并讲话，充分肯定2021年山南政法工作取得的显著成效，深入研判当前政法领域面临的形势任务和风险挑战，从“全面深入学习贯彻落实习近平总书记关于政法工作、社会治理、维护稳定的重要论述和区党委工作要求；深刻认识政法工作面临的新形势和风险挑战；坚持警钟长鸣、警惕常在，全力以赴维护国家安全和社会稳定；坚持党对政法工作的绝对领导，推动各项工作任务落实落地”四个方面，对2022年政法工作提出明确要求。市委常委、政法委书记、市公安局党委书记扎西平措从“总结成绩经验，防范风险挑战，不断提振做好新时代山南政法工作的信心决心；锚定任务使命，强化硬核举措，奋力推动新时代山南政法工作高质量发展；坚持党的绝对领导，改进作风狠抓落实，切实推动新时代政法工作各项任务落地见效”三个方面，对2022年政法工作进行具体安排部署。

【法治山南建设】 2022年，市委政法委把学习习近平法治思想作为一项重大政治任务和必修课，纳入理论学习中心组、党支部等重要学习内容，依托“学习强国”学习平台等平台，推动党员干部线上线下自主学习。开展政法干警大学习、大培训、大讨论活动，并纳入党委党校重要培训内容，培训领导干部1500余人次。制定实施《关于推进政法部门加强法治化营商环境的实施意见》，充分发挥执法、司法、守法、普法职能作用，市政法系统93名县处级领导干部联系57家民营企业，保障市场主体健康发展。紧盯群众期盼、百姓需求，深入开展“政法惠民十件实事”活动，

2022年1月25日，市委政法工作会议在泽当召开

不断优化服务流程，拓展服务内涵，完善服务机制，10件实事项目全部落地见效，人民群众安全感、获得感和满意度得到持续提升。

2022年12月11日，市委政法委召开全市2022年度平安建设考评动员部署会议

【维护稳定】 2022年，市委政法委坚持把维护稳定作为第一位的任务，加强力量配备和装备保障建设，巩固完善实战练兵机制，持续动态更新完善突发事件预案体系，全面推进“7+1”维稳模式，最大限度下沉警力、发动群众，从严落实社会面打防管理措施，常态化开展风险隐患摸排处置，依法加强宗教事务管理，持续推进扫黑除恶专项斗争常态化，坚持矛盾纠纷“动态清零”，依法严厉打击“盗抢骗”“黄赌毒”和电信网络诈骗等各类违法犯罪活动，侦破涉恶九类案件6起，抓获犯罪嫌疑人9人，破获刑事案件149起、216人，查处治安案件436起、1058人、电信诈骗案58件，八大类案件破案率位于全区前列。

【普法宣传教育】 2022年，市委政法委落实“谁执法谁普法”普法责任制，开展平安宣传月、宣传周、宣传日活动，充分利用政法新媒体作用，宣传《中华人民共和国宪法》《中华人民共和国民法典》《中华人民共和国国家安全法》《中华人民共和国反有组织犯罪法》及打击整治养老诈骗等相关法律法规知识、法治动漫、法治讲座及普法典型案例，开展各类法治宣传教育共2800余场次，发放宣传资料30余万份，受教育达26余万人次。成立2个宣讲组，结合政法中心工作和基层一线实际，深入12个县（区）开展集中宣讲46场次，受教育人数达2万余人，在全社会营造全民学法、尊法守法、遇事用法的良好法治氛围。

【平安建设】 2022年，市委政法委以同步推进市域社会治理现代化试点工作为牵引，研究制定《关于建设更高水平的平安山南的实施意见》《关于着力推进社会治理体系和治理能力现代化走在全区前列的实施方案》等，全面推进网格化精细化管理，精准划分网格2258个，配备专兼职网格员5147人，建立群防群治组织6783支，青年志愿者5984名，优化整合联户单位1301个，调整联户长1686人，平安建设覆盖率达100%。坚持和发展新时代“枫桥经验”，充分发挥“云”调解站、乡贤馆、点单式调解等作用，畅通和规范群众诉求表达、利益协调、权益保障通道，调解各类矛盾纠纷1604起，解决资金4284.5万元，协调解决群众反映的利益诉求2138条。1193名领导干部参与四级接访，受理办结群众信访问题67件，760个调解组织、4122名调解员成功调处矛盾纠纷287件，纠纷涉及金额2028.12万元。关于防范化解邻里家庭矛盾风险工作的经验与思考在全国市域社会治理创新交流会议上进行交流，防范化解社会矛盾风险隐患经验做法在《法治日报》上刊登报道。完善立体化社会治安防控体系，“雪亮工程”项目建设通过中央初验，在线率达91%，辅助破获各类案件45起。推广使用“一标三实”等平台，共采集标准地址21.8万余条，人口信息29.2万余条，单位8679个，房屋8.1万余间，整合各类数据资源系统19个。服务与管理融为一体的智能化门牌建设有序推进。强化公共安全隐患治理，发现并整改各类安全隐患1800余处，排查化解涉铁“双拖欠”问题24起。

【公正廉洁执法】 2022年，市委政法委加强执法监督，深入推动公正廉洁执法，成立工作专班，完成执法司法案件“回头看”暨执法监督检查活动，梳理全市2017年以来各类案件19005件，交叉评查262件。按照“案结事了、事要解决”工作目标，办结区党委政法委转交办涉法涉诉信访案件、反应举报干部违法违纪等案件3件；市级受理办结案件2件。深入推进政法改革，积极稳妥推进法院检察院省级以下财物统一管理改革和市公检法涉案财物跨部门统一管理中心建设。

【政法队伍教育整顿】 2022年，市委政法委坚持把学习宣传贯彻中共二十大精神，习近平新时代中国特色社会主义思想、习近平法治思想和《中国共产党政法工作条例》等党的创新理论作为首学内容、必学内容、常学内容，加强政法机关党的政治建设，深化忠诚、为民、担当、公正、廉洁的政法干警核心价值观教育，培育政法职业精神，举办县（区）委政法委书记、乡镇政法委员、综治专干和政法干警政治轮训班3期、195人，联合市委国安办举办《关于加强涉稳风险隐患防范化解工作的指导意见》等11个指导意见视频培训班，效果良好。广泛开展轮值轮训、实岗练兵、技能比武活动，培训干警2500余人次，“请进来、走出去”78人。开展全市政法干警参与赌博、经常性出入娱乐场所、违规高额借贷等专项整治行动，全覆盖开展谈心谈话，个人自查4248人次，主动反映问题50条，已全部完成教育整改工作。

公安

【概况】 2022年，山南市公安局（以下简称市公安局）从严从实落实好防风险、保安全、护稳定的各项措施，坚决贯彻从严管党治警总方针不动摇，坚决捍卫国家政治安全、维护社会大局稳定、提升社会治理效能、保持严打整治高压态势、打好疫情防控攻坚、确保边防巩固边境安全、服务山南长治久安和高质量发展。全年未发生政治性、群体性和暴恐、自焚、个人极端等案事件，未发生重大公共安全事故。全面落实“谁办案谁负责”“谁审核谁负责”“谁审批谁负责”的执法责任机制，主动加强与检察机关的沟通协调，认真落实刑事案件“两统一”制度，不断提高案件质量和诉讼效率。共审核刑事立案88起，不予立案13起，撤案4起，刑事复议案件2起。

【受立案制度改革】 2022年，市公安局健全接报案登记制度，建立接报警登记、受立案登记等执法基础台账，加强对案件警情登记的监督力度，严格落实受立案时限要求，严管警情源头，严防案件流失，同时落实对群众上门报案“三个当场”（当场进行接报案登记、当场接受证据材料、当场出具接报案回执并告知查询案件进展情况的方式和途径）刚性要求，防止有案不受、受案不查、立案不侦等情况的发生，切实做到有警必接、有案必受、受案必核、立案必查。

【“一站式”执法办案管理中心建设】 2022年，市公安局紧贴执法办案实际需要，强化执法办案管理中心使用管理，最大限度发挥执法办案管理中心作用，按照公安部“四个一律”要求，推动落实刑事案件、行政案件全部进入办案中心办理。截至年底，山南市公安机关基本实现刑事、行政案件办案流程均通过执法办案中心完成。

【执法指导】 2022年，市公安局针对山南市重大、疑难、复杂案件，案管中心提前介入，对案件的定性、证据的收集固定、规范执法程序全方位进行执法指导和监督，实时提供法律服务保障，为案件成功侦破

2022年1月30日，全市公安县（区）局长会议在泽当召开

及顺利诉讼起到积极作用。全年提供执法指导110次。

【执法监督机制改革】 2022年,市公安局主动接受检察机关的法律监督,全面强化警检协作配合,成立山南市人民检察院、山南市公安局侦查监督与协作配合办公室,联合印发《侦查监督与协作配合工作实施细则(试行)》,全力推动工作落实落细。全年共召开5次公检联席会议,讨论疑难复杂案件。

【执法司法案件"回头看"】 2022年,市公安局按照《深入开展执法司法案件"回头看"暨执法监督检查活动的实施方案》和《执法司法案件"回头看"工作提示函》要求,对市委政法委抽取的全市公安机关办理的20起案件进行评查,并填写案件评查表20份。

【执法质量考评】 2022年,市公安局通过西藏公安机关执法办案系统进行网上考评查阅山南市公安机关案件卷宗60余册,检查涉案财物管理登记台账30余册。

【分流案件接收】 2022年,市公安局对行政执法机关移送的案件、其他公安机关移送的案件,统一接收,严格审查,根据公安机关各警种的职责分流至相关警种依法办理。全年接收其他行政执法机关移送案件6起。

【法律顾问和公职律师制度】 2022年,市公安局有登记在册的公职律师4名,主要承担立法、法律适用、合同审查、民警维权、重大决策咨询、民事行政诉讼、重大涉警舆情处置等工作。全年共提供法律咨询28次,审查法律合同17份,为案件办理提供法律服务指导8次。

【制度机制建设】 2022年,市公安局制定《山南市林草行政执法与刑事司法衔接工作办法》《关于扎实履行公安法制职责切实做好"百日行动"法治服务保障的通知》《山南市公安局执法办案管理中心疫情防控工作方案》等一系列制度机制,强化公安机关内部执法监督管理。

【执法教育培训】 2022年,市公安局落实"谁执法谁普法""谁管理谁普法""谁服务谁普法"的普法责任机制,组织开展"1・10"中国人民警察节宣传、"4・15"全民国家安全教育日宣传、"5・12"防灾减灾宣传、"5・15"经侦宣传、5月民法典宣传、"6・26"禁毒宣传等法律宣传活动,宣传习近平法治思想和各类法律法规。全年组织开展普法宣传活动16次,向群众发放各类宣传品及宣传资料56000余份。4月,组织编写《山南市公安机关法律实战大练兵题库》,并印发全市公安机关学习。10月27日,市公安局组织召开领导干部学法专题会议,学习习近平法治思想之习近平总书记的重要文章《坚持走中国特色社会主义法治道路,更好推进中国特色社会主义法治体系建设》及解读领学《中华人民共和国宪法》《中华人民共和国反有组织犯罪法》《中华人民共和国民法典》相关内容。

【社会治安治理】 2022年,市公安局社会治安防控体系领导小组按照公安部、区公安厅相关建设标准规范和工作要求,结合"雪亮工程"建设和市域社会治理现代化城市争创工作,立足于破解治安防控工作的痛点和难题,积极探索政企合作采用购买服务方式快速开展社会治安立体化防控信息系统建设。按照公安部《全国公安机关加快社会治安防控体系建设行动计划》《全国公安机关社会治安防控体系建设指南》和大数据智能化建设标准及工作要求,协调本级财政支持1530万元,采用"9+1+N"架构完成应用系统建设。除考核中心因需求不明确未完成开发外,所有其他系统均已完成建设。结合山南市公安局服务器资源情况,已完成治安立体防控体系与华为云平台ARM架构的适配工作,并完成在公安云平台的部署。完成大数据汇聚平台,汇聚社会化采集、视频结构化等各类数据资源,整个平台已经接入数据20余类。为夯实基础,加强"一标三实"采集,已采集标准地址86620条,实有房屋93242条,实有人口326100条,实有单位9450条。

【公民出国境服务管理】 2022年,市公安局严格出入境证件签发管理。开展暂缓办理出入境证件的群众宣传教育引导工作,严防盲目出境造成交叉感染。严格申请资料审核把关,按照"重细节、用技巧、深询问、严审查"的工作原则,坚决落实"五必问"工作要求,切实落实各项审查机制,坚决确保证件签发安全。全年办理公民因私普通护照3起、3人；成功劝阻非紧急非必要出境1起、1人；接收异地协查函13件，其中核查人员信息4起、4人，审核批准5起、5人，复函驳批4人。开展出各项入境信息核查工作。通过移民出入境管理信息系统，先后协助相关部门核查7921人的出入境证件持有情况及出入境记录信息。

【境外人员服务管理】 2022年，市公安局本着以人为本、便民利民的原则，就常住山南市尼泊尔籍人员的中华人民共和国外国人永久居留身份证办理事宜多次到尼泊尔驻拉萨领事馆、公安厅出入境管理总队寻求帮助，协调市委统战部、贡嘎县委统战部、贡嘎县公安局、杰德秀镇派出所、居委会沟通协调。通过多方共同努力，已于9月成功为其办理“永居证”。加强对各涉外宾馆、饭店的业务指导和培训力度。全年共接待境外人员88人次，办理中华人民共和国外国人旅行证13团、20人，办理中华人民共和国外国人居留许可1起、1人，办理中华人民共和国外国人永久居留身份证1起、1人。深入本市13家涉外宾馆、饭店检查指导工作16次、排除系统故障4起，撤销涉外酒店资质3起、3家。

【交通安全管理】 2022年，市公安局紧扣“人、车、路、企”四大要素，消除道路交通安全隐患，夯实交通安全基层基础。采取交管业务电话告知、上门通知及媒体曝光等方式，督促重点车辆和驾驶人按期参加检验、审验、换证，提高“两客一危一货”等重点车辆检验率、报废率、违法处理率以及重点驾驶人审验率、换证率。山南市重点车辆检验率为86.9%，重点车辆报废率为98.4%，重点驾驶人隐患清理率为93.2%。推进道路交通安全隐患排查整治，将排查出的隐患，形成隐患清单，通报相关部门，督促责任单位及时整改。全年共排查各类道路交通隐患942处，已整改166处，未整改726处，正在整改50处。对全市客运、货运企业进行走访检查，督促企业落实安全管理主体责任、运输企业安全管理制度、驾驶人安全教育、车辆安全检查等机制，全面排查企业所属车辆检验、违法处理、GPS监控记录等，驾驶人是否存在交通违法行为。对在检查中发现的问题现场督促企业落实整改，落实安全主体责任。检查危化品运输企业、客运企业48次，建立完善重点车辆台账429份，开展涉毒驾驶员排查270人次。以公安部交管局督办山南市农村道路安全隐患突出路口路段治理攻坚项目任务清单为重点，推进农村公路平交路口“一灯一带”建设工作，完善农村道路标志标线标牌建设，夯实农村道路通行安全基础。发挥农村“两站两员”作用，全面筑牢农村安全防线。山南市已建成“两站两员”劝导站17个（一级劝导站16个、三级劝导站1个），配备劝导员37人。以“七进”宣传活动为载体，以“一盔一带”、礼让斑马线、“12·2”全国交通安全宣传日等主题宣传活动为契机，开展交通安全宣传活动，营造交通安全强大声势。开展交通安全宣传活动200余场次，发放宣传资料8万余份，受教育6万余人次。启动交警执法站17个，查处各类交通违法行为53868起；全市机动车保有量为64673辆，驾驶员保有量为59220人；接报道路交通事故43起，造成10人死亡，42人受伤，直接经济损失71万元，与2021年同期相比，事故起数减少22起，下降33%，受伤人数减少42人，下降50%，死亡人数减少3人，下降23%，直接经济损失减少164600元，下降19%；发生适用简易程序处理的道路交通事故1189起，同比2021年减少312起，下降20%。

【队伍建设】 2022年，市公安局完成民警录用1人，协助中共山南市委组织部开展推荐、管理区县（自治县）公安局领导干部1人次，晋升实职39人次。严格根据《中华人民共和国人民警察警衔条例》《首次评定授予人民警察警衔的标准》《人民警察警衔工作管理办法》《人民警察选升警衔的暂行办法》和警衔微调等有关规定，向公安厅政治部报送首次授衔人员56人，晋升警衔333人次。严格按照《中共中央组织部 公安部 关于调整建立公安机关执法勤务、警务技术职级序列的通知》文件要求，全年开展技术评审65人次。严格按照中央组织部、自治区党委组织部相关工资待遇政策，执行民警职工的基本工资、西藏特殊津贴、津贴补贴、警衔津贴、特殊警种岗位津贴、值勤岗位津贴、政法干警岗位津贴、取暖费、住房补贴、高海拔折算工龄补贴、通信补贴等，扣缴养老保险、医疗保险、住房公积金等。协调主管部门，研究制定《山南市公安局执行人民警察值勤岗位津贴实施办法(试行)》《山南市公安局执行加班补贴补助实施办法(试行)》,按照考勤情况执行值勤岗位津贴和法定工作日之外加班补贴。根据民警调整岗位的情况区分执行一、二类值勤岗位津贴标准,根据民警加班天数及市局财务情况,动态调整法定工作日之外加班补贴标准,不断完善津补贴动态调整机制。

【"大走访、大调研、大化解"活动】 2022年,为扎实推进"大走访、大调研、大化解"专项活动,最大限度化解矛盾纠纷及解决人民群众急难盼的事情,山南市两级公安机关积极强化工作责任,召开"大走访、大调研、大化解"专项活动动员部署大会,制订下发《山南市公安机关组织开展"大走访、大调研、大化解"活动实施方案》,成立工作领导小组,统筹推进专项活动的落实,市公安局主要领导的安排部署下专班组深入12个县(区)重点督导检查各基层派出所、警务站、寺庙警务室,重点检查相关工作台账、工作开展情况、数据比对信息。活动期间,共出动警力24083人次、警车7113辆次。完成一户一档建立92187户,入户率达到100%,其中走访农牧群众97564户,群众312024人;走访外来人员21495户,群众30280人;走访寺庙262座。共排查发现特困家庭991户、残疾人员8277人,孤寡老人896人。共发现各类矛盾纠纷3545起,涉及人数4970人,涉及资金145923321元。调解矛盾纠纷1604起,涉及人数2478人,资金42844640元。移交其他部门纠纷1738起,涉及人数2280人,资金84676682元。正在办理各类矛盾纠纷203起,涉及人数212人,资金18401999元。排查发现群众反映的利益诉求2138条,其中证照类办理问题诉求174条(已解决174条);户籍类问题530条(已解决530条);民生类问题诉求1434条(已解决1250条、移交相关单位、部门184条)。共排查死亡未注销444人(已注销),参军入伍未注销户口47人(已注销),申请更正户籍信息变更349人(已解决)。深入村居、居民家中、企(事)业单位等地开展各类法律宣传共1859次,发放宣传资料22.6万余份、宣传品2694份,受教育群众达35万余人,推广辖区群众下载、注册"国家反诈中心"App共76882人。

【"净网2022"专项行动】 2022年,市公安局上报"净网"工作专刊15期。清理上报网络涉枪爆、网络赌博、网络色情等违法网站,核查本地舆情信息91条。梳理备案信息系统使用单位87家,系统132个,新增备案单位20家,重要信息系统26个,部署85家市直单位开展网络安全自查,开展现场监督检查56家次,印发《网络安全限期整改通知书》40份,发布网络与信息安全信息通报18期,清退违规上网人员30余人次,教育违规上网人员5人次,行政警告网吧3家次,检查非经营性上网服务场所150余家次,梳理备案本地网站71家,新增备案审核网站4家,开展技术检测31次,发现重要信息系统漏洞8000余个,发放《网络安全隐患告知书》18份、《网络安全限期整改通知书》40份。

【"昆仑2022"专项行动】 根据2022年2月28日全国公安机关"昆仑2022"专项行动动员部署会议精神和《西藏公安机关"昆仑2022"专项工作方案》要求,结合实际,市公安局制订《山南市公安机关"昆仑2022"专项工作方案》,成立专项领导小组,进一步明确职责任务,细化工作措施,压实主体责任,确保有效有序落实专项行动各项工作任务。各县(区)公安局按照山南市公安局既定方案要求,完善制订专项行动工作方案,并成立专项领导小组。

打击危害食品安全犯罪行动("昆仑2022"1号行动)。为全力整顿、规范辖区内多食品市场秩序,严防食品领域违法犯罪及事故发生,确保辖区群众吃得放心、用得安心,结合食用农产品"治违禁、控药残、促提升"三年行动,农村假冒伪劣食品专项执法行动,农资打假专项治理行动等联合行动,山南市县两级公安机关部门深入辖区超市、商店、综合农贸市场等重点区域、对制售假种子、假化肥、假农药等假劣农资犯罪;制售病死畜禽肉制品,假牛羊肉等犯罪,普通食品、保健食品非法添加西布曲明、那非类等传统有害物质以及双醋酚丁等是否存在无证、违章、违规经营、保质期是否有效及食品质量是否合格等情况进行大清查大排查。2022年,市公安局检查大型超市98家次、商铺332家次,未发现食品安全领域违法犯罪行为

2022年8月14日，市公安局执勤民警在山南体育场维持核酸检测秩序

和相关违法犯罪线索。

打击危害药品安全犯罪行动（“昆仑 2022”2 号行动）。为切实维护山南市医疗美容行业秩序和市场经济秩序，确实保障人民群众身体健康和生命财产安全，结合实际，聚焦医疗美容行业群众反映强烈的突出问题，根据 2022 年 1 月 20 日，全国公安机关依法严厉打击制售假药劣药重点攻坚专项工作动员部署视频会议精神和 2022 年 2 月 18 日《全区公安机关依法严厉打击制售假药劣药犯罪重点攻坚专项工作方案》要求，结合山南市工作实际，制订《山南市公安机关依法严厉打击制售假药劣药犯罪重点攻坚专项工作方案》，成立专项工作领导小组。按照相关要求，协同市场监管等有关部门对辖区卫生院、诊所、制药企业、汉族医药材和藏药材市场、寄递物流业等重点场所开展监督检查工作。2022 年，检查药品制售点 15 家、诊所 26 家、医药超市 18 家、卫生室 21 家，发放宣传资料 400 余份，暂未发现相关线索。

打击危害生态环境安全犯罪（“昆仑 2022”3 号行动）。为更好的保护山南市生态环境资源促进生产力，坚持青山绿水就是金山银山的理念，结合当前开展的“昆仑 2022”专项工作，紧盯群众生活密集区等重点地段，在常态化打击的基础上，会同相关部门深入各自辖区，推进涉危险废物安全生产专项整治三年行动等联合打击整治行动，重点打击非法排放，倾倒、处置固体废物尤其是危险废物、篡改环境监测数据或干扰、破坏环境监测系统，以及危害国家重点保护职务犯罪，破坏自然保护地、非法占用农用地犯罪；盗伐滥伐林木，非法收购、运输盗伐、滥伐林木犯罪，无证开采、以探代采、以建代采、不按批准矿种、超出批准矿区范围等盗采矿产资源的行为等稀土资源及其他矿产资源犯罪。根据全市森林资源督察反馈问题整改工作推进会议部署要求，市公安局作出安排部署，研究协调整改事项和核实案件，依法依规推进，该受理的受理、该立案的立案，该处置的处置，把握整改时机，有序完成各类整改事项。

打击侵权假冒犯罪行动（“昆仑 2022”4 号行动）。为有效打击整治坑害群众利益、危害生产生活安全、妨碍企业创新发展的侵犯知识产权犯罪和制售伪劣商品犯罪，机电建材、家电汽配、妇幼用品、服饰箱包等领域制售假冒伪劣商品犯罪，以及跨国境实施制假售假的犯罪，根据自治区打击侵权假冒办《西藏自治区打击侵权知识产权和制售假冒伪劣商品通知》要求，调配合市场监管双打办、网信办等职能部门开展大排查，大检查工作，2022 年，市公安局检查烟酒专卖店 4 家、检查超市 6 家、医药店 4 家、餐饮店 3 家。未发现侵权假冒违法犯罪行为。

依法严厉打击破坏野生动物资源违法犯罪（“昆仑 2022”5 号行动）。为进一步贯彻落实自治区、公安厅关于依法严厉打击非法野生动物市场和贸易，打击盗猎、运输、加工、出售为一体的黑色产链相关工作会议精神和部署要求，结合“昆仑 2022”专项工作，紧紧围绕生物多样性以及人与自然和谐共生，确保野生动物资源安全，聚焦出售、运输、危害珍贵、濒危野生动物制品犯罪；非法狩猎犯罪；收购、运输、出售路野生动物犯罪，涉互联网、涉敏感物种，涉外来物种和跨境破坏野生动物及其制品犯罪，非法捕捞水产品罪，坚持以“零容忍”的态度加大打击破坏野生动物资源违法犯罪活动力度，2022 年，市公安局联合相关职能部门，深入辖区重点林区、野生动物栖息地、野生动物迁移洄游通道、土特产商场、农贸综合市场、花鸟市场、餐饮馆、野生动物驯养繁殖等重点部位、重点区域开展大清查、大排查、大整治行动。排查餐饮酒店56家(处)、农贸市场13家(处)、野生动物驯养繁殖基地2家(处)、野生动物活动区域11处,发放宣传单3000余份,开展宣传活动11次。

检察

【概况】 2022年,山南市人民检察院(以下简称市检察院)聚焦检察主责主业忠诚履职,山南检察发展模式从数量规模型向质量效益型转变,全市检察机关共办理各类案件1105件。

【重要会议】 2022年1月27日,市检察院党组书记、检察长刘发林主持召开全市检察长(扩大)会议,市委政法委副秘书长黄政海受邀出席会议并代表市委政法委讲话,两级检察院共邀请13名人大代表、政协委员列席会议。会议深入总结2021年全市检察工作,安排部署2022年全市检察工作。刘发林提出全市两级检察工作"一体推进、上下联动、同频共振"的检察工作总体思路。

【维护国家安全和社会稳定】 2022年,市检察院办理危害国家安全犯罪案件6件。常态化开展扫黑除恶斗争,以办理打非治乱犯罪案件为途径,办理涉九类案11件、19人,与2021年相比,寻衅滋事犯罪下降25%;市检察院与市公安局、国家安全局会签出台《关于常态化扫黑除恶斗争侦诉工作衔接办法》,与市法院联合制定《关于常态化扫黑除恶斗争诉审工作衔接办法》。努力维护金融秩序,市检察院与中国人民银行山南支行联合制定《关于常态化扫黑除恶斗争涉及洗钱罪定罪入刑的工作衔接机制》,助推区域金融安全持续向好。配合开展曲松"9·26"安全责任事故调查,为安全生产秩序持续稳定提供有力法律保障。开展强基惠民工作,两级检察院选派18名干警投身驻村工作,不断夯实党的基层基础。

【经济检察】 2022年,山南市两级检察院依法维护社会主义经济秩序,办理破坏社会主义市场经济秩序罪10件、17人。推进涉案企业合规改革,市检察院牵头与18家单位会签《关于建立山南市涉案企业合规第三方监督评估机制的实施办法》。巩固拓展脱贫攻坚成果同乡村振兴有效衔接,对因案返贫、致贫群众开展司法救助,办理国家司法救助案件40件、40人,发放救助金51.3万元。持续推进反腐败斗争向纵深发展,办理职务犯罪案件23件。助推市域社会治理现代化,在寄递行业、安全生产、社区矫正等领域发出社会治理类检察建议23份,让检察建议成为社会治理"良方"。开展隆子机场、森布日人民医院等重点工程建设领域检察监督工作,进行线索排查17次,核实线索8条,保障项目依法依规顺利实施。

【普法宣传】 2022年,市检察院开展"八五"普法,落实"谁执法谁普法"责任制,针对防范电信诈骗、婚姻家庭纠纷等内容以案释法宣讲243场次,在微信公众号开设藏语汉语普法专栏,打造卓玛和扎西原创动漫人物,用群众听得懂、愿意听的方式,推动全民普法、守法、用法。

【诉求渠道建设】 2022年,市检察院延伸检群联系渠道,统筹推进"12309"检察服务中心建设,两级检察院建成检察服务中心13个,浪卡子、洛扎、错那、隆子4个边境县院在普玛江塘、玉麦、珞瓦新村等边境村镇建成检察联络站16个,为群众提供便捷司法服务。全面落实"群众信访件件有回复"制度和领导包案办理首次信访制度,2022年接待群众信访85件105人次,来信来访答复率达100%。完善律师互联网阅卷制度,协助辩护律师开展异地阅卷4人次,受理互联网阅卷申请3人次,实现服务"零距离"。

【未成年人检察】 2022年,市检察院开展校园及周边安全排查整治工作,对市直7所学校及周边30多家商铺、网吧、宾馆等场所进行矛盾纠纷和安全隐患排查。在市人民医院设立未成年人"一站式"办案救助中心和青少年心理抚慰室,共织未成年人"保护网"。53名正、副检察长、检察官在54所学校担任法治副校长、法治辅导员,携手各方为孩子们撑起一片法治艳阳天。对全市7452名教职员工开展违法犯罪记录查询专项活动,将"大灰狼"挡在校门外。两级检察院在全市范围内启动未成年人犯罪记录封存专项监督检查，对近10年来49件71人未成年人犯罪案件归档和封存情况进行监督，制发书面检察建议2份，口头建议11次，防止未成年人因为轻微犯罪前科而被社会抛弃，保障他们能够顺利“无痕”回归社会，重回正轨。

【社会监督】 2022年，市检察院以“最严谨的标准、最严格的监管、最严厉的处罚、最严肃的问责”守护好舌尖上的安全，两级检察院结合“两大节日”和“开学季”，重点检查超市、农贸市场和批发部等经营场所食品安全，督促行政机关查处假冒伪劣食品131千克。防范化解安全风险，助力老旧小区消防设施整治，市检察院督促政府部门对公租房配置安装482个消防设施，拧紧小区“安全阀”，对某小区86部电梯进行特种设备检验，及时消除电梯安全隐患，保障出行“第一步”。琼结、浪卡子、洛扎、措美、曲松等县院开展燃气安全公益诉讼检察专项监督活动，防范于未“燃”。乃东区院对辖区内烟花爆竹批发零售点进行专项安全检查，筑牢公共安全防线。开展“消”字号抗（抑）菌制剂非法添加公益诉讼检察专项监督活动，保障更加安全的抗（抑）菌制剂产品供给。深入开展军地检察协作，与山南军分区签订《关于加强山南边防部队与检察机关协作工作的实施方案》。

【刑事检察】 2022年，山南市两级检察院受理审查逮捕犯罪嫌疑人99人，受理审查起诉342人。贯彻落实“少捕慎诉慎押”刑事司法政策，对轻微刑事犯罪嫌疑人依法不捕42人、不诉63人。加强羁押必要性审查，对诉讼中不需要继续羁押的决定变更强制措施3人，有效降低诉前羁押率，最大限度减少和转化社会对立面。积极适用认罪认罚从宽制度，2022年适用率89.5%，确定刑量刑建议采纳率96.6%，一审服判率97.37%，提高办案效率，节约司法资源。加强刑事诉讼监督，对有案不立、立案不当的监督立案3件、监督撤案1件；纠正漏诉1人；提出抗诉4件。加强刑事执行监督，对看守所开展执法监督13次；办理监督线索2件，制发看守所活动监督检察建议1份；对暂予监外执行案件提出纠违式检察建议2份；在对财产刑案件专项检察工作提出口头建议1份，以“检法协作”破解财产型执行监督难题。提升刑事办案质效，2022年“案—件比”为1：1.24，比2021年下降13.16%。用好侦查监督与协作配合办公室，召开联席会议30次，协商刑事案件50次，嵌入式监督协作达共赢。

【民事检察】 2022年，山南市两级检察院受理案件198件，比2021年上升29%。办理当事人申请监督案件6件，对审查认为正确的民事裁判，依法不支持监督申请2件。加强民事审判和执行活动监督，依职权办理审判程序违法监督案件122件、执行监督案件49件，对文书不规范等问题提出检察建议16份，比2021年上升45%，采纳率100%。做好民事支持起诉工作，对未成年人、农民工、贫困群众等弱势群体起诉维权的，依法支持起诉21件，涉及资金138.9万元。

【行政检察】 2022年，山南市两级检察院注重发挥行政检察维护司法公正、促进依法行政的双重作用，受理各类案件20件。审查行政生效裁判结果申请监督案件1件，依法作出不支持监督申请决定，同步做好释法说理、服判息诉

2022年3月17日，乃东区人民检察院“支持起诉岗”入驻乃东区人民法院，在乃东区人民法院诉讼服务中心举行“支持起诉岗”揭牌仪式

工作，维护司法既判效力。开展全面深化行政检察监督依法护航民生民利、保障农民工工资支付专项活动，组织各县院对辖区行政执法行为进行监督，重点调查涉及公安行政、自然资源、水利、市场监管、住建、林草、生态环境、应急管理等行政机关违法行使职权或者不行使职权行政检察监督案件线索。对行政机关怠于向人民法院申请强制执行案件进行排查，共审查行政处罚类卷宗、文书98册（份），对存在问题的行政处罚案件制发行政违法检察建议19份，督促行政机关纠正。探索建立行政检察与行政执法衔接工作机制，与山南市消防救援支队联合制定《关于建立消防救援行政执法与行政检察监督工作衔接机制的意见》，共同助推山南公共领域消防安全治理，形成保护人民群众人身财产安全工作合力。

2022年11月30日，市人民检察院联合浪卡子县人民检察院在浪卡子县张达乡康如村举行党的二十大精神宣讲暨司法救助金发放仪式

【公益诉讼检察】 2022年，山南市两级检察院受理公益诉讼案件线索99条，立案97件。通过办案，督促治理恢复被污染水源地3处、面积1.35亩，保护被污染土壤0.45亩；督促清除处理违法堆放的各类生活垃圾3.35吨，回收和清理生产类固体废物6.38吨。开展"护农护耕"监督活动，加查县院联合农业农村局排查发现过期农药18992瓶、过期或无生产日期种子3011袋，及时通报相关行政机关处置。落实"河湖长+检察长"机制，围绕水资源保护、河湖水域岸线管理保护、水污染防治、水环境治理开展巡河检查。创新"司法+生态修复"办案模式，积极做好办案的后半篇文章，实现惩处犯罪与保护环境双赢。

【疫情防控和复工复产】 2022年，山南市两级检察院206名干警投身抗疫一线，开展社区、消毒消杀、卡点执勤等工作。妥善办好涉疫案件，借助侦查监督与协作配合办公室排查涉疫类治安案件199件。助推疫情依法防控，乃东区院会同卫健委、泽当街道办事处等10余家政府部门，对人口密集的重点区域和居民小区均未设置"废弃口罩专用回收桶"事宜进行磋商，促使废弃防疫用品安全规范有序处置。市检察院向民政局制发《关于做好疫情防控期间留守儿童、困境儿童、孤儿权益保证工作的提示函》，对疫情期间儿童监护问题进行全面排查。以检察履职助力复工复产，两级检察院依法监督有关部门对生活垃圾处理、食品药品经营秩序加强监管，对企业和施工项目开展"大走访"，立足企业司法诉求精准服务，帮助解决各类问题16条。

【队伍建设】 2022年，市检察院完成内设机构改革，对15个部门整合优化，对30名在编人员重新定岗，配齐配强机关中层干部。抓实人员分类改革，两级检察院完成10名检察官第三批入额工作，逐级遴选检察官1名，招录聘用制书记员11名，公开遴选公务员2名。按照《山南市县级以下法院、检察院财物统管改革实施方案》的部署和要求，推进法院检察院省以下财物统一管理改革，保障依法独立公正行使职权。抓好检察长列席法院审委会制度，两级检察院检察长共列席法院审委会6次。落实特邀检察官助理制度，在98家行政机关聘任98名特邀检察官助理，破除办案中的专业知识瓶颈，借助外脑聚智赋能。用好检察援藏政策优势，湖北、湖南检察机关选派6名干部进藏带队伍、促业务，通过"援受相长"，把"检察一家亲"的制度优势转化为更实发展效能。

法院

【概况】 2022年，山南市中级人民法院（以下简称市法院）推进民族团结进步模范单位和“为群众办实事示范法院”创建活动，统筹加强维稳安保、疫情防控、审判执行、司法改革、队伍建设等各项工作，紧紧围绕“努力让人民群众在每一个司法案件中感受到公平正义”目标，坚持服务大局、司法为民、公正司法，忠实履行宪法法律赋予的职责，为山南长治久安和高质量发展提供有力的司法服务保障。全年受理各类案件5006件，同比下降6%，其中刑事案件252件，占5.03%；民商事案件2696件，占53.85%；行政案件22件，占0.44%；执行案件1979件，占39.5%；管辖、保全、司法鉴定等类案件57件，占1.1%；审执结4780件，同比上升0.4%，综合结案率95.49%，法定审限内结案率99.62%，案件结收比为107.75%。市中级人民法院受理案件337件，审执结320件，综合结案率94.46%，法定审限内结案率98.03%，案件结收比为105.21%。

【刑事审判】 2022年，市法院坚决打击危害国家安全犯罪，审结煽动分裂国家、资助危害国家安全犯罪等案件8件、9人。依法严惩刑事犯罪，审结故意杀人、故意伤害、抢劫、强奸等暴力犯罪案件18件、18人，盗窃、敲诈勒索、养老诈骗、电信网络诈骗等多发性侵财犯罪案件73件、148人，醉酒驾驶、交通肇事等危害公共安全犯罪案件85件、85人，审结毒品、涉黄涉赌等严重妨害社会管理秩序犯罪案件2件、4人。依法判处有期徒刑五年以上8人。深入开展常态化扫黑除恶斗争，坚决贯彻党中央、区党委和市委决策部署，召开常态化扫黑除恶工作推进会39次，审结九类涉恶案件2件、4人，坚持“打财断血”，对涉恶势力犯罪案件的4名被告人并处罚金，财产刑覆盖比例达100%，执行标的额达185万元。坚持“打虎拍蝇”不放松，对腐败分子始终保持高压态势，彰显党惩治腐败的坚定决心，审结贪污贿赂、渎职侵权等职务犯罪案件21件、22人（原地厅级干部1人、县处级干部5人）。参与市域社会治理，努力营造和谐稳定的社会环境，紧扣中共二十大维稳安保工作，开展县乡维稳督导、重点区域巡逻值勤、加油站值班、机关内保等维稳中心工作。延伸审判职能和触角，以社会治理、法治宣传为载体，开展大走访、大调研、大化解，深入乡镇街道、村居社区排查化解调处矛盾纠纷，创新“法律进乡村”形式，浪卡子、措美、曲松等县法院推行法官包乡镇联系村居制度，主动送法上门，就地化解纷争209件；落实“八五”普法责任，结合审判工作推进“法律七进”活动，开展法治宣传教育140场次，受众12376人。主动服务疫情防控大局，广大法院干警响应号召，坚决贯彻区党委和市委决策部署，主动投身疫情防控阻击战攻坚战，凝聚起众志成城、共克时艰的强大合力，完成各项工作任务。

【民商事审判】 2022年，市法院围绕推动高质量发展，完整、准确、全面贯彻新发展理念，发挥民商事审判调节社会关系的作用，平等保护市场主体合法权益，加大中小微企业司法保护力度，依法妥善审理各类民商事纠纷，受理买卖合同、建设工程合同、租赁合同、承揽合同和民间借贷纠纷等案件2008件，审结1874件，稳妥化解市场经济活动中的矛盾纠纷，积极创造良好的法治化营商环境。围绕增进民生福祉，维护家庭和睦和谐，妥

2022年8月20日，市法院召开全市两级法院疫情防控及审判执行工作推进会

善化解婚姻家庭纠纷，依法保护妇女、儿童、老年人、残疾人合法权益，受理262件，审结252件，错那县法院发出司法建议促成县农行开辟法定继承支取5万元以下存款“绿色通道”。加大“双拖欠”、劳动争议、人身损害等事关民生案件审理力度，受理127件，审结111件。围绕推动绿色发展，深入贯彻习近平生态文明思想，坚持以最严格制度最严密法治保护生态环境，加强环境资源审判工作，组建环境资源案件刑事、民事、行政“三合一”专业审判团队，依法审理涉环境资源案件2件，促进人与自然和谐共生，筑牢“地球第三极”生态环境司法保护防线。市法院1名民事法官被最高人民法院评为人民法院环境资源审判工作先进个人。围绕促进法治政府建设，加大行政行为合法性审查，促进行政争议实质性化解，支持、监督行政机关依法履职，保护行政管理相对人合法权益，审结行政案件19件。围绕强边固边兴边富民，服务和保障边境基础设施、边境搬迁、小康示范村、产业项目建设，维护边境居民和边防军人合法权益，4个边境（涉边）县法院受理各类案件842件，占全市法院案件总数的16.9%，隆子县法院受理案件433件。围绕全面推进乡村振兴，坚持“三个便于”“三个面向”“三个服务”，发挥乡镇人民法庭和车载科技流动法庭作用，乃东、贡嘎、琼结等法院通过设立法律工作站、便民调解室、“云”调解站，开展巡回立案、巡回办案、上门化解、网上调解，进行以案释法和法治宣传，不断延伸参与基层治理的途径，

2022年5月11日，市地方志编纂委员会组织召开《山南地区法院志（1963—2016）》验收会

18个人民法庭审结案件451件，车载科技流动法庭行程43.13万余千米，巡回办案762件。开展驻村帮扶调研工作，15个驻村工作队主动宣讲党的惠民富民政策和国家法律法规，参加农牧区社会治理，与农牧民群众一道战疫情保安康，市法院为浪卡子县多却乡3个驻村点解决项目资金4万元，为受疫情影响的174户家庭送去价值6.042万元的大米、面粉、砖茶等生活物资，93名干警为结对帮扶57户困难户筹措生产生活资金15.63万元。

【立案诉讼服务】 2022年，市法院深化立案登记制改革，畅通诉讼服务渠道，坚决做到“有案必立、有诉必理”，坚决杜绝年底不立案、拖延立案，登记立案3707件，其中当场立案3198件、网上立案404件、跨域立案48件、一次性告知526件。深化“一站式”工作，逐步完善“一站式”多元解纷和诉讼服务工作制度，在诉讼服务中心开展调解、速裁、快审“一站式”解纷工作，通过窗口和12368诉讼服务热线等载体为4591人次提供法律咨询服务，化解纠纷380件。深化诉源治理，坚持和发展新时代“枫桥经验”，坚持把非诉讼纠纷解决机制挺在前面，加强和规范诉调对接、非诉讼调解协议司法确认等工作，通过人民法院调解平台共调解案件871件；加大诉前调解、立案调解力度，通过诉前调解办结案件378件、司法确认案件106件。乃东、扎囊、加查等县（区）法院工作成效明显。深化“分调裁审”工作，实行案件繁简分流、轻重分离、快慢分道，适用简易、速裁程序和独任审判审结案件1540件，一审民商事案件调撤率达79%。根据修改后的《中华人民共和国民事诉讼法》规定，市中级人民法院适用独任审判审理一起离婚纠纷上诉案。深化信访工作，深入宣传《信访工作条例》，教育引导当事人依法理性反映诉求、维护权益，坚持首办责任制和零报告制度，开展矛盾纠

纷隐患排查181次、重点案件2件，对涉诉信访苗头隐患做到底数清、情况明，通过以案释法、教育引导等方式，及时妥善处理2起上访隐患案件。

【执行工作】 2022年，市法院把兑现“真金白银”作为执行工作出发点，推进切实解决执行难，依靠执行信息化、规范化建设，深化执行体制机制和管理模式改革，开展“规范执行行为、提升执行质效、集中执行行动”活动，受理执行案件1979件，已结1875件，首次执行案件申请标的为57061万元，执行到位金额20954万元，执行完毕案件结案金额17837万元，终本案件恢复执行到位金额243万元；纳入失信被执行人597人次、限制高消费508人次、布控175人次、拘留9人次，司法救助34.33万元。执行到位金额列全区七地（市）法院第一位，浪卡子、琼结、措美、桑日等县法院执结率在全区83个法院中排名前十。

【审判监督】 2022年，市法院强化审判管理职能，建立以个案为“点”、流程管理为“线”、审判质效指标为“面”的审判管理网络，落实院庭长“四类案件”监督管理职责，强化审判委员会、专业法官会议作用，实行类案检索报告制度，优化案件质量评查制度，促进类案裁判标准统一、适用法律统一，倒逼案件质效提升。健全和完善院庭长办案机制，落实院庭长办案要求，院庭长办案2167件，占案件总数的43.65%。桑日、琼结、扎囊等县法院抓审判管理促审判质效取得明显成效。组织开展执法司法案件“回头看”暨执法监督检查活动，以市中级人民法院“提级”基层法院案件和联合市检察院、公安局“交叉”形式，对两级法院刑事、民事、执行、行政共27件案件开展“回头看”，对案件事实认定、办案程序、法律适用、廉洁司法等方面进行复核复查。继续通过“庭审观摩”、邀请代表委员旁听观摩等活动，检验和评价审判人员的程序操作、司法礼仪、驾驭庭审、法律知识储备运用等方面的能力，促使法官、法官助理、书记员进一步强化责任心。推广文书智能纠错、“法信”智能推送等应用，为法官办案、群众诉讼提供智能辅助，建设成果进一步转化为司法为民、公正司法的实际成效。

【司法体制改革】 2022年，市法院紧紧扭住司法责任制这个“牛鼻子”，规范审判权力运行机制，完善审判权力和责任清单，落实“让审理者裁判，由裁判者负责”的办案质量终身负责制。深化司法体制综合配套改革，推进以审判为中心的刑事诉讼制度改革，贯彻宽严相济刑事政策，落实认罪认罚从宽制度，审结认罪认罚案件90件，占一审审结刑事案件的33.58%，依法判处三年以下有期徒刑、拘役、管制111人，适用缓刑56人。完善刑事速裁程序，适用速裁程序审结案件15件。健全审判执行绩效考核制度，进一步激发内生动力，员额法官年人均结案31.4件，综合结案率、服判息诉率和案件结收比等主要指标稳中向好。持续深化阳光司法，为切实提高全市法院裁判文书质量，全面推进司法公开工作，维护好法律权威和司法公信力，两级法院在网上公开各类裁判文书，其中公开信息3203篇，公开文书1108篇，中国庭审直播492场次，总观看量达288395人次。让公平正义经得起围观，让办案全过程成为全民共享的法治公开课。推进智慧法院建设成果运用，新冠肺炎疫情以来，努力实现诉讼服务“不打烊”，公平正义“不打折”，充分运用智慧法院建设成果，依托移动微法院、跨域立案、集约送达、网络查控等线上系统，网上立案211件、网上开庭120余次、网上调解40余件，审结刑事、民商事案件793件，执结778件，执行标的13027万元。

【队伍建设】 2022年，市法院主动扛起全面从严管党治警政治责任，坚决履行党组主体责任。落实党建工作责任制，始终树立“抓党建带队建促审判”工作思路，坚持党建工作与审判执行工作融合推进，制订党建工作计划，做到思想认识到位、安排部署到位、措施落实到位、检查考核到位，召开党建工作专题会议69次，党组书记听取党建工作汇报40次。错那、贡嘎县法院扎实开展市级基层党建示范点创建工作。严格执行党内政治生活制度，严格执行党章关于党内政治生活的各项规定，坚持民主集中制，严格落实党组书记末位表态，认真落实“三会一课”、民主生活会、组织生活会、谈心谈话等制度。坚持正确选人用人导向，按照新时代好干部标准和“四个特别”民族地区政治标准，提拔任用科级干部60人，轮岗交流18人，免职14人。市中级人民法院1名刑事法官被评为“全国优秀法官”。加强司法能力建设，坚持需求导向，突出实战实用实效，836名干警参加各类培训182次，着重提高法律适用、群众工作、信息化应用等能力。注重智力援藏，湖南、安徽3名援藏法官发挥“传帮带”作用，组织干警参加援助法院业务培训4次。开展“改进作风，狠抓落实”活动，聚焦“四查四问”“八个落实”深入查纠整改，强化党性党风党纪教育和警示教育，严格执行中央八项规定及其实施细则精神、防止干预司法“三个规定”和“十个严禁”“十个一律”等铁规禁令，整改落实司法巡查审务督察反馈问题，开展政法干警参与赌博等问题专项整治活动。乃东区法院1名干警受到党内警告处分。

【接受监督】 2022年，市法院自觉接受人大及其常委会监督，认真办理、落实市二届人大一、二次会议上代表提出的意见建议176件，向市人大常委会专题报告立案诉讼服务工作并根据审议意见加强和改进工作，主动邀请人大代表视察法院、参加会议、旁听庭审257人次。接受民主监督，加强与政协沟通，广泛听取政协委员和社会各界意见。主动接受纪检监察监督，支持配合派驻纪检监察组工作，促进公正廉洁司法。依法接受检察机关诉讼监督，审理抗诉案件4件，依法改判2件，检察长列席审判委员会会议7次，共同维护法律权威和司法公正。

司法行政

【概况】 2022年，山南市司法局（以下简称市司法局）发挥统筹协调职能，开展普法活动，全市各级普法办共开展法治宣传教育活动2690余场次，发放宣传资料26.9万余份，通过“山南普法”微信公众号推送普法相关微视频33条、以案释法25条、工作动态51条、法治资讯166条。受教育达26万余人次。截至年底，全市有各类调解组织760个，调解员4122人。

【依法治市】 2022年，为进一步落实法治政府建设工作年报制度，市司法局起草并以市政府名义向自治区人民政府、市委、市政府和市人大常委会上报《山南市2021年度法治政府建设情况报告》，报告内容在市政府门户网站进行公开，接受全社会监督。市委、市政府高度重视法治建设工作，把学习习近平法治思想纳入各级党委（党组）理论学习中心组必学内容，纳入各级干部教育培训重要内容和党校（行政学院）重点课程。研究制定《山南市贯彻落实〈法治中国建设规划（2020—2025年）〉的实施方案》《山南市贯彻落实〈法治社会建设实施纲要（2020—2025年）〉的实施方案》《山南市贯彻落实〈法治政府建设实施纲要（2021—2025年）〉的实施方案》等文件。制定印发《二届山南市委全面依法治市委员会2022年工作要点》及主要工作任务分工方案和《关于贯彻落实王君正书记在十届区党委全面依法治藏委员会第一次会议上的讲话精神的任务分解表》，明确年度法治建设各项任务。由市委依法治市办副主任、市法治政府建设办主任分批带队，深入基层检查指导法治建设情况，推动法治政府建设各项工作有效落实。

【普法依法治理】 2022年，市司法局组织召开全市“七五”普法总结表彰暨“八五”普法推进工作电视

2022年2月7日，山南市召开党政主要负责人履行推进法治建设第一责任人职责述法会议

电话会议，对全市“七五”普法先进集体和先进个人进行表彰，总结“七五”普法工作，安排部署全市“八五”普法工作。并组建山南市“八五”普法讲师团及普法志愿者队伍。制定印发《2022年山南市普法依法治理工作要点》，对各普法责任单位的具体普法任务进行分解细化，明确工作任务，夯实工作责任，保障“谁执法谁普法”普法责任制落实。

2022年6月30日，市司法局联合市检察院到桑日县绒乡派出所开展检查指导工作

【法律援助】 2022年，市法援中心及各县区司法局受理各类法律援助案件571件，包括刑事案件210件、民事案件156件，避免和挽回经济损失700余万元，认罪认罚提供法律帮助案件210件，代写法律文书1014份，提供法律咨询2310余人次，为214名犯罪嫌疑人、被告人指派律师参与“认罪认罚”提供法律帮助。充分发挥法律援助作用，在党政机关组织法律讲堂48次，为民营企业免费“法治体检”4次，涉及38家民营企业。

【律师工作】 2022年，市司法局沟通协调各律师事务所，担任党政机关和事业单位法律顾问70家，民营企业法律顾问18家，商会法律顾问5家。推动“无律师县”工作，与区司法厅沟通衔接，广东广和(隆子)分所、湖南人和(加查)分所、黑龙江龙电(错那)分所、北京汇祥(洛扎)分所，分别在隆子、错那、加查、洛扎4个县设立。

【人民调解】 2022年，市司法局坚持和发展“枫桥经验”，积极组织司法所和各级人民调解组织深入开展各类矛盾纠纷排查调处工作，各级人民调解组织全年共排查矛盾纠纷15447次，受理调处矛盾纠纷298件，成功调处287件，调处率100%，调解成功率97%。人民满意率100%。纠纷涉及金额2028.12万元。市司法局加强与法院、检察院的沟通协调，抽选人民监督员积极参加检察院的案件监督及听证活动。全市人民陪审员参审案件225件、参审226人次。人民监督员参加听证会28次，参加人数30人，有效发挥人民陪审员和人民监督员的职能作用。

【公证事项办理】 2022年，山南市公证处充分发挥职能作用，立足“全心全意为人民服务”，全年办理各类公证案件716件(其中涉外公证2件)。接待、解答当事人法律咨询约980人次，涉及公证费58.4万元。针对经济困难等特殊情况的农牧民群众申办人员，有办理9件公证法律援助案件，上门服务18次，服务群众40余人，减免公证费共计金额6167元。市公证处组织开展县域公证咨询受理试点工作，在加查县设立公证咨询受理点，全年共办结公证案件10件，受理咨询37次。

【国家统一法律职业资格考试】 2022年，市司法局国家统一法律职业资格考试办，完成16名应届毕业生法律职业资格审核工作，予以受理13人，暂时未到现场受理3人。完成2022年度法律职业资格考试报名及缴费工作，共报名215人，成功缴费人员192人。

【行政复议】 2022年，市司法局在市县(区)两级行政复议机构设立行政复议咨询窗口或者行政复议咨询室，行政复议咨询解答6件(来访咨询解答5件、来电咨询解答1件)，为各县区行政复议工作提供咨询指导10余次。开展本年度行政复议与行政应诉工作，市县两级行政复议机构共收到行政复议申请12件，受理申请11件，不予受理1件；已审结9件(维持5件、终止4件),正在审理2件。推进行政复议体制改革工作,成立山南市行政复议咨询委员会1个,12个县(区)成立行政复议咨询委员会10个,全市行政复议工作人员共有22人。

【行政执法监督】 2022年,市司法局调整充实山南市行政执法三项制度工作协调小组,并会同市检察院深入12个县(区)行政执法部门,重点对市场监管、文化、生态、城市管理和综合执法、农业农村等综合行政执法改革领域,开展联合行政执法监督检查,详细了解《行政执法公示制度》《执法全过程记录制度》《重大执法决定法制审核制度》与新《中华人民共和国行政处罚法》"首违不罚"适用情况,进一步促进严格规范公正文明执法。统计并公开全市行政执法机关2022年度行政执法数据,全年行政许可28607宗、行政检查19317宗、行政处罚53096宗、行政强制729宗,行政征收14262宗。根据《西藏自治区综合行政执法制式服装和标志管理实施办法》规定,对市场监管局、生态环境局、旅发局、交通运输局、应急管理局等142名符合规定的执法人员配发统一执法制式服装；清理更换896份新版行政执法证件,持续推进综合行政执法规范化建设。出台《山南市重大行政执法决定法制审核实施办法》,并明确山南市345名法制审核人员。

【立法工作】 2022年,市司法局对《山南市众创空间认定和管理办法(送审稿第三稿)》《山南市市级农业产业化龙头企业认定和运行监测管理办法(送审稿第四稿)》等13件行政规范性文件进行审查,提出审查意见104条。对《山南市烟草专卖局烟草视频零售点合理布局规定》等10件市直各部门和县(区)行政规范性文件进行备案工作。对《"山南市乡村振兴——成都馆"运营框架协议》等2件市政府合作协议和1件信访事项复核意见复函进行审查,共提出修改意见建议12条。对《西藏自治区登山条例(修订稿)》等8件自治区涉法文件提出意见建议18条。对《山南市深化医疗保障制度改革的实施方案》等10件山南市涉法文件提出意见建议10条。对《桑日县增期乡雪巴村村规民约》进行3次面对面具体指导和修订,提出意见10条。

经济综合管理

发展与改革

【概况】 2022年，山南市坚决落实“疫情要防住、经济要稳住、发展要安全”重要要求，锚定“四件大事”，聚力“四个创建”，围绕“六个走在全区前列”目标，高效统筹疫情防控和经济社会发展，扎实开展“六稳”“六保”工作，落实稳经济一揽子政策措施，全力以赴防疫情、稳经济、惠民生、保安全，实现疫情防控和经济社会高质量发展“两手抓、双胜利”。全年实现地区生产总值242.9亿元，同比增长1.7%，位列全自治区第二；完成社会消费品零售总额67.54亿元，下降7.3%；一般公共预算支出209亿元，同比增长17.9%；城乡居民人均可支配收入分别达到45233元和19845元，同比分别增长4.9%和7.6%，均位列全自治区第二。

山南市2022年主要经济指标完成情况表

表3

指标名称	单位	2021年		2022年		全区增速排名
		完成数	增速（%）	完成数	增速（%）	
一、地区生产总值	亿元	237.27	6.9	242.98	1.7	第二
二、全社会固定资产投资	亿元	—	0.9	—	-18.2	第六
其中，国家投资	亿元	—	-4.9	—	-14.3	—
民间投资	亿元	—	51.6	—	-39.3	第六
三、税收收入	亿元	53.8	2.3	45.92	-14.7	—
四、一般公共预算收入	亿元	19.25	-4.8	12.19	-36.7	第四
五、规模以上工业增加值	亿元	18.2	9.1	21.69	1.9	第四
六、社会消费品零售总额	亿元	72.88	9.1	67.54	-7.3	
七、城镇居民人均可支配收入	元	43100	13.1	45233	4.9	第二
八、农村居民人均可支配收入	元	18435	16.1	19845	7.6	第二
九、居民消费价格指数	%	2.6		1.3		—
十、国内外接待游客人次	万人次	542.04	14	310.27	-40.9	—

续表 3

指标名称	单位	2021 年		2022 年		全区增速排名
		完成数	增速（%）	完成数	增速（%）	
十一、旅游总收入	亿元	20.73	11.9	13.23	–36.1	—
十二、金融机构贷款	亿元	331.47	9.8	337.82	1.9	—
十三、城镇登记失业率	%	1.12		—		—

【项目建设】 2022 年，山南市严格落实领导干部包保项目机制，成立复工复产专班，全面推行定包保领导、定责任单位、定投资任务、定时限进度“四定”机制，坚持周调度、月盘点、季总结，定期调度、梳理通报、跟踪督导项目建设情况，协调解决困难问题，严格落实安全防范和疫情防控措施，以勤调度推动项目加快建设。全年实施重点项目 368 个，完成固定资产投资 186.34 亿元，总量位居全自治区第二。持续推行专人常驻拉萨、定期对上衔接项目的好经验、好做法，加大对上汇报衔接，及时掌握国家、自治区相关政策方针，准确把握国家宏观调控政策取向和自治区重点发展方向，全面梳理、及时跟进，做好项目包装申报工作。累计落实中央预算内项目 140 个、落实资金 21.78 亿元；落实地方政府专项债券项目 16 个、发行债券资金 14.42 亿元，项目个数、发行资金均处全区前列；落实新增地方一般债券项目 28 个、发行债券资金 15 亿元。通过建立重点项目联审联批、在线审批、服务承诺、限时办结、容缺办理等服务，项目建设中，协调解决困难问题，以勤调度全力攻坚全年目标任务。预算本级财政资金 1.5 亿元用于项目前期经费，有效保障全市重点项目前期工作有序推进。

2022年12月25日，隆子县斗玉珞巴民族乡绕让安置点全部完成搬迁，入住161户、593人

【能源建设】 截至 2022 年底，山南市已建在建清洁能源电力装机达到 285.5 万千瓦，全市清洁能源累计发电 63.2 亿千瓦时，实现产值 20 亿元。冷达、巴玉水电站可研阶段各专题专项工作顺利推进。洛扎雄曲流域拉康水电站及配套送出工程稳步推进，推进松布曲、俄东桥水电站前期工作。持续开展隆子西巴霞曲、错那娘江曲流域水电开发前期各项工作。开展抽水蓄能项目前期科学论证及相关工作。措美哲古风电二期项目取得核准批复并全面开工建设。罗布沙、加娃水光互补光伏发电项目各项前期工作推进顺利。12 座存量光伏电站增配储能设施技术改造项目加紧推进相关工作。8 月，街需水电站获得国家发改委批复并全面开工建设。10 月，琼结县整县屋顶分布式光伏项目已被列入国家试点项目，取得备案并全面开工建设。12 月 21 日，森布日安置区二期屋顶分布式光伏项目实现全容量并网发电。

【区域发展】 2022 年，山南市始终把加快推进人口边境安居作为强边固防兴边富民的首要任务。坚决扛起国家主权和周边安全的政治责任，聚焦在强边固防兴边富民上走在全区前列目标，坚持屯兵和安民并举、固边和兴边并重，制定《山南市中印边境地区村镇建设实施方案（2021—2025 年）》《山南市关于着力推动强边固防兴边富民走在全区前列的实施意见》《山南市着力推动强边固防兴边富民走在全区前列专项组工作规则（试行）》等指导性文件。2022 年新建安置点 13 个，总体工程形象进度达 85% 以上，隆子县绕让 1 号、绕让 2 号、庄那 2 号 272 户 979 名群众已搬迁入住。其他 10 个安置点主体工程基本完工。安置点建成率和群众搬迁入住率位居全区第一，真正实现“山南市强边固防兴边富民工作走在全区前列”。

【价格监测】 2022 年疫情期间，为进一步为切实保障群众生活必需品供应，山南市发展和改革委员会（以下简称市发改委）制订出台《山南市关于完善重要民生商品价格调控机制的实施方案》印发给各县（区）和相关部门落实。强化物资供应、强化市场秩序监管、强化运输保通保畅等方面统筹兼顾、多措并举，全力确保居民生活必需品供应不脱销、不断档，保障群众生活需求。全年上报价格监测走势分析报告 128 期。开展农产品成本调查，深入乃东、扎囊、桑日 3 个县（区）调查点调查 12 户农民种植的青稞、冬小麦和油菜籽的生产成本。深入蔬菜基地调查蔬菜生产成本，对调查户所做的记录进行甄别分析，在数据调查和采集中做到“早、精、准、细、实”，确保数据的准确性、代表性和时效性，并形成山南市农产品成本调查报告。推进泽当城区居民阶梯水价改革及促进水污染防治工作，研究制订《山南市泽当城区居民生活用水阶梯价格实施方案》《山南市泽当城区污水处理收费实施方案》。推进价格认证相关工作。受理价格认证案件，全年共受理案件 117 件，涉案金额总计近 1589.85 万元，为打击犯罪、维护社会稳定做出积极贡献。

【粮食安全】 2022 年，山南市粮食总产量达 16.92 万吨，其中青稞产量达到 11.44 万吨。强化储备粮管理，严格落实《西藏自治区储备粮管理办法》，中央、自治区储备数量到位和质量达标，全年拨付动态应急储备粮保管费 74.43 万元。市级储备粮 2022 年下半年保管费 36.66 万元、轮换费 91.45 万元。加强粮油流通，组织采购适销对路的粮油品种并及时投放市场，有力保障疫情期间城乡居民的粮食消费需求。全市已建 13 个直营门面店，其中有 9 个放心粮油店，3 个门面，1 个配送中心。采购粮食 10614.53 吨，销售粮食 7602.71 吨，确保全市粮食市场和价格基本稳定。加强粮食安全宣传，组织开展粮食科技宣传周、食品安全宣传周、世界粮食日、全国粮食安全宣传周活动，发放食品安全、爱粮节粮知识宣传资料 2000 余册。推进粮食收购，严格落实最低收购价格 3.94 元 / 千克。继续执行青稞收购 0.2 元 / 千克价补分离政策。制定《山南市售粮积极分子奖励资金兑现工作流程实施方案》，市级层面向交售青稞 4000 千克及以上的积极分子农户给予 3000 元 / 户的一次性奖励。全市旺季交售青稞 4000 千克及以上农户共 63 户，市级奖励资金 18.9 万元。2022 年全市收购青稞共计 5502.7 吨，增加群众现金收入 2633.55 万元，其中享受价格补贴分离青稞数量 735.23 吨，补贴金额 14.7 万元。

山南市2022年粮油企业购销情况表

表 4　　单位：吨

名称	购入		销售	
	国有粮食经营企业	非国有粮食经营企业	国有粮食经营企业	非国有粮食经营企业
大米	1585.4	7209.8	5127.4	7434.6
面粉	1382.7	6483.4	3014.9	6727.8
青稞	—	—	7436	1263.7
小麦	—	—	537.9	2.9
糌粑	40.7	377.3	35.3	543.9

续表 4

名称	购入		销售	
	国有粮食经营企业	非国有粮食经营企业	国有粮食经营企业	非国有粮食经营企业
食用油	62.8	3450.7	82.6	3496.4

山南市2022年粮油收购情况表

表 5　　单位：吨

名称	青稞	小麦
国有粮油粮食经营企业	5359.5	48.4
非国有粮食经营企业	65.9	—

【救灾物资】 2022年，市发改委严格落实“保障急需、后备有源、动态掌握、适时流转”要求，建立完成自治区级、市级、县级及乡镇级储备，做到应储即储、品种较齐全。加快推进物资储备体系建设，完成自治区级、市级、县级应急救灾物资储备管理责任书的签订工作，开展地市代储自治区级救灾物资统计工作，进一步摸底调查和更新全市物资数据情况。建立起全市1个市本级，2个区级（错那、浪卡子县区域库），14个县级（含加查、措美两个县城新库）、50个乡镇级共计67个库点全覆盖的应急救灾物资政府储备。开工建设山南市应急物资储备物流中心（一期）项目建设。

【改革开放】 2022年，市发改委严格按照“向基层倾斜、向农牧民倾斜”以及民生项目资金不低于80%的红线要求，实施项目134个，续建75个，新建59个，完成投资2.8亿元，其中湖南完成投资1.11亿元，湖北完成投资0.61亿元，安徽完成投资1亿元，中粮集团完成投资0.12亿元；重点实施错那县曲卓木旅游示范村基础设施建设项目、措美县哲古景区暨文旅产业发展项目、浪卡子县3个乡镇人居环境整治建设项目、山南市藏鸡产业技术研究项目、乃东美丽项目村建设项目、曲松县义务教育学校标准化建设项目、西藏高原核桃产业技术研究项目、贡嘎县人居环境提质项目、扎囊县羊噶至折木村环境整治项目等一批项目。

【疫情防控】 2022年，新冠疫情发生后，市发改委充分发挥疫情防控物资保障作用，实行物资统一采购、统一调度、统一配发、统一调整工作机制，通过协调援藏支援、政府自行采购、申请上级调拨、接受社会捐助等多种渠道，强化防疫物资筹措储备，累计采购15批次、372.9万件，援藏支援4批次、101万件、上级申领4批次、47.3万件，社会捐助29批次、51.7万件。强化防疫物资管理使用，通过“全市统筹、县区协同、保障所需、专物专

2022年9月28日，市发改委全面完成疫情防控物资保供工作。图为山南市发改委机关支部开展主题党日活动

用”，突出重点区域保障，重点加强对乃东、贡嘎、加查、浪卡子等疫情防控任务较重县（区）的支持，提高物资调配使用效能。疫情期间，先后调拨276批次，向11个县（区）、55家市直单位和各方舱医院和隔离点，紧急调拨38个品种防疫物资146.9万件。截至年底，储备口罩、防护服等防护类物资182.8万件，消杀类物资13.2万件。

经济和信息化

2022年5月15日，由市政府主办，市经信局牵头，市人社局、市文化局联合承办首届山南市工艺美术大师评选活动启动仪式在科技文化中心举行

【概况】 2022年，山南市21家规模以上工业企业实现产值39.29亿元，增加值21.96亿元，同比增长1.9%，增速位居全区第四。2022年，山南市绿色工业固定资产投资完成10.09亿元，完成自治区目标数9亿元的112.11%。5家国资企业资产总额为942249万元，同比增长4.7%；负债总额596505万元，同比增长4.9%；净资产345744万元，同比增长4.2%；平均资产负债率63.3%，较2021年同期提高0.1个百分点。全年累计实现营业收入209123万元，同比下降34.1%；实现利润17359万元，同比增长17.9%。全市规上工业实现产值39.29亿元，增加值21.96亿元，同比增长1.9%。

【国有企业改革】 山南市经济和信息化局（国有资产委员会、大数据发展管理局）（以下简称市经信局）深入推进国有企业改革三年行动，不断完善现代化企业制度和法人治理结构，把党的建设嵌入公司章程，指导企业制定党组织前置研究、决定事项清单，推动“前置程序”具体化。配齐配强22名市属国有企业领导班子，真正形成董事会、股东会、监事会和经理层各负其责、协调运转、有效制衡的机制。加大企业内部整合、精简机构。城投公司将第三建筑公司和第二建筑公司合并、长盛公司和第五建筑公司合并；雅投公司将机关原有67人缩减至32人，通过竞聘上岗的形式提拔中层22人。完成全市市县两级国有企业退休人员900人档案移交工作，并协调市财政局将移交人员补助（2020年、2021年）下发至各县（区）。各监管企业为西藏籍高校毕业生提供就业岗位290余个。完成2021年度国有企业负责人经营业绩考核工作等；以国资、财政、人社部门名义印发《关于划转部分国有股权的通知》，4家市属国有企业划拨2.78亿元资金充实社保基金。

【绿色工业】 2022年，市经信局按照“以市场拓展为重点优化发展天然饮用水产业，以丰富供应为重点加快发展建筑建材业，以科学绿色开发为重点集约发展优势矿产业，以提质创品为重点转型发展民族手工业，以传承创新为重点科学发展藏医药产业”的壮大第二产业工作思路，先后召开绿色工业专项组会议2次，研究谋划“十四五”时期及2022年全市绿色工业发展思路、途径、举措和办法，形成专题报告呈报自治区绿色工业专项组。印发《山南市绿色工业专项组工作规则》，明确专项组、专项组办公室、成员单位职责任务，切实形成工作合力。借助援藏工作资源、优势和力量，对接安徽省启动编制《山南市工业经济中长期高质量发展规划（2023—2030）》，完成基础资料收集。

【天然饮用水产业】 2022年，市经信局召开推进天然饮用水产业发展座谈会，听取水企业运营情况、发展瓶颈和想法，研究谋划发展思路。全市2家天然饮用水企业累计产量38434吨，实现产值9542万元，销售额6850万元，同比分别增长23%、21%和-37%。

【绿色建筑建材业】 2022年，市经信局编制完成《山南市高原装配式建筑发展专项规划》《山南市建筑节能与绿色建筑工作方案》，引进一批绿色建筑建材企业，拟建设轻钢装配式实训基地，推广新型建筑建材。全力推动祁连山水泥项目投产运营，积极支持华新水泥改造升级，1—10月，实现水泥产量148.15万吨，实现产值6.6亿元，销量163.3万吨，销售收入7.04亿元。

【绿色工业固投】 2022年，山南市入库绿色工业项目39个，完成投资9.4亿元，其中，光伏项目、热力及水的生产供应项目19个，完成投资6.1亿元；绿色矿山采选业项目2个，完成投资0.9亿元；消费品工业项目13个、完成投资1亿元；绿色建材业项目3个，完成投资0.7亿元；重点园区基础设施项目2个，完成投资0.7亿元。

【民族手工业】 2022年，市经信局以推动民族手工业高质量发展为着眼点和着力点，启动"首届山南市工艺美术大师评选活动"，评选出"市级工艺美术大师"21名，"工巧奖"10名，"网络人气奖"1名。全市民族手工业企业(合作社)190家，其中企业24家、合作社176家，实现产值9540.61万元，同比增长43.25%，销售收入6208.25万元，同比增长6.45%，利润2746.46万元，上缴税金47.08万元，从业人员2831人。

【信息化建设】 2022年，市经信局坚持以数字应用为切入点和突破口，全面加快智慧城市建设步伐。深入开展政务服务"一网、一门、一次"改革，切实提高网上办件量、加快推进电子证照在线制作、继续优化事项梳理工作，市县政务服务事项网上可办率达到100%。"互联网+医疗健康"深入推进，建立数据中心、应用平台、信息化系统，乃东、扎囊、措美、错那智慧医疗项目通过技术论证审查，跨省住院医保异地结算全部实现，门诊实现西南五省医保异地结算。智慧教育方面全面完成18所学校校园信息化建设，一键式校园报警系统覆盖率达到100%。建成智慧检查站、智慧街面巡防、智慧社区管理、智慧公交等智慧公安业务应用系统，建立乃东社区"网格+社区+警务站"联动融合模式。

【高新数字产业发展】 2022年，市经信局编制《"十四五"数字山南建设总规划》，完成初稿。起草《山南市高新数字产业发展三年行动方案(2022—2024)》《山南市政务信息化项目建设管理细则(试行)》。共对全市15个总投资1.22亿元的信息化项目开展专家评审及验收工作，重点分布在智慧教育、智慧医疗、智慧文物、智慧公安、人大联网监督预算等领域。

【工业数字化转型】 2022年，市经信局组织开展数字化创新应用试点示范，推动企业利用互联网、云计算、大数据等技术优化供应链管理，开展生产线柔性化改造，为用户提供个性化定制产品和服务。申报西藏地球第三极毛纺织产业有限公司、西藏中材祁连山水泥有限公司、华新水泥(西藏)有限公司为2022年度西藏自治区数字化转型骨干企业。西藏中材祁连山水泥有限公司获2022年国家级"两化融合贯标试点企业"荣誉称号。制订《山南市绿色矿山建设工作方案》，将绿色发展理念贯穿于矿产资源规划、勘查、开发利用与保护全过程，引领和带动传统矿业转型升级，提升矿业发展质量和效益。将华钰矿业扎西康铅锌多金属矿山及江南矿业罗布莎—香卡山—康金拉矿山作为绿色矿山示范点进行试点建设，开展"试点先行、整体推进"的绿色矿山建设模式。

【信息化基础设施建设】 2022年，山南市公共安全食品监控建设联网应用、电子政务内网分级保护建设等项目全面完成，隆子加查森林重点火险区综合治理系统建设项目开工，雅江流域山水林田湖生态保护修复大数据平台、智能林木良种综合繁育基地、市县一体化城市运行管理服务平台、市集中采购和跨区域配送冷链物流集散中心等项目前期工作加快推进。共建设5G基站518个，基本实现市区及县城5G网络全覆盖。1—10月，全市数字经济规模达6.69亿元(其中电信、广播电视和卫星传输服务业主营收入达5.19亿元，电子商务交易额达1.5亿元)，同比增长15.6%。

【“智慧教育”“智慧医疗”应用】 2022年,市经信局推动场景应用,通过数据化、智能化、网格化改造,构建网络化、数字化、智能化、个性化、终身化的教育体系,力争与全国同步实现“三全两高一大”发展目标,即教学应用覆盖全体教师、学习应用覆盖全体适龄学生、数字校园建设覆盖全体学校,建成“互联网+教育”大平台;建立“数据中心、应用平台、基层信息化系统”,医院实现统一的数据处理、信息整合管理、信息化就诊登记、遗嘱开单、家庭医生签约服务、医保结算系统的智慧医院。

【中小企业管理】 2022年,市经信局成立以市政府分管副市长为组长的防范和化解拖欠中小企业账款工作领导小组,以政府办名义印发《山南市防范和化解拖欠中小企业账款专项行动实施方案》,成立工作专班,加强组织领导、明确责任、细化措施、摸清底数。下发《关于清偿中小企业账款的提醒函》,对各县区、市直各部门、企事业单位拖欠情况进行自查、梳理、整改。相继召开2次工作推进专题会议,工作专班深入各拖欠主体调研拖欠原因、工作开展进度12次,化解拖欠中小企业上访事件2次,与被拖欠企业沟通20余次。截至8月31日20时,山南市拖欠中小企业账款共27条涉及账款902.41万元(政府部门1条、205.8万元,国有企业26条、696.61万元,均为500万元以下账款),已按照国家、自治区相关工作要求全部清偿完成。

【中小微企业扶持行动】 2022年,以市经信局、财政局名义联合印发《山南市中小企业发展专项资金管理办法(试行)》《山南市中小企业发展专项资金项目申报实施细则》,重点支持企业绿色发展、转型升级、公共服务等,规范山南市中小企业发展专项资金管理,充分发挥财政资金杠杆作用,促进中小企业高质量发展。抓好小升规企业增质增量,西藏江雅生物科技有限责任公司1家公司为“小升规”培育企业,每月调度培育情况。严格落实《山南市更大力度提振经济发展保市场主体就业的若干措施》《山南市关于贯彻落实〈关于稳经济若干临时性措施〉的配套措施》,争取财政资金3000余万元,为5家市属国有企业贷款进行贴息,对本土资源加工类产品出藏物流进行补贴,支持企业满员上岗、满负荷生产,对国有企业、规上企业和“小升规”重点培育企业发放一次性稳岗补贴等。

财政

【概况】 2022年,山南市财政局(以下简称市财政局)聚焦“四件大事”、聚力“四个创建”和“六个走在全区前列”,高效落实积极的财政政策,有效应对新冠疫情,全力支持稳经济大盘,稳步推进财政改革,持续提高管理水平,为全市经济社会高质量发展提供坚实财力保障。全市一般公共预算收入12.19亿元,完成年初预算的70%,同比减收7.06亿元,下降36.67%;全市一般公共预算支出完成209.45亿元,同比增加32.26亿元,增长18.21%。

【保障能力提升】 2022年,山南市公共预算总财力突破300亿元,达到310亿元。市县部门坚持集中财力办大事、办急事、办难事,聚焦“六个走在全区前列”,开展保障工作。支持疫情防控、稳经济“一揽子”政策和“临时性措施”落实、市政重点项目建设、国家固边兴边富民行动示范区创建、国家生态安全屏障和美丽山南建设等,确保党委、政府中心工作的顺利开展。

【民生福祉增进】 2022年,山南市基层和民生领域支出超过162亿元,达到一般公共预算支出的77%以上,全力支持稳岗就业、助力教育优先发展、提高医疗卫生水平、健全社会保障体系,普惠性、基础性、兜底性民生建设持续加强。

【财政改革】 2022年,山南市深化财政改革工作要求,强化责任担当,狠抓任务落实,积极稳妥推进预算绩效管理、财政预算管理一体化等财政改革,增强财政发展活力和动力。严格落实防范化解地方政府债务风险有关要求,不断加强政府隐性债务控制,规范政府性项目融资管理。

【理财水平提升】 2022年,山南市市县财政部门积极探索,强化管理,在规范预算管理、强化内部控制、财经秩序专项整治、财政监管、规范政府采购、规范财政投资评审、自觉主动接受监督检查等方面做工作。

【民生保障】 2022年,山南市市县(区)财政部门牢固树立"政府过紧日子,人民过好日子"思想,压减一般性支出,严控"三公"经费,用一般性支出的"减法"换取民生事业支出的"加法",全市基层和民生领域支出超过162亿元,达到一般公共预算支出的77%以上,持续加强普惠性、基础性、兜底性民生建设。

【乡村振兴】 2022年,市财政局发挥财政职能作用,注重巩固拓展脱贫攻坚成果同乡村振兴有效衔接,落实乡村振兴资金22.37亿元,推动资金政策落实落地,衔接推进乡村振兴资金进度位居全区第二,受到自治区通报表扬,获得1亿元的奖励资金。

【财政管理改革】 2022年,市财政局严把预算支出关口,严控一般性支出,市本级非刚性、非重点项目支出压减7.60%,优化资金投向。财政综合管理改革不断深化,开展2021年度市直179个项目、涉及资金10.62亿元的绩效评价工作,预算绩效管理制度体系日益健全,零基预算理念逐步运用,一体化改革稳步推进。印发《山南市财政局政府采购代理机构名录登记实施办法》《关于进一步加强基本建设项目竣工财务决算工作的通知》,持续规范政府采购和财政投资评审工作。高效推进全市财经秩序专项整治,对标对表做好整改。清理公款私存、个人借款1.32亿元,基本完成问题整改。加大财政监管力度,对市直34家行政事业单位开展会计监督检查。

【边境安居】 2022年,市财政局落实资金,重点支持边境搬迁、边境建设、兴边富民等重要决策部署,着力推进创建国家固边兴边富民行动示范区,不断壮大守土固边力量,维护国家主权和领土完整。

【盘活存量】 2022年,市财政局对全市财政(财务)领域进行一次严格的、彻底的、全面的盘活财政存量资金专项行动,共统筹收回市本级财政(财务)存量资金8.42亿元,为市委、市政府各项中心工作提供强有力的资金保障。严格按照有关规定,围绕中心服务大局,从提高财政资金绩效的职能出发,在报请市委、市政府研究同意后,将该项资金重点用于"支持高质量发展""重点民生项目""兜三保""补缺口""堵债务"等方面。

2023年2月6日,市财政局组织召开全市财政工作会议

【税收返还清算】 2022年,市财政局加大跑办力度,积极向上争取,通过各种努力,自治区财政厅下达山南市增值税和所得税返还清算资金11.39亿元(市本级7.99亿元、县(区)级3.40亿元)。严格按照有关规定,在报请市委、市政府研究同意后,将该项资金重点用于保障"三保"支出、弥补减税降费、地方政府隐性债务化解等方面,提升市县财政的保障能力,兜牢兜实"三保"底线。

【支持生态文明建设】 2022年,市财政局落实生态环保领域相关资金14.28亿元,支持打好污染防治攻坚战、山水林田湖草沙冰一体化保护、重要江河流域生态环境保护修复,推进国家生态文明高地和美丽山南建设。

【推动高质量发展】 2022年,市财政局安排资金6.83亿元(含2021年产业发展资金年底结转结余资金3.70亿元)、非公有制企业扶持资金500万元、中小企业扶持资金800万元,支持入库税收较多、税收增速较快、发展前景较好的产业和企业等,助推全市经济高质量发展。

2022年10月26日，市财政局组织开展全市财政系统预算绩效管理培训会

【政府专项债券】 2022 年，市财政局紧盯国家政策导向和资金投向，立足山南发展实际，争取专项债券项目 12 个、债券资金 11.16 亿元，占全区发行专项债券总额度的 77%，专项债券发行额度位居全区第一。

商务

【概况】 2022 年，山南市社会消费品零售总额 76 亿元，同比增长 5%，在消除疫情影响的前提下消费市场持续保持稳定增长，为全区消费增长以及全市经济发展作出贡献。

【外贸出口】 2022 年，山南市商务局（以下简称市商务局）用足用好外经贸发展专项资金，开复工建设隆子加玉边贸市场、隆子准巴边贸市场、错那肖一带 DB 边贸物资交流中心、洛扎公漳浦内外贸一体化边境贸易中心等 4 个边贸项目，涉及资金 2860 万元，隆子县准巴边贸市场、隆子县加玉边贸市场已完成建设。错那肖一带 DB 边贸物资交流中心完成 60% 主体建设。洛扎公漳浦内外贸一体化边境贸易中心完成 70% 的主体建设。全市完成进出口总额 1300 万元。

【为企业纾困解难】 2022 年 5 月中旬，市商务局会同市统计局组织全市所有限额以上商贸企业和限下培育企业召开解困纾困专题座谈会，征求了解商贸流通企业的经营问题和实际困难，研究分析当前山南市餐饮、住宿和批零行业的运行态势。为持续活跃山南市商贸流通主体，激活消费内生动力，帮助企业走出由于疫情带来的冲击影响，出台《山南市限额以上商贸流通企业发展扶持实施方案》《山南市电商物流业发展扶持实施方案》《山南市商贸流通领域助企纾困若干政策措施落实方案》等专项性扶持方案，加大对限额以上企业扶持力度，根据统计局反馈的数据，发放扶持奖励资金 37.92 万元。

【限额以上企业培育】 2022 年，山南市新增入库限上企业 8 家、大个体户 5 家，市商务局将对新增限额以上企业给予 8 万元 / 家的奖励，兑现发放各类补贴奖励资金 100 余万元，提升限上企业入统积极性、助力限上商贸企业健康发展。

【消费潜力激发】 2022 年，山南市成立以市政府分管领导为组长的市发放消费券助力复工复产工作领导小组，负责统筹组织开展促销活动。领导小组办公室设在市商务局，负责推动各项任务落实。全市共开展 5 次促消费活动，活动涉及餐饮、商超、加油、家电家具、汽车等领域，共投入资金 5651.336 万元，其中自治区投入资金 3209.641 万元，市级配套资金 2441.695 万元，活动通过线上、线下相结合宣传的形式带动消费 1.72 亿元。让更多消费者快速了解到消费券的适用范围、获取方式和使用规则等内容，切实让市民享受到多重优惠。持续深挖消费热点和增长点，释放人民群众消费潜力，助力市场主体纾困解难，多轮消费券的发放，有效扩大内需，促进消费复苏回暖和稳定增长，为山南社会经济高质量发展贡献绵薄力量。

【电子商务】 2022 年，市商务局利用山南市已建成的电商公共服务中心这一平台，组织全市各类合作社、电商企业参与区内外各项活动。充分利用山南市已建设市级电商公共服务中心 1 个，市级物流分拨中心 1 个，县级电商公共服务中心 10 个，乡镇服务中心 53 个，村级电商服务站 154 个，组织全市农牧民参加各类展销活动,全年共展销农特产品401种,电子商务总交易额2827.67万元,其中农产品上行额1493.41万元,日用品下行额1333.16万元。各公共服务中心在市、县各商务局具体协调帮助下组织电商普及、电商创业、电商就业等针对性培训1次,参加培训人员150人次。

【新兴业态发展】 2022年,为切实加大电子商务知识的普及和推广,提升农牧民群众对电子商务行业的正确认识和理解。市商务局协调拉萨市净云电子商务科技有限公司对山南市电子商务整区推进县农村电商普及培训,助推乡村振兴战略。培训重点围绕电子商务基础知识、电子商务的发展与前景、电子商务的运营模式与开店模式、国内主流电商平台的介绍、安全使用电商平台及线上操作具体教程、县乡村级服务站点服务功能等内容,通过采取理论知识讲授,线上指导培训和线下实际操作相结合方式,为参训人员详细讲解电子商务相关知识和政策,提高全市电商工作水平,共开展电商培训7770人次,新增网店20家,通过培训带动大学生创业就业46人。完成6个县级公共服务中心、53个乡镇服务站和154个村级服务站点的建设。

【行业监管】 2022年,市商务局开展全市加油站年检工作,加强对成品油经营单位的安全检查。根据生态环境保护责任清单要求,涉及商务的6项任务,研究整改措施,倒排工期,立行立改,确保整改工作取得实效。根据《商务部关于做好石油成品油流通管理"放管服"改革工作的通知》《商务部办公厅关于印发〈成品油流通行业管理工作指引〉的通知》精神,持续做好商务成品油经营审批管理工作,推动贡嘎江塘加油站等6座加油站前期准备工作,实现成熟一座审批一座,跟进浪卡子伦布雪等7座加油站项目落地落实,持续优化基层加油站点布局,改善营商环境。加强对成品油领域安全检查,强化成品油实名制登记监督检查力度,不定期对全市加油站进行安全检查,确保成品油领域安全稳定。

2022年12月1—7月,市商务局到乃东区泽当街道鲁琼物交会市场调度第四十二届雅砻物资交流会相关事宜

审计

【概况】 2022年,山南市审计局完成审计项目11个。查出495个问题,查出主要问题资金32.38亿元,其中管理不规范资金285028.15万元、违规资金34511.02万元、损失浪费资金4260.83万元。针对存在问题,提出审计建议71条,移送问题线索25件。

【审计委员会办公室工作】 截至2022年,山南市和8个县(区)已成立审计委员会,并认真履行审计委员会职责,均已召开审计委员会会议,对审计工作作出具体安排部署。严格执行重大事项请示报告制度,规范重大事项请示报告的内容、程序,切实把党的领导贯穿审计工作全过程、各环节。督促审计问题整改,推动审计发现问题认真彻底整改到位。

【政策落实情况跟踪审计】 2022年,山南市审计局(以下简称市审计局)紧扣区党委、市委重要决策部署,将重大政策落实情况跟踪审计贯穿于其他审计项目中同步实施,并及时向审计厅上报重大政策措施落实情况跟踪审计报告。

【财政审计】 2022年,市审计局

开展市本级财政预算执行审计、措美县和隆子县财政预算执行审计、市科技局部门预算执行情况审计。查出243个问题,涉及资金28.69亿元。针对存在问题,提出审计建议15条,移送问题线索12件。从审计情况看,2021年财政总体预算执行情况良好,财政改革发展各项工作取得积极进展,为经济持续健康发展和社会和谐稳定提供有力支撑。

2022年5月24日,市审计局到审计点督导检查工作

【经济责任审计】 2022年,市审计局贯彻党管干部原则,重点关注领导干部重大经济方针政策、重大决策部署执行情况,开展市旅发局、生态环境局等4名党政领导干部以及市自来水总公司、市二职等2名国有企事业单位领导人员经济责任审计。全年完成市自来水总公司、市二职等2名国有企事业单位领导人员经济责任审计,查出68个问题,涉及资金1.98亿元。针对存在问题,提出审计建议6条,移送问题线索4件。

【民生审计】 2022年,市审计局开展困难群众救助补助资金分配管理使用情况审计和洛扎县乡村产业帮扶相关政策落实和资金管理使用情况审计,查出22个问题,涉及资金537.21万元。针对存在问题,提出审计建议6条,移送问题线索2件。

【政府投资审计】 2022年,市审计局着力提高政府投资效益,规范建设领域经济秩序,加强对项目立项审批、工程招投标、合同签订、资金管理使用、竣工决算等方面的审计监督,不断规范投资项目建设管理,提高项目支出绩效。开展"十三五"政府投资项目和安徽省第七批援藏项目审计。查出117个问题,涉及资金1.39亿元。针对存在问题,提出审计建议41条,移送问题线索6件。

【自然资源资产离任审计】 2022年,市审计局开展加查县人民政府自然资源资产管理情况、隆子县加玉乡原乡长和贡嘎县杰德秀镇原镇党委书记、镇长自然资源资产离任审计。完成加查县人民政府自然资源资产管理情况审计,查出45个问题,涉及资金0.27亿元。针对存在问题,提出审计建议3条,移送问题线索1件。

【审计整改】 2022年,市审计局制定《市审计局关于落实审计问题整改督促检查责任实施办法》,成立市审计整改督办工作领导小组,印发《关于进一步做好2021—2022年度审计查出问题整改工作的催办通知》,建立数字化清单月督办制度,规范整改工作流程,组成审计整改工作专班督促整改。审计过程中共查出752个问题,涉及资金50.85亿元。截至年底,681个问题38.98亿元资金已完成整改,整改率为90.56%。上缴财政国库资金5391.04万元,上缴财政专户资金694.81万元,盘活存量资金1.12亿元。修改完善规章制度25项,免职4人、降职1人、约谈40人、提醒谈话48人、诫勉谈话1人、批评教育3人、作书面检查22人。

【交办配合任务】 2022年,市审计局完善与相关部门的协调配合机制,会同纪检、检察、财政、消防等部门起草协作配合工作规程、协同联动机制等,与市检察院联合下发《关于建立健全公益诉讼与审计监督协作配合工作机制的意见》,与消防救援支队联合下发《审计领域协作配合工作机制》,形成衔接顺畅、配合有效的大监督工作格局。根据市委组织部的统一安排,抽调2人配合自治区巡视组开展区党委巡视工作;根据市纪委统一安排,抽调4人配合市纪委监委开展

2022年11月29日，市审计局开展垃圾分类宣讲活动

案件调查巡察工作。

【队伍建设】 2022年，市审计局选派业务骨干参加审计业务培训，提升审计业务能力和水平。组织或参加各类培训4次，累计参训人员110人次，培训时间5天。建立、修改完善《山南市审计局政府采购内控制度》《山南市审计局国有资产管理暂行办法》《财务管理制度》等内控制度。

【审计业务管理】 2022年，市审计局制定《山南市审计局政府投资项目操作细则》《山南市审计局关于协审机构参与政府投资项目审计管理办法》《关于落实审计查出问题整改督促检查责任实施办法》，规范审计业务管理。深化审计审理工作，全面提升审计质量和审计业务水平。以新修订审计法公布为契机，采取党组专题学习、干部集中学习、审计现场宣讲等多形式多层次宣传贯彻审计法，印制发放新修订审计法宣传册120本。关心关爱干部职工，对接协调住建部门，解决因干部职工住宿楼年久失修，常年出现漏水、管道堵塞等老大难问题，大大改善干部职工的住宿环境。

统计

【概况】 2022年，山南市统计局（以下简称市统计局）贯彻落实全市经济工作会议精神，全面客观反映全市经济社会发展成效，高质量推进国民经济核算、工业、贸易、投资等专业3150个经济指标常规统计和临时性调查工作，做到应统尽统、不重不漏。全市主要经济指标实现争先进位，地区生产总值增速排名全区第二名、固定资产投资总量排名全区第二名、社会消费品零售总额增速排名全区第三名、城镇居民人均可支配收入增速排名全区第二名、农村居民人均可支配收入增速排名全区第二。

【统计调查监测】 2022年，市统计局开展国民经济核算、农牧业、工业、投资、服务业、商贸等22类常规统计报表，完成1‰人口抽样调查、“四下”单位抽样调查、统计用区划代码和城乡划分代码更新维护等重点调查工作。

【经济指标数据核算反馈】 2022年，市统计局按照《季度地区生产总值统一核算改革方案》及国家统计局逐级下算的要求，及时反馈每季度县级GDP核算数据，确保各县区数据符合逻辑、匹配协同。组织各县（区）利用钉钉App召开视频会议，完成人口变动抽样调查核查、入户登记工作和568个村（居）基本情况表的录入、审核、上报等工作。“山南市第四次全国经济普查”成果已编撰发布，“山南市第七次全国人口普查”资料开发工作有序推进。“山南市第五次全国经济普查”前期筹备工作正在进行，组建山南市第五次全国经济普查筹备工作领导小组及办公室，调度各县（区）成立领导小组及落实有关经费，并定期梳理工作进展情况。

【国家统计督察整改落实】 2022年，市统计局围绕《关于更加有效发挥统计监督职能作用的意见》、贯彻落实国家统计督察反馈意见和统计造假不收手不收敛问题专项纠治工作，主要领导高位推动，先后召开各类会议6次，市整改办召开5次会议，调度整改进度、协调解决问题、推动整改落实。制定县（区）党委、政府，市、县（区）行业主管部门，县（区）统计局、乡镇4个层面督查任务清单，联合市纪委监委、市政府督察室组成2个工

2022年8月2日，山南市人民政府与自治区统计局督导检查组座谈会召开

作组，深入曲松、桑日等6个县，督导检查整改工作落实情况，推进《关于更加有效发挥统计监督职能作用的意见》、国家统计督察反馈意见整改工作以及专项纠治工作，全部完成整改。

【专项普查】 2022年，市统计局推进山南市第七次全国人口普查数据资料开发、整理、印制等工作，开展资料排版印制工作。开展山南市第五次全国经济普查前期筹备工作，成立山南市第五次全国经济普查筹备领导小组及办公室，调度各县（区）成立领导小组，落实有关经费。

【统计服务】 2022年，市统计局坚持用数据说话、为科学决策，第一时间向主要领导报送主要经济指标数据分析，认真撰写“短、平、快”统计信息141篇，统计分析22篇，统计专报5期，其中《强边固发展　沧桑话巨变——山南市边境县人口与经济发展调研报告》《顶住下行压力　经济企稳回升》等5篇分析，得到自治区人大常委会副主任、山南市委书记许成仓重要批示。编撰出版2021年全市统计公报、年度统计手册、统计年鉴和2022年季度统计手册，有效扩大服务范围、服务领域。向有关部门及社会各界提供统计信息咨询服务80余次。编制《山南市第七次人口普查手册》，及时反映人口普查成果。印制发放《2022年统计法律法规应知应会手册》。通过政务服务运行管理平台，回复网民咨询6次。

【统计改革】 2022年，市统计局认真贯彻落实《关于更加有效发挥统计监督职能作用的意见》，提请市委、市政府印发《中共山南市委员会办公室　山南市人民政府办公室关于印发〈山南市贯彻落实〈关于更加有效发挥统计监督职能作用的意见〉实施方案〉的通知》，对照全面发挥统计监督职能作用的“5个任务目标”（着力提升统计督察效能、持续加大统计执法力度、依法独立履行监测评价职能、加强对推动高质量发展情况的统计监督、建立健全统计监督协同配合机制），结合山南市实际制定20条细化措施，推动建立统计监督与纪律监督、派驻监督、巡察监督、审计监督等各类监督方式统筹衔接、有机贯通的监督机制。

【队伍建设】 2022年，市统计局坚持党管干部的原则，坚持正确的选人用人导向，不断提升干部队伍综

2022年6月29日，市统计局与驻村点加查县安绕镇嘎堆村开展“庆七一　喜迎党的二十大　唱响民族大团结”联谊活动

合素质。2022 年，按照《党政领导干部选拔任用工作条例》及人事任免相关制度规定，本着严格落实“凡提四必”原则，经过通盘考虑、慎重研究、集体讨论、民主决策，从严把关“动议、推荐、考察、讨论决定、任职”五个环节，新提拔 2 名正科级干部、1 名副科级干部，晋升 1 名四级调研员、1 名一级主任科员、4 名三级主任科员，同级调整 4 个岗位。补招大学生公益性岗位人员 3 名，补充新鲜血液。

调查

【概况】 2022 年，国家统计局山南调查队（以下简称山南调查队）开展农村住户收支调查、城镇住户收支调查、物价监测、农牧业生产调查、采购经理指数调查、统计分析。开展每五年一期的住户大样本轮换工作，稳步推进统计执法监督工作。荣获 2021 年度西藏调查系统先进单位称号；荣获 2022 年度西藏调查系统先进单位称号。

【农村住户收支调查】 农村住户收支调查主要包括农村住户收支、农民工监测、畜禽监测、农产品价格调查等，2022 年，山南市共有 20 个农村住户调查点，200 个调查户，农村居民人均可支配收入为 19845 元，同比增长 7.6%，增速位居全区第二，高于全区 0.1 个百分点。

【城镇住户收支调查】 2022 年，山南市共有 10 个城镇住户调查点，100 个调查户，城镇居民人均可支配收入为 45233 元，同比增长 4.9%。增速位居全区第二，高于全区 0.1 个百分点。

【物价监测】 2022 年，山南市总采价点数量 78 个，总规格品数量 1088 个，每月采价笔数 3207 笔。2022 年山南居民消费价格（简称 CPI）总水平累计上涨 1.3%，低于全区平均水平 0.2 个百分点，其中，食品价格上涨 0.9%，非食品价格上涨 1.5%；消费品价格上涨 1.9%，服务价格上涨 0.1%。

【农牧业生产调查】 2022 年，山南市牲畜存栏数 1265896 头（只、匹），同比下降 0.64%；猪牛羊出栏头数 415882 头只，同比下降 3.11%。粮食播种总面积 25481.45 公顷，比 2021 年增长 4.38%；粮食总产 169155.93 吨，比 2021 年增长 0.69%。

【采购经理指数调查】 2022 年，山南调查队对辖区内 4 家非制造业采购经理样本企业和 2 家服务零售结构调查样本企业进行月度监测，对 6 家各县（区）新设立小微企业和个体经营户开展季度跟踪调查，均通过联网直报平台进行数据审核上报。

【统计分析】 2022 年，山南市调查队结合实际撰写调查分析和专题分析共计 47 篇，其中，向市委、市政府提供调查分析 33 篇，《以“拉林铁路”为契机推动山南旅游业高质量发展》调查分析获山南市委常委、副市长牟永文签批；向山南市人民政府网站发布专报 7 期；西藏调查总队内网采用 40 篇；国家统计局内网采用 13 篇。

【五年一期的住户大样本轮换工作】 在山南市各县（区）统计局的配合下，山南调查队在全市范围内开展住户大样本轮换及部分县样本扩增工作，最终抽取并确定 1250 户居民家庭作为山南市新一轮住户调查户，调查户数量较上一轮增加 950 个，保证住户调查

2022年8月4日，国家统计局山南调查队举办住户调查大样本轮换培训暨动员部署会议

2022年5月12日，国家统计局山南调查队业务人员在曲松县罗布莎镇开展全面从严治党专项调查工作

样本代表性和数据质量。新一轮住户调查户于2022年12月起正式记账。

【统计执法监督】 2022年4月，山南市调查队联合市统计局山南队全面开展清理纠正违反统计法律法规文件和做法工作，对2017年以来的文件和做法进行全面清理。10月，开展统计造假不收手不收敛问题专项纠治工作。12月，开展统计造假屡禁难绝问题专项调研。成立执法检查组分别在4月和12月深入住户调查科、措美县和洛扎县对住户、农牧业统计调查专业开展"双随机"统计执法检查工作，有效发挥统计执法保障数据质量的作用。

市场监督管理

【概况】 2022年，山南市市场监督管理局(知识产权局)(以下简称市市场监管局)围绕加强法治建设、降低准入门槛、提高知识产权价值、维护公平竞争、扩大消费需求、降低创业成本等方面，推动山南市经济高质量发展。纵深推进商事制度改革，严格按照国家、自治区部署要求，落实商事制度改革各项政策措施，推动市场主体蓬勃发展。在服务大厅设立个体智能审批一体机，实现个体户办证智能审批、秒批秒办。截至年底，全市市场主体达4.5万户，同比增长8.21%，实现增长6.5%以上的目标。全市拥有有效注册商标4060件，同比增长8%。

【食品安全】 2022年，市市场监管局坚决落实"四个最严"要求，组织开展食品安全"守查保"专项行动和糕点行业、粮食领域等专项整治行动，推进食品销售风险分级管理，创建"放心肉菜示范超市"快检室，排除风险隐患4540处，销毁过期食品5吨，确保"舌尖上"的安全。

【药品安全】 2022年，市市场监管局制定《山南市食品药品安全委员会工作规则》等文件，签署《加强疫苗安全监管联动机制》，推行医疗器械质量安全承诺制。对涉药、涉械、涉妆企业开展拉网式清查，确保药品、化妆品、医疗器械安全。取缔无证经营医疗器械户3家，市级抽检化妆品7个品种30个批次，合格率100%。调剂藏药制剂706个品种，做到百姓用药可及。

2022年8月15日，市市场监管员在西区农贸市场设置的价格投诉现场受理点工作

【工业产品质量安全】 2022年，市市场监管局制定《关于开展特色产品质量标准提升行动的贯彻落实意见》《山南市雅砻质量奖评审管理办法》，守护"一老一少"用品、农资产品质量安全，开展重点工业产品质量安全隐患排查行动，全链条排查整治风险隐患，完成工业产品抽检236批次，严格抓好不合格产品后处理工作，严守质量安全底线。

【特种设备安全】 2022年，市市场监管局开展三年隐患排查整治专项行动和城镇燃气安全"百日行动"，严防安全事故发生，保障人民群众生命财产安全。截至年底，全市共登记特种设备3354台，隐患排查覆盖率达100%。

【知识产权发展】 2022年，市市场监管局制定《山南市知识产权保护实施方案》，以高原特色主导产业和优势产业为重点，推动知识产权培育、发展、应用、保护一体化，加大对品牌的展示和推介力度，拓宽全市消费扶贫产品线上消费渠道。浪卡子县、隆子县先后申请"相达牦牛""隆子黑青稞"等地理标志证明商标，助力乡村振兴。

【市场主体监管】 2022年，市市场监管局完善信用信息归集共享机制，归集各类企业信息8.9万余条。落实企业年报公示制度，全市年报率为95.34%。推进企业信用风险结果与"双随机、一公开"重点监管对象有机结合，全年共开展定向抽查25批次、329家企业，抽查合格率83.28%。发起部门联合"双随机、一公开"计划9批次，涉及9个部门，抽查市场主体85户。加强信用约束和修复工作，全市列入经营异常名录市场主体4050户次，被列入严重违法失信企业3户，移出经营异常名录854户次。

【严格市场监管执法】 2022年，市市场监管局推动常态化扫黑除恶专项斗争纵深发展，组织开展"铁拳""双打""清朗"、打击传销等专项执法行动，严厉打击非法广告、无照经营、侵害消费者权益等各类违法行为，起到处罚一批、震慑一批、规范一批的效果。全市共查处案件196起，罚没款47.56万元。

2022年9月5日，市市场监管局执法人员检查方舱医院的供餐食堂

【市场价格监管】 2022年，市市场监管局维护民生商品和防疫物资价格平稳，确保价格秩序稳定。围绕减税降费工作，通过交叉检查、"双随机、一公开"等方式，对医疗、能源、金融等单位进行服务收费专项检查，切实减轻企业负担。查处一起电价案件，退还企业多收电费8.67万元。为19家企业免费开展安全阀校验工作，减免检验费5万元。

税务

【概况】 2022年，山南市共组织税费收入45.91亿元，同比减收7.89亿元，下降14.67%。其中，税收收入20.76亿元，同比减收12.64亿元，下降37.84%；地方级税收收入7.60亿元，同比减收4.96亿元，同比下降39.52%；社会保险基金收入19.77亿元，同比增收0.81亿元，增长4.29%；非税收入5.21亿元，同比增收3.76亿元，增长2.58倍；工会经费收入0.17亿元。扣除留抵退税因素还原后，组织税费收入53.36亿元，同比减收0.72亿元，下降1.33%。其中，税收收入28.21亿元，同比减收5.64亿元，下降16.22%。

【税收征管】 2022年，国家税务局山南市税务局（以下简称市税务局）率先实现全区首笔跨省税库银联网扣款，成为全区推广样本。创新推出“土地出让金联合征缴程序”，拓展跨部门数据应用场景；成功接收全区第一张“全电发票”，实现县（区）纳税人“全电发票”受票率及服务率“双百”目标。稳步推进社保费“统模式”改革和企业养老保险全国统筹改革，实现两项非税收入划转和工会经费委托税务代收。深入开展税费数据使用维护情况调查和数据安全风险排查，持续加强网络信息安全。深入挖掘税收大数据“金山银库”，细化政策效应分析维度，为地方经济发展建言献策，全年撰写税收分析报告 46 篇，获得各级党政领导批示 34 次，为高质量服务市场主体和地方经济发展做出积极贡献。

【税收法治】 2022 年，市税务局推动税务执法理念方式手段变革，深入推行行政执法三项制度，落实全国税收征管、纳税服务和税务稽查规范，增进执法规范性和统一性。建立税收执法外部监管机制，持续优化内控监督平台，构建“全面覆盖、全程防控、全员有责”的内控体系，促进严格规范公正文明执法。市局获得全区“七五”普法先进集体荣誉，曲松县税务局被税务总局命名为“全国税务系统法治基地”。

【税务稽查】 2022 年，市税务局发挥“一查三促”效能，全年新立案 13 起，累计结案 14 起（其中结案以前年度案件 4 起），自查和查补收入 975 万元，移送公安部门重点案件 2 起，公开曝光案件 2 起。

2022年7月3日，市税务局到隆子县斗玉珞巴民族乡宣传新的组合式税费支持政策

【纳税服务】 2022 年，市税务局坚持在落实便民服务中持续优化营商环境。深化“放管服”改革，持之以恒落实便民办税春风行动。建立健全党委班子成员“包保”责任制。组织开展“一把手走流程”“特约监督员”沉浸式体验办税活动，主动邀请各级人大代表、税费服务体验师改进政策落实过程中的短板弱项。推动“金牌导税员”试点工作，推广应用“雅砻e税”征纳互动平台，建成“税收法律援助服务工作室”，进一步推进“非接触式”办税缴费服务。聘请全国人大代表为“税法宣传员”，深入开展宪法宣传和“八五”普法教育，在人民网、“学习强国”学习平台、《西藏日报》、《中国税务报》等主流媒体平台发表文章 80 余篇。

【减税降费】 2022 年，市税务局坚持“退减免降缓”综合发力，高效落实新的组合式税费支持政策，典型经验做法获国务院通报表扬。牵头与财政、人行等外部门沟通联络协调，畅通退税运转流程；全面梳理各项税费支持政策，编印复工复产、税费优惠、政策指引；运用税收大数据提前摸清底数，精准“定向投递”，建立“留抵退税极速办理业务条线”。开展组合式税费支持政策“大宣传、大走访”，采取“拉网式”全覆盖宣传解读。全市落实减税降费及退税缓税缓费共计 8.8 亿元，其中增值税留抵退税 7.46 亿元，新增减税降费 1 亿元，制造业中小微企业缓缴税费 0.34 亿元。

烟草专卖

【概况】 2022 年，山南市烟草专卖局（公司）（以下简称市烟草局）坚持稳中求进工作总基调，高效统筹疫情防控和生产经营，各项工作迈上新台阶，卷烟销量、销售收入、税利总额创历史新高，疫情防控工作得到区局（公司）党委、山南市政府、疫情办、社区的一致好评。深入落实“总量控制、稍紧平衡、增速合理、贵在持续”方针要求，根据疫情期间市场状态，实施适销卷烟快销精准投放策略，实行一县一策、一域多配送模式，有效应对疫情对生产经营造成的冲击。全年共销售卷烟13404.1箱，同比增长8.88%；实现卷烟销售收入63409.98万元，同比增长10.95%；实现税利10494万元，同比增加2122万元，增幅25.35%；重点品牌销售12716.07箱，同比增长12.14%，占比达到94.87%；单箱销售收入47306元，同比增加882元，增长1.9%。

【专卖打假】 2022年，市烟草局始终保持打假打私高压态势，深入开展“春雷2022”“茶烟治理”等各类专项行动，严厉打击各类涉烟违法犯罪行为。全年共查获案件23起。涉案卷烟36.77万支，总案值41.05万元，上缴罚没款7.92万元。公开销毁近几年累计罚没假冒卷烟27.5万支，价值40余万元。依法加强电子烟监管，联合公安等部门开展清理整治向未成年人销售电子烟和严厉打击涉电子烟违法犯罪专项行动，使电子烟监管稳步走上法治化、规范化轨道。打造综合服务大厅，深入推进“互联网+政务服务”，推行网上办、快递寄、上门送等服务，打通偏远地区“办证难”的堵点。疫情期间，采取网上业务自助办、紧急事项特殊办、政策咨询电话办等方式，共计办理各类网上许可事项90余次，实现群众办证从“脚尖”到“指尖”的转变。

【履行社会责任】 2022年，市烟草局配合区局（公司）乡村振兴办协调做好国家局“十四五”期间在山南市的定点产业项目，筑牢边境发展之基。截至年底，森布日现代牧场建设项目和矮化苹果种植项目资金已全部到账（各7500万元，共1.5亿元）、项目建成投产；加查县安绕镇热果村及隆子县三林乡格西村第一批资金各427万元已到账，项目完成设计立项。及时完成第十批、第十一批驻村工作队轮换工作，继续采用现金捐赠的方式，向扎囊县江津村捐赠13万元，用于修建农田围栏，向隆子县玉麦乡捐赠36万元，用于购置干部周转房配套家具，确保巩固拓展脱贫攻坚成果同乡村振兴有效衔接工作取得明显成效。深化党员干部结对帮扶、党员密切联系群众活动，组织开展党员结对帮扶工作4次，通过以买代帮形式，从17户贫困户家庭中购买总价值27200元的农产品。疫情期间，全体党员、县网点员工自筹资金13990元，向驻村点群众、困难零售户捐赠N95口罩等防疫物资。响应地方政府助企纾困减免政策，为承租局（公司）商品房的12户（含4个县）个体工商户累计减免9个月租金共计45.28万元，协调银行为零售户发放“烟商贷”388.7万元，有效缓解疫情对商户经营的负面影响。推进文明吸烟环境建设，为健康山南建设作出积极贡献。在隆子县机场建设室内吸烟室1个、在贡嘎县、加查县等地建成吸烟柱194个。

【管理创新】 2022年，市烟草局按照全区“5+2”物流网络布局，先后多次同贡嘎县政府、区局（公司）物流处对接卷烟物流中转站项目，加快推进土地权属确定、手续办理、设计方案、项目估算等工作，及时解决项目落地存在的问题，按照既定时间进度完成项目立项工作。全面推进“数智签收”落地，及时成立领导小组，制订工作方案，组织物流、营销、信息中心人员，赴拉萨市局（公司）卷烟物流配送中心开展现场学习，为全面推广“数智签收”取经问道。全年实名认证率98.71%。提升企业治理能力，科学

2022年6月16日，市烟草专卖局组织开展销毁假私卷烟活动

2022年11月17日，山南烟草专卖稽查员向零售客户宣传烟草专卖相关法律法规

制定单位和各科室年度方针目标，固化季度考核制度。强化体系文件宣传贯彻运用，开展制度“废改立”工作，抓好标准流程固化优化，不断提升管理水平、内审能力。认真推进QC小组与科技创新项目工作。强化审计监督，严格落实供应商“黑名单”惩戒措施，推动办事公开民主管理工作规范化、精细化，建立更加良好的采购环境。助力财务共享中心建设，圆满完成“收支两条线”试点工作，为全区推广“收支两条线”工作提供可借鉴、可复制的经验措施。

石油销售

【概况】 2022年，中国石油西藏山南销售分公司（以下简称中国石油山南分公司）供应各类成品油9.65万吨，同比下降1.87万吨，下降16.24%，其中纯加油枪加出7.64万吨，同比减少2.02万吨，下降20.91%；直批销售2.03万吨，增长8%，缴纳地方税收1093万元。在山南地区出现暴雪等极端天气时，为保障安全生产平稳运行，山南公司及时召开安全专题会议，统一思想，安排部署，积极应对雪灾、洪灾等天气。

【网络开发】 2022年，中国石油山南分公司发扬钉钉子精神，落实人盯人、人盯事，积极主动向市县两级领导请示汇报，加强与相关职能部门的沟通联系，说困难、求支持，久拖未决的贡嘎森布日、江塘加油站建设项目土地建设指标问题得到顺利解决，取得贡嘎县自然资源局书面证明，保住商务预核准指标，有望年内实现开发、投运双目标。既注重从上到下的关系维护，又注重以下至上的落地实施，通过坚持不懈的努力，浪卡子伦布雪加油站建设项目零条件取得县乡村振兴局纳入扶贫项目批复，土地手续顺利通过市政府评审并报自治区自然资源厅审核。在人员短缺、冬季施工、材料不能及时进场等不利因素影响下，协调各方，指定专业能力强、经验丰富人员现场蹲点，保证施工安全、质量和进度，隆子加玉加油站顺利投运，发展根基更加牢固。逐步改善加强加油站硬件管理，通过小改造、小调整、小投入，改善经营条件、优化消费环境、增强服务功能，提高服务效率。

【安全环保、疫情防控】 2022年，中国石油山南分公司组织召开3次以安全环保为主题的党委理论学习中心组学习会议。12次召开疫情防控、安全例会、环保整治、

2022年12月24日，中国石油加玉加油站完成竣工验收，并开始试运营

现场管理、质量管理、维稳防恐等专题会议,从提高认识、细化措施、落实责任等方面做出安排部署,压紧压实各级责任,未发生被地方政府关停、处罚、通报事件。丰富监督方式,细化监督内容,下发处理通报6期,问责8人,安全记分16分,1座加油站被取消先进评选资格。修订完善油库、加油站月度考核制度,赋予QHSE(质量、健康、安全、环境管理)工作20%考核权重。在西藏公司2022年上半年的体系审核中,排名全区第二。投入322万元对部分操作井油气浓度超标、危废间防渗、防冲撞栅栏设置、油库周转房线路等隐患进行及时有效整治。精心组织、周密部署中央环保督导及国务院安委办巡察考核迎检工作,受到西藏公司肯定和奖励。面对突如其来的新冠疫情,坚持把干部员工生命安全和身体健康放在第一位,不等不靠、主动作为,想尽千方百计筹集防疫物资和必要生活物资,因地制宜、因时制宜制定落实疫情防控措施,实施精准防控,取得疫情严控期员工零感染的良好成果。疫情政策优化调整以来,加油站一线员工发扬大庆精神、铁人精神,坚守阵地,履职尽责,没有一座加油站关停营业,保障区域市场资源充足供应,最大限度降低疫情对经营的影响。

【内控管理】 2022年,中国石油山南分公司组织相关岗位人员进行重点费用报销培训,提高费用发生及报销合规性。制作风险识别和管理手册,主动研判风险点,提升风险防范能力。清查固定资产1336项,低值易耗资产1804项。坚持每日资金勾兑,撬装站资金重点把控,以加油机起止泵码进行统计,并换算比较当天的营业款是否与加油站缴存一致,确保资金安全。充分吸取经验教训,严把审批流程,把线上合同审批签订作为付款前置,事后合同、线下合同比例明显下降。正视历史遗留问题,做到不推脱、不逃避,加查加油站土地证办理、巾帼加油站排污许可证办理取得实质进展。综合损耗率、损耗量同比分别下降10.2%和8.4%,获得西藏公司年度数质量管理先进集体称号。推进机关“大部制”改革,机关人员编制严格控制在18人。先后接受原总经理任中审计,加油站经营审计及西藏公司党委巡察,问题整改率100%,巡察发现问题整改率80%。

2022年6月18日,中国石油山南销售分公司开展“直播带货、助力扶贫”活动

【为民办实事】 2022年,中国石油山南分公司开展与贫困家庭结对帮扶工作,招聘多名在档贫困户子女在公司就业。深入开展强基惠民精准脱贫工作,驻村工作队“走村入户”,解决群众实际困难,赢得当地村民好评。坚持为泽当、贡布路、辛吉等8座站和旅游沿线站配备保洁员,为城区6座站提供送餐服务。实施城区站与艰苦偏远站轮岗安排。开展元宵节、“三八”妇女节、义务植树节、趣味运动会等活动,增强员工队伍凝聚力、向心力。组织看望住院、去世、生病等员工及家属12人次,送去慰问金2.8万元。疫情期间,为驻村群众送去米、面、食用油等价值3.4万元的生活物资。油库周转房线路整改、机关电瓶车充电棚设置、加油站富氧工程、生态园改造提升等民生项目相继实施,得到员工高度评价和充分肯定。

西农集团

【概况】 西藏农牧业生产资料集团山南有限公司(以下简称西农集团山南有限公司)克服新冠疫情

带来的困难，保障山南市秋收工作顺利进行。与山南市农业农村局、山南市疫情办、山南市各县农业农村局、西藏农牧业生产资料（集团）有限责任公司合力，完成山南市秋播化肥调运。

【经营情况】 2022年，西农集团山南有限公司拥有资产总额为5645万元，其中固定资产净额为1315万元。实现营业收入7246万元，营业收入同比增加1036万元，增长16.68%；实现净利润520万元，同比增加132万元，增长34.02%，净资产收益率16%。

2022年12月16日，西农集团山南有限公司到洛扎县开展“三包”服务，并讲解农机知识

【服务“三农”】 2022年，西农集团山南有限公司紧紧围绕“狠抓产品质量、全心服务三农”的工作目标，树立和增强责任意识、创新意识、实干意识，发挥自身优势，提高竞争力，扩大零售市场份额，采取市场化手段，加强售后服务管理，搞好经营，搞好创收。通过进一步改进作风狠抓落实工作，转变工作作风，送货上门，提高“三包维修服务”的质量，不仅帮助客户免费保养机械、提供免费维修服务，还教授一些基础的机器保养知识和维修技能，得到老百姓的一致好评。

自然资源·环保·住建

自然资源管理

【概况】 2022年，山南市自然资源系统准确把握新时代自然资源工作定位，履行“两统一”职责，主动服务和融入“六个走在全区前列”大局，在自然资源要素保障、国土空间体系构建、生态文明建设、民生服务保障、资产资源权益维护和干部作风建设等方面取得成绩，特别是不动产登记办结时限从30个工作日压缩到5个工作日的做法得到自治区党委作风办书面表扬。年内，山南市自然资源局（以下简称市自然资源局）共受理项目建设用地初审与选址意见申请18个、7180亩，核发建设项目用地预审与选址意见书31份、2142.8亩，审查上报农用地转用报件24个、7848.9亩。挂牌出让泽当城市规划区内国有建设用地17宗，上缴土地出让金7780.59万元；征收泽当城区储备土地96.54亩，兑现征地费1557.7万元。完成2家金属矿和1家非金属矿采矿权延续工作。

【国土规划体系构建】 2023年3月，“三区三线”划定工作基本完成，初步划定耕地保护目标94.8万亩，永久基本农田70.9万亩，生态保护红线6431.7万亩、占辖区面积的54.2%，城镇开发边界10.24万亩。《山南市国土空间总体规划（2021—2035年）》完成专家论证审查和社会公示工作，国土空间规划“一张图”实施监督信息系统和基础信息平台同步建设。“多规合一”实用性村庄规划编制稳步推动，完成570个村庄分类核查工作。

【生态文明建设】 截至2022年底，雅江流域山水林田湖草生态保护修复项第一、二批山水项目31个，涉及投资11.63亿元，形象进度分别达到83%和50%，第三、四批项目前期工作扎实开展，涉及投资4.5亿元。中央第二轮生态环境保护督察反馈问题整改中刘琼采石场完成修复，36家露天采场恢复完成整改9个、正在整改27个。曲松县江南矿业遴选国家级绿色矿山评估考核工作顺利完成，待自然资源部发布。耕地保护督察反馈问题有序整改，45个问题已整改10个，正在整改35个。

2022年5月9日，市自然资源局召开全市自然资源工作会议

2022年11月4日，市自然资源局到乃东县结巴乡扎木日苏山水项目点宣讲中共二十大精神

【民生服务保障】 截至2022年底，城乡建设用地增减挂钩项目2019年14个项目区3793.22亩拆旧复垦任务全部完成，其中曲松县2个项目已通过自然资源部验收，其余11个县（区）均完成拆旧复垦并经市级验收，2020年13个项目区已复垦1476.27亩，累计兑现调剂资金9.9亿元。泽当中心城区不动产登记历史遗留问题处置方案基本完成。实施地灾治理项目5个，涉及资金2640万元。

【资源资产权益】 2022年，市自然资源局不动产登记工作日趋规范，一般登记、抵押登记办理时限压缩至5个工作日，全年共颁发不动产权证1686本，不动产证明405份，农村集体土地所有权实现100%发证。不动产登记颁证做法得到自治区党委作风办书面表扬。农村房地一体测量工作基本完成，完成测量3912户。打击“洗洞”盗采金矿专项整治行动取得阶段性成效，乃东区娘古金矿废弃矿洞完成封堵。泽当大道扩宽工程临时项目部违建设施全部拆除。

生态环境

【概况】 2022年，山南市生态环境局（以下简称市生态环境局）以持续改善生态环境质量为核心，以解决影响科学发展和群众健康的环境突出问题为重点，纵深推进污染防治攻坚，入选全国“无废城市”建设行列，琼结县成功创建国家级生态文明建设示范区，并在生态环境部“第六批生态文明建设示范区名单”中得以命名。全市空气质量优良率、集中式饮用水水源地和主要江河湖泊水质达标率达到100%。4月，召开全市生态环境保护工作会议暨生态环境系统党风廉政建设工作会议，泽当设主会场，12个县（区）设分会场。

【生态环境污染防治】 2022年，市生态环境局制定出台“十四五”时期“无废城市”建设、柴油货车污染治理、“白色污染”治理、农业农村污染治理实施方案、重点流域水生态环境保护“十四五”规划。通过机动车排放在线监控系统遥感检测机动车10余万辆，排查涉VOCs（挥发性有机物）企业201家，完成18家企业废气收集、排放浓度等检测工作。持续推进89个入河排污口排查整治，完成

2022年7月，市生态环境局开展“中华民族一家亲，同心共筑中国梦”民族团结进步创建系列活动

整治74个，对12个规上排污口进行季度监测。对84个乡镇级水源地（含集中式饮用水水源地10个）开展全面排查。完成错那、浪卡子、洛扎3个县的县城集中式饮用水水源保护区划分技术报告审查，并组织报批。组织申报乃东、浪卡子农村生活污水治理项目。争取国家资金1000余万元开展山南市地下水环境状况调查评估，已开工。完善土壤污染重点监管企业名录（共22家），对西藏华钰股份有限公司开展铅、汞、镉、铬、砷5项重金属污染物排放进行监测，均达标排放。对涉重金属矿区固废堆存场所环境风险隐患进行排查，建立台账。跨市转移处置危险废物375.56吨，焚烧处置医疗废物652.5吨，其中涉新冠医废248.2吨。完成2021年度93家产废单位危险废物申报登记工作，产废量195.71吨。全年泽当城区空气质量优良率为100%。水、土壤环境质量稳中向好，主要江河、湖泊和地表水达到国家Ⅲ类标准。

2022年8月16日，市生态环境局到市医疗废物处置中心等开展专项督导检查

【环境评测】 2022年，市生态环境局严把环评审批关，深化主动上门服务，招商引资提前介入，实施“不见面”项目技术审查、咨询、报备等工作，落实环评审批正面清单，推进环评豁免管理和告知承诺制审批工作，共审批建设项目环境影响评价报告99个（含涉边项目26个），其中报告书4个、报告表89个、告知承诺制6个；登记备案583个；边境4个县执行环评优惠政策项目26个，其中降级15个、豁免11个，执行率居全区前列。登记排污单位22家，核发排污许可证23家，督促市人民医院、各县污水处理厂等15家重点排污单位安装在线监测（监控）设备，8家单位已安装联网。

【生态文明示范区创建】 2022年，市生态环境局组织2个县（贡嘎、错那）、64个乡镇、454个村居开展自治区级生态文明示范区创建申报工作，待命名。统筹错那县勒布沟门巴民族乡积极申报创建“绿水青山就是金山银山”实践基地。推动生态振兴年度5项目标任务，组织12个县（区）相关部门遴选生态岗位29535个，兑现2022年生态岗位资金1亿余元。

【生态文明建设】 2022年，市生态环境局召开加强生态文明建设走在全区前列专题会议6次，54项重点任务已完成20项，34项序时推进，总投资约9.6亿元的10个大类16个重点项目已完工3个、正在推进6个、开展前期工作5个、申请调整2个。编制完成《山南市“十四五”期间生态环境保护规划》。隆子河流域水污染防治等5个续建项目已完工，累计拨付资金6066.39万元，支出进度为83.3%。山南市哲古湖流域水污染防治等8个新开工项目，累计拨付资金6280.55万元，支出进度为46%。制订《山南市医疗废物处置应急预案》《山南市疫情防控期间医疗废物和涉疫生活垃圾转运处置工作方案》，督导帮扶涉疫点位156家，出动执法人员585人次，线上帮扶指导34次，解决环境咨询问题82个，现场下达检查表26个，督促立行立改环境问题45个，确保疫情期间监管和服务100%覆盖，医疗废物、医疗废水及时有效收集转运、规范处置。

【环保督察整改】 2022年中央第四生态环境保护督察组进驻期间，累计向山南市转办44件信访件（含空港新区5件）。截至年底，办结36件（含1件回访件），阶段办结3件，未办结5件；向山南市反馈问题24个，完成整改正在走销号程序的4个。探索制定《山南市生态环境系统党政领导严禁干预、插手生态环境行政处罚案件的制度(试行)》,建立全区首个电力环保智慧监管平台,全市32家排污单位109个监控点位与监管平台并网。采取“四不两直”方式,督导检查企业203家,下达责令改正违法行为决定书32份,立案查处企业14家,下达行政处罚决定书14份,共处罚金437.81万元。处理“12369”环保热线举报45起,办理“12345”市长热线等转办件11起,办结率100%。

住房和城乡建设

【概况】 2022年,山南市住房和城乡建设局(以下简称市住建局)贯彻执行国家、自治区关于住房和城乡建设领域政策和法律法规,制定全市住房和城乡建设中长期发展规划。负责城镇低收入家庭住房保障工作、住房制度改革、公有房屋管理、房地产市场及建筑市场监督管理、村镇建设、工程质量安全监督管理、行业建筑节能及减排、公积金监督管理、承担全市人防等工作。

【城乡建设】 2022年,山南市住建领域列入发改委投资项目计划的重点项目共44个,项目总投资约42.42亿元,如期完成全年24.4亿元固定资产投资目标任务。格桑路改造、泽当大道东延伸段、金珠南路主路建成通车,城区排水防涝泵站、泽当大道综合管廊建成投入使用;站前四条路、贡布路扩宽、老旧小区、城市绿心公园有序建设;湖北大道综合管廊、雅砻河综合整治、萨热路北延伸、雅砻林卡西路、泽当城区水源地整改、城区垃圾中转站等项目开工建设,推进城区路网和功能进一步完善。

【房地产业】 2022年,山南市房地产新建项目1个、续建项目16个,总投资61.56亿元,完成投资18亿元。为刺激住房消费,对符合专项借款的1个项目,制订专项借款方案,推动支持已售逾期难交付项目加快建设,申报资金9300余万元;根据房地产市场情况和改建意愿,推进513套商品房改建为1026套公租房。编制完成山南市房地产“一城一策”实施方案,开展整治房地产市场秩序三年行动,促进房地产市场平稳发展。

【保障性住房建设】 2022年,市住建局坚持因地制宜,建成康桑苑等10个老旧小区改造;开工建设保障性住房9651套,建成6803套。2072套调剂至各县(区)的公租房项目前期工作加快开展,年内开工建设796套。加快建设洛扎、措美县县城供暖,完成隆子县县城供暖招投标工作,建成浪卡子县城供暖二期和20个高海拔乡镇供暖,改善群众居住环境。实现农牧民住房安全有保障,持续开展住房安全隐患排查,坚持低收入群体住房安全隐患动态清零。2022年,365户农村危房改造完成200户,向住建厅上报2023年危房改造计划204户、抗震改造65户,整体推进抗震改造示范村3个(乃东区支岗村、曲德沃村和扎囊县罗村二组)。

【建筑市场管理】 2022年,市住建局严格落实行业系统告知承诺制和容缺审批等要求和工程项目审批改革措施,项目报建、施工许可、建筑企业资质等与企业密切相关的业务进一步完善办事指南、简化办理材料、压缩办理时限,审批证照全部实现电子化,提高审批效率与企业满意度,实现不见面审批和降低企业办事成本,办理推送相关电子证照216件。全面提高工程交易服务能力,住建领域工程项目

2022年6月14日,第一期山南住建讲坛开讲

全部实现电子招投标,推行不见面开标和异地评标。深化在建工地信息化监管工作和工程质量安全“月考月评”制度,持续推进建筑领域市场秩序整治,全面落实建筑工人实名制管理,充分发挥工程建设领域信誉评价等市场信用记录作用,立案查处各类违法违规案件85件,累计处以罚款约337万元,建筑领域监管提质增效。

2022年6月16日,市住建局到建筑工地开展“党建在引领、工地在行动”主题党日活动

【工程质量和安全生产监督】 2022年,市住建局坚决落实安全生产“三管三必须”要求,巩固提升安全生产专项整治三年行动成果,全面梳理整治过程中发现的共性问题和突出矛盾,动态更新问题隐患和制度措施“两个清单”,做实巩固提升和深入攻坚、重点突出。完成住建领域自然灾害普查,排查城镇房屋23228栋、农村房屋482006栋,通过住建厅复核验收。持续开展住建领域安全生产排查整治,开展房屋市政工程建筑工地安全生产专项性、突击性、日常性督导检查,严格开展安全文明标准化管理“月考月评”,下达《质量安全隐患整改通知书》72份、《质量安全隐患整改通知书》15份,查出问题隐患400余条,全部跟踪整改到位,安全生产形势总体平稳向好。深入推进安全生产制度执行力,细化落实安全生产“15条”措施,全面落实工程质量安全手册制度,实行标准化工地建设,切实提高施工企业安全生产标准化管理水平。强化重大节庆安全生产检查整治,对泽当城区房屋市政工程项目开展全覆盖督导检查、限期整改36个项目、暂停复工整改4个项目,发现疫情防控问题10条,安全生产文明施工存在问题24条,均明确整改措施和时限,持续跟踪整改情况。

【抗震防灾工作】 2022年,市住建局推进自建房排查整治,全市排查自建房50310栋,“百日行动”经营性自建房排查3338栋,初步判定存在安全隐患203栋(其中鉴定为CD级8栋),采取管理措施13栋;非经营性自建房46972栋,初步判定存在安全隐患的2236栋(其中鉴定为CD级146栋),采取管理措施102栋、拆除10栋,切实保障人民生命财产安全。

【乡村振兴】 2022年,市住建局推进全国第六批传统村落推荐申报工作,23个村落列入住建部公示名单,占全区总盘子的51%(全区45个),富有藏源文化特色的一大批村落将得到传承保护。持续开展人居环境整治,实施垃圾、污水、人居环境整治项目8个,136座“厕所革命”项目正常运行,97%的行政村建立生活垃圾收运处置体系,农牧区人居环境持续性改善。促进农牧民增收,严格按照《关于农牧民施工企业参与政府投资基建项目建设的意见》,住建部门400万元以下交由农牧民施工企业建设项目52个,带动农牧民增收1689.22万元,使用本地机械促进增收3187.518万元。其他项目促进农牧民增收1865.63万元,使用机械增收721.054万元。项目带动6382人转移就业,实现转移就业77928人次。

【住房公积金管理】 2022年,市住建局实施公积金阶段性支持政策,出台《关于对住房公积金提取和贷款有关政策进行调整的通知》,支持购房消费。执行下调首套个人住房公积金贷款利率和允许缓缴纳公积金、缴存人无法正常还款不作预期处理等正常措施,缓解企业和个人经济压力。实缴单位1097家,实缴职工4.54万人,缴存额14.74亿元,同比分别增长3.49%、6.07%和22.94%。截至年底,缴存总额97.12亿元,同比增长17.89%;缴存余额44.99亿元,同比增长25.57%。6602名缴存职工提取住房公积金,提取5.57亿元,同比下降21.55%;发放个人贷款583笔、3.71亿元,同比分别下降56.62%和55.57%;发放异地贷款3022万元。

城市管理

【概况】 2022年,山南市城市管理和综合执法局(以下简称市城管局)紧紧围绕统筹疫情防控和经济社会发展部署要求,加强市政管理、市容管理和执法、立法各项工作,在推进城市管理精细化方面取得较好的成效。

【市政设施管理维护】 2022年,市城管局坚持市政设施巡查制度,督促市政设施的维护,已维修路灯260杆,更换灯泡410个,市政照明设施亮灯率保持在98%以上。维修和更换雨水篦141个、井盖183个,路面维修33处。协调市住建局、乃东区住建局、市雅投公司,承接新建及未移交市政道路火车站站前路、站东路、站西路、香曲西路群艺馆段、香曲西路老林业局段照明路灯电费,从根本上解决亮灯问题。依法受理临时占用城市道路25件,临时挖掘城市道路14件,为提升城市市容市貌,市政管理科严格审批程序,对不是确需占用、挖掘市政道路的事项坚决不予审批,通过现场核查,依法审批临时占用城市道路20件,临时挖掘城市道路11件,排水许可3件。督促市城投公司加快施工和资金支出进度,争取2022年底完成建设。截至年底,站前广场地下停车场工程进度达92%、完成投资8000万元;完成格桑路等部分主要路段路外停车场标线工作,其他地块停车场建设项目前期工作正稳步推进。总投资3005万元的山南市泽当城区重要易涝点排水防涝项目可研初设评审工作已完成,开展地勘工作。投入资金12.39万元,为泽当中心城区24座公厕安装指示牌40块。

【燃气行业监管】 2022年,市城管局对城区6家燃气站进行日常巡查8次,及时发现和督促整改存在的问题;督促各县城管部门开展加气站应急演练11次,组织加气站负责人参加燃气管理培训26人次,提升燃气供应保障和安全管理水平。联合市住建局深入浪卡子、错那等县开展城镇供暖工程检查。

【市容环境卫生监管】 2022年,市城管局坚持问题导向,明确主攻方向,先后开展4次集中整治活动,解决门前“五包”责任落实不力、广告牌匾不规范、垃圾清理不及时等问题,加大监督管理力度。特别是7月下旬以来,举全局之力,突出萨热路、乃东路、体育场、站前广场、雅砻人民公园等重点区域,排查整治环境卫生问题1000余处,捡拾清运道旁绿化带各类垃圾近112吨,对310余家门前“五包”落实不到位商户进行规范整治,依法整治有碍观瞻的水塔设施26处,拆除更换破旧户外广告牌102处,集中拆除违规设置、破旧破损门店招牌511块,完成重点路段、重点区域“蜘蛛网”清理工作。组织全体执法人员开展人行道集中清理,依法拆除占道设置地桩、广告32处,拆除U形护栏600余块、膨胀螺丝540余根,做到还路于民。强化对砂石渣土的出售、使用、运输、处置各环节的监管执法力度,与砂石厂、运输车队及个人、施工方、商砼公司签订责任书,明确渣土出

2022年,市政府召开专题会议,讨论全市生活垃圾分类工作

售、使用、运输、处置等各项环节的具体要求，并加大抽查力度，共整治垃圾违规倾倒等问题 11 起。

【生活垃圾分类】 2022 年，市城管局起草《山南市进一步推进生活垃圾分类工作 2021—2025 年治理行动计划》，争取到自治区专项资金 1300 万元，制订《山南市生活垃圾分类试点工作项目实施方案》，该项目已进入招投标阶段。举办市、县（区）两级全覆盖式生活垃圾分类培训，各级党政机关分管负责人和有关企业、商户代表共计 1600 余人参加培训。协调推进总投资 1 亿元的华新水泥窑协同处置生活垃圾项目，完成主体工程。

【户外广告招牌管理】 2022 年，市城管局开展广告招牌领域的服务、管理工作，规范审批备案程序。以城区沿街风貌改造为契机，积极协助市住建局推进风貌改造工程，对格桑路、贡布路等沿街商品房业主、商户开展思想教育，争取理解和支持，完成门店广告招牌临时拆除、整治等工作，共整治各类违规门店招牌 63 处，现场踏勘广告设置及备案广告牌 326 处。

【城市执法】 2022 年，市城管局坚持日常管理和专项整治相结合，工作日巡查和节假日巡查相结合，保持全时段、全覆盖、高频率巡查执法。截至年底，出动一线执法人员 5400 余人次，出动车辆 2700 余辆次，教育劝导占道经营商家 1870 余户，整治流动商贩 1180 余起，整治乱搭乱建 8 处，整治各种破坏公共卫生及损害市政设施行为 120 条，共处理市民举报问题 20 余起，实施行政处罚 7 起，共罚款 2000 元。加强与相关行业部门的协调联动，联合整治标识标牌设置不规范、流浪乞讨行为、运输车辆带泥上路等突出问题 40 余起。向自然资源部门移交违规建设问题 1 起。联合公安、市场监管、交通运输等部门处理异地销售液化气问题 1 起。

2022年6月5日，市城管局开展环境日宣传活动

【城市立法】 2022 年，市城管局按照立法程序，会同司法、人大立法相关工作人员开展区内立法调研工作，《山南市城市管理综合执法办法》进入市政府法制部门审查阶段，《山南市城市市容和环境卫生管理办法》报市司法局合法性审查。《山南市污水处理费征收使用管理细则》通过市委、市政府研究，待市发改委（物价）确定征收标准后及时备案并印发实行。加强法治宣传，组织集中宣传 9 次，共发放《山南市城市建设管理条例摘要》《门前五包责任书》《垃圾分类操作指南》《燃气安全攻略》等宣传资料 1500 余份、宣传品 900 余份。

农业农村

综述

【概况】 2022年,山南市农业农村局(以下简称市农业农村局)继续深化农村承包地“三权分置”改革,全市累计流转耕地面积1.88万亩。加快建立农村土地承包经营权信息应用平台,认真开展农村集体产权制度改革“回头看”工作,为做好农村集体产权制度改革“后半篇文章”打牢基础。探索推进宅基地“三权分置”改革,完成乃东区农村宅基地基础信息摸底调查6884宗,6个精准扶贫易地搬迁点827户搬迁群众颁发不动产权证书。全年登记在册农牧民合作社1714家,各类示范社51家,家庭农牧场55家。

【种植业】 2022年,山南市总播面积53万亩(含复种3.85万亩),其中粮食作物面积38.22万亩、经济作物7.2万亩(油菜3.7万亩,蔬菜3.5万亩),饲草作物播种面积4.28万亩,粮、经、饲比例从76∶15∶9调整为78∶15∶7。2022年粮食(青稞)、蔬菜、油菜总产量分别达到16.92万吨(其中:青稞产量11.44万吨)、6.77万吨和0.76万吨。实施绿色高质高效创建面积27万亩、耕地地力测土配方施肥面积28万亩,建立良种繁育田1.8万亩。加大“藏青2000”“冬青18号”“喜马拉22号”“山青9号”“藏青3000”“山冬6号”“山冬7号”“山油2号”“山油4号”“藏油5号”等良种推广力度,良种覆盖率达到92%;农业机械总动力达85万千瓦以上,农机综合机械化水平达到75%,适宜深松耕地达到全覆盖。

【畜牧业】 2022年年末,山南市牲畜存栏头数126.59万头(只、匹)、其中大畜50.25万头、小畜72.11万只(羊),生猪3.16万头、马属1.06万匹。新生仔畜36万头(只、匹),仔畜成活34.34万头(只、匹),成畜死亡0.93万头(只、匹),死亡率0.7%。出栏牲畜42.4万头只,肉奶蛋产量分别为2.41万吨、7.42万吨和0.62万吨。黄牛改良冻配3万头、生猪出栏2.63万头。浪卡子苏格绵羊入选农业农村部畜禽十大优异种质资源。饲草种植8.95万亩。

【农业基础设施建设】 2022年,

2022年6月1日,加查县水电站开展鱼类增殖放流活动

山南市高标准农田建设任务为9万亩，涉及乃东、洛扎、浪卡子、贡嘎、琼结、隆子、曲松、错那、桑日、措美、加查县11个县（区）49个乡（镇），项目总投资2.86亿元，其中中央农田建设补助资金1.82亿元、自治区农田建设补助资金0.46亿元、市级配套资金0.25亿元、县级配套资金0.33亿元，亩均投资达3179.94元。截至年底，建成面积7.28万亩，完成率达80.9%；直达资金支出1.74亿元，支出率达76.4%，两项指标均超额完成，创历史纪录，自治区农业农村厅授予感谢信，同时被评为全区高标准农田建设优秀单位。

桑日县高标准农田建设现场（2022年11月摄）

【农业投资项目】 2022年，市农业农村局围绕“优化一产、壮大二产、提升三产”“稳粮、兴牧、强特色”要求，2021—2022年全市实施农牧业基本建设项目78个，截至年底，完工45个，未完工27个，4个未开工，完成形象进度投资6.07亿元，完成率73.71%。按照市委经济工作会议精神，顺利完成2022年农业农村领域固定资产投资任务48934万元。制定出台《山南市“十四五”时期推进农业农村现代化规划》《山南市高原特色农牧产业发展行动方案（2022—2025年）》《山南市产业发展领导小组高原特色农牧产业专项组2022年工作计划》，加快推进藏鸡产业集群、牦牛产业强镇、葡萄产业强镇建设，成功申报西藏藏鸡优势产业集群1个、产业强镇2个、农业现代化示范区1个。已完成6个县、105个项目清产核资市级核查工作，通过“做大做强一批、巩固提升一批、转产止损一批”的方式，推动扶贫产业提档升级。

【农业生产资料监督管理】 2022年，市农业农村局按照《中华人民共和国种子法》《兽药管理条例》和新版《农药管理条例》等法律法规，实行农业生产资料承诺达标制，对辖区内种子、肥料、兽药、动物诊疗、饲料生产及经营者落实监管名录制。全面开展动物卫生监督工作，加大对城区农贸市场日常巡查监督，严格实施外来动物落地申报检疫制度，严密防范未经检疫或私屠滥宰动物产品上市销售。市级检查出动执法人员和科技宣讲员90余人次，检查农资销售公司6家次、种子店30家次、兽药店6家次、农膜销售店30家次、蔬菜销售店（摊）90余家次、畜产品销售店（摊）70余家次，发放宣传单2900余份，受益达3000余人次。

【农村生态建设】 2022年，市农业农村局全面落实《西藏自治区第三轮草原生态保护补助奖励政策实施方案（2021—2025年）》，兑现2022年草原生态保护补助奖励资金1.22亿元，兑现资金与2021年持平，实现户均增收1846.88元、人均增收471.62元。实行农药、化肥减量行动，农药使用量由2017年的76.14吨降至2022年38.79吨，化肥使用量由2017年的8500吨降至2022年7605.5吨。施用商品有机肥1.4万吨，建立农业生态环境保护长效机制，全市畜禽粪污综合利用率达86%，规模养殖场粪污处理设施装备配套率达95%，秸秆综合利用率达95%，农膜回收率达87%。

【农产品加工与休闲农业】 截至2022年底，山南市农畜产品加工企业182家，各级农牧业产业化龙头企业11家，自治区级以上农牧业产业化龙头企业4家，市级农牧业产业化龙头企业7家。全年农畜产品加工业总产值2.36亿元，比2021年增加0.32亿元，增长15.68%，青稞加工企业达35家，青稞加工转化量1807.18吨，比2020

年增加394.6吨；牛羊肉加工企业5家，加工量达到9.83吨；乳业加工企业24家，加工量达到1239.55吨；藏猪肉加工企业17家，加工量达到400.38吨。按照《山南市农业农村局 发改委 经信局 财政局 商务局 市场监管局 税务局 乡村振兴局 幸福家园局人行山南市中心支行关于印发〈山南市市级农业产业化龙头企业认定和运行监测管理办法〉的通知》，经企业自愿申报、县（区）申请、专项组评审、市政府研究、网上公示等程序，认定桑日县帕竹荣顺（净土）庄园有限公司、山南绿源农牧业扶贫开发有限公司、山南茹巨农业科技有限公司、西藏绿之源现代农业科技股份有限公司、隆子县聂雄乳业有限公司为市级农业产业化龙头企业，保留西藏加查县雅江实业有限责任公司、西藏山南加玉农产品发展有限公司为市级农业产业化龙头企业，取消山南贡桑禽业发展有限公司、南天瑞农畜产品加工有限公司、西藏洛扎县粉丝厂、西藏山南乃东功德农产品开发有限公司、山南雅砻绿色畜禽有限责任公司、西藏盛世藏绒科技开发有限公司为市级农业产业化龙头企业。按照《山南市市级及以上农业产业化龙头企业（招商引资农业产业化企业）物流专项补贴资金实施方案》，报请市政府同意，兑现山南市2020—2021年市级及以上农业产业化龙头企业和招商引资农业产业化企业物流专项补贴资金238.28万元。

【农产品质量安全监管】 2022年，山南市开具食用农产品合格证总数为3001张，附带合格证上市农产品551吨。开展农产品质量安全检测工作，完成市级农产品质量安全风险（例行）监测754批次，所检参数合格率97.6%以上，其中定量检测709批次、定性检测45批次。发现问题处置率达到100%。持续保持重大农产品质量安全事故“零发生”的良好态势。西藏加查县雅江实业有限责任公司的核桃认证为绿色食品，西藏绿之源现代农业科技股份有限公司的玉米、甜瓜、石刁柏（芦笋）、西瓜、番茄（西红柿）、辣椒和隆子县隆子镇新巴村的黑青稞、黑糌粑等获得有机转换认证证书。

【农牧民增收工作】 2022年，市农业农村局坚持把促进农牧民增收作为实施乡村振兴战略的中心任务，组建以市委、市人大、市政府分管领导共同推进农牧民增收工作专班。聚焦农村居民人均可支配收入增长目标任务，印发《山南市2022年农牧民增收工作实施方案》。聚焦农牧民“稳就业”“保就业”，出台《山南市农牧民劳动力组织化转移就业工作机制（试行）》。聚焦年度工作任务，市委、市政府先后多次召开会议研究部署农牧民增收相关事宜，市增收工作领导小组和工作专班先后深入各县（区）、乡（镇）、村（社区）、项目施工现场、搬迁群众安置点等扎实开展督导检查工作。组建拉萨南北山工作专班，靠前衔接劳务转移。全市农村居民人均可支配收入达19845元，同比增长7.6%，总量和增幅分别位居全区第三和第二。

乡村振兴

【概况】 2022年，山南市乡村振兴局（以下简称市乡村振兴局）强化汇报衔接，争取2022年脱贫县统筹整合财政涉农资金项目186个，计划总投资22.43亿元（其中市级配套资金1.1亿元）。落实衔接资金项目资金、任务、权力、责任“四到县（区）”的管理体制，压实县区责任，截至12月8日，项目开工174个，开工率93.55%，资金支出进度达59.7%，中央衔接资金支出进度达74.07%。局党组成员和其他县处级干部先后15次深入各县区督促指导项目开复工、协调解决问题。制定《2022年度山南市乡村振兴领域重点工作督查方案》，明确2人专门负责督查工作，深入12个县区所有重点项目施工现场进行实地督导。按照自治区乡村振兴局的部署和要求，紧扣补短板、促发展，编制完成山南市和12个县（区）乡村振兴重点帮扶县巩固拓展脱贫攻坚成果同乡村振兴有效衔接实施方案，已按程序上报自治区乡村振兴局审批，实施方案谋划安排五年项目总盘子101.42亿元，其中2023—2025年项目盘子45.36亿元。为4个县申报跨地市调剂中央衔接资金1亿元，新增2022年计划外项目17个，截至年底，开工6个，进入招投标程序11个。谋划2023年的项目，并加快推进前期工作，初步统计2023年全市拟申报项目220个，估算总投资31.77亿元。对中央衔接资金支出严重滞后的2个县，市政府分管领导约谈县政府主要领导，责成整改，加快进度。

【责任落实】 2022年，市乡村振兴局党组压实巩固拓展脱贫攻坚成果政治责任，通过局党组理论学习中心组、机关党支部、干部职工会议等方式，多次组织党员干部学习习近平总书记在各地考察调研时对乡村振兴作出的重要指示精神及区党委和市委农村工作会议精神、市委和市政府主要领导批示指示精神，捍卫“两个确立”，增强“四个意识”、坚定“四个自信”、做到“两个维护”，切实提高政治站位。每个阶段及时召开视频会议，对重点工作进行调度、安排、督促。制定出台《关于2022年度考核评估专项组的工作方案》《关于应对新冠肺炎疫情影响持续巩固拓展脱贫攻坚成果的专项工作方案》等文件，指导工作。《山南市“十四五”巩固拓展脱贫攻坚成果同乡村振兴有效衔接规划》已完成初稿。继续落实班子成员及其他县处级干部包县联系制度，全面督促指导县区防返贫监测、统筹整合资金项目谋划、推进等重点难点工作。针对自治区2021年考核评估反馈的问题，牵头制定出台《山南市关于2021年度巩固拓展脱贫攻坚成果同乡村振兴有效衔接考核反馈问题的整改方案》，对反馈的4类、21项问题照单全收，认真分析原因，制定整改措施，明确牵头地级领导和部门，件件都有责任单位、责任人。整改期间，进行3次电话调度、2次会议调度，及时收集汇总上报整改进展情况。截至年底，完成整改或取得阶段性成效并需要长期坚持的有21项，总体完成率为100%。

2022年4月14日，市乡村振兴局到贡嘎县督导检查矮化苹果种植情况

【监测帮扶】 2022年，市乡村振兴局制定出台《山南市防返贫动态监测和帮扶部门联席会议制度》《山南市防返贫致贫监测对象专项救助方案（试行）》，强化返贫监测帮扶，对监测帮扶情况进行全市通报。5月和11月开展两轮集中排查，入户排查率均达100%，严格落实“九不入负面清单”，两轮集中排查全市分别新识别认定监测对象145户526人、18户58人。疫情期间，为落实稳经济措施，制定出台《关于贯彻落实山政发〔2022〕50号文件第7条措施的流程规定》，向符合条件的2699户监测户和易地扶贫搬迁户兑现一次性生活补助269.9万元（第一批）。动员全社会关心关爱脱贫群众，多方争取和筹集资金98万元帮助脱贫户和监测户解决生活物资和防疫物资。截至11月底，全国巩固脱贫攻坚成果和防返贫监测信息系统中累计录入监测对象471户、1664人，通过落实“1+N”帮扶措施，已消除风险监测对象169户、549人、存量监测对象302户1115人，切实做到应纳尽纳、动态监管、精准帮扶，牢牢守住不发生规模性返贫的底线。

【巩固政策落实】 2022年，市乡村振兴局制定出台《关于2022年度巩固拓展脱贫攻坚成果组工作任务细化分解方案》，组织召开1次调度推进会议，统筹市教育局、医保局、卫健委、民政局、水利局、住建局、交通运输局、人社局、强基办、工商联的单位的力量，提升“两不愁三保障”成果。会同市发改委强化易地搬迁后续扶持，制定印发《山南市易地扶贫搬迁后续扶持2022年工作要点》。“三大节日”期间组织相关县区对全市易地搬迁群众（含三岩搬迁）进行慰问，兑现慰问金260余万元，对全市易地扶贫搬迁点进行大调研，提请市政府对所有易地扶贫搬迁安置点建立“市县两级三层”对口扶持机制，脱贫县统筹整合财政涉农资金中安排易地搬迁点（含三岩搬迁)配套项目11个、总投资1.77亿元,带动易地搬迁群众2400余人次务工创收,实现增收830余万元。完成干部结对帮扶调整工作。易地搬迁点脱贫群众人均纯收入达14978.4元,同比增长17.69%。推进扶贫产业项目清产核资工作,2016—2021年累计实施扶贫产业项目276个,其中39个项目不符合清产核资条件,符合清产核资条件的237个项目中,105个项目已完成市级核查,22个项目完成县级自验、待市级核查,110个项目第三方已出报告、待县级自验。

【增收措施】 按照市委经济工作会议的要求,2022年山南市脱贫人口人均纯收入增幅要略高于全市农村居民人均可支配收入增幅。市乡村振兴局出台《山南市脱贫人口增收行动方案》,精准落实后续帮扶措施,脱贫人口人均纯收入达16431.69元,增长14.77%,其中,人均工资性收入9067.33元,占55.2%;人均生产经营性收入2739.26元,占16.67%;人均财产性收入755.96元,占4.6%;人均转移性收入3969.14元,占23.53%。坚持就业帮扶,落实"400以下项目交由当地农牧民施工队施工""以工代赈"等增收举措,脱贫人口17015人实现稳岗就业,完成年度目标任务的102.31%。坚持消费帮扶,通过援藏渠道、工会采购等方式,累计实现消费帮扶金额达6.33亿元。坚持项目带动,涉农资金统筹整合项目建设带动2.56万人次就近就便务工,创收3600万元。坚持政策兜底,兑现落实生态岗位资金6980.10万元。会同有关部门推荐市县两级产业顾问专家16名。坚持落实扶贫产业项目联农带农机制,217个产业项目2016—2021年累计兑现产业分红资金1.11亿元。强化驻村帮扶,充分发挥驻村工作队作用,投入资金7774.96万元为民办实事9064件,购买或代销农畜产品421.5万元,开展送智扶志教育8.78万人次。

【乡村建设】 2022年,市乡村振兴局制定印发《山南市乡村建设行动实施方案》,到2025年力争建设178个美丽宜居乡村(含整村推进类和巩固提升类),按年度分:2021年23个、2022年34个、2023年41个、2024年40个、2025年40个;按县(区)分:乃东区14个、琼结县19个、扎囊县17个、贡嘎县15个、浪卡子县20个、洛扎县13个、措美县13个、错那县10个、隆子县22个、曲松县11个、加查县15个、桑日县9个。抓乡村国土空间规划,按照自治区自然资源厅相关文件精神,以第三次国土调查及最新年度土地利用变更调查数据为基础,抓紧推进国土空间规划编制,以县域为单元对村庄布局进行分类,集聚提升类153个、城郊融合类77个、特殊保护类61个、守土固边类42个、搬迁撤并类24个、保留改善类213个。12个县(区)计划编制村庄规划287个,已形成规划成果13个、正在编制121个。抓好美丽宜居乡村建设,坚持乡村振兴为农民而兴、乡村建设为农民而建,动员农牧民群众参与美丽宜居乡村建设,引导群众和村集体做到"六个主动"。全市实施34个美丽宜居乡村建设项目、总投资10.53亿元,已全部开工。抓好人居环境整治,制定《山南市农牧区人居环境整治提升五年行动实施方案(2021—2025年)》《山南市2022年农牧区人居环境整治工作评价考核方案》《山南市农牧区人居环境整治专项奖励资金管理暂行办法》。坚持现场导向、结果导向,完成第一、二季度农村人居环境现场督导评价工作,每个季度分别评选出10个"十佳乡镇"、10个"后进乡镇"、6个优秀县区,召开2次现场推进会。第三季度以迎接中共二十大为主题,集中开展村庄清洁行动。农村厕所革命完成户厕改造1075户,完成率100%。动员组织基层党员干部和农牧民群众10万余人次参与人居环境整治,清理农村生活垃圾585.5吨、河道湖泊527.69千米、残垣断壁96处、秸秆乱堆乱放445处、畜禽养殖粪污等废弃物数88.2吨。

【文明新风建设】 2022年,市乡村振兴局协助自治区乡村振兴局在琼结县召开全区树立农牧民新风貌行动现场推进会,起草《山南市树立农牧民新风貌行动实施方案》,已按程序提请市政府研定,与农村人居环境整治工作同步落实、一体推进。指导琼结县用好1500万元的树立农牧民新风貌行动试点资金,抓好试点示范。琼结县获评"2022年国家乡村振兴示范县"。

【队伍培训】 2022年,市乡村振兴局制定《山南市关于巩固拓展脱贫攻坚成果同乡村振兴有效衔接业务培训方案》,会同市民政局、人行山南中心支行对县乡村从事乡村振兴工作的1023名干部进行培训。采取跟岗学习的方式,对24名县区乡村振兴局项目库信息系统人员进行专题业务培训。市乡村振兴局班子成员为市委党校28期中青年干部培训班50名学员和109名第十一批驻村工作总领队、副领队、临时党支部书记及各县区强基办负责人专题授课。

农业技术推广

【概况】 2022年,山南市农业技术推广中心(以下简称市农技中心)强化科研攻关,持续推进品种选育,创新推广形式,巩固提升服务水平。全市建立良种繁育面积16131亩,其中冬小麦5340亩、春青稞10311亩、油菜480亩。市农业农村局下发的任务中,穗行圃任务面积为10亩,实际落实面积为10亩,完成率100%;原种田任务面积为500亩("山冬7号"50亩、"山青9号"50亩、"喜拉22号"200亩、"藏青2000"200亩),实际落实面积为73亩("山冬7号"50亩、"山青9号"23亩),完成率14.6%。一级田任务面积为2100亩,实际落实面积2061亩,完成率98.1%;二级田任务面积15925亩,实际落实面积为15887亩,完成率99.8%。

【青稞育种】 2022年,市农技中心完成亲本资源497份图片采集、考种、组合配置工作,共配置杂交组合160份,种植后代材料622份、鉴定材料44份、品比试验参试品系13个、区试参试品系9个、示范品系2个,试验面积共计12亩。作为农作物育种南繁加代项目重要组成部分,在隆子县日当镇玉白村设立有色青稞筛选扩繁试验地,该区域海拔4056米,面积32亩,前茬作物为豌豆,按照当地播种方式,采用干播方法。整个试验内容包括:隆子黑青稞分类穗选、育成品系对比筛选试验、黑青稞播量及播种方式对比试验。在克松村开展4个主推品种"喜拉22号""藏青2000""山青9号""黑青稞"对比试验12亩。统一播量、施肥量,统一机播。区试参试品系9个,示范品系2个(包括对照藏青2000),种植"山青9号"穗行圃4亩,整体长势良好。

【油菜育种】 2022年,市农技中心种植亲本材料83份,后代材料491份,品观材料25份,品比材料9份,彩色油菜观察材料59份,品系扩繁材料75份。区试材料12份,品系示范材料5份。配置杂交组合129份,筛选隔离套袋后代材料450份。开展青杂系列油菜品种比较试验,湖北省油菜品种引种筛选小区试验。

【小麦育种】 2022年,市农技中心种植新品种选育材料537份,全区区试材料7份,示范品系加对照4份,品比材料18份,山冬10号密度试验,面积共计6亩。山冬7号穗行圃4.5亩。繁殖材料6个,总面积约4亩。新配制杂交组合100个,成功78个,共选出下一轮选育材料455份,品比材料9份,亲本材料13份。

【蔬菜育种】 2022年,市农技中心依托湖北省农业院所和种业公司,广泛收集蔬菜新品种种子,共收集蔬菜品种23类、155个,比2021年增加40多个。田间示范种植蔬菜品种142个,其中辣椒29个、西红柿15个、西(甜)瓜19个、白菜7个、特色蔬菜品种8个。开展蔬菜新品种对比展示10项、优良品种示范3项,实践应用早春蔬菜集中育苗、蔬菜幼苗嫁接等新技术4项,筛选出一批适宜山南种植、市民喜爱的蔬菜新优品种。完善育苗设备,修建棚中棚,开展早春蔬菜育苗工作,集中培育辣椒、西红柿、黄瓜、西兰花等7类蔬菜幼苗10多万株,向本地农牧民无偿提供种苗和技术指导。实施籽粒玉米引种示范及栽培技术研究项目,开展新品种筛选、播种期、栽培密度、生物降解膜试验。在乃东、加查、琼结3个县区设置7个示范点,种植面积共52亩。全年共培育蔬菜种苗五大类21个品种10万株。完成科技示范种植并开展山南市蔬菜栽培技术现场培训9场次,服务8个县9个乡镇10个村。培训农牧民225人次,发放种苗10万余株,服务闲置温室86座。培育并移栽蔬菜作物五大类112个品种,用于筛选适应山南市栽培种植的蔬菜品种。收集利用西藏本地蔬菜种质资源7份(藏区辣椒5个品种、藏葱1个、藏蒜1个),全部完成栽培,后期继续做好资源鉴定及利用。朗县辣椒继续提纯复壮,繁育完成具代表性株系5个。

【技术指导与服务】 2022年,市农技中心选派16名(其中下沉蹲点

2022年10月9日，市兽防总站开展兽医技能培训

技术人员11名、市级种子基地2名、植保技术指导3名）技术人员，以6个粮食主产区为核心，辐射高寒6个县的技术指导工作，共成立8个技术指导小组，对全市12县（区）开展技术服务，全年主抓种子田建设、高产创建、测土配方、田间各类肥效试验、病虫草害防治等工作，从种子、农药、化肥、机械、春耕备耕到播种、出苗、田间管理、培训、收获、储藏、病虫害监测等一条龙跟踪技术指导服务。除常规栽培技术指导服务外，特别开展以西藏飞蝗、草地贪夜蛾、蚜虫、金针虫、地老虎、细菌性条斑病、锈病、黑穗病等为重点的农作物病虫草害预测预报、综合防治技术指导工作。采取现场指导，集中培训等形式宣传、推广先进技术和优良品种，指导农户通过播期播种、低毒低残留农药防治作物病虫害，避免病害、虫害的大面积发生，共向农牧民培训71场次，参与4260人次。

【化肥减量增效工作】 2022年，山南市在6个粮油主产县实施测土配方施肥28万亩，与2021年持平，其中青稞18.3万亩，小麦7.37万亩，油菜2.35万亩。在6个粮油主产县推广商品有机肥14000吨，实施面积10万亩。在乃东、贡嘎、扎囊、琼结、桑日、隆子6个粮油主产县共安排肥效试验15个，其中商品有机肥增施及替代试验3个，肥料利用率试验4个，“3414”试验6个，钾肥试验1个，化肥减量增效田间肥料对比试验1个。

【植保工作】 2022年，市农技中心要求市驻各县（区）技术人员、县、乡（镇）农业技术人员划分片区借助性诱监测仪、自动虫情测报灯等先进设备就近开展病虫害监测工作，尤其在重点区域进行重点监测，并根据监测情况及时发布预报信息。其中重大病虫害及突发性病虫发生时实行日报告制度，随时报告病虫发生动态，并做到及时、有效的防治。截至年底，各县（区）病虫害防控工作整体有序有效开展中。

【种质资源库项目建设】 2022年10月，种质资源库项目动工。截至年底，地基承载力、钢筋原材料、基础承台、地梁通过验收，完成工程总量的13%。

水利·林业·电力

水利

【概况】 2022年，山南市新续建水利项目117项，完成投资9.71亿元。雅鲁藏布江中游贡嘎机场周边河道生态保护与修复试点工程、泽当城区（二期）防洪堤等项目顺利开工，争取下巴水库建设资金。山南市水利局（以下简称市水利局）完成《山南市“十四五”水安全保障规划（初稿）》修订工作。被列入自治区“十四五”水利发展规划的项目共73个，总投资16.967亿元。

【民生水利工程】 2022年，市水利局争取资金3733万元，实施惠及32670人的人饮工程点、公益性水利工程等各类工程155处，其中为全面解决高海拔地区季节性缺水问题，召开专题会议调度安排，争取资金1905万元，实施高海拔地区季节性缺水工程45处并常态化督导项目施工进展。多渠道筹措资金3045万元，改造提升农村饮水工程11处，受益人口37000人。发挥水土保持强监管“利剑”作用，投资7892.64万元，新建4个水土保持生态项目，治理水土流失面积194.55平方千米。通过一系列惠民工程的实施，为巩固拓展脱贫攻坚成果同乡村振兴有效衔接提供强有力的支撑，市水利局被评为2022年度全市巩固拓展脱贫攻坚成果同乡村振兴有效衔接工作综合评价好单位。

【水旱灾害防御】 2022年，市水利局坚持防汛抗旱“两手抓”，开展各项防御工作。进入主汛期和防汛关键期后，紧盯“人员不伤亡、水库不垮坝、重要堤防不决口、重大基础设施不受冲击”的防汛“四不”目标，扎实有效开展防汛抗旱工作，全力保障人民群众生命财产安全。汛前多次召开水旱灾害专题会对2022年防汛抗旱工作进行安排部署。市、县、乡、村四级完成编制山洪灾害防御等应急预案566个。完成防汛抗旱指挥部职能划转和物资、资料的移交工作。疫情期间，通过微信、电话等方式对辖区内跟踪排查汛期隐患工作，转发雨情信息，实时跟踪2022年在建项目建设情况，确保全市安全度汛。5月30日，完成防汛抗旱指挥部职能划转和物资、资料的移交工作。

2022年1月1日，总投资10606.15万元的森布日水厂投入运行

卓玉水库（2022年摄）

【水资源管理】 2022年，市水利局严格、依法、规范取水许可审批。完成水资源论证行政许可决定31个，下发取水许可证9个。严格执行西藏自治区用水定额标准，联合市发改委印发山南市“十四五”水资源消耗总量和强度双控工作方案，实施水资源消耗总量和强度双控。对全市取用水户下发取水计划批复15份，重点监控用水单位下发取水计划批复1份，向12个县（区）下发2022年度取水计划批复。全市62个取用水专项整治问题全部整改完成。依法开展泽当城区施工基坑降排水监督检查，完成基坑降排水监督检查20次，下发整改意见10份。开展全市范围内自备井整治行动，完成全市自备井关停公告，关停11眼自备井。

【河湖管理】 2022年，市水利局印发《山南市2022年河湖长制工作要点》。开展琼结县曲河道采砂规划编制及巴雄曲等10条市级河湖健康评价。市、县、乡、村四级河湖长累计巡河巡湖9000余次，累计清理河湖白色垃圾1300余吨，改善河湖沿线环境卫生。全面深化“河长+检察长+警长”巡河工作机制，依法打击非法采砂、侵占河道、乱倒乱排等各类破坏水生态环境的水事违法行为。羊卓雍错、雅砻河高分通过自治区示范河湖验收。成功举办山南市首届“缘起山南·最美河湖”摄影大赛。

【水利执法】 2022年，市水利局购置执法仪和手持GPS等执法装备，统一配备执法队员标识服，确保执法装备满足执法工作需要。强化水行政执法查处力度，开展各类执法检查55次，针对各类专项检查中发现的31起违规行为，下发整改通知书25份，下发责令停止水事违法行为通知书6份。立案查处湖北大道延伸段综合管廊项目等5起水事违法案件，下发行政处罚决定书5份，罚款12万元，并限期补缴水资源费至国库，5起案件均已结案。

【水利工程质量与安全管理】 2022年，市水利局举办山南市水利项目质量管理培训班，提升基层水利人员工程质量安全监督管理水平。全面掌握全市54座小水电站现状，因地施策，强化监督管理。市、县共办理质量安全监督手续44个。强化项目实体质量监督检查，责令桑日县比巴沟险工线段工程等4个项目限期返工，返工长度达120余米，并诫勉提醒项目法人。对桑日县达西姆防洪堤、降乡水库、加查县拉绥灌区等3个项目进行飞行检测，监测结果合格。

【水土流失治理】 2022年，市水利局发挥水土保持强监管“利剑”作用，投资7892.64万元，新建4个水土保持生态项目，治理水土流失治理面积194.55平方千米。审批生产建设项目水土保持方案报告书52份、报告表28份，报备生产建设项目水土保持自主验收27项。征缴水土补偿费635万元。限期整改水土保持信息化区域监管发现的问题159个图斑。

林业 草原

【概况】 山南市森林资源相对集中，主要分布在错那、隆子、洛扎、加查4个重点有林县。山南市有国家一级保护动物西藏野驴、黑颈鹤、雪豹、麝、白唇鹿等23种；有国家二级保护动物盘羊、藏原羚、猕猴、藏马鸡等53种，野生植物也比较丰富，著名的有虫草、贝母、当归、雪莲花、红景天、天麻等。全市有湿地面积约23万公顷，居全区第四。根据最新二类调查数据统计，山南市森林面积118.28万公顷，森林覆盖率24.79%，活立木蓄积量3463.29万立方米。拥有天然草原309.31万公顷，可利用草原面积297.24万公顷。人工林面积3.64万公顷，林地面积为130.7万公顷。人工林以雅鲁藏布江两岸分布最多，树种主要以杨树、柳树、新疆杨、银白杨等为主，天然乔木林以加查、隆子、错那、洛扎4个有林县分布最多，树种以落叶松、云杉、冷杉、柏树、白桦等为主。截至年底，山南市范围内建有国家级自然保护区1处——雅鲁藏布江中游河谷黑颈鹤国家级自然保护区。国家级森林公园1处——姐德秀国家森林公园。国家湿地公园4处，分别为加查拉姆拉措国家湿地公园、曲松下洛国家湿地公园、琼结琼果河国家湿地公园和错那拿日雍措国家湿地公园。

【国土绿化生态修复工作】 2022年，山南市林草续建项目7个，计划完成投资28422.997万元，实际完成投资16989.20万元；新建项目21个，计划完成投资36154.85万元，实际完成投资3654万元。全年完成植树造林面积5.18万亩，完成飞播面积18.4万亩。

【林草资源保护地监管】 2022年，山南市市、县（区）林草部门严格按照《中华人民共和国森林法》《中华人民共和国草原法》《山南市风景名胜区内建设工程项目选址方案核准管理暂行办法》等法律法规，对因工程建设确需征占用的，及时审核，需自治区审批的及时上报，共下达审核范围内项目批复52个；审核转报使用草地申请100宗。审核上报自然保护区内新修筑设施项目23宗；核准雅砻风景名胜区管理内新项目建设85个。超过市级审批权限的项目积极配合业主转报自治区林草局，做到报件的当天便完成转报工作。

【国家公园体系建设】 2022年，山南市林业和草原局（以下简称市林草局）加快推动雅砻风景名胜区调规工作。根据2022年5月16日全市“三区三线”划定工作推进会议要求，中国城市规划设计研究院完成《西藏雅砻河风景名胜区总体规划（2019—2035年）》的修改完善工作，待国家林草局审核批准。加快推动山南市自然保护地整合优化工作，根据《西藏自治区领导小组办公室关于做好自然保护地整合优化预案再完善工作的通知》精神及山南市政府主要领导作出的重要指示批示精神，山南市自然保护地整合优化预案再完善工作以2021年5月自然保护地整合优化国家封库数据为基础，结合整合优化预案“回头看”工作成果，衔接山南市“三区三线”划定工作，严格按照基本农田优先的原则，对局部进行微调。6月8日，组织召集山南市自然保护地整合优化技术组、市“三区三线”划定工作技术组、相关县（区）林草局局长以及各科室负责人，召开山南市保护地整合优化预案再完善成果反馈专题会，反馈该次工作中认真梳理出的本地市已纳入国土空间规划且与生态保护红线管理规则相冲突的两项矛盾及提出的调整意见建议，汇总上报自治区林草局，及时开展山南市国家级种质资源库建设论证工作、拉林铁路城区景观改造项目规划、可研、设计等前期工作。

2022年，市（区、中）直机关义务植树在安排扎囊县桑耶镇防沙治沙点旁，实施总面积662亩，总投资350万元

【森林草原防灭火工作】 2022年，市委、市政府深入贯彻落实中央、自治区关于森林草原防火工作重要指示精神，主要领导亲自部署，亲自推动，分别主持召开全市安全生产和今冬明春森林草原防火工

2022年3月7日起，山南市对贡嘎县吉纳片区开展补植补栽工作，完成补植补造55250株

作会议。加强与气象部门的日常联系沟通,及时向各县(区)转发气象预告。调动广大护林员、草监员的积极性,发挥好巡管职责,充分发挥森防部队作用,靠前驻扎,强化应急准备,及时清除上报火灾隐患。委托移动公司发送森林草原防火相关短信12.9万条。开展森林草原防火二维码推广工作,至今扫码量为13100人次,投入11万元资金定制森林草原宣传用品,共开展宣传29场次、发放宣传资料5200余份。山南市森林草原火灾风险普查工作至今共完成样地外业调查450个。定期组织护林员、生态岗位人员开展巡山139442人次,排查点位23107个。

【林长制工作】 2022年,山南市共设立自治区级副总林长12名,市级林长46名,县级林长376名,乡(镇)林长1011名,村级林长3280名。共设有13643名护林员,6333名草监员,7061个责任区,责任区已覆盖全市各县(区)、乡(镇)、行政村、自然村和山头地块。4月15日,出台《山南市全面推行林长制实施方案》和《山南市林长令制度》等7项制度(办法),市、县(区)分别召开林长会议1次,五级林长共巡林27299次,共设立公示牌372个。

【群众增收】 2022年,市林草局落实湿地保护补助和天然林停伐补助政策,全市有生态护林员6806名,兑现岗位资金7000余万元。全市有生态岗位16887个,兑现生态岗位资金6000余万元。合理利用资源优势,开展虫草采集管理工作。4月20日,山南市冬虫夏草采集工作启动,未出现任何矛盾纠纷事件,产区县草原生态环境良好、农牧民持续增收、社会局势持续稳定和谐。全年冬虫夏草产量约2217.78千克,群众直接增收2.42亿元左右。通过营造林工程、“四旁”植树、草原生态修复、湿地修复保护等项目的实施。

电力

【概况】 2022年,国网山南供电公司完成供电量9.36亿千瓦时,同比上升0.4%;完成售电量8.1亿千瓦时,同比下降1.41%;完成发电量1亿千瓦时,同比下降11.7%;综合线损率13.26%;实现营业收入5.8亿元,同比增长15%;固定资产总额52.42亿元,同比增长1.7%;110千伏、35千伏、10千伏线路故障停运率全面下降。全年未发生人身安全事件,未发生七级及以上电网、设备事件,未发生交通、消防和网络信息安全事件,疫情防控扎实有效,公司实现连续安全生产3031天。截至年底,山南市发电装机容量193.332万千瓦,其中水电装机容量159.72万千瓦,光伏装机容量29.16万千瓦(分布式光伏容量0.66,不含储能),余热装机容量2.25万千瓦,风电装机容量2.2万千瓦。与2021年持平(光伏新增储能5.15万千瓦时)。

【电网建设】 2022年,电网基建、技改大修等重点工程有序推进,110千伏桑杰输变电工程如期竣工投产,隆子县城关、曲松县罗布莎35千伏变电站增容改造工程按期投运,森布日二期安置点供电任务提前完成,山南市琼结110千伏输变电工程、洛扎县和错那县边境、通大电网工程项目第一时间开工建设。完成配网“十四五”规划滚动修编,优化调整“十四五”城市、农村电网规划项目时序,完成规划目标网架和逐年实施方案编制,形成“一图一表一册”。

【经营增效】 2022年，国网山南供电公司强化成本项目执行管控，坚持市县统一管控，专题研究财务预算执行，紧盯里程碑计划，各项指标圆满完成。开展“三清理两提高”工作，完成工程项目清理38项、物资清理1043万元。累计普查线路26条，专公变1400台次、2.1万户，用户信息准确性显著提升，为数字化转型奠定基础。强化依法合规管理，完成巡视巡察、审计问题整改128项，整改率92%。强化反窃查违，累计追补电量38万千瓦时，追补电费及违约使用电费111万元。严格电费催收管理，克服疫情防控压力，市、县两级电费回收率99.7%。全年处置废旧物资701万元，实现“两金”压降（公司库存物资利库压降、应收账款压降）1085万元。

【安全生产】 2022年，国网山南供电公司严格落实安全生产责任制，各级安全责任有效落实。高质量完成三年专项整治收官、安全巡查问题整改及所属11家县公司安全巡查和摸底调研工作。加强安全体系建设，安全督查工作机制不断完善，“四个管住”有效落地，较好的管控安全风险。加强现场作业培训，自主建成35千伏模拟变电站、10千伏配网及电表装接实训基地，开展实训37期1400人次，一线员工技能水平显著提升。加大安全生产资金投入，全年投入417万元用于采购安全工器具和改善安全生产条件，安全工器具配置实现充足规范。森林草原防火、防洪度汛、护航二十大等各专项活动有序推进。应急处突能力显著提升，成功应对110千伏夏日线断线和“10·25”藏东南暴雪灾害事件。荣获西藏公司2022年度安全生产业绩优秀单位称号。

2022年11月28日，桑杰110千伏输变电工程竣工投产

【优质服务】 2022年，国网山南供电公司严格落实“15+24”保电要求，制定保电方案和任务清单，完成防疫、中共二十大等重要保电任务；服务乡村振兴，完成隆子县、错那县、洛扎县3个乡镇营业厅改造，服务品质显著提升。全面推进“三零”“三省”服务工作，市县两级受惠用户235户，涉及资金32.7万元。推广“网上国网”，新增注册用户11531户。落实服务高新数字产业十项举措，完成15个转供电5G基站“转改直”。落实今冬明春有序用电安排，山南市2022—2023年有序用电方案获得市政府批复。助力复工复产，落实疫情期间稳经济措施，惠及用户8000余户。“房产+电力”联动窗口进驻办证大厅。

【改革发展】 2022年，国网山南供电公司优化完善安全组织构架，完成公司安全教育训导中队组建。研究供电服务指挥中心、项目管理中心、综合服务中心等机构建设，完成改革方案编制。试点推进数字化提升工作，部署营销专业RPA应用场景，应用于SG186系统接单、抄表等营销业务流程操作，实现供电服务中心9个流程全部上线应用，提升营销专业办公自动化水平。自主完成网络攻防平台创建，部署应用5套攻防网站，构建公司网络安全之盾。隆子县玉麦乡玉麦村被授予国家电网助力乡村振兴示范村。

交通运输·旅游·邮政·通信

交通运输

【概况】 截至2022年底，山南市共有路网1936条，初步形成三纵四横的路网布局。其中，高等级公路1条（G4219）、国道3条（G219、G349、G560）、省道8条（S205、S206、S207、S507、S508、S509、S510、S511），县道47条、乡道49条、村道1161条、专用公路667条。全市形成以泽当为中心，以1条泽贡高等级公路、3条普通国道（G349、G219、G560）、8条普通省道（S205、S206、S207、S507、S508、S509、S510、S511）为主动脉，其他县道和边防公路为支脉，乡村道路为毛细血管，连接山南市内外的区域公路运输网络。全市共有路网1936条，高等级公路1条、国道3条、省道8条、县道47条、乡道49条、村道1161条、专用公路667条，全市公路通车总里程达9455.681千米。其中高等级公路90千米，国道1328.383千米，省道1384.656千米，县道1576.355千米，乡道809.098千米，村道2432.233千米，专用公路1834.956千米。

【公路项目建设】 2022年，山南市交通运输局（以下简称市交通局）坚持“抓项目就是抓发展”的理念，与自治区交通运输厅、发改委等部门加大沟通汇报和项目申报衔接力度，确保更多交通项目落地山南。被列入自治区“十四五”规划的交通项目共56个，总投资100.5亿元；上报“十四五”中期评估调整重点项目建设需求22个，总投资593亿元；上报中期评估边防公路建设项目需求22个，总投资51.9亿元；梳理新增边防公路项目三年建设需求，初步纳入自治区发改委三年项目储备库。落实边境搬迁安置点通外道路项目。建立重点工作领导包保调度推进工作机制，及时解决项目建设过程中遇到的困难和问题。全年实施公路建设项目39个，新改建里程607.75千米，完成投资16.26亿元。

【行业治理体系建设】 2022年，山南市农村公路、场站建设、养护工程、危桥改造等项目招标、建设管理等事权依法归位至各县（区）人民政府，由各县（区）人民政府承担项目建设主体责任，完善建设管理体系。探索开展“交邮”“交快”合作试点工作，正式启动琼结县、

2022年4月12日，市交通局在琼结县客运站举行交邮合作邮件交接启动仪式

2022年7月，市交通局执法二队与市交警联合开展危化品运输车检查

乃东区“交邮”合作示范工作，覆盖2个县（区）7个乡镇38个行政村。确定隆子县为“交快合作”试点县，充分发挥交通客运班线优势和邮政网点优势，形成“优势互补、合作共赢、人民满意”的行业发展新局面，探索破解快递进村“最后一公里”的难题。全面提升依法行政水平，结合常态化扫黑除恶专项斗争，提升出租车服务质量，在强化日常监管的同时，与公安交警等部门开展联合执法，重拳整治非法营运、超限超载车辆，全市交通运输秩序明显改善。全年出动执法人员2316人次、执法车辆722辆次，检查车辆3988辆次，治超检测货运车辆9100辆次，违章处理165起（涉路案件25起、超限超载车辆91起、道路运输49起），教育引导424人次。经市委编委会研究同意并批复成立山南市交通运输事业发展中心，对全市交通运输事业发展和行业管理将起到重要作用。年度交通运输行业市（地）综合考核排名并列第一名。

【交通运输结构优化】 2022年，市交通局强化农村公路养护管理，不断深化农村公路养护体制改革，制订印发《关于进一步优化农村公路“路长制”实施方案》，足额配套市、县（区）日常养护经费，督促指导全市生态岗位农村公路养护员履职尽责。开展农村公路隐患排查整治和雨（雪）季节灾害抢险保通，完成“309”专项工作组，山南调研学习期间保通保畅工作，联合公安交警部门开展公路安全设施和交通秩序管理精细化提升工作确保全年安全畅通。持续优化调整运输结构，全年完成客运量52.9万人次、货运量502.9万吨。超前完成自治区下达的具备条件的4个乡镇15个行政村通客车任务，通客率排名全区第二。泽当城区新增10辆新能源公交车，加查县开通运营县城公交线路，覆盖5个乡2个镇52个行政村，切实保障群众的出行需求。

【“四好农村路”建设】 2022年，市交通局成功承办全区“四好农村路”高质量发展现场会，向全区展示山南“四好农村路”发展成就。全区范围内率先提出“十四五”末争创全国“四好农村路”示范市总体目标，实施23个行政村通畅项目，全市83个乡镇、490个行政村实现通硬化路，通畅率分别达100%和86.12%；具备条件的乡镇和行政村通客率均达100%。制定印发《山南市“十四五”时期创建“四好农村路”全国示范市实施方案》，成立市“四好农村路”示范创建工作领导小组，梯队推进示范县（区）创建计划。明确全市12个县（区）分批创建全国、全区、全市三级示范县（区）步骤，联合市财政、农业农村、乡村振兴部门对2022年“四好农村路”示范县创建工作开展行业督导和联合核查，评选乃东区、曲松县、扎囊县为2022年“四好农村路”市级示范县（区），并作为自治区级示范县申报单位积极向自治区交通运输厅推荐。错那县作为西藏自治区唯一一个县成功被命名为全国“四好农村路”示范县。2022年度，全市在巩固拓展脱贫攻坚成果同乡村振兴有效衔接考核中取得“综合评价好”等次。

【安全生产】 2022年，市交通局强化行业监管和企业主体责任落实，全力做好维护稳定、扫黑除恶专项斗争、信访调处等工作，累计化解各类隐患33起，开展安全生产专项整治三年行动“巩固提升年”工作，全年召开安全生产专题会议10余次，突出安全事故重点防范时段，制订安全生产监督检查计划，对公路项目建设实地、道路运输企业等开展安全生产监督检查20余次，紧盯重点企业重点隐患，解决高原成品油、诚信燃气运输车辆城区临时停车场历史遗留疑难问题，有效消除重大风险隐患。全年累计排查治理安全隐患220处，已整改210处，整改率达95%。全年未发生一起重特大安全生产事故。

旅游发展

2022年10月14日，市旅发局到玉麦景区进行项目及安全生产检查

【概况】 2022年，山南市旅游发展局（以下简称市旅发局）完成《山南市旅游产业发展大会方案》制定和《山南市关于加快旅游业高质量发展的意见》《山南市旅游产业发展扶持奖励实施细则》等文件的起草工作，相关材料经通过市政府审核，待自治区旅游产业大会后正式召开。完成曲松色吾温泉服务区民族团结教育示范点打造及浪卡子鲁日拉观景台“藏式氆氇编织架”网红打卡点、白地乡网红拍摄打卡点打造计划。成功挂牌“中国旅游报读者基地”。持续开展疫情期间旅游服务工作。排查核实滞留游客数据，协助1567名游客返程，实现全市疫情防控期间滞留游客清零。牵头统筹各县（区）疫情防控隔离转运组做好隔离场所和转运工作，疫情期间，市隔离转运组累计转运49496人，其中跨地市转运38977人，市域内转运10519人。全年共接待国内外旅游者310.3万人次，同比下降40.79%。其中，A级景区共接待游客63.6万人次，接待海外旅游者191人次，同比下降41.59%；接待国内旅游者310.24万人次，同比下降40.79%；接待一日游游客182.3万人次，同比下降44.64%。实现旅游总收入132348万元，同比下降36.14%，完成年度计划的58.07%。其中，国内旅游收入132329万元，同比下降36.15%，实现外汇收入19万美元，同比增长100%。

【全国乡村旅游重点村创建工作】

2022年，市旅发局推进全市乡村旅游高质量发展，优化乡村旅游供给，更好地满足人民日益增长的美好生活需要。截至年底，错那县麻麻村、错那县勒村、隆子县玉麦村、乃东区扎西曲登社区、桑日县雪巴村、洛扎县色村、洛扎县拉郊村、浪卡子县扎玛龙村先后被评为全国乡村旅游重点村。

【旅游休闲街区申报工作】 2022年，市旅发局推动文化和旅游融合发展，突出山南市具有鲜明的本土文化主题和地域特色。在着重特色街区提档升级工作上，蓄力打造乃东区天马旅游休闲街区（白日街）和琼结县民族团结旅游步行街，完成以上两个街区的自治区级旅游休闲街区评定工作，

【边境乡村旅游特色村创建】

2022年，市旅发局全面推进山南市边境乡村旅游标准化建设，促进边境乡村旅游提质升级。10月，隆子县玉麦村成功被评为首批自治区级边境乡村旅游特色村。

【绿色康养旅游示范区申报】

2022年，市旅发局提升绿色康养系列旅游基地服务质量和管理水平，在错那县旅发局的积极配合下，完成勒布沟景区绿色旅游示范基地申请申报工作。

【旅游市场扶持】 2022年，市旅发局完成2021年度旅行社旅游扶持奖励的审核、审计及公示工作。4月1日，向符合申报条件的20家旅行社兑现2021年度扶持奖励资金478.3125万元。制定《2022年旅游产业扶持奖励实施细则》，加快推进《2022年旅游产业发展扶持奖励实施细则》年度申报工作，

确保能在企业最困难的时候拿到扶持资金。完成自治区“冬游西藏”（2021年10月15日至2022年3月9日）活动羊湖景区免票奖励补助申报资料的各项审核工作。贯彻落实自治区人民政府《关于稳经济若干临时性措施》，山南市所有A级以上景区（点）对参加援助西藏疫情防控的抗疫人员实行终身“免费游”政策，2023年3月15日前，山南市所有景区（点）对西藏常住居民免收景区（点）门票。

【旅游行业检查】 2022年，市旅发局开展旅游市场检查、疫情防控及安全生产隐患排查和涉旅企业对应急预案完备检查工作。组织开展旅游行业检查共22次，出动检查人员184人次，检查旅游企业146家次，排查隐患149条，其中立行立改123条，限期整改26条，已全部整改到位，整改率100%。

【节日旅游】 2022年端午节期间，全市共接待国内外旅游者45998人次，同比下降2.63%；实现旅游收入1425.6万元，同比下降14.15%。“五一”期间（4月30日至5月2日）共接待国内外旅游者43562人次，同比下降27.5%；实现旅游总收入1559.52万元，同比下降1.1%。清明节期间，共接待国内外游客23759人次，实现旅游收入981.81万元。

【旅游文化项目建设】 2022年，市发改委下达总投资8800万元，分别为山南市隆子县玉麦景区旅游基础设施建设项目3550万元、错那县勒布沟景区基础设施建设项目1250万元、桑日县思金拉措景区建设项目2500万元（桑日县对项目进行调整为1800万元，准备开展招投标工作）、宗贡布景区旅游基础设施提升改造项目1500万元。均完成前期工作。山南市在建旅游项目4个，全年计划完成投资8000万元，全年完成投资3735万元。投资1.39亿元的市文化艺术中心项目于2021年年底完成基础开挖。投资1200万元的扎囊、隆子、错那三县艺术团排练场所建设项目同期开展建设工作，完成投资321万元。

【旅游资源普查】 2022年，市旅发局以创新、协调、开放、绿色、共享的新发展理念为引导，高质量筹划资源普查工作，实现山南市“大旅游”高质量发展目标，召开2次山南市旅游资源普查协调会议，对全市旅游资源普查工作进行再安排再部署，完成招投标工作。

【特色旅游赛事】 2022年，市旅发局先后成功举办“感悟中华文化·享受美好旅程”山南市旅发局2022年“中国旅游日”“促旅兴边，助企惠民”山南G219边境红色旅游专场推介暨“西藏人游西藏”旅游惠民政策发布、2022年“画里山南”援藏三省艺术家采风创作、2022年山南首届“格桑杯”旅游文创设计大赛等活动，启动“夜伴蜂声”文化生态研学旅游项目和“百名达人云游藏源山南”——有奖征集活动。结合西藏“冬游西藏”活动，开展“3+12+N”援藏三省及重点市场营销推广活动。

【创新宣传营销模式】 2022年，市旅发局利用春节假期，联合西藏新远程旅行社向山东、西安、成都、福建等地广播电视台发出邀请，向所有的听众朋友们展示“藏源山南”的热情好客，欢迎他们走进山南、了解山南、爱上山南，在湖南、湖北、安徽等援藏省份主流广播电台、卫视、交通广播上精准推广山南旅游品牌，开拓援藏客源市场，使援藏三省与山南两地文化交往交流交融得到进一步深化。持续

羊卓雍错景区（2022年摄）

推进羊湖宣传片拍摄、“幸福山南 藏源雅砻”纪录片拍摄及“藏源山南 雪域领秀”之“国道219山南520”高铁冠名宣传”等项目。通过北京《假日自助游》杂志上刊发《驾到西藏山南 与良辰美景擦出火花》等文章，对山南市“3+1精品旅游线路”等特色旅游内容进行深度宣传推广。在春节和藏历新年期间分别创新推出“普姆雍措”蓝冰体验和藏民族年俗体验等旅游产品，共接待体验游客5400余人。

【展会推介】2022年，市旅发局相继派员参加湖北第三届荆楚乡村文化旅游节、“智慧创新共启未来——服务旅游业高质量发展”2022中国国际旅游交易会，独具藏源特色的文旅宣传品和视频深得参展同行和观众的青睐和关注。

【《山南旅游》内刊编辑】2022年，市旅发局成功创办以高层之声、山南时节、最美人物、印象山南、招商引资、文旅援藏、学术天地等八大主题为主要内容的《山南旅游》内刊，成功发行2期。完成援藏省份旅游部门、旅发厅、市直各单位及12个县（区）的发放工作，内刊效果反响强烈。

【旅游招商引资】2022年，市旅发局制定《山南市旅游招商引资工作实施方案》，细化招商工作措施。成立山南市旅游资源招商引资工作领导小组，由市旅发局局长任组长，分管副局长任副组长及各县分管旅游工作副县长任副组长，各县（区）旅发局局长、市旅发局科室负责人为成员，负责组织领导、协调指挥本次招商引资活动。精准对接国家、自治区、援藏省市开放的战略布局，完善内外融合的全方位开放合作体系，引进援藏省市旅游龙头企业重点开发旅游资源。通过加强与企业的沟通联系，提升与落地企业的合作友谊，利用企业的关系网，及时了解区内外旅游企业发展动向，开展以商招商活动。利用区内外一系列旅游宣传促销，在藏博会、雅砻文化节召开之际，开好项目投资推介会，扩大参会企业领域，注重项目针对性，尽力提高招商引资成功率。

【旅游文化建设】山南文化底蕴深厚，文旅资源富集，全市共有国家级风景名胜区1处（雅砻国家风景名胜区），国家级自然保护区1处（雅鲁藏布江中游河谷黑颈鹤国家级自然保护区），国家湿地公园4处（拉姆拉措国家湿地公园、琼果河国家湿地公园、曲松夏洛国家湿地公园、错那拿日雍措国家湿地公园），国家森林公园1处（杰德秀国家森林公园）；有全国重点文物保护单位16处，自治区文物保护单位108处，全市共有A级旅游景区13处，其中国家AAAA级景区3处，AAA景区6处，AA景区4处。

【旅游规划编制】2022年，市旅发局编制印发《山南市“十四五”旅游发展规划》《山南市全域旅游发展规划》《山南市“十四五”时期文化发展规划》规划。

山南市旅游星级饭店一览表

表6

序号	企业名称	酒店地址	星级	客房数（间）	床位数（张）	员工（人）	其中农牧民（人）
1	泽当饭店	泽当镇乃东路19号	4星	229	388	120	55
2	雅砻河酒店	泽当镇湖北大道18号	4星	138	240	40	28
3	龙马宾馆	泽当镇萨热路5号	3星	75	138	34	25
4	蓝天大厦	泽当镇三湘大道	3星	62	118	15	9
5	乃东斯迈时尚酒店	乃东区民族路	3星	61	101	18	14
6	拉姆拉错酒店	加查县仲巴街8号	3星	140	258	13	13

续表6

序号	企业名称	酒店地址	星级	客房数（间）	床位数（张）	员工（人）	其中农牧民（人）
7	山南宾馆	泽当镇湖南路2号	2星	162	274	53	35
8	藏之源大酒店	泽当镇乃东路12号	2星	81	150	16	13
9	平安商务酒店	桑日县岳阳路	3星	33	54	10	10
10	浪卡子宾馆	浪卡子县堆西路北侧	3星	21	50	14	14
11	中粮宾馆	洛扎县教育局对面	3星	26	48	4	4
12	德庆鼎宾馆	色乡谢翁温泉	3星	47	90	5	4
13	加查斯迈时尚酒店	加查县迎宾大道	3星	61	98	9	7
14	浪卡子陇巴庄园酒店	浪卡子县宁金康桑路65号	3星	42	81	37	36
15	香曲花园酒店	山南市湖北路5号	3星	61	105	53	34
16	扎囊饭店	扎囊县扎塘镇哲羊路11号	3星	47	60	21	16
合计	全市星级饭店共16家，其中4星级2家、3星级12家、2星级2家			1286	2253	462	317

山南市景区情况表

表7

序号	景区名称	简介
1	曲松拉加里王宫	在曲松，有一座矗立在悬崖边的拉加里王宫遗址，拉加里王朝从这里走向强大，也从这里走向衰落，它是吐蕃王室后裔保留下来的，拉加里王朝的王权象征，这里的历史可追溯到公元13世纪，现存建筑可分为早、中、晚三期，作为藏式王宫建筑，其中一些木作细节，融合汉地古建筑的因素，具有重要的研究价值
2	夜伴蜂声蜂蜜主题文化旅游体验区	“西藏唯一蜜蜂文化体验园 ”是西藏唯一的蜜蜂文化体验园，山南市第一个自然科普研学基地，位于乃东区结巴乡，这里是蜜蜂们的小天堂
3	玉麦乡	在西藏边境传奇乡村玉麦感受中国力量这里，有一种家国情怀叫“家是玉麦，国是中国”，这里，有一种担当叫“‘三人乡’守住数千平方公里国土”，它便是位于山南的“感动中国第一乡”——玉麦，不妨住进这个充满传奇色彩的边境村落，感受“山云吞吐翠微中，淡绿深青一万重”的美丽，走进玉麦爱国守边博物馆（桑杰曲巴旧居），聆听玉麦放牧守边的感人故事，在这个富有诗意的边境田园感受中国力量
4	张贵荣将军纪念碑	张贵荣将军纪念碑缅怀革命先烈在隆子县斗玉乡，有一个特别的纪念碑，碑上刻着九个鲜红大字——张贵荣烈士永垂不朽。张贵荣将军一生爱国为民，然而，在一次检查边防工作时，因劳累过度突发高原性疾病，最终把49岁的人生留在边防线上，为了纪念这位敬爱的将军，人们在将军牺牲的地方修建一座纪念碑，将军牺牲的山崖也被人们改名为“将军崖”
5	列麦精神纪念馆	列麦精神纪念馆在列麦精神纪念馆传承红色精神在隆子，有一种精神叫催人奋进的列麦精神！1966年，以仁增旺杰（中国唯一副省级藏族乡党委书记）为代表的列麦人民在海拔4200米的桑青坝开荒种地，决心改变列麦贫穷的面貌，经过5年的艰苦付出，列麦人彻底告别，一方水土养活不了一方人的历史，那是在艰苦岁月里敢教日月换新天的雄心壮志，是一种自力更生，艰苦奋斗的革命精神

续表 7

序号	景区名称	简介
6	勒布沟	勒布沟——走进中印边境第一乡体验门巴风情 这里是山南幽幽苍翠草木生的度假天堂，多情诗人仓央嘉措的灵感源泉，更是打响中印边境自卫反击战第一枪之地。勒布，藏语意为“好的地方”，的确如此，吞珠吐玉的流泉飞瀑、鬼斧神工的悬崖峭壁、晶莹剔透的涓涓溪流，都让这里成为西藏的一绝
7	张国华将军前线指挥部遗址	前往张国华将军前线指挥部遗址，这便是当年中印边境自卫反击战时中方的指挥部，飘扬的五星红旗在绿水青山的映衬下格外鲜艳，在这里，你不妨走进中印边境自卫反击战陈列馆，回首那段革命先烈浴血奋战的岁月，汲取永远奋发前进的戍边力量
8	门巴民俗陈列馆	像花一样美的民族——门巴族走进勒布沟麻玛乡，这里有像花一样美的民族——门巴族，他们身着赤红衣服，面带热情的笑容，一首优美的萨玛情歌，飘荡在整个麻麻乡，迎接着远方的客人……勒布木碗雕刻的岁月，歌声传唱的故事，都藏在门巴民俗陈列馆里
9	措美哲古湖	在哲古湖邂逅高原精灵如果自由有形状，那大概是哲古草原的模样吧，这个如弯刀一般的湖泊，一边是连绵起伏的喜马拉雅山脉，另一边则是如诗如画的湿地，绿草如茵鲜花绽，近水远山美相连，还有国家保护动物藏野驴、岩羊、斑头雁等，不妨像这里的高原精灵一样，昂首拥抱阳光、风儿和花朵吧
10	曲卓木沙棘林	曲卓木沙棘林——见证绽放在高原的生命奇迹当进入曲卓木乡之后，就能看到，树干斑驳，树纹粗糙，姿态别具风韵的沙棘树，拥有1000多年历史的它们，被誉为是高原上“放大的盆景，缩小的仙境”，它们遒劲的枝干肆意地向阳生长，岁岁年年，诠释什么是高原顽强的生命力
11	强钦村	强钦村——走进西藏青稞酒的故乡这个美丽的“诗酒田园”——琼结县强钦村，不仅有让人一口难忘的青稞酒，还有脍炙人口的故事，这儿的村民家家户户，都会酿造甘冽可口的青稞酒，据说这手艺，便是来源于，远嫁到西藏的文成公主
12	克松村	克松村——探寻西藏民主改革第一村的前世今生在这片红色的土地上，承载着西藏众多“NO.1”，西藏历史上第一个农村基层党支部、第一个农民协会、第一个人民公社等。1959年，西藏平叛以后，在中共西藏工委的领导下，克松村率先进行民主改革，成为了西藏民主改革第一村，走入陈列馆的三个展厅：苦难岁月、喜获新生、幸福之路，一件件还原历史的照片与实物，生动地传递出克松村翻天覆地的变化
13	扎西曲登社区	扎西曲登社区——藏戏第一村看“村晚”700多年前，扎西雪巴藏戏在此地，起源、传承、发展，这里每个角落都存在着藏戏的影子，如路标、路灯、围墙、门楣……还有哼着藏戏曲调擦肩而过的村民，戴着藏戏面具嬉戏打闹的孩童……在“藏戏第一村”住下来，观赏一场“村晚”吧！看藏族同胞戴着面具随锣鼓节奏而动，用粗犷朴实的舞姿诉说对家乡的眷恋，和今天幸福的生活
14	桑耶景区	桑耶景区包括雅鲁藏布江以北的多处人文自然景观。主要有桑耶寺和青朴沟。桑耶寺是西藏历史上第一个“佛、法、僧”三宝俱全的寺院，它融合藏族、汉族不同的建筑风格。2007年，桑耶寺被评定为国家AAAA级旅游景区
15	雍布拉康	西藏历史上第一座宫殿——雍布拉康，位于山南市泽当镇，是西藏早期房屋建筑的雏形，曾经是文成公主在山南居住时的夏宫
16	达古景区	达古峡谷百里画廊，雅鲁藏布江从达古溪流到街需景点，两岸高山林立，陡峭险峻、江面狭窄、水流湍急、奔腾咆哮、堪称雅鲁藏布江第一峡谷画廊
17	思金拉措	思金拉措，俗称财神湖，被当地群众称为“财主百龙之王”居住的地方。红遍大江南北的“爱在思金拉措”为她增添浓郁浪漫的色彩
18	崔久沟	崔久沟位于山南市加查县，雅江北岸八大风景秀丽的沟谷之一。沟谷全长不到100千米，河水落差却有2000米。结罗拉雪山海拔5000多米，为终年积雪的原始冰川，是崔久沟河水的主要发源地。崔久沟是虫草生长的沃土，也是旅游者心中的天堂
19	藏王墓景区	藏王墓景区是吐蕃历史的缩影和见证，位于西藏山南琼结县境内，是西藏规模最宏大的藏王陵墓群。松赞干布和文成公主均安息在这里

邮政管理

【概况】 2022年,山南市邮政行业寄递业务量完成1562.6万件,同比增长3.27%。其中,快递业务量完成43.46万件,同比下降12.52%;邮政寄递服务业务量完成1519.14万件,同比增长3.8%。同城快递业务量完成13.51万件,同比下降33.47%;异地业务量累计完成29.95万件,同比增长1.97%;无国际及港澳台业务量。同城、异地快递业务量分别占全部快递业务量的31.08%和68.92%。邮政行业业务收入(不包括邮政储蓄银行直接营业收入)完成5001.07万元,同比下降12.63%。其中,快递业务收入累计完成1391.06万元,同比下降19.76%;邮政寄递服务业务收入累计完成808.36万元,同比增长2.05%。同城、异地快递业务收入分别占全部快递业务收入的9.92%和58.21%。

【农村寄递物流体系建设】 2022年4月11日,山南市邮政管理局(以下简称市邮管局)会同市商务局和山南市邮政分公司召开农村寄递物流工作推进会。4月28日,市邮管局党组书记、局长邹华带队对琼结县、乃东区部分乡镇实施"交快合作""交邮合作""邮快合作""商快合作"等情况进行调研。6月15日,市交通局、市邮管局、琼结县人民政府、中国邮政山南市分公司、7家快递企业和琼结县强基办、商务局及各乡镇负责人在琼结县召开县、乡、村三级物流体系建设融合发展暨"交邮""邮快""交快"合作推进工作座谈会。

【"交邮合作"项目试点】 2022年,山南市琼结县、乃东区被定为全区"交邮合作"试点县(区)。4月12日,在琼结县客运站举行"交邮合作"项目启动仪式。启动仪式分为合作框架协议签约、邮件交接两个部分,市交通局、市邮管局、中国邮政山南市分公司、琼结县客运公司、乃东区客运公司参加启动仪式。完成乃东区、琼结县所辖7个乡镇"交邮合作"交接,共进行165个总包、1154件邮件的分拣、运输、投递工作。"交邮合作"主要是依托三级物流体系,整合交通客运资源和邮政网络优势,推进"交邮合作+快递进村",对提升农村地区寄递服务水平、推进农村物流高质量发展起到积极的示范引导作用。

2022年4月11日,市邮管局会同市商务局、市邮政分公司召开农村寄递物流工作推进会

【邮政普遍服务】 2022年,市邮管局巩固提升农村通邮频次和覆盖面,农村地区建制村全部达到每周3次。推进边境自然村邮政服务普遍覆盖,16个边境安置点已完成通邮工作。

【农村邮路汽车化工作】 2022年,市邮管局加快推进农村邮路汽车化工作,农村汽车邮路61条,摩托邮路12条。

【行业绿色发展】 2022年,市邮管局实施山南市邮政业环境保护"9917"工程,宣传行业生态环保和绿色发展理念,印制宣传海报120份,全市118个邮政普服网点、民营快递企业网点张贴宣传,倡导公众使用绿色快递包装。

【快递服务消费环境】 2022年,市邮管局督促寄递企业进一步提升服务质量,处理用户申诉8起;强化违规收费治理,未发现辖区违规收费问题。

【关心关爱快递小哥】 2022年,市邮管局召开关爱"快递从业青年服务"座谈会,倾听快递从业青年的

2022年2月15日，市邮管局联合乃东区交警大队开展邮政快递业从业人员交通安全教育活动

诉求，鼓励企业创建和谐企业劳动关系内生动力，及时了解快递小哥存在的困难和问题，督促企业疫情期间为快递小哥发放兜底生活补助，保障好一线工作人员的防疫物资和其他生活所需。持续推动企业为快递小哥购买工伤保险，购买率达100%。

【疫情保通】 2022年，新冠疫情发生后，市邮管局组织企业发挥行业运输优势，运输民生物资，防疫药品，帮助群众解决急需的奶粉、药品等问题，帮助日喀则、拉萨运输防疫物资和糌粑。8月10日至12月31日，共派出保通保畅保供运输车辆579辆次，运输物资3454.95吨，累计行驶里程（往返）13.86万余千米，强化全市疫情防控物资和生活物品的运输保障，展现邮政业的风采和担当，为全市打赢疫情防控战作出行业贡献。

【邮政市场秩序】 截至2022年底，全市共有8个快递品牌运营，分别为EMS、圆通、极兔、申通、韵达、中通、顺丰和京东。共有29个经营网点，其中许可企业4家，分支机构3家，末端网点22家。

【专项整治行动】 2022年，市邮管局持续开展邮政快递业消防安全大排查大整治，推进安全生产专项整治三年行动巩固提升工作，以国务院安全生产大督查反馈问题整改为契机，督促企业开展自查自纠，明确整改责任人、计划措施和完成时限。联合乃东区交警大队开展行业从业人员交通安全专项教育活动，宣讲道路交通安全法律法规，签订《快递企业道路交通安全责任书》《道路安全承诺书》。开展用户个人信息安全保护专项整治，协调网信、公安、检察院，推动辖区民营快递企业与企业总部协调开展隐私面单推广。全市7家企业隐私面单使用实现全覆盖。

【助企纾困】 2022年，山南市人民政府印发《山南市人民政府关于印发〈山南市关于更大力度提振经济发展保市场主体保就业的若干措施〉的通知》和《山南市人民政府印发〈山南市关于贯彻落实《关于稳经济若干临时性措施》的配套措施〉的通知》，根据以上文件精神，由山南市级财政安排资金55万元用于“助力快递行业稳定发展”。受疫情影响，快递派送量减少，实际领取补贴28.63万元。

邮政

【概况】 2022年，中国邮政集团公司山南市分公司（以下简称中国邮政山南市分公司）邮政业务实现总收入4104.9万元。其中，代理金融业务收入1488.82万元，寄递业务收入完成1337.45万元，完成全年预算的82.41%，邮务类业务完成1279.22万元，完成全年预算的68.15%。

【代理金融】 2022年，中国邮政山南市分公司协同拓展对公业务，扎囊县分公司紧盯政策机遇，与当地政府对接，实现寄递业务和代理引荐公司业务高效快速发展，在推进“电商＋寄递＋金融”的发展上，特别是在争取政府专项资金账户上为全区邮政系统提供典型模式。成功开立政府专项资金账户1户，账户余额达到1.5亿元。结合集团公司商户收单调增考核收入及利润政策，梳理优质商户开展名单制营销，截至年底，新增收单商户320户，结存商户2250户，其中有效商户1721户，收单商户联动资产12941.69万元，本年净增商户资产2478.59万元。

【寄递类业务】 2022年，中国邮政山南市分公司落实客户大开发、大走访行动，深挖寄递市场需求，累计开发协议客户26户，形成寄递收入10.24万元，为推动寄递业务发展打开良好的开端。全市部队物资寄递配送业务多点开花，全年累计实现部队物资寄递配送项目收入100万余元（含税）。主动上门为退伍老兵提供军包寄递服务，全年军包收寄工作累计实现寄递收入62.75万余元，同比增长173.06%。

【非寄递类业务】 2022年，中国邮政山南市分公司围绕时事热点开展营销，持续推进营销项目有序开展，其中建团百年营销项目实现收入0.09万元，航天梦营销项目实现收入0.66万元，家乡包裹实现收入3.72万元，冰雪奇缘累计实现销售额1.74万元。持续强抓传统函件印制项目，全年共计开发各类函件项目43个，实现业务收入100万元。紧抓图书销售，加强与宣传、组织部门等单位联系对接，累计实现《让群众过上好日子——习近平正定足迹》四部图书销售1896套，实现收入67.5万元;《习近平谈治国理政》第四卷销售14238册，实现收入113.18万元。

【邮政服务】 2022年，中国邮政山南市分公司紧紧围绕普服“一确保两提升三强化”工作目标，召开专题会，安排部署全年普遍服务和特殊服务工作，同时采取“线上+线下”方式，开展业务培训，有效提升代办员业务素质。建立良好的政企沟通机制，定期召开政企联席会，充分听取邮政管理局意见，主动汇报普特服重要事项，对相关单位提出的问题，立行立改。根据区分公司关于切实加强邮政“百村+寺庙”普遍服务工作要求（为夯实建制村通邮频次及通邮深度，确保邮政助力乡村振兴和邮政公共服务落到实处，全区选出100个建制村及部分寺庙作为2022年巩固和提升普遍服务工作重点）市分公司将16个建制村及10个寺庙，作为巩固和提升山南普遍服务工作重点，加大“百村+寺庙”调研力度，准确掌握基层服务工作实际，推进“百村+寺庙”所在乡镇网点服务、业务叠加、农村电商等相关工作，以点带面，全力推动各项普服工作。推进县、乡、村三级物流体系建设，确保农村投递汽车化工作落地见效，提升农村地区寄递物流能力、保障工业品下乡和农产品进城的需要。截至年底，山南各县至乡镇的37条农村邮路，实现100%汽车运邮；乡镇至村共73条邮路，其中68条实现汽车投递，汽车化率为93.15%。

【农产品进城】 2022年，中国邮政山南市分公司加快农产品进城，打造特色农产品电商平台。截至年底，全市振兴馆引入扎囊矮化苹果、隆子黑青稞糌粑、琼结小西红柿、昌珠雀丹藏香、贡嘎红土豆等优质农特产品7种，邮乐平台销售额达20.24万元。本着“资源共享、优势互补”原则，建立省级联动协作机制，将山南生鲜牛羊肉、洛扎荞麦面等产品销售至区外部分省份，实现农产品销售额205.33万元。

【绿色邮政建设行动】 2022年，中国邮政山南市分公司制定《绿色邮政“十四五”规划实施方案》，全面落实“9917”绿色工程。推进包装治理“禁、限、减、循、降”，按照行业要求应用新产品，推进包装全流程全环节全要素的绿色转型。逐步提高全市清洁能源车辆的使用比例，全市共有电动汽车10辆和三

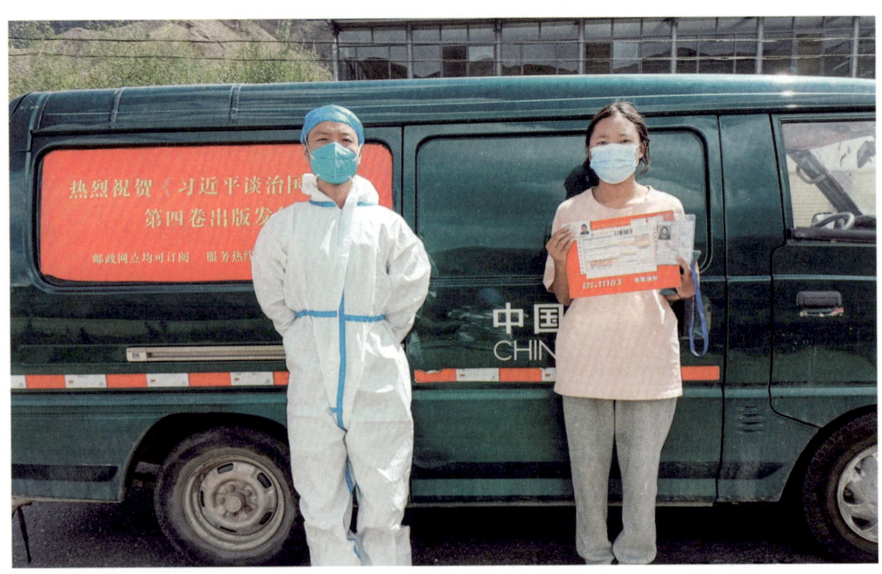

2022年8月29日，中国邮政山南市分公司在疫情防控期间投递录取通知书

2022年9月3日，中国邮政山南市分公司为隔离点300余人免费配送一日三餐

轮车42辆，提升全市邮政运输配送的绿色化水平。邮银协同发展绿色信贷、绿色保险等多样化绿色金融产品。积极开展植树造林活动，义务植树430余棵。

【职工权益保障】 2022年，中国邮政山南市分公司结合2022年为职工办“十件实事”项目要求开展一系列关心、关怀职工的活动，保证职工群众利益合理兑现。加强企业民主管理，畅通员工诉求渠道倾听和反映职工愿望，并及时化解各类矛盾。持续落实2022年为职工办“十件实事”项目，完成扎囊县、贡嘎县分公司职工小家家具采购工作，曲松县分公司职工小家升级改造中。筹集12.6万余元，用于送温暖活动、旺季生产慰问，惠及职工90余人。筹集3.6万余元慰问全市邮政系统先进劳模、高寒县职工、困难职工、“三大节日”坚守岗位的一线员工、大病救助等困难群体。为符合条件的11名职工申请互助保障金4.1万余元。12月9日，由中国邮政山南市分公司总经理谭兵带队的中共二十大宣讲团一行本着解决群众的实际困难为原则，到浪卡子县尼玛龙村驻村点开展慰问活动，为42户村民和18户结对帮扶户，共发放价值1.5万余元的慰问品。

【安全生产】 2022年，中国邮政山南市分公司严控寄递渠道安全生产，严格执行实名收寄、验视、过机安检制度，坚决杜绝禁寄和超限物品流入邮政渠道。持续抓好交通安全管理，强化驾驶人员、投递人员的交通安全意识，全年邀请专业老师讲解道路交通安全法律法规2次，有效提升驾驶员技能。深入开展安全隐患排查整治工作，加强消防等安全生产工作，召开维稳工作专题会议和制订重要时期维稳工作方案，确保企业维稳安全管理工作万无一失，严防发生火灾、触电、机械伤害等生产安全事故，全年组织干部职工防抢演练4次、消防演练3次，培训2次，着力提高干部职工安全防范意识。

电信

【概况】 2022年，中国电信集团有限公司山南分公司（以下简称中国电信山南分公司）主营业务收入持续增长，全年主营业务收入完成2.7亿元，较2021年增长10.96%。

【网络建设】 2022年，中国电信山南分公司完成资本性投资7387.45万元。普遍服务新建基站24座，新建FTTH端口1.18万个，新建5G基站27座，实现城区及县城5G网络全覆盖。城市和乡镇光衰达标率90.32%，4G/5G基站退服率全区排名靠前，高负荷小区降幅27.35%。完成中共二十大及疫情期间重要通信保障任务。

【网信安全】 2022年，中国电信山南分公司坚决落实网信安全工作。网站备案率100%，实名制率100%，骚扰电话、垃圾短信及电信网络诈骗得到有效整治，携号转网工作严格依法依规承接落实。

【社会责任】 2022年，中国电信山南分公司共投资760余万元用于实施第七批国家普遍服务试点项目和边境小康村、边境村、搬迁安置点的通信覆盖；为守护祖国领土完整，守边、控边工作提供坚实的通信保障。新冠疫情发生后，中国电信山南分公司调整优化分公司联防联控工作领导小组，快速组建26人的党员志愿者团队、13人的抗疫先锋青年团队，10人的方舱保障团队，21人的通信保障机动队，投身通信保障、区域协查、服

2022年9月29日，第五届绽放杯5G应用征集大赛全国总决赛在苏州落幕，中国电信西藏公司山南团队山南措美县哲古风力发电厂5G建设项目斩获全国第一

务保障、维稳安全等工作中，选派4名志愿者到市疫情办参与流调工作。疫情期间，累计出动一线保障人员1600余人次，应急保障车辆900余台次，新建核酸检测点应急微站1套，4G基站2套，开通专线及监控点位89个，开通防疫慢直播点位2个，安装108部宽带、支撑解决221部通信终端，故障处理1144个点位，保障3场疫情重要新闻发布会，为市县12家单位天翼云会议设备安装与服务工作，赠送核酸采样机2台。为45个租户减免3个月的租金，为5055户宽带、专线用户落实10%的优惠政策，对92家中小微企业落实两个月费用减免政策。为全市所有教师及学生、家长推出“0元30G”手机流量包，确保停课不停学，直接贡献经济价值总计1000余万元，为打赢山南市疫情防控阻击战贡献一份力量，疫情防控工作得到市委认可。

移动

【概况】 2022年，中国移动通信集团有限公司西藏公司山南分公司（以下简称中国移动山南分公司）坚持以人民为中心的发展思想，把握发展新阶段，高质量圆满完成各项目标任务，全年整体收入为2.96亿元，同比增长10.62%，家宽规模快速增长，家宽客户数达6.55万户，同比增长21.3%；客户规模稳步提升，通信客户数17.65万户，同比增长5.4%；5G快速发展，5G客户数达11.7万户。

【网络建设】 2022年，中国移动山南分公司始终积极践行“发展、生态、稳定、强边”四件大事，加强边境地区、偏远乡村通信基础建设，助力山南市稳定发展，系统打造新型信息基础设施，5G网络领先优势进一步扩大，实现5G网络在县城及以上连续覆盖、重点乡镇有效覆盖。4G基站实现行政村及以上区域、小康示范村、边境村100%覆盖，行政村以上家宽覆盖率达100%。同时率先在全区实现行政村4G网络和百兆家宽网络双覆盖。率先完成全国海拔最高乡浪卡子县普玛江塘乡5G基站建设任务，全区第一个实现雅鲁藏布江沿线水电站5G行业应用。

【网络保障】 2022年，中国移动

2022年6月16日，中国移动山南分公司开展“总经理接待日”活动，为客户宣传防范电信诈骗知识

2022年8月21日，中国移动山南分公司到山南方舱医院优化网络

山南分公司部署推进中共二十大通信服务和网络安全保障工作，高效完成方舱医院、中共二十大、雅砻物资交流会、疫情期间通信保障任务。实现“零重大网络故障、零重大网络安全事件、零重要客户投诉”保障目标。

【信息化建设】 2022年，中国移动山南分公司充分依靠5G网络高宽带、低延时的特点，投身数字山南建设，为数字经济注入新动能，完成森林防火监控系统项目，建立人防+技防双防控体系，实现林火视频监控、巡护人员定位等管理支撑，有效保障森林生态系统安全。“JQ水电站5G专网建设项目”通过5G+智慧工地实现工程施工可视化智能管理，提高工程管理信息化水平，逐步实现绿色建造和生态建造，实现5G+智慧水电垂直行业应用。琼结县网格化服务管理平台上云项目依托云主机、云专线、云安全、云等保等产品，为市政网格化社会治理提供数字化平台，使管理手段智能化、联动三方便捷化、闭环管理科学化。

【信息安全】 2022年，中国移动山南分公司开展防范治理电信网络诈骗工作，从市场源头管控电信诈骗，加强渠道合作商的监管力度，截至年底，新用户均100%实名入网。加强与本地公安等上级部门协作，构建“全民+全网”的防诈新格局。联合市公安局正式上线“警企联动共筑反诈防线”和彩云月月领流量营销活动，开展“视频彩铃”反诈宣传，免费覆盖2万户重点人群；开展“警企联动共筑反诈防线”视频宣传，截至8月宣传视频播放量4万余次，转发量400次。

【提速降费】 2022年9月，山南移动宽带资费同比下降36.4%，语音平均单价下降33.5%，手机上网平均单价下降21.3%；户均流量同比增长22.2%，为客户可便捷使用高清视频、社交、电商等丰富的手机上网业务提供有力支撑，推进5G+互联网应用的飞速发展。

联通

【概况】 2022年，中国联合网络通信有限公司山南市分公司（以下简称中国联通山南市分公司）完成主营业务收入2821万元，同比增长29%。截至年底，在网用户21883户，其中5G在网7258户，移网在网19258户，宽带在网2625户，宽移融合1548户。移网累计发展9006户，宽带累计发展1824户。

【5G建设】 2022年，中国联通山南市分公司以“5G套餐迁转”为第一优先级推广，5G升级包等产品扩大营销范围，累计迁转5G套餐253户，5G升级包添加2453户。聚焦固网资源的重点区域，做好固网移融，公众宽带1681户，融合1547户，融合渗透率70.55%，单宽转融1012户。制定专项终端活动，累计销售手机终端783部，同比增长74%，终端收入达103万元。

【OMO数字化新营销运营体系建设】 2022年，在数字化赋能方面，中国联通山南市分公司企业微信吸粉1236户，备注用户号码171户开展轻触点补充、完善主渠道，专人支撑帮扶工作。截至年底，合作触点55个，新增触点近50个。优化渠道体系，降低成本，清理长期无效触点60个。线下渠道累计发展297户，其中移动业务发展280户，固网业务发展17户。

【高品质服务】 2022年，中国联通山南市分公司坚持问题导向，结合区公司各类营业厅自查标准，对营业厅服务与环境进行改善，提高营服水平。以实际行动践行智慧助老服务理念，借助数村平台，分别在罗布林卡社区、琼嘎顶社区、门中岗社区开展“智慧助老”活动三场，共服务老人200多人次。

【宽带与融合业务】 2022年，中国联通山南市分公司扩充智家工程师队伍，组织开展2022年智家工程师岗位技能大练兵和能力认证。7月，在贡嘎县森布日高海拔易地搬迁点，开展宽带攻坚活动。

2022年10月17日，中国联通山南市分公司开展中共二十大通信保障演练

【5G应用“扬帆”行动】 2022年，中国联通山南市分公司进行5G行业融合应用商机挖掘，累计提报ICT（信息通信产业）商机30项，正跟进商机63项，商机转化率为60.3%；中止状态商机2项，转化金额达645.23万元。对移网产品进行再聚焦，5G收入29.34万元。

【双线+联通云业务】 2022年，中国联通山南市分公司开展算网产品一体化推广行动，设立“云咖行动小组”，签订5个县域的“云咖”业务，实现“县县飘云”的新发展格局。邀请23个机关单位关键人参观，签约云业务50万元。与两家单位共签约106张物联网卡。深耕四大标准产品，先后签约创新产品收入达436万元。开展双线攻坚行动，实行领导班子成员包保制，确保县域双线全部破零和走上正轨。班子成员每月深入包保划小单元，对明确细化的营销任务指标，与小CEO和县域客户经理逐一分析问题原因和现有客情，整合自身可用客情资源，拜访县级机关负责人，对双线、云专线、云聚产品进行宣传推广。将全员营销作为有效的补充力量，激发员工活力，市分公司下发倡议书，激发员工活力，发挥“全民营销”效应，促进基础业务大发展全年累计发展56条双线。

【网络建设】 2022年，全网运行物理站点389个，逻辑站点781个，乡镇覆盖率为65%，行政村覆盖率为37%，检查站覆盖率94%；总端口数13304个，累计端口占用2329个，占用率18%；光缆长度总计1590千米。中国联通山南市分公司强化深度覆盖，改善网络质量，新建站点10个，利旧搬迁37个站点；大客户完成客户接入28条专线建设；完成泽当大道汇聚机房立项工作；新建光交26个、光缆27千米；完成千兆小区建设投资370万元；贡嘎机房至森布日环路保护投资57万元，已投入使用。落实“大服务”工作，主动支撑一线发展。全网VOLTE用户占比达到89%，比2021年提升5个百分点；开展传输干线整治工作，提高传输干线健壮性，整治光缆达49千米；累计处理大客户故障312次，集团投诉63次；做深做优4G网络，以县域需求优先为原则，完成119个小区共建共享。

中国铁塔股份有限公司山南市分公司

【概况】 2022年，中国铁塔股份有限公司山南市分公司（以下简称中国铁塔山南市分公司）承接需求含结转680个，订单交付443个，订单起租330个。项目设计阶段合计投资1662万元，新建占比86%。站址共享比2021年底增长3.35%，共享率达到39.35%，站均租户数同比增长5.43%，站均租户达到1.54%。

【电信普遍服务项目】 2022年，中国铁塔山南市分公司承担3家电信企业网络基础设施的需求满足，同时致力于为山南市的“网络强市”“智慧边防”“数字山南”等服务，巩固脱贫攻坚、乡村振兴及边境通信信号解决，全年承建23个电信普遍服务项目并全部开通。

【5G新基建】 2022年，中国铁塔山南市分公司坚决贯彻党中央加快5G发展决策部署，协同电信企业推动5G网络建设领先。截至年底，全年完工5G基站建设项目129个，应交付需求完工率达91.97%，通过共享存量资源实现，经济高效助力5G网络建设领跑。

2022年4月10—12日，中国铁塔山南市分公司到隆子县抢修故障基站

【降本增效】 2022年，中国铁塔山南市分公司借助5G新基建发展契机，获取政府相关政策支持，同时深化共享，切实为3家运营商降本增效。专项行动开展以来，累计电费谈降站点51个，降价站点平均电价降幅32.67%，年化节约用电成本47.5万元；场租累计谈降站点24个，免除租金站点20个，年化节约成本9.6万元。

【应急保障】 2022年，新冠疫情发生后，中国铁塔山南市分公司主动投身抗疫大局，确定防疫重保站208个，累计投入抢修应急队伍692次，抢修人员1161人次、车辆692辆次、油机486台次，处理故障199站次，发电486次，充分保障防疫期间通信畅通。成立通信抗疫突击队，保障方舱医院通信保障新建基站需求。组织参与应急保障2次、雪灾支援应急保障1次，开展“喜迎二十大　铁塔在行动，党员先锋攻坚点亮普服项目”、门当夏日村通信基站应急开通等。

金　融

中国人民银行山南市中心支行

【概况】 2022年，中国人民银行山南市中心支行（以下简称人行山南市中支）贯彻执行好稳健货币政策，组织召开金融机构主要负责人会议，及时制定《山南市2022年信贷工作指导意见》，明确年度信贷调控目标，持续强化金融支持实体经济力度。推动山南市成功获批“中央财政支持普惠金融发展示范区”。截至年底，山南市各项存款余额516.55亿元，同比增长18.56%；各项贷款余额337.82亿元，同比增长1.92%。其中，小微企业贷款、涉农贷款、绿色贷款同比分别增长15.35%、6.18%和29.93%。

【特殊优惠货币政策落实】 2022年，人行山南市中支落实落细稳住经济大盘和助企纾困有关政策，推动建立山南市政金企融资对接机制。组织1场市级层面大型政金企对接会，11场银企对接会，促成与33家企业5.57亿元的贷款协议。辖内银行机构办理1512笔延期还本付息，金额达7亿元。开展“首贷培植行动”，逐步提升首次贷款比例。截至年底，全市银行机构设立“首贷培植行动示范行”7家，“首贷培植专柜”9个。全市首次获得贷款的民营小微企业达258家、金额17.64亿元。深入开展民营与小微企业应收账款融资专项行动，完成应收账款融资16笔、金额12.52亿元。联合市工商联等部门运用扶持专项资金，通过“贷款＋贴息”的模式，共为46家企业贴息200万元，贴息率达100%。

【乡村振兴】 2022年，人行山南市中支引导金融机构，做好金融助力巩固拓展脱贫攻坚成果同乡村振兴有效衔接工作，满足乡村振兴多样化融资需求。截至年底，全市金融精准帮扶贷款余额为40.88亿元，涉农贷款余额为89.11亿元，发放全区首批9笔农牧户“四卡”增信担保贷款，金额达111万元。推动“绿色金融”加快发展，发放全区首笔民营企业水电站“银团”贷款，投放金额达23.9亿元。推动全市首笔“政采贷”业务成功落地，发放金额达400万元，用于营造林工程建设。协助总行做好定点帮

2022年4月9日，人行山南市中支组织召开金融风险形势分析会

扶洛扎县乡村振兴工作，试点发放“新型农业经营主体孵化项目”贷款60万元。协助落实总行有关洛扎县中心血站、防疫物资采购、贝母种植项目等定点帮扶工作，金额达294万元。督导山南市金融系统投入非经营性资金437万元支持洛扎县乡村振兴，推动实施14个项目，投资资金730.827万元。在洛扎县建立山南市首个边境“反假货币示范村”“金融诚信文化教育基地”和“金融服务特色小镇”，洛扎县获评自治区级信用县。

2022年5月19日，人行山南市中支组织召开移动支付便民示范工程工作会

【金融风险防化】2022年，人行山南市中支密切关注金融机构政策性风险和经营风险。发挥山南市金融工作联系机制作用，推动召开3次金融工作联系机制“圆桌会谈”，有效压降化解扶贫产业贷款风险。截至年底，辖区金融机构不良贷款率为0.18%，2022年核销扶贫产业不良贷款1286.75万元。开展“征信修复”乱象治理专项行动，移交1起虚假广告线索，督导注销一家经营内容含“企业征信”字样的公司。推动山南市常态化扫黑除恶斗争金融放贷领域突出问题整治工作，得到西藏自治区扫黑办充分肯定，工作做法向全区推广。推进《金融标准化“十四五”发展规划》贯彻落实，选取山南市洛扎县拉郊乡农行“综合服务站”、3家农行“助农取款点”作为金融标准化改造对象。

【货币发行与管理】2022年，人行山南市中支推进现金服务示范区建设、发行基金托管库工作和发行库安全管理、反假货币等重点工作。截至年底，发行库共累计投放18.25亿元，回笼5.45亿元，净投放12.08亿元，较2021年同期增长2.17%。推进山南市现金服务示范区建设，启动11个乡镇级现金服务示范区创建。开展发行基金托管和代理库业务，合力推进转型工作，对错那县托管库和洛扎县代理发行库运行情况进行调研。推进反假货币各项工作，到错那县、隆子县、洛扎县和浪卡子县四个边境县开展人民币现金供应和反假人民币宣传调研。全年累计收缴假币130张，金额11590元，同比分别下降50.38%和46.83%。结合山南市经济发展形势，合理、科学编制现金计划，确保辖区合理现金供应，落实好常态化现金消毒机制下的各项工作，严格落实收支两条线。配合总行做好定点帮扶洛扎县乡村振兴工作，推动洛扎县7个营业网点、27个助农取款点、1个金融综合站开辟现金服务通道。

【国家金库公共服务】2022年，人行山南市中支高效办理国库收支业务，不断提高国库公共服务能力，有效保障政府预算安全高效执行。截至年底，山南市全辖国库入库一般预算收入小计12.19亿元，同比减少7.06亿元，下降36.70%；一般预算支出小计236.52亿元，同比增加12.30亿元，同比增长5.49%。办理个人所得税汇算清缴退库工作，全市累计审核办理各项退库业务11.13亿元，增长480.47%，其中办理中央级退库4.42亿元，地方级退库6.71亿元。加强库存监测工作。截至年底，库存余额为152.16亿元，同比增加30.20亿元，增长24.76%。其中地市级库存92.43亿元、区县级库存59.73亿元。开展增值税留抵退税工作，全辖办理增值税留抵退税业务362笔，共计7.71亿元。组织辖区国债承销机构开展国债到期提醒兑付工作，全辖到期提醒兑付9笔，金额84.22万元。

【支付体系建设】2022年，人行山南市中支着力提升助农取款服务质量。截至年底，全市共建立

621个助农取款服务点，其中14个金融综合服务站，全年共受理业务19.38万笔，金额达19639.49万元，与2021年同期相比分别增长15.43%和47.4%，其中取款业务笔数14.36万笔，金额13858.88万元，转账1.74万笔，金额5780.61万元，查询3.28万笔。开展助农取款服务点分类管理和金融综合服务站的转型建设工作，撤并3个服务点，在乃东县多颇章乡和加查县坝乡增设金融物理网点，在库曲乡、朗坡乡和斗玉乡分设金融综合服务站，补足辖区5个无物理网点乡镇的金融服务，在洛扎县拉郊乡拉郊村欢乐家庭旅馆增设助农取款服务点，以乡村旅游为依托，在洛扎县色乡打造金融服务特色小镇。推进移动支付智慧工程建设，推广移动支付、"云闪付"等新兴支付方式，加快移动支付便民工程向县域、农牧区下沉，巩固加查县移动支付引领县示范效应。截至年底，山南市存量特约商户共2.62万户，共拓展特约商户5480户，其中菜市场、乃东区菜市场及周边15分钟生活圈共拓展特约商户179户。

【征信系统建设和征信管理】2022年，人行山南市中支制定出台《山南市农村信用体系建设衔接乡村振兴工作实施方案（试行）》，推动农牧区信用体系建设与精准扶贫、乡村振兴等国家战略紧密结合起来，改进"三农"征信服务。持续推动社会信用体系建设，截至年底，山南市辖内共评定信用县8个（自治区级信用县5个），信用乡（镇）77个，信用村554个。加强全社会面信用信息归集管理，截至年底，国家金融信用信息基础数据库收录山南市159124个自然人和8169户企业信用信息。联合网信办、公安局、市场监督管理局首次联合开展"征信修复"乱象整治专项行动。全市应收账款融资突破60亿元大关，有力支持中小微企业发展。

【反洗钱工作】2022年，人行山南市中支继续加强涉分裂、涉众、涉毒、疫情新型洗钱犯罪资金监测，督导辖内义务机构优化监测分析方法，全力提高发现线索的能力。全年共向公安机关移送重点可疑交易线索10份，立案并侦破1起，涉案资金达4396.36万余元。协助破获涉诈、涉税等案件3起。推进开展打击治理洗钱违法犯罪三年行动，中国人民银行山南市中心支行联合山南市公检法等8家成员单位，协商制订《山南市打击治理洗钱违法犯罪三年行动方案》，签署《合作备忘录》，推进辖内"洗钱罪"推定入罪工作开展。共组织召开专题工作座谈会3次，线索沟通、案情会商8次。创新发布反洗钱风险提示，提升反洗钱监管质效。针对山南市市场监督管理局公告发布的山南辖内52家企业的营业执照被依法吊销的情况，向辖内各金融机构发布《洗钱风险提示（2022第2期）》，并督导各金融机构开展风险排查，各商业银行根据风险提示采取相应的风险管控措施。

【外汇业务】2022年，人行山南市中支深入推进外汇业务工作，优化涉外实体经济金融服务质量，强化企业汇率风险管理，持续加强微观监管力度，促进外汇人员业务水平提升。开展全区首次银行个人结售汇业务应急演练及同级审计项目。成功办理山南市首笔外债签约登记及异地开立账户核准工作。2022年，山南市涉外收支额和银行结售汇额实现双增长。持续做好跨境人民币相关业务，提升跨境人民币从业人员业务能力。指导拓普瑞吉药业有限公司成功办理跨境人民币纳税缴税业务，金额25.27万元。

【金融知识宣传】2022年，人行山南市中支依托"诚信文化教育进校园""金融知识普及月""国债知识下乡"等宣传活动，组织辖内金融机构通过各种形式开展反假币、反洗钱、反诈骗、征信知识等金融知识宣传，有效提升社会公众金融知识水平。

中国农业银行股份有限公司山南分行

【概况】2022年，中国农业银行股份有限公司山南分行（以下简称农行山南分行）牢记普惠金融使命，主动加强民族团结、金融服务实体经济、支持生态文明建设及"金融戍边"等工作。截至年底，各项存款余额242.88亿元，较年初增加40.03亿元，增长19.73%，日均增量15.22亿元，市场份额75.79%，较年初增长0.92个百分点；个人存款余额113.36亿元，较上年末增加21.31亿元，增长2.91%；对公存款余额129.51亿元，较年初

2022年6月2日，农行山南分行与错那县委、县政府签订全面战略合作协议

增加18.72亿元。全市共有农行机构79个，在县级网点覆盖率达到100%，在乡镇一级达到75.9%，金融服务功能覆盖所有建置村及部分自然村。

【贷款发放及增速】 截至2022年底，农行山南分行各项贷款余额143.30亿元，较年初增加11.69.19亿元，增长8.87%，市场份额52.12%，较年初增长1.72个百分点。不良贷款余额2888.31万元，较年初增加1238.07万元，不良贷款率0.20%，较年初上升8个BP。县域贷款净增11.68亿元，涉农贷款净增3亿元，普惠贷款净增2.37亿元，民营企业贷款、制造业贷款等重点领域投放均实现监管达标。

【巩固拓展脱贫攻坚成果】 2022年，农行山南分行继续贯彻落实中央“四个不摘”精神，坚持“三个赋予、一个有利于”，全面推进巩固脱贫攻坚成果同乡村振兴有限衔接。截至年底，已脱贫县贷款余额143.31亿元，较2019年增加29.18亿元，增长25.57%；脱贫人口小额贷款余额2.12亿元，占全市脱贫人口贷款的55.06%以上。始终立足山南市特有资源优势，围绕“稳粮、兴牧、强特色”发展思路，加大农业产业化龙头企业、农牧民专业合作社等新型农业经营主体的信贷供给，创新推出藏鸡贷、氆氇贷款等一系列特色信贷产品。截至年底，涉农贷款余额65.65亿元，较2019年增加8.94亿元，增长15.76%；农户贷款余额44.42亿元，共42726户，占全市农牧户的66.20%，户均贷款10.39万元。

【金融戍边】 2022年，农行山南分行以“钻、金、银、铜”四卡农牧户信贷产品为基础，依托“物理网点＋自助设备＋互联网金融服务平台＋三农金融服务点＋流动金融服务”五位一体服务模式，主动参与边境建设，打通金融服务乡村振兴“最后一公里”，打造群众认可、百姓满意的金融戍边服务大行。截至年底，共在山南市设立“三农”金融服务点612个、掌上银行村497个，配备流动金融服务车2辆，实现普惠金融在山南行政村全覆盖。4个边境县各项贷款余额33.53亿元，累计发放乡村振兴·固边贷3.6亿元，年均流动服务次数超过6947次。

【支持实体经济发展】 2022年，农行山南分行立足主业、坚守本源，围绕“稳经济大盘”，聚焦重大项目建设，加大交通、能源、水利、城市基础设施，尤其是农村电网、农村公路网等重点领域、重点项目支持力度，全力以赴为实体经济发展注入金融“活水”。全年投放各项贷款63.37亿元，发放重大项目贷款21.57亿元。围绕中央和自治区“保就业、保民生、保市场主体”的要求，全面落实保市场主体政策，充分利用“资产e贷”、纳税e贷、抵押e贷、“续捷e贷”等15款线上产品，降低贷款准入门槛，提高信用贷款比重，切实解决小微企业“融资难”“融资贵”问题。截至年底，普惠型小微企业贷款余额12.5亿元，较年初增加2.37亿元，增长23.76%。普惠型小微企业有贷户数4011户，较年初增加1082户；全年投放首贷户80户，高于2021年同期户数14户，充分发挥小微贷款覆盖率、可得性、便利度。

【助力疫情防控和复工复产】 2022年，农行山南分行始终坚持金融“为民”初心，执行金融支持稳金融大盘各项政策措施，以“保供、让利、帮扶”为着力点，针对小微企业、个体工商户、农户、新市民等群体的特殊金融需求，量体裁衣、提供差异化帮扶措施，进一步增强金融服务的普惠性。针对疫情影响，落实农行西藏分行助企纾困15条措施和减费让利政策，进一步降低小微企业融资综合成本。落实好助企纾困各项信贷政策，在合规基础上建立疫情防控审查审批绿色通道，切实提高业务办理效率。截至年底，为市内12家受困企业办理贷款延期还本付息、设置宽限期、调整还款计划等，金额2612万元；累计发放纾困保供小微企业贷款5户，累计金额6859.70万元。

【金融风险监测】 2022年，农行山南分行在完成安防“三大系统”（电气火灾监测系统、“金智云鼎”智慧安全管理平台、视频监控一体化融合）建设上线和前端设备安装联网、视频联网等工作。持续推进合规标杆网点建设工作，深入开展“合规教育年”活动。全年开展合规宣讲56次、法治宣讲3次、合规大讨论活动27次。进行外部走访排查，常态化开展非现场监测、分析和现场专项核查，严格落实员工行为管理责任制。完成对乃东支行的巡察和4个一级支行的巡察回头看工作，切实发挥巡察利剑作用，围绕“管阵地、把导向、强队伍”，加强正面舆论引导，强化意识形态阵地建设和管理。严格落实保密制度，开展消保投诉管理、信访等工作，维护消费者合法权益和安全稳定的环境。农行山南分行服务地方经济社会发展获得市委、市政府的充分肯定，人民银行综合评价保持A级，全年未发生案件、重大违规违纪事件、重大声誉风险事件。

【金融改革】 2022年，农行山南分行把转型创新作为应对环境变化的核心动力，突破发展瓶颈，实现争优领先。智慧水务项目成功落地，各乡镇农牧户党费、农保费线上缴纳实现全覆盖，智慧食堂在县域逐步铺开。银医通一期项目上线运行，智慧寺庙财税监管系统、智慧核酸检测、健民医院智慧项目等成功实施。紧紧围绕服务乡村振兴及金融戍边工作，加快推进“三农”和县域业务数字化转型，以金融科技创新为驱动，不断将“智慧乡村”建设推向深入，与琼结完小、洛扎县中学、错那完小签订智慧校园场景。个人掌银注册客户18.99万户，较年初增长2.68万户，其中月活客户数9.20万户，较年初增长3.6万户，掌银MAU排名全区第二。截至年底，农行山南分行在智慧城市建设方面投入资金2536.83万元。

2022年5月24日，农行隆子县扎日支行员工向玉麦乡农牧民群众讲解金融知识

【外汇管理】 2022年，农行山南分行成功办理农行西藏分行首笔外汇现钞结汇业务；成功开立1笔外汇对公账户；成功办理个人外汇业务2笔，共计金额252.48美元。

【金融机构建设】 2022年，农行山南分行持续基层营业所党员活动室打造工程，建立基层党建样板网点15家，购买党员励志书籍885本。完成新设乃东多颇章支行、加查坝支行、迁址装修改造金穗分理处、原址改造加查洛林营业所、错那曲卓木营业所、乃东泽当营业所等6个网点的立项任务。桑日增期营业所、错那卡达支行顺利完工入住并完成竣工决算工作。乃东支行格桑路分理处升格为二级支行。创建“浓情暖域”示范网点1个，“文明服务标杆网点”11家。

中国银行股份有限公司山南分行

【概况】 截至2022年底，中国银行股份有限公司山南分行（以下简称中国银行山南分行）各项人民币

2022年6月25日，中国银行山南分行与蒙草生态环境公司签订党建共建协议

存款余额 32.99 亿元，较年初减少 0.16 亿元，下降 0.48%，其中公司存款 27.62 亿元，较年初下降 0.58 亿元；储蓄存款 5.36 亿元，较年初增加 0.42 亿元。各项人民币贷款余额 64.12 亿元，较年初增加 6.4 亿元，增长 11.09%，其中公司贷款 60.28亿元，较年初增加6.25亿元；个人贷款 3.84 亿元，较年初增加 0.15 亿元，增长 0.5%。实现营业收入 10244.27 万元，增加 2577.97 万元，增长 33.63%；实现营业利润 5329.06 万元，同比减少 1205.32 万元，下降 18.45%，人均利润 113.38 万元。对公贷款持续保持零不良，个人信贷不良余额 485.89 万元，较年初增加 144.8 万元，个人信贷资产不良率为 1.2%。

【信贷投放】 2022 年，中国银行山南分行持重点建设项目和重点行业发展，投放公司贷款 13.84 亿元，为中铁某局投放 10 亿元贷款，该笔贷款创区分行授信支持川藏铁路建设单笔金额之最。疫情期间，投放西藏区内单笔金额最大的抗疫贷款 2.5 亿元，支持抗疫工作。为某园林绿化公司提供 400 万元授信支持营造林建设，该笔授信是山南市和区分行首笔政采贷业务，是区分行首笔支持营造林贷款。为某能源企业发放 0.62 亿元绿色贷款，为山南分行首笔光伏电力保供项目。

【金融服务】 2022 年，山南分行强化金融科技应用，提升金融科技应用水平，逐步向数字化转型，将金融科技打造成为金融高质量的“新引擎”，疫情期间，线上金融发挥重要作用。注重金融对民生的促进工作，开展新旧人民币兑换及小面额钞票兑换工作，开展残损人民币上门收缴工作，净化市场流通人民币的整洁度和干净度。加强对特殊客户群的服务能力，为偏远地区公路项目指挥部和农民工提供上门服务，通过移动终端对该类客户提供金融服务。利用重要节点开展宣传活动，到社区、商户、校园、驻村点、街道等开展金融知识宣传活动，向社会公众普及各类金融知识，提升社会公众金融知识储备。

【支持实体经济发展】 2022 年，中国银行山南分行紧跟国家战略，围绕山南市经济发展部署，加快推进业务转型，遵循当地经济发展规律，发展“八大金融”。截至年底，普惠金融贷款余额 1.24 亿元，较年初增加 0.66 亿元，增长 111.39%。为有需求的客户发放

2022年3月23日，中国银行贡嘎县支行与拉萨出入境边防检查站开展百万农奴解放纪念日党建共建活动

消费贷款，全年投放“中银E贷”2亿元，“随心智贷”600万元，消费分期1500万元。

中国建设银行股份有限公司山南分行

【概况】 截至2022年底，中国建设银行股份有限公司山南分行（以下简称建行山南分行）一般性存款余额38.4亿元，较年初增加6.52亿元。各项贷款余额54.68亿元。不良贷款余额951.32万元，贷款不良率0.17%，实现中间业务收入715.2万元。

【普惠金融】 2022年，建行山南分行支持中小企业发展，共开展银企对接会3次，对接企业200余户，普惠金融贷款投放4.39亿元，贷款客户较年初新增161户。疫情期间为企业纾困解难，助力稳经济大盘，持续开展贷款延期政策，完成贷款延期46户、95笔，金额7391.95万元。

【住房租赁】 2022年，建行山南分行纵深推进住房租赁战略。强化与当地住建部门沟通协调，以市辖区里曲廓沃小区为试点，开展房租线上代扣业务，市场化租赁业务取得新突破，全年新增在线支付交易1089笔，新增在线支付交易金额33.81万元。

【金融科技】 2022年，建行山南分行新增上线智慧村务平台4户，推进山南市藏医院电子发票系统进程。

【零售贷款】 2022年，建行山南分行开展优质楼盘项目服务，全年新准入合作楼盘1个，发放个人住房贷款2870万元。充分发挥建易贷、公积金快贷等业务在消费信贷领域主力军作用，满足山南市企事业单位客户消费资金需求，促进消费市场发展，全年发放个人消费贷款1.69亿元。加强与市人社局等主管单位的沟通，全年发放创业担保贷款5笔，金额50万元。

2022年5月26日，建行山南分行开展征信宣传活动

【对公贷款】 2022年，建行山南分行落实支持实体经济发展，密切走访跟进雅江中游大型重点水电项目及光伏、抽水蓄能等规划项目建设进度及下游中标单位融资需求，发放绿色信贷4.11亿元，制造业贷款2.9亿元，民营企业6.69亿元，涉农贷款1.09亿元，发放供应链融资3000万元。

【风险管理】 2022年，建行山南分行落实“全面风险管理进党委”，强化数据思维方式和线上工具的使用，从源头把控风险的能力明显增强。通过诉前调解、保全等措施，回收不良贷款24.13万元。不断夯实反赌反诈、员工管理、安全生产、合规管理基础。

【监管工作】 2022年，建行山南分行落实人行反洗钱新政和总行反洗钱新规，稳步推进，切实履行好反洗钱职责，全年开展“反洗钱”宣传17次、培训10次。开展消保工作，开展培训4期，组织“消保在行动”“金融知识普及月”等宣传活动11次。持续开展征信集中宣传4次，依托网点LED屏幕宣传、发放宣传折页、线上宣传片等方式营造关注征信的氛围，因地制宜深入学校、企业、驻村点等开展征信知识宣传工作。

西藏银行股份有限公司山南分行

【概况】 截至2022年底，西藏银行股份有限公司山南分行（以下简称西藏银行山南分行）各项存款余

2022年1月10日，西藏银行森布日支行举行开业典礼

额 26.38 亿元，其中对公存款 22.17 亿元，储蓄存款 4.21 亿元。各项贷款余额为 10.19 亿元，其中个人贷款余额 3.58 亿元，对公贷款 6.61 亿元。开立对公账户 569 户，其中农民工工资代发户 372 户，其他户 197 户；手机银行签约 14747 户，手机号码支付签约 1033 户，有效客户 883 户。

【金融服务】 2022 年，西藏银行山南分行全面落实“稳经济大盘一揽子措施”工作，持续推进普惠业务高质量发展，把“保就业、保民生”作为重要着力点，共计投放对公贷款 27 笔，金额 16.86 亿元，涉及 26 家民营企业，1 家国有企业；绿色贷款共计 2 笔，金额 1 亿元；普惠小微贷款共计 17 笔，金额 1.09 亿元；涉农贷款 1 笔，金额 500 万元，为森布日极高海拔搬迁点农户累计发放“幸福贷”共计 126 笔，金额 1961.5 万元。对 2022 年受疫情影响较大的 5 家企业进行延期还本付息，变更金额 38960 万元，6 名个人客户进行延期还本付息，变更金额 34.96 万元，共计变更金额 38994.96 万元。为洛扎县提供山南分行办公大楼一楼 1 号门面铺，作为洛扎特色农畜产品综合销售平台，减免五年房租，促进洛扎县农牧民增收。为拉郊乡群众及公职人员融资，为企业融资融智，联系合作单位、担保公司、促进特色产品及藏医藏药发展。

【合规管理】 2022 年，西藏银行山南分行完善各项规章制度，健全内部管理体系，以合规管理为抓手，促进业务持续发展。3 月 15 日，账户集约化运营在西藏银行山南分行上线，保障账户资料完整合规，建立完整的风险防范体系，截至年底，共远程授权开立对公账户 522 户、撤销 221 户。5 月 24 日，完成财政一体化业务从西藏银行贡嘎支行迁移至西藏银行山南分行。

【建筑工人实名制管理】 截至 2022 年底，全市已落实实名制项目总数 433 户（包括已完工项目），发放藏建卡 5200 余张；全市在建项目 305 个，已落实实名制 303 个，覆盖率 99.34%，全市已在实名制系统进行代发项目数 43 个，代发工资金额达 3.74 亿元。

【风险管理】 2022 年，西藏银行山南分行每季度对各部门（网点）开展内控基础检查，不定期开展监控调阅、突击检查等专项检查，以现场检查和非现场检查相结合的方式，发现问题，防范风险。通过营

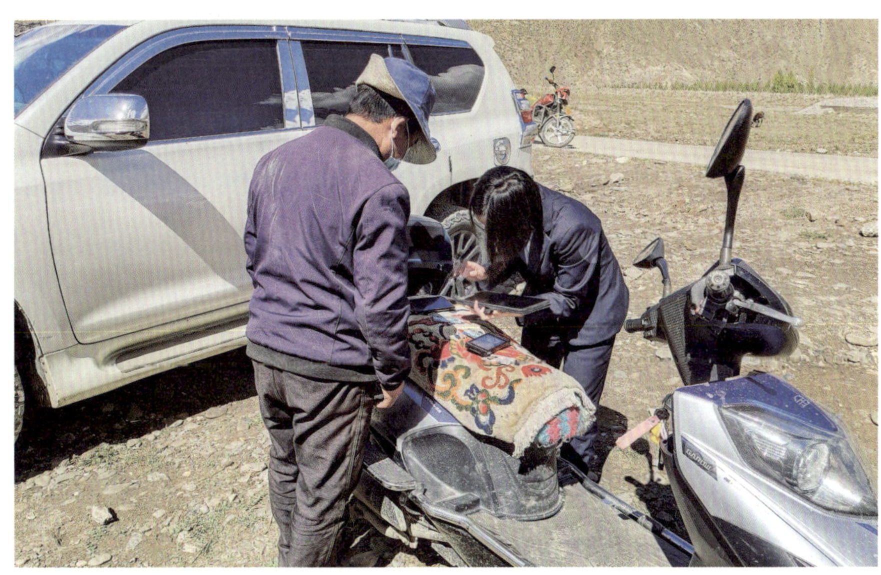

2022年9月30日，西藏银行山南市分行到乃东区颇章乡雪村给农民工办理银行卡

业网点的日常宣传和微信朋友圈等渠道的宣传，提高人民群众防范电信网络诈骗的意识。严格履行银行反洗钱工作责任，设立反洗钱专职岗位，确保反洗钱工作顺利进行和各项责任落到实处。全年处理受益人识别568户，排查可疑交易6717笔，开展反洗钱宣传、学习71次，反洗钱内部自查1次，接受上级监督机构对本机构现场检查3次。5月12日，西藏银行山南分行向人行山南市中心支行、山南市反诈中心提供可疑交易线索，“警银联动”齐发力，成功破获一起“帮信”案，缴获60张银行卡、1个银行U盾、22部手机，抓获犯罪嫌疑人10人，涉案资金达4396.36万余元，全力维护人民群众财产安全。

【社会责任履行】 2022年1月10日，西藏银行森布日支行开业，提升当地群众的生活水平，巩固全面脱贫攻坚战的成果。疫情期间，西藏银行山南分行短时间内组成志愿者小队，与医护人员、社区工作者携手战“疫”，主动投入社区抗疫工作，用实际行动体现西藏银行的社会责任担当。

中国人民财产保险股份有限公司山南分公司

【概况】 2022年，中国人民财产保险股份有限公司山南分公司（以下简称人保财险山南分公司）全险种保费收入19415.28万元，累计承担风险325.77亿元，受理案件41619件，年度赔款共计17724.17万元（其中车险保费收入5570.32万元，赔款2103.54万元；非车险保费收入3193.65万元，赔款1052.94万元；社保保费收入1947万元，赔款3621.29万元；政策性农业保险保费8704.31万元，累计赔付10946.4万元）。

2022年4月15日，人保财险山南分公司开展“4·15”全民国家安全教育日宣传活动

【险种开发】 2022年，人保财险山南分公司在已开办的机动车辆保险、保证保险、家财险、货运险、意外伤害险、企业财产保险、工程险、承运人责任保险、雇主责任保险、火灾公众责任保险、公众责任保险、政策性农业保险、野生动物肇事保险、大病医疗补充保险等保险产品的基础上，结合山南市社会经济发展需要，不断创新产品，满足社会日益增长的保险需求，新开发政府扶贫救助保险、乡村振兴保险、产业保险、环境污染责任保险、自然灾害公众责任保险、安全生产责任保险、食品安全责任保险、农民工工资及投标类保证保险、完工履约保险、电梯责任保险、旅游景区责任保险、“人人安康”百万医疗保险、酒店保险、西藏脱贫收入保险等。

【网点建设】 2022年，人保财险山南分公司全面贯彻乡村振兴战略部署，加快县域网点建设工作，截至年底，实现12个县（区）网点全覆盖，完成82个乡镇“三农服务站”挂牌建设及网络100%铺设，全域实现业务网络实时处理，真正做到“让数据多跑路、群众少跑腿”打通服务群众“最后一公里”。不断优化县域机构和人员队伍建设，增强服务点面，提升服务效能，改善客户体验，致力于做有温度的人民保险。全年共升级县域机构4家，增加县域各类工作人员26名。发挥农网专职农保员的基层作用乡（镇）专职农保员63名（县域负责人12名），走村入户宣传政策性涉农保险的保障范围、理赔流程及防灾减损等知识，深入拓展适合农村发展的一体化套餐服务保险，帮助广大群众用足政策性农业保险保障政策，用好商业保险保障服务，不断增强其生产生活风险抵御能力。响应政府号召,开展民生类保险,山南市政策性农业保险覆盖12个县(区)。截至年底,政策性农业保险赔款达10946.4万元,赔付率为113%。

【金融服务】 2022年,人保财险山南分公司全面发展保险新技术、新作风,通过优化理赔服务、创新推出“人保客户节”“警保联动,一盔一带”等特色服务。持续强化理赔线上化管理,推进线上化队伍物理集中,加快小案快处,缩短理赔时长,打造“一站式”理赔服务,升级推广“警保”联动模式,扩大“道交一体化平台”落地范围,推动客户服务升级,实现“数据多跑路、群众少走路”。围绕精准扶贫工作重点,与5家市级医保定点医院(2家民营医保定点医院)、12家县级医保定点医院签订《定点医疗机构2022年大病保险理赔资金垫付协议》,开启全市“一站式结算”,患病群众有“医”靠的全新就医报销模式,有效减轻广大城乡居民特别是贫困群众的就医负担,从根本上解决“无钱看病”、垫付负担重、压力大、报销难等问题。2月1日、3月1日,人保财险山南分公司分别与山南市医疗保障局和乃东区医疗保障局签订2022年市、区两级城镇职工及城乡居民基本医保经办服务委托协议书,打造山南市基本医疗保险工作管办分离、政企互补、多方监督、便捷减负的新型管理模式。全年共受理乃东区居民747笔,乃东区职工381笔,山南市居民362笔,山南市职工1297笔的基本医疗保手工零星报销。开展医保基金合规使用监督日常巡查共计4次(每季度1次),每次覆盖医疗机构8家,对参保患者住院医疗费用审核巡查,并向医疗保障局提交医疗费用审核报告。积极融入公众交通安全及智慧交通建设事业,深入开展警保合作,形成具有“山南特色”的警保联动模式。在全市建立23个交通安全劝导站,共办理机动车上户、转户业务4089笔、服务群众16711人次,投入资金和人工成本累计达45万余元。

2023年6月15日,人保财险山南分公司开展《中华人民共和国反有组织犯罪法》宣传活动

【社会责任履行】 2022年,人保财险山南分公司依法纳税1522.14万元,代收代缴车船税1000.11万元。不断开辟岗位吸纳就业,优先录用当地贫困户子女,共招录高校毕业生142名(乡镇农保员79名),其中山南籍121名,占新招录员工的85%,贫困户子女67名,占新招录员工的47%。招录高校毕业生31名,其中山南籍26名,占新招录员工的83.87%。参加祭奠烈士、义务植树等公益活动,在加查集中供养中心开展慰问孤寡老人,驻村点开展结对帮扶对象慰问活动。

中国人寿保险股份有限公司山南市分公司

【概况】 2022年,中国人寿保险股份有限公司山南市分公司(以下简称国寿山南市分公司)经营业务有寿险、重疾险、医疗险、教育险、意外险、理财险以及代理车险、责任险等财产保险。截至年底,总保费收入6897.49万元,全年给付及理赔类支出3274万元,各类理赔案件共受理1877件。

【创新服务】 2022年,国寿山南市分公司持续保持客户临柜业务平均时效低于8分钟、理赔申请到支付平均时效低于1.4天的水平,3000元以下小额理赔做到1小时到账。为更好的服务客户,加强员工培训、改善服务环境,推广寿

2022年7月，国寿山南市分公司组织开展“7·8”全国保险公众宣传日户外宣传活动，向社会公众普及保险知识和防诈反骗常识

险 App 等应用。截至年底，保全 e 化率达到 99.3%，理赔 e 化率达到 97.16%，临柜业务较 2021 年同期下降 19%。

【基础管理和风险控制】 2022 年，国寿山南市分公司坚持常态化风险管理，严控公司单证、印章及销售渠道佣金等风险点，突出公司对关键岗位人员的监督，杜绝岗位风险及公司损失。通过每月培训制度加强员工日常培训，组织员工学习业务知识、基础管理制度及学习内控等规定。按照各职能部门及人民银行的要求，开展反洗钱、反集资诈骗、扫黑除恶斗争、维稳值班等社会综合治理等工作。

【社会责任履行】 2022 年，国寿山南市分公司推广农牧民意外伤害保险。为助力乡村振兴，公司推出费率低、保障高的农牧民意外伤害保险。通过下乡驻村、逐村逐户宣讲，提高广大农牧民的风险意识，有效地解决因意外返贫的问题。全年销售 1.45 万户，覆盖人群 6.3 万人，共计理赔 876 人次，赔付金额 542.7 万元。疫情期间，号召全体员工及营销员参加全市疫情防控志愿者工作，在各自所在区域承担力所能及的疫情防控工作。为关心、爱护一线抗疫志愿者，国寿山南分公司为全市 8.5 万名抗疫志愿者捐赠价值 425 万元的疫情专属团体保险。

教育·体育·科技·气象

教育　体育

【概况】 2022年，山南市共有各级各类学校446所，教学点13个。幼儿园331所（含民办幼儿园3所），小学91所，初级中学14所，九年一贯制学校1所，特殊教育学校1所，高级中学3所，完全中学1所，中等职业技术学校2所。全市各级各类学校在校学生人数62669人。其中，中等职业技术学校在校生4242人，普通高中生6972人，初中生11655人，小学生27014人，幼儿园在园人数12679人。全市教育系统教职工9406人。其中在职5845人（其中，学前935人，小学2419人，初中1282人，特校52人，高中764人，中职369人，其他教育事业人员24人），离退休1270人，校外教师565人，中职行业指导教师11人，临时工1637人，民办幼儿园教职工78人。全市专职教师总数5674人。其中，幼儿园893人（含民办幼儿园专任教师25人）、小学2463人、初中1222人、特校50人、高中679人、中职349人。学前教育毛入园率96.99%，小学适龄儿童净入学率100%，初中毛入学率103.91%，高中阶段毛入学率96.99%。

【学前教育】 2022年，琼结县推进学前教育普及普惠过程通过自治区的督导评估验收。山南市教育局（体育局）（以下简称市教体局）对加查县、桑日县、曲松县、措美县学前教育发展现状进行实地摸底调研。组织市直4所幼儿园、琼结县、扎囊县、措美县各园业务骨干到日喀则市参加推进县域学前教育普及普惠现场观摩培训会。推荐扎囊县和市实验幼儿园、市三幼为全区推进幼儿园与小学科学衔接试点县、试点园。

【基础教育】 2022年，市教体局完善教学常规管理制度，根据“五项管理”“双减”等教育改革新要求，充实完善《山南市中小学教学常规管理指导手册》，对学校常规管理、教学常规、课程设置、课程方案、教师基本功、实验教学等进行进一步规范。推进义务教育管理标准化示范学校创建，严格落实《义务教育质量评价指南》，进一步健全质量评估体系。突出抓好国家通用语言文字教育教学，制定《关于加强国家通用语言文字教学工作的实施方案》，突出教师、教材、教学等重点环节，加强教师普通话能力培训，全面落实“三科”教材，巩固提高“五个100%”工作水平，构建以国家通用语言文字为主的教学模式。开展以“推广普通话，喜迎二十大”为主题的第25届推普周线上活动。制订《山南市2022年学校语言文字达标建设实施方案》，确定2022年评估对象为洛扎县、浪卡子县。选拔推荐山南市15名教师参加2022年度中华经典诵读网络专项培训。遴选36件作品参评自治区级中华经典诵写讲线上大赛。完成山南市学前、义务教育阶段500名教师普通话使用情况抽查测试工作。

【高中教育】 2022年，市教体局充分发挥高中五校联盟的作用，探索建立分层教学、选课走班等制度，加强高中薄弱学科教师培训，制订高中薄弱学科教师培训方案，切实抓好连片联校常规教研活动。制订《山南市职业教育发展水平全面提升工作细化方案》《山南市关于贯彻落实国家职业教育改革实施方案的细化方案》，开展职业教育调研，形成《关于山南市职业教育改革发展情况的调研报告》。

【职业教育】 2022年，市教体局起草《关于科学拟定2022年山南市中职招生计划的申请》，在线开展山南市两所中职学校预录工作，招生1150人（职校500人、二职650人），完成自主招生计划。完成西藏中职班招生工作，共招生135名，其中湖南一师招生30名。动态调整2所中等职业技术学校专业设置，形成《山南市职业技术学校高水平专业建设申报书》和《山南市第二职业技术学校高水平职业院校建设和高水平专业建设申报书》，办好2022年职业教育活动周，不断推进职业教育现代化水平。制定印发《关于加强中小学校学生"五项管理"工作的通知》《关于进一步减轻义务教育阶段学生作业负担的实施方案》《山南市关于做好中小学课后服务工作的实施方案》。严格整顿校外培训机构，联合市人社、公安、文化局等部门对7家非学科类校外培训机构专项开展排查，对存在的问题责令限期整改。《山南市学科类培训机构清零》案例被评为全国"双减"工作优秀案例。

【特殊教育】 2022年，市教体局不断加大残疾儿童少年送教上门工作力度。下发《山南市教育局关于进一步调整义务教育阶段重点残疾儿童少年送教上门工作的通知》，明确除乃东区、桑日县、琼结县以外，所有先前由市特殊学校送教学生调整至各县区年报统计范畴，对学生的学籍、统计、"三包"

2022年4月28日，山南市举办小学教师教学竞赛决赛数学一小赛点总结暨颁奖典礼

经费统计提出调整要求，保障送教次数，确保不漏一人。按照新学年数据完成教育部残疾儿童少年教育安置系统的数据更新。

【民办教育】 2022年，山南市有民办学校3所，分别为乃东社区幼儿园、邦金梅朵幼儿园、未来幼儿园。共有教职工78人，在校学生775人（女生371人），其中小班有202人、中班有255人、大班有318人，形成政府主导、社会参与、办学主体多元的民办教育格局。

【其他省市办学】 2022年，市教体局开展初、高中代培班新生录取工作。确定安徽合肥三十五中初中代培班40名学生招录。协助西格办中学完成招生报名工作。完成援藏"三省"高中代培班160名学生招生工作。严格落实援藏"三省"代培班"三年一签"计划，对代培班协议条款中关于较强教师管理方面进行补充，赴"三省"顺利完成协议签订工作。

【教育均衡化发展】 2022年，扎囊县被列入2024年自治区首批优质均衡发展先行创建县，山南市成立推进优质均衡发展实施方案和领导小组，完成对扎囊县中小学校优质均衡发展各项指标达标情况的数据测算工作和扎囊县推进优质均衡发展先行创建县（区）的摸底调研工作。

【教育经费投入】 2022年，西藏自治区共下达山南市教育事业经费229619.39万元，同比增加15560.49万元，增长7.3%。本级财政对教育投入2.01亿元。办学条件不断改善，山南市教育系统基本建设项目开复工共计93个，总投资6.9亿元，截至年底复工项目91个（完工项目21个、在建70个），未开工项目2个，累计完成投资4.87亿元。高海拔学校供暖全覆盖项目共计318个，总投资6.13亿元，开工项目31个，进入招标阶段235个，评审阶段52个，完成重点项目市二小竣工验收工作，完成一高改扩建项目和三高教学楼项目收尾工作,加快推进东辉中学改扩建项目建设进度。完成市体育馆、游泳馆项目完成用地规划选址专题论证报告、用地预审和选址意见书等相关工作。

【教育“三包”】 2022年,市教体局全面落实“三包”、15年公费教育、营养改善计划等惠民政策,下达15年免费教育补助资金5835.65万元。在原基础上对教育“三包”人均标准再提高240元,共下达经费23728.27万元、惠及学生59346人。下达义务教育营养改善计划资金3386.7万元,惠及学生33867人。自治区下达建档立卡资助资金822.83万元。落实2021—2022学年脱贫家庭大学生“三免一补”补助资金2038.0802万元,受助学生1723人。预留2022年市级大学生资助资金3693.66万元。

【师资队伍建设与培训】 2022年,市教体局以“学习习近平新时代中国特色社会主义思想,学习全国全区全市教育工作会议精神,党史学习教育,政治教育”为主题,开展师德师风教育月学习教育活动。充分发挥援藏和本土名师的示范、引领和辐射作用,加强名师队伍建设,开展名师工作室活动,培养一批有实力的教学能手和学科带头人。聘任182名一级教师、38名二级教师、80名高级教师。完成9所市直学校和7个县区共2934名教职工的岗位设置认定工作。完成山南市中小学“一考三评”工作以及市二小、二幼、四幼教师公开遴选工作。开展地市级国培计划——小学数学素质提升培训、高中藏语文教师素质提升培训等。全面核查教育系统符合提前退休和离岗休养条件的教职工,按照30%比例申报246人。落实乡村教师生活补助资金1288.8万元,惠及乡村教师1790人。落实市级教师生活补助1288.8万元,受益教师1790人。落实2022年市直学校教职工通信补贴303.12万元,惠及教师1780人。

【教育信息化】 2022年,市教体局推进“互联网+教育”,对164所自治区边境薄弱学校信息化项目建设学校开展督导检查。对2021年市本级财政投入1200万元建设的4所数字化校园项目收尾工作及各系统培训应用情况以及2022年市本级财政投入2041万元建设的5所数字化校园项目进行督导。组织开展山南市第八届中小学教师电子白板大赛和山南市第七届中小学教师“信息技术实践与创新”论文比赛,共征集电子白板教学作品107件、中小学教师“信息技术实践与创新”论文70篇。成立“应对疫情线上教学”工作领导小组,研究制订《疫情期间线上教学实施方案》及《应对疫情等突发情况“停课不停学”应急响应预案》,开展形式多样的“两个平台”应用培训及“停课不停学”演练活动,切实保障疫情期间教育教学工作。组织各县区、市直各学校教师参加2022年全区中小学优质资源征集活动,建成一批优质校本资源库。开展电教系统信息化应用培训、中小学(幼儿园)电教员珠峰旗云平台应用专题培训、国家智慧教育平台管理员线上培训等。建立健全网络安全责任制,编撰《山南市教育系统网络与信息安全手册》,成立山南市教育系统网络与信息安全领导小组,规范全市教育系统网络与信息安全工作。

【招生考试】 2022年,山南市共有小学六年级毕业生4284人,报考西藏班(校)考生1730人、实际录取211人,实现“三个突破”。首次实施网上阅卷系统,提升评卷工作效率。首次实现评卷教师小学化,有利于小学教研。首次接纳成绩复查,解惑效果得以夯实。初中学业水平考试报考(含初二、初三)共7584人,报考西藏高中班(校)705人、实际录取224人。普通高考报名3893人,山南籍考生在外地借考考生114人,考区实际参考考生3779人,山南市4所高中重本上线率为10.75%,同比提高2.21个百分点。

【体育】 2022年,山南市投入体育事业经费980万元,制订印发《山南市全民健身计划实施方案(2021—2025年)》。全力备战自治区第十三届运动会暨第五届民族传统体育运动会,荣获三金四银三铜,最终取得赛会奖牌榜第四名的成绩。在第五届民族传统体育运动会上获得1个一等奖、3个二等奖、3个三等奖。群众体育蓬勃发展,体育基础设施不断满足群众需求,全市县级以上公共场所体育场馆、设施全部实现免费开放,开放时间超过300天。各族群众参加体育锻炼的意识明显增强。

职业技术（教师进修）学校

【概况】 2022年，山南市职业技术（教师进修）学校（以下简称市职校）占地面积143956.8平方米，总建筑面积51267.16平方米。有教职工186人，“双师型”教师87人，高级职称教师38人，本科及以上学历168人，在校学生1743人。

【“废改立”专项】 市职校结合工作实际，广泛听取教职工意见及深入基层调查研究，废除制度14条，修订制度36条，建立新制度31条，教职工工作作风明显改善、工作积极性显著提高。在经费管理使用方面制定完善《党委会议流程图》《校务会议流程图》《财务报销流程图》和《代收经费管理制度》等办法。

【教学常规】 2022年，市职校坚持把教学工作摆在中心位置，落实“巡课督查”工作，定期开展线上线下教学常规工作检查，重点检查教师课堂教学行为、备课、授课、进度等，规范教师教育教学行为。召开专业学科组长会议、班级干部座谈会议，及时掌握专业学科组工作推进情况，了解教师45分钟教学过程，进一步强化教学管理“立体化”。集中安排毕业班“月考”和临时考试监考3次，组织开展专业技能成果展示、19级学生月考质量奖表彰活动，巩固提升学生专业实训技能和升学质量。

【“语言文字”工作】 2022年，市职校在“推广普及国家通用语言和用字规范化”工作方面，贯彻落实各级下达的“语言文字规范化工作”的有关规定，召开语言文字专题会议，制定学校语言文字工作计划，把语言文字的规范化工作贯穿于学校的教学、管理及考评、考核等各个环节。在学生中以普通话社团的形式，开展国家通用语言专题培训，组织开展普通话水平机考培训、普通话水平测试等，23名学生顺利通过考试，并获取相应的等级证书。市职校将语言文字工作与教育教学工作密切结合起来，要求每一位任课教师在教学活动中讲普通话，写规范字。开展教师普通话水平等级摸底调查工作，推动“推普”融入主题党日活动。重视人文环境的创设，在各种墙报、宣传栏、文稿等，做到不写错别字、用规范词语。

【教学改革】 2022年，市职校根据《西藏自治区教育厅西藏自治区财政厅关于印发〈西藏自治区高水平职业院校和专业群建设计划实施方案〉的通知》要求，组织协调各方，起草《山南市职业技术学校“十四五”专业建设方案》《优质专业群立项建设申报书》《优质专业群项目建设方案》。完成“优质旅游服务专业群”申报和答辩工作并获得批准。按照学校《优质旅游专业群项目建设方案》年度任务分解，组织相关专业组完成旅游服务专业群人才培养方案的修订、专业群教学资源库建设方案的制订等前期工作。

2022年7月6日，市职校邀请行业专家到校举办学生心肺复苏知识讲座

【师资队伍建设】 2022年，市职校制订《山南市职业技术学校教师培训方案和培训计划》，先后选派31名教师参加教学管理、创业创新、思政、文化基础课等国培计划培训工作。组织全员教师参加暑期教师研修培训项目；选派1名教师赴武汉大学参加“山南市2022年领军人才培养”一年脱产培训。选派6名教师参加酒店运营管理和汽车应用维修专业“1+X”证书制度教师职业能力提升培训班；组织全员教师参加“铸牢中华民族共

同体意识”专题网络培训。组织实施23名科级以上干部参加《职业教育提质培优行动计划(2020—2023年)网络专题培训。

【招生就业】 2022年,市职校毕业生数497人,参加高考/对口高职考试学生483人,高考、对口高职考试录取248人,高校自主招生录取98人,按报考学生统计升学率达到71.64%,较2021年相比升学率提升28.3%。修改完善《山南市职业技术学校招生简章》《2022年新生入学须知》,深入12个县区13所中学开展15次招生宣传讲座,发放4300多册招生宣传单。

【群团组织】 2022年,市职校组织207名学生到桑耶镇开展义务植树活动、开展党建带团建主题团日活动、集中观看庆祝中国共产主义青年团成立100周年大会直播、组织21级176名非山南籍学生开展第三届“缘聚山职,共建文明校园”联谊活动、成立“成美班”,开设“靓志课”,设置“情暖少数民族女孩”专项奖金,覆盖全校9个班级的135名学生。组织231名入团积极分子进行结业考试,发展新团员123名,整理170名毕业生团员档案,开展智慧团建组织关系转接培训,“青年大学习”参与率荣登“青年大学习山南市直学校点赞榜”。

【实习实训】 2022年,市职校结合顶岗实习工作要求,完成学生实习前各类安全协议书的签订、实习责任保险的购买。以班级单位、专业特长,班主任推荐和学生自愿的原则,完成中三年级103名学生的实习对接、中二年级131名学生下半年的“家校生”三方实习意愿书的签订、组织2期班主任专题线上培训,与10家企业签订顶岗实习校企合作协议,表彰顶岗实习优秀学生38名。撰写《寄给实习生的一封信》,从学习、生活、工作、安全、疫情防控等多方面,向实习岗位的学生提出宝贵意见和殷切期望。

2022年4月27日,市职校举行第39届田径运动会。图为男子100米决赛

【校企合作】 2022年,市职校持续开展工学结合、校企合作,与市林草局、市教育局、市二职以及俊富生态修复科技有限公司召开“政、企、校”三方座谈会,为持续推进产教融合、校企合作,充分发挥校企双方的优势,深化校企合作协同“双元”育人模式,更好推动职业教育高质量发展,落实好中职生顶岗实习及毕业就业等相关工作,签订校企合作协议。与市佳诺实业有限公司签订合作协议,对推进落实校企合作、实习实训等系列内容达成协议。

【竞赛考证】 2022年,市职校召开“1+X”证书专项会议2次,组织19级汽修专业20名学生赴日喀则职校参加汽车动力与驱动系统综合分析技术初级考试,先后有汽修、烹饪、旅游专业78名学生参加职业技能考试并合格,获得相关职业技能等级证书。汽修和酒店专业代表西藏自治区获得2022年中职组国赛资格。举办学校第39届田径运动会。为年满18周岁的133名学生进行免费驾驶员培训,减免学生驾驶培训费用33.85万元。

【财务财产管理】 2022年,市职校严格按《中华人民共和国会计法》、会计制度实施管理,依法照章做好财务管理工作,管理好教育经费的收支。在资金使用上,严格执行审批制度,坚持按计划行事,合理使用资金,保证专款专用,坚持以“少花钱,多办事,办好事”为原则,用好学校每一分钱,提高资金的使用效率,做到经费在阳光下运行。出资37万元邀请第三方审计公司,对学校资产进行调查、清查,规范学校资产处置审批程序，防止资产流失及其他违规现象发生。财政下达预算资金8311.49万元，全年总支出7926.19万元，年底结余资金385.3万元。

【提质培优】 2022年，市职校推进"十四五"整体规划项目建设，对学校总体布局进行优化调整。其中，5栋各专业理论实践一体楼、2栋教职工周转房、电子图书馆以及学校总体附属工程，初步完成"十四五"规划建设的前置手续，共计投资8480万元；学生宿舍楼改造、3D模拟导游实训室改造、信息化建设、校园市政饮水建设已按年初计划竣工并交付使用。"十四五"项目的实施能够有效调整和提升校区整体规划，优化校园功能布局，增加校舍资源和专业实训场所，拓展学校办学空间，实现校园校舍配套完善和校园品质的提升。

第二中等职业学校

【概况】 2022年，山南市第二中等职业学校（以下简称市二职）坚持以服务为宗旨、以市场为导向、以就业为目标的办学原则，坚持立德树人，以"立足西藏办职教，办好职教兴西藏"为办学宗旨，不断丰富"产教融合、校企合作、创新发展、全面成才"的办学模式，探索"岗课赛证"融合的育人方式，构建"升学有基础，就业有技能、回乡能致富"的办学体系，构架思政教育、理论学习、实践操作、企业锻炼、升学深造+技能证书的"5+1"人才培养模式，努力培养高素质技术技能人才和能工巧匠，服务地方经济社会发展。学校占地面积13.47万平方米，总建筑面积9.14万平方米，包括教学楼5栋、实训楼2栋、图书馆1栋、信息综合楼1栋、"双创"基地1栋、行政办公楼1栋、教师办公室1栋、学术报告厅1栋、学生宿舍7栋、食堂1栋、教工宿舍5栋、风雨操场1栋及篮球场、田径场，基础建设均按照国家示范校标准实施，规划科学合理，绿化面积占校园总面积的30%以上。截至年底，在册学生2412人（含成人中专275人），其中农牧民子女2074人，住校生2137人，女生1226人，一年级新生807人、二年级1163人（含成人中专275人）、三年级442人，2022届毕业生443人，综合就业升学率为57%。

【教师队伍】 2022年，市二职在编干部职工183人，专任教师176人，比2021年度减少1人，其中高级职称27人，中级职称53人，初级职称74人；研究生8人，本科170人；专业课教师90人，占专任教师的51.1%。聘请行业、企事业专家与兼职教师共计5人，参与专业建设、课程体系设置、教材编写的指导、开办专业知识讲座、专业教学与实习实训，定期与学生分享和交流实践经验，提升教育教学教研教改水平。

【设施设备】 2022年，市二职充分利用中央直达资金和地方政府本级财政配套资金改善办学条件，实现校内专业实训基地全覆盖，列出专项资金着力提升民服、建筑装饰等专业内涵建设，教学仪器总资产1293.09万元，新增428.09万元，生均教学仪器设备值0.54万元。全校纸质图书量25497本（册）、电子图书201524册（本），新增纸质版图书3448册（本），生均占有量94本（册）。

【教育教研】 2022年，市二职推进教育教学教改工作，落实校级课题申报制度、鼓励教师积极申报省级市级课题、支持科研申报，教师个人完成各级课题结题48个、成功申报各级课题22个。推进规范化办学，继续推动中职教学诊断改进工作，在办学方向、办学条件、规范管理等方面全面把脉问诊，为实现规范化办学、标准化办学提供坚实保障。实施"提质培优"工程，启动民服和电商专业内涵建设、精品课程评选、人才培养方案修订等系列工作，推动人才培养模式创新。

【"1+X"证书工作】 2022年，市二职完成申报专业"1+X"理论考场建设和物流、民服专业实操考场建设，选派教师参加业务培训做好指导教师和考务人员筹备，组织物流、电商专业参加考证工作。成功申报2个工种的职业技能等级认定所，"双创"基地实现运营。以上工作的开展大大提高学生从业技能资格证获取率，提高学生就业创业能力素质。

【理实一体教学】 2022年，市二职组建成立实训管理中心，规范管理实训区、提高实训室使用效率，通过主动"走出去"寻求合作伙伴，安排2020级学生在拉萨市、山南市相关企业顶岗实习。贯彻落实

2022年8月17日，市二职电子商务专业代表西藏参加全国技能大赛

自治区党史学习教育十三件民生工程工作要求，组织年满 18 周岁学生开展机动车辆驾驶技能培训，并实现交通法规教育学生全覆盖。

【“岗课赛证”人才培养工作】 2022 年职业教育活动周期间，市二职举办首届学生专业技能“大比武”活动。筹备组织参加全国职业技能大赛和全区职业技能大赛。组队参加第八届全国青年科普创新实验暨作品大赛西藏赛区比赛，荣获优秀组织奖和个人单项奖二等奖 2 个。

【队伍建设】 2022 年，市二职推进专业团队建设，制定出台《山南市第二中等职业技术学校创新团队建设实施方案》，成功申报自治区级“财经商贸优质专业群”建设，启动职教集团组建筹备工作，为学校走在全区中等职业教育前列奠定坚实基础。邀请专家进校通过专题辅导讲座、座谈会等形式开展《国家职业教育改革实施方案》、《关于推进现代职业教育高质量发展的意见》、新颁布实施的《中华人民共和国职业教育法》及“优质学校”“优质专业群”申报等政策法规解读，深化全体教师对职业教育改革发展重点工作的理解。争取质量提升资金组织开展管理队伍和学科（专业）组长培训、选派骨干教师参加自治区教育厅 2021 年和 2022 年国培计划、实习指导教师线上培训等师资队伍培训培养达 500 人次，选派教师下企业开展调研、实践近 100 人次，以实际措施提高师资队伍综合素质，不断推进教师队伍建设，提升办学水平。

【校园开放日活动】 2022 年，市二职根据教育部和自治区教育厅关于开展好 2022 年职业教育活动周的通知精神，邀请市直学校师生代表、社区代表、家长代表进校实地参观考察、观摩专业技能大赛，开展党和国家关于大力发展职业教育的政策法规宣传，展示学校职业教育改革发展成果。

【招生工作】 2022 年，市二职组建宣讲组深入山南市、那曲市 23 个县区中学开展职业教育政策法规宣讲和招生宣传工作，秋季招生完成率为 109.6%。

【创新载体宣传】 2022 年，市二职充分利用抖音平台对学校职教周系列活动、民服专业毕业汇报走秀等进行现场直播，通过微信公众号和抖音公众号推送学校动态，拓宽社会对学校职业教育改革发展新成果的了解和认识，转变群众对职业教育的传统观念，引导社会各界支持、关心和参与职业教育。

【思政教育】 2022 年，市二职对全校的思政工作进行全面的评估，优化教育教学资源，制订《山南市第二中等职业技术学校思政课程及课程思政建设方案》，明确和厘清思政教师队伍建设、思政课程建设和课程思政全覆盖的方向和目标任务，启动思政教学平台建设，打造全区中职思政教育品牌。

【学生养成教育】 2022 年，市二职加强关心下一代工作要求落实，在继续开展“校风校纪专项整治”、文明班级宿舍评比活动和进一步建立健全学生教育管理、德育教育机制建设的基础上，切实抓好校园“禁烟”“禁毒”活动的开展，健全优秀学生干部、“五好”学生评价评选机制，加强学生着装、发型、公物破坏等方面的规范化整治。

【民族团结先进模范学校创建】 2022 年，市二职制订《创建民族团结先进模范学校工作实施方案》，把铸牢中华民族共同体意识融入

2022年5月，市二职组织物流专业学生开展专业技能比赛

学科、融入课堂、融入思政教育、融入德育教育，把民族团结进步模范校建设融入人才培养全过程，贯穿于学校精神文明建设全过程。

【德育载体建设】 2022年，市二职通过“3·28”西藏百万农奴解放纪念日庆祝活动、毕业典礼、成人礼、田径运动会等文体活动，丰富校园文化的同时达到促进学生全面发展的目的。加强社团建设、基层团建、心理健康咨询室建设工作，充分发挥学生会、团支部的学生自我管理、监督作用，充分利用主题班会、思政课、升旗仪式、宣传栏、主题板报等途径开展好思想教育、爱国主义教育、社会主义核心价值观、中国特色社会主义法治思想教育，全面推进法治校园建设，实现“五育并举”和努力培养“五个合格”人才的目标。

【“三全育人”】 2022年，市二职结合改进作风狠抓落实工作，广泛宣传动员全校教师主动参与到学校民主管理，把普通教师纳入到行政周值班中，让广大教师从学生起床就寝、一日三餐、跑操锻炼、学习督导等方面全面参与学生日常管理和教育，校风得到转变、学风不断浓厚，真正实现全员全程全方位育人目标。

【校园环境建设】 2022年，市二职学校根据办学需要，对2022年度资金使用进行科学规划、合理支配，逐步实施体育场看台改造、教学楼维修装修、教工周转房维修、物流实训场地建设、社会培训楼改造、财会和文秘专业实训室建设、校园文化建设等项目，投入专项资金落实多媒体教学设备升级更新项目，校园宽带网速由500兆提升至1000兆。按照山南市人民政府安排，举全校之力开展好全市生活垃圾分类试点工作，在全校师生员工的共同努力下将逐步实现学校办学环境的进一步优化。

科技

【概况】 2022年，山南市各类科技投入4915.4万元，同比增长29.4%。山南市科学技术局（以下简称市科技局）服务各类创新主体，组织申报国家、自治区级科技（科协）项目和湖北、湖南对口支援省科技援藏项目，累计获批项目17项，资金1545.6万元。完成2022年度1000万元区域科技协同创新专项项目、1340万元市本级科技计划项目遴选、评审、立项、资金拨付工作。经市政府常务会议研究审定，印发《山南市级众创空间认定管理办法（试行）》《山南市级科技企业孵化器认定管理办法（试行）》，新推荐认定4家科技型中小企业，认定1家市级科技企业孵化器、1家市级众创空间，落实自治区、市两级双创载体各类补贴资金437万元；落实农牧民科技特派员生活补助资金592.8万元。开展科普宣传活动10次，发放科普宣传资料16000余份，受益群众达5500余人次，全面提升公民科学素养。

【科技项目】 2022年，市科技局安排落实2022年度市本级科技计划项目资金1340万元，对藏鸡资源保护与利用关键技术研究、西藏富硒核桃栽培技术与开发利用、高海拔地区规模化藏香猪高效安全养殖关键技术研究与示范等14个项目进行评审立项，推动全市特色农牧业产业科技创新。组织实施“山南市高海拔地区生物有机肥研制及应用”“山南市高原益生菌菌种资源研究与开发”“山南市适用于高原室内供氧智能集成系统创新应用”3个2022年度区域科技创新专项项目，总投资1000万元。

【科技经费】 2022年，山南市科技（科协）共落实科技经费4915.4万元，其中自治区财政经费1901万元、市本级财政经费2754.4万元、对口科技援藏资金260万元。

【科技活动】 2022年4月8—12日，自治区科技厅党组副书记、厅长赤来旺杰一行调研组到洛扎县、错那县、隆子县调研边境地区区域协调创新及科技需求。4月17—18日，日喀则市科学技术局组织“双创”人才能力提升培训班人员一行到山南学习培训和现场考察。7月3—9日，安徽省科技创新服务中心组织相关领域专家一行到浪卡子县、措美县、错那县开展农业实用技术培训。8月3—7日，湖南省科技厅党组副书记、副厅长、一级巡视员贺修铭一行到山南考察调研对口援藏工作。安徽省淮南市科技局育种专家工作组一行到错那县现场指导青稞种系统选育工作。

【知识产权保护】 2022年，市科技局根据《山南市机构改革方案》《关于山南市机构改革的实施意见》，专利申请职责划归山南市知识产权局。

【科技人才】 2022年，山南市共有科技管理人员、科技特派员、科研人员、科技推广人员、“三区”科技人才、大学生村（居）科技专干等各类科技人才达3642名，其中农牧民科技特派员988名、“三区”科技人才101名、大学生村（居）科技专干525名。

【创业政策】 2022年，市科技局印发《山南市级众创空间认定管理办法（试行）》《山南市级科技企业孵化器认定管理办法（试行）》，于6月1日开始施行。

【双创载体认定管理】 2022年，市科技局联合市推进大众创业万众创新领导小组成员单位深入各县（区）巡回宣讲“双创”优惠政策并现场评审“双创”载体。经实地查看、考核评审等环节，认定乃东区双创中心为市级众创空间、清诺产业孵化园为市级科技企业孵化器。

2022年12月15日，市科技局召开2022年度市级双创载体认定评审会

【高新技术企业、科技型中小企业申报】 2022年，市科技局开展政策宣传、教育引导、跟踪服务等工作，筛选备选名单，推荐符合相关规定的企业申报科技型中小企业和高新技术企业，开展自评和申报材料递交工作。共申报高新技术企业1家、科技型中小企业4家。截至年底，山南市共有入库高新技术企业5家、科技型中小企业26家。

【双创载体培育】 2022年，市科技局根据《西藏自治区众创空间认定管理办法》精神，开展自治区级“众创空间”筛选、申报、推荐工作。截至年底，全市共有自治区级“众创空间”2家。

【科普宣传活动】 2022年，市科技局紧紧围绕提升全民科学素质，以科技“三下乡”、科技活动周、科技工作者日、“学雷锋我行动”、“安全生产一条街”、国家安全教育日、科普巡展、防灾减灾日、国际禁毒日、“科普知识进农牧区”等主题活动为契机，开展互动性较强、内容贴近群众生活的科普知识活动10次，发放各类科普宣传书籍、挂图、宣传单和宣传品16000余份（册、条），受益群众达5500余人次。

【科普阵地建设】 2022年，市科技局加强科普阵地建设，整合市本级科普经费和湖北科协援助科普经费94万元，建设6所乡镇小学科技馆，每个科技馆投入建设资金12.4万元。建设2个村级科普

2022年4月14日，市科技局组织党员干部集中观看电影《孔繁森》

活动站，每个活动站投入建设资金4.8万元；建设3个寺庙科普活动站，每个活动站建设资金5万元。

【科技交流】 2022年，市科技局向湖北省科技厅推荐“山南市特色蔬菜作物的筛选与改良应用”“高原抗紫外线皮肤衣研究”“高原生态‘鱼菜共生’产业示范项目研究”“高产高油油菜新品种筛选、引进和推广”4个项目，总资金100万元。向湖南省科技厅推荐“高原辣椒高质高产技术集成与推广”“关于砂生槐蜜（狼牙刺蜜）药用价值的深度研究”“提升藏区耕地土壤活力的功能微生物有机肥研发与应用”3个项目，总资金160万元。

气象

【概况】 2022年，山南市气象局（以下简称市气象局）设置和管理165个气象观测站点，包括47个国家地面气象观测站（2个国家基准气候站、4个国家基本气象站、41个国家气象观测站）、39个省级气象观测站、10个雨量站、31个应用气象观测站、26个积雪监测站、1个交通气象监测站、2个冰川监测站、4个志愿气象观测站、4个天气雷达站、1个气象卫星地面站。

【气象编制工作】 2022年5月19日，市气象局会同山南市委、市政府及地方部门参加全国气象高质量发展工作电视电话会议，并形成会议情况报告，及时梳理《气象高质量发展纲要（2022—2035年）》，上报山南市委副书记、市长次仁平措。

【气象监测】 2022年，市气象局制定山南市气象装备保障、仪器设备供应流程、网络管理和数据安全保障等规章制度。阻止加查县气象局西面民房重建破坏探测环境事件发生。建设7个大气含氧监测站、4个矿区雨量站、4个能见度仪、5个降水现象仪、5个光电式数字日照计，完成2021—2022年8个补短板自动气象站建设任务，并投入业务运行，缩小气象观测盲区。琼结、加查、贡嘎县气象局的自动冻土仪器业务运行，实现山南市地面观测业务全自动化（浪卡子县气象局无冻土观测业务除外）。完成隆子县X波段气象雷达前期基础设施建设工作。

【气象质量管理体系建设】 2022年5月，市气象局、错那县气象局和贡嘎县气象局接受西藏自治区气象局质量管理体系内审工作检查。市气象局组织对隆子、加查、洛扎、琼结、浪卡子五个县气象局进行质量管理体系内部审查，整体情况良好。

【气象灾害应急体系和运行机制建设】 2022年，市气象局组织编写《山南市气象灾害应急预案（试行）》，7月15日由山南市人民政府办公室印发。印发《山南市气象局重大气象灾害及突发事件气象保障应急预案》《山南市气象局强降雨、暴雪天气“叫应”制度》，提高气象灾害防范、防治能力。

【防雷安全监管】 2022年，市气象局组织开展6次防雷安全专项检查，覆盖山南市范围内的71家易燃易爆场所。抽取13家重点单位开展“双随机”检查。推进61家企业用户注册登录“全国防雷安全综合服务平台”。

【气象科普宣传】 2022年，市气象局深入隆子县桑林乡恰拉山采挖虫草点开展雷电灾害防御知识宣传活动。开展进企业、进学校、进驻村点、进部队等科普宣传活动。年内累计开展科普宣传活动15次。

【主要气候事件及影响】2022年2月4—6日，山南市南部边缘地区出现大到暴雪天气，累计最大降雪量29.8毫米（勒布沟），南部边缘局地积雪深度超过130厘米。暴雪天气对错那、洛扎、隆子、措美四县大部地区的生产生活造成较大不利影响。7—8月，山南市各地降水偏少、气温偏高，沿江农区出现持续高温少雨天气。其间，泽当、加查、琼结、错那日最高气温超同期极值。9月，山南市降水明显增多，多地出现雷雨、冰雹、短时强降水等对流性天气。10月24—26日，受孟加拉湾气旋风暴“西特朗”外围云系北上影响，山南市各地出现明显的雨雪天气，过程持续近45个小时，影响全市范围，南部错那、洛扎、隆子等地的高海拔地区出现特大暴雪，边缘低海拔的扎日、玉麦等地出现暴雨，过程降水量：隆子斗玉83.0毫米、错那麻麻乡80.5毫米、隆子扎日78.6毫米、错那县城70.0毫米。由于降水强度大，错那、隆子、洛扎等地出现明显的积雪和道路结冰，对牧业、交通运输、能源保供等造成不利影响。

2022年3月23日，市气象局组织开展世界气象日科普宣传活动

【气象服务和保障】2022年，市气象局按照“改进作风、狠抓落实”工作和“质量提升年”相关要求，制订《山南气象局2022年汛期气象服务方案》，更新2022年度汛期气象服务领导小组成员及联系号码，强化组织领导和责任落实，围绕检查、制度、装备、技术、人员、应急“六个到位”落实各项工作。重大天气过程实行24小时值班值守，充分利用全市各类气象监测站点、卫星云图、雷达、积雪监测站、公安实景监控平台等现代化监测设备优势，密切监视天气系统演变和发展趋势，加强与西藏自治区气象台天气会商，滚动发布天气消息。第一时间向主管市长、涉灾部门领导开展叫应服务。年内气象服务产品获市委、市政府领导批示13次，西藏自治区人大常委会副主任、山南市委书记许成仓批示9次。开展2次重大天气过程“复盘”总结。全年面向决策部门、公众和行业准确提供精细气象服务，及时发布重要气象报告2期、预警信号14期、天气消息32期、天气汇报3期、专题预报8期、春运专题预报40期、节日预报12期、降水实况汇报短信182期、旬月报48期、短临预警信息42期、行业气象服务专报97期、森林防火专题预报19期、森布日搬迁气象服务专报39期、农业气象情报48期、春耕春播（秋收秋种）服务专报20期，充分发挥气象防灾减灾第一道防线的重要作用。

【人工影响天气工作】2022年，市气象局在隆子、乃东、琼结、浪卡子、贡嘎5个县（区）进行人工增

2022年日最高气温创历史同期极大值站点一览表

表8

站名	日最高气温（℃）/日期	历史同期极大值（℃）/日期
泽当	29.0 / 2022年8月26日	28.5 / 1983年8月9日
加查	31.8 / 2022年8月26日	31.1 / 2010年8月16日
琼结	28.4 / 2022年8月26日	27.3 / 2020年8月7日
错那	18.1 / 2022年7月4日	18.0 / 1979年7月8日

雨防雹火箭作业43次、高炮作业24次，发射火箭弹71枚、击发高炮弹99发，保护耕地面积约4046公顷，有效减轻气象灾害对农业造成的损失。

【气象科技创新和成果】 山南市片区精细化综合业务系统。建成山南市片区精细化综合业务系统，开发实况告警短信功能，基于致灾阈值智能推送实况告警短信到影响区域应急责任人。通过该系统向西藏矿业山南分公司、华钰矿业山南分公司提供专业气象服务，保障安全生产。

期刊科研成果。落桑曲加等所著的《雅鲁藏布江中游不同地表输沙量特征》发表于《中国沙漠》2022年3月第42卷第2期。落桑曲加等所著的《1980—2019年夏季青藏高原中东部极端日降水分布特征》发表于《高原山地气象研究》2022年6月第42卷第2期。

2022年7月13日，市气象局业务人员到青稞种植区调研虫灾和旱灾情况

文化·广电

文化

【概况】 2022年，山南市文化局（以下简称市文化局）编制完成《山南市文化“十四五”发展规划》，为统筹谋划山南文化事业发展，整体推进各项工作奠定坚实基础。推进《山南市社会经济文化系列丛书》《山南文化通览》《藏源山南——山水文化画册》编辑出版，促进传统文化整理调研、保护利用。编制完成《山南文物保护规划》《洛扎县碉楼群保护规划》，统筹推进文物整体保护利用，为文物保护提供根本遵循。加大基层文艺演出力度，全市各级文艺团体和行政村文艺演出队发挥阵地作用，不断满足人民群众精神文化需求，紧扣迎接宣传贯彻中共二十大“一条主线”，开展以学习宣传中共二十大为主题的各类公共文化服务活动，持续推进农牧区精神文明建设，培树广大农牧民文明健康生活新风尚。实施全市公共文化场所免费开放月报告制度，加大基层公共文化场所免费开放力度，市县乡三级公共文化场所每周免费开放42小时以上，开展活动6896场次、惠及群众57万余人次。截至年底，全市共有专业艺术团队1支、县（区）艺术团13支、县级综合文化中心12个、村级业余文艺演出队568支、卓舞队12支、藏戏队38支，招募文化志愿者1123名。有国家级非物质文化遗产传承人15人、自治区级74人、市级15人、县级191人。全国重点文物保护单位19处、自治区级108处、县级248处；国家级非物质文化遗产项目19项、自治区级60项、市级42项、县级198项，珍贵古籍3070函。歌舞娱乐场106家，互联网服务场所33家，文化市场经营从业人员累计达1500余人。自治区级文化产业示范基地8家，市级文化产业示范基地5家，县级文化产业示范基地27家。

【大型活动】 2022年，市文化局借展8个县（区）的11个文物保护单位30余件文物，举办“西藏地方与祖国关系史——山南专题展”，并实施专题展数字化项目，且完成所有文物高清扫描，为增强民族团结进步、文化交往交流交融等提供实物佐证。

【文艺】 2022年，山南市各级文艺团体和文艺爱好者创作完成文艺作品220余部，组织专家评选高质量优秀文艺作品50部，扶持奖励文艺作品44部。打造首部舞剧《信·党的光辉照边疆》，组织开展干部职工、消防官兵、公安民警、青年志愿者、中小学生、广大群众等群体专场演出，获得一致好评。组织各文艺团体参加首届西藏文化艺术节演出任务，舞剧《信·党的光辉照边疆》获得“格桑花舞美奖”。小品《雨中情》、舞蹈《欢乐牧人》等优秀作品在小戏小品曲艺大赛中崭露头角。索朗卓玛、白玛德庆、索朗泽旦3名业余组选手入围青年歌手决赛，分别获得民族唱法金奖、银奖、优秀奖。坚持创造性转化、创新性发展，立足山南历史文化底蕴，突出非物质文化遗产文艺节目创作编排，完成《艾堆拉姆》《打奶歌》等26部原生态文艺作品。全市35支民间藏戏队进乡村、进校园，完成演出320余场次，不断扩大传统文化影响力、引领力。市艺术团完成文艺下乡惠民演出86场次，13个县（区）艺术团开展各类文艺演出859场次，行政村文艺演出队开展演出4500

余场次。完成全市2021年度群众文化系列中级技术职称评审，确认56名基层文化工作者中级专业技术职务任职资格，启动2022年度群众文化系列中级技术职称评审。组织开展市艺术团40名委培毕业生招录、派遣。13名县（区）艺术团舞蹈演员参加自治区藏剧团为期10个月的藏戏表演类人才培训，26名县（区）艺术团歌曲写作人员和编导人员参加全区县（区）艺术团歌曲写作培训和全区县（区）艺术团舞蹈编导人员培训。

【公共文化服务】 2022年，市文化局完善公共文化服务体系建设。分配下达资金4319.55万元，用于乡镇综合文化站设施维修提升、设备购置、图书采买、艺术团演出人员补助资金。投资1.39亿元开工建设市文化艺术中心项目。投资1200万元开工建设扎囊、隆子、错那三县艺术团排练场所。推动隆子县扎日乡、玉麦乡、贡嘎县克西乡文化站以及桑日县艺术团排练场所等项目实施，已纳入发改委2023年计划实施项目盘子。区、市两级财政资金支持74万元，补齐村级群众性文化示范阵地基础设施短板，巩固提升16个村级群众性文化示范阵地建设成果。强化推动优秀文化资源向边境地区倾斜，推进洛扎县创建西藏自治区公共文化服务体系示范县，下拨创建经费500万元。实施乃东区、扎囊县、贡嘎县县级文化馆图书馆总分馆制建设。推动市图书馆、扎囊县新型公共文化空间建设，进一步拓展读书服务空间和时间维度。

【文化市场】 2022年，市文化局召开全市文化文物工作会议、文物安全联席会议，与12个县（区）签订文物安全目标责任书，将文物安全监管云平台运行情况纳入2022年文物安全考核目标体系中。加大公安、消防、文物等部门联合检查力度，深入开展文物安全工作督导调研。开展山南市全国重点文物保护单位安全数据信息录入。加强出版物市场、互联网上网服务经营场所、歌舞娱乐场所、游戏游艺场所等的执法检查，立案9起，没收非法所得290元，罚款2000元。加大文化市场疫情防控和安全生产执法监督检查力度，全年检查文化市场1326家次，签订文化市场疫情防控安全责任书110份。配合市“扫黄打非”办等部门，开展政治性反动出版物查处等工作，净化文化市场，保证文化安全。

2022年3月28日，山南市开展纪念“3·28”西藏百万农奴解放纪念日63周年宣传活动

【非物质文化遗产】 非遗文化传承保护力度持续加大。充分发挥非遗特别是传统工艺资源优势，推动非遗工坊设立，带动创业就业、群众增收。新增非遗工坊15家，全市31家非遗工坊，全年增收3201.62万元。抓住“文化和自然遗产日”时机，通过邀请“网红”直播带货、设置产品展销点等线上线下结合方式，销售各类非遗产品，打通非遗产品从生产到销售“最后一公里”，2022年“文化和自然遗产日”期间，销售各类非遗产品1100余件，交易金额22万余元。开展103名市级及以上非遗代表性传承人年度考核评估工作。完成第二批市级非遗代表性传承人评审工作，经县区推荐、专家评审，确定旦增欧珠等30名县级传承人拟列为市级非物质文化遗产代表性传承人。按照自治区文化厅要求，结合山南实际，制订印发《山南市第二次非物质文化遗产普查实施方案》。推荐扎囊木雕技艺白玛占堆等4名自治区级传承人申报第六批国家级非物质文化遗产代表性传承人名录，推荐杰德秀邦典印染技艺巴桑等

2022年7月18日，山南市打造的首部舞剧《信·党的光辉照边疆》在拉萨金城公主剧院开演

8名市级传承人申报第五批自治区级非物质文化遗产代表性传承人名录，推荐强钦青稞酒酿制技艺等21个市级非遗项目申报第六批自治区级非物质文化遗产代表性项目名录。

【文物保护利用】 持续推进文物保护工作，成效明显。协调市委编办，成立市级文物保护与考古研究所，进一步推进文物保护考古研究专业队伍建设。实施文物保护工程，建成贡嘎德庆曲果寺保护维修工程、桑耶寺保护工程、桑顶寺电气线路改造项目，实施市博物馆云展览项目、展陈提升项目、环境整治项目。加快桑耶寺院内保护及环境整治工程、自治区级文物保护单位大地坐标2000测绘建设步伐，推进丹萨梯寺保护维修工程、坚耶寺壁画修复工程、桑耶寺乌孜大殿壁画保护维修工程（一期）等项目前期工作。配合四川大学、自治区文物研究所开展乃东区结桑墓地考古发掘，进一步丰富古代遗存的内涵，为认识西藏中部地区周秦汉阶段社会历史文化提供重要研究价值。开展全市寺藏可移动文物复核登记工作，历时4个多月，涉及文物保护单位135座，复核登记文物6380件（套），新发现疑似文物736件（套）。

【山南市博物馆】 2013—2015年，在援藏省市和本级财政的支持下，先后投入4800万元建设新馆，展馆占地面积约2万平方米，建筑面积5700平方米。2019年，自治区文物局和本级财政投入2800万元实施陈列布展工作。馆内设有山南历史陈列展、民俗民风展、传统艺术展、文献档案展等4个基本常设展和一个临时展厅、4D影院、文创产品超市、简餐吧等服务场所。2020年9月11日正式对外免费开放。馆藏文物近4000件（套），其中国家珍贵文物130余件（套）。

广播电视

【概况】 2022年，山南市广播电视综合人口覆盖率分别达到99.24%和99.44%，“户户通”“舍舍通”等广播电视设备年完好天数超过350天，“广电先锋”活动共计150多次，联系服务群众20万人次以上，群众对广播电视公共服务的满意率达到98%。山南市广播电视局被评为2022年度广播电视公益广告扶持项目优秀组织机构。

【意识形态工作】 2022年，山南市广播电视局（以下简称市文电局）始终不断强化广播电视局是政治机关，广播电视工作是政治工作的政治意识，持续把意识形态工作纳入重要议事日程，严格落实意识形态工作责任制，防范风险、守牢底线，安全保障零事故，在确保意识形态安全上走在全区广电前列。持续把意识形态工作纳入重要议事日程，加强对意识形态工作形势的分析研究，严格“三审三校”制度，进一步强化风险意识、坚持底线思维，严格落实意识形态工作责任制。截至年底，全市10万户直播星覆盖用户，3.7万户有线数字覆盖用户，4.6万户无线数字覆盖用户，1.8万户IPTV活跃有效用户，2.1万户OTT活跃用户传输安全稳定，12家播出机构播出安全。

【安全播出】 2022年，市文电局严格落实《广播电视安全播出管理规定》及其实施细则要求，严格落实“日报告、日调度、日总结”安播保障工作措施，确保安全播出“零事故”。为了保障中共二十大期间安全生产和安全播出，5—7月，局班子成员先后深入各播出机构围绕“七查七看七确保”，着重排查安全播出责任落实、技术系统配置、传输设施和运行维护、查节目内容安全、查应急处置落实、查设施设备保护落实、查网络安全责任落实、查消防安全和广播电视台的安全保障落实情况，并逐一建立问题整改清单，限时整改，实行销号管理。自9月30日开始，局班子成员以“四不两直”方式严查暗访，现场指导各播出责任单位做好中共二十大全方位安全保障和应急处置措施落实。在中共二十大期间，广电系统300余名干部职工坚守节目制作、播出、传输和监管一线岗位，克服疫情、日凌等对卫星信号的干扰、700兆移频带来的5G干扰等因素，确保广播电视和网络视听信号安全传输、安全播出。

【依法行政】 2022年，市文电局加强《中华人民共和国公共文化服务保障法》《广播电视条例》和《广播电视设施保护条例》等有关法律法规的宣传，加大对破坏广播电视线路设施、私自安装卫星地面接收设施等不法行为进行查处打击。组织相关部门开展联合大整治120余次，共收缴非法卫星设施设备62套。开展播出机构换证工作，完成对全市12个县（区）播出机构的换证工作。深入隆子县桑青寺开展“黑广播”调研督查，排除了隐患。

【新技术新应用】 2022年，市文电局在全区率先设立智慧广电实验室和创新创造测试机房，对接总局卫管中心及广电设备研究生产企业，引进新一代广播电视接收系统“北斗户户通”“智慧广电助教”“北斗户户通增强型”等3项全国最新技术最新应用在山南落地测试。新技术新应用的落地，持续提升人民群众对广播电视科技创新和科技应用的获得感、幸福感。

【“智慧广电助教”】 2022年，市文电局实施“智慧广电助教”系统，设立164个空中课堂，惠及师生6200多名。该系统能直播并录播北京等名校名师小学1—6年级语文、数学、英语、道法、科学、音乐、美术、体育、书法、心理、实践、劳动等学科的优质课程资源。通过“智慧广电助教”系统实现北京等名校名师教学与山南自己学校课堂教学的有机融合，推进教育资源的均等化发展，提高山南市学校教师教学教研水平，助推智慧广电在山南的落地见效，夯实教育脱贫攻坚的成果，拓展并守住意识形态广播电视的阵地，深入推进从“看电视”到“用电视”的转变。

2022年12月18日，市广电局到基层检查应急广播运用情况

【应急广播】 2022年，山南市县、乡、村三级应急广播平台5188个应急广播终端每天早中晚定时播放，将中共二十大精神第一时间传播到农区牧场、村村寨寨。截至年底，全市应急广播系统播发中共二十大精神宣传宣讲音频857条，时长43.5万分钟。疫情期间，充分发挥应急广播系统“覆盖面广、影响力大、引导力强”的优势，第一时间启动应急广播系统助力疫情防控工作，录制《新型冠状病毒疫情防控方案（第九版）》应知应会100问藏语汉语音频，播放共2.5万条，时长227.6万分钟，使群众足不出户也能接收到信息。

【“广电先锋”服务】 2022年，市文电局打造的“广电先锋”品牌得到全市广播电视系统的深度参与，“广电先锋”总队下设的14支“广电先锋”分队，160余名队员常年活跃在全市农牧民群众中间。14支“广电先锋”分队开展“广电先

2022年9月26日，市广电局广电先锋队开展应急广播设备巡检工作

锋”活动共计150多次，深入农牧民群众家中和寺庙僧舍安装调试和维修直播卫星接收设备22400多套，受到广大农牧民群众称赞和一致好评。

【党员进社区报到服务】 2022年，市文电局组织局机关14名党员干部到萨嘎顶社区、驻村点吉汝村等开展“三包五带五促”活动，深入宣传中共二十大精神，走访慰问结对帮扶贫困户，努力构建优势互补、共驻共建的党建工作新格局。先后4次走访慰问结对帮扶贫困户12户、48人，共送去慰问金、慰问品，检修更换广播电视接收设备100余套。疫情期间，先后派出6人到高速路口、第二临时方舱医院、森布日极高海拔生态搬迁点等开展战疫志愿服务活动766次。3名党员志愿服务先进事迹被市直机关工委采用。

【“智慧广电助力乡村振兴”专项行动】 2022年5月20日，市文电局在乃东区颇章乡嘎东团结新村启动“智慧广电助力乡村振兴”专项行动，专项行动完成30个“智慧广电乡村振兴”示范村，惠及群众5012户、20048人。专项行动较好地满足广大人民群众对高清视觉感受的要求，解决他们收看央视综艺、体育、电影、电视剧频道节目的愿望，使原来的50多套节目增加到140多套节目。

【边境新增户广播电视补点工作】 2022年，市文电局围绕“做神圣国土的守护者、幸福家园的建设者”，主要领导多次深入边境一线调研实测，统筹推进新一代直播卫星、无线地面数字、有线网络相结合的广播电视补点覆盖，推动边境地区城乡广播电视服务标准化、均等化，从应急设备中为4个边境县下发“户户通”“舍舍通”广播电视接收系统、显示设备。

卫生健康

综述

【概况】 截至2022年底，山南市有三级以上医院2家，其中市级三级甲等综合医院1家（市人民医院），三级甲等民族医院1家（市藏医医院），二级甲等妇幼专科医院1家（市妇幼保健院）。县级二级甲等综合医院5家，二级乙等综合医院7家，一级甲等民族医院9家。全市卫生专业技术人员3838人，副高级以上141人，中级559人，初级1430人；市级1045人、县级797人、乡镇级748人、村级1103人，诊所、私立医院及学校医务室技术人员145人。全市总床位数1561张，其中市级855张、县级499张、乡镇级207张。

【卫生基础设施建设】 2022年，山南市卫生健康领域计划实施项目6个，总投资25300万元，分别是投资12000万元的市妇幼保健院综合楼项目，投资6000万元的山南市疾控中心新建项目，投资1000万元的乃东区疾控中心建设项目，投资3500万元的洛扎县人民医院（医养结合康复中心）提标扩能建设项目，投资1800万元的桑日县人民医院提标扩能建设项目，投资1000万元的乃东区藏医院藏医能力提升项目。在智慧医疗方面，自治区远程医疗服务平台项目完成设备安装，山南市人口健康信息化建设项目数据中心建设、12个县（区）医院院内系统建设已完成。市医疗信息化建设工程扎囊县建设项目处于试运行阶段。市人民医院“银医通”“智慧医院”、人脸识别、OA系统等信息化建设项目投入运行。市藏医医院打造全区首个系统互联、平台互通、数据共享的市县藏医医院信息化项目，加快藏医医联体建设进度。

2022年8月24日，山南市第二批援助拉萨医疗队出发

【健康山南】 2022年，山南市卫生健康委员会（以下简称市卫健委）按照《健康山南行动2022年工作要点》《山南市2022年健康教育与健康促进工作方案》开展健康巡讲“五进”等系列活动，加强健康山南宣教力度，在市二高开展“5·20”中国学生营养日宣传活动，对2000余名学生开展“营养餐，你知多少”为主题的知营养、会运动、防肥胖、促健康微型讲座和有奖知识问答。开展卫生宣传日为重点的公众健康咨询宣传活动，

发放新冠疫情防控海报、《健康素养66条》、《常见慢性病保健手册》等健康教育资料11400余份，受益达2万余人次。组织干部职工和群众参与“健康中国知行大赛”学习和答题，组建“健康中国医者先行”山南战队参加西藏自治区选拔赛。开展2020—2021年健康西藏行动考核自评工作。制定《山南市2022—2023年健康教育与健康促进县建设工作实施方案》，推动浪卡子、加查、桑日三县申报创建自治区级健康示范县区。启用“健康山南建设”微信公众平台，发布各类权威信息和卫生健康政策44篇，在22场市新闻办新闻发布会上宣传卫生健康知识，引导广大市民树立卫生健康观念，养成卫生健康习惯，介绍卫生健康十年来取得的巨大成就。

2022年8月11日，山南市召开应对新冠肺炎疫情防控工作领导小组2022年第一场新闻发布会

【新冠肺炎疫情防控】 2022年，新冠疫情发生后，全市4000余名卫生健康工作者在疫情防控关键时刻担当作为，奋勇争先投身到疫情防控各个战场。疫情发生初期，利用40个小时紧急新建核酸检测实验室，紧急采购核酸检测设备，投入816万元采购负压救护车，保障核酸检测样本与采样人员转运。设置移动核酸采样亭，满足“15分钟采样圈”需求。对市、县（区）、乡（镇）、村（社区）四级医疗机构的全体医疗卫生专业人员均逐级培训。采购过氯化氢消毒器，组织专业人员加强采样点、监测点、医院等重点场所消毒消杀，规范各类操作流程和医疗废物处置。发挥中（藏）医药特色优势，发放连花清瘟胶囊、疏风解毒胶囊和罗崔汤、达罗汤等藏药，调配阿兹夫定片397盒、奈马特韦90盒、安巴韦抗体100支、罗米思韦单抗100支、COVID-19人免疫球蛋白80支保障医疗救治。选派湖南、湖北、安徽省援藏专家和本地共计10批次、348名医务人员支援拉萨市、日喀则市，负责主城区核酸采样、支援妇产儿童医院、接管第四方舱医院等急难险重任务，为全区疫情防控取得阶段性成果贡献山南力量。

【鼠疫疫情处置】 2022年9月25日，错那县发现1例疑似鼠疫病例，第一时间启动Ⅲ级鼠疫疫情响应机制，安排专家组赴错那县制定总体防控方案，通过流调溯源、血清检测、投服SMZ预防性药物、保护性灭獭和科学划定警戒圈、大小隔离圈等措施，迅速切断传播链条扑灭鼠疫疫情。成功处置4起（隆子、错那、措美、曲松各1起）动物间鼠疫疫情。

【公立医院改革】 2022年，山南市推动医共体建设。扎囊、贡嘎、洛扎、隆子4个县率先成立中心医院，全面落实党组织领导下的院长负责制度。贡嘎县严格落实“人事、资产财务、业务、绩效考核、药械供应保障、党建”六个一体化要求，基层医疗卫生人才基本实现归口管理，全区县域综合医改现场会筹备工作基本完成。市人民医院深化国家级胸痛中心、卒中中心内涵建设，年门急诊132782人次，出院7516人次，手术2641例，其中三、四级手术1365台次，占比达51.68%。市藏医医院巩固“三甲”成果，年门急诊人次95877人，出院4114人次，手术381例，藏医特色疗法人次33091人次，各种辅助检查70457人次，总收入14673.2万元，生产藏药品种86种，同比增长36%，产量13.6吨，同比增长42%。市妇幼保健院坚持“巩固二甲、争创三甲”，年门诊量40832人次，住院1589人次，孕产保健门诊10220人次，儿童保健门诊7398

人次。

【藏医药事业传承发展】 2022年，市藏医医院在年度国家三级公立医院绩效考核全国民族医院国家指标排名中取得第二名的优异成绩，指标等级到达A级。拥有藏医脑病、治未病、骨病等国家和自治区级重点专科，突破性开展TKA（人工膝关节置换）、THA（全髋关节置换）、肠梗阻和腹腔镜下胆切胆探术等10余项手术，开展藏医特色五谷头浴疗法、金刚棍棒疗法、胸腔闭式引流治疗自发性气胸、盆底康复等30余项新技术新项目，完成豆蔻孜然奶片、黑青稞燕麦营养冲调粉西藏特色产品开发项目。申报并立项局级科研课题3项，获得专项资金85万元，出版2部专著，发表2篇学术论文，完成老藏医加央伦珠藏医学术思想及临床经验出版，治疗慢性气管炎的纯中药藏药及其制备方法和应用获批国家发明专利。11个县建成标准化藏医医院，其中扎囊、隆子、洛扎、浪卡子、错那、贡嘎、曲松、琼结、加查等9个县藏医医院成功创建“一级甲等”民族医院。70个乡镇卫生院设立藏医馆，覆盖率达80%以上，145个村居卫生室能够提供藏医药服务。全市藏药制剂准字号和制剂备案号达372种，市、县、乡、村藏医药服务网点基本形成。实现藏医藏药在新时代跨越式发展，进一步发挥藏医药特色优势，藏医药特色诊疗技术得到有效推广应用，满足广大农牧民对藏医药服务需求，藏医药事业得到有效传承发展。新冠肺炎疫情期间充分发挥中（藏）医药独特优势作用，免费发放31万余袋口服预防藏药和防疫香囊，为疫情防控作出贡献。

【重点传染病防治】 2022年，山南市甲、乙、丙传染病共报告17种、1492例，分别为新冠肺炎、肺结核、手足口病、肝炎、梅毒、痢疾、鼠疫等疾病。鼠疫死亡1例、肺结核死亡2例，总发病率约为357.591/10万，死亡率0.85/10万，总发病率较2021年同期下降12.083%，全市发生2起突发公共卫生事件及重大传染病疫情，分别为新冠疫情和鼠疫疫情。

【卫生健康惠民工程】 2022年，山南市持续开展“包虫病”筛查救治工作，全市筛查患者144例，手术治疗6例，药物治疗138例。结合全民健康体检加强对疑似肺结核排查、病毒性肝炎筛查、骨关节疾病调查等。结核病患者确诊276例，成功治疗率达到96%，耐药筛查和治疗率100%。新生儿24小时乙肝疫苗应种2020人、实种1946人、接种率96.3%；甲肝疫苗应种2009人，实种1927人，接种率95.9%。按照《山南市2022年学校结核病筛查工作实施方案》，完成山南市第一、第二、第三高级中学和第二职业技术学校8082名学生及全体教职员工结核病密切接触者筛查工作，完成率98%，确诊3人，患病率0.037%。按照《山南市2022年大骨节病患者救治救助实施方案》，先后对10个县（区）60个乡（镇）402个村居（社区）的1216人大骨节病疑似患者开展5次筛查评估，全市大骨节病患者346人，符合关节置换手术治疗患者285人，符合手术指征且愿意手术患者126人（轻中度85人、重度30人、极重11人），完成手术患者91人（93例），其中湖北专家进藏2批次8人，联合救治专家团队重症患者以传、帮、带方式共同完成手术35人。进行严重精神障碍患者管理服务，全市在册患者627人，管理率为98.41%，三级以上患者人数为100人，全部落实四级包保责任制。联合教育、民政、财政、医保、妇联印发《山南市妇女“两癌”综合防治工作方案》，为1.15万名农村妇女和170名城镇低收入妇女开展“两癌”免费筛查工作，“宫颈癌”筛查9077例；“乳腺癌”筛查15979例；孕妇无创产前DNA筛查2012例。为2207名13—14岁在校女生免费开展HPV疫苗接种工作，接种率57.98%。为预约人群接种二价、四价、九价宫颈癌疫苗4297剂。先心病筛查和全民健康体检同步进行，完成体检人数293783人，完成率70.2%。湖北省对口5个县（含洛扎县）初筛疑似先心病患儿84人，援藏专家进藏初步确诊8人。湖南省对口4个县确诊5名先心病患儿，其中3名符合手术指征且自愿就诊的于12月赴湖南进行免费救治，1名6个月婴儿和1名5岁儿童成功手术。安徽省对口援助县先心病患儿救治工作机制进一步优化。全市活产总数3102例，其中住院分娩活产数3093例，孕产妇住院分娩率达到99.71%；5岁以下儿童死亡24例，死亡率为7.74‰；婴儿死亡19例，死亡率为6.13‰；新生儿死亡14例，死亡率为4.51‰；孕产妇死亡2例，死亡率64.47/10万，对死亡情况开展死亡评审。561个村居成立公共卫生委员会，基层卫生防护网隔离墙得到进一步稳固，玉麦乡卫生院邱建亮、生格乡卫生院仁增洛追荣获中国农村卫生协会“优秀乡镇卫生院院长”称号。全市无偿献血1016人次，采集血液253800毫升。临床供应悬浮红细胞99500毫升，去白悬浮红细胞160100毫升，血浆288400毫升。检测血液1016人次，合格988人次，无一例经血液传染性疾病发生。到自治区紧急调血45.5单位，协调三省向山南市援助血液362单位。

【“一老一小”管理】 2022年，市卫健委开展全国“敬老月”主题活动和第五届全国“敬老文明号”创建工作，营造养老孝老社会氛围。推进创建“示范性老年友好型社区”活动，乃东区罗布林卡社区获全国示范性老年友好型社区称号。兑现16726名70岁以上老年人寿星老人健康补贴979.3万元，“一孩双女”户扶助对象9717人，每人每年960元，共扶助932.832万元；“特殊子女”扶助对象1721人。7月，财政部、国家卫生健康委提高计划生育家庭特别扶助制度扶助标准，独生子女死亡家庭扶助标准由每人每月450提高到590元，伤残家庭扶助标准由每人每月350元提高到460元，共扶助1050.996万元。

【医疗援藏】 2022年，市人民医院在安徽省组团式援藏医疗人才援助下，合理制定科室发展规划，严格落实“师带徒”制度，开展脑肿瘤切除术、儿童可视肾镜碎石术等90余项新技术，抢救病危患者74人、治疗疑难罕见患者61人，举办山南市首届“特殊人群结核病诊疗新进展学习班”暨“结核病诊疗青年论坛”“胸外科雅砻学术沙龙”等活动，市县医院医疗骨干200余人线下参会，9000人次线上参会。市藏医院在湖南省组团式援藏医疗人才援助下，启动口腔疾病防治项目，完成流行病学调查4800人次，开展全口义齿免费救治20人次；实施包虫病临床诊治与早期诊断技术研发，为西藏乃至全国包虫病早期诊断、综合防治提供科学依据和关键技术支撑；引进BPS全口义齿修复、腹腔镜下全胃切除胃癌根治手术、浮针疗法和针刀治疗技术等60余项新技术和疗法。市妇幼保健院以疾病筛查救治为载体，增强卫生援藏获得感。开展妇科微创手术，推进中医中药诊疗技术在妇幼健康工作中的应用，开展先天性生殖道畸形矫形术、异位妊娠期待治疗等新技术，培养妇幼骨干人才，推进“快速康复外科”理念和治疗。协助军队医疗专家对口帮扶隆子、洛扎、错那县人民医院。洛扎、隆子县被纳入中组部组团式援藏范畴。

【行业治理】 2022年，山南市建立医疗卫生行业综合监管联席会议机制并召开会议，制定《山南市落实国家2020年医疗卫生行业综合监管督察反馈意见的整改方案》《山南市医疗卫生行业综合监管工作联系会议制度》，推进“放管服”改革优化营商环境。规范落实免收预防性体检费，简化公共场所从业人员办理健康合格证明工作程序。联合市场、公安、文化、旅游等部门完成75家公共场所“双随机”抽查工作任务，对160余家重点场所定期开展疫情防控督导检查，对90余家医疗机构生态环境卫生领域存在的问题进行整改，对民营医院医疗行为不规范问题进行整治，对全市出售消毒产品的医疗机构和相关商家进行专项监督检查。受理公共卫生许可申请72个，校验变更放射诊疗许可5个。配合做好迎接中央环保督察和国务院安全生产考核工作，规范医疗废物分类收集、暂存工作，强化卫生健康领域安全生产。

【人才队伍建设】 2022年，市卫健委通过农村订单定向免费医学生培养途径，提供全市农村订单定向免费医学生就业岗位40个，充实乡镇卫生院全科医疗卫生人才队伍。依托市委组织部2022年专项招录医疗人才区外高校毕业生8人。依托医疗人才组团式援藏开展师带徒工作，同时选派52人次到援藏省市进修。围绕常见病、多发病的诊疗技术、基本公共卫生服务和常态化疫情防控等内容，组织50名村级医务人员开展为期4个月的培训。落实乡镇骨干全科医生、乡村医生、乡镇骨干人员等135名国家基层卫生人才能力提升线上线下培训和1045名乡村医生培训，提升基层医务人员服务能力和卫生健康政策宣传能力。下达2022年度基层能力提升培训、农牧区卫生人员培训、乡村医生培训等基层卫生人员培训任务1500

人及资金277万元。完成2022年度卫生专业技术资格考试、护士执业资格考试、卫生人才考试和全国医师资格实践技能考试。参加考试人数分别为491人、427人、10人和409人。305名医师或护士完成首次执业注册和变更，为400余人办理卫生专业技术资格证。争取湖北省2000万元人才培养项目资金，委托高校定点培养，拓宽卫生健康人才培养和就业渠道。

人民医院

【概况】 2022年，山南市人民医院(以下简称市人民医院)开放床位347张。全年门急诊131269人次，同比减少45159人次，下降34.40%；出院7516人次，下降2027人次，下降26.97%；手术2641台次，减少379台，下降12.55%；三、四类手术1365台次，减少226台，下降14.20%；平均住院日10.69天，同比增加1.01天；床位使用率64.44%，降低8.2%；全年业务收入14878万元，较上年减少4717万元，下降24%。

【医疗质量提升】 2022年，市人民医院强化“三基三严”培训、考核，定期组织开展全院医师的“三基”培训、考试工作，参考率96.7%，合格率100%，组织开展临床技能操作考试，包括心肺复苏、气管插管、体格检查等操作，参训率93.1%，合格率100%。开展儿童可视肾镜(Needle-perc)碎石术、主动脉球囊反搏术(IABP)抢救急性广泛前壁心肌梗死合并心源性休克、脑肿瘤切除术等新项目、新技术近90项，成功抢救病危患者74人，治疗疑难罕见患者61人，实现踝关节陈旧性骨折切开复位内固定、胰岛素泵皮下植入术等60余种诊疗技术常规开展。强化学科建设，通过“五大中心”建设，推动各上下游临床及医技学科的融合发展，形成相互促进的良好格局，骨外科、消化内科等专科技术水平领先于全区地市级医院。全力保障临床科室用药需求，开展药品保障供应工作，调配门急诊处方71809张，调配住院医嘱80459床位日，常态化开展门急诊处方和住院医嘱点评工作，临床药师点评门急诊处方6000张，处方合格率92.82%，点评医嘱840份，医嘱合格率89.26%，对处方、医嘱进行不合理用药分析，点评的结果以药事通报的形式公布。进行抗菌药物临床应用管理，规范抗菌药物临床应用，全年门诊病人抗菌药物使用率5.16%，急诊病人抗菌药物使用率22.48%，住院患者抗菌药物使用率45.81%，全院抗菌药物使用强度30.84DDDs，均达到国家标准。

【强化优质护理】 2022年，市人民医院以“提高医疗服务品质，改善群众就医体验”活动为主线，开展“一科一品”活动，全面提升护理质量。成功申报市级护理质量控制与持续改进中心并挂牌，举办山南市护理质量控制持续改进中心成立大会暨护理服务质量提升与安全管理新进展培训班。严格落实护理核心制度，加强全院护理人员“护理核心制度”“护士条例”等规章制度的培训、考核，考核达标率达到100%，全体护理人员本着“把事业放在心上，把心放在事业上”的服务宗旨，圆满完成各项护理工作。加强人员培训，组织护理人员培训工作，组织理论知识分层次培训17场次，护理技能分层次培训7场次，开展应急演练10场次、完成疫情相关联合演练2次，开展护理教学查房、业务查房7场次，护理疑难病例讨论5场次，开展穿脱

2022年7月29日，市人民医院与西藏民族大学续签附属山南医院、教学山南医院并揭牌

防护服、核酸采样等培训及考核，培养各单位人员247人次，并在采样点手把手安排采样带教工作有效提高理论和技术水平。开展非惩罚护理不良事件上报工作，全年共上报护理不良事件26例（均为Ⅲ、Ⅳ级不良事件），由监管组协同各科室查找原因，总结经验，提出整改措施，持续改进。

【院感管理】 2022年，市人民医院不间断开展各项监测工作，及时予以行政干预，有效防止院感扩散。年初重新调整充实医院感染管理委员会成员及科室医院感染管理小组，完善三级网络管理体系，疫情期间，修订相关流程及制度20余项。加强感染监测，由医院感染管理控制科常规对医院感染病例、环境卫生学、ICU（NICU）目标性、多重耐药菌、I类切口手术管理情况等进行不间断监测，合格率均在96%以上，开展阳性病例场所采样、消杀，在院内开展每日环境消杀工作，疫情发生后，每日对急诊过渡病房、发热门诊等重点场所开展检查，并及时下发整改通知、追踪问效。加强院感培训，开展“助力感控、我们在行动”为主题的第一届“感控月”宣传活动。对物业服务人员、保安、保洁、实习生等进行医院感染基础知识分类培训，共组织培训30余次，参训人员达1000余人次，各科室感控医生、护士每月组织科室人员进行院感知识培训并考核，实现培训全覆盖。加强医废处理，根据《医疗废物管理条例》《医疗废物分类目录》等有关医疗废物的法律法规，及时、规范收集、贮存医疗废物，共清运感染性废物72829千克、损伤性废物2729.03千克、病理性废物259.13千克、化学性废物148.05千克。疫情期间，优化发热门诊、妇产科、分娩中心、血液净化中心等重点部位布局及流程，成立全院紧急标本转运小组，成立院内消杀小组，由院感专家对所有人员进行防护用品穿脱、消毒消杀方法等培训，消杀小组分组对本院所有公共区域进行消毒消杀，规范检验科核酸标本交接流程和标本储存。

【科研教学】 2022年，市人民医院逐步探索精细化教学管理模式，提高临床教学质量，促进医疗、教学、科研协同发展。通过院内大讲课、科内小讲课等方式，着力加强临床医务人员理论和技能培训，举办“西藏自治区医学会麻醉学分会年会暨山南雅砻论坛麻醉学术交流会西藏自治区麻醉青年医师病例演讲大赛”“首届雅砻泌尿论坛”暨安徽省“组团式”援藏医疗人才学术沙龙暨泌尿系结石防治公益宣传月活动等全国性学术会议3场次，全市受益医务人员达450余人次，院内讲座56场次，疫情防控专题讲座48场次。作为西藏大学医学院、西藏民族大学医学院附属医院，以及仙桃职业技术学院教学医院，承担着几所学院实习生培养工作，医院高度重视实习生培养，先后接收实习生190人，进修医生7人次，“送出去”到支援医院学习进修6人。申报自治区“组团式”自然基金科研课题26项，立项8项，申报市级课题11项，立项1项，全院医护人员在国家级医学期刊上发表论文3篇。晋升上一级职称医务人员88人，其中高级职称25人（本地14人，援藏11人），中级职称21人，初级职称42人，提升整体人才队伍水平，优化整体人才队伍结构。

【医院管理】 2022年，市人民医院持续改进医院管理，推动医院高质量可持续发展。转变管理方式，医院与各临床医技科室签订《目标管理任务书》，明确目标任务责任，推行预算管理，将决策目标具体化、系统化、定量化，充分发挥“绩效考核”指挥部作用，先后3次召开绩效改革会议，探索绩效改革精准措施。提升管理效率，秉承“让信息多跑路、患者少跑腿”的理念，不断加强信息化建设，优化“银医通”“智慧医院”、OA系统等信息化建设项目，实现注册、建档、预约、诊疗、结算、扣费、检查、检验、取药、取报告单等无卡就诊流程，实现输液、体温无线监控，药房、高驰耗材出入库智能化管理和追溯等功能，优化诊疗服务流程，提升群众就医体验，为医院管理提供数据支撑。加强医保管理，组织召开医保管理工作专题会议5次，开展医保政策集中培训5次，发放医保政策宣传手册600余份，有效提高患者及医务人员对医保政策的知晓率，杜绝违规用药、检查等行为发生，不定期开展住院收费监督检查，及时发现并纠正问题，推广“电子凭证”及社保卡应用，进一步方便患者。推动各项管理会议制度落实落地，建立党政联席会制度，每周以党政联席会方式总结上周工作、安排本周工作，全年召开党委会14次，院长办公会18次，党政联席会16次，完善周工作汇报制度，利用远程平台，邀请皖南医学院弋矶山医院三级公立医院绩效考评专家为医院相关科室工作人员开展线上培训，提高工作人员的管理水平，促进医院管理模式从注重规模的粗放经验型向注重内涵的精细管理专业型转变。

2022年3月18日，市人民医院到全市中小学开展核酸检测

【支撑保障工作】 2022年，市人民医院按照行政后勤部门"服务临床"的原则，推动各部门有效合作，保障临床运转顺畅。强化常规保障支撑，高值耗材、检验试剂等456个品目实现线上采购，线下采购小型医疗设备、器械等121次，开展设备维保22台次，开展心电监护、血压计、心电图机等医疗设备计量检测35台次，有效满足临床需要，各后勤部门立足自身职责，为临床科室做好水电、车辆、物资等各项保障工作，有效推动临床业务开展。强化应急保障支撑，疫情发生后，医院后勤部门全方位落实保障措施，多渠道保障物资供应，第一时间与各供应商进行联系采购，多次连夜往返于拉萨、贡嘎机场等地运送物资，确保防疫物资供应充足。保障各临床科室、湘江分院、院外11个采样点、院外12个隔离点、乃东方舱医院、警训基地方舱医院、山南方舱医院和市党校安徽援助医疗专家楼等的防疫物资供应及时到位，为各方舱医院及隔离点位配送药品69次，总金额合计489597.11元，配发物资45类、502件，医院封闭管理期间，免费为在院工作人员、患者及陪护的饮食保障，配餐42312人次，为200余名工作人员提供床上用品等保障，为医务人员全身心投入抗疫工作提供保障。

【"组团式"援藏】 2022年，市人民医院在安徽省的持续帮扶下，医疗技术水平和服务质量呈现出快速提高的势头，安徽省卫健委专门下发《关于做好2021—2023年对口支援西藏、新疆医疗卫生人才选派轮值工作的通知》，进一步明确"以院包科"工作目标任务、方法路径和工作要求。疫情发生后，安徽省第七批"组团式"援藏医疗人才主动请缨提交奔赴一线的请愿书，安徽省第八批"组团式"援藏医疗人才全部进入方舱医院工作，充分展现援藏干部人才的责任与担当。严格落实"师带徒"制度，举办师带徒签约仪式，安徽省第六、七批援藏医疗人才分别与本地49名医疗骨干结成师徒关系，签订《帮带协议书》98份，明确帮带目标和帮带措施在两批次"组团式"援藏医疗人才的帮带下，相继开展主动脉球囊反搏术（IABP）抢救急性广泛前壁心肌梗死合并心源性休克、脑肿瘤切除术等90余项新技术、新项目，其中儿童可视肾镜（Needle-perc）碎石术、经皮经肾动脉肾脏错构瘤栓塞术为自治区首例，针状电极无血化扁桃体切除、剖产术中行骶主韧带八字缝合止血术等21项为山南市首例，填补相关领域多项空白。

【社会公益活动】 2022年，市人民医院充分发挥公立医院引领作用，完成政府指令任务，主动开展各类公益活动，取得良好的社会效益。按季度深入浪卡子县镇翁果村开展结对帮扶活动，投入帮扶资金26100元解决贫困群众生活困难，在"三大节日"期间，为驻村点群众发放价值近5万元的慰问物资；在疫情期间，为困难群众发放价值近3万元的慰问物资，划拨15万元修建驻村点党员活动室，得到当地群众的高度赞誉。完成各学校口腔窝沟封闭703颗、重点人群口腔疾病监测560人次，开展白内障患者筛查及手术56人次、视力筛查2000余人次，开展在编僧尼、公益性岗位人员健康体检604人次，完成本年度高原性心脏病筛查任务。利用节假日深入边远县乡以及边防部队开展义诊活动7场次，免费发放价值近4.5万元的常用药品，受益群众及官兵达3200余人，极大程度解决偏远农牧民群众及边防官兵寻医问药的不便。对医联体成员单位提供医疗技术帮扶，选派5名"万名医师"下基层、10名"高海拔对口帮扶边远乡镇卫生院"人员驻点基层医疗机构开展帮扶工作，有效提升基层医疗机构技术水平，赴医联体成员单位、各县区开展院感知识培训、风险排查等工作24次。

【疫情防控】 2022年，新冠疫情发生后，市人民医院全体干部职工积极投身到疫情防控的最前线，紧急采取精准楼宇管理、人员静态管理、清空内科病房大楼、建立相应隔离点等一系列管理措施，实现快速"动态清零"。及时修订完善《山南市人民医院大规模奥密克戎疫情应对处置应急预案》和《山南市人民医院恢复日常诊疗服务防控新冠肺炎工作方案》，细化措施、责任到人，快速启动应急预案，按照"日清日结"的工作制度，每日召开疫情防控专题会，认真学习区、市两级会议精神及工作安排，分析研判疫情形势，研究解决疫情防控工作中的"堵点、漏点"，共召开疫情防控专题会42次。在疫情发生的初期，参与全市全员核酸采集，筹建乃东、警训基地临时方舱医院，形成内外配合、共抗疫情的工作格局。全院投入到抗击疫情工作人员457人，为抗疫工作作出积极贡献。承担定点医院、乃东临时方舱医院、鲁琼方舱医院、各隔离点、警训基地、核酸外采以及转运等多项工作，前期还承担着阳性患者转运任务。充分发挥定点医院作用，开展确诊患者的诊治工作。先后接管乃东临时方舱医院、警训基地临时方舱医院、鲁琼方舱医院，按照诊疗规范制定诊疗流程，制定方舱医院流程、消毒消杀流程、接收患者流程等10余个工作流程，实施各项救治举措。建立全员核酸采样小组，抽调各科室技术强、资历高的医疗、护理人员与第八批援藏医务人员组建的51人核酸采样小组，在第一时间承担辖区内核酸采样工作。形成一个统一指挥、协调有效、紧密配合的核酸采样团队。持续开展确诊病例的救治工作，对疑似病例、无症状感染者、医学观察人员开展早期干预和治疗，提高防控救治效果，坚决杜绝救治不及时、不到位导致死亡病例。维护正常医疗秩序，满足群众看病需要，坚持分区管理、分类服务、优化流程，切实保障好群众正常的医疗服务需求，疫情期间，共收治急危重症患者208人次，有效解决市内急危重症患者"看病难"的问题。

藏医医疗

【概况】 山南市藏医医院（以下简称市藏医院）业务用房面积达5万平方米（东区和西区），编制床位数达300张，开放床位206张，全院职工405人，其中卫生专业技术人员224人，高级卫生专业技术人员32人，国家级名中医1人，享受国务院政府特殊津贴专家2人，西藏自治区名藏医4人，国家级、自治区级和市级（藏医尿诊技术、藏药浴）非物质文化遗产传承人12人。藏医博士生导师2人，藏医硕士研究生导师5人，建成4个名老藏医药传承工作室。2022年，实现总收入14673.2万元，其中财政补助收入6545.2万元（含财政专项补助收入2424.6万元、财政经常性补助收入4120.6万元）、医疗收入7893.5万元，其中医疗服务技术收入5166.6万元，同比下降6.8%，药品收入2726.9万元，同比增长18%，药占比35%，其他收入61.6万元（含停车收入等），同比增长44%、科教项目收入172.8万元，同比下降28%。医院下属雍布拉康藏药厂或制剂室拥有265个制剂准字品种或制剂备案号，新增61个品种。生产藏药品种86种，同比增长36%；产量13.6吨，同比增长42%；产值482.8万元，同比增长37.2%；销售收入539.2万元，同比增长18.1%；上缴税收67.87万元，同比增长24%。

【医疗业务】 2022年，市藏医院整合藏医、西医优势，开展藏医特色疗法五谷头浴疗法、金刚棍棒疗法、胸腔闭式引流治疗自发性气胸、盆底康复新技术等30余项新技术、新项目、新疗法，开展"三伏贴"冬病夏治等特色医疗服务。每月对各科室进行病历检查，规范医院医师病历书写，对于检查中发现的问题纳入医疗质量考核，持续改进病历质量。开展处方点评工作。全年开展处方点评工作4次。拓展对口支援方式，与湖南省人民医院、湖南中医药大学附属第一第二医院、南华大学附属第一医院和自治区藏医医院建立更广合作关系。突破性开展TKA、THA、肠梗阻和腹腔镜下胆切胆探术等10余项高难度手术。实施五谷头浴疗法和盆底康复等20余项新技术新项目。完成豆蔻孜然奶片、黑青稞燕麦营养冲调粉西藏特色产品开发项目。

【学科建设】 2022年,市藏医院设有藏医内科(脾胃)、外科、心脑血管(脑病)、外治(预防保健)、骨病、消化、中医理疗康复、药浴保健、妇科、眼科、耳鼻喉科、口腔科等个临床一、二级科室,设超声、心电图、内窥镜等8个医技科室,1个制剂室,1个科研所,7个职能科室。其中,拥有3个国家级重点专科(藏医脾胃、预防保健、脑病),1个国家级临床重点专科(藏医脾胃),1个国家级重点学科(藏医内科学)。

【人才培养】 2022年,市藏医院共引进专业技术人员12人,选派13名专业技术人员外出进修、培训学习,协助上级部门完成第四批中医临床优秀人才、少数民族医药骨干人才平常考核和日常管理,协助市卫健委举办多次基层藏医药培训工作,借力"组团式"援藏医疗人才和市藏医院国家名中医、自治区名老藏医、岐黄学者、西部之光访问学者等专家团队力量,开展"专家讲堂"30余次,为本院和全区藏医医疗机构培养一批优秀后备人才,通过"十四五"援藏项目资金,完善基地教学设施设备,医院图书阅览室的条件及藏书量基本满足住培基地、重点专科等建设相关要求。全年新招收规培学员29人,结业28人,共接受西藏藏医药大学、青海大学藏医学院、黑龙江民族职业学院等院校实习生66人,接受区内外进修医师18人。通过科内带教、教学查房、病例讨论等教学活动,形成教学工作常态化,以促进整体教学质量的提升。

【科研工作】 2022年,市藏医院科研申报自治区级藏医药管理局局级科研课题、山南市科技计划项目和国家中医药管理局中医药传承创新项目10余项。立项4项,获批研究经费115万元。完成2019年度西藏自治区科技重大专项《藏药堆滋巧门创新药临床前研究》项目综合绩效考评,形成国家发明专利1项,CSCD学术论文2篇。完成2022年《索瓦日巴》期刊上半年论文征集、校对和编辑工作。安排专家参与国家中医药管理局组织的《民族医(藏医药)古代经典名方目录》《民族医药古代(藏医药)经典名方遴选研究报告》和《34首藏医药古代经典名方的基源炮制剂量研究报告》审定和验收工作。完成2020年度《基于改善睡眠功能因子挖掘的西藏健康产品开发》项目结题验收,形成获批食品安全企业标准备案号功能性食品2个。完成"朗青久松"等21个藏医经典方剂的开发挖掘和制剂备案申报工作。

【护理工作】 2022年,市藏医院为提高护理质量,定期对护理质量"分级护理"等10项内容专项检查共12次,召开护士长例会10次,参加护理行政查房30余次,护理理论知识培训18次,西医护士藏医知识及操作培训考核40人次,出院病人电话回访1249人次,上门回访5人次,患者满意率达98.5%。

【医疗质量管理】 2022年,市藏医院门急诊人次95877人,同比降低6%;出院人数4114人,同比降低

2022年6月16日,市藏医医院与湖南中医药大学举行"以院包科"签约仪式,拓展"组团式+院包科"帮扶模式

2.5%；平均住院天数13.9天；病床使用率76.49%，增长6.8%；手术例数381例，增长17%；藏医特色疗法人次33091人次，同比降低13%；各种辅助检查70457人次，同比增长17%；年西药处方31454万张，同比降低7.1%；藏药卡擦处方12291张，同比增长5.7%；汤剂处方9798张，同比增长34%。

【项目建设】 2022年，市藏医院完成总投资1亿元的中医药传承创新工程项目国家投资部分建设内容，实施乃东区人民医院后期变更增加项目内容。推进《市藏医医院门诊、医技楼维修改造项目》《山南市藏医医院西院区行政楼和老宿舍楼维修改造项目》等8个升级改造项目。实施山南市藏医医院东西两院总评设计及规划工作，科学规划医院发展前景，委托第三方完成总评和红线图测绘工作。申报国家中医药管理局中医特色医院建设项目，打造藏医特色康养医院，充分发挥藏医药在治未病、慢性病管理、疾病治疗和康复中的独特作用，不断丰富医养结合服务内涵。争取自治区藏医药管理局中心氧站建设项目资金，提升西院区供氧能力。推进制剂室异地新建项目，完成第二块项目用地35.6亩竞买和建设用地规划许可证申报工作，并以最新用地红线与设计单位沟通进行总规调整，同步启动项目所在围墙建设工作。推动实施湖南省"十四五"医疗援藏项目，结合医院发展和学科建设需求，科学规划医疗援藏项目方案使用计划，"十四五"共投入医疗援藏项目资金2250万元，其中980万元用于实施藏医医院诊治及科研能力提升工程，采购43种、136台医疗设备，提升医疗诊治能力。

【对口帮扶】 2022年，市藏医院深入帮扶医院、帮扶村开展公益惠民服务，累计在人才、智力、技术上进行帮扶20余次，帮扶资金10余万元。加强健康宣教工作，利用现场授课和微信平台等多种途径，深入乡村、学校、机关等，向群众传播藏医"治未病"健康理念和知识。举办常见病、多发病等大型义诊、健康咨询活动10余次，免费发放藏西药5万元，医院自筹资金7.9万元，为262名临聘人员购买医疗商业保险，受惠24人，受惠金额16.3余万元。使用党建经费为29名受疫情影响的临聘职工发放慰问金2.3万元，为拉萨第四方舱医院防疫一线人员和被隔离人员送去价值2万余元的防护物资和慰问物品。号召全体党员干部自发向62名实习学生和4名生活困难患者及家属，募捐资金3.7万元。

【疫情防治】 2022年，市藏医院迅速构建医院疫情防控统筹管理机制，梳理和明确疫情防控各项工作任务，制定下发《关于调整充实山南市藏医医院新型冠状病毒感染肺炎疫情工作领导小组的通知》《山南市藏医医院关于加强疫情防控期间员工（规培实习进修）和患者、陪护人员出行管理的通知》《住院患者探视与陪护管理制度》等，全面厘清各部门、各科室及各级医务人员、安保人员、保洁人员等疫情防控责任，从根本上坚决克服松懈麻痹思想，切实做到各司其职、责任到人，确保医院疫情防控工作部署上情下达、政令通达，高质高效、落实到位。制定启动全院全员核酸检测筛查，同时对全院干部职工的行程轨迹和疫苗接种情况登记筛查，确保院内安全稳定。严格对接国家、自治区诊疗方案、防控方案和相关流程开展工作，适时修订医院防控方案，优化工作流程，确保方案的科学性、规范性和指导性，先后修订完善18项制度和5项工作流程，确保整体防控和医疗流程的安全。坚持一手抓疫情防控、一手抓医疗服务，全面加强急诊急救能力建设，完善院感防控设施建设，打造绿色通道为人民群众生命健康保驾护航。根据国家和自治区诊疗方案和用药指南，研究制定AB两种治疗方案、用药指南和后续调理方案，选派47名医护人员进驻拉萨市和山南市各方舱医院，全程介入深入参与确诊患者救治工作和山南市疫情防控工作，免费配送罗催汤、伦布松觉等22种藏药9.3万余袋。及时完成核酸检测实验室升级改造，实现检测能力提质增效。

民族·宗教

综述

【概况】 2022年，山南市民族宗教事务局（以下简称市民宗局）以维护民族宗教领域团结稳定为首要任务，以推进民族宗教事务法治化为主要抓手，稳步推进各项工作任务，构建山南各民族团结进步、宗教领域和谐稳定的良好局面。

【重要会议】 2022年2月22日，山南市委民族工作会议在泽当召开，自治区人大常委会副主席、市委书记许成仓出席并讲话。市委领导赫沛、燕红、李亚祥、扎西平措和其他在岗地级领导出席会议。市委常委、统战部部长丹增主持会议并宣读国家民委《关于命名第九批全国民族团结进步示范区示范单位的决定》，市委、市政府《关于命名第九批全国民族团结进步模范县（区）、第一批山南市民族团结进步模范单位的决定》。

2月26日，自治区人大常委会副主任、市委书记许成仓主持召开山南市贯彻落实自治区着力创建全国民族团结进步模范区专项组第一次推进会专题部署会议，对创建工作进行安排部署。

3月18日，市政府副市长平措主持召开市民族团结进步宣传教育活动和创建评选表彰活动领导小组暨全国民族团结进步创建示范市工作领导小组2022年第一次会议，研究《关于成立山南市着力创建全国民族团结进步模范区工作领导小组的请示》等5项创建工作事宜。

4月2日，市委副书记、市长次仁平措主持召开贯彻落实自治区着力创建全国民族团结进步模范区专项组第二次推进会专题部署会议，解决创建工作中存在的难点问题，并对创建工作进行安排部署。

4月2日，市委常委、统战部部长、市政协党组副书记丹增主持召开山南市民族团结进步创建工作推进暨迎接国家验收考核工作部署会议，市民宗局在家县级干部和市民创办全体工作人员参加会议。

4月11日，自治区人大常委会副主任、市委书记许成仓主持召开二届市委第十四次常委会（扩大）会议，研究山南市着力创建全国民族团结进步模范区相关事宜。

4月24日，自治区人大常委会副主任、市委书记许成仓主持召开全面深化改革委员会会议，专题

2022年3月18日，山南市召开民族团结进步表彰大会

听取全国民族团结进步示范市创建工作汇报，对进一步做好民族团结进步创建工作提出相关要求。

5月10日，市委副书记、市着力创建全国民族团结进步模范区工作领导小组常务副组长尼玛旦增主持召开市着力创建全国民族团结进步模范区领导小组第二次会议暨创建工作推进会议，研究部署创建重点工作。各县（区）紧跟工作步伐，相继召开创建工作推进会议，安排部署当前创建工作。

5月27日，市委副书记尼玛旦增主持召开市着力创建全国民族团结进步模范区工作领导小组第三次会议，传达区模范区专项组第三次推进会议精神，研究《关于充实加强市着力创建全国民族团结进步模范区工作领导小组组成人员的通知》，并听取市民创办工作推进情况汇报。

6月30日，召开中共山南市第二届委员会第四次会议，深入学习贯彻习近平总书记关于加强和改进民族工作的重要思想，贯彻落实自治区第十次党代会和区党委民族工作会议精神，研究部署当前和今后一个时期民族团结工作，审议通过《中共山南市委员会　山南市人民政府关于以铸牢中华民族共同体意识为主线和战略性任务　全面推进新时代山南民族工作高质量发展的实施方案》。

6月30日，市委常委、市委统战部部长、市政协党组副书记丹增主持召开自治区民族团结进步创建工作现场交流会筹备工作推进会议，市直有关单位和乃东、桑日负责人参加会议，听取相关单位关于筹备工作情况汇报，并对现场会有关事宜进行研究部署。

7月3日，市委常委、市委统战部部长、市政协党组副书记丹增赴桑日县、乃东区各观摩点位调研督导筹备工作开展情况，并提出意见建议。

7月12日，全市迎接全国民族团结进步示范市创建工作国家验收动员部署会议以电视电话会议形式召开，在泽当设主会场，各县（区）设分会场。

7月19—29日，全国政协常委、中国佛协副会长、佛协西藏分会会长班禅额尔德尼·确吉杰布在山南市贡嘎县、隆子、错那、洛扎、浪卡子县，就边境建设和民族团结进步创建工作考察学习并开展宗教活动。自治区领导桑顶·多吉帕姆·德庆曲珍、许成仓、多吉次珠、萨龙·平拉、索朗仁增参加相关活动。

12月10日，市着力创建全国民族团结进步模范区工作领导小组办公室组织召开现场会筹备工作推进会，市委常委、统战部部长、市政协党组副书记丹增出席并讲话，市委办、市政府办、市委宣传部、乃东区等20余家筹备工作领导小组成员单位负责人参加会议，会议由市政府副市长平措主持。

【民族团结专题调研】 2022年7月24—26日，国家民委民族团结促进司一行人员到山南市开展民族团结进步创建工作专题调研，深入琼结县、乃东区、桑日县实地了解创建工作开展情况，随机进行问卷调查，并对干部和群众代表进行单独访谈。对山南市民族团结进步创建工作给予充分肯定。

民族工作

【概况】 2022年，山南市以藏民族为主，共有门巴族、珞巴族、汉族、回族等28个民族。全市有4个边境县，分别为错那县、隆子县、洛扎县和浪卡子县。4个边境县共有31个乡、7个镇、109562人，边境居民人均可支配收入12300元。截至年底，全市民族通婚家庭为1832户、6227人，汉藏通婚家庭1386户、4782人。有5个人口较少民族乡（占全区的56%），门巴族和珞巴族是山南市两个人口较少民族，门巴族有243户、679人，分布于错那县吉巴民族乡、贡日民族乡、麻麻民族乡、勒民族乡；珞巴族有59户、214人，聚居于隆子县斗玉民族乡。

【民族政策】 2022年，市民创办先后制定《中共山南市委员会　山南市人民政府关于以铸牢中华民族共同体意识为主线和战略性任务　全面推进新时代山南民族工作高质量发展的实施方案》《山南市着力创建全国民族团结进步模范区2022年度工作实施方案》和《工作要点》《山南市贯彻落实〈西藏自治区民族团结进步模范评选表彰办法〉实施细则》《山南市民族团结进步模范县（区）、模范单位、民族团结进步教育基地考评命名实施细则》以及《山南市着力创建全国民族团结进步模范区工作领导小组议事规则》《山南市着力创建全国民族团结进步模范区工作领导小组办公室职责》《山南市着力创建全国民族团结进步模范区工作领导小组办公室月调度制度》《山南市着力创建全国民族团结进步模范区工作领导小组办公室周例会制度》等指导性、规范性文件，高位推进民族团结进步创建工作。

【组织建设】 2022年，市民创办紧跟自治区着力创建全国民族团结进步模范区工作步伐，及时成立山南市着力创建全国民族团结进步模范区工作领导小组，实行市委书记、市长双组长制，由市人大常委会主任、分管副书记、统战部部长具体主抓，下设办公室，由一名市级领导兼任办公室主任，抽调两名县级干部负责日常创建工作，抽调8名工作人员负责具体工作。各县（区）也层层成立工作领导小组，加强专班力量，平均每个县（区）专班力量达到5人。

【宣传教育】 2022年，市民创办以铸牢中华民族共同体意识为主线，在提升视觉形象工程的同时营造浓厚的创建宣传氛围，与电信、移动和联通三家运营商联合开展短信触发、短信群发、智慧+企业彩铃业务等宣传工作。推进制定山南市2022年民族团结进步创建宣传片策划、拍摄和制作工作。交通主干道新增宣传标语（高立柱）8个，加强城区宣传氛围营造，新增宣传标语（广场、街道、交通指示牌、灯箱）50余处。

【民族团结进步创建互检工作】 2022年，市、县（区）民创办组织开展全市民族团结进步创建互观互检工作，整体提升创建工作水平，保障创建工作成效，为迎接国家考核验收做好充分准备。市、县（区）共组织互观互检活动13次。市二高首次将黄梅戏带进藏族学生课堂，聘请市委领导、援藏干部和12所安徽高校思政教授担任辅导员，全方位、常态化推进爱国主义教育和民族团结教育，被《人民日报》、新华社、中央电视台等中央媒体广泛宣传，教育部专门派工作组到学校总结经验。市人大常委会设定民族团结、综合治理、文明新风等8类岗位，发挥各级人大代表联系群众、服务群众积极作用，深入开展“民族团结进步雅砻行”活动，做实做强人大监督品牌。

2022年6月，市民宗局开展文明煨桑、保护环境宣传活动

【民族团结进步表彰】 2022年，市民宗局开展2022年度区、市两级民族团结进步模范集体和个人评选工作，根据自治区民族团结进步模范集体和个人名额分配，向自治区推荐2022年第十批全国民族团结进步示范区示范单位共15个。推荐山南市2022年自治区民族团结进步模范集体12个和模范个人20名。拟推荐2022年自治区民族团结进步模范县（区）5个、典型选树35个。拟推荐第二批自治区民族团结进步模范单位50家。拟推荐2022年市民族团结进步模范单位128家、教育基地4个。

【乡村振兴】 2022年，自治区下达山南市中央财政专衔接推进乡村振兴补助资金分配中少数民族发展任务资金共21292.48万元，整合到巩固拓展脱贫攻坚成果同乡村振兴有效衔接项目共33个，结合各自工作职责，建议2022年巩固拓展脱贫攻坚成果同乡村振兴有效衔接资金项目中的少数民族发展项目19个，由各县（区）民宗局组织实施和监管、绩效自评工作，落实好资金监管主体责任，强化项目绩效管理。

宗教工作

【概况】 2022年，山南市依法登记宗教活动场所305座，主要教派有格鲁派、宁玛派、萨迦派、噶举派、布东派。全市建立寺管会90个（其中正县级建制主要领导高配副厅级的寺管会1个、副县级寺管会7个、正科级建制主要领导高配副县级寺管会2个、正科级寺管会80个)。全市实现干部驻寺常态化。

【维护宗教领域安全稳定】2022年,市民宗局制定维稳重点时段节点期间宗教领域维稳工作方案和督查方案,加强值班带班和外来人员登记管理制度,在三月综治宣传月、全国“两会”等时期,实行地县级领导蹲点或巡回督导寺庙维稳工作制度,进一步加大地县级领导、高僧大德联系寺庙僧尼制度,全市寺管会干部严格执行维稳工作纪律,加强值班备勤,严格落实24小时值班带班和“零报告”制度,制定下发《关于认真做好2022年“两节”、全国“两会”期间全市宗教领域维稳工作的通知》《全市宗教领域做好党的二十大前后维稳安保、疫情防控工作的通知》《党的二十大召开前后全市涉宗领域维护稳定和疫情防控督导方案》,全面部署、强化措施、严明纪律,全市涉宗领域以对以习近平同志为核心的党中央绝对忠诚的态度和决心,以高度的政治担当、敏锐的政治鉴别力和强大的政治责任感,发扬艰苦奋斗、连续作战精神,克服人员少、任务重等困难,坚守在主阵地、奋战在最前沿、奉献在第一线,落实维稳安保工作各项措施,全力确保宗教领域和谐稳定。

【财税监管】2022年,市民宗局对全市101座寺庙深化财税监管改革工作,12个县(区)紧紧围绕14项主要任务,推动工作落实。市县两级举办政策业务培训5场次,参与人数432人次,完成101座寺庙统一社会信用代码网上赋码和场所登记证换证工作。寺庙财税监管工作已进入收尾阶段,11月中旬市县两级财政、审计牵头开展联合检查工作,重点检查14项主要任务完成情况,寺庙财务规章制度建立、财务收支往来、不动产、固定资产清查等。

【淡化宗教消极影响】2022年,市民宗局持续淡化宗教消极影响,把依法加强寺庙管理作为工作的出发点和落脚点,压实属地管理责任和寺管会具体责任,加快推进宗教工作法治化和寺庙信息化建设,严防境外势力干预山南市的宗教事务。

【普法宣传】2022年,市民宗局充分认识开展“法律进宗教场所”主题普法宣教活动工作的重大意义,把“法律进宗教场所”作为“八五”普法活动的重要载体,联合市司法局制定《山南市“三月宗教场所主题普法宣教月”活动方案》,围绕“强化宗教领域普法教育,助推依法管理宗教事务”主题,采取群众喜闻乐见的方式,深入宣传习近平法治思想,深入学习宣传新时代党的治藏方略和民族宗教政策,开展藏传佛教活佛转世政策培训及专题宣讲,《中华人民共和国宪法》《宗教事务条例》等法律法规宣传。全市宗教领域共宣传209场次,发放资料7766份、宣传物品6939份,受教育信众达10771人。

民政与社会保障

民政

【概况】 2022年，山南市民政局（以下简称市民政局）深入开展养老服务提升行动，成功申报国家2022年居家和社区基本养老服务提升行动项目试点地区。按照“试点先行、打造示范、逐步推广”的工作思路，在乃东区泽当街道办事处社工站试点基础上，投入500万元，新建25个社工站点，推进山南市乡镇社会工作服务站建设。全年实施建设项目22个，总投资18074.51万元。按照有关程序新设隆子县斗玉珞巴民族乡顶江村、错那县浪坡乡岗萨洞村和昂定村3个边境村委会。截至年底，全市城乡低保对象5148人，特困供养对象2954人，低保边缘对象1042人。

【社会救助】 2022年，市民政局始终把为困难群众解忧助困作为主要责任，确保“应保尽保、应退尽退”。落实救助金5718.14万元。落实8665人临时救助资金650.85万元。严格落实边境地区增发10%城乡低保金补贴政策，兑现边境地区城乡低保对象593户、1458人，补助资金60.01万元。

【社会福利】 2022年，市民政局开展打击整治养老诈骗专项行动。以居家养老、特困供养对象为主，结合《信访工作条例》宣传活动，深入开展“打击整治养老诈骗，依法维护好老年人合法权益”宣传活动，悬挂张贴防电信诈骗横幅、标语，制作宣传资料5000余份，发送短信24条。按照全市关于开展营养健康食堂试点工作的部署，制定《山南市养老机构营养健康食堂创建试点工作方案》，在乃东区、隆子县启动营养健康食堂创建试点工作。邀请湖北短期援藏专技人才，以“老年人膳食与营养配餐”为主题，通过腾讯会议平台进行实时直播，开展培训和公益讲座。兑现355名经济困难高龄失能老人补贴21.3万元。落实336名孤儿（含8名临时托养事实无人抚养儿童）生活补助金404.49万元。落实121名孤儿“福彩圆梦·助学工程”助学金98.83万元。落实111名事实无人抚养儿童生活保障资金80.75万元。截至年底，全市有福彩终端投注站点55家。其中，市区35家，12个县（区）20家。全年销售福利彩票3050.09万元，

2022年3月9日，市民政局开展垃圾分类宣传活动

比 2021 年同期的 5278.5 万元，下降 2228.41 万元，降幅 42.2%。

【行政区划和社会组织管理】2022 年，市民政局充分发挥村级自治组织在基层社会治理中的积极作用，推动多方联动共治。指导全市 572 个村（社区）逐步建立健全红白理事会、人民调解委员会、公共卫生委员会等群众性自治组织。规范全市村务公开工作，通过修订完善村规民约（居民公约）、不定期组织人员深入村（社区）检查指导，充分村（居）务监督委员会作用，真正做到公开内容真实、全面，确保村务公开常态化、村级事务规范化，切实保障群众的知情权、决策权、参与权和监督权。制定下发《山南市推进乡镇（街道）社会工作服务站工作方案》《2022—2025 年度社工站建设计划》，开展乃东区泽当街道社工站项目评估工作。全市有注册登记社会组织 48 家，其中社会团体 46 家，民办非企业单位 2 家，选派 3 名党员干部担任社会组织党建工作指导员，全市社会组织党组织覆盖率 100%。按照市委“两新”工委 2022 年度社会组织党建工作及《山南市 2022 年非公有制经济组织和社会组织党建工作重点任务清单》要求，创建锦砻志愿者协会党支部党建工作示范点。

【平安边界创建】 2022 年，市民政局调整充实市、县两级县域平安边界领导小组，落实平安边界工作经费 53 万元。推进各项任务落实落地，落实联系会议制度，签订平安边界共建协议书，完成乃东区撤县设区勘界成果资料更新工作，协调解决错那县曲卓木乡郭梅村与措美县措美镇界线争议问题，消除边界纠纷隐患。完成全区第六轮县级行政区域界线联检工作，对各县（区）不符合标准的界桩和已损坏的界桩进行更换维护。

2022年1月17日，市儿童福利院为儿童采购服装

【社会事务管理】 2022 年，市民政局按照市委办、市政府办关于《山南市加强和改进生活无着的流浪乞讨人员救助管理工作实施方案》的要求，联合公安、城市执法等部门不定期在街面、甜茶馆、寺庙周边等人员密集场所进行巡查。全年街面巡查 70 余次，动用巡查车辆 120 辆次、巡查人力 500 余人次。落实流浪乞讨危重病人救治政策，兑现专项救助经费 2.9 万元。投资 304.45 万元对市救助管理站进行维修改造，完善救助床位、食堂、安检、值守等功能设施。制定完善市救助管理工作岗位职责、各项规章制度、工作流程。加强残疾人“两项补贴”信息实时监测、对比、归纳分析和动态管理，实现“两项补贴”精准发放。全市有享受残疾人“两项补贴” 15033 人，落实残疾人“两项补贴”资金 4312.7 万元。开展婚姻登记服务规范化建设，全面实行离婚登记“冷静期”制度，开展婚姻登记“巡回服务”工作，全年婚姻登记共办理 3643 对，其中结婚登记 2548 对，离婚登记 544 对，补发结婚证 503 对，补发离婚证 48 对。清明节期间，市公墓接待祭扫群众 94 人次、车辆 26 辆次。

【民政规划项目】 2022 年，山南市实施民政项目 22 个，总投资 18074.51 万元。其中，山南市精神病福利机构建设项目，总投资 5000 万元，完成工程量的 70%；山南市殡仪馆建设项目，总投资 6000 万元，完成工程量的 70%；乃东区特困人员集中供养服务中心提升改造项目以及 4 个边境县农村幸福院项目 13 个，总投资 5314 万元；乃东区幸福院项目 2 个及加查县特困人员集中供养服务中心提升改造项目，总投资 1600 万元；桑日县、扎囊县特困人员集中供养服务中心和贡嘎县老年人日间照料中心新建厕所、老人浴室及设备采购项目，总投资160.51万元。

【安全生产和疫情防控】 2022年，市民政局坚守底线思维，以求真务实的精神统筹做好安全生产和疫情防控工作，先后制定《山南市民政领域消防安全隐患大排查大整治活动方案》《山南市民政局关于在全市养老服务机构和设施安全专项整治工作实施方案》，印发《关于开展用作养老机构和设施的自建房安全专项整治工作的通知》。召开2次全市民政领域安全生产和疫情防控调度会，安排工作组深入到各县（区）开展督导检查和指导工作。按照安全生产专项整治三年行动巩固提升年工作要求，组织各福利机构开展应急演练和安全生产隐患排查20余次。制订民政系统和福利机构应急处置预案。累计接收疫情防控捐赠物资价值约462万元，接收捐款11.2万余元。接收安置滞留人员21人次。安排党员干部职工29人参与核酸检测、隔离点服务、捐赠物资接收发放等志愿服务。从8月9日开始，全市12家养老机构、1家儿童福利机构实行封闭管理，建立24小时应急值班制度，执行日报告、零报告制度。疫情期间，动员各类社会组织参与一线疫情防控知识宣传活动，累计开展志愿服务2000余人次，捐赠防疫物资价值达300余万元。

人力资源　社会保障

【概况】 2022年，山南市人力资源和社会保障局（以下简称市人社局）全力以赴稳就业、强保障、聚人才、治欠薪、助乡振、优服务，各项工作推进有力、重点工作取得积极突破，所有目标任务圆满完成，高校毕业生就业、农牧民转移就业、根治欠薪等7项关键指标位居全区前列，被人社部评为全国人社系统先进集体，被区党委、区政府评为全区劳动力转移就业先进地市、自治区民族团结进步模范集体，荣获市委、市政府和自治区人社厅表彰奖励4项，被人社部和自治区党委政府采纳改革创新举措2项，保障农民工工资支付工作考核被评为A级，人社各项事业发展保持强劲势头。

【就业创业】 2022年，市人社局始终坚持就业第一原则，深入实施更加积极的就业政策，推进打造“三个先行区”，促使就业主要指标运行在合理区间，全市开发就业岗位33392个，城镇新增就业6701人，完成年度目标任务的103.09%，零就业家庭全部动态消零，就业形势呈现总体平稳、稳中向好态势。特别是疫情期间，及时调整工作思路、改变工作方式、优化工作举措，加大稳岗支持力度、开展网络招聘专项行动等，并延续实施阶段性降低社会保险费率政策，扩大实施社保缴费缓缴政策，努力为企业实体纾困解难、助推复工复产，向16家企业发放稳岗返还资金148.63万元，发放失业保险金、失业补助金33.81万元，为1家企业发放一次性留工培训补助3000元，为1家企业发放一次性扩岗补助1500元，稳定就业岗位2000余个，举办线上招聘会15场次，发布就业岗位16420个，登记求职1425人，初步达成就业意向1026人，积极预防规模性失业风险，千方百计扩大和稳定就业。

【高校毕业生就业】 2022年，市人社局始终把促进高校毕业生就业作为重中之重，以打造高校毕业生充分就业先行区为统领，实施高校毕业生高质量就业促进行动，制定印发山南市2022年高校毕业生就业创业工作方案、“五进一送”宣传方案，召开全市人社工作会议，开篇布局谋思路，全面夯实工作基础。全市应届高校毕业生实现就业4327人，就业率98.65%，其中区外就业527人，区外就业率达12.01%。

【农牧民转移就业】 2022年，市人社局坚持把保市场主体作为稳就业的重要抓手，以打造农牧民转移就业先行区为统领，实施农牧民组织化转移就业提升行动，制定印发《2022年农牧民转移就业工作方案》，通过项目用工、产业带动、载体建设、以工代训、区外输出等方式，全面推进农牧民组织化、规模化、常态化转移就业，截至年底，实现农牧民转移就业11.04万人、创收11.3亿元，分别完成年度目标的138%和161.43%，其中组织化转移就业8.05万人，已初步形成农牧民群众主动“从牧场走向市场、从土地走向工地”的就业格局。

【职业技能培训】 2022年，市人社局坚持把提升技能水平作为促进就业的关键举措，以打造全民技能培训先行区为统领，实施职业技能培训提质行动，大规模开展职业技能培训，不断提高劳动者就业能力和转换岗位能力。全年累计培训11700人，完成年度目标任务的105.7%。

【公共就业创业服务】 2022年，市人社局将公共就业服务作为推进就业公平的重要保障，实施“岗位开发、就业指导、职业介绍、技能培训、公共服务、专场招聘”等就业促进专项行动，促进劳动者更加充分更高质量就业。组织开展就业援助月、春风行动、人力资源洽谈会等专项就业服务活动，全市上下共组织开展各类招聘会75场，提供就业岗位2.5万个，免费职业指导2016人，职业介绍2516人，介绍成功872人；实现就业困难人员（包括3545人员）就业583人，城镇失业人员再就业930人，推动城镇零就业家庭实现动态清零。

【社会保障】 2022年，市人社局坚持兜底线、织密网、建机制原则，实施社会保障体系改革完善行动，重点做好“扩面、提标、优服”工作，持续提升社会保障公共服务能力，推动构建覆盖全民、统筹城乡、公平统一、可持续的多层次社会保障体系。全年各类社会保险参保26.26万人次（不含医疗、生育），其中企业职工基本养老保险18651人，机关事业单位养老保险23007人，工伤保险39240人，城乡居民基本养老保险155273人，失业保险26429人，基本养老保险参保率保持在97.5%以上，基本实现法定人员参保全覆盖。疫情期间，扩大实施社保缴费缓缴政策，累计为669家企业减免社保费1676万元，其中失业保险费减免295万元、工伤保险减免1381万元，累计为住宿餐饮、批发零售、文体旅游、民航、公路铁路运输等5类企业缓缴社会保险费375万元。

【社会保障待遇】 2022年，市人社局将基金收入和待遇发放作为一项重要政治任务，确保“不漏一人、不少一分”，坚决兜牢民生底线，增进民生福祉，各类社会保险基金总收入11.6亿元，其中企业职工基本养老保险2.52亿元，机关事业单位基本养老保险8.3亿元，城乡居民基本养老保险2621.95万元，工伤保险2852万元，失业保险2461.4万元。基金总支出10.63亿元，其中：企业职工基本养老保险1.46亿元，机关事业单位基本养老保险7.98亿元，城乡居民基本养老保险1.1亿元，工伤保险827万元，失业保险89.25万元，发放率达100%。

【社会保障经办服务】 2022年，市人社局严格落实自治区社保经办规程和城居保经办规程，持续开展“人社干部走流程”，组建工作专班，采取见县区领导、见人社干部、见基层经办“三个见”的工作方式，分赴12个县（区）对社保工作进行全面部署、对基层业务经办人员进行全面培训，“面对面”解答经办疑难问题，“一对一”“手把手”教授操作方法，全面提升基层经办业务水平，确保经办合规、程序合法。加强人社系统行风建设，持续开展人社业务快办行动，有效提升社保经办服务水平和效率，全面应用“人社通　通人社”客户端，累计为878家机关企事业单位办理线上服务1.5万件。开通建设“12333”咨询服务平台，共接听群众来电3561个，即时办结3026个，转办535个，办结率100%，着力打造人社服务“金名片”。推进机关事业单位养老保险制度改革全面落地，完成894家机关事业单位养老保险（职业年金）资金清欠工作，共清欠个人部分资金1582万元，职业年金1318万元。持续推进工伤预防五

2022年11月15日，市人社局举办中式烹调师技能培训结班仪式

年行动计划，共认定工伤 56 起，劳动能力鉴定 43 人次，全面提高劳动者工伤预防意识和能力，保障劳动者的生命安全和身体健康。

【专业技术人才队伍建设】 2022 年，市人社局坚持人才强市战略，实施人才服务行动，要充分发挥政府人才综合管理部门的职能作用，不断在人才服务、培养、引进上用力，实现人才总量、结构、素质的有效提升。截至年底，全市有事业单位工作人员 12673 人，同比增长 2.3%。开展机关事业单位及企业引进高端人才摸底调查工作和少数民族专业技术人才培养推荐工作，实施专技人才知识更新工程，落实专业技术人员继续教育规定，有效提升专业技术人员职业素养。通过严把人才选派关、培养关和使用关，推荐 20 名少数民族专业技术骨干接受特殊培养，推动提升专业技术人才职业素养。

【人事制度改革】 2022 年，市人社局推进事业单位人事制度改革，按照“以编定岗”原则，核定各县（区）事业单位岗位设置高、中、初级总体不超过 2∶4∶4 的比例，截至年底，共核准 876 个事业单位 10234 个岗位，完成岗位设置总量的 95.7%，为专技人才干事创业搭建平台。制订《山南市县以下事业单位管理岗位职员等级晋升制度工作实施方案》，拓展县以下事业单位管理人员职业发展空间，全市县以下事业单位管理岗位数量共 856 个，根据结构比例核定县以下事业单位管理岗位八级至五级职员 615 个。严格落实工资福利政策，先后完成事业单位工资正常晋升、年终一次性奖金、工资统计年报、西藏特殊津贴增资清算兑现、工资变动审核和工龄纠错等工作，保障干部职工合法权益。

【人力资源配置】 2022 年，市人社局开展事业单位专业技术人员调配工作，及时办理调动手续，做好“三支一扶”人员和人力资源服务机构管理，促进人才合理流动。注重表彰奖励工作基础建设，推进表彰奖励、创建示范活动的规范管理，申报批准市级表彰项目 2 个，县（区）级表彰项目 12 个。持续深化职称制度改革，将中级以下职称聘任权下放至各县（区）及行业主管部门，由用人单位主管部门自主评审、自主评价、按岗聘用，进一步畅通基层专业技术人员职称评审和岗位聘任通道，共确认专业技术人员任职资格 310 人，聘任中高级职务 92 人，定向评价、定向使用 308 人，充分调动专技人才工作积极性。强化人事考试队伍能力建设，选派 1 人到湖南省人社厅人事考试院开展为期 1 月的跟班学习，更新观念思路，提升业务水平。坚持以人为本，不断提升人事考试服务管理水平，开展 2022 年公职岗位公考考录（招聘）高校毕业生备案、资格审查、笔试等工作，涉及 10615 人。

【劳动监察】 2022 年，市人社局全面落实根治欠薪“五个全覆盖”长效机制，制定实施《山南市贯彻落实〈保障农民工工资支付条例〉实施意见》，实行常态化排查化解、一般案件专人负责、重点案件领导包案和欠薪预警机制，并畅通举报投诉渠道，推动欠薪案件持续动态清零。共受理投诉举报案件 289 起，结案 289 起，帮助 5890 名农民工追讨工资 8129.32 万元。落实实名制在建项目 454 个，工资专户 464 户，代发工资 12.96 亿元，收缴农民工工资保证金 638.1 万元，保函农民工工资保证金 3.2 亿元，施工现场悬挂维权公告牌 464 个，“两金一牌”制度 100% 覆盖在建工程项目。开展监督检查 360 场次、检查各类单位 3240 家次，涉及劳动者 2.92 万人，督促补签劳动合同 6120 份，下达劳动保障监察法律文书 96 份，将山南市南山南劳务服务有限公司、中国葛洲坝集团股份有限公司等 8 家企业和个人推送重大劳动保障违法行为并向社会公布，有效规范企业用工行为。

【劳动关系】 2022 年，市人社局组织实施劳动关系“和谐同行”能力提升三年行动计划，加强劳动关系协调员培育，选定乃东区索当投资有限公司、海思科医药集团股份有限公司、山南市汽车客运公司为示范企业培育对象，并组织劳动关系三方成员单位深入培育企业开展示范企业培育指导培训工作，确保示范企业建设各项措施落实落地。印发《山南市关于开展 2022 年企业薪酬调查工作的通知》，积极推进企业薪酬调查工作。开展“和谐劳动关系服务进企业”活动和新业态安全稳定风险摸底调查工作，营造健康和谐用工环境。

【劳动争议调解仲裁】 2022 年，市人社局打造“亲民仲裁”，创新实施

"预防＋协商"双机制、"党员＋仲裁员"双责制、"调解＋普法"双轨制"三项仲裁机制"，提升多元处理机制运行质效，使仲裁工作更加亲民、接地气。共受理劳动人事争议案件117件，结案116件，涉及金额1375.79万元，结案率99.15%。优化"互联网＋仲裁"，在线设立仲裁机构13个、调解组织2个、调解员13名，有效提升调解仲裁工作规范化、标准化、专业化、智能化水平，实现劳动人事争议仲裁"马上办、网上办、就近办"。

退役军人事务管理

【概况】 2022年，山南市退役军人事务局（以下简称市退役军人局）全面落实退役军人"阳光安置"机制和"直通车"式安置办法，完成2021年冬季退役士兵安置工作，完成逐月领取退役金军官（军士）安置工作，完成复员军官、退休干部安置工作。全面落实各项政策待遇，落实自主择业军队转业干部退役金、住房补贴、取暖补贴、独生子女保健费。落实军休及无军籍人员日常经费、护工费。落实2019—2021年符合政府安排工作退役士兵待安置期间生活补助，落实2020年社保、医保接续资金。全力提升服务管理水平，为服务对象档案复印邮寄、医保报销、出具证明、政策解答等。完成自主择业军队转业干部档案室标准化建设任务。

【对口支援】 2022年，市退役军人局根据全国退役军人事务系统援藏工作会议精神，补齐山南退役军人工作领域的弱项和短板。收集梳理全市退役军人事务系统和边防部队受援需求清单，通过与援藏省市退役军人事务系统共同反复论证，形成对口援藏需求清单，向湖南、湖北、安徽三省发送《山南市退役军人事务局关于恳请加大援助力度迎接2022年全国退役军人事务系统援藏工作推进会的函》，湖南、湖北、安徽三省退役军人事务系统共计解决援藏资金400万元。

【退役军人服务保障体系建设】 2022年，市退役军人局坚持和加强党对退役军人工作的领导，调整充实以市委书记任组长的市委退役军人事务工作领导小组。持续深化军地合力的退役军人工作体系建设，完成军队人员在市、县（区）两级党委退役军人事务工作领导小组及政府退役军人事务工作部门派驻任职工作，军地合力推进退役军人工作的能力和水平显著增强。开展全国示范型退役军人服务中心（站）创建工作，完成多个服务对象在30人以上的退役军人服务中心（站）示范型创建工作。

【退役军人权益保护】 2022年，市退役军人局持续深入学习运用新时代"枫桥经验"，开展法律法规和政策措施落实情况监督检查，涉及服务对象2067人次，按照合理诉求及时协调解决，全力维护优抚对象合法权益。

【退役军人就业创业】 2022年，市退役军人局精准摸清全市退役军人就业创业底数，在山南市雅投商贸职业技能培训学校挂牌成立山南市退役军人职业技能培训基地。组织开展2022年驻藏部队退役士兵专项考录（招聘）公职人员前期档案审核申报工作。开展退役军人及随军家属专场招聘工作，组织42家企业开展集中招聘，为退役军人和随军家属提供就业岗位。拓宽就业渠道，协调政法部门、应急管理部门招录退役士兵，协调各级党政机关、企事业单位从退役军人中聘用公益性岗位工作人员。

【拥军优抚和褒扬纪念】 2022年，市退役军人局不断巩固和发展坚如磐石的军政军民关系，联合驻军部队开展送医送药、慰问演出、政策宣传等活动共计10余次。开展走访慰问活动，深入开展2022年"三大节日"和八一建军节慰问活动，全市共发放慰问金346.72万元。全面落实优待抚恤各项政策，为优抚对象兑现抚恤补助资金，为符合条件优抚对象兑现医疗补助资金，为退役士兵发放义务兵家庭优待金。组织全市党员干部群众通过线上、线下等多种形式开展清明节、"9·30"烈士纪念日烈士祭扫活动。

【退役军人志愿服务】 2022年，新冠疫情发生后，市退役军人局组建退役军人志愿服务队参与疫情防控，开展志愿服务活动653场次，退役军人系统工作人员、退役军人为抗击疫情捐款捐物共计价值94.20万元。面对拉萨疫情严峻、人员不足的实际情况，响应自治区党委、政府面向各地市招募退役军人志愿服务队支援拉萨疫情防控的号召精神，仅用半天时间组建退役军人志愿服务队，深入拉萨市疫情最严重、任务最繁重的社区开展志愿服务33天，受到自治区党委、政府的高度评价。

【重大纪念活动】 2022年9月30日，市退役军人局在山南烈士陵园举行烈士纪念日向烈士敬献花篮仪式，表达对烈士的无限哀思和崇敬之情，共同缅怀革命先烈的丰功伟绩。在泽当地级以上领导，乃东区农牧民代表，驻山南武警、消防救援队伍代表，公安干警代表和烈士遗属代表等300余人参加敬献花篮仪式。

医疗保障

【概况】 2022年，山南市医疗保障局(以下简称市医保局)持续完善医保制度体系，推进改革走向纵深，促进服务提质增效。落实常住人口持居住证按规定参加全市城乡居民基本医疗保险规定，取消个体经济组织从业人员及灵活就业人员参保户籍限制，与本地参保人员享受同等医保待遇。截至年底，全市基本医疗保险参保覆盖率达97.28%。

【制度完善】 2022年，市医保局全面实施职工医保门诊统筹制度，建立健全高血压、糖尿病门诊用药保障和职工个人账户家庭共享机制，全市城镇职工医保门诊统筹报销1152.48万元，职工家庭账户共享2271人次，共享金额88.96万元。

【改革深化】 2022年，以市委、市政府名义正式印发实施《山南市深化医疗保障制度改革的实施方案》，结合实际，提出10条创新举措，为全市下一步持续深化医保制度改革提供政策依据和重要遵循。

【基金监管】 2022年，市医保局通过日常检查、智能审核、飞行检查等多种形式，拒付医保费用69.99万元，追回医保违规费用518.75万元。暂停1家定点药店涉及医疗保障基金使用的医药服务6个月，罚款20.50万元。首次对参保职工个人骗保行为进行行政处罚，暂停参保人医保费用结算3个月，罚款1426.60元。建立医保基金社会监督员和打击欺诈骗保举报奖励制度，广泛动员社会各界参与基金监管。

【信息化建设】 2022年，24小时医保自助服务厅投入使用，实现医保业务24小时自助办理。加强医保电子凭证推广应用，就医购药从“卡时代”迈向“码时代”。全市80家乡镇卫生院全部实现医保联网直接结算，乡镇卫生院就诊人次38528人，医疗费用结算222.09万元。全市有村(居)卫生室491家，完成贯标488家，实现医保联网直接结算298家。

【乡村振兴】 2022年，市医保局探索防范化解因病返贫致贫风险长效机制，健全完善大病保险和医疗救助制度，制定出台《山南市巩固拓展医疗保障脱贫攻坚成果有效衔接乡村振兴战略的实施方案》《山南市依申请医疗救助操作规程》。

【减证便民】 2022年，市医保局推行“综合柜员制”服务模式，探索医保业务“一网通办”，医保政务服务事项线上可办率达43.00%，通过国家医保服务平台App、“国家异地就医备案”微信小程序、“西藏医疗保障”“山南医保”微信公众号自助备案、电话备案，无须人工审核，即时办理即时开通。全市16家定点医院接入全国联网跨省异地就医直接结算系统，实现区外所有联网定点医疗机构跨省异地就医直接结算。

2022年1月5—6日，市医保局深入琼结县、桑日县和曲松县开展医保经办服务事项督导检查

应急管理

综述

【概况】 2022 年，山南市委、市政府高度重视应急管理工作，市委、市政府主要领导多次作出指示批示，组织召开市委常委会会议、政府常务会议和党组会议研究部署工作。市政府分管领导主动担当，全面负责，多次召开会议，分析研判形势，研究部署各阶段重点工作。各级各部门坚持人民至上、生命至上，严格落实“党政同责、一岗双责、齐抓共管、失职追责”和“三个必须”要求，更好统筹发展和安全，全面落实应急管理工作措施，积极有效履行防范化解重大安全风险的政治责任。2022 年，共召开市委常委会会议 8 次、市委其他工作会议 2 次、市政府常务会议 3 次、市政府专题会议 7 次、政府党组会议 1 次、市安委会全体（扩大）和专题会议 10 次。

【应急救援体系建设】 2022 年，山南市应急管理局（以下简称市应急局）完成全市抗震救灾指挥部、防汛抗旱指挥部、森林草原防灭火指挥部办公室划转工作，体制机制不断完善。制定印发《山南市解放军和武警部队救援行动对接制度》，建立军地联动救援机制。完成 11 个县应急广播建设，利用援藏资金 34 万元，指导错那县建立勒布沟应综合急管理站和 5 个乡应急管理站。把山南市和 4 个县市应急指挥基地和应急救援装备储备基地建设项目纳入“十四五”项目盘子，总投资 1.05 亿元。新设立山南市应急指挥中心（航空应急救援指挥中心）、应急训练中心（应急科技信息化中心），核定事业编制 11 名，公开遴选 3 名工作人员到岗。开展应急演练 1312 场次，参演单位 378 家次、人员 2.1 万余人次，投入演练资金 26 万余元。

【宣传教育】 2022 年，市应急局深入开展“安全生产月”“安全生产山南行”“安全生产大讲堂”“知识竞赛”、安全文化书法摄影比赛、安全生产和防灾减灾“八进”“防灾减灾日”等活动，发放各类宣传资料 345 种 3 万余份，发放宣传物品 120 余种 2 万余个，发送公益短信 8 万条。制作《生命最宝贵，安全大过于天》警示教育片，通过移动、电信基站向进出山南的用户发送公益宣传短信 120 余万条，创新

2022年6月24日，市应急管理局在泽当饭店举办安全生产知识竞赛

开展美团外卖骑手安全教育知识培训班，委托美团外卖山南站开展安全宣传。

安全生产

【概况】 2022年，山南市发生各类事故42起、死亡17人，同比分别下降39.1%和37.03%。其中，生产经营性事故7起、死亡7人，同比分别下降61.11%和50%。非生产经营性事故35起、死亡10人。道路交通事故34起、死亡10人。建筑施工事故3起、死亡3人。矿山事故3起、死亡4人。火灾事故2起、无伤亡。

【矿山安全监察】 2022年，市应急局推进非煤矿山分类分级监管工作，制定下发《山南市非煤矿山行业领域安全生产分类分级监管实施细则（暂行）》《关于切实做好非煤矿山行业领域安全生产分类分级监管工作的通知》。开展非煤矿山领域安全生产专项整治、非煤矿山和尾矿库安全生产大排查、大检查等专项整治行动，紧盯岁末年初和疫情等特殊时期，抓好企业复产复工安全监管工作。

【重点行业领域安全专项整治】 2022年，市应急局以落实安全生产"十五条硬措施"为契机，紧盯中共二十大、全国"两会"、冬残奥会、藏历新年、3月重要时期、"五一"劳动节等重要时段，突出重点领域、重点部位，深入开展"防风险、保安全、迎二十大"暨安全生产大检查大排查行动、安全生产专项整治三年行动、安全生产大检查、危险化学品安全风险集中治理、森林草原防灭火督导检查、城镇燃气安全排查整治、自建房、高层建筑等专项整治行动，全面排查整治风险隐患，有效防范较大及以上生产安全事故，全市生产安全事故总数、死亡人数实现"双下降"目标。全市各级各部门共成立各类检查组2984个，开展督导检查8679次，检查各类单位24747家次，排查隐患问题25706处，已整改22894处。

2022年6月16日，山南市应急管理局开展安全生产咨询日活动

【安全生产行政许可】 2022年，市应急局组织召开审查会议4次，受理非煤矿山安全设施设计8个，出具批复意见8份。受理危险化学品安全条件审查5个，出具批复意见5份。受理危险化学品安全设施设计5个，出具批复意见4份。退回不符合危险化学品安全预评价2个。颁发非煤矿山安全生产许可证1个，延期危险化学品经营许可证8个，新办危险化学品经营许可证3个。

【安全生产事故及责任查处】 2022年，市应急局实施事故调查7起，其中提级调查生产安全事故1起，调查核实举报案件8起，邀请法律顾问出具意见书2份、邀请具有相应领域资质专家出具意见书1份，对相关责任企业和责任人处罚累计201万余元。

【安全生产执法监察】 2022年，市应急局共停产停业整顿企业77家次、行政处罚485家次、罚款286.843万元、暂扣吊销执照1家次、关闭取缔2家、约谈警示48家、联合惩戒1家，行政处罚率同比上升45.6%。开展安全生产专项执法检查工作，聘请其他省市专家对全市非煤矿山、危险化学品、烟花爆竹、工贸4个领域49家企业开展安全隐患专家"会诊"，累计发现安全隐患458处，其中重大隐患16类50处。

灾害防治

【概况】 2022年，山南市共发生

各类自然灾害85起，受灾人数达1.895万人，死亡5人，房屋倒塌1间，严重损坏1间，一般损坏25间，农作物受灾674.47公顷，因灾死亡大牲畜16只、小畜20只，直接经济损失共1188.13万元。其中，洪涝灾害29起，风雹灾害25起，低温冷冻灾害1起，地质灾害2起，生物灾害6起，干旱灾害15起，雪灾灾害7起。

【突发事件应急救援】 2022年，市应急局指导协调各县（区）、市直相关单位有效应对处置各类灾害事故，保障群众人民财产安全。开展“10·24”洛扎县色乡雪崩灾害搜救工作，投入899人次、车辆162辆次、无人机20余架次，搜出被埋人员5人，向5户家属发放慰问金3.5万元。

【灾害救助】 2022年，市应急局召开自然灾害联合会商会6次，发布灾害预警信息47期，气象服务信息1055期，转发森林火险预报58期，核实热点信息3次4处。兑现2022年度受灾群众冬春救助资金145万元，调拨应急救灾物资7类0.75万余件（套）用于疫情防控，在国家自然灾害灾情管理系统中更新录入灾害信息员共1213人。全市现有救灾物资储备库67座（其中包含加查县、措美县2座旧库），应急避难场所27处，储备自治区、市、县三级应急救灾物资39万余万件。

边境管理

【概况】 2022年，山南边境管理支队聚焦中共二十大安保维稳主线，以疫情防控大局下推动边境管理工作走向更高层次为总体思路，紧密结合边境管理形势，不断夯实管理基础，全力打好疫情防控总体战、政治安全保卫战、涉边违法犯罪攻坚战、重大安保维稳整体战，全年共破获涉边境通行证案件12起、25人，查获公安部在逃人员2名、一级临控人员3名、野生鹿角1对、管制刀具4把，累计收缴子弹2发、炸药6.9千克、导火线353米、雷管11枚，实现“六个严防、五个确保”工作目标。各边境派出所建立联动处警、三调联动、多元化解、动态评估工作机制，发动网格员、志愿者、民兵、治安积极分子组建24支、460人“义警”队伍，共计处理各类警情206件、调处矛盾纠纷283起，实现小案清仓、矛盾清零，确保年内辖区未发生个人极端暴力犯罪案件、重大群体性事件、重大“民转刑”案件以及进京信访事项，未发生影响国家政治安全、暴恐、反分裂案（事）件。支队三颗心调解工作室、扎西调解工作站、女子护游队等成为辖区群众信得过的品牌服务队和模范调解室。

2022年12月7日，市边境管理局举行玉麦边境派出所获评全国第二批“枫桥式公安派出所”揭牌仪式

【抢险救援】 2022年，山南边境管理支队以保障人民生命财产安全为核心，推进应急战时能力建设，不断提高应急处置能力，为增强安全防范意识和提高应急处置能力，强化应对各类灾害事故的自救和抢险技能，提高快速反应能力、应急救援能力以及协同作战能力，全面提升抵御灾害事故的能力，确保一旦发生突发事故事件，能够有效组织快速反应、高效运转、临事不乱，最大限度减少事故事件危害。全年共参与抢险救援49起，救助群众65人。

【应急作战能力建设】 2022年，山南边境管理支队始终坚持以习近平新时代中国特色社会主义思想为指导，全面贯彻新时代党的治藏方略，坚决落实全国公安工作会议和移民管理工作会议部署要求，树牢

“安而不忘危、治而不忘乱”的战略思维，遵循“精警、精训、精装、精用”的总体思路，突出“组织架构、力量编成、实战训练、勤务主导、综合保障”五大体系建设，着力锻造政治坚定、本领高强、能打胜仗的应急作战指挥队伍。各级党委和主官要履行加强应急作战能力建设主体责任，持续加强组织领导、筹划指导和任务落实，形成主官牵头、领导主抓、分级负责齐抓共管合力。注重日常执法执勤和勤务等级转换，突出常态练兵备战和战时处突维稳深度融合，真正做到仗怎么打、兵就怎么练，锻造过硬实战能力，时刻做好应急作战准备。把握不同方向、不同单位、不同时段形势任务和规律特点，突出重点热点难点问题防范，协同推动执法执勤与应急作战各项工作协同并进。围绕新体制下应急处突形势任务需求，既立足当前，先建、先练、先保障，又着眼长远，科学规范、合理布局，推动应急作战能力建设行稳致远。7月，组建应急处突分队，参加国家移民管理局“国门铸盾—2022”实兵拉动演练。疫情期间，组织35名警力全力支援市区公安检查站和方舱医院开展疫情防控工作，405名民警不顾自身安危积极投身一线防疫战场。全年共组织开展各类演（训）练51次。

【群众工作】 2022年，山南边境管理支队在持续推进总站“百所进千村、千警入万家”宣教活动基础上，着力在丰富宣教活动载体上下功夫，不断完善宣教工作方案、学习计划，围绕中共二十大、全国“两会”、疫情防控、民族团结、法治教育、政策法规等方面，累计开展各类宣讲60次，联合驻地党委政府、寺管会开展讲座20次，发放各类宣传手册3万余份。全面落实各项帮扶措施，为辖区困难群众、僧尼送去价值8000余元的物品。自开展驻村工作以来，累计开展各类走访、慰问、送教等活动90余次，参与听课群众达550余人次，排查整治用电、用火、交通等安全隐患9起，调解矛盾纠纷11起，救助走失儿童1名。排查信访问题2件，争取社会各界爱心人士爱心捐助资金10万元、防寒物资5万元、助学金54600元，积极为驻地村民谋实事解难事。截至年底，驻村工作队收到驻地党委政府及群众感谢信3封，获赠锦旗2面，会议点名表扬7次。

【队伍建设】 2022年，山南边境管理支队紧盯队伍建设重点，坚持把政治建警摆在核心位置，部署开展“学习型、奋进型、实干型”党员队伍创建活动，推出“10分钟小课堂”、“双学三练”等活动，做好育警铸魂文章。坚持“传承现役、严于公安、先于公安”的“准军事化”标准，建立“日生活”制度，统筹早操、点名、工作、训练和警容风纪、内务卫生检查、查铺查哨等基本动作，按纲抓建、按规管队。坚持素质强警，开展全警实战大练兵活动，统筹抓好警务实战、执法执勤、应急处突等基本技能培训，落实好日常训练和集体操课制度，提升民警打击边境违法犯罪能力。坚持“初始即严、步步从严”，深化队伍教育整顿活动，扎实抓好廉政教育和警示教育，建立健全纪检督察、法治等部门协调配合工作机制和联合巡察长效机制，纪律作风建设成效显著。坚持事业至上、选贤任能，聚焦政治导向、基层导向、实绩导向，建立贴合实际的轮岗交流机制，能上能下的民警考评机制，特点鲜明的典型培树机制，助推队伍科学健康发展。坚持关爱务必从真，紧紧把握“从优待警”主脉络，持续落实好心理服务、体检就医、大病医疗等身心健康关怀，持续关注青年

2022年5月20日，市边境管理支队民辅警在一线山口巡逻

民警婚恋、民警家属就业、子女入学等家庭福利关怀，真正解决民警后顾之忧，不断激发队伍干事创业的生机与活力。

消防救援

【概况】 2022年，山南市各级消防救援队伍共出动车辆1473辆次、人员7366人次，成功扑救火灾71起，参与社会面涉疫封控和消杀勤务442起，完成抢险救援和社会救助372起，完成中共二十大、第四十二届雅砻物资交流会等各类勤务725起，高效处置乃东区“6·9”鲁琼顶峰家具市场火灾扑救、曲松县“9·28”矿井救援、洛扎县“10·27”雪崩灾害救援等灾害事故。累计抢救被困受伤人员78人，抢救财产价值60.16万元；全年14个集体、116人获得表彰，2个集体、18人记个人三等功，4个集体、113名个人获嘉奖。

【重点项目建设】 2022年，山南消防救援支队编制印发《山南市“十四五”时期消防事业发展规划》。推动市级政府出台《山南市关于加强和改进新时代基层消防安全治理工作实施方案》。联合地方相关部门下发《山南市公安局机关和消防救援机构消防监督管理协作规定》《山南市纪委监委机关、山南市消防救援支队沟通协作配合工作机制（试行）》《山南市消防救援支队、山南市审计局关于印发〈审计领域协作配合工作机制〉的通知》。

2022年5月12日，市消防救援支队到山南消防特勤站开展地震拉动活动

【基础能力建设】 2022年，山南消防救援支队规范14个基层党组织建设。制定出台三年人才队伍建设实施方案，设立10类人才库。制定下发2022年人才、岗位培训计划，开展“干部双向挂职锻炼”。投资专项经费200万元，完成高温浓烟、黑暗狭窄、轰燃爆燃等适应性训练设施建设，邀请行业专家开展为期50天的水域、绳索、交通事故、潜水等4项救援技术专业培训，59名指战员参加指挥能力达标创建测评并获得相应等级资格证书。建立高原高寒水域救援新机制，制定救援行动要则、全区首次长距离漂流培训、革新桨板救援操法，分3批对54名政府专职消防队员开展业务轮训。投入专项经费100万元，建设搜救犬分队营房设施，遴选业务骨干开展搜救犬技能初训，填补山南搜救犬救援力量的空白。

【暖心工程建设】 2022年，山南消防救援支队制定3类、23项“为基层办实事”项目，建立“家庭困难跟踪摸排”机制和家庭常态化政治家访慰问机制，先后探望慰问困难消防救援人员及家属20余人次。调整9名消防救援人员至家庭所在地工作，实施“团圆计划”。多措并举推动住房保障政策落地，将指战员纳入地方政策性住房保障体系，争取47套公租房，解决指战员住宿问题。加强地方人社单位的沟通协调，提高政府专职队员和消防文员的工资待遇。出台《指战员学历教育管理规定（试行）》，利用驻地教育资源开展在职学历教育。

【重点领域专项整治】 2022年，山南消防救援支队投入100万元用于消防安全专项整治三年行动，开展高层建筑、村居（民）自建房、燃气领域、木材加工领域、物流仓储领域、电动自行车全链条、冬春火灾防控等专项整治，提请各级政府挂牌督办重大火灾隐患单位20家次。推动各县（区）建成83个乡镇（街道）安全委员会和消防工作所、90个寺庙消防安全委员会、439个村居消防工作站，新招录

328 名专职队员和消防文员，启动新建 43 个消防水鹤。投入 350 万元用于全面推广寺庙消防安全管理 7 项措施，创新成立 625 名火灾隐患“专业吹哨人”队伍。投入 51 万余元，首创全区边境宣传队。

防震减灾

【概况】 2022 年，山南市加大防震减灾经费投入，财政拨付的人员经费 82.84 万元、公用经费 1.95 万元，项目经费 53.5 万元，总计 138.29 万元，较 2021 年增加 66.91 万元，增长 93.73%。山南市地震局（以下简称市地震局）建立信息发布、灾情收集、灾情上报等工作机制，及时更新灾情速报人员信息，加强地震灾情报送工作。根据《西藏自治区应急管理厅、西藏自治区民政厅、西藏自治区财政厅关于加强全区灾害信息员队伍建设的实施意见》，下发《关于进一步明确应急联络员兼任灾情速报员的通知》，决定由各县（区）的应急联络员兼任地震灾情速报员，截至年底，全市共有应急管理信息员 1213 人。进一步完善山南市各级政府防震减灾“三网一员”（地震宏观测报网、地震灾情速报网、地震知识宣传网、防震减灾助理员）体系建设，有效提高地震监测水平。

【防震减灾法治建设】 2022 年，市地震局深入学习宣传贯彻习近平法治思想，弘扬宪法精神，实施防震减灾法律法规，推进法治机关建设，引导干部职工、企业员工树牢法治意识，结合“八五”普法规划，组织开展法律讲堂普法宣传活动。

【行政执法队伍建设】 2022 年，市地震局组织开展行政执法资格培训，努力提高执法人员的素质和业务能力。开展执法人员证件统计和备案工作，执法证件由应急管理局收集统一管理。开展防震减灾法律法规教育，提高各级领导干部和职能部门应对地震灾害的意识和指挥调度能力。

【大众教育】 2022 年，市地震局利用全市科技宣传周、“5・12”防灾减灾宣传周、安全生产月、物交会等活动机遇，组织全局干部职工开展防震减灾法规宣传，采取设立咨询台、宣传台，摆放展板、散发防震减灾宣传画册、资料等多种方式进行宣传，向社会公众发放《中华人民共和国防震减灾法》、《防震减灾知识读本》（藏语、汉语版）、《防震减灾科普知识》宣传挂图等各种防震减灾宣传材料。

【地震监测预报】 2022 年，市地震局全力配合自治区地震局进行地震监测台网的建设和运行，推动青藏高原监测能力提升、国家地震烈度速报与预警工程、“一带一路”等重点项目建设。加强对地震观测设施和观测环境保护，确保国家地震烈度速报与预警工程项目能够顺利实施。截至年底，山南市地震监测台网及国家地震烈度速报和预警工程项目改造基准站 3 个，青藏高原监测能力提升站 1 个，基本站 7 个，一般站 40 个。

【地震灾害防御】 2022 年，市地震局将农牧民安居工程、易地扶贫搬迁工程、边境小康村建设、人居环境整治工程、中（小）学校校舍安全工程等工程作为防震重点工程，严格抗震措施，按照抗震加固工作的要求和质量标准，对工程进行监督检查和验收，并及时、足额兑现抗震加固补助资金。加强农牧民施工队农村建筑防震施工知识培训，提高农牧民防震施工意识和能力。联合市自然资源、住房城乡建设等部门，把房屋抗震性能作为安居工程验收的一项重要指标，严把安居工程验收过程。重点对洛扎、浪卡子、错那和隆子四县边境小康村建设相关工作开展督导，重点对已建、在建和计划建设的边境小康村的项目选址方面、项目用地手续办理方面、项目建设质量方面等方面的工作进行检查，切实提高农村安居房质量。

【防震减灾科普示范学校创建】 2022 年，山南市完成 5 所学校 2022 年山南市防震减灾科普示范学校认定工作，推动全市中小学防震减灾科普知识普及工作，充分发挥学校在防震减灾科普宣传中的示范带动作用，努力提高社会公众防震减灾意识。利用“5・12”防灾减灾宣传周，在示范学校积极开展防灾减灾主题宣传教育活动。通过综合地震应急演练和专题报告、科普橱窗、地震知识竞赛、黑板报、主题班会、微信平台、电视网络等形式强化学校防震减灾宣传。全市 395 所学校（园）累计贴防震减灾宣传标语 1300 余条，出黑板报 1300 多期，开展防震知识教育 1000 多次，受教育学生 5 万多人、教职工5000多人。大力强化广大师生员工对地震灾害的预防、避险、自救、互救能力，最大限度地保护师生的生命安全。

【援藏工作】 2022年，市地震局完成第一期地震系统工作总结（2018—2021年）。签订第二期地震系统各单位对口援藏框架协议（2021—2025年）。完成《湖北省地震局　湖南省地震局　安徽省地震局对口支援山南市地震局工作方案（2021—2025年）》。

【“地震科普　携手同行”主题活动】 2022年，市地震局争取资金为各学校捐赠图书。共为山南市39所各级各类学校捐赠图书2329册，价值67907.8元。举办防震减灾知识讲座。邀请西藏自治区地震局专家分别为山南市完全中学、乃东区中学开展防震减灾知识讲座。举行地震应急疏散演练。全市机关、企事业单位、社区、农村、学校开展地震应急疏散演练271场次，6万余人次参与。疫情期间，联合中国灾害防御协会组织全市各级各类学校教师1367人参加全国防震减灾科普人员能力提升培训，通过“防灾减灾科普知识平台”线上学习，全部取得由中国灾害防御协会颁发的结业证书。

【地震应急预案管理】 2022年，市地震局制定、修订完善本单位地震应急预案和地震应急工作流程，加强预案的针对性、可操作性和实战性，开展应急预案演练、培训、检查工作，在常态化工作中推广开展应急避险演练教育活动，建立应急避险教育活动长效机制。全市各级消防部队和各学校参加由政府组织牵头、多部门共同参与的防震减灾相关联合演练，全年共开展应急演练1000余次，全市395所学校（园）师生参演率实现全覆盖，提高地震应急自救互救能力，取得良好的效果。

【应急避难场所建设】 2022年，市地震局制定地震现场工作方案，组建地震现场工作队伍，落实地震现场技术装备和应急救援通信、交通等设备配备，全面开展各项应急准备工作。截至年底，全市共建有应急避难场所37个，在每个点设立应急指挥中心并配备相应的应急救灾设备和储备救灾物资，37个应急避难场所运行良好。

【体制机制建设】 2022年，市抗震救灾指挥部制定《山南市关于进一步健全完善防震减灾救灾体制机制的实施方案》《调整充实山南市防震减灾工作联席会议制度》《山南市抗震救灾指挥部工作规则》《山南市抗震救灾指挥部及成员单位工作职责》等，已印发执行。

【防震减灾示范创建】 2022年，市减灾委办公室扎实推进综合减灾示范村（社区）创建工作，开展防震减灾科普示范学校、示范企业、地震安全示范社区建设，截至年底，全市共成功创建23所防震减灾科普示范学校，其中3所国家级、4所自治区级、16所市级，拟推荐上报35个综合减灾示范村和9个社区。

【地震灾害风险普查工作】 2022年，市地震局完成山南市地震灾害致灾相关资料收集数据收集整理；历史地震灾害调查，相关资料收集、整理、标准化处理，对山南市1978—2020年所发生的历史地震灾害数据相关资料进行收集整理；山南市地震灾害隐患调查六类房屋设施行业调查数据汇总、整理、分析；辖区内安评报告、钻孔资料收集，协助开展活断层补充调查对山南市安评报告、钻孔资料进行收集整理，场地地震工程地质条件2个钻孔数据已入国家地震灾害风险普查项目办122个钻孔数据库，该数据通过地震灾害风险普查工作项目管理办公室的验收。

区情县情

乃东区

【概况】 乃东藏语意为“象鼻山前”,位于西藏自治区南部念青唐古拉山南麓与喜马拉雅山北侧的雅鲁藏布江中游河谷地段,北纬28° 44′ —29° 36′ 、东经91° 32′ —92° 02′ 之间,境域南北长94.4千米,中部东西宽31.2千米,呈长条形,东邻桑日、曲松两县,西与扎囊县毗邻,南接琼结、隆子、措美三县,北连拉萨市墨竹工卡县,辖区面积2208.85平方千米。乃东区驻地泽当街道办事处,是中共山南市委、市政府所在地,是山南市重要的政治、经济、文化和交通中心,海拔3560米,距贡嘎机场97千米、拉萨135千米。2022年,辖1个街道:泽当;1个镇:昌珠;5个乡:颇章、亚堆、结巴、索珠、多颇章;23个社区、30个村;27460户,总人口68873人,其中乡村人口31596人、城镇人口37277人(公安户籍数据),人口出生率8.08‰,自然增长率3.28‰。乃东区属高原温带半干旱大陆性季风气候,气温偏低,四季不明,长冬无夏,春秋相连,年平均气温9℃,年降水量431.3毫米,日照时数2978.2小时。乃东区以农业为主,兼有牧业,是西藏自治区的商品粮基地县(区)之一。农作物主要有青稞、小麦、油菜、豌豆、蚕豆等;主要饲养牦牛、奶牛、绵羊等。主要野生动物有豹、马鹿、黑熊、岩羊、白唇鹿等;药用植物有冬虫夏草、贝母、鹿茸、红景天等;矿藏资源主要有金、铜、铁、水晶、云母、砂金、花岗岩、石灰岩等。耕地面积7581.49公顷,粮食播种面积3297公顷。流域面积10平方千米以上的河流9条,湖泊54个,河流年均径流量4111亿立方米。境内各河流水能蕴藏量17.43万千瓦。林地面积48380.57公顷,森林覆盖率32.67%。有西藏第一块农田索当、第一座村庄索卡、第一座宫殿雍布拉康等西藏历史上诸多“第一”。有西藏民主改革第一村、第一批农牧民党员、第一个农村党支部等民主改革后“八个第一”。全区共有文物点76处,其中全国重点文物保护单位3处、自治区级文物保护单位10处、县级文物保护单位24处、其他文物保护单位39处;非物质文化遗产39项,其中国家级2项、传承人3名,自治区级非物质文化遗产2项、传承人3名,市级非物质文化遗产5项、传承人6名,区级非物质文化遗产30项、传承人33名。有国家级风景名胜区雅砻河风景名胜区,有国家AAAA级旅游景区昌珠寺、AAA级旅游景区雍布拉康。特色产品有藏毯、德堂糌粑、核桃、青稞、藏鸡、藏鸡蛋、藏香猪、草莓、红皮土豆、菜籽油等。2022年,完成地区生产总值(GDP)77.67亿元,同比增长1.8%。其中:第一产业增加值1.79亿元,增长5.2%;第二产业增加值29.34亿元,增长2.9%;第三产业增加值46.53亿元,增长1%。三次产业结构由上年的2.2∶37.8∶60调整为2.3∶37.8∶59.9。全社会固定资产投资同比下降27.9%。一般公共预算收入2.04亿元,同比下降40.84%,其中税收收入1.49亿元,同比下降41.48%。增值税完成0.79亿元,同比下降38.66%;企业所得税完成0.12亿元,同比下降82.17%;个人所得税完成0.32亿元,同比增长7.69%。全年完成社会消费品零售总额45.9亿元,同比下降6.5%。农村居民人均可支配收入23406元,同比增长7.1%。

【重要会议】 区委经济工作会议。1月5日，区委经济工作会议在山南市科技文化中心召开。会议传达学习中央经济工作会议、西藏自治区党委经济工作会议、山南市委经济工作会议精神，总结2022年经济工作，分析当前经济形势，研究部署2023年经济工作。山南市副市长、乃东区委书记张维出席会议并讲话，区委副书记、区长索朗平措就2023年经济工作进行安排部署。区委副书记、区人大常委会主任梅先阳主持会议。

区委二届四次全会。1月8日，区委二届四次全会在山南市科技文化中心召开。山南市副市长、区委书记张维主持会议并讲话。会议传达学习中共十九届六中全会、西藏自治区第十次党代会和市委二届二次全会精神，审议通过《中共乃东区委员会关于深入学习贯彻党的十九届六中全会和自治区第十次党代会巩固党史学习教育成果加快推动乃东长治久安和高质量发展走在全市前列的意见（讨论稿）》。表决通过乃东区关于推荐提名自治区出席中共二十大代表候选人建议人选名单。区领导索朗平措、梅先阳、杜飞、强巴、侯树彬、张靖、白玛维色、张俊出席会议。

区委二届五次全会。12月10日，区委二届五次全会在山南市科技文化中心召开。山南市副市长、区委书记张维主持。会议审议通过张维受区委常委会委托作的工作报告、《中共乃东区委员会关于深入贯彻落实中共二十大精神 加快推动“四个创建”“四个走在前列”全面建设社会主义现代化新乃东的实施意见》《中共乃东区委员会关于实施党建引领基层治理体系和治理能力现代化建设的意见》。在岗县级领导、区委委员、候补委员、区纪委委员、区自治区第十次党代会基层代表列席会议。

区第二届人民代表大会第三次会议。1月13—14日，区第二届人民代表大会第三次会议在山南市科技文化中心召开。会议应到代表149名，因事因病请假21名，实到代表128名，出席人数符合法定人数。大会表决通过区委副书记、区长索朗平措所作的《政府工作报告》，区委副书记、区人大常委会主任梅先阳作的《乃东区人大常委会工作报告》，区人民法院《乃东区人民法院工作报告》，区人民检察院《乃东区人民检察院工作报告》，区发展和改革委员会《乃东区2021年国民经济和社会发展计划执行情况与2022年国民经济和社会发展计划草案的报告》，区财政局《乃东区2021年财政预算执行情况与2022年财政预算草案的报告》的决议。大会执行主席张维、梅先阳、白玛维色、张俊、琼美朵、次仁罗布、蒋宏伟、达瓦云丹等市、县级领导和主席团成员出席会议。各乡镇（街道）、区直各单位、各寺管会主要负责人列席会议。

政协第二届乃东区委员会第二次会议。1月12—14日，中国人民政治协商会议第一届乃东区委员会第二次会议在山南市科技文化中心召开。会议应出席委员82名，因病因事请假16名，实到66名，符合政协章程规定。会议审议通过区政协主席格桑代表政协第二届乃东区委员会常务委员会作工作报告、区政协副主席张秀丽代表政协第二届乃东区委员会常务委员会作的提案工作情况的报告、政协第二届乃东区委员会第二次会议政治决议。区领导张维、杜飞、侯树彬、白玛维色、张俊等出席。

区第二届纪委检查委员会第二次全会。2月26日，中共乃东区第二届纪律检查委员会第二次全体会议在山南市科技文化中心召开。山南市副市长、区委书记张维出席并讲话。会议审议通过区委常委、纪委书记、监委主任高良平代表区纪委常委会作的题为《深入贯彻落实全面从严治党略方针为“干在实处、走在前列、当好排头兵”提供坚强保障》的工作报告。区领导索朗平措、梅先阳、邹云、李欣、强巴、白玛维色出席会议。各乡镇（街道）、区（中）直各单位主要负责人，区纪委监委机关、区委巡察机构、乡镇（街道）纪委全体干部列席会议。

区委政法工作暨更高水平平安乃东建设推进大会。4月28日，乃东区委在山南市科技文化中心召开政法工作暨更高水平平安乃东建设推进大会。山南市副市长、区委书记张维出席会议并讲话。会议总结2021年政法工作，深入分析当前和今后一个时期乃东区面临的形势，安排部署2022年政法和平安建设工作。区委常务副书记殷功博主持会议，区委副书记、政法委书记、公安局局长邹云作2022年政法工作报告。区领导李欣、强巴、侯树彬、高良平、张靖、白玛维色、张俊等出席。

【重要决策事项】 2022年,乃东区把迎接服务中共二十大胜利召开作为全年工作的主线,召开二届区委四次全会,表决通过《乃东区关于提名推荐自治区出席党的二十大代表候选人建议人选名单》,配合做好中共二十大代表选举工作。研究制定《乃东区关于认真学习宣传贯彻党的二十大精神工作方案》。制定实施《乃东区委"党建强基"三年提升行动计划(2022—2024年)》,推动管党治党向纵深发展。制定实施《乃东区村(社区)"两委"班子绩效考核办法(试行)》,预算130万元绩效考核奖励资金,激励村(社区)干部真抓实干。持续巩固"平安中国建设示范区"成果,召开更高水平平安乃东建设推进大会,制定实施《乃东区更高水平平安乃东建设三年规划》等制度文件。组织召开二届区委五次全会研究制定贯彻落实中共二十大精神实施意见,不断推动中共二十大精神在乃东付诸行动、落地见效。深入推进"改进作风、狠抓落实"工作,制定印发《关于加强政治建设持续改进作风的规定》《乃东区2022年进一步改进作风狠抓落实工作方案》等5份文件。出台《关于实施党建引领基层治理体系和治理能力现代化建设的意见》等。

2022年4月13日,乃东区在多颇章乡布麦村举行农村房地一体不动产权证书颁发仪式。图为领到不动产权证书群众

【队伍建设】 2022年,乃东区坚持新时代好干部标准,凭能力用干部、以实际论英雄,持续深化干部政治素质考察,注重在维护稳定、改革发展、疫情防控等重大斗争一线考察识别干部、选拔任用干部,提拔调整176名干部,晋升职级干部99人。在全市率先完成事业单位岗位设置工作,及时晋升职员等级54人,让想干事、能干事、干成事的干部人才有人生出彩的机会。建立"'95后'年轻干部""村级后备干部""乡村振兴人才"等储备培养数据库,充实后备力量,培养年轻干部。注重建立如鱼得水的制度环境和鱼鸟归林的人才机制,完善人才引进、培养、使用、评价、流动、激励等机制,营造拴心留人环境。实施"千名干部线上赋能工程",开办"干部人才大学堂"精品课程12期。开展第二届"最美共产党员""最美基层干部"评选表彰活动,引导广大党员干部干在实处、走在前列、当好排头兵。

【民生事业】 2022年,乃东区积极推进"十大幸福工程",巩固拓展脱贫攻坚成果同乡村振兴有效衔接。严格落实"教育优先"政策,投入7500余万元推进学校标准化建设,及时兑现"三包"经费766.09万元、营养改善经费114.1万元。成功创建国家级健康促进县(区),积极推进国家级慢性病综合防控示范区创建工作。孕产妇住院分娩率、精神障碍患者管理服务均达到100%。新创作品《小康赞歌》成功入选全国第十九届群星奖。乃东区文化馆、图书馆总分馆顺利挂牌。编纂出版《乃东年鉴(2022)》,《乃东县志(2001—2010)》送交出版社,《乃东区地名历史文化释义》即将出版发行。兑现城乡居民基本医疗保险、大病保险、医疗救助资金4207.03万元,兑现各类生活保障金1102.91万元。救助劝返流浪乞讨人员169人。完成1487名退役军人优待证申领工作。开展农牧民"理论+实践"技能培训12期1058人,实现转移就业13196人、外出务工总收入2.23亿元。882名应届高校毕业生就业率达89.57%,广大农牧民群众仓廪实而知礼节,衣食足而知荣辱。

【城乡建设】 2022年,乃东区全面推进县级国土空间规划、"多规合一”村庄规划及43个行政村村庄规划编制工作。完成农村宅基地改革试点阶段性任务，建立47个行政村农村集体“三资”监管平台，完成6668宗农村宅基地测量工作。完成农村危房改造31户。自治区级“四好农村路”示范区创建工作进入考核验收阶段。建成乃东区结莎社区热邓老旧小区改造项目、乃东区岗布、罗布林东老旧小区改造项目等。有序推进多颇章乡嘎东团结新村庭院经济、厅都沟林草兼种项目、颇章乡布仁村产业振兴基础配套公路项目等项目的建设。深入开展农村人居环境整治“十大美丽行动”。改造农村卫生户厕22座。动员24户66人边境搬迁，完成全年目标任务的132%。

【产业发展】 2022年，乃东区完成总播种面积6.02万亩，粮、经、饲比例74∶15∶11，粮食产量达2.4万吨，同比增长1%。乃东区青稞种植系统被列入第六批中国重要农业文化遗产名单。推进结巴3500亩连片饲草基地开发建设项目前期工作。新生仔畜3.98万头，成活率95%。猪牛羊肉产量4900吨、禽肉产量407.9吨、蛋产量750吨，同比分别增长35.7%、400%和176%。完成黄牛改良冻配5294头，春秋两季重大动物疫病免疫密度达100%。生猪（藏猪）、奶牛、藏鸡等特色产业基地初具规模。完成27个“十三五”产业项目产权归属明晰和固定资产清产核资工作。锦泽商砼、协和太阳能等企业运营良好，累计实现营业收入2.3亿元，同比增长35.29%。推进嘎东团结新村屋顶分布式光伏项目。才朋、郭乃风力发电项目进入测风阶段。成功举办2021西藏山南乃东旅游推介会，与湖北省中国旅行社达成游客输送合作协议。壮大扎西曲登民宿、夜伴蜂声休闲园等特色旅游产业。全年累计接待游客27.1万人次，实现旅游综合收入2976.28万元，同比分别增长82%和182%。成功举办第41届雅砻物资交流会，总成交额6.1亿元，同比增长22%。

【生态文明建设】 2022年，乃东区始终将生态文明建设和环境保护作为全局性、战略性举措来抓，全面落实“党政同责、一岗双责、终身责任制”，区委带头扛起生态环境保护建设、河长制、林长制工作职责，建立健全领导干部生态文明建设责任制、生态环境保护考核办法和责任追究等制度，制定《关于乃东区着力推动加强生态文明建设走在全区前列实施方案》《生态环境“六大”专项整治方案》，层层压实各级党委、政府环保责任和企业主体责任。紧盯环境保护重点领域、重大项目和重点企业组织开展专项检查50余次，提出整改要求99次。制定《乃东区护林员举报制度》，127项森林督查反馈问题整改率达97%。严格监管矿产资源开发，布麦砂石场、中铁五局道砟厂、滴新村砂石场、曲德贡采石场、百荣砂石场生态恢复通过专家验收，多若采石场生态恢复任务过半，努日铜矿生态恢复全面启动。全力打好污染防治攻坚战，全区环境空气质量达标率保持在98%以上，集中式饮用水水源地水环境质量达到《地下水质量标准》Ⅲ类标准。建成投用山南市医疗废物集中处置中心提标升级项目、雅砻库区生态清洁流域综合治理工程。乃东区畜禽粪污资源化利用整县推进项目（二期）、亚堆乡支那村疑似污染耕地土壤治理与修复项目形象进度分别达到60%和85%。金鲁、泽当、郭莎等10个社区成功创建自治区级生态文明示范村。落实森林绿化和防沙治沙工程，完成义务植树1200亩，“四旁”植树4.14万株、工程造林560亩、补植补造2万余亩。兑现2486名生态岗位人员补助870.1万元。各乡镇（街道）垃圾转运、填埋设施全覆盖，各乡镇生活垃圾转运及处置率达100%。

【乡村振兴工作亮点】 2022年，乃东区以产业振兴夯实经济基础，聘请8名自治区农科院资深专家担任产业顾问，采取“公司＋科研单位＋基地＋合作社＋贫困户”、土地入股等多种形式，巩固提升粮食、禽畜等传统产业，深化发展设施养殖、绿色蔬菜、文化旅游等惠民产业，培育壮大主导产业。全年，27个“十三五”产业项目带动贫困户253人稳定就业，人均增收4500元／月，带动周边群众170人就业增收，人均增收4000元／月。开展“干部培育壮骨行动”和“乃东英才集聚行动”，建立“95后年轻干部”“村级后备干部”等储备培养数据库，联合北京大学开办乡村振兴主题精品线上课程、依托援藏资源举办乡村振兴示范培训班、创新开展村（社区）党组织书记抓党建促乡村振兴“擂台比武”。依托乃东区"藏源之乡"的历史文化优势，促进文旅产业融合发展。发挥机关志愿和基层骨干宣讲员作用，深入各村(社区)、学校、寺庙等单位开展政治理论和政策法规巡回宣讲活动。启动乃东区"文化银行"建设试点工作，通过文化夜校、网红授课、个人自学等形式，铸牢中华民族共同体意识。推进自治区生态文明建设示范创建工作。印发实施《乃东区全面推行林长制实施方案》《乃东区全面推行河长制工作实施方案》。启动10.75万元亚堆乡水源地网围栏保护项目。完成42个村(社区)乡村振兴规划设计，实施美丽宜居示范村项目5个。在多颇章乡索朗村等7个村(社区)铺设地下排污管道并新建化粪池，提升农村污水治理水平。推进厕所革命，完成6788户，卫生厕所普及率达85%以上。出台《乃东区委"党建强基"三年提升行动计划(2022—2024年)》，探索"党建+"产业增收、文旅融合、环境整治等模式。创新村(社区)干部国家通用语言文字学习教育形式，推广"党群活动日""集中办公日"，推动"红色美丽村庄试点建设"，开展党务工作者"大学习、大练兵、大比拼"活动。

【强基惠民】 2022年，乃东区研究制定驻村干部《铸牢中华民族共同体意识》学习读本，把铸牢中华民族共同体意识纳入驻村工作全过程，开展中共二十大精神宣讲活动，共宣讲665场次、受教群众75356人次，理论测试201场次，参与人数2068人。制定实施《乃东区国家通用语言"一对一"结对帮学方案》，组织培训1096场、17327人，理论测试204场、5966人。依托"美丽宜居"乡村建设项目和强基惠民工程，开发一批商品房建设项目，推广"强村带弱村""村企共建"模式。为民办实事964件，投入资金1014098元，惠及群众48552人，争取项目11个，总投资488万元，带领群众就业434人，增收58.7万元。

【宣传工作】 2022年，乃东区突出政治，抓住关键，开展中共二十大迎接服务学习宣传贯彻工作，把学习宣传贯彻中共二十大精神作为当前和今后一个时期的重要政治任务，及时召开全区干部大会、区委常委会(扩大)会议开展集中宣讲、集中轮训，研究制定贯彻落实意见和宣讲工作方案，使会议精神转化为贯彻落实具体举措。区委班子下基层、入农户、进企业、到学校开展宣讲，迅速掀起学习宣传贯彻的热潮。开展"乃东这十年""不忘来时路、薪火永相传"等主题活动，借助大中型户外宣传版面和横幅，全方位、立体式、多角度呈现10年来波澜壮阔的历史画卷，全力营造正确的政治方向、舆论导向、价值取向。

【平安乃东建设】 2022年，乃东区深化基层社会治理，高起点谋划、高标准制定实施《乃东区更高水平平安乃东建设三年规划(2022—2024年)》，规范综治网格中心建设，试点"乃东党建引领基层治理"信息平台，推进更高水平平安乃东建设。突出关键节点、重点领域、重要部位，严防死守，完成中共二十大、全国"两会"、北京冬奥会期间的各项维稳安保工作任务。全面推广新时代"枫桥经验"，狠抓"双拖欠"整治工作，持续开展社会各类隐患摸排处置，协调解决各类信访问题43件。制订实施"八五"普法规划，深化法治宣传，依法治区建设深入推进。严格实行"党政同责、一岗双责、失职追责"，制定实施全面加强安全生产"十五条硬措施"，安全生产形势平稳有序。坚持教育引导常态化，强化国家安全教育，加强人民防线建设，治理体系和治理能力现代化日趋彰显。

【项目建设】 2022年，乃东区落实重大项目县级领导包保机制，全年共实施项目146个(含市直)，开复工率74.87%。完成"十四五"项目前期工作53个，完成率85.5%。建成乃东区2019年公共租赁房(泽当地块)、萨热路城市更新、乃东区畜禽粪污资源化利用整县推进项目(一期)等项目。加快建设亚堆乡支那水库工程、乃东区泽当大道片区(城中村)棚户区改造、湖北大道综合管廊工程(和平南路至金珠南路段)、乃东家园一期等一批项目。加快推进乃东居委会片区棚户区(城中村)改造(一期)、山南市标准化厂房、多颇章乡小学改扩建等一批项目。序时推进泽当大道商住楼、羊卓峰住宅小区、万源府等一批项目。加快办理达当水库、亚堆乡曲鼻灌区、鲁琼防洪堤工程等一批项目的前期手续。

【营商环境】 2022年，乃东区深化"互联网+政务服务"，"一网通办""掌上办""一次办"承诺时限压缩比例 55.3%，运行平台受理事项办结率达 100%，四类市场主体简易注销公告时间缩短至 20 天，企业设立登记压缩在一个工作日以内，企业登记事项网上办理率达 97%。截至年底，全区共有各类市场主体 11035 户，总注册资金 215.5 亿元，较 2021 年同期分别增长 8.2% 和 8.4%。强化知识产权保护，全区拥有商标 1338 件。开展“招商引资百日攻坚”行动，吉源饭店等 20 个招商引资项目加快建设。全面完成山南市、乃东区储备用地及幸福路、纬一路建设项目拆迁工作，累计兑现征地拆迁补偿款 2000 余万元。乡（镇）快递物流服务网点实现全覆盖，电子商务网络交易额达 291 万元。

【维护稳定】 2022 年，乃东区坚定“稳定出事、万事皆休”的思想，始终坚持总体国家安全观，树牢忧患意识、坚持底线思维，以警钟长鸣、警惕常在严防死守关键节点、强化措施抓在日常，确保全面社会局势和谐稳定。准确把握西藏工作的阶段性特征，始终坚持“两个毫不动摇”的方针，全面落实“反分裂斗争各项工作只能加强、不能放松”的要求，紧盯潜在风险隐患，深入开展调研排查，认真梳理安全隐患，明确重点任务、具体措施，压紧压实责任，确保应对有力、处置得当。保持高压严打态势，按照“7+1”维稳防控模式，深入开展大走访、大排查、大服务、大整治、大收缴、大净网、大练兵活动，制定《乃东区维护国家安全和社会稳定情报信息工作奖励办法》及其实施细则，并设立奖励资金。

2022年8月3日，乃东区良种繁育和绿色高质高效示范田通过自治区验收

【党建工作】 2022 年，乃东区全面加强基层党组织建设。以提升组织力为重点，突出政治功能，持之以恒抓好基层基础工作，制定出台《乃东区委“党建强基”三年提升行动计划》，聚焦各自工作职能和特点，分门别类加强各行业、系统领域党组织标准化建设。制定实施《乃东区县级领导干部党建联系点制度》《乃东区村（社区）“两委”班子绩效考核办法（试行）》等制度文件 5 个，多措并举实施基层组织夯基固本工程。开展村“两委”班子换届“回头看”，持续整顿软弱涣散基层党组织。深入实施乡村振兴“领头雁”工程，大力实施集体经济“薄弱村”提升行动，全区所有村（社区）集体年经济收入均达 10 万元以上。研究制定《关于城市基层党建引领基层治理的具体措施》，全面推行驻区机关企事业单位党组织进社区报到服务积分制管理。

【党风廉政建设】 2022 年，乃东区牢固树立反腐败斗争没有任何特殊性的思想，切实扛起全面从严治党的职责，履行主体责任，持续保持高压态势，受理信访举报 4 件，处置问题线索 41 件，办结 32 件，其中立案办结 12 件，给予党内警告 3 人、严重警告 1 人、撤职 1 人、开除党籍 6 人、移送司法机关 1 人。巩固拓展中央八项规定精神成果，紧盯隐形变异问题开展监督检查 25 次，发现立行立改问题 6 件，坚决整治享乐主义、奢靡之风，防止反弹回潮。召开干部教育警示大会，召开处分决定宣布暨“以案促改”会议 12 次，用身边事警示教育身边人。研究制订区委巡察工作规划（2022—2026 年），组织实施区委第二、第三轮巡察。

【经济社会发展典型案例】 农村集体产权制度改革工作。乃东区自 2018 年被确定为全国第四批农村集体产权制度改革试点县区以来，按照“试点先行、创新特色、逐步推广、压茬推进”的工作思路，全面完成改革试点各项工作任务，探索出一条具有乃东特色的改革路径。工作成果在西藏自治区、山南市两级考核验收中均被评为优秀等次。在工作推进过程中，及时成立以党政主要负责人为正副组长的领导小组，从本级财政中列支150万元，用于支持农村集体产权制度改革试点工作，制定印发《乃东区关于开展农村集体产权制度改革工作的指导意见》《乃东区农村集体经济组织成员身份认定指导意见》《乃东区农村集体产权制度改革规范指引》等意见办法，引导各乡镇（街道）村（社区）沿着正确的改革方向做细做实各项工作。通过"三聘"（即聘请具有工作经验的第三方技术服务单位、聘任区财政局专业财会人员、聘用乃东籍未就业财会专业大学生）模式，组建专家指导组，巡回指导全区47个村（居）集体清产核资工作。将户籍清理作为农村集体经济组织成员身份认定的基础工作，对违规落户、死亡未销户等户籍问题进行集中清理整治。指导各村（居）因地制宜探索股权量化路径，以人口股、土地股、贡献股、农龄股等多种股类，合理将集体经营性资产、资源量化到人、固化到户。指导各村（居）依法依规成立以村（居）党支部书记为理事长的集体经济发展组织，逐步构建归属清晰、权责明确、保护严格、流转顺畅的农村集体产权制度。引导各村（居）发挥各自区位优势、资源禀赋，多种形式发展壮大集体经济，群众分红收益不断增加，改革红利在基层不断释放。2022年，乃东区委农村工作领导小组办公室获评全国农村集体产权制度改革工作先进集体。

泽帖尔编织技艺。2022年，乃东区凭借泽帖尔编织技艺被文化和旅游部命名为2021—2023年度"中国民间文化艺术之乡"。泽贴尔是一种纯手工精羊毛哔叽纺织产品，又称哔叽，是一种上等的氆氇制品，具有质地柔软、持久耐用、纹路清晰、冬暖夏凉、清洗不变形等特性。泽帖尔选材非常考究，只取羊脖子后颈上的毛，这个部位的羊绒毛纤维更长，细腻柔软。一只羊身上平均只能出400克这样的羊绒毛，织一条围巾大概要用掉20只羊的后颈羊毛。制作工艺要经过18道工序、数十种纯天然原料，包括藏红花等名贵药材；经纬线反复编织，才可完成一件昔日贡品的制作。泽帖尔的经纬线编织技术相当精细，即便是最熟练的工人，一天也只能织20厘米左右，制作一套纯手工的藏装至少要用半个月的时间。泽帖尔的制作工艺比较复杂，原材料经过清洗，去除杂质、梳理后，根据所要编织的物品，用特制的木质工具手工捻制不同粗细的经线、纬线。每厘米要求经线≥720根，纬线≥30根。编织好的泽帖尔用小火反复烤制，使表面光滑，用30—40℃温水浸泡5—6小时，然后再用冷水清洗，将洗好后的泽帖尔卷成一卷，用大石压3—4天，染色后进行成品保存处理。

党建引领基层治理。2022年，乃东区坚持党建引领、网格驱动，以信息技术为支撑，建成"党建引领基层治理"信息平台，有效提升城市基层治理体系和治理能力现代化水平。投入64万元在琼嘎顶社区和罗布林卡社区试点运行"乃东区党建引领基层治理"一体化平台，实现网格化"智"治。设置"智慧党务、网格管理、处置调度、决策分析、疫情防控"五大系统板块，开设"藏源e先锋""乃东e家"微信小程序，提升网格管理的精细化水平。构建街道、社区、网格、散户区（小区）、双联户五级管理服务架构，建立城市社区网格化"三级包联包保"责任体系。在泽当城区以300—500户为基数精准划分72个网格，把网格划到单元、楼道，划到散户区、沿街商铺，以网格管人管事、服务群众。招聘27名专职网格员，将152名网格民警下沉到8个城市社区，全面开展基础数据库建设和矛盾纠纷排查化解工作。综合采集社区和网格内人口、房屋、党员、法人、市政设施等基础信息，规范上传"党建引领基层治理"一网统管系统平台。网格民警依托信息管理系统，对网格内19145条标准地址、69372名实有人口、4451家实有单位、22349户实有房屋进行全要素登记，实现"人来登记、人走注销"和"以房管人、以证管人"。构建"采集—上报—分流—处置—反馈—核查"闭环处置机制，排查化解矛盾纠纷45件、高效解决居民实际困难26件、优质提供公共基础服务52件。

【重点集体经济简介】 2022年，乃东区实施集体经济"薄弱村"提升行动，推广"强村带弱村""村企共建"等模式，发展壮大村集体经济，全区所有村（社区）集体年经济收入均达10万元以上。全区53个村（社区）共有179个项目，项目收益超过50万元的有67个，占项目总数的38%。

扎西曲登社区。扎西曲登社

区位于乃东区昌珠镇南部，雅砻河畔，距区政府12千米、昌珠镇政府8千米。总面积22.23平方千米，平均海拔3600米，林地面积702.75亩，全村共有132户、525人，2个村民小组、劳动力236人。是雅砻扎西雪巴藏戏的发源地，素有“藏戏第一村”之称，2006年雅砻扎西雪巴藏戏被评为国家级非物质文化遗产。2022年，扎西曲登社区以“党建强、乡村美、群众富”的目标，依托国家级非物质文化遗产雅砻扎西雪巴，打造乃东区藏戏之乡。通过党总支领航、党员示范、群众参与把闲置农房变民宿，在扮靓人居环境的同时，带动群众增收，着力解决社区集体经济底子薄、收入单一、造血功能不足等问题。探索“党建＋美丽乡村建设＋文旅融合”新模式，开拓民宿“牵手”非遗的发展新途径。社区党员带头办民宿，动员群众积极融入乡村旅游发展大局，先后累计接待游客5万余人次，促进社区集体经济和农牧民增收410余万元。

索珠乡党建引领村级产业抱团发展。索珠乡位于乃东区北部，距山南市28千米，下辖4个行政村。2022年，有农牧民663户2365人，耕地面积5118亩，林地面积31.1万亩，草场面积48.96万亩。索珠乡围绕“融合党建推动高质量发展”主题，立足发展大局，找准党建切入点、着力点和突破口，探索“乡村振兴党支部引领村级产业抱团发展”新模式，逐步形成“全面、精准、深度融合”的党建引领乡村振兴新路径。推行“支部建在产业上”的发展理念，探索成立乡村振兴党支部，设立高山畜牧养殖、藏药材种植、劳务输出、乡村旅游四个党小组。打造藏药谷产业园，累计创收119万元；打造六芽公司，累计创收260万元，形成“江之北”“六芽”“温雄商贸”三大特色产业品牌，累计为村集体分红108万元。

琼结县

【概况】琼结县位于山南市南部，东、北与山南市驻地乃东区接壤，西与山南市扎囊县毗邻，南与山南市措美县相邻，辖区面积1030平方千米，平均海拔3761米，地理坐标为北纬28°48′—29°12′、东经91°22′—91°47′，全境长44千米，位于雅鲁藏布江和喜马拉雅山之间，西、南、北三面环山，东面为狭窄谷地，地势西高东低，境内有一条季节性琼结河贯穿全境流入雅砻河至雅鲁藏布江。县城距山南市驻地乃东区28千米。琼结县辖琼结镇、加麻乡、拉玉乡、下水乡1个镇3个乡，20个行政村（社区），71个自然村。民族以藏族为主，另有汉族和其他民族。2022年，全县总户数5473户，总人口18008人。其中，城镇居民户数1374户，城镇居民总人口数2250人；农村总户数4099户，农村居民人口数15758人。琼结县属高原温带半干旱气候类型。以农牧业结合为主，主要农作物有冬小麦、青稞、豌豆、油菜、土豆、玉米等，牲畜有牦牛、黄牛、山羊、绵羊、马、骡、驴等。全年农作物播种面积2.74万亩，其中粮食作物面积1.84万亩、经济作物面积0.67万亩。林地面积26399.97公顷，森林面积24189.6公顷，占林地面积的91.62%，森林覆盖率25.4%。国家野生保护动物有藏羚羊、岩羊、黑颈鹤、雪豹、天鹅、獐子、藏野驴等，已探明矿产资源有锑、铬、铁、水晶石、玉石等。主要旅游景点有全国重点文物保护单位藏王墓、自治区级文物保护单位强吉庄园等。特色产品有糌粑、酸奶、青稞酒、达瓦卓玛服饰等。2022年，完成地区生产总值67842.9万元，同比增长1.7%（可比价）。其中，第一产业增加值4741.9万元，增长5%；第二产业增加值39339.3万元，增长2.3%；第三产业增加值33761.8万元，增长1.5%。全社会固定资产投资完成30441万元，增长35.1%，增速位居12个县（区）前列，其中招商引资完成6015万元，同比增长216%；全年完成邮政业务总量74万元；完成电信业务总量800万元；固定电话用户2300户，使用率95%；移动电话用户5962户，使用率46%；互联网用户2982户；社会消费品零售总额12903万元，下降5.5%。接待游客10.8万人次，同比下降37.1%，实现旅游收入679.8万元，同比下降37.1%。地方财政收入2952万元，同比下降8.4%；地方财政支出78156万元，同比增长34.9%。年末城乡居民储蓄存款余额66010万元，增长17.7%；农村居民人均可支配收入19811元，增长7.7%。实现城镇就业540人，城镇登记失业率3%。截至年底，参加城镇失业保险1669人，参加基本养老保险12827人，城镇职工参加基本养老保险10811人。参加新型农村合作医疗15468人,参合率99.8%。参加新型农村养老保险10811人,已领取养老保险待遇2638人。

【重要决策事项】 2022年,琼结县紧盯国家宏观政策和投资导向,聚焦自治区和山南市重点发展方向,加大对上汇报对接力度,争取把G560泽当至琼结段改造升级项目列入"十四五"规划中期调整。紧盯2022年37项重大项目,以更加务实的举措,推进琼结县郎热大道项目建设,高质量推动2022年高标准农田建设项目、堆巴村乡村振兴示范引领建设项目、雪巴村人居环境整治项目等乡村振兴项目。加快琼结110千伏输变电工程建设进度,配合开展山南拉玉220千伏输变电工程前期准备工作。坚持把发展经济的着力点放在实体经济上,全力打造山南市"菜篮子"基地工程,加快建设高原现代农业示范样板。以中石油"格桑泉"天然矿泉水项目、中粮生命之水二期为代表,加快绿色食饮品业发展。以西藏首个电梯生产项目通达电梯、华能"光伏+液氧液氮"源荷储一体化项目、琼结县整县屋顶光伏项目为代表加快推动清洁能源业和绿色工业发展。以萨喜钦布纯手工藏毯、达娃卓玛服饰为代表,加快民族手工业发展;以绿色产业园、江北双创产业园、援藏农产品加工园三大园区建设为契机,加强冷链、仓储、物流及商品交易中心建设,加快商贸物流业发展。立足创建国家乡村振兴示范县重大历史机遇,不断做大做强乡村特色产业,为全面推动乡村振兴提供坚实产业支撑。全年完成2022年襄阳市援藏项目共计12个,总投资1669万元,

【重要基础设施建设】 2022年,琼结县共组织实施教育承建项目4个,总投资860万元。琼结县白日村幼儿园薄弱改造建设项目,总投资200万元,已拨款136.8万元。琼结县拉玉乡小学供暖工程建设项目,总投资250万元,已拨款177.3万元。琼结县琼结镇完全小学供暖工程二期建设项目,总投资210万元,已拨款142.9万元。山南市琼结县薄弱幼儿园办学条件改善建设项目,总投资200万元,已拨款135.5万元。以上项目使师生在教育、安全、卫生等各方面得到有效保障,并不断改善学校办学条件和师生生活条件。完成投资80万元的乡镇卫生院检验室净化改造项目建设及设备安装工作。完成投资41万元的乡(镇)村卫生院(室)就医环境设施维修改善项目。完成"十四五"规划项目疾控中心能力提升可研、用地、稳评等前置手续。先后统筹各项资金分配完成价值230余万元的应急医疗防疫物资采购工作,并通过援藏、市卫健委、市发改委等渠道争取价值120余万元的医疗防疫物资。完成藏医院投资130万元的信息化升级改造及牙科建设设备购置项目评审招标挂网工作。完成576万元县域医共体信息化建设项目资金的整合及前置手续和评审工作。

【就业创业】 2022年,琼结县荣获全市农牧民劳动力转移就业先进县区称号。全年农牧民转移就业5604人,实现创收6549.8万元,完成年度目标任务的116.9%。区外就业30人,完成年度目标任务的30%;完成城镇新增就业490人,完成年度目标任务的90.9%。采取项目带动、组织外出务工等措施,全县组织转移就业3907人,完成目标任务的101.7%。高校毕业生就业创业成效明显。举办线上线下招聘会共6次,共开发885个就业岗位,其中为高校毕业生提供568个就业岗位,岗位开发率125.1%,现场签约129人。针对就业困难高校毕业生开发政府购买岗位专场招聘会,录用38人,均已上岗。231名应届高校毕业生已就业197人,就业率达87%。共举办农牧民技能培训20期、729人,完成年度任务的97.3%,培训后就业率达47%。落实就业创业奖补资金。对符合条件的22名农牧民兑现创业奖励资金4.2万元,对2021年符合条件、发挥作用明显的6个农牧民工联队兑现就业补贴资金4.24万元,对22名符合条件成功创业的高校毕业生兑现奖励资金112.2万余元。

【深化改革】 2022年,琼结县始终把政治建设摆在首位,以"学习二十大,政府'是什么、干什么、怎么干'"学习实践活动为抓手,深入学习宣传贯彻中共二十大精神。强化法治政府建设,主动接受人大法律监督、政协民主监督、审计监督和社会监督,人大代表建议、政协委员提案办复率100%。持续深化"放管服",政务服务事项网上可办率达100%,政府服务效能

不断提升。落实全面从严治党主体责任，强化审计监督结果运用。坚持不懈改进作风，践行“六个表率”“八个必须”，重实干、抓落实的氛围更加浓厚。政务服务中心共接待办事群众11895名，受理事项9426件，办结9426件，办结率达100%。

【乡村振兴】 2022年，琼结县深入实施乡村振兴战略，逐步推进农业农村现代化。完成地区生产总值67842.9万元，同比增长1.7%（可比价）。全县农村居民人均可支配收入13180元，增长10.4%。在全区74个县区中率先入选第一批国家乡村振兴示范县创建名单。全年共实施涉农资金统筹整合项目14个，总投资1.58亿元。脱贫人口、易地扶贫搬迁群众人均纯收入分别达16465元和15260元，分别增长16.3%和20%。树立农牧民新风貌行动扎实推进，谋划实施五大类20个项目，打造“文化银行”“绿色银行”等特色亮点。农村人居环境持续提升，人畜分离加快推进，农村户用卫生厕所普及率达95%，250户家庭创建为“美丽庭院”示范户。村组主要道路硬化率100%。农村饮水安全成效持续巩固提升。琼结县荣获山南市2022年度巩固拓展脱贫攻坚成果同乡村振兴有效衔接考核全市第一名。琼结县加麻村入选第六批中国传统村落名录。

【农业产业发展】 2022年，琼结县被评为全市粮食安全先进县区。全县农作物播种面积2.74万亩，其中粮食作物面积1.84万亩，经济作物面积0.67万亩，饲草料作物面积0.23万亩，粮、经、饲比例从2021年的67 ：20 ：13调整为67.2 ：24.4 ：8.4。全年完成粮食产量1144.805万千克，单产较2021年增加0.605千克；其中青稞产量841.5万千克，单产比2021年增加1.045千克；蔬菜产量826.41万千克；油菜产量71.223万千克。粮食产量比目标增加4.805万千克，青稞产量比目标增加1.5万千克。2022年全县牲畜存栏43073头（只、匹），新生仔畜16708头（只），仔畜成活数16221头（只），仔畜成活率达97%，肉年产量870.34吨，奶年产量1294吨，蛋年产量57.52吨；年内农机购置补贴资金279.44万元，年底共落实国家补贴资金153.81万元，其中国补1.7.36万元、省补46.45万元，购置农机具257台（套），受益户171户。

【平安建设】 2022年，琼结县平安建设成果持续巩固提升，各项综合性维稳措施全面落实，为中共二十大胜利召开营造和谐稳定的社会环境。坚持和发展新时代“枫桥经验”，建立“吹哨报到”机制，基层治理网格化信息管理平台县乡村全覆盖。宗教界“三个意识”教育全面开展。信访积案化解、双拖欠治理专项行动取得成效，信访案件同比下降88%。安全生产保持零事故、零死亡。琼结县深刻认识维护稳定仍然是现阶段西藏工作居第一位的任务，立足社会大局持续和谐稳定的坚实基础，持续巩固拓展连续3次荣获“全国平安建设先进县”称号后再夺“平安中国建设示范县”称号，连续2次问鼎全国平安建设最高奖项“长安杯”的重大成果，坚持发扬斗争精神，着力推进社会治理体系和治理能力现代化，坚决把影响稳定的问题解决在萌芽状态，坚决维护国家安全和社会稳定。

【高原特色产业发展】 2022年，琼结县粮食产量稳中有增，达到1.145万吨，其中“菜篮子”二期工程投产，年产量2154吨。国有牧场改制顺利完成，高山畜牧产业项目扎实推进，肉、奶产量分别达到870吨和1294吨。110千伏输变电工程开工建设。全区首个整县屋顶分布式光伏项目加快实施。全区首个电梯生产制造项目通达电梯建成。雅拉香布天然饮用水实现产值9258万元，丰华能源、萨喜钦布手工藏毯等企业有序发展。新增社会消费品零售总额限上企业1家。绿色产业园、江北产业园、农产品加工产业园“三园齐驱”格局初步形成。

【生态文明旅游建设】 2022年，琼结县深入贯彻落实习近平总书记“保护好青藏高原生态就是对中华民族生存和发展的最大贡献”重要指示精神，始终站在中华民族生存和发展的战略高度，加强生态保护与建设，成功创建第六批国家生态文明建设示范县。完成“三区三线”划定。河湖长制深入落实。林长制全面推行，历年森林督察整改任务圆满完成，中央环保督察和其他各类检查反馈问题扎实整改。国土绿化持续推进，完成植树造林9300亩，完成城乡道路绿化110

2022年8—10月，琼结县组织新时代文明实践志愿者组成秋收突击队，帮助群众抢收庄稼，确保疫情防控与抢抓秋收“两不误”。图为秋收现场

千米，全县林草覆盖率达93.32%。累计投入财政衔接推进乡村振兴补助资金1.6亿元，围绕“人畜分离、排污管道、道路硬化、立面改造、村庄绿化美化亮化”目标任务，打造乡村振兴示范村2个、人居环境整治村2个、巩固提升村1个。全县户厕改造共改造完成2940户，普及率92%。村内主要道路硬化率、农村安全饮水率均达100%。开展“美丽庭院”创建工作，创建示范户共88户。全面推进河长制工作，强化饮用水源地保护，设置9处地表水环境质量监测点位，划定农村饮用水水源地62个、县城集中式饮用水水源地2个。推进大气防治重点项目建设，完成生态红线划定及污染源普查工作，实现排污许可在线登记，将污染物排放控制在指标范围内。以保障农产品质量和人居环境安全为核心，开展违规建筑物专项清理行动，持续加强未利用土地监管。持续推进藏王墓景区申报国家AAAA级旅游景区创建，投入2272万元实施拉玉乡强钦庄园片区乡村振兴项目，发展乡村旅游。投入650万元打造全区有影响的新旧西藏对比教育基地，将强吉村、藏王墓、藏王陵博物馆、吐蕃故都等景区纳入旅游路线，与30多家旅行商签订合作协议。全年接待区内外游客10.4862万人次，实现旅游收入626.97万元。

【民族团结进步创建活动】 2022年，琼结县全面铸牢中华民族共同体意识，推动民族团结进步事业高质量发展，成功创建第十批全国民族团结进步示范县。全面贯彻落实习近平总书记关于加强和改进民族工作的重要思想，深入推进中华民族共有精神家园建设，积极培育践行社会主义核心价值观，推动各民族共同走向社会主义现代化。深入落实自治区民族团结进步模范区创建条例和规划，按照人文化、大众化、实体化的总要求，深入推进民族团结宣传教育和民族团结进步创建活动，持续推进模范区创建进机关、进乡镇、进村居、进学校、进宗教活动场所，形成宗教和顺、社会和谐、民族和睦的生动局面。

【基层党建群团】 2022年，琼结县有基层党组织162个，党委15个，党组37个（党组性质的党委3个），党总支19个，党支部128个。全年共开展党员教育培训39场次，培训党员1231人次。建立县委、乡（镇）党委、村（社区）党组织、网格党支部（党小组）、党员中心户的纵向组织体系，优化网格化管理。在全县72个网格上建立党支部47个、党小组25个、党员中心户124个。发挥党员干部示范带动和指导服务作用，委派72名科级干部包保网格，推动党员干部常态化下沉参与基层治理、服务群众。选优配强“领头雁”，建强村“两委”班子，调优训强管好村党组织书记，建立动态调整机制，探索建立“两委”班子帮带后备干部机制，充实由187名政治过硬、本领过硬、作风过硬和懂农业、爱农村、爱农民的基层党员组成的干部队伍。常态化抓好驻村和老干部工作，加大党建示范点创建力度，重点打造强吉村、堆巴村等9个全市基层党建示范点，形成一批叫得响、立得住、群众公认的组织振兴示范村。发展壮大村集体经济，投入中央财政扶持资金200万元、强基惠民资金300万元，发展堆巴、下水等6个村集体经济项目，17个村集体经济收入达5万元以上。

【民生保障】 2022年，琼结县确保惠民政策应享尽享，资金应兑尽兑。保障重点群体就业平稳，农牧民转移就业6506人、创收6502万元，应届高校毕业生就业率达到98.7%。聚焦群众“急难愁盼”，本级投入资金900余万元实施民生实事项目19个。实施教育教学质量提升三年行动，“5个100%”成果持续巩固拓展，学前教育普及普惠工作走在全市前列。医疗服务水平持续提升，公共卫生管委会实现村（社区）全覆盖。开展各类文化惠民活动305场次，创作文艺作品16个，挖掘非遗项目19项，久河卓舞传承人荣获中国非遗年度人物称号。社会保障覆盖面不断扩大，全民参保率保持在97.5%以上。

【对口援藏】 2022年，襄阳市第十一批援藏工作队推进项目援藏，完成2022年襄阳市援藏项目共计12个，总投资1669万元，启动实施琼结镇少儿智力拓展中心、区外代培班、幼儿园薄弱改造等项目，确定2023年基建项目4个，投资815万元，加快建设援藏产业园、强钦片区等“十四五”规划内项目，助力乡村振兴的产业发展。选派琼结优秀教师前往湖北文理学院培训学习，协调襄阳医护人员到琼结县人民医院开展医疗援藏工作，顺利完成琼结普外科首例微创手术和骨科首例创伤骨折手术。推进琼结县预算绩效管理改革，建立健全预算绩效管理制度体系，组织制定《琼结县行政处罚案卷标准及文书参考样式》，有效规范全县行政处罚行为，促进全县行政执法单位严格规范公正文明执法。

【廉洁建设】 2022年，琼结县深入贯彻落实区党委、市委关于改进作风狠抓落实工作的各项决策部署，聚焦“四查四问四着力”“八个必须”“六个表率”，切实把思想凝聚到干事创业上、把功夫下到狠抓落实上、把本领用到为民服务上，为推动琼结长治久安和高质量发展提供坚实的作风保障。广大党员干部特别是领导干部坚持以上率下，带头践行“一线工作法”，深入基层、深入群众，用心用情用力研究解决群众最关心最直接最现实的利益问题，切实让各族干部群众感受到改进作风、狠抓落实工作带来的新风尚、新变化、新成效。始终重视党风廉政建设、重视预防腐败，更加重视惩治腐败，组织200余名基层干部参观“身边事教育身边人”主题廉政展览。开展党员领导干部旁听庭审警示教育活动，“零距离”接受警示教育，增强廉洁自律意识，提高廉洁从政能力。受理问题线索4件，给予党纪政务处分7人，巡察党组织7个，反馈问题97条。强化不敢腐的威慑，打造海晏河清的政治生态。

【重点集体经济简介】 唐布齐村集体经济。唐布齐村以“产业助力就业增收”为目标，以产品为“名牌”，实行“党建＋产业＋增收”整合发展模式，打造“党建兴 瓜果香”的振兴富农之路。唐布齐村党委通过广泛宣传，在微信群、朋友圈等公众平台发布各类蔬果广告，突出特色绿色品种和比较优势，优先配备良种良苗，打响绿色蔬果品牌。依托现代化先进科技水平，在科技农业、科学育苗、温室水培上下功夫。经村党委与“菜篮子”产业项目积极争取，助推唐布齐村100余人稳定就业，人均月增收4800余元。

堆巴村集体经济。堆巴村驻村工作队坚持问题导向，充分开展调研、广泛征求意见，发挥“社区（村）吹哨，部门报到”机制，利用本村结对单位，主动邀请部门主要领导深入辖区为村集体经济发展出谋划策，然后与村“两委”班子

2022年6月16日，国家级非物质文化遗产项目琼结久何卓舞代表性传承人尼玛获2021年“中国非遗年度人物”称号

及合作社进行充分论证后，明确党建引领促合作社发展的总体思路，推行集体主办和农户参股以及“党支部+合作社+农户”的运营模式，量身定制合作社章程，完善财务管理、社务公开、议事决策等规章制度，确定合作社收益的60%用于增加村集体收入和运转预留、25%用于参股农户分红、15%用于增添农业机械促进合作社利益分配机制，多方争取150万元合作社发展资金。经实践探索，合作社逐步形成以农民为主体、产业为平台、股权为纽带的新型合作经营模式，为增强村级党组织的组织力、向心力，盘活农村土地资源、存量资产、人力资本，实现农村共同富裕奠定基础。2022年，合作社农机设备达到16台，农事服务面积覆盖6000亩耕地，年内以粮食生产耕、种、管、收全过程机械化服务合作为重点，实现集体增收13万余元，村集体经济营收突破99.7万元。集体经济增收600余倍，增长率居全县第一。

扎囊县

【概况】 扎囊县位于雅鲁藏布江中游、山南市西北部、冈底斯山南侧，县境地跨北纬28° 27′ 50″—29° 34′ 53″、东经90° 3′ 34″—90° 38′ 6″，全县平均海拔3620米，地势中间低两边高，以山地为主，系明显的高原河谷垂直气候。距西藏首府拉萨100千米，距山南市政府所在地泽当45千米，扎囊县总体气候属于高原温带半干旱季风气候，气候总体特征为冬长夏短、春秋相连、冬季寒冷干燥，冬春季多风沙且降水少。全县辖3个乡2个镇62个村（居），全县总人口39239人（有城镇户口的人数4778人，农牧民户口的人数34461人），户数9862户。全县辖区总面积2150平方千米。2022年全县农作物实际种植面积75209.31亩（粮食60325.2亩、油菜6272.9亩、土豆5202.2亩、设施蔬菜841.51亩、饲料/玉米2567.5亩），粮、经、饲作物比例调整为80 ：17 ：3。粮食产量2.682万吨，青稞产量1.48万吨。国家级野生保护动物有黑顶鹤、獐、鹿、褐马鸡等，已探明矿产资源有大理石、方解石、硅质岩、汉白玉、烙铁、锑、铜、铁、陶土等。深化文旅融合，续建雅鲁藏布江风光带旅游基础设施建设项目，做活乡村旅游产业，2022年累计接待游客21.43万人次，创收2306万元。发展扎囊特色旅游，完成雅鲁藏布江风光带旅游基础设施建设（沙漠公园）廊桥建设，对接山南旅投、西藏蓝海集团、白鲸旅游集团等企业，确保后期稳定经营。主要旅游景点有西藏第一座佛法僧俱全的桑耶古寺AAAA级景区1处、藏香生产地敏竹林寺AAA级旅游景区1处、扎央宗溶洞AA级旅游景点1处。推进民族手工业园区建设，以提质创品为重点转型发展民族手工业，支持氆氇、金丝帽、虱雕、藏香、陶瓷等传统产业。

【经济发展】 2022年，扎囊县全年完成地区生产总值199571.8万元（现价总量），比2021年同期增长2.1%（可比价增速）。其中，第一产业增加值11027.7万元，比2021年同期增长5.2%；第二产业增加值113168.9万元，比2021年同期增长3.1%（工业增加值4242.1万元，比2021年同期下降1.2%；建筑业增加值108926.8万元，比2021年同期增长5.0%）；第三产业增加值75375.2万元，比2021年同期增长1.1%。一、二、三产业的结构比重分别是5.53%、56.71%和37.77%。县固定资产投资累计完成166062万元，同比下降14.2%。完成招商引资17797万元，同比增长87.3%。完成社会消费品零售总额20660.9万元，同比下降11.6%。完成一般公共预算收入4717万元，同比下降17.5%。完成税收收入3277万元，同比下降63.57%。农村居民人均可支配收入18265元，比2021年同期增长8.1%。全县各项存款余额153501万元，其中个人存款81052万元，较年初增长16869.1万元；对公存款72449万元，较年初增长9184.8万元。各项贷款余额81270万元，其中个人贷款75629万元，较年初增加5253.6万元；对公贷款5640.88万元，较年初增加1206.7万元，实现中间业务收入196.52万元。

【重要会议】 2022年，扎囊县坚持学懂弄通做实总体要求，精心安排部署，召开县委常委会会议（含扩大会议）27次，把学习贯彻习近平总书记重要讲话重要指示批示精神作为重大政治任务，切实把思想和行动统一到讲话精神上来，把学习成果转化为奋进新征程、建功新时代的实际行动。1月12日，召开县委十届四次全会，深入学习贯彻中共十九届六中全会、自治区第十次党代会、市第二次党代会精神，审议通过《中共扎囊县委员会关于深入学习贯彻中共十九届六中全会、自治区第十次党代会、市二次党代会精神努力推进扎囊长治久安和高质量发展走在全市前列的意见》。12月1日，召开县委十届五次全会，全会讨论唐勇受县委常委会委托所作的工作报告、县委常委会抓党的建设工作报告、抓作风建设工作报告和县委整治形式主义为基层减负工作报告，审议通过《中共扎囊县委员会关于深入贯彻党的二十大和区党委十届三次全会、市委二届五次全会精神　全面建设社会主义现代化新扎囊的实施意见》，对学习贯彻中共二十大和自治区党委十届三次全会、市委二届五次全会精神，全面建设社会主义现代化新扎囊，明确任务、提出要求、作出具体安排部署。坚持每月召开县政府党组会议、常务会议和县长办公会议，每季度召开经济运行分析会，及时召开巩固拓展脱贫攻坚成果同乡村振兴有效衔接、生态环境保护、安全生产工作等会议，对阶段性工作进行总结和安排部署。按照自治区“四个走在前列”和山南市“六个走在全区前列”的总目标，开展乡村振兴、改善民生、维护稳定等工作，促进全县长足发展和长治久安。全年共召开县政府党组理论学习中心组学习会10次、县长办公会议11次、县政府常务会议16次，向县委提交“三重一大”事项报告27件，确保政令畅通。1月6日，扎囊县第十四届人民代表大会第四次会议在县城隆重开幕。来自全县各行各业和各条战线的人大代表，肩负着全县人民的重托，齐聚一堂，共商发展大计、共绘美好蓝图。大会应到代表131名，实到104名，出席人数符合法定人数要求。大会一致表决通过《关于扎囊县人民政府工作报告的决议》《关于扎囊县2022年财政预算执行情况和2023年财政预算草案的决议》《关于扎囊县2022年国民经济和社会发展计划执行情况与2023年国民经济和社会发展计划草案的决议》《关于扎囊县人大常委会工作报告的决议》《关于扎囊县人民法院工作报告的决议》《关于扎囊县人民检察院工作报告的决议》。1月6日，中国人民政治协商会议第三届扎囊县委员会第三次会议第一次全体会议隆重开幕。会议应出席委员80人，因事因病请假14人，实到委员66人，符合《协议章程》规定。大会审议通过《政协第三届扎囊县委员会第三次会议政治决议》《政协第三届扎囊县委员会第三次会议关于常务委员会工作报告的决议》《政协第三届扎囊县委员会第三次会议关于提案工作情况报告的决议》。

【重要活动】2022年3月24日，扎囊县开展植树造林活动，全县义务植树2360亩，共栽种柳树插杆176893株，参加2400余人次。6月8日，扎囊县举办喜迎中共二十大村(社区)“两委”成员专场知识竞赛。7月1日，扎囊县举行中国共产党成立101周年“升国旗、唱国歌”仪式，县委副书记、县长索朗格桑致辞。8月8日、10月7日、11月30日分别召开县委常委(扩大)会议，并多次组织召开疫情防控专题会议，传达学习习近平总书记对做好当前疫情防控工作作出的重要批示、重要讲话精神，传达学习中央、自治区、市委疫情防控专题会议精神，安排部署扎囊县疫情防控工作。新冠疫情发生后，县委书记唐勇，县委副书记、县长索朗格桑每日召开疫情防控调度会议，听取疫情防控工作情况汇报，安排部署疫情防控工作。12月6日，自治区副主席甲热洛桑单增在扎囊县宣讲中共二十大精神。12月6日，在岗县级领导、全县干部职工在综合会议中心集中收听收看江泽民追悼大会实况直播。12月9日，县委副书记、县长索朗格桑到联系寺庙安孜拉康寺，向驻寺干部和寺庙僧人宣讲中共二十大精神。

【班子和队伍建设】2022年，县委深入贯彻习近平总书记关于全面从严治党的重要论述、西藏工作的重要指示和新时代党的组织路线和治藏方略，深入学习贯彻中共二十大精神，自治区第十次党代会、市第二次党代会精神，落实《党政领导干部选拔任用工作条例》，坚持新时代好干部标准和民族地区干部“四个特别”政治标准，严格选用程序，做好干部选拔任用工作。全年提拔调整晋升科级干部253人，其中提任上一级职务54人、进一步使用5人，平职调整108人，晋升职级72人，免实职14人，领导班子整体功能和干部队伍结构进一步优化。

【农牧业发展】2022年，扎囊县优

化调整种植结构，全县农作物实际种植面积75209.31亩。其中，粮食60325.2亩，油菜6272.9亩，土豆5202.2亩，设施蔬菜841.51亩，饲料/玉米2567.5亩。粮、经、饲作物比例调整为80∶17∶3。粮食产量达2.682万吨，青稞产量达1.48万吨。全县种子田面积4600亩，其中一级种子田200亩、二级种子田4400亩。品种良繁田实行统一供种、统一管理。全年化肥指标1374.95吨，其中调运春播化肥937.32吨、调运秋播化肥437.63吨。病虫草害防治药物通过市农业农村局统一采购4.8吨。解决优质青稞种子22.95万千克，冬播种子7.5万千克，并按计划发放至各村居。种子包衣率达100%。

【教育事业】 2022年，扎囊县学前教育普及普惠优质安全发展持续推进，学前三年毛入园率达99.5%，走在全市前列。持续深入抓好教学常规管理，促进义务教育教学质量持续提升。提升学前藏语汉语教育水平，在少数民族幼儿基本掌握母语口语的基础上，从学习汉语口语起步，以听说为主，让幼儿在活动中学、在游戏中学、在环境中学，逐步提高掌握运用藏语汉语的知识和能力。开展推普周活动，开展每周四推普日活动，各园举办幼儿红色故事讲诵比赛。全年投入资金12484万元，实施中小学校幼儿园建设项目10个，完工4个，正在施工6个。实施高海拔学校供暖全覆盖项目，总投资3716万元，涉及县中学和28所村级幼儿园，供暖面积达35559.37平方米。先后荣获“全国群众体育先进单位”“山南市四讲四爱群众教育实践先进集体”“先进基层党组织”等称号、表彰18次，中小考喜获“双冠”，教师个人表彰13人次，保持全县基础教育在全市十二县（区）的领先地位。

【医疗卫生】 2022年，扎囊县卫生服务中心、藏医分院、吉汝卫生院、扎唐卫生院、扎其卫生院、桑耶卫生院、阿扎卫生院等7家药房均已开通医保结算系统。开展城乡居民暨僧尼免费健康体检工作，自4月30日开始开展城乡居民及僧尼免费健康体检工作，7月底顺利完成全县城乡居民及僧尼免费健康体检工作，应检尽检19502人。做好脱贫人口家庭医生签约服务和大病专项救治工作，对四类慢病患者进行规范管理与健康服务。对1397户、5657人脱贫户开展家庭医生签约服务，对2626名高血压患者、27名糖尿病患者、33名结核病患者、87名严重精神障碍患者进行随访管理，家庭医生签约和随访管理率达100%。医疗机构均实行先诊疗后付费，实行住院“零押金”制度，实行“一站式”即时结算服务。通过组建“服务团队”、乡镇卫生院医护人员下村、吸纳新村医等方式，充实村级医护力量。诊治结核病、白内障、风湿性关节炎、轻度慢性阻塞性肺气肿，轻度肝病等疾病。对不能治疗的优先转诊至医联体、定点救治医院、三级医院对口帮扶等上级医院，减少重复性检查与办理手续过程，为患者建立转诊绿色通道。截至10月底，全县卡介疫苗接种3865人次。开展鼠防监测，扎若村、乃卡村、亚杰村、前达村、念果村、江津村开展保护性灭獭工作，采集血样103份，结果均为阴性，先后对4例不明原因死亡动物进行现场处置后检测结果均为阴性。特定健康问题哨点监测项目覆盖10个行政村居、2所幼托机构、2所小学、1所初中、1所高中，应检840人，已检840人。开展饮用水监测工作。监测点34个，共采集水样34份，监测率达100%。开展食源性疾病监测工作，网报共计11例，无食物中毒。开

2022年3月24日，扎囊县开展法律进学校活动

展“一老一小”流感疫苗接种工作，共接种流感疫苗2569人。

【文化事业】 2022年，扎囊县举办文化惠民活动，组织62支行政村文艺演出队依托春节藏历新年晚会、“3·28”西藏百万农奴解放纪念日等开展文艺活动近110场，观众达26000余人。4月初，启动广场舞活动，每晚平均参与人数达270人。6月，联合山南市第三高级中学举办“校园文化节”，组织“哈呼曲艺社”到扎囊县村居文艺巡演，观众达12000余人。“七一”期间举办为期4天的“喜迎党的二十大”全民参与的文体文艺系列活动，活动设立4个项目（自行车比赛、游泳比赛、歌手大赛、广场舞大赛），发放2万余元的活动奖金，干部和群众参与人数达1300余人。开展以“文化润边”理论+文艺宣讲活动共计12场，受众达4万余人，发放宣传资料1700份，依托传统节日将群众喜闻乐见的文艺节目带到基层，全年县艺术团、各行政村文艺演出队开展文化惠民活动200余场，观众人数达1.3万余人。到拉萨、乃东等进行文化交流演出共7场，群众参与人数达5000余人，受到广大群众的喜爱，更好地宣传扎囊风采。

【社会保障】 2022年，扎囊县坚持以人民为中心的发展思想，着力在惠民生、保就业、促增收上下功夫，持续增强群众的获得感、幸福感、安全感。城镇新增就业645人，完成年度目标任务的87%，城乡抽样调查就业率96%。持续优化大学生结对帮扶工作，高校毕业生就业率达96%。推进多渠道就业促进群众增收，开发就业岗位1680个，其中市场就业岗位1012个、援藏开发岗位668个，完成农牧民转移就业13927人，创收1.745亿元。教育质量稳步提升，2022年中考、小考喜夺双冠，连续3年荣登十二县（区）榜首，义务教育学生入学率达100%。藏医院被评为“一级甲等”医院，建成县中心医院门急诊综合楼建设项目，县人民医院、疾控中心核酸实验室正式投入运行。城乡居民暨僧尼免费健康体检、免疫接种、地方病防治、妇幼健康、“两降一升”工作扎实推进。文化事业繁荣发展，开展各类文艺演出200余场次，广播电视综合人口覆盖率分别达到99%和100%。统筹推进城乡低保、临时救助、扶残、助孤、养老、退役军人保障等工作，城乡居民基本医疗保险、养老保险参保率分别达99.12%和99.2%。

【旅游发展】 2022年，扎囊县旅游接待人数21.43万人次，旅游收入2306万元，分别同比下降44.5%和50.2%。通过全力扶持招商引资企业，推出西普农业、藏草旅游休闲观光园、扎囊沙漠公园等新的旅游目的地，为将其创建为AA、AAA、AAAA级景区做足前期工作，营造氛围，促进传统的文化游、朝拜游向生态游、体验游转变。

【生态环保】 2022年，扎囊县始终坚持走生态优先、绿色发展之路，牢固树立“两山论”，打造生态文明高地，生态安全屏障日益坚实。拉萨周边造林项目、乡村“四旁”植树、飞播造林、先造后补、义务植树全面完成，植树造林、飞播造林12.03万亩。开工实施2021年雅江流域“山水林田湖草沙冰”生态保护修复项目，松卡河、前达河、白鸡山、孤西乌、章达采石场生态修复工作有序推进。鑫玉采石厂政策性关停补偿工作稳妥解决。严格执行耕地“占补平衡”制度，助力完善“增减挂”，严守耕地保护红线，牢牢守住8.9万亩永久基本农田和10.94万亩耕地保有量。划定城镇开发边界7259亩、生态红线67.31万亩。实行最严格水资源管理，完成扎其河、朗赛岭河、扎西岭曲“一河一策”编制、5条河流保护范围划定工作。持续推进落实“河湖长制”“林长制”。自治区级生态文明建设示范乡镇5个，示范村57个正在创建。中央环保督察、森林督查案件整改工作高质量推进。创新实施国土监管员制度，从源头上治理农村乱占耕地问题。全县生态环境质量保持良好态势，空气质量优良率达到99%以上，主要湖泊、地表水水质整体保持良好。

【乡村振兴】 2022年，扎囊县严格落实“四个不摘”要求，推动巩固拓展脱贫攻坚成果同乡村振兴有效衔接，坚决守住不发生规模性返贫的底线，常态化开展防返贫监测大排查，19户、77人被纳入监测对象。安排应急返贫资金50万元，全年使用防返贫应急资金27.22万元；本级投入资金55万元，为建档立卡脱贫户、监测户和低保户6250人购买防返贫保险，通过防返贫救助保险救助40户群众，报销资金

16.66万元。安排875万元统筹资金用于搬迁点耕地改良，开发搬迁地耕地556亩。藏历新年期间，投入61.8万元对迁出扎囊县的302户、1263名搬迁点群众进行慰问。为桑耶镇、阿扎乡搬迁点等429户、1968名搬迁群众发放301.58万元的本年度口粮。重点对三岩片区搬迁安置点现有13户、110人，落实帮扶慰问资金4.88万元。技能培训2人，稳定就业17人。牢牢把握乡村振兴"20字"方针，持续推进乡村治理，建设宜居宜业和美乡村。"十四五"期间计划实施统筹整合乡村振兴补助资金项目55个，总投资12亿元，其中，计划实施乡村振兴建设项目23个，截至2022年实施乡村振兴建设项目7个，总投资17552.24万元，已完工项目3个。申报2023年乡村建设美丽宜居村6个，计划总投资14779.45万元。申报美丽宜居整村推进乡1个，2025年前计划完成23个美丽宜居乡村建设任务，加快补齐乡村建设短板。实施"消薄攻坚"行动，持续发挥扶贫开发和招商项目作用，统筹强基惠民工作经费，实施中央扶持壮大村集体经济项目14个，全县62个村集体经济年收入均超5万元，其中年收入超50万元的就有10个。

2022年3月24日，扎囊县开展植树造林活动

【强基惠民】 2022年，第十一批驻村工作队聚焦"四件大事""四个确保"、聚力"四个创建""四个走在前列""六个走在全区前列"，围绕铸牢中华民族共同体意识、带领群众致富、维护社会稳定、守卫边疆领土、开展反分裂斗争五项重点任务，以"四查四问"为抓手，带头做到"六个表率"，切实改进作风，狠抓落实，进一步巩固脱贫攻坚成效，全面推进乡村振兴，不断推动全县强基惠民活动深入开展。紧扣全县62个村（社区）资源禀赋、区位优势和存在的短板，按照党群干部进弱村、经济干部进穷村、政法干部进乱村、农牧干部进产业村、科技干部进专业村要求，根据不同派驻干部特长和派出单位优势，综合考虑队员构成的性别比例、年龄结构、身体素质、藏汉搭配等因素，进行因地选派、科学安排。如针对维稳压力较重、形势较复杂的杂玉村、阿嘎村、塔巴林村等选派县公安局派驻民警入村。针对三岩片区易地扶贫搬迁点桑耶社区等群众矛盾纠纷较为复杂的村（社区）选派县公安局和司法局干部驻村，针对乡村振兴示范点孟卡荣村选派县乡村振兴局干部驻村，做到选优配强、精准选派。严格按照"先进后出"的原则开展驻村轮换，开展村（社区）情况、项目、资金、文档、固定资产的交接工作和经验交流，切实做到轮换有序、对接无缝，确保驻村工作的连续性。全县共选派62支驻村工作队，其中市直派驻18个驻村工作队，县乡派驻44个驻村工作队，共选派261名驻村干部，其中正式干部138名，各类专干123名。协助村"两委"班子，针对萨噶达瓦节、中共二十大前期等重要时间节点，制定维稳方案、应急预案248个。开展联合巡逻9000余次，协调解决各类矛盾纠纷20余起。开展集中办公日活动496次，协调上级有关部门解决群众急难愁盼问题1万余件。疫情期间帮助群众加油加气4000余次，帮助解决滞留在外1000余人保障问题，为群众发放口罩、消毒液等防疫物资15万余个（箱、件），帮助群众秋收7.5万余亩。走村入户查看脱贫户基本情况150余次。深入开展《中华人民共和国宪法》《中华人民共和国民法典》《中华人民共和国传染病防治法》等法律法规宣传3000余场次，受教育群众3万余人次。普及疫情防控违法行为及法律后果知识9000余场次，受教育群众

达3万余人。开展党的民族宗教政策、反分裂斗争、民族团结、新旧西藏对比、感党恩教育750余场次,受教育群众1.2万余人次。多形式实施村干部国家通用语言文字教育培训1344场次。组织农牧民群众开展“喜迎党的二十大、奋进新征程”国家通用语言演讲、红歌比赛52场次,开展农牧民群众用国家通用语言“学唱国歌”线上比赛30余次。开展农居环境整治1600余次。协助村社区党组织开展主题党日370余次,协助推动落实“三会一课”制度700余次。

【宣传工作】 2022年,扎囊县紧紧围绕迎接宣传贯彻中共二十大精神,宣传县委、县政府在全面深化改革、乡村振兴、民生保障、生态文明、改进作风、狠抓落实等方面的具体举措和取得成效,利用“智慧扎囊”、扎囊融媒、政府新闻网站进行全方位、多角度、深层次宣传报道,在扎囊融媒抖音平台发布微视频623条,获赞240万余人次,粉丝19.4万人。在“智慧扎囊”微信公众号编辑发布信息2400篇,加强与上级媒体的沟通交流,推送稿件,在“学习强国”学习平台刊登扎囊县新闻稿件68篇,新华社、《人民日报》、央视等中央媒体刊登扎囊县新闻稿件110篇,中国西藏新闻网、西藏日报、西藏新闻联播等自治区媒体刊登扎囊县新闻190篇,山南报、山南网、微山南官方等市级媒体刊登扎囊县新闻250余篇。为喜迎中共二十大,在安全有效落实疫情防控各项工作的前提下,发布和张贴疫情防控宣传海报1800余张,悬挂宣传横幅70余条,向群众发放国旗3000余面;在火车站、江北高速沿线、101省道沿线、各乡(镇)主要路段利用户外大型广告牌、墙体喷绘等媒介铺设喜迎中共二十大胜利召开、习近平总书记“七一”重要讲话精神、生态环境保护、民族团结、社会主义核心价值观等宣传标语210条;在101省道、友谊路安装发光国旗、中国结368套,悬挂反光国旗、道旗600余套。

【产业发展】 2022年,扎囊县坚持把发展经济的着力点放在实体经济上,按照“一产上水平、二产壮筋骨、三产提品质”要求,持续做优农业、优先做强工业、坚定做好文旅。坚持稳粮兴牧,不断壮大现代农牧业,推动特色农牧业产业发展,抓好优质青稞、优质小麦、矮化苹果和藏香猪养殖等特色种养殖业,加快推进阿扎乡绿之源有机蔬果设施温室建设项目、阿扎乡易地扶贫搬迁点雅藏蜜瓜产业项目,发展高原特色农产品。不断壮大特色民族手工业,大力扶持氆氇、藏香、藏式家具、陶瓷、金丝帽等民族手工业,实现集中化、标准化、规模化生产。支持有机肥厂、卷材厂、辉言气体、昊天商砼、金砦建材等企业发展。全力发展新能源产业,始终坚持绿色发展理念,推进国光发扎囊县20兆瓦并网光伏发电项目、西藏民信山南扎囊县一期20兆瓦并网光伏发电项目等新能源项目建设。深化文旅融合,续建雅鲁藏布江风光带旅游基础设施建设项目,做活乡村旅游产业。发展扎囊特色旅游,完成雅鲁藏布江风光带旅游基础设施建设(沙漠公园)廊桥建设,对接山南旅投、西藏蓝海集团、白鲸旅游集团等企业,确保后期稳定经营。

【维护稳定】 2022年,扎囊县坚定不移贯彻总体国家安全观,落实各项综合性维稳防控措施,深入推进平安建设,深化网格化服务管理工作,在县域划分网格333个,常态化推动扫黑除恶斗争,破获刑事案件33起。坚持和发展新时代“枫桥经验”,深入开展信访积案化解、双拖欠治理专项行动,化解信访积案72件、解决拖欠民工工资1486.27万元。依法加强宗教事务管理,常态化开展“三个意识”“四条标准”教育,深化巩固寺庙、修行区清理整顿成果,有序推进寺庙财税监管。坚持以铸牢中华民族共同体意识为主线,深化拓展民族团结进步创建工作,创建市级民族团结模范单位4个、模范家庭1户,县级民族团结进步单位23个、模范家庭30户。全面落实安全生产“十五条硬措施”,聚焦重点行业领域,持续深入开展安全生产大检查,安全生产形势保持稳定,实现安全生产“零事故”。

【项目建设】 2022年,扎囊县有重点项目35个,总投资60.48亿元,其中国家投资项目32个、民间投资项目3个。400万元以下项目共19个,总投资3251万元,其中交由本地农牧民施工队(企业)实施项目17个,吸纳农牧民就业5684人次,实现增收930万元。民间投资项目8个,总投资8989万元,就业800余人,实现劳务收入约900万元。专项债券项目1个,西藏扎囊县民族手工业园建设项目总投资20935万元，其中申请2021年国家专项债券资金14600万元。该项目于5月开工建设，完成总工程量的55%。

【招商引资】 2022年，扎囊县贯彻落实山南市“招商百日攻坚”行动方案，持续加大招商引资力度，县委书记唐勇亲自带队赴湖南株洲开展招商洽谈，先后考察株洲市荷塘区金山工业园、云龙大数据中心、炎陵九龙工业园区并与企业建立良好的关系。其间，对接洽谈10余家企业。通过多种途径宣传《西藏自治区招商引资优惠政策若干规定》，完善企业投资服务流程，贯彻落实减税降费政策，增强招商引资吸引力，充分彰显西藏自治区持续优化营商环境，推动各种所有制企业共同发展的坚定决心，进一步增强企业发展信心，稳定市场预期。

【特色产业】 申报西藏蔬菜优势特色产业集群建设。2022年，为加快推进扎囊县“菜篮子”工程，结合西藏蔬菜优势特色产业集群建设方案，融入2023—2025年规划实施的自治区优势特色产业集群创建工作，并申报蔬菜产业集群创建方案，计划2023—2025年在阿扎乡绿之源蔬菜基地、阿扎乡戈壁田园、扎唐镇嘎杂村有机肥厂等区域建设有机蔬果产业园提质改造、现代农业设施及数字化建设项目、有机固废处理中心项目。规划投资7200万元，其中中央财政资金1800万元、企业配套资金5400万元。

完成藏鸡产业集群创建工作。西藏优势特色产业集群项目2021年到位资金为910万元，2022年到位200万元，按照飞地经济模式委托西藏宏农农业发展有限公司运营。经县委、县政府会议研究，在全县范围内选出3个集体经济薄弱的村居作为扶持对象，经筛选，最终确定扎囊县吉汝乡吾隆村、吉汝乡夏如村、吉汝乡念沙村为受益村居，根据西藏宏农农业发展有限公司签订的投资协议要求，每年固定回报为投资资金的2%，壮大村集体经济建设、小型产业项目的建设等，已完成吉汝乡吾隆村、夏如村、念沙村2022年收益分红18万元。

冷链物流建设。为加强一、二、三产业融合发展，加快推进农产品冷藏保鲜设施项目，2021年扎囊县争取农产品冷链物流保鲜补贴资金1000万元，按照4∶6的比例要求，企业承担60%的资金，计划在阿扎乡戈壁田园和绿之源基地建设，截至2022年底，戈壁田园冷链设施已建成，绿之源冷链仓储已完成设计。

【重点集体经济简介】 扎囊县扎唐镇羊嘎居委会藏帽“次仁金果”农民专业合作社。成立于2013年8月，主要生产和经营藏式帽子。合作社现面积为650平方米，有员工45名。合作社按照“村委会+专业合作社+基地+贫困户”的形式经营管理，将该项目国家投资的一部分资金作为项目收益（建档立卡贫困户的股金），由项目所在村委会、专业合作社按股金给贫困群众分红。按绩效发放工资，每人每月6500—15000元，实现农户增收。该合作社月均生产藏帽2500顶，每顶价格300—1400元，除去原材料费用、人工费用，每顶藏帽净利润50—200元。除了西藏当地农牧民群众使用外，也销往青海省、四川省等地及印度等国家。

扎囊县虱雕工艺农民专业合作社基本情况。1994年，在拉萨开办“娘热阿妈藏式家具厂”，招收扎其乡申藏村、民主村等地待业青年20余人。2012年，正式成立扎囊县扎其虱雕工艺农民合作社，开设木雕培训班，在原有的基础上配备各种设施设备，有木工操作室、雕刻室、绘画室、产品展厅室，形成“一条龙式”操作管理模式。项目实施后年均总销售额能达到800万元；生产经营年成本为425万元，一年员工工资250多万元，纯利润为25万元；先后培养180多名虱雕技术人员，厂内员工60多名，员工月工资达5000元，技术员月平均工资达7500元，同时享受奖金、节日慰问金、全勤奖等；继承和发扬优秀的民族手工艺术，为全县待业青年提供学习技艺和就业机会，带动周边群众，增强创收能力。主要生产精致的木雕产品，并从事仿古建筑装修、寺庙装修。

孟卡荣合作社。于2013年注册成立孟卡荣专业农机合作社。孟卡荣村共有122户、563人、耕地面积为2009.14亩，农机合作社位于村庄上部，合作社现有社员13人，总面积为3300平方米，注册资金83.1万元，内设分别有糌粑加工厂、磨面加工厂、羊毛加工厂、车库、种子包衣房等。合作社拥有各类机械设备35台（套），其中农用机械29台，分别为联合收割机6台；翻地804为3台、1404为1台、1304为4台、604为1台；大型播种机4台；大型犁4台；旋耕机3台、深松机2台，其他机械共计6台，共价值283万元。2019年3月升级为“国家级农机专业合作社”，实现规模化、专业化、现代农业产业经营模式，全村从“小农经营”的传统模式中解放出来，促进劳务输出、提高土地使用面积，解决剩余劳力就业30余人（贫困户8人）。

贡嘎县

【概况】 贡嘎县地处雅鲁藏布江中游，平均海拔3750米，地势总体呈现宽阔平坦之势，地貌类型以高山和谷底为主，属于藏南湖盆谷地，水资源丰富，历年平均气温8.6℃，年降雨量316.6毫米。距离拉萨市72千米，距山南市政府所在地泽当镇89千米，西藏最大国际机场坐落于甲竹林镇，G349、拉林铁路、泽贡高等级公路穿境而过，“铁公机”立体交通网络基本形成，辖9个乡（镇），43个行政村（含昌果乡团结新村），159个村民小组，10778户。根据第七次全国人口普查数据，常住人口53701人，人口出生率10.22‰。全县共有144个党组织，其中9个乡（镇）机关党组织、43个村级党组织、13个寺管会党组织、14个学校党组织、2个退休党组织、55个县（中）直机关党组织、8个派出所党组织、18个“两新”党组织。党员5393名，其中农牧民党员3621名。2022年，贡嘎县地区生产总值完成246320.4万元，同比增长2.1%；农村居民可支配收入达到20044元，同比增长7.9%；全社会固定资产投资完成359571万元；社会消费品零售总额完成20929.9万元，同比下降19.3%。签订招商引资框架协议1份，计划总投资8亿元。全县乡镇和村（居）通畅率分别达到100%和97.7%；农田灌溉率和人畜安全饮水率分别达到91%和97%；实现电网乡镇全覆盖；乡镇、村（居）通信覆盖率达100%；全县乡镇通邮率100%；全县行政村通电话率100%。

【重要会议】 中共贡嘎县委2022年度经济工作会议。2022年1月13日，召开中共贡嘎县委经济工作会议，会议坚持以习近平新时代中国特色社会主义思想为指导，深入学习贯彻中共十九大和十九届历次全会精神，全面贯彻落实中央、区党委和市委经济工作会议精神，总结2021年经济工作，分析当前形势，部署2022年经济工作，市委常委、县委书记刘圣育出席会议并作部署讲话，县委副书记、县长平措总结2021年工作，部署2022年工作。在家县级领导，各乡（镇）、县（中、区）直各单位、各寺管会负责人参加会议。

中国人民政治协商会议第三届西藏贡嘎县委员会第二次会议。2022年1月15日，县召开中国人民政治协商会议第三届西藏贡嘎县委员会第二次会议。大会应出席委员64人、因事因病请假9人，实到委员55人，符合政协章程规定。各乡（镇）主要负责人，县（中）直各单位负责人列席会议。会议审议通过政协第三届贡嘎县委员会第二次会议关于政协常委会工作报告的决议、政协第三届贡嘎县委员会第二次会议关于提案工作情况报告的决议、政协三届二次会议提案审查情况的报告、政协第三届贡嘎县委员会第二次会议政治决议。

贡嘎县第十四届人民代表大会第三次会议。2022年1月17日，贡嘎县召开贡嘎县第十四届人民代表大会第三次会议，应到代表146名，实到代表125人。县委、县政府、县政协在家县级领导及县（中）直各单位、各乡（镇）、各寺管会负责人列席会议。会议听取和审议贡嘎县人民政府工作报告、贡嘎县人大常委会工作报告、贡嘎县人民法院工作报告、贡嘎县人民检察院工作报告；审查和批准贡嘎县2021年国民经济和社会发展计划执行情况及2022年计划的报告、贡嘎县2021年财政预算执行情况和2022年财政预算的报告；补选夏瑞、兰睿2人为贡嘎县第十四届人民代表大会常务委员会委员；大会作出各项报告的决议。

中国共产党贡嘎县第十届委员会第四次全体会议。2022年1月18日，贡嘎县召开中国共产党贡嘎县第十届委员会第四次全体会议。县委委员19人、候补委员3人出席会议，县纪委班子和部分县、乡（镇）基层代表及县（中）直各单位、各乡（镇）、各寺管会负责人列席会议。传达学习中共十九届六次全会公报和自治区第十次党代会、山南市第二次党代会及市委二届二次全会精神，审议通过

《中共贡嘎县委常委班子2021年度工作报告》《中共贡嘎县委员会关于深入学习贯彻党的十九届六中全会和自治区第十次党代会精神建好西藏大门户当好山南排头兵的行动方案》。

中国共产党贡嘎县第十届纪律检查委员会第二次全体会议。2022年2月11日，贡嘎县召开中国共产党贡嘎县第十届纪律检查委员会第二次全体会议。县级领导班子成员，九届县纪委委员出席会议，县(中)直各单位主要负责人，各乡(镇)党政主要负责人，学校、医院党组织负责人，不是九届县纪委委员的县监委委员，县纪委监委机关、县委巡察机构全体干部列席会议。会议传达学习西藏自治区纪委十届二次全会精神、市纪委二届二次全会精神，听取审议县纪委工作报告，审议通过县纪委十届二次全会公报。

中国共产党贡嘎县第十届委员会第五次全体会议。2022年12月10日，贡嘎县召开中国共产党贡嘎县第十届委员会第五次全体会议，县委委员22人，候补委员3人出席会议，县纪委班子和部分县、乡(镇)基层代表列席会议。全会审议通过《中共贡嘎县委员会关于贯彻落实〈中共山南市委员会关于贯彻落实《中共西藏自治区委员会关于深入贯彻党的二十大精神　全面建设社会主义现代化新西藏的意见》的实施意见〉的实施方案(讨论稿)》，刘圣育就实施方案向全会作说明，对学习贯彻中共二十大、区党委十届三次全会和市委二届五次全会精神作出安排部署。

【重要活动】　森布日极高海拔生态搬迁。2022年，县委、县政府主动担当、协调各方，组建工作专班，统筹推进森布日片区治理、协调、服务、教育各项工作，顺利完成森布日二期12个乡(镇)6003户、8900人的搬迁任务，常态化开展矛盾纠纷、劳资纠纷、安全生产、社会治安、食品隐患排查整治，积极举办专场招聘会，完善配套基础设施，确保群众搬得出、稳得住、能致富。

全面推进空港新区划转移交。2022年，贡嘎县制定《关于西藏空港新区(含甲竹林镇)移交工作的实施方案》，明确工作步骤和移交内容，细化23项工作交接表。先后召开县委常委会、县"四家"联席会议等专题会议，研究梳理移交工作清单259项。深入调研摸底，从6个方面梳理风险隐患，形成移交工作社会稳定风险评估报告，并针对性制定维稳安保方案。

【班子队伍建设】　2022年，贡嘎县委立足全县经济社会高质量发展需要，紧盯当前干部队伍建设存在的短板问题，系统做好干部"选育用管"工作。2022年，调整干部216名，其中提任上一级职务43人，进一步使用5人，职级晋升101人(其中，晋升一级至四级主任科员27人，公检法晋升68人，事业岗位晋升6人)，免(兼)职23人，平职调整69人。提任"85后"正科级干部9人，"90后"副科级干部16人。调整充实县委人才工作领导小组。加大人才引进和培育力度，在长沙市委组织部的帮助下，持续推进"小短援"援藏工作，2022年7名"短援"和6名"小短援"专业型干部人才赴贡嘎县开展援藏工作，为贡嘎县纵深发展提供强有力的人才支撑。利用主题党日、"学习强国"App等载体，采取集中学习、知识竞赛、以考促学、举办区内外培训等方式，及时跟进学习新时代党的建设总要求和组织路线，举办"党史+党建"知识竞赛、党建理论知识测试和各类培训。举办国家通用语言培训班2期，组织2次集中摸底测试，245名村(社区)"两委"班子成员基本掌握国家通用语言的运用。

【农牧业发展】　2022年，贡嘎县总耕地面积84912.9亩，测土配方面积78600亩，绿色高质高效创建面积76000亩。完成粮食播种面积74700亩，经济作物种植面积8200亩，饲草作物种植面积2100亩，复种种植面积19100亩。粮食产量35600吨，青稞产量25006吨，油菜产量775吨，蔬菜产量6657吨。完成2022年种子田及良种繁育基地建设2230亩。完成粮食稳产增产商品有机肥实施地块2万亩，推广优良品种73850千克。解决秋播化肥460.81吨。兑现种粮农民一次性补贴资金1726.1万元，兑现耕地保护补贴资金497.99万元，兑现农机购置补贴资金153.6558万元，受益户数为592户。春秋两季累计发放各类疫苗10033瓶(盒、箱)、各类治疗药物14541盒(箱、瓶)，注射应免255500头(只、匹)，实免252500头(只、匹)，免疫率达97.8%。完成黄牛改良4109头。肉奶产量分别完成2103.2吨和7263吨，完成率分别为105.2%

2022年8月12日，自治区党委常委、宣传部部长汪海洲（右二）到贡嘎县调研空港新区及贡嘎机场疫情防控工作

和121.05%，蛋产量达到50吨。兑现2020年牛羊出售补贴资金6.3万元。建设和完善全县6座农牧业防抗灾饲草储备库，县政府解决45万元用于防抗灾物资应急储备资金，县政府配套牲畜安全过冬饲草补助资金400万元。兑现年度草补奖资金879万元，促进农牧民增收。在吉雄镇红星社区、昌果乡昌果村实施高标项目2500亩，项目总投资812.93万元，完成项目总工程量的78%，完成拨付资金549万元，资金拨付率68%。实施农牧业领域基础设施项目18个，计划总投资9931.782万元，完成投资5434.2881万元，支出率达55%。

【教育事业】 2022年，贡嘎县有基础学校63所，其中初级中学2所，小学11所，教学点3个，幼儿园47所（县级幼儿园1所、乡镇幼儿园8所、村级幼儿园38所）。全县教师共566人，其中初中教师人数166人、小学307人、学前93人。在校学生数共计7078人（含送教上门学生32人，随班就读学生48人），其中初中生1455人（2022年初中毕业人数555人，普通高中以上录取人数277人，录取率49.91%；中等职业学校录取人数270人，录取率48.65%；未投档人数8人）、小学生3851人、幼儿园在园人数1772人。义务教育小学入学率100%、初中毛入学率100.21%，学前教育毛入园率95.37%，义务教育巩固率100%实现双百目标。

【医疗卫生】 2022年，贡嘎县组建中心医院，实行党建、人事、资产财务、业务、绩效考核、药械供应一体化管理，形成县域医疗卫生全局统筹管理模式，构建紧密型医共体。兑现“两扶”和寿星老人奖励扶助政策资金4696170元。深入实施“两癌”筛查和儿童营养改善等项目，孕产妇和5岁以下儿童死亡率分别控制在0%和6.15‰以下。成立43个村级公共卫生委员会，不断提升基层公共卫生和应急卫生能力。

【文化事业】 2022年，贡嘎县聚焦喜迎中共二十大主线，创作文艺作品《四件大事》《放歌新时代》。立足疫情防控工作，制作微视频《疫情防控》《志愿者》《一线工作人员》。开展“聚焦新贡嘎　感恩新时代”摄影大赛，“喜迎党的二十大　全民健身展新风”篮球比赛，“阳光晨练，健康生活”，“隔离不隔心、战“疫”送温情”送书活动等各类群众文化活动10场次，受众3207人次。下乡演出61场次，受众群众达15250人次。村文艺演出队开展演出278场次，受众达46335人次。电影下乡421场次，受众达54908人次。开展贡嘎县2022年“文化和自然遗产日”系列宣传活动，线上、线下推介特色民族手工艺。申报传统印染技艺，岗则铜器制作技艺，乃萨面具制作技艺为第六批自治区级非遗项目，申报传统印染技艺传承人巴桑，堆氆氇技艺传承人巴桑、托嘎铜器制作技艺传承人达瓦为第五批自治区级非遗项目代表性传承人。朗杰学忠堆康萨铜器有限公司申报为市级非遗传承领军人才工作室。杰德秀邦典编织技艺传承人旦增卓嘎，岗则铜器制作技艺传承人嘎玛旺久，格尔顿传统藏文书法用具传承人格桑顿珠，岗堆镇乃萨面具传承人旺久多吉等4名代表性传承人成功申报为第二批市级非遗项目代表性传承人。朗杰学氆氇编织技艺、东拉鹿舞、藏族传统“哲玛草”藏靴制作技艺项目及传承人被列入县级非遗名录。完成2022年度非遗代表性传承人考核工作，完成13家文保单位寺庙财税监管文物清查工作。

【社会保障】 2022年，贡嘎县城镇低保对象30户、44人，兑现低保资金37.16万元；农村低保对象291户、764人，兑现低保资金263.12万元。全县特困人员共计308人（浪卡子8人），其中集中供养人员148人，分散特困人员160人，兑现供养金共计438万元。全县残疾人数共计2018人，兑现重度残疾人护理补贴和困难残疾人生活补贴等资金478.6万元。实现农牧区劳动力转移就业3507人，转移就业3576人次，创收2176.03万元。开发就业岗位67个，实现就业10余人。应届高校毕业生共计610人，实际应届毕业生610人，实现就业603人，就业率98.8%。

【旅游发展】 2022年，贡嘎县共接待游客35万人次、旅游创收1816.46万元。以羊湖、日托网红打卡点为依托，带动群众增加现金收入60余万元。旅游基础设施建设项目顺利推进，总投资187万元实施羊湖沿线旅游导视系统项目。岗堆游客接待中心项目总投资1000万元，于3月18日顺利复工，已竣工验收并交付给岗堆镇人民政府管理运营。雅江之星——云上部落·给排水工程项目总投资750万元，已竣工验收。江塘镇岗巴拉山3898观景台项目总投资479.19万元，已竣工验收并交付给江塘镇人民政府管理运营。

【生态环保】 2022年，山南市生态环境监测四站对贡嘎县县域环境空气、地表水、集中式饮用水进行环境质量监测。监测数据显示，第一、第二、第三、第四季度，贡嘎县环境空气监测指标PM2.5、PM10、二氧化硫、二氧化氮、一氧化碳、臭氧均达到《环境空气质量标准》（GB 3095—2012）二级标准；地表水雅江上游1200米和雅江下游500米，2个点位监测指标均达到《地表水环境质量标准》（GB 3838—2002）Ⅱ类标准；吉雄自来水厂和贡嘎县中学水源点2处监测指标均达到《地下水质量标准》（GB/T 14848—2017）Ⅱ类标准。2022年，贡嘎县未发生一起环境安全事故，全县环境状况保持整体安全并稳步向好。严把建设项目环评审批准入关，加强建设项目事中事后监管，严格落实环境影响评价制度和环境保护“三同时”制度，突出服务重点项目和工程建设，抓好建设项目审批、备案和验收工作，督促企业依法依规完善环保手续，做到项目立项过程中早介入、早协调，为企业发展营造良好的环境。全年共审批项目45个，环评执行率100%。共接到中央第四生态环境保护督察组转办案件3件，分别为贡嘎县空心砖厂环境污染问题、森布日扬尘问题、天瑞食品公司环境污染问题，均已整改完成。印发贡嘎县《中央环保督察空港新区典型案例专项整改方案》，明确整改措施31项，截至年底，已完成整改9项，正在整改22项；自治区整改办拍摄组拍摄全区生态环境领域问题40个，其中涉及贡嘎县3个问题，分别为贡嘎县垃圾填埋场库容满、空港新区吉雄干渠污水直排、贡嘎县甲竹林镇甲日村5组非法黏土取料留下巨大取料坑，并结合贡嘎县实际，按照职责分工，明确牵头单位、责任单位，制定整改措施，均在整改当中。申报自治区级生态文明建设示范县，自治区级生态文明建设示范乡（镇）5个，示范村（居）25个，编制完成《贡嘎县生态文明建设示范县建设规划（2022—2026年）》《贡嘎县生态文明建设示范乡镇规划（2022—

2022年6月19日，市委副书记、市长次仁平措（中）到贡嘎县调研森布日极高海拔生态搬迁安置点项目建设情况

2025年）》《贡嘎县生态文明建设示范村居建设方案（2022—2025年）》并审查通过。

【乡村振兴】 2022年，贡嘎县常态化开展"三类人员"动态监测和帮扶工作，牢牢守住不发生规模性返贫底线。统筹整合涉农资金16370万元，实施项目10个，3个美丽宜居乡村振兴示范点项目建设加快推进。设立60万元防返贫专项资金，为易地搬迁户发放一次性生活补助47.1万元、发放一次性安置过渡补贴163.73万元。顺利完成森布日二期12个乡（镇）、6003户8900人的搬迁任务。建档立卡脱贫户人均可支配收入14347.93元，同比增长18.73%。

【强基惠民】 2022年，贡嘎县各驻村工作队开展铸牢中华民族共同体意识主题宣传383场次，覆盖群众45091人次；深入学习宣传习近平新时代中国特色社会主义思想，学习贯彻党章党规党纪和党的路线方针政策，学习宣传中共十九大和二十大会议精神1214场次，受教育群众113180人次。学习宣传习近平总书记关于西藏工作的重要论述和新时代党的治藏方略以及中央第七次西藏工作座谈会精神595场次，受教育群众72460人次。学习宣传自治区第十次党代会精神411场次，受教育群众35520人次。自治区"两会"精神258场次，受教群众25399人次。举办专题讲座83次，发放宣传材料24013份，开展专题宣传300期。宣讲乡村振兴政策393场次，受教育群众50427人次，印发宣传资料8434份，设置宣传栏100期；宣传巩固拓展脱贫攻坚成果、实施乡村振兴战略相关政策361场次，受教群众33867人次；协助做好易返贫致贫人口常态化监测350次。配合村（社区）党组织、乡镇和县（区）乡村振兴等部门对5913户开展返贫监测，制定有针对性的防返贫措施103条；协助开展农牧民使用技能培训41场次，受益群众2461人次，帮助1131名群众就业，增加收入1258700元。开展"我为群众办实事"实践活动，协调解决群众急难愁盼问题841件，为困难群众捐款捐物折合资金643147元；宣传"厕所革命""两降一升"和结核病、肝炎、风湿病、大骨节病等地方病综合防治工作230场次、覆盖群众49534人次。帮助1233名村民解决看病问题。依法推广国家通用语言文字903场次，参与群众13142人次，宣传免费教育政策和就业创业优惠政策206场次；协助开展植树、种草、整治脏乱差，建设美丽乡村活动1892次。组织驻村工作队队长、第一书记、乡村振兴专干等工作人员共147人进行脱贫攻坚知识专项培训。开展破除封建迷信宣传教育活动201场次，帮助村级组织完善村规民约229条，落实"四议两公开"解决处理问题199件；组织开展各类文艺活动274场次，覆盖群众94643人次。开展各类维稳宣传教育活动420场次，完善维稳方案预案273个；开展认清"村霸"问题的表现、危害及实质宣传活动124场次，受教育群众21613人次；宣传党的民族宗教政策304场次，组织开展民族团结进步创建活动268次。统筹用好强基惠民经费，帮助22个村级党组织兴办符合产业政策、市场前景好、就业带动强的集体经济组织22个、专业合作社26个，已产生稳定收益的有46个；加强特色民居村落保护，协助发展乡村旅游项目4个。荣获第十批强基惠民活动自治区级表彰先进个人1名、先进集体2个和优秀组织单位1个。在农牧民群众中开展《中华人民共和国宪法》《中华人民共和国民法典》《中华人民共和国刑法》《中华人民共和国道路交通安全法》《中华人民共和国国家安全法》《中华人民共和国治安管理处罚法》《中华人民共和国乡村振兴促进法》等法律法规宣讲教育892场次，受教育群众44181人次。宣传防范电信网络诈骗、禁毒知识教育等415场次，参与群众32774人次，发放宣传资料11261份。

【宣传工作】 2022年，贡嘎县委充分发挥县委理论学习中心组的龙头作用，制定下发计划方案，理论学习中心组共开展专题学习研讨15次，开展巡听旁听工作3次，各级各部门举办理论学习中心组学习会297场；持续加强"学习强国"使用督促、指导，全县注册人数2.4万余人，保证"学习强国"日人均积分达35分以上；采取各级领导干部带头示范宣讲、各级书记深入基层宣讲、基层宣讲员常态化宣讲方式，各级各部门共开展宣讲1233次，受众6.89万人次。及时调整充实贡嘎县自治区基层宣讲员86名，确保宣讲工作的连续性、有效性。主要负责人履行第一责任人职责，把网络意识形态工作纳入目标管理，与县中心工作同部署、同落实、同检查、同考核，确保意识形态工作责任的落实。

【维护稳定】 2022年，贡嘎县建立健全“雪亮工程”，为平安建设提供科技支撑，助力破获各类违法犯罪案件。联合制作森布日极高海拔生态搬迁点、机场二跑道、空港新区（甲竹林镇）整体移交等三项社会稳定风险评估报告。推进常态化扫黑除恶斗争，在全县10处设立宣传广告牌，深入开展线索摸排工作，持续释放“扫黑除恶永远在路上”的信号，坚决铲除黑恶势力滋生土壤。

【项目建设】 2022年，贡嘎县实行重大项目包保机制，以项目促发展，以稳投资保稳增长，着力推进一批重大项目建设，完工项目41个，在建项目35个，固定资产投资完成35亿元，总量排全市12县（区）第二。项目建设累计带动增收4121万元。确定今冬明春不停工项目49个，总投资4.31亿元。“十四五”规划项目前置手续办理率81%。实施援藏项目11个，总投资3470万元。申报政府一般债券项目2个，计划完成投资5000万元，分别为贡嘎县江塘灌区续建配套与节水改造工程、贡嘎县江南灌区岗堆子灌区（达然多水库灌区）续建配套与节水改造工程，都于12月完成招投标。总投资1000万元的抗疫特别国债项目贡嘎县卫生服务中心医疗能力提升项目已建成并投入使用。总投资1500万元的地方政府专项债券项目贡嘎县2022年昌果乡人居环境整治改造提升项目，于11月25日开标。

【招商引资】 2022年，贡嘎县招商引资项目共19个，其中在建项目10个，分别是西藏佰祥天厨拉萨贡嘎机场新配餐厂房项目、航站区改扩建供油工程、贡嘎县高原蜂业惠民项目、苜蓿草种植基地、贡嘎县森布日二期商业楼建设项目、山南市森布日二期19.46兆瓦屋顶分布式光伏发电项目、三峡集团西藏森布日雅曲乡2.54兆瓦屋顶分布式光伏发电项目、林芝毛纺厂恢复重建项目、贡嘎县江南矿业综合商贸商业楼项目、拉萨皮革有限责任公司迁建项目。全年完成投资7.51亿元，完成率250%，带动农牧民就业增收56万元，高校毕业生就业增收59万元。正在洽谈意向的项目7个，分别是西藏浙江临海商会贡嘎家具产业园项目、鸿艺绿色建筑新材料项目、西藏非物质文化遗产玉石雕刻代表性传习基地项目、刘琼村综合文化康养酒店项目、车用尿素生产项目、哈达围巾围裙生产项目、新型环保建筑建材生产示范基地项目，计划投资8亿元。

【经济社会发展典型案例】 贡嘎县杰德秀镇格桑围裙农牧民专业合作社，位于全区八大古镇之一的贡嘎县杰德秀镇，离贡嘎县城17千米，101省道贯穿其中，交通便利、信息灵通。通过“走出去、请进来”的经营模式，参加贸易洽谈会、博览会等多种形式宣传及推销产品，提升品牌知名度，以品牌打开市场，逐步扩大国际市场占有率。合作社主要生产品种有氆氇、围裙、围巾、毛毯、披肩等10余种产品种类，形成原来的单一生产变为多种产品经营模式，生产出来的产品销售到区内外的市场，特别是围裙、毛毯、藏毯其独特传统制作方式备受国内外消费者的青睐，为当地群众解决就业、增加经济收入创造条件，取得良好的经济效益和社会效益，对促进地方经济发展、传统民族文化产业发展起到积极作用。2006年，藏族邦典编织技艺被评为国家级非物质文化遗产，格桑（已故）本人也被评为围裙传承人，是国家五部委共同指定的全国少数民族手工产品定点生产企业之一。合作社注册资金为300万元，工作人员25人，2022年合作社经营2个月，创收23万元。

浪卡子县

【概况】 浪卡子县位于西藏自治区南部，山南市的西南部，喜马拉雅山中段北麓，是山南市12个县中海拔最高的县，也是离西藏自治区首府拉萨市最近的边境县。浪卡子县东连错美县，南接不丹王国，西与日喀则市康马县、江孜县接壤，北隔雅鲁藏布江与拉萨市曲水县相望。全县总面积7969.89平方千米，全县平均海拔4800米。浪卡子县属藏南山原湖盆宽谷区，四周边缘高凸，中间低洼湖泊，为高原型壑谷缓冲多平台地带，地质构造复杂。浪卡子县属高原温带半干旱季风气候区。光照充足，辐射强，冬春寒冷多大风，夏秋温凉多雨水，干湿季分明，年日照时数为2929.7小时，年降水量为376毫米，降水主要集中在6月下旬至9月中旬，年无霜期只有60天。全县盛行西北风，年均风速2.2米/秒，最大风速34米/秒。浪卡子县境内山峰众多，海拔6000米以上的山峰就达5座。其中，海拔最高的7206米(宁金岗桑峰)。还有大量冰川存在，宁金岗桑峰附近现代冰川发育，有冰川50多条，冰川面积达129平方千米，其中，以抢勇冰川最为著名。全县有藏南最大的内流水系：羊卓雍错—普莫雍错—哲古错流域。全县共有大小河流21条，汇入羊卓雍错的卡洞加曲是藏南最大的内流羊卓雍错湖水系河。羊卓雍错是喜马拉雅山北麓最大的内陆湖泊，总面积638平方千米，湖水平均深度20—40米，最深处达60米。羊卓雍错湖分岔极多，呈树状分布，具有独特的自然景观，为国家AAA级旅游景区。全县陆地面积6770.64平方千米，占全县总面积的84.95%；水域面积1199.25平方千米，占全县总面积的15.05%。浪卡子县境内自然资源有较高品位的沙金、丰富的太阳能资源和风能。国家级保护动物水獭、野驴、雪豹、盘羊、黑颈鹤、赤麻鸭、黄鸭及顶鹤等野生动物；有虫草、贝母及雪莲花等野生植物。羊湖中蕴藏量高达1亿—1.5亿千克的高原特有无鳞鱼和裂腹鱼。手工业主要产品有地毯、卡垫藏被藏靴、佛龛、金银首饰加工、羊卓服饰等民族手工业较为发达。主要景区有羊卓雍错、普莫雍错、岗巴拉山、宁金岗桑峰、卡若拉冰川、40冰川、嘎玛林草场以及各类鸟岛等自然景区，还有桑顶寺、扎热桑旦曲林寺、打隆宗古遗址等人文景观。有关羊卓地区文字历史的记载最早可追溯到公元前8世纪末至6世纪末。唐朝时，浪卡子属吐蕃五大茹之一的“约茹”管辖。元朝时，设立羊卓万户；元末，帕竹地方政权设立浪卡子宗，属当时西藏新建的十三大宗之一。明中后期，中央政府在浪卡子宗基础上，成立俺不罗指挥使司。清乾隆年间，西藏地方政府在今打隆镇，建立打隆宗。1954年，浪卡子宗、打隆宗归洛喀基巧管辖。1959年，成立朗格则县、打隆县，归江孜专区管辖。1964年，朗格则县、打隆县合并成立浪卡子县，划归山南专区管辖。至2022年年底，县级建制隶属山南地区未有变更。县府驻地浪卡子镇，海拔4445米，省道307线穿境而过，交通便利，距拉萨164千米，距山南市227千米；辖2个镇8个乡，95个行政村(其中11个居民委员会)，136个自然村，10263户，总人口38120人(其中农业人口34490人)。2022年，全年完成地区生产总值11.77亿元，同比增长8%；全社会固定资产增长0.2%；社会消费品零售总额完成2.35亿元，同比增长6%；2022年，全年各项税费收入14606.14万元，同比减收2593万元，降幅15.08%。其中，税收收入536.70万元，同比减收3271万元，降幅85.9%；减收原因为受实施大规模增值税留抵退税政策影响；还原增值税留抵退税4331.39万元后税收收入为4868万元，较2021年增收1060万元，增长27.84%，较2020年增收1385万元，增幅39.77%。非税收入547万元，同比增收335万元，增长158.02%，社会保障基金和职业年金收入13522.44万元，同比增收343万元，增长2.6%。落实落细新的组合式税收优惠政策，确保税收红利政策落地生根，截至年底减税降费及退税缓税4917.48万元；其中退还5户留抵退税4331.39万元，为35户小微企业“六税两费”减税23.88万元，为53户小规模纳税人免征增值税436.33万元，中小型制造业缓税0.6万元。农村居民人均可支配收入达到18226元，同比增长12.5%。接待游客16.6万人次，实现创收1481.7万元，同比下降155.5%。地方财政收入4212万元，同比增长17.62%，地方财政支出151168万元，同比增加51874万元，增长52.24%。2022年全县应届高校毕业生421人，同比增加43人，增长11.37%，已初次就业312人，就业率为74.11%。全县基本医疗保险参保人数为34219人，参保覆盖率持续稳定在98%以上。

【班子和队伍建设】 2022年，浪卡子县各级党组织坚持读原著、学原文、悟原理，深化拓展党史学习教育，以县委常委会(扩大)会议、党委(党组)理论学习中心组学习、“三会一课”、主题党日等制度为抓手，采取“线上学+线下学”“集中学习+个人自学”、应知应会测试等方式学习，截至年底，组织党务工作者应知应会测试4场，深入开展“大学习大练兵大比拼”知识竞赛活动14场。县委共推荐并解决9名优秀干部的职级待遇，推荐1名进一步使用和1名提任上一级领导职务。用好考核“风向标”和“指挥棒”作用，提拔及调整科级干部348人次。提拔使用一批在疫情防控一线表现良好的优秀年轻干部，提任正科级干部21人、副科级干部33人，进一步使用9人，晋升职级103人，共计166名干部；提拔乡（镇）干部79名，占47.6%，提拔寺管会、公安派出所、法检等维稳一线干部29名，占17.5%。突出政治教育和政治训练，制订《浪卡子县党员政治教育培训计划》，举办政治教育培训，第一书记、驻村工作队、乡镇党委副书记和组织委员、寺管会、学校、“两新”、离退休党组织书记共375人参加培训。聚焦作用发挥，持续增强基层党组织政治功能和组织力、凝聚力。截至年底督促指导3次、通报2次，特别是半年督促指导抽查党组织81个，发现共性问题10个、个性问题41个，问题已整改。聚焦重点工作抓落实。扎实开展村（社区）“两委”班子换届“回头看”工作，形成调研报告10篇、确定重点难点村1个、调整村干部4名，调整选派15名干部担任村（社区）党组织第一书记。举办村主干国家通用语言文字教育培训班10期，组织村干部国家通用语言文字测试600余人，开展文化夜校2184场次、学唱红歌483场次、朗读经典诗词458场次、观看红色电影267场次等，受训3100余人次，122名村级主干基本会使用国家通用语言，占比65%。开展软弱涣散基层党组织集中整顿工作，确定软弱涣散基层党组织4个。新发展党员118名、入党积极分子106名。开展“光荣在党50年”纪念章颁发和“七一”表彰工作，为3名老党员颁发“光荣在党50年”纪念章，表彰优秀党员干部40名、先进基层党组织10个，发放慰问金1800元、奖励资金3.6万元。疫情期间，成立一线临时党支部8个，组建党员志愿服务队、党员先锋队、党员突击队、党员巡逻队等201支，党员志愿者3700余名，设立党员先锋岗163个，广大党员主动请缨，戴党员徽章、亮身份、树形象，以实际行动践行“我是党员我先上”战斗誓言。

【重要会议】 2022年1月14日，中国共产党浪卡子县第十届委员会第四次全体会议召开。会议传达学习中共十九届六中全会和自治区第十次党代会、市第二次党代会精神，审议通过《关于深入学习贯彻党的十九届六中全会和自治区第十次党代会以及市第二次党代会精神加快推进浪卡子长治久安和高质量发展奋勇争先的意见》，表决通过浪卡子县推荐提名自治区出席中共二十大代表候选人人选名单。同日，召开浪卡子县委经济工作会议。会议总结2021年工作，分析当前形势，安排部署2022年经济工作。1月16日，中国人民政治协商会议第三届浪卡子县委员会第二次会议在皖江剧院开幕。1月17日，浪卡子县第十四届人民代表大会第三次会议在皖江剧院开幕。1月27日，浪卡子县委召开党史学习教育总结会议。2月21日，中共浪卡子县十届纪律检查委员会第二次全体会议召开。2月25日，浪卡子县召开县委农村工作会议。7月22日，浪卡子县召开欢迎安徽省第八批援藏干部人才座谈会。11月29日，中国共产党浪卡子县第十届委员会第五次全体会议召开。全会传达学习中共二十大和区党委十届三次全会、市委二届五次全会精神，讨论布多受县委常委会委托所作的《县委常委会工作报告》《抓党的建设工作情况报告》《改进作风狠抓落实工作情况报告和浪卡子县党的十九大以来整治形式主义为基层减负工作情况报告》，审议通过《中共浪卡子县委员会关于深入贯彻党的二十大和区党委十届三次全会、市委二届五次全会精神 全面建设社会主义现代化浪卡子县的实施意见（讨论稿）》。

【重要活动】 2022年1月28日，县委副书记、县长罗云带领县政府办、发改委、商务局、市场监督管理局、消防大队等部门负责人，深入县城部分酒店、超市、菜店、加气站和粮食储备库，调研指导疫情防控、安全生产、食品安全、市场保供等工作。代表县委、县政府向他们致以诚挚的问候和新春的祝福。2月22日，浪卡子县优化和调整乡（镇）机构设置揭牌仪式在浪卡子镇隆重举行。3月21日，浪卡子县举行2022年重点项目建设集中开复工仪式。计划开复工项目81个，总投资12.23亿元，年度计划9.1亿元。5月13日，县委副书记、县长罗云深入浪卡子镇道布龙社区调研指导道布龙社区乡村田园民宿建设和美丽乡村建设推进情况。7月15日，县委书记布多带领在家县级领导、部分县直部门主要领导共计45人集体参观浪卡子县“身边事教育身边人”廉政警示教育展，现场接受党性党风党纪教育。同日，县委书记布多深入县污水处理厂调研生产运行和中央生态环保督察反馈问题整改相关工作。9月14日，全县95支驻村工作队、395名驻村干部开展疫情防控秋收活动。9月27日，县委书记布多深入县藏医院、卫生服务中心、疾控中心调研了解核酸实验室新建、管理、运行等情况并看望医护人员、住院就诊病人以及援藏医生等。10月16日，中国共产党第二十次全国代表大会在人民大会堂开幕。浪卡子县各族干部群众纷纷通过电视、电脑、手机等多种形式收听收看大会盛况，累计5200余人次在各级党组织的统一组织下，共同见证这一历史时刻，感受着团结、奋进的时代脉动。11月9日，浪卡子县举行“助企惠民、城乡共促、享购杨卓”消费券发放仪式，共发放343.75万元。

【农牧业发展】 2022年，浪卡子县农作物播种面积4.08万亩，完成农作物复种面积937.79亩、复种率100%；温室复种201座、复种率100%。推广新品种（藏青17号、喜拉22、23号，藏青2000）4296亩。已完成秋收面积4.05万亩，其中粮食收割面积2.68万亩（青稞2.61万亩、小麦0.07万亩），油菜面积0.47万亩，蔬菜面积0.1万亩，饲草面积0.78万亩。积造农家肥5万吨、调运农资（化肥、农药、种子）380.45吨。全年粮食产量5091吨，其中青稞产量4822.7吨。完成冬播作物播种面积685.24亩，其中冬青稞113.28亩、冬小麦571.46亩，调运秋播化肥二铵10吨和尿素20吨，种子药剂拌种6万千克，集造农家肥462.5吨，2022年11月20日全面完成冬播工作。全县蔬菜种植面积1206亩，其中温室大棚201座，实现产量781吨，牲畜存栏280489头（只、匹），新生仔畜89862头（只、匹），成畜死亡控制在3%以内。实施人工饲草9700亩（含复种）；肉蛋奶产量分别达2360吨、1.66吨和7666吨。

【教育事业】 2022年，浪卡子县共有义务教育阶段学校17所，其中初级中学1所，乡（镇）小学16所；全县专任教师总数502人，其中初中140人，小学258人，学前104人，专任教师学历合格率100%；初中在校生1636人，小学在校生2942人，全县小学适龄儿童入学率100%、初中阶段毛入学率101.30%。全县幼儿园33所，其中县城幼儿园1所，乡（镇）幼儿园9所，村级幼儿园23所。在园幼儿1088人，学前三年毛入园率87.32%。浪卡子县严格落实“三包”、营养改善等各项教育惠民政策，2022年本级财政对教育投入895.25万元，占上年财政总收入的25%。落实“三包”经费1112.48万元、营养改善资金178.42万元、学生公用经费251.35万元；落实建档立卡大学生资助金为16.3239万元，惠及87名大学生；落实乡村教师生活补助资金为481.02万元，项目资金2461.41万元。全县有送教上门学生10人，按照每月2次送家上门要求，共送教上门服务20次。报考西藏班学生共计87名，其中15名考入西藏班校。全年新建5个幼儿园建设项目，浪卡子县中学等5所学校附属工程建设项目，8个乡镇五人制足球场建设项目，16个全民健身场地器材补短板乡（镇、街道）项目，总投资共2463.9万元，完成30%以上工程款的拨付任务，总体工程形象进度均达到40%左右。对义务教育学校下达247万元左右的供暖运行补助维护资金和32个幼儿园供暖项目资金493万元。

【医疗卫生事业】 2022年，浪卡子县开展“两降一升”工作。全县孕妇127例，产妇数328例，活产数323例，住院分娩活产数323例，住院分娩率100%；5岁以下儿童死亡数2例，死亡率6.2‰；婴儿死亡数2例，死亡率6.2‰；新生儿死亡数1例，死亡率3.1‰；孕产妇死亡数1例，死亡率309.6/10万；死胎死产7例，双胞胎2例。落实农牧民孕产妇住院分娩补助697350元、274人。持续开展妇女“两癌”筛查，8月对35—64岁农牧民及城镇低收入妇女开展“两癌”筛查工作，共筛查人数169人。组织群众、公安、医生进行新冠血清学检测共297人次，抗体产生率达96%以上。大骨节病预约297人完成初筛，现场就诊人数65人。在全县范围内开展包虫病人群筛查2281人，开展包虫病野外犬粪采集155份。完成2022年度碘缺乏病监测任务中的8—10岁儿童甲状腺B超及尿液采集工作，包括226人儿童甲状腺B超检查和226人儿童尿液采集。为9家公共场所办理公共卫生许可证，为23名公共场所从业人员办理健康证。

对五大行业(医疗卫生业、教育业、环境卫生业、交通运输业、快递外卖配送业)用人单位调查的一级医疗卫生业79人、二级医疗卫生业62人,中学生132人、小学生100人,环卫工人31人,客运司机5人、工作人员2人,交通局10人(包括2名工人),快递员42人、外卖员2人进行开展职业病监测干预工作。

【文化事业】 2022年,大力开展文化交流活动,县艺术团、行政村文艺演出队全年开展文艺演出430场次,深入观景台演出3次,赴拉萨市曲水县交流演出1次,观众达到4.2万余人次。全年创作文艺作品17件,推荐出版羊卓诗集1本,结合疫情防控创作、打造抗疫歌曲2首,抗疫小品3部。抗疫小品《疫情防控这样做》《秋收防疫》等作品在山南文化微信平台"山南市防疫抗疫主题文艺作品展播"。进一步推进全民健身工作,组织全民广场舞活动89次,参与群众6800余人。2022年,新增野外文物点1处,增设野外文物看管员2名,浪卡子县野外文物点7处(自治区级5处、县级2处),野外文物看管员13名(其中脱贫群众9人),兑现野外看管人员补助19.32万元。

【社会保障】 截至年底,浪卡子县共有农村低保279户、861人、城镇低保18户、25人,重病重残单独立户纳入低保12人。城乡低保各项资金落实情况第一至四季度落实农村低保补差资金1734700.21元,落实城镇低保补差资金142113元。落实第一至四季度农村低保边境县区增发10%资金430731元,落实城市低保增发10%资金24287.4元;农村低保共落实526800元,城镇低保共落实15000元;对城乡低保对象增发一次性生活补贴,其中农村低保共落实515200元,城镇低保共落实15000元。全年共救助临时困难对象178户、682人,发放临时救助金额119.4万元。下拨58万元在各乡镇建立乡镇临时救助备用金制度。落实2022年城市社区建设保障机制社区工作经费120万元。全县特困人数169人,其中集中供养83人、分散供养86人。落实特困人员资金118.38万元,其中第一至四季度特困人员生活补助资金共发放96.3万元;第一至三季度集中供养特困人员生活自理能力照料护理费补助资金共发放2万元,6—11月每人每月按照200元一次性补助资金共发放20.08万元。全县持证残疾人总数为1691人,享受残疾人"两项补贴"的有1612人,发放残疾人"两项补贴"共计250.68万元。

【旅游事业】 2022年,浪卡子县共接待游客166069人次,旅游创收1481.7万元。参与"5·19"中国旅游日活动、山南G219边境红色旅游专场推介暨"西藏人游西藏"旅游惠民政策发布活动。疫情期间共转运1763人,共接收隔离人员585人,县旅游发展资金中列支资金15万元,对浪卡子县旅游宾馆、酒店、民宿、家庭旅馆进行一次性纾困补助。

【生态环保】 2022年,浪卡子县城集中式水源和卡若雄曲上游(加桑桥)、下游(藏曲河)、羊湖西区、北区监测断面,水质均达到Ⅲ类和优于Ⅲ类标准,实施农村饮用水水源地保护专项行动2次。县城大气监测断面(区控)PM2.5、PM10、TSP、二氧化碳等浓度均符合《环境空气质量标准》(GB 3095—2012)一级标准要求。县城声环境功能区划分总面积为224.18平方千米,城区生产、社会生活、交通噪声等声环境质量状况较好,符合相应功能区的要求。切实做好县城污水处理厂的环保机制建立、设施运行、监测指导,规范日常管理工作,对污水处理设施开展执法服务15次,确保污水处理厂最大负荷稳定运行,实现废水达标排放。严厉打击环境违法行为,全年共检查60余家次,出动执法人员120余人次,下发整改通知书7份,督办通知2份,责改通知5份,下达现场勘察笔录15份,现场移动式执法录入28条,移交线索单7份(项)。落实全县生态补偿岗位资金629.73万元。总投资为2500万元的退牧还草项目于10月竣工。重点生态保护和修复工程项目2个,总投资为5536万元。春季义务植树活动,共种植树苗7万余株。

【乡村振兴】 2022年,浪卡子县脱贫人口人均纯收入指标为18321.44元,增长14.5%。2021年10月至2022年9月,脱贫群众人均纯收入18076.71元,同比增长12.92%。人均工资性收入9383.98元,占比51.91%;人均经营性收入3314.83元,占比18.34%;人均财产性收入530.88元,占比2.94%;人均转移性收入4847.01元，占比26.81%。2022年度脱贫人口外出务工指标为1598人，截至年底，脱贫群众和监测对象共计外出务工1624人，脱贫群众和监测对象外出务工相关信息录入全国巩固脱贫攻坚成果和防返贫监测信息系统，完成全年外出务工目标任务的101.63%。实施衔接资金项目13个，总投资18750万元。浪卡子县乡村振兴局实施项目10个，投资16900万元。其中，生产发展类项目4个，总投资2350万元；巩固提升类项目4个，总投资10400万元；整村推进类项目1个，总投资4000万元；小型公益性基础设施类项目1个，投资150万元。全年开工项目13个，竣工项目4个，完工率达到30.77%。支出资金9607.44万元，中央衔接资金支出率达到78%。改造户厕5699户，农牧区卫生户厕普及率达到79.4%。对扶贫就业超市租金60万元和浪卡子镇乃钦康桑乡村旅游项目建设期上交资金50万元进行统筹整合分配。实现联农带农的目标，实行四档分红，第一档每人分红资金1200元，第二档每人分红资金650元，第三档每人分红资金430元，第四档每人分红资金300元。此次分红资金共计110万元，该资金主要分红对象为脱贫群众、三类人员，老弱病残、无劳力、边缘户，享受分红人员共计1660人，人均分红资金约为661元。落实山南市50号文件第七条措施，全县有三类人员85户、县内易地搬迁20户，每户生活补贴1000元，共兑现资金10.5万元。

【宣传工作】 2022年，浪卡子县开展“强国复兴有我”“喜迎二十大、永远跟党走、奋进新征程”等各类专题主题宣讲活动1800余场次，开展新时代文明实践志愿服务活动550余场次、参与达11.8万余人次。截至年底，“羊湖之声”官方微信公众号“疫情防控”专栏共发布各类新闻信息320余条，发布典型经验做法、先进事迹100余篇，被《人民日报》、人民网、《中国日报》、《西藏日报》、山南网等上级媒体刊发转载60余篇；县融媒体中心发布各类视频短片240余条，点击量达1145万余人次。全面构建贯通县、乡、村三级，辐射党政群体的“四纵四横”文明实践网格。截至年底，全县10个乡（镇）、95个村（社区）成立志愿服务队伍905支，8000名党员干部和基层群众加入志愿服务队伍，精准对接群众需求，培育“最美格桑花”、绿色积分兑换、“百灵号”宣讲、“百姓号”文演、“志愿号”服务等特色服务项目5个，以群众点单、中心（所、站）统单派单、志愿者接单、社会评单的模式精准有效服务群众。全年共开展农村电影展播、“文艺下乡”“文化进万家”和“三下乡”活动，组织开展文化下乡演出32场次，观众达2.5万余人次。实施中国传统节日振兴工程，持续深化“我们的节日”主题活动，围绕元旦、春节等传统节日和“4·23”全民阅读日、非遗日等重要节点，先后开展藏历新年晚会、“七一”晚会、八一建军节晚会等系列活动，各类活动一场接一场，主题各异，精彩纷呈。同时还紧紧围绕“喜迎党的二十大”主题主线，策划“喜迎党的二十大线上文艺会演”等专场文艺会演、第三届“青年歌手大赛”“齐心战疫，定格温馨”摄影作品征集活动、“少儿舞蹈公益培训班”“扎念琴公益培训班”“我们的中国梦”——文化进万家等各类活动。

【城乡建设】 2022年，浪卡子县实施2021年周转房建设项目66套，总建筑面积3960平方米及附属工程，总投资1599.91万元。实

2022年5月19日，浪卡子县在岗巴拉景区开展特色旅游产品展销活动

施2021年公租房建设项目28套，总建筑面积1400平方米及附属工程，总投资550万元。实施2022年公租房建设项目36套，总建筑面积1800平方米及附属工程，总投资720万元。实施市政基础设施建设项目。全年共实施乡镇基础设施9个，总投资22471.00万元。卡热、伦布雪乡基础设施完工并通过竣工验收；白地乡、卡龙乡、阿扎乡、打隆镇、多却乡、普玛江塘乡基础设施完工。持续开展农村住房改造，完成危房改造210户，兑现425万元整。对县城群众自建房安全排查整治工作进行实地走访调研，共排查房屋11751户，其中经营性自建房615户，存在安全隐患的1户，已采取管理措施；非经营性自建房11136户，存在安全隐患的53户，截至年底自行整改13户。

2022年6月13日，浪卡子县举办第九届达羌赛马节

【高原特色产业发展】 2022年，浪卡子县深入实施“藏粮于地、藏粮于技”战略，高标准农田建设项目开工建设，完成农作物播种4.0892万亩，粮食产量达到5197吨。实施高寒牲畜暖棚圈建设项目和苏格绵羊保种场建设项目，全年新生仔畜88518头（只、匹），成活率达到94.8%。推进牲畜多季节出栏，全年牲畜出栏83841万头（只、匹）。严格落实“拉萨山南一体化发展行动”，乡村旅游文化基础设施进一步完善。鲁日拉观景台、曲增温泉酒店、扎岗观景台等旅游租赁工作有序推进。完成“四塘两原（园）两基地”生态治理规划编制和《浪卡子县新能源发展规划》，并谋划推动风光牧互补、源网荷储一体清洁能源项目，与三峡集团西藏能源投资有限公司等企业正在对接，大有光伏10兆瓦时储能项目开工建设。

【维护稳定】 2022年，浪卡子县继续深化平安乡镇、平安村社区、平安单位、平安寺庙、平安学校、平安家庭、平安医院等平安“细胞”工程。继续依托“双联户”入校园活动，教育学生、带动家长，开展创建平安家庭。各学校通过法治副校长讲平安课、知识竞赛等形式多样的校园文化活动，营造创建平安校园的良好氛围。持续深入开展优化发展环境行动，严厉打击违法占地等行为。加大对景区、宾馆、娱乐场所等重点地区、重点部位的排查整治力度，有效整治社会治安环境。强化矛盾纠纷化解。依托各乡（镇）、村（社区）调委会、信访联席会等调解组织，共排查矛盾纠纷17起，调解成功17起，调解率100%。开展防范养老诈骗，对县域养老院（集中供养中心）、乡（镇）所在地等共宣传4场次，发放宣传手册300余份，收益群众达400多人，同时利用公众号、LED屏幕等多种形式发布养老诈骗信息7条，提高群众对养老诈骗的知晓率和参与率，开展社会面宣传工作。全年召开专题推进会1次，安排部署会议1次。发放宣传单1500个，发放宣传资料2000余份，受教群众2万余人次。

【廉政建设】 2022年，浪卡子县立足于“再监督、再检查”，紧盯群众反映强烈的热点焦点问题，坚决查处违纪违法行为，重点对上级重大决策部署、乡村振兴领域腐败、疫情防控等重点工作落实情况进行监督，对10个乡镇、52个村（社区）、41家县直单位和6个寺管会开展监督检查15次，反馈并督促整改问题3条。对23个县直机关党委（党组）、10个乡（镇）党委领导班子及班子成员落实2021年党风廉政建设主体责任情况以及班子成员履行“一岗双责”情况开展监督检查3次。对4个县直单位、7个乡（镇）、30个村（居）、县城污水处理厂开展监督检查13次，截至年底各项问题均已整改。紧盯纠治“四风”、违反中央八项规定监督，深入59家单位开展监督检查21次，发现并反馈问题10个。惠民惠农财政补贴资金“一卡通”专项治理监督，深入10个乡（镇）、49个村（社区）开展监督检查12次，发现并督促整改问题5个。对巡察反馈涉粮22个问题整改情况开展监督检查7次，已整改到位。全年共受理审理各类案件12件，审结9件。其中，运用第一种形态处理4件11人；运用第二种形态处理3件4人；运用第四种形态处理1件1人。反映失实问题1件。2022年，受理作风问题线索38件（含2021年遗留件7件），办结10件，立案审查5件，正在初核15件，正在谈话函询1件，正在审理3件，受理信访举报2件次，移送相关单位4件。严把各类廉政意见审核关，完成各类廉政审查1422人次，出具廉政意见复函98件，不影响出具廉政意见复函1375人。十届县委第一轮巡察工作12月21日完成反馈工作，共计反馈问题217个，截至年底已整改197个，未整改20个，整改率90.8%。十届县委第一轮巡察共计推动解决群众身边的急难愁盼问题2个（多却柔扎村电压不稳的问题已经列入下步电力改造项目、绒布村三组冬季缺水严重的问题浪卡子县水利局已将其列入乡村振兴供水保障维修工程）。推动解决相关单位村（社区）制定制度17个，完善制度2个，规范村规民约9个。

【项目建设】 2022年，浪卡子县计划开复工项目共97个，总投资为15.97亿元，全年开复工项目55个，总投资9.52亿元（续建项目17个，总投资4.43亿元；新建项目80个，总投资11.54亿元），完工项目21个，总投资为2.38亿元。谋划储备以生态修复治理、特色农牧发展、清洁能源产业和文化旅游为主的“四塘两原（园）两基地”规划建设项目52个，总投资14.845932亿元，完工的项目有17个，总投资1.98亿元。2022年，债券项目申报有力，共审批项目36个，涉及资金59300万元，已支出1269.21万元，支出率为20.69%；一般债券33个，资金44200万元，已支出5091.28万元，支出率为11.52%；专项债券3个，资金15100万元，已支出7177.93万元，支出率为47.54%。复工复产招商引资项目3个，完成招商引资固定资产1700万元，维也纳酒店建设项目稳步推进，大有光伏10兆瓦时储能项目。抢抓国家“双碳”发展机遇，立足“四塘两原（园）两基地”发展规划，与三峡集团西藏能源投资有限公司等7家企业进行对接，谋划推动风光互补、源网荷储一体清洁能源项目。

【招商引资】 2022年，浪卡子县继续加大招商引资力度。依托位处拉萨山南一体化和拉萨日喀则山南核心经济区交汇发展区的优势，主动服务融入自治区“一核一圈两带三区”区域发展格局，持续加大对外开放政策宣传力度，全力优化营商环境，围绕特色发展产业，紧盯各类重要节庆时间，邀请区内外企业赴浪卡子开展经贸洽谈活动，以吸引更多企业到浪卡子县考察项目、投资兴业。把握和运用好工信部、援藏省市的帮扶契机，采取“飞地经济”模式，拓宽全县增收渠道，打造新经济增长点。抓实精准招商，羊卓风情文化街、筑梦文化街、维也纳酒店等招商项目稳步推进。全年招商引资固定资产增长5%，开复工招商引资项目4个，总投资1.97亿元。

【重点集体经济简介】 相达居委会相达牦牛养殖示范基地。浪卡子县打隆镇相达居委会相达牦牛养殖示范基地于2020年12月竣工并投入使用，总投资799.43万元，该基地有牛圈2座1009.98平方米、隔离牛舍1座71.07平方米、牧工房1座51.03平方米，该基地经营模式为“居委会+群众入股+合作社”的模式、该基地主要养殖相达牦牛（相达牦牛具有较强的生长发育功能、遗传性稳定、适应性强等特点；相达牦牛的屠宰率和净肉率较高，分别达到53.72%和46.07%，是羊卓区较好的育肥牦牛品种；相达牦牛肉富含硒，含量高达3.9微克/100克（0.078毫克/千克），是很好的“富硒牦牛肉”）。2022年，相达居委会相达牦牛养殖示范基地通过购买酥油、奶渣、牦牛肉等形式分红30万元。

苏格村肉羊扶贫养殖基地。浪卡子县伦布雪乡苏格村肉羊扶贫养殖基地于2019年10月竣工并投入使用，总投资510.54万元，该基地建设羊舍、消毒室、门卫室及附属工程，该基地经营模式为“村委会+脱贫户”的模式、该基地主要养殖苏格绵羊（苏格绵羊具备体格大、毛长、毛和肉产量多质量佳、繁育、成活、生长、发育好等特性；苏格绵羊肉胆固醇量低，蛋白质含量高，氨基酸总量较高，富含三种人体必需的脂肪酸，营养价值较高，富含钙和硒，具有潜在保健价值）。2022年，苏格村肉羊扶贫养殖基地绵羊肉销售额50万元。

洛扎县

【概况】 洛扎县位于山南市西南部，平均海拔3820米，县境内最高海拔7538米、最低海拔2310米，县城所在地海拔3890米，属藏南高山峡谷地带，境内地形复杂，地势起伏较大，西北高，东南低。洛扎县水资源丰富，洛扎雄曲河是全县最大的河流，源于曲措良岗蒲冰川前缘，经扎日、吉堆、嘎波、生格、拉康等地流入不丹境内，汇入恒河，全长131.5千米，落差大、水流急，流速2.8米/秒，流量75.0立方米/秒，是全县人畜用水，灌溉发电用水的主要来源。境内较大支流3条，分别为色乡雄曲河、边巴乡当许雄曲河和拉郊河。自然气候属高山峡谷温暖湿润半湿润气候区和高山谷地温凉半干旱气候区两大类。县东南部具有半湿润、湿润气候的特点，降水多、日照少；西北部少雨多风，气候干燥，日照充足。全县年均日照时长2900小时，年平均降水量221.1毫米，年无霜期120天左右。降水分布不均，东南地区多于西北地区。主要山川库拉岗日神山、茶拉推嘎岗日，库拉岗日神山海拔7538米，是山南海拔最高的山峰。库拉岗日附近集中分布有6座7000米以上的山峰。洛扎县距山南市政府所在地354千米。全县辖7个乡（镇），31个行政村，105个村民小组，其中一线边境乡（镇）6个、边境村（社区）居委会26个。全县共6191户，总人口20717人，其中农村人口18384人，城镇人口2333人。人口出生率为10‰，自然增长率1.6‰。为全县边境线长240千米，有通外山口8处，全县传统边贸市场3处，无对外口岸。辖区面积5031平方千米，洛扎县主要以第一产业为主，农业包括粮食作物和经济作物，主要物产有牦牛、青稞、油菜、虫草、林下产品、藏药材、藏鸡、松茸等。畜牧业包括粮食作物和经济作物，畜牧业包括牦牛、改良黄牛、绵（山）羊、藏鸡等。耕地面积2011.59公顷、草场面积219327.89公顷、森林面积23.13公顷，粮食播种面积1486.85公顷，经济作物耕地面积445.04公顷。森林覆盖率45.98%，林地面积161596.99公顷。国家一级保护动物有雪豹、棕尾红雉等，国家一级保护植物有红豆杉。已探明境内矿产丰富，金属矿主要有铁、铅、锌、铜、银、钼等，主要旅游景点有卡久名胜风景区（国家AA级旅游景区）、朱措白马林、库拉岗日神山，茶拉推嘎岗日、扎西根培（彩虹沟）、拉康峡谷、拉郊峡谷、拉普温泉、列让沟瀑布、杰顿珠宗古碉楼群、朵宗遗址等。特色产品有“赛卡古托”粉丝、次麦藏鸡蛋、扎日清油、拉康藏药、贡祖腰带、生格荞麦等洛扎土特产在区内享有一定的知名度。2022年全县地区生产总值85019万元，同比增长1.3%。其中，第一产业5792万元，同比增长2.1%；第二产业41229万元，同比增长1.5%；第三产业37997万元，同比增长2.3%。全社会固定资产投资完成95032万元，完成电信业务总量8384单。固定电话用户225户，使用率100%，移动电话用户13234户，使用率100%；互联网用户5156户。接待旅游55564人次，实现旅游收入943.1078万元，同比增长11%。地方财政收入5125万元，同比增长31.6%；地方财政支出11.330亿元。年末城乡居民储蓄存款余额12.69亿元。全年农村居民人均纯收入19525元，实现城镇就业525人，城镇登记失业率4%。截至年底，参加城镇失业保险1542人，参加基本养老保险10110人，城镇职工参加基本养老保险1147人。参加新型农村合作医疗17680人，参合率96.4%。参加新型农村养老保险10110人，已领取养老保险待遇26692人。

【重要会议】 2022年1月14日，县委常委会主持召开中国共产党洛扎县第十届委员会第四次全体会议，审议通过《中共洛扎县委员会关于深入学习贯彻党的十九届六中全会、自治区第十次党代会、市第二次党代会精神　加快推进洛扎长治久安和高质量发展走在全市前列的实施方案》。同日，洛扎县召开县委经济工作会议，安排部署全县经济工作。6月10日，洛扎县委副书记、县长扎西多布杰主持召开全县重点项目工作推进会暨着力推动强边固防兴边富民走在全市前列专项组第一次会议，通报2022年以来全县重点项目推进情况。11月15日，洛扎县召开干部大会，市人大常委会副主任、县委书记赵天武主持并讲话。会议传达学习中共二十大精神、中国共产党第二十届中央委员会第一次全体会议公报精神，传达学习习近平总书记在参加中共二十大广西代表团讨论、中共中央政治局第一次集体学习时的重要讲话精神。12月8日，县委人大工作会议召开。县委副书记、人大常委会主任王勇波就《中共洛扎县委员会关于贯彻落实中央、区党委和市委人大工作会议精神　加强和改进新时代洛扎人大工作的意见(讨论稿)》作说明，并提出人大系统贯彻落实打算。

【重要活动】 2022年，洛扎县持续抓好农牧民就业创业工作，实现转移就业6913人次，创收6100万余元，城镇调查失业率控制在5%以内，开发就业岗位462个，应届高校毕业生就业率达99%。33个投资400万元以下项目交由当地有资质的农牧民施工队实施，总投资3448万元，带动增收789万元。适龄儿童入学率、义务教育巩固率均达100%，县教育局被评为全区群众体育先进集体。藏医院成功创建“一级甲等”民族医院，组建31个村(社区)公共卫生委员会，实现医保直接结算全覆盖。全县累计建立居民健康电子档案3815份，建档率98%以上，全县广播电视综合人口覆盖率达99.6%。持续深化“放管服”改革，政务服务大厅集中办结事项2.4万余件。城乡居民医保参保率达96.4%，有意愿的特困人员集中供养率达100%。落实民生资金1.61亿元，先后盘活存量资金1.47亿元实施民生领域补短板项目。落实上级稳经济政策基础上，实施边境取暖补助、产业分红等7条本县配套措施，落实资金1000万余元，发放191.56万元的消费券促进消费。洛扎县政务服务中心受理企业和群众办件4.4万余件，接待群众5万余人次，办结率达100%、群众满意率达100%。其中，签发电子证照1.2万余个，新增市场主体27户，累计培育市场主体2210户，发放营业执照27个、食品经营许可证18个、小作坊登记证2个；户籍及身份证办理8256件，准生证办理86个，健康证办理1237个，结婚登记94对，离婚登记21对，医疗报销2136件。

【班子和队伍建设】 2022年，洛扎县坚持不懈用习近平新时代中国特色社会主义思想凝心铸魂，召开常委会(扩大)会20次、理论学习中心组学习会17次、研讨交流60余次，及时跟进学习中共二十大精神和习近平总书记重要讲话重要指示批示精神。各级党组织书记讲党课143场次、开展政治教育培训30场。建设过硬基层党组织，召开全县基层党建工作领导小组暨基层党建工作推进会3次，深化边境党建长廊建设和军警地基层党组织“五共五固”活动，整顿软弱涣散基层党组织3个，调整撤换村干部5名，设立德玛龙村“两委”班子组成人员，发展党员56人，“两新”党组织覆盖率达100%。持续强化干部队伍建设，牢固树立凭能力用干部、以实绩论英雄的用人导向，提拔调整晋升干部178人次。加大干部队伍培训力度，组织160人参加培训、考察。完成中粮集团和湖北武汉市医疗人才“组团式”援藏轮换工作。以两个“两”、四个“一”为重点，严格执行“三会一课”、主题党日等党内组织生活制度，对系列重要会议精神组织学习878场次，开展植树造林等主题党日活动436场次，结合“改进作风、狠抓落实”专题活动，开展“作风怎么看、工作怎么干”专题研讨56场次，专题学习479场次，撰写心得体会471篇。

【农牧业】 2022年，洛扎县粮食产量9780.32吨、豌豆产量543.72吨、油菜籽产量885.52吨、蔬菜产量3064.88吨。农作物播种面积3.017万亩，其中粮食作物面积22302.75亩，经济作物面积6675.55亩，饲草种植面为1195.55亩。持续推动高标准农田1.7万亩，持续推进高标准农田建设1.7万亩，引进推广藏青2000、喜马拉雅22号等优质品种1.3万余亩。全县牲畜总头数为6.0917万头(只、匹)，其中大畜2.9278万头(匹)、小畜3.0754万只，猪785头，肉类产量1057.28吨、奶产量3767.65吨。

【教育事业】 2022年，洛扎县现有各级各类学校34所，其中初级中学1所、乡(镇)小学7所、幼儿园26所。全县共有在校生3116名，其中初中在校生709人、乡(镇)小学和教学点在校生1617人、幼儿园在校生790名。全县共有教师238人，其中中学教师56名、小学教师126名、幼教57名。义务教育阶段入学率、巩固率、升学率均为100%。城镇三年入园率100%，农村三年入园率93.16%。建立健全保障机制，严格落实上年财政决算收入25%投入教育的要求，县财政投入教育的资金预算为850万元，改善办学条件。共争取各级各类项目建设资金5951.2万元，其中国家资金5096.5万元、市级资金625.5万元、县本级229.5万元。实施项目工程20个。其中拉郊乡小学建设项目总投资2000万元、拉郊乡杰罗布村幼儿园总投资300万元、桑布拉村幼儿园建设项目总投资300万元、洛扎镇小学建设项目总投资1400万元、续建洛扎县公共体育田径跑道和足球场项目总投资950万元。

【医疗卫生】 2022年，洛扎县有医疗卫生计生机构9所31室，其中，有县卫生服务中心（含县人民医院、县疾控中心、县妇幼保健站）、县藏医院和7个乡（镇）级卫生院及31个村（社区）卫生室。全县医疗卫生机构开放病床数109张（县人民医院49张，县藏医院25张，7所乡镇卫生院共计35张）。县乡医疗机构派遣10名医护人员相互交流学习1年，11名乡村医务人员到区内外参加培训。县人民医院实现门诊工作量19087人次，同比增长28%；住院病人752人次，同比增长2.3%；完成手术73台，同比增长3.1%；患者平均住院天数8天，病床使用率42.42%。住院病人治愈547人，治愈率72.74%；病情好转205人，好转率27.26%。乡村卫生机构开展常规疾病救治工作3880余人次，初步实现小病不出乡，中病不出县的目标。将藏医药工作纳入“十四五”国民经济和社会发展规划，成功创建一级甲等医院，投资250万元购置B超、血常规、熏蒸等科室设备器材，提升医疗服务水平。开通医保定点刷卡系统，完善服务功能。建立医药服务体系，实现基层藏医药服务全覆盖。开展特色藏医药浴、放血、火灸等适宜技术，7个乡镇31个村（居）能够提供藏医服务。全院接待门诊2975人次，同比增长10%；住院237人次，同比增长20%；开展藏医特色适宜技术1890人次，同比增长10%。

【文化事业】 2022年，洛扎县投入11.51万元购买篮球架、音响设备、乐器、小型健身器材等设施设备，完善县、乡公共文化服务设施设备。每天对外开放8个小时，实行错峰时间对外服务，县乡两级文化馆（站）到馆人数17053人次。全年参加培训、参加免费录音、观看演出等人数达到3000余人。“圆梦工程”志愿者扎西群培入选2021年“春雨工程”全国示范性志愿服务项目、“阳光工程”“圆梦工程”优秀志愿者。全面推进“文化惠民工程”，重心下沉、服务下移，县、乡、村三级开展“读经典　树新风”喜迎二十大朗读比赛、“童心向党、红色故事分享”“文化文艺下乡，助力乡村振兴活动”等900余次。2月，根据全国第五次文化馆评估定级结果，洛扎县综合文化活动中心被评为三级馆。县艺术团参加拉萨市藏历新年电视联欢晚会《放歌春江水》节目录制工作。县委、县政府投入317.5万元，用于洛扎县文化遗产保护工作、县艺术团管理运行、文化产业、库拉岗日文化旅游节等。11月，洛扎县入选第一批西藏自治区公共文化服务体系示范县。

【社会保障】 2022年，洛扎县城乡居民医保参保率达96.4%，有意愿的特困人员集中供养率达100%。落实民生资金1.61亿元，先后盘活存量资金1.47亿元实施民生领域补短板项目。落实上级稳经济政策基础上，实施边境取暖补助、产业分红等7条本县配套措施，落实资金1000万余元，发放191.56万元的消费券促进消费，切实共享改革发展成果，不断增进民生福祉。持续开展农牧民就业创业工作，实现转移就业7974人次，劳务创收4850.29万元。城镇调查失业率控制在5%以内。开展技能培训27期911人。开发就业岗位470个，应届高校毕业生就业率达99%。33个投资400万元以下项目交由当地有资质的农牧民施工队实施，总投资3448万元，带动增收789万元。

【旅游发展】 2022年，洛扎县协调推进G219沿线景区（景点）旅游基础设施。在G219洛扎段重点地段（蒙达拉山—色乡色村）建设旅游导视系统。与市旅发局沟通，争取420万元旅游巩固脱贫攻坚促进乡村振兴项目资金用于建设该项目，该项目包括白玛林湖景区导视系统、白玛林湖景观大门、色桥至措玉小组路段标示标牌、蒙达拉山观景台、停车场。投入资金1000万元（资金来源为自治区旅发厅），拟在G219公路5219、5200公里点位打造网红打卡点。建设内容包括停车场、厕所、售卖亭、解说牌、文化浮雕墙等设施。向县人民政府争取90万元用于卡久景区、白玛林湖景点AAA级景区申创工作。依托拉康镇、色乡丰富的生态资源、优质的自然景观、人文历史资源，突出当地民俗风情，对拉康镇、色乡有意愿开办家庭旅馆的农户，投资140万元中央财政专项扶贫资金，购置相关设施设备、制作统一店招。推进景区创A工作。与县政府沟通，争取资金90万元拟将卡久景区AA级升AAA级、白玛林湖景点创AAA级工作，提高景区吸引力，带动群众就业、实现群众增收。

【生态环保】2022年，洛扎县全面推行林长制，设立县、乡、村三级林长371名。涉及洛扎县森林督查反馈问题4个全部整改销号，整改涉及洛扎县第二轮中央环保督察共性问题17个。统筹山水林田湖草沙冰系统治理，实施国土绿化行动，义务植树2.5万余株，完成营造林5.3万株。持续加强大气、水、土壤污染防治，质量均达到国家标准，生态环境保持良好。县城国土空间规划初步成果已上报国务院，基本完成“三区三线”工作，划定生态保护红线226万余亩。实行最严格生态保护政策，健全生态环境综合执法监管监测体系，完成12家临时取料点和36家临时砖厂生态恢复工作，收缴水资源费17万元。落实生态岗位资金917万余元、国道219苗木赔偿款58万余元。6个乡（镇）和19个村（社区）自治区级生态文明示范乡村已完成市级初审。

【乡村振兴】2022年，洛扎县严格落实“四个不摘”要求，全面加强防止返贫动态监测和帮扶，脱贫户人均纯收入达21175.67元、同比增长12.8%。整合资金1.66亿余元，实施统筹整合涉农项目18个，村容村貌持续改善。建设5个农村幸福院。深入推进中国人民银行定点帮扶工作，对接落实帮扶资金829万元。粮食总产量预计达1.04万吨，新生仔畜1.8万余头，成活率达96%。肉蛋奶产量分别达1071.68吨、47.12吨和3767.65吨。培育发展市场主体2263户（家）。拉康藏药、次麦藏鸡、生格荞麦等产业成效显著，“南·卡日雪山冰泉”天然饮用水年产能达587吨。打造25户美丽宜居民宿，与山南旅投公司签订全域旅游开发战略合作协议，全年接待游客、旅游收入分别达5.56万人次和943万余元。加紧推进县城供暖、供氧、供水、主体功能提升等项目。托管运营县乡垃圾处理和市政服务，城乡品质持续提升，城乡面貌日新月异。

【强基惠民】2022年，洛扎县共31支驻村工作队（西藏自治区公安厅反恐特侦队派驻2支，建行山南分行派驻1支，山南市铁塔公司派驻1支，县乡派驻27支），持续建强村级党组织。持续巩固村级组织活动场所标准化建设成果，充分发挥教育党员、服务群众、凝聚人心作用，以“党群活动日”“集中办公日”“主题党日活动”等为载体，开展各类活动460余场次，服务群众9000余人次。按照“四个不摘”要求，包户帮扶110户374人，帮助解决困难和问题400余个。帮助村（社区）“两委”理清发展思路50余条，制定、完善、实施经济发展规划31项。宣传巩固拓展脱贫攻坚成果、实施乡村振兴战略相关政策180余场次，受教育群众1.1万余人次。实施集体经济“空壳村”清零行动、“薄弱村”提升行动，全县有8个村年收入近5万元，6个村年收入在5万—10万元，15个村年收入突破10万元，2个村年收入突破100万元，村集体经济收入约500余万元，全面消除集体经济空壳村。协助开展农牧民实用技能培训5场次，受益群众150余人次，增加现金收入4.5万元。尽锐出战打赢疫情防控阻击战。新冠疫情发生后，洛扎县驻村工作队协助村（社区）“两委”细化疫情防控预案31份，协助召开疫情防控安排部署会190场，完善疫情防控工作机制60个，落实好具体措施，压紧压实疫情联防联控责任。开展防疫知识宣讲1500余场次，受教育45万余人次。在村（社区）重要出入口设立疫情防控排查值班点82个。开展“我为群众办实事”实践活动，加强对困难人群的关爱服务，经常嘘寒问暖，及时发现并各方协调解决群众急难愁盼问题400余件。

【宣传工作】2022年，洛扎县各级党组织紧紧围绕习近平总书记关于西藏工作的重要指示和新时代党的治藏方略、中央第七次西藏工作座谈会精神、习近平总书记最新重要讲话重要指示批示精神、《习近平谈治国理政》第四卷等，组织开展理论学习190次、研讨100余次。强化学习成效，营造比学赶超浓厚学习氛围，组织600余名干部群众开展“庆七一·喜迎二十大·奋发走前列”知识竞赛、“理论测试”等活动，着力解决干部群众深入学习贯彻新时代中国特色社会主义思想等理论武装不强问题，以活动检验干部理论联系实际，推动工作落实能力。全县各级新时代文明实践中心（所、站）开展宣传教育4350场次，发放宣传资料和海报3200余份，悬挂和LED播放标语850余条次，受众群众达6万余人。扎实开展“2022年国家网络安全宣传周线上活动”，不断提升广大干部群众网络安全意识。县融媒体中心围绕洛扎新时代十年变化等重点工作，共推送视频2148部，关注粉丝17万余人，累计获赞245万次以上，视频总点击量破亿，单个视频最高点击量达85.2万次，“秘境洛扎”微信公众号发布各类动态6400余篇，粉丝量近1.1万人，排名位于全区前列。

【兴边富民】　2022年，洛扎县启动2022年防止返贫监测帮扶集中排查工作2次，纳入防止返贫动态监测户15户58人，全县脱贫户人均纯收入21175.66元，同比增长12.8%。统筹整合项目18个，总投资16741.99万元，统筹用于发展生产、基础设施建设、乡村振兴发展、人居环境整治、旅游发展、生态补偿、小额信贷贴息。为31户建档立卡脱贫户争取农行贴息贷款145.9万元，开发利用水能资源，建设投资29亿元的拉康水电站，并从扶贫产业资金中投入5203万元作为产业入股资金，为脱贫户、监测户先后3次人均分红3935.49元，带动全县脱贫户、监测户增收1020.08万元。全年支出13518万元，资金支出率达81%。全力推进和实施边境小康村建设项目，建成27个小康村，惠及3842户、15578人，水电路讯网进村入户，加强未参建边境小康村的150户、381人脱贫户的房屋安全管理。扎实推进强边固防兴边富民工程，完成德玛龙39户、135人和民久玛33户、81人搬迁入住。完成党政军警民合力强边政策调整改革，全县3个村确定为边境一线村，29个村确定为边境村，整合护边员队伍6个大队410人。建成6条边境自然村公路，实施边境村幼儿园、阳光暖房改造、公漳浦边贸中心等基础设施建设项目和“三区三州”温室建设、金穗巡边牦牛等边境产业项目，持续改善边民生产生活条件，实现边疆巩固、边境安全、边民幸福。协调中国农业银行落实资金200万元在德玛龙、巴桑仔安装监控点位12个，在白玉地区新建电信基站12座，加快实施德玛龙通国网。金穗巡边牦牛项目已完成招标，投入118万元建成俄若拉山惠民驿站，德玛龙7号点执勤房已交付使用，为德玛龙配备铲雪车1辆和油罐1个，为填补管控空白、前伸管控触角奠定基础。新建民久玛边境搬迁安置点34户82人。

【维护稳定】　2022年，洛扎县开展反分裂斗争教育，开展维护国家政治安全专项检查10余次，牢牢把握反分裂斗争全局性主动权。加强情报信息搜集研判。全面落实意识形态工作责任制，开展“清朗”“净网”等专项行动，坚决封堵境外政治性有害出版物向境内渗透。常态化扫黑除恶斗争，严厉打击各类违法犯罪活动。调整优化网格115个、配备网格员349名，“先进双联户”创建活动深入开展。坚持和发展新时代“枫桥经验”，健全完善矛盾纠纷多元化解机制。严格落实安全生产责任，执行“十五条硬措施”，加强防灾抗灾救灾，妥善处置“10·25”雪崩事故，安全生产形势总体平稳。

【项目建设】　2022年，洛扎县开复工项目共102个（其中续建项目23个、新建项目79个），涉及总投资48.8亿元。已完工项目21个，总投资2.7亿元；开复工项目69个，总投资44.5亿元。按照投资额度划分，总投资500万元以下开复工项目25个，总投资0.75亿元；总投资500万元以上开复工项目44个，总投资44.45亿元，主要包括洛扎县拉康水电站电力输出工程、县城供暖工程、吉堆社区乡村振兴、门切水库等项目。四季度全县计划新开工项目12个，总投资1.6亿元。其中，投资500万元以上项目8个，总投资1.54亿元，主要包括2020年、2022年公租房、边境小康村村内照明工程、重点区域生态修复工程等项目。拉康水电站首台机组发电，带动全县脱贫户人均增收3900元。全县供电量、售电量分别达3072万元和2619.65万元。实行重点项目包保

2022年12月18日，第三批通大网电工程洛扎县配网项目顺利竣工投产

推进机制，储备“十四五”规划项目393个，总投资181亿元，已纳入自治区总盘子项目93个，总投资49.2亿元。全年实施项目102个，预计完成投资9.1亿元。拉康水电站首台机组发电，带动全县脱贫户人均增收3900元。金融存贷款余额分别达12.7亿元和9.7亿元。全县供电量、售电量分别达3072万元和2619.65万元。

【招商引资】 2022年，洛扎县续建招商引资项目1个，为总投资30亿元的拉康水电站建设项目。完成洛扎县水光互补一体化规划成果，规划建设6个光伏电站，总规模为60万千瓦，计划投资36亿元，年发电量为9.36亿千瓦时。招商引资产业项目库储备项目5个，计划总投资92.85亿元。其中，文化旅游产业项目1个，计划投资0.8亿元；清洁能源产业项目3个，计划投资92亿元；加油站项目1个，计划投资0.05亿元。其中，松布曲、俄东桥水电站项目已纳入自治区“十四五”清洁能源产业项目规划中，并已向市发改委申请三通一批前置手续办理审批；水光互补项目正在积极对接争取纳入自治区“十四五”规划中；扎日加油站项目正在办理用地审批手续；卡久文化旅游项目已报备至市幸福家园局，已争取洽谈企业招商工作。

【特色产业】 2022年，洛扎县牢牢守住耕地红线、粮食安全底线，粮食总产量预计达1.04万吨，新生仔畜1.8万余头，成活率达96%。肉蛋奶产量分别达1071.68吨、47.12吨、3767.65吨。培育发展市场主体2263户（家）。拉康藏药、次麦藏鸡、生格荞麦等产业成效显著，“南·卡日雪山冰泉”天然饮用水年产能达587吨。打造25户美丽宜居民宿，与山南旅投公司签订全域旅游开发战略合作协议，全年接待游客、旅游收入分别达5.56万人次、943万余元。加快雄曲流域梯级电站建设步伐，拉康水电站首台机组年底发电，拉康水电站220千伏送出工程加快建设，松布曲、俄东桥水电站纳入自治区“十四五”清洁能源产业项目规划，完成洛扎县水光互补一体化规划成果。

【党建工作】 2022年，洛扎县召开常委会（扩大）会20次、理论学习中心组学习会17次、研讨交流60余次，及时跟进学习中共二十大精神和习近平总书记最新重要讲话重要指示批示精神。各级党组织书记讲党课143场次、开展政治教育培训30场。建设过硬基层党组织，召开全县基层党建工作领导小组暨基层党建工作推进会3次，深化边境党建长廊建设和军警地基层党组织“五共五固”活动，整顿软弱涣散基层党组织3个，调整撤换村干部5名，设立德玛龙村“两委”班子组成人员，发展党员56人，“两新”党组织覆盖率达100%。持续强化干部队伍建设，牢固树立凭能力用干部、以实绩论英雄的用人导向，提拔调整晋升干部178人次。加大干部队伍培训力度，组织160人参加培训、考察。完成中粮集团和湖北武汉市医疗人才“组团式”援藏轮换工作。以两个“两”、四个“一”为重点，严格执行“三会一课”、主题党日等党内组织生活制度，对系列重要会议精神组织学习878场次，开展植树造林等主题党日活动436场次，结合“改进作风、狠抓落实”专题活动，开展“作风怎么看、工作怎么干”专题研讨56场次，专题学习479场次，撰写心得体会471篇。

【党风廉政建设】 2022年，洛扎县深刻把握党风廉政建设规律和一体推进“三不”的方针，持续深化标本兼治，强化不敢腐的震慑。处置问题线索21件，其中函询2件，初核了结4件，正在初核2件，立案12件，走简易程序1件，给予党纪政务处分18人，收缴违纪违规资金65.7403万元，紧盯中央八项规定及其实施细则精神，严守重要节点，常态化发送廉洁提醒短信8次8960条，开展明察暗访24次，既抓收送礼品礼金、公车私用等“四风”老问题，又坚决纠治不吃公款吃老板、借用管理服务对象车辆等隐性变异问题，发现并督促整改一般性问题4个，查处违反中央八项规定精神问题1起1人。督促全县对违反中央八项规定精神问题再次自查，发现处置超标准公务接待等问题8个，收缴违纪资金12743元。深入整治党员、公职人员无证驾驶、酒驾醉驾等问题，发出禁赌、限酒倡议书，集中整治纠治无证驾驶、酒驾醉驾、盗窃等问题千余起，深入整治形式主义、官僚主义问题，严肃查处集中供养中心供热设备长期损坏荒置、边巴乡慢作为导致惠民资金滞留问题2起，对2名单位主要负责人追责问责。

【援藏工作】 2022年，中粮集团继续投入帮扶资金2000万元，共实施8个项目。改善民生领域补短板5个项目，涉及资金1056万元，分别为扎日乡小学学生宿舍及附属设施建设项目740万元、洛扎县德玛隆执勤点建设项目200万元、洛卓瓦隆寺周边监控系统100万元、洛扎县五保户供养中心监控系统建设项目16万元。产业发展方面1个项目，藏鸡养殖运营管理、配套黄粉虫养殖蔬菜种植循环产业项目、藏鸡蛋风味测评及包装设计改善项目总计399万元。教育援藏方面1个项目，洛扎学生配餐营养分析及视力改善项目150万元。文旅援藏方面2个项目，涉及资金320万元，分别为库拉岗日—白玛林措玉村旅游民宿改造提升项目300万元和文旅宣传广告牌制作项目20万元。全面落实2022年招商引资“百日攻坚”行动方案，积极寻商、招商，结合洛扎县库卡拉岗日—白玛林湖文旅资源禀赋，初步与西藏平措康桑文旅股份有限公司达成合作，共同实施提升改造民宿项目，实现招商引资120万元。疫情期间，中粮集团援藏工作队打响“众志成城、同心抗疫、西藏必胜”口号，向洛扎紧急驰援抗疫物资。援赠主要物资有合计37万元的全自动核酸提取仪与全自动医用PCR分析设备各1套，医用外科口罩2.2万个、N95口罩2万个、防疫工作人员防护服500套、84消毒液1万瓶、牛奶400件，中粮援建次麦藏鸡蛋6360枚、藏鸡212只，总计援赠物资价值约66万元。

【重点集体经济介绍】 洛扎县粉丝厂位于山南市洛扎县洛扎镇，建立于1993年，当时总占地面积有5268平方米，注册资金有53.52万元，2013年投入1800多万元资金对洛扎粉丝厂全面升级改造，引进国内先进的淀粉生产设备和粉丝生产设备，2016年4月正式投入生产，新厂总面积达2251.72平方米，内设财务，人事、党办、车间管理室、安全生产管理等，设厂长1名、副厂长1名，会计、出纳各1名，洛扎县粉丝厂具有中国商品条码证、全国工业产品生产许可证（SC认证书）、“赛卡古托”牌粉丝为西藏自治区著名商标及国家地理标志保护产品等相关证件。该企业多年来致力于豌豆粉丝研究生产工作，已成为洛扎县特色产业的支柱企业，企业的生产基础已初具规模，可以保证特色粉丝产品质量、大规模生产的技术需求。

扎日圣田油菜籽加工专业合作社成立于1987年，以“企业+合作社（基地）+农户”的经营模式管理，是当地群众投资入股和连

2022年3月15日，洛扎县举行重大项目集中开复工仪式

接全县农户发展订单壮大起来的合作性集体企业,如今发展成为洛扎县农牧业“四大片区”建设、推进农牧业产业化的“龙头”企业。该厂用扎日乡油菜籽(当地油菜籽具有抗寒抗旱、耐瘠薄、含油量高等特点,含油量达到44%—48%)加工出产的“圣田”牌清油,在区内有一定的知名度,已列为洛扎县重点打造的农产品特色品牌。国家投资600余万元对该加工厂进行改扩建,该项目于2013年8月实施,于2014年9月竣工投入使用,于2016年新建办公楼。加工厂总占地面积1970平方米,库存→加工→精炼→灌装→成品等工序设施设备齐全,当地入股群众221户,订单农户1200多户。

【经济社会发展典型案例】2022年,洛扎县坚持把促进群众增收、实现共同富裕作为重中之重,开发就业岗位462个,新增城镇就业510人,城镇零就业家庭动态清零。应届高校毕业生就业202人、就业率达93%,落实毕业生就业创业补贴资金58万余元。严格落实党组织书记抓群众增收工作责任制,全力促进农牧民转移就业,实现转移就业5464人、创收3830.76万余元。举办农牧民技能培训27期、909人,结业5期、127人,就业46人。把39个400万元以下项目交由本地农牧民施工队承建,促进群众增收782万余元。加大教育保障力度,改善办学条件,义务教育巩固率达100%,2022年学业水平考试成绩在12个县中位列第四名。组建31个村居公共卫生委员会,藏医院创建“一级甲等”民族医院,医疗“小组团”援藏深入推进,联勤保障部队第九八O医院定点医疗援助县人民医院,捐赠总价值260万元的医疗设备,群众享受优质医疗服务更加便捷。以迎接宣传贯彻中共二十大为主线,推出文艺精品9部,开展文艺演出110余场次。健全社会保障体系,加快建设30套公租房,实施5个农村幸福院。在党的光辉政策照耀下,洛扎各族群众的生活更加殷实、更加美满、更加幸福。总投资20500万元续建项目5个,其中包括县城主体功能提升(道路改造及电力管网入地工程)、县城排水防涝工程、县城供氧工程、县城供水二期改扩建工程和麻木路建设工程。教育方面总投资2610万元实施项目6个,其中包括扎日乡小学教工宿舍楼项目、拉康镇小学学生宿舍楼及学生食堂项目、边巴乡小学教学楼项目、生格乡木村幼儿园改扩建项目、色乡桑玉村幼儿园项目和县幼儿园改扩建项目。民政方面总投资1700万元实施项目6个,其中包括县残疾人综合服务中心提升改造项目和扎日乡乃村、扎日乡白沙村、扎日乡蒙达村、生格乡古局村、生格乡木村农村幸福院项目。

措美县

【概况】措美县位于西藏自治区南部,山南市西南部,喜马拉雅山北麓,地处北纬28°11′15″—28°57′50″,东经90°56′18″—92°00′04″;东与隆子县相邻,南与错那县相连,西与洛扎县、浪卡子县相接,北与琼结县接壤;平均海拔4500米;属藏南高原湖谷区,地势北高南低;水资源较丰富,共有大小河流18条,大小湖泊38个,泉水15处,全县水域面积20.44万亩,其中河流水面积2.57平方千米,湖泊水面积124.54平方千米,泉水面积6平方千米。措美属高原温带半干旱季风气候区,日照时间长,昼夜温差大,年温差小,全年气候特点是冬春季干寒多风,夏秋季(6—9月)温和多雨;年平均气温5.3℃,最低气温-20℃,最高气温27.1℃;年日照时数为2800小时,年无霜期90天;年降水量少、分布不均,蒸发量大,年均降水量为286.5毫米,降水大多集中在6—9月,年平均蒸发量为2270.5毫米;风能资源丰富,风力及风速大、时间长、面积广,年平均风速为2.75米/秒,最大风速为24米/秒,年大风日数164天。县境内共有大小山脉124座,海拔5500米以上的高山有73座,其中海拔6000米以上终年覆盖冰雪的有9座,最高峰打拉日山峰海拔6777.4米,最低海拔3266米,全县相对高差3511.4米。措美县藏药材资源丰富,主要有冬虫夏草、当归、贝母、雪莲花等300多种药用植物,措美县藏医院自行研制的藏药疗效明显,深受群众欢迎。

县人民政府驻地措美镇。县境东西长103千米,南北宽85千米,总面积417720公顷。县城所在地海拔4242米,距山南市130千米,距拉萨280千米。全县辖2个乡2个镇,15个行政村,85个自然村,措美县总户数4403户,其中农业户数3284户、非农业户1119户。总人口数为13729人,其中,农牧业人口为11739人,非农业人1990人。全县总面积417726.37公顷。农作物主要有青稞、冬小麦、油菜籽等。全县净耕地面积982.73公顷,粮食播种面积666.52公顷,经济作物耕地面积131.12公顷,林地面积26558.07公顷,占土地总面积的6.36%;森林面积45520.506公顷,森林覆盖率和林木绿化率均为10.83%;草场面积357535.9公顷。县境内国家级保护野生动物繁多,主要有野驴、野鸭、黑颈鹤、水獭、盘羊、黄羊、岩羊、獐子等。县境内有各类矿产资源8种,包括金属矿产4种:金、银、铅、锑;非金属矿产3种:建筑用砂、凝灰岩、板岩;能源1种:古堆地热。特色产品主要有畜产品;黑青稞糌粑、白青稞糌粑、豌豆糌粑;卡垫、藏装、藏式披肩;藏野葱、雪莲花、藏药等。

2022年,全县地区生产总值(GDP)101391.0万元,同比增长1.9%。其中,第一产业3934.9万元,同比增长12.1%;第二产业56957.5万元,同比增长2.4%;第三产业40498.7万元,同比增长0.3%。全社会固定资产投资完成68073万元,同比增长60.3%;完成年初目标的104.7%;社会消费品零售总额完成18734.6万元,同比下降7%,完成年初目标的84.57%;农村居民人均可支配收入17729元,同比增长8.4%,完成年初目标的95.09%。2022年工业增加值完成1418.2万元,同比下降4.4%。实现建筑业增加值55539.2万元,同比增长4.6%。全年农村经济总收入36247.93万元,同比增长10.79%。邮政业务总量80万元,同比下降21.57%。电信固定电话用户4650户;电信移动电话用户2700户;互联网用户4650户。移动电话用户5774人,移动互联网用户2616户。接待旅游5.8万人次,实现旅游收入162万元,同比增长10%。财政收入646万元,同比下降73.82%。全县总支出92477.78万元。城镇登记失业率控制在4%以内。截至年底,参加城镇失业保险857人,参加城乡居民基本养老保险8747人,已领取养老保险待遇1895人。城镇职工基本养老保险1145人。年末全县享受城镇最低生活保障有18户、40人,落实城镇低保资金10.5万元,全县农村低保对象52户、132人,落实农村低保资金35.03万元。全县共有农村五保供养对象108人,其中分散供养22人,集中供养86人,落实农村五保对象供养经费139万元。全年共申请临时救助146人,共发放救助资金21.08万元。享受城乡低保失能老人28人,共计落实补贴资金1.7万元。存款余额达到64045万元,同比增长6.7%,贷款余额31984万元,同比下降0.44%。

【重要会议】 2022年1月18日,措美县召开县委经济工作会议,总结成绩,分析形势,部署2022年经济工作。1月19日,措美县召开中国共产党措美县第十届委员会第四次全体会议,讨论审议《中共措美县委员会关于深入学习贯彻党的十九届六中全会和自治区第十次党代会、山南市第二次党代会精神加快推进措美长治久安和高质量发展的实施方案》。3月21—23日,政协第三届措美县委员会第二次会议在县城召开,会议审议通过政协第三届措美县委员会第二次会议政治决议(草案)、审议通过政协第三届措美县委员会第二次会议常务委员会工作报告决议(草案)和提案工作情况报告决议(草案)。3月21—24日,措美县第十三届人民代表大会第三次会议召开,会议表决通过措美县人民政府工作报告的决议(草案),措美县2021年国民经济和社会发展

2022年1月18日,措美县召开县委经济工作会议

计划执行情况与2022年国民经济和社会发展计划的决议（草案），措美县2021年财政预算执行情况与2022年财政预算的决议（草案），措美县人大常委会工作报告的决议（草案），措美县人民法院工作报告的决议（草案），措美县人民检察院工作报告的决议（草案）和《措美县民生实事项目人大代表票决制办法》，票决产生10个措美县2022年民生实事项目人大代表票决项目。12月26日，措美县召开中国共产党措美县第十届委员会第五次全体会议，讨论审议《中国共产党措美县第十届委员会第五次全体会议报告》《措美县委常委会抓党的建设工作情况报告》《措美县委常委会改进作风狠抓落实工作情况报告》《措美县党的十九大以来整治形式主义为基层减负工作情况的报告》和中共措美县委员会关于贯彻落实《中共山南市委员会关于贯彻落实〈中共西藏自治区委员会关于深入贯彻党的二十大精神　全面建设社会主义现代化新西藏的意见〉的实施意见》的实施意见。

【重要活动】 2022年3月28日，举行庆祝“3·28”西藏百万农奴解放纪念日升国旗唱国歌仪式活动，开展新旧西藏对比展、红歌比赛、足球赛、书法展文艺演出等活动，教育引导各族干部群众铭记旧西藏的苦、感念新西藏的甜，进一步激发爱党、爱国、爱社会主义的热情。6月2日，在县中学阶梯教室举行“庆七一·喜迎党的二十大”理论测试活动，全面检验广大干部职工理论学习成效，持续加强作风建设，狠抓工作落实。6月8日，在县中学阶梯教室举行“庆七一·喜迎党的二十大”理论知识竞赛活动，进一步量化党员干部政治理论水平，激活党员干部学习学风，营造比学赶超的学习氛围，加强和改进党员干部理论学习，提高党的科学理论武装水平。7月1日，组织开展喜迎党的十大　聚力奋进新征程庆“七一”系列活动。活动包括升国旗仪式、广场舞比赛、红歌比赛等。7月11日，召开“国家意识、公民意识、法治意识”群众性宣传教育活动动员部署，不断推动中华民族共同体建设。10月16日，中国共产党第二十次全国代表大会在北京隆重召开，措美县组织各级党委（党组）、干部群众认真收听收看中共二十大开幕实况。县委理论学习中心组专题学习中共二十大相关内容4次，安排专题研讨交流发言20余人次。

【班子和队伍建设】 2022年，措美县按照新时期好干部标准和习近平总书记关于民族地区“四个特别”好干部标准要求，开展干部选任工作。县委始终坚持党管干部原则，围绕干部选拔任用，召开书记专题会3次、县委常委会会议11次，研究相关事宜。全年提拔调整130名，职级晋升90名，其中提拔65名（含破格提拔1名），进一步使用7名，平职调整20名，免职31名，兼任1名，重新任职6名。加大优秀年轻干部选拔力度，提拔7名“90后”到正科级岗位，4名“95后”到副科级岗位。81名正科级干部中，女干部16人，占比19.8%；平均年龄36.7岁；汉族30人，占比37%。另外职级晋升90人，其中公务员50人，警务序列晋升34人，事业单位职员等级晋升6人。干部队伍年龄、学历、性别、民族结构持续优化。

【农牧业发展】 2022年，措美县粮、经、饲比例为68∶13∶19，总耕地面积982.73公顷，其中粮食作物播种面积666.51公顷，经济作物播种面积131.13公顷，饲草种植面积185.09公顷。牲畜存栏、新生仔畜分别达127305头（只、匹）和60616头（只、匹），牲畜出栏率、动物疫病防治疫苗接种免疫率分别达42.5%和100%，改良黄牛1515头。粮食作物产量3313.5吨，同比增加64.7吨，增长1.99%，其中小麦产量282.08吨，同比下降18.09吨，下降6.03%；青稞产量3013.5吨，同比增加94.48吨，增长3.24%；豆类产量17.92吨，同比减少11.69吨，下降39.48%。年初储备积造农家肥2.5万吨，发放农药0.431吨，发放化肥117吨，与2021年持平，发放商品有机肥36.45吨。天然草场总面积556.67万亩，其中可利用草场面积543.98万亩，承包到户536.3万亩，载畜量198795.69绵羊单位，草畜平衡面积366.3万亩、禁牧面积170万亩。县乡村储备1149.3吨饲草料，其中饲草186.46吨，饲料962.8吨。全县引进种牛40头，种羊1000只，落实购置补贴资金136万元。投入47.41万元购买各类兽药44种。全县畜禽产品总产量2188.16吨，其中猪牛羊肉产量2185.55吨，家禽肉产量2.61吨，奶类产量5277.7吨。

【教育事业】2022年，措美县各级各类学校共有20所，其中初级中学1所，乡（镇）小学4所，县城幼儿园1所，乡（镇）幼儿园2所，村级幼儿园12所。有教职工219人，其中中学46人，小学130人，幼儿园教师43人；有中小学在校学生1641人，其中，中学289人，毛入学率102%；小学943人，小学入学率100%；在幼儿园409人，城乡（镇）学前三年幼儿入园率98%，农牧区各学校入学率、巩固率、完成率均达100%。续建项目1个，玉美村幼儿园改扩建项目，总投资200万元（市本级财政投入），已完成100%，项目资金拨付97%。新建项目3个，措美县3所学校集中供暖工程，总投资918万元（国家投资），已完成100%，项目资金拨付97%。雪热村幼儿园改扩建项目，总投资100万元（国家投入），已完成100%，项目资金已拨付70%。措美县哲古镇哲古小学教师住宿新建晾衣房项目，总投资53.26万元（县本级财政投入），已完成95%，资金拨付70%。2022年学生“三包”经费支出295.6万元，学生营养改善计划经费支出37.7万元，15年免费教育补助资金支出14.1万元，全县建档立卡大学生共44名，其中区外25名、区内19名，2022年建档立卡大学生资助资金82980元，继续开展教师“一考三评”、岗位设置、职称政治考试申报等工作。参加各级各类培训教师219人次，教师信息技术应用能力2.0网络培训达100%。5名教师支教活动。其他省市西藏初中班录取8人，其他省市西藏高中班录取3人。

【医疗卫生】2022年，措美县全民免费健康体检实现全覆盖，孕产妇住院分娩率达100%。开展送医送药3次，参与医师17人次，发放各类藏成药、西药42种，合计3.7万余元。10月22日，县疾控中心核酸实验室正式投入使用。41类重点人群核酸检测落实到各责任部门。举办疫情防控知识培训6批次、180人，抽调100余名干部组建采样队伍，新增检测队伍30人，规范设置7个采样点，开展工作人员信息化系统培训，组织模拟采样实操演练，印发防控知识宣传单15000份、宣传图画620份。全县各基层医疗卫生机构更新宣传栏7期，组织健康教育咨询讲座15次，受教育群众25000人次。开展严重精神障碍患者管理工作，规范管理32例，规范管理率100%。中医药健康管理服务目标人群覆盖率达95%，卫生监督协管覆盖率100%。传染病疫情报告及时率和突发公共卫生事件信息报告率100%。受理咨询电话450余次，办理异地就医备案150人次，政策宣传25场次。开展定点医药机构检查4次，定点医药机构培训2次，宣传法律法规10余场次，发放宣传资料1200余份，受教育15000余人次。截至11月30日，落实职工医保待遇、城乡居民医保待遇、医疗救助2785人次，落实资金1390.44万元，通过绿色通道报销36人次涉及资金18.6万元。开展医疗卫生和公共场所日常监督检查27次，对25家单位进行9次监督检查，年度“双随机”抽检任务完成率100%，采集各种监测样品2份。受理卫生许可申请2家，共发放卫生许可证2份，发放从业人员健康证26份。全县共参保13510人，其中城乡居民12030人，特殊人群实行参保资助政策共334人，资助10.11万元，特殊人群参保率100%。城乡居民基本医疗保险待遇发放6045人次，基本医保待遇752.34万元，大病保险待遇43.14万元，医疗救助待遇114.95万元，职工个人账户共计3.23万元。城镇职工基本医疗保险待遇发放1371人次，基本医保待遇172.99万元，大额补充医保4.11万元，个人账户43.12万元，公务员医疗补助7.81万元，不存在积压票据情况。全面落实特困人员救助供养政策，落实低保、五保、残疾人补贴等资金425.34万元。

【文化事业】2022年，措美县艺术团开展“我们的中国梦　喜迎二十大”等各类主题的文艺演出活动，共开展各项文艺演出类活动62场次，观众达17200余人次。村居文艺演出队共开展各类文艺文化活动57场次，观众人数达9445人次。电影站深入农牧区、军营、学校、寺庙等场所，开展优秀爱国题材电影放映活动，共放映电影146场次，观看人数达4450余人次。艺术团结合乡村振兴等题材新编节目13个，舞蹈《草原约客》《欢歌起舞跟党走》《圣洁的措美》《幸福措美》《腾飞的措美》《琴动木偶》、折嘎《我身边的变化》《伟大的变革》、小品《生态措美》、独唱《雪域》、群舞《情歌对唱》、表演唱《四个老头的心愿》、抗疫歌曲《众志成城抗疫情》等节目。非遗申报工作稳步推进，非遗传承人培训卓有效果。扎扎服饰参加西藏文化艺术节“雪域霓裳——西藏传统服饰秀大赛”，参加全球数字经济大会拉萨峰会之传统服饰文化展。举办“文化和自然遗产日”非遗宣传展示活动，通过线上直播线下展销相结合的形式，以20多名模特独具特色的走秀展示，广泛宣传非遗知识。完成非遗传承人传承活动评估工作，对措美县1个国家级、2个市级、7个县级非遗传承人在技艺掌握、带徒授艺等方面进行考核。县文化活动中心、乡镇文化站开展新旧对比展和文体等系列活动。10月20日，举办“礼赞新时代——喜迎党的二十大”书法、绘画、摄影优秀作品展览活动，共展出“庆祝党的二十大胜利召开”“国泰千秋盛”“不忘初心”等书法、绘画、摄影作品共22幅。共开展文化市场综合执法检查19次，出动执法人员108人次。完成乃西寺、宗宗拉康以及卓德寺等10座寺庙的寺藏文物复核工作，在对第一批统计文物进行清点的同时，对新增的数据进行登记。全年共开展文物安全检查21次。

2022年11月2日，措美县召开学习党的二十大精神干部大会

【社会保障】 2022年，措美县农村低保对象52户、132人，落实资金51.8711万元；城市低保对象18户、40人，落实15.0268万元。全县特困供养人员共108人（分散供养22人），落实特困人员资金共152.4902万元。救助临时有困难家庭22户、68人，支出临时救助金11.8820万元。为各乡镇拨付4万—5万元不等的临时救助备用金共计18万元，其中措美镇为2户5人，落实资金1.6万元。为贯彻落实习近平总书记关于“疫情要防住、经济要稳住、发展要安全”的指示要求，为91名疫情期间3个月无收入人员，落实资金9.2万元。全面落实经济困难、高龄、失能老人补助政策，为28名经济困难、高龄、失能老人补贴资金1.68万元。为孤弃儿童、残疾儿童、留守儿童、事实无人抚养儿童基本生活保障，为2名事实无人抚养儿童落实救助资金1.34万元；为全县29名留守儿童、困境儿童，“六一”儿童节慰问资金0.852万元。不断争取各级残疾人保障资金，为212名残疾人发放辅助器具。为自主创业残疾人争取上级部门创业资金，为1名残疾人发创业资金1.5万元。为保障残疾人生活，发放残疾人“两项补贴”100.36万元。“十大民心”残疾一、二级生活补贴49.9万元，保障25名精神障碍监护补贴6万元。开展“全国第三十二次”助残日、湖南省第九批“三交”慰问活动等，慰问金、慰问品共计3.3391万元。残疾人事业发展资金（实用技术培训）0.15万元。为5户残疾人家庭进行无障碍改造，落实资金1.75万元。

【旅游发展】 2022年，措美县组织各相关单位、人大代表、政协委员，召开措美县旅游发展座谈会，围绕《抢抓“十四五”机遇，大力推进山南市“大旅游”高质量发展——新阶段山南市旅游高质量发展建议》研讨材料，畅谈措美旅游发展思路，提出有针对性的意见建议。兑现64名旅游生态岗位资金22.4万元，确保农牧民群众稳定增收。先后召开旅游安全生产工作会议3次，累计对全县11家宾馆、酒店、家庭旅馆、农家乐等开展安全检查18次，未发现重大安全生产隐患，排查一般隐患问题8条，均已现场整改，全县未发生旅游安全事故。深入景区（点）向农牧民群众、区内外游客以及涉旅企业和服务人员传达疫情相关政策措施，宣传和普及疫情防治基本知识并及时反映全区全国疫情和防治工作情况，张贴藏语汉语“温馨提示”。全年接待区内外游客5.8万余人次，实现旅游经济收入162万余元，同比增长10%。

【生态环保】 2022年，措美县以“共建清洁美丽世界”为主题，通过张贴横幅、设立展板，向过往群众发放环境保护法律法规的宣传读本、环保袋等物品，解答群众关于生态环境保护方面的疑问等方式开展2022年“6·5”世界环境日宣传活动，在宣传现场开展环保知识有奖答题活动。先后8次深入村居、寺庙，宣讲习近平生态文明思想、环境保护相关法律法规。持续开展生物多样性保护工作。组织志愿者到哲古湖旅游景区开展“环境保护与爱鸟护鸟”活动。通过向周边群众讲授鸟类科普知识并在哲古湖畔向鸟类喂食以及清理湖周边的白色垃圾等方式开展爱鸟护鸟宣传，不断提高群众保护野生动物的意识和参与度。县城共设置环境空气监测点1个，每季度开展1次人工监测，按照《环境空气质量标准》评价要求，措美县大气环境质量达标或优于Ⅱ类。县城设置主要河流水质监测点位2个，每月开展一次人工检测，措美县辖区内的主要河流水质优良（达到或优于Ⅱ类）比例均达到100%。县城设置集中式饮用水监测点位3个，每季度开展1次人工检测，主要城镇集中式饮用水水源水质全部达到或优于Ⅱ类。农村试点共有1处空气监测点位，3处地下水源监测点，委托第三方及时开展监测工作。县级保洁员40名，市级环保监督员2名，生态岗位（环保保洁员）150名，负责村内卫生保洁工作，共发放工资113.94万元。全年生态环境系统环境执法50余次，下发责令整改通知书5次，出动执法人员100余人次，开展环境信访工作，设立开通“12369”环保投诉热线，设立生态环境领域举报信箱等，维护群众合法权益。结合《山南市贯彻落实中央第四生态环境保护督察组反馈意见整改措施清单（初稿）》，措美县主动认领18项整改任务（共性问题），各项整改工作有序推进中。

【乡村振兴】 2022年，措美县建档立卡脱贫人口共计727户、2489人，人均纯收入达15877.43元，同比增长13.95%。聚焦群众收入、“两不愁三保障”以及饮水安全等内容，强化监测帮扶，坚决守住不发生规模性返贫的底线，截至年底，共有监测户23户、75人。2022年，全县规划扶贫产业项目共解决89人就业，总创收达333.26余万元，人均增收37445.16元。2022年落实产业分红资金474.78万元，覆盖脱贫户、边缘户、突发严重户、搬迁户等3033人次，人均增收1565.4元。全年投入1.8亿元，实施人居环境整治、村（社区）巩固提升项目共13个，农村人居环境不断改善。开展植树种草、整治脏乱差等建设美丽乡村活动650余次、开展生态保护教育宣传活动1200余次，受益群众覆盖全县。措美县哲古镇获第二季度人居环境整治“十佳乡镇”荣誉称号。

【强基惠民】 2022年，措美县15个工作队66名驻村干部深入学习贯彻习近平新时代中国特色社会主义思想，学习贯彻党章党规党纪和党的路线方针政策，学习宣传中共十九大和十九届历次全会精神、中共二十大精神、习近平总书记视察西藏时的重要讲话重要指示精神以及中央第七次西藏工作座谈会等精神562场次，群众受教育率达98%，举办专题讲座130余场次，发放宣传材料2.8万份，开展专题宣传170余期。开展“我为群众办实事”“党旗在基层一线高高飘扬”等实践活动120余场次，为民办实事1020件，投入资金40.9万元。在重要节庆日、民族传统节日等广泛开展群众性民族团结进步创建活动100余场次。以结对帮学、文化补习夜校等形式实施村干部国家通用语言文字教育培训422场次，受教育2600余人次，其中村（主干）基本做到全覆盖。疫情期间帮助84名县外滞留人员解决实际困难，开展送医、送药、送生活物资，解决群众急难愁盼问题200余件。协助整治规范党员档案307人。协助村（社区）党组织发展党员38人，培养后备干部101人。统筹用好2022年度强基惠民办实事经费300万元，研究审议通过各村（社区）提出的强基惠民办实事项目，提升15村级党组织带领群众增收致富的能力。开展农牧民实用技能培训80场次，参与群众559人次，帮助270名群众稳定就业，组织农村富余劳动力外出务工4084人次。各帮扶责任人入户宣讲政策、理清帮扶思路、寻找就业门路、解决实际困难5400余次。全县结对帮扶户742户，帮扶责任人1105人。成立3家务工联队，转移就业4181人，创收672.7

万元。41 名应届高校毕业生实现全部就业。

【宣传工作】 2022 年，措美县委理论学习中心组开展学习宣传贯彻中共二十大精神专题学习、研讨交流 4 次，各级党委（党组）自行组织开展学习 210 余次，累计交流发言 1200 余人次。成立宣讲团深入基层开展宣传宣讲中共二十大精神活动，共开展宣讲活动 260 余场次，受众 1.8 万余人次。结合喜迎中共二十大胜利召开这条主线，开展全县“国家意识、公民意识、法治意识”宣传宣讲活动 270 余场次，受众 1.8 万余人次。开展“奋进新征程　建功新时代”“热烈庆祝中国共产党第二十次全国代表大会胜利召开”“推动山南长治久安和高质量发展走在全区前列”等重大主题宣传，“网信措美”刊登相关主题宣传报道 2208 篇，阅读次数达 410627 次。“措美融媒”抖音账号发布作品 637 条，浏览点赞量达 15 万余次，措美台共播出措美新闻 322 期（其中汉语新闻 210 条、藏语新闻 112 条）、一周要闻 35 期。为喜迎中共二十大，制作悬挂大型高炮户外广告 21 面，小型高炮户外广告 10 面，墙体广告 55 面，路灯广告 280 面，制作户外宣传铁艺 2 处，LED 显示屏滚动播放全区统一 28 条宣传标语。县艺术团共开展“我们的中国梦　喜迎二十大”文艺巡演 58 场次，受众 16200 余人次。县电影放映站深入全县 15 个村（社区）、军营、学校、寺庙等场所，开展《红河谷》《金珠玛米》《雪山泪》等爱国主义影视展映展播活动 146 场次，受众 4450 余人次。

【兴边富民】 2022 年，措美县按照“十四五”搬迁任务目标，及时成立工作专班，安排政策动员宣传组四个乡镇走村入户政策宣传解读。通过实地考察 + 政策上门入户的点面结合方式，先后组织各级搬迁工作人员和群众代表前往洛扎、隆子、错那实地考察，县级领导亲自带队通过“集中宣传 + 重点讲解”方式走村入户，宣讲政策，解答群众疑惑，坚定群众搬迁信心。对接洛扎、隆子、错那相关部门，做好 52 户、199 人已搬迁群众户籍迁移、社保、医保、养老、教育等政策保障的交接工作。2022 年“三大节日”期间到县政府、边境搬迁组按照每户 1500 元对已搬迁群众进行慰问。经县政府常务会研究为边境搬迁户每户准备价值 2 万元的大礼包。截至年底意愿搬迁群众 175 户、571 人，已搬走 54 户、204 人。

【产业发展】 “十三五”期间，措美县规划扶贫产业项目共计 13 个，总投资 2.13 亿元。2022 年规划产业项目实现产值 1195.25 万元，纯收入 827.37 万元，带动 73 人长期就业，人均增收 44827 元，带动短期就业 16 人，人均增收 3768 元。截至年底，扶贫项目向全县 1174 户 1174 人分红，户均增收 1745 元。

【维护稳定】 2022 年，措美县公安机关总接警 1469 起，有效接警 135 起，无效警 1334 起，交通类 73 起，救助类 33 起，纠纷类 20 起，治安类 6 起，刑事类 3 起，开展巡逻防控 3200 余次，出动警力 7600 余人次。全年公安交警部门共查处各类违法 421 起，罚款 99432 元。应急管理局开展排查 284 次，检查单位、企业 774 家次，排查治理隐患 539 处，下发整改文书 3 份，行政处罚 2.73 万元。市场监督管理局检查市场主体 360 余户次，下达整改 18 份，整改意见 30 余份。开展药品检查 8 次，生产经营单位 23 家，罚款 1 万元；抽检食品类产品 4 次；检查经营店 45 家，器具 60 余台；处理“12315”投诉 5 件。持续推进“7+1”维稳防控模式，深入开展“大走访、大排查、大化解”专项工作，推进影响社会稳定矛盾问题摸排调研工作的开展，突出抓好涉各领域矛盾排查，对“大走访、大排查、大化解”的 123 项问题和诉求由国安办牵头，县人社、信访全部认领并协同各乡镇开展核实调处工作，截至年底，80 件已化解，43 件正在化解。

【项目建设】 2022 年，措美县共实施项目 60 个，完成投资 68073 万元，竣工并投入使用项目 37 个。按投资划分为国家投资项目、援藏投资项目、招商引资项目和民间投资四类。国家投资项目共 55 个，完成投资 47958 万元；援藏投资项目共 2 个，完成投资 2359 万元；招商引资项目共 2 个，完成投资 18227 万元；民间投资项目 1 个，完成投资 159 万元。全年将 24 个 400 万元以下项目交由本地企业实施，累计带动本地农牧民务工 8466 人次，带动群众增收 423 余万元。

【招商引资】 2022 年，措美县紧盯“一带一路”、拉萨—山南经济一体化、山南市中部地区崛起、幸福家园建设等大好机遇，充分利用措美县资源优势禀赋进行政策引导、舆论宣传，推动基础设施建设，让更多的大项目、好项目在措美落地生根。招商引资项目共2个，为哲古50兆瓦风电项目，总投资44095万元，完成投资17003万元，投资完成率为39%。措美协和光伏电站16兆瓦时储能项目，总投资2800万元，完成投资1224万元，投资完成率43%。

【特色产业】 2022年，措美县完成建设高标准农田5000亩，总投资1730.92万元，粮食产量达到3313.5吨。全县畜禽产品总产量2188.16吨，其中猪牛羊肉产量2185.55吨，家禽肉产量2.61吨，奶类产量5277.7吨，全县黄牛改良完成1515头，完成计划任务的101%，利民农场养殖专业合作社扩建投入100万元，已竣工验收并投入使用。加强清洁能源建设，清洁能源发电项目总装机65.1兆瓦，全年清洁能源发电首次突破1亿千瓦时，协合、中汇、哲古风电三家清洁能源共计发电14033万千瓦时。

【对口援藏】 “十四五”期间安徽计划支援措美共12个项目，总投资18375万元，已支出3184万元。措美县哲古景区暨文旅产业发展项目。项目总投资3000万元已全部到位，建设内容为改扩建游客服务中心，新建扎扎服饰非遗展览馆、旅游生态厕所、生态停车场、餐饮、商贸、住宿、候鸟投食点、环哲古湖旅游标识牌，水、电、供暖、供氧、急救和垃圾污水处理等附属设施。措美县哲古镇边疆明珠小镇建设项目总投资3000万元，3月16日在山南交易中心公开招标，中标价2688.6万元。完成国道560线沿街立面整治。按照安徽援藏工作队统一安排，措美县工作组全体队员立足自身岗位，深入基层、认真开展调研摸排，共谋划项目7个，建设内容涉及农牧业养殖、基础设施建设、文化旅游、医疗卫生等领域。医疗援藏短期6人，长期1人。教育援藏短期2人。

【重点集体经济简介】 2022年，措美县发展壮大村集体经济，分别在哲古社区、波嘎村、卓德村、宗宗村争取中央扶持村集体经济项目资金共200万元。结合区域特点，因情施策，实施“整乡抱团”发展村集体经济模式，整合乡镇所辖村居驻村办实事经费、集体经济收入，打造4个村集体经济项目4个，实现每村（社区）年增收4.2万余元，受益村居13个。以扎西松多村千只繁殖基地、百头牦牛繁育基地为龙头，实施一批高原牧业特色村集体经济项目，通过鼓励群众入股、投工等方式，引领群众转变观念，释放牧区劳力，解决群众就业，推动牧业发展。

错那县

【概况】 错那县地处西藏自治区南端，喜马拉雅山脉南麓。东与墨脱县（印占珞瑜地区）以西巴霞曲下游分开，北与隆子县、措美县相连，西与洛扎县边巴乡以及不丹王国接壤，南与印度以山地与平原接合地带为界。地形地貌属藏南山原湖盆谷地中的喜马拉雅区。相对高差7000多米，最高海拔7060米，最低海拔18米。康格多山以北为高原山地区平均海拔在4000米，以南地区海拔递减，区内山脉起伏，总体地势北高南低，从西至东地貌分别为高山地貌、高原湖泊地貌、高原河谷（流水地貌）、高山平原地貌，距山南市220千米。辖10个镇乡，29个行政村，55个村民小组（自然村），6169户，总人口15691人。其中，农村人口13395人，人口出生率4.02‰，自然增长率-1.27‰。地域面积350万公顷，主要以农牧业为主，主要包括蔬菜、油菜、青稞、小麦、荞麦等作物，畜牧业包括牦牛、黄牛、犏牛、马、藏鸡、猪、绵羊等，耕地面积1550.10公顷，粮食播种面积1146.67公顷，经济作物耕地面积277.563公顷。森林覆盖率21.48%，林地面积2233260公顷。国家级野生保护动物有岩羊、雪豹等，已探明矿产资源有铅、锌等。主要旅游景点有AAA特色产品边境民族风情游、爱国红色游。2022年，完成地区生产总值91285.80万元，同比增长2.3%。其中，第一产业完成3549.9万元，同比增长4.9%；第二产业完成45243.5万元，同比增长2.5%；第三产业完成42492.4万元，同比增长2.0%。社会消费品零售总额21073.4万元，接待旅游33957人次，实现旅游收入1425.93万元，同比下降56.6%。地方财政收入5240万元，同比增长21.49%；地方财政支出135116万元、年末城乡居民储蓄存款余额70084.52万元。全年农村居民人均纯收入17849元,实现城镇就业351人,城镇登记失业率控制在4%以内,截至年底,参加城镇失业保险1063人,参加企业职工基本养老保险389人,城镇职工参加基本养老保险1224人,参加新型农村合作医疗13376人,参合率99%,参加新型农村养老保险9987人,已领取养老保险待遇2275人。

【项目建设】 2022年,错那县实施重点项目74个,总投资27.07亿元。哈达水库、康格多边境搬迁灌渠工程等43个项目建成投入使用,曲卓木郭麦上游、库局桑玉等11个防洪堤和贡日、曲卓木等市政道路加快建设,4条边防公路、5条农村公路和高海拔乡镇供暖工程等开工建设,城乡基础设施和公共服务能力显著改善。“十四五”规划项目纳入各级规划盘子123个,总投资84亿元,由本级担任法人的79个“十四五”项目全部完成前期工作;县本级储备“十四五”中期调整项目44个,规划投资20亿元;乡村振兴领域获批项目2亿元以上,居全市第一;边海防项目获批22个,总投资1.14亿元,居全市第一。

【反腐倡廉】 2022年,错那县共受理问题线索26件,2021年遗留5件,共31件,立案审结4件;给予党纪处分4人,党纪政务处分1人,其中给予党内警告1人,党内严重警告1人,开除党籍2人,开除党籍公职、移送司法机关1人;收缴违纪违法资金共计1400余万元。印发《关于进一步开展廉政风险点梳理排查工作的通知》,采取“废、改、立”,督促各单位对现有制度全面审查、评估和清理,动态调整权责清单900余条,排查梳理廉政风险点500余个,通过召开全县年轻干部教育暨党员干部作风建设警示教育大会、“身边事教育身边人”廉政警示教育大会和组织全县党员干部集中参观“身边事教育身边人”廉政警示教育展、为领导干部发放违纪违法忏悔录、组织观看《零容忍》专题片,纪委监委班子成员讲专题廉政党课,现场宣读处分,下发监察建议等一系列举措,提高制度执行力和约束性,将“不能腐”的笼子扎牢。

2022年4月30日,首届错那县“喜迎二十大·文化润边行”文化产业赋能乡村振兴计划暨行政村文艺演出队业务素质评比活动在麻麻门巴民族乡正式启动

【道路交通建设】 “十四五”规划储备项目中,错那农村公路建设项目48个,总里程441千米,计划投资9.908亿元。2022年,错那县公路通车总里程1050千米,其中国道131千米,省道20千米,县道213千米,乡道79千米,村道146千米,边防公路259千米,其他专用公路202千米。全县10个乡镇公路通油率达100%,27个建制村公路通畅率达100%,55个自然村公路通达率达100%。11月,被交通运输部评为“2022年‘四好农村路’全国示范县创建单位”。12月,“错勒公路”被山南市交通运输局评为“最美农村路”。

【教育事业】 2022年,错那县共有各级各类学校18所(不包含临时幼教点),其中初级中学1所,乡镇完小5所,1所教学点和11所幼儿园、4所临时幼教点,覆盖全县10个乡(镇)。初中在校生364人,小学在校生762人,中小学适龄儿童入学率、巩固率达到100%,在园幼儿或学前班就读的幼儿289人。全县共有教职工186人,其中初中教职工53人,小学教职工94人,学前教职工39人。先后荣获教育部、自治区人民政府、山南市政府授予的“普及初等义务教育县”“中华扫盲奖”“普及九年义务教育县”“基础教育先进县”“控辍保学先进县”“全国义务教育发展基本均衡县”等荣誉称号。

【生态文明建设】 2022年，错那县牢固树立“绿水青山就是金山银山、冰天雪地也是金山银山”的理念，持续打好蓝天、碧水、净土保卫战，地下水、地表水监测均在Ⅱ、Ⅲ类标准，大气环境质量达到一级标准。完成中央第四生态环境保护督查组转办案件核查办理。实施植树造林4.8万余株。提供生态岗位2909个，年人均增收3500元。被评为自治区级生态文明县，10个乡镇、27个行政村被评为自治区级文明乡村，6个村居被纳入自治区级美丽宜居村庄。

【农村人居环境整治】 2022年，错那县严格落实区市关于人居环境整治工作要求，各乡镇、村居人居环境显著改善，群众讲文明、爱卫生意识显著提升，先后被评为“四好农村路”全国示范县，国家民族团结示范县，自治区级生态文明示范县，10个乡镇、25个行政村被评为自治区级文明乡村，2个村居纳入自治区级美丽宜居村庄，库局乡、吉巴乡分别被评为全市第一、第二季度农村人居环境整治“十佳乡镇”。召开县委农村工作会议、乡村振兴工作推进会、专题部署会13次，优化细化《全县2022年农村人居环境整治成效评价表》，县本级安排40万元用于表彰奖励先进乡镇和村集体，共落实人居环境整治奖励资金27.5万元，并颁发优秀乡镇、村居流动红旗，全面构建各乡镇、村居以及广大群众积极参与人居整治的工作格局。

【文化事业】 2022年，错那县新创具有地域特色的歌舞、曲艺类节目《茶香门隅》《祖国扎西德勒》等26个。文艺创作赋能疫情防控工作，先后创作《民歌赞战疫》《高原依然幸福》《天使之爱》等疫情防控主题歌曲和《我们的靠山，伟大的中国共产党》《防疫心语》《我们是抗疫志愿者——写给父老乡亲的一封信》等文学作品和多部短剧，被“山南文艺”“网信山南”“山南文化”等媒体采用。组织乡镇文化站负责人、“四级”非物质文化遗产项目传承人、各级文物保护单位共84人开展培训，明确2022年文化遗产保护工作的目标任务。邀请国家二级编导索朗扎西为错那县艺术团进行业务技能培训。开展为期15天的行政村文艺骨干培训。全年县艺术团完成演出72场次，各行政村完成演出8场次，共开展群众性文体活动406场次。

【乡村振兴】 2022年，错那县实施“十联百包千帮”活动，实行一月“一走访、一宣传、一教育、一掌握、一帮扶”，干部职工结对帮扶全覆盖。全年摸底调研10余次，联系服务10025人次，思想教育10025人次，政策宣传10025次，解决就业78人，助学就医108人，协调落实惠民政策512件，累计慰问298万余元，入户帮扶率100%。深入开展“百企帮百村”，全县26家企业结对29个贫困村（居），累计培养技术人员500名、提供就业岗位300个，解决村（居）实际困难34个，投入帮扶资金8万元。仅“扶贫日”累计捐款捐物折合人民币30余万元。在疫情防控期间，累计捐款捐物折合人民币171万元。

【公共文化服务体系建设】 2022年，错那县投入50万元支持乡镇文化站开展免费开放活动。为麻麻乡麻麻村、浪坡乡肖村各安排5万元的8个标准建设资金，完善村级文化基础设施。投入295.04万元开展乡镇综合文化站维修和设

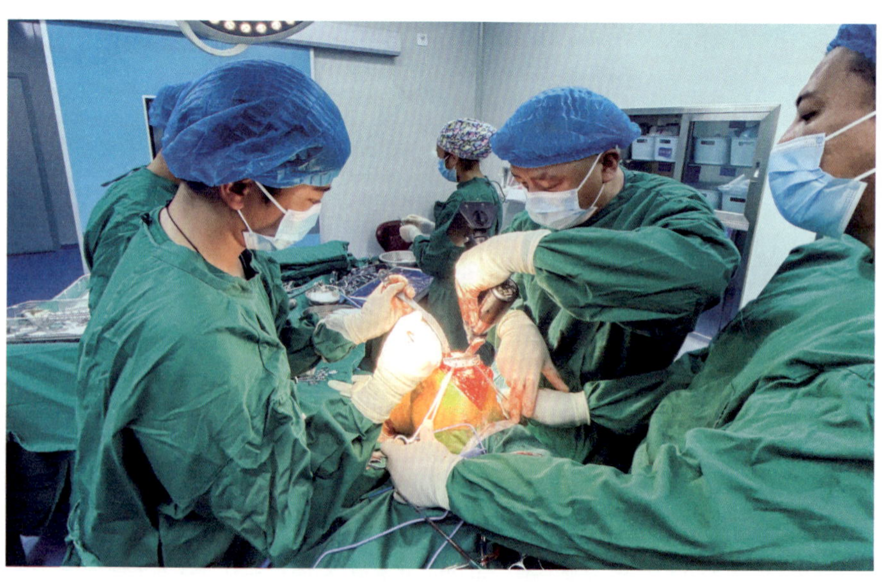

2022年4月6日，错那县人民医院成功开展第一例膝关节置换手术

施设备完善工作，全面提升文化振兴阵地服务能力。全年民俗文化陈列馆、中印边境自卫反击战指挥部旧址陈列馆、乡镇文化站、综合文化活动中心免费开放天数达220天/馆（站、中心），接待游客3600余人。

【河长制工作】 2022年，错那县全面推行河长制工作，建成县、乡、村三级联动机制，全面覆盖县域内的所有河湖。22条河流及5个湖泊已确定县级河（湖）长。设立乡级河（湖）长105个；设立村级河（湖）长141个。完成“一河（湖）一策”、方案编制工作，完成“一河（湖）一策”审查工作，并建立“一河（湖）一档”。2022年县级巡河（湖）共80余人次，乡级巡河次数200余人次，发现河湖岸线存在少量垃圾等问题20余次，均已整改到位。集中清理共出动人员100余人、投入机械垃圾清理10吨左右。以综治宣传活动、重大节日等时间节点为契机，通过发放宣传海报、宣传手册及讲解的方式开展错那县全面推行河长制工作，全年宣传8次。

【重点集体经济简介】 勒村、贤村共同组建勒门巴民族乡茶叶农牧民专业合作社，2022年兑现群众分红528500元，发放群众务工工资1049125元，落实土地流转资金382471元。

勒村。2022年3个村集体经济产业分别是森木扎农家乐、卡达扶贫就业楼和温室大棚。森木扎农家乐租金64382元，带动群众5人参与务工，务工收入75000元；卡达扶贫就业楼出租，租金3万元；温室大棚出租，租金6000元，带动群众2人参与务工，务工收入12000元。全年勒村各村集体经济产业总收入100382元，带动7名群众通过村集体经济增收87000元。

贤村。2022年2个村集体经济产业分别是对外承包经营的错那县勒乡贤村达甘亚泡脚粉加工厂和错那县勒乡贤村辣椒加工厂。泡脚粉加工厂新增机械设备等固定资产13万余元，6月对外承包经营，承包费22000万元；1—6月生产经营额6900元，带动群众11人参与务工，务工总收入5775元，村集体经济通过泡脚粉加工厂增收28900万元。错那县勒乡贤村辣椒加工厂种植、销售青椒292.5千克，生产辣椒制品91盒，生产经营总额13780元，带动16名群众参与务工，务工总收入12300元，净利润1480元。贤村各村集体经济产业净总利润30380元，带动群众就业22人，群众通过村集体经济产业增收18075元。

隆子县

【概况】 隆子县位于西藏自治区南部，山南市中偏北，喜马拉雅山东段北麓；北与朗县、加查县接壤，南与错那、东与珞瑜、西与措美县相连，西南与错那、偏北方与曲松县、西北与乃东县、东北与米林县相邻。海拔3980米，距西藏自治区首府拉萨市326千米，距山南市147千米。境内居住有藏族、珞巴族、汉族、门巴族、回族等民族。国家级野生保护动物有棕熊、岩羊、雕等，已探明矿产资源有沙金、锰、锡、水晶等矿产。2022年，完成地区生产总值（GDP）186009万元，同比增长1.0%。其中，第一产业增加值10458.8万元，同比增长5.4%；第二产业增加值91160.9万元，同比增长0.5%；第三产业增加值84389.4万元，同比增长1.9%，全社会固定资产投资完成228078万元，完成邮政业务总量198万元，完成电信业务总量1750万元。固定电话用户891户，使用率95%，移动电话用户3.565万户，使用率98%；互联网用户（宽带用户）7432户。社会消费品零售总额22929.5万元。地方财政收入8222万元，同比下降5.5%；接待游客5.2万人次，实现旅游综合收入1303.68万元；地方财政支出172454万元，年末城乡居民存款余额107100万元。农村居民人均纯收入18779万元，实现城镇就业709人，城镇登记失业率4%。截至年底，参加城镇失业保险1091人，城镇职工参加基本养老保险1361人，已领取养老保险待遇4115人。参加新型农村合作医疗31987人，参合率99.86%。

【重要会议】 2022年1月17日，县委书记次仁加措主持召开县“两会”党员干部大会。1月20日，隆子县委经济工作会议召开，会议全面总结2021年经济工作，分析当前发展形势，安排部署2022年各项任务。1月21日，中国共产党隆子县第十届委员会第五次全体会议在县城召开，传达学习中共十九届六中全会和自治区第十次党代会、山南市第二次党代会精神，分组讨论并审议通过《中共隆子县委员会关于深入学习贯彻党的十九届六中全会和自治区第十次党代会、山南市第二次党代会精神 加快推进隆子长治久安和高质量发展的实施方案》。3月28日，隆子县召开2022年县委农村工作会议，县委书记次仁加措出席并讲话，县委副书记、政府县长李宁主持。会议传达学习中央农村工作会议、区党委农村工作会议、全区农牧工作会议精神和市委农村工作会议精神。通报2021年度农牧民增收工作情况，安排部署2022年农牧民增收工作。会议还宣读关于表彰2021年度隆子县农牧民增收工作先进集体的决定并进行颁奖。5月20日，隆子县第十四届人民代表大会常务委员会召开第七次会议。会议传达学习西藏自治区十一届人大常委会第三十九次会议精神、全市各县乡民生实事项目人大代表票决制工作座谈会精神和市二届人大常委会第四、第五次会议精神；听取和审议县人民政府关于2022年调整预算的请示和关于财政盘活资金预算安排的请示；听取加措等6名人大常委会任命人员履职情况报告，进行分组讨论，开展履职评议。

【重要活动】 2022年1月8日、12日，隆子县先后在拉萨、山南开展2022年“三大节日”离退休老干部慰问活动。县委副书记、县长李宁，县政协主席古桑旦增，县委常委、组织部部长侯文斌与隆子县离退休老干部齐聚一堂，共叙深情厚谊，畅谈发展大计，展望美好未来。1月21日，由隆子县文化（文物）局、县文化综合服务中心主办，以“欢乐过大年·喜迎冬奥会”为主题的隆子县行政村文艺演出队乡村“村晚”文艺大比拼在常德广场精彩上演，来自11个乡镇的15支行政村文艺演出队自编、自导、自演的歌舞节目、民俗表演，让冬日的隆子一片欢腾、热闹非凡。3月5日，隆子县集中收听收看十三届全国人大五次会议开幕会直播盛况。3月22日，隆子县2022年春耕春播仪式在热荣乡沃塘村举行。5月1日，玉麦乡组织军警地青年开展“共庆建团百年 喜迎党的二十大”系列活动。5月22日，隆子县“聂雄”区域公共品牌发布会在拉萨举办。隆子县洛旦农畜产品加工合作社、西藏稞源农业开发股份有限公司等9家隆子县本土企业携黑青稞糌粑、藏黑鸡蛋、藏白酒等13类特色产品参展。发布会上，隆子县聂雄投资有限公司与参展企业签订品牌授权协议书，山南市商务局、隆子县人民政府相关负责人出席并致辞，为被授权企业颁发授权牌。7月1日，隆子县举行庆祝中国共产党成立101周年升国旗仪式、“光荣在党50年”纪念章和医疗人才“组团式”援藏纪念章集中颁发仪式等活动。10月16日，中国共产党第二十次全国代表大会在北京隆重开幕，习近平总书记代表十九届中央委员会向大会作报告。大会全面总结过去五年的工作和新时代十年的伟大变革，明确今后党和国家的前进方向、奋斗目标、行动纲领。在这振奋人心的时刻，隆子县1.1万余名各族干部群众收听收看开幕会盛况。山南市委常委、纪委书记、监委主任李亚祥，山南市中级人民法院党组书记、院长卓玛央宗，隆子县委书记次仁加措，县委副书记、县长李宁等领导在县城一同收听收看。

【班子和队伍建设】 2022年，隆子县领导班子深入贯彻落实习近平总书记关于全面从严治党的重要论述，带头履职尽责、带头廉洁自律，推进党的建设工作，努力为建设社会主义现代化新隆子提供坚强保证。从讲政治高度整治“四风”，持续深入开展专项行动，围绕“四查四问”“八个抓落实”要求，明确提出“五聚焦、五促进”总体工作思路，坚持把整治形式主义、官僚主义纳入政治巡察、监督检查、审查调查工作重点，重点纠治形式主义、官僚主义突出问题，着力推动全县作风形象向好转变。领导班子成员严格落实“两个责任”，从严从实谋划各项工作，全面抓好干部队伍作风建设，持之以恒贯彻落实中央八项规定精神，引导党员干部树立正确的世界观、人生观和价值观。运用“第一种形态”以教育帮助为主谈话函询2人，运用“第三种形态”给予重处分3人，运用“第四种形态”处理严重违纪违法、触犯刑律2人。开展十届县委第二轮巡察，对27个党组织开展巡察，发现问题88个，完成立行立改问题54个，移交问题线索1条，持续彰显政治巡察利剑作用。

【农牧业】 2022年，隆子县完成粮食播种任务面积4.4578万亩，其中青稞播种任务面积3.98万亩，良种繁育基地建设任务面积0.41万亩。粮食产量20188.6吨，同比增长1.86%；青稞产量17872.52吨，同比增长18.22%。全县共有温室大棚330座，其中县城“菜篮子”基地温室大棚244座、各乡镇温室大棚86座。隆子县牲畜出栏31894头（只），实现肉产量1491.05吨，实现奶产量11568.26吨，禽蛋产量83.58吨。全县累计配种75头，配种完成率达到全年任务的94%。累计新生仔畜数48头（其中新生死亡1头、产后死亡1头、流产2头），成活数44头。隆子县黄牛改良覆盖2个镇3个乡50个行政村，共设有48个黄改点，技术人员66名。全县拥有黄牛改良牛12823头，基础母牛8594头，能繁母畜6148头，新生犊牛4123头，出生率达到98.1%，成活数3912头、成活率95%。全县范围内共有172家农牧民专业合作社，其中县级示范社有23家、运行一般合作社有92家、未运营合作社有34家，新增合作社有21家，在2019年和2020年积极上报自治区级示范社10家具有特色性、带动能力较强的合作社，合作社村居覆盖率已77%左右，为乡村发展打下基础。

【教育事业】 2022年，隆子县共有各级各类学校58所。其中，初级中学1所，乡（镇）小学9所，教学点9所，独立藏语汉语幼儿园39所。隆子县义务教育阶段在校生共计3702人。其中，初中在校生1007人，小学在校生2695人。初中适龄少年毛入学率达102.34%、小学适龄儿童入学率达100%；全县在园幼儿园1211人，学前三年毛入园率达94.46%。隆子县共有教职工514人。其中，初中教职工98人，小学教职工246人、教学点教职工18人，幼儿园教职工58人，教育局教研室教研员1人，退休教师93人。全县聘用临时工共有252人，其中乡村振兴教师19人，专职代课教师59人，其他临时工174人。全县幼儿园均配备适用于学前教育开展的室内外游乐设施、儿童益智玩具、教学设备、学生床铺、餐厅桌椅和餐具。兑现“三包”经费844.83万元，享受学生人数达到4708人。兑现学生营养改善经费164.94万元，享受学生达3567人。同时实施建档立卡贫困家庭子女接受高等教育免费政策，兑现“建档立卡大学生”免费教育资助资金9.7583万元，惠及学生人数达126名。年初，日当镇小学卫生厕所、热荣乡小学卫生厕所、县中学卫生厕所、列麦乡小学卫生厕所、加玉乡小学卫生厕所、雪沙乡普卓村教学点卫生厕所建设项目及日当镇毕念村幼儿园、日当镇宗那村幼儿园、热荣乡扎当村幼儿园、斗玉珞巴民族乡其玛普村幼儿园、隆子镇查果村幼儿园、热荣乡小学风雨操场建设、日当镇小学维修改造等13个项目，均已实施建设，总投资2365万元，6个卫生厕所项目、2所幼儿园新建项目和日当镇小学维修改造项目均按计划已竣工，并投入使用。

【医疗卫生】 2022年，隆子县卫生技术人员共计327人，其中：县级医疗机构65人（其中县卫生服务中心54人，藏医院11人、疾控中心15人其中借调2人、妇幼保健站3人），乡镇卫生院95人，村级卫生室163人（其中6名为大学生村级医务人员）。初级职称以上医务人员共计93人（初级职称26人、中级职称24人、副高职称3人），其中县级53人、乡级40人。2022年，产妇总数362人，孕产妇建册及产前检查355人，产前检查及建册率98%；早孕建册294人，早孕检测率81.2%；孕产妇系统管理264人，系统管理率72.9%，住院分娩活产357人，住院分娩率98.6%；进行高危产妇管理136例，

2022年6月20日，隆子县藏医院通过一级甲等民族医院验收

高危产妇住院率达100%。“三病”免费检查人数274人次、其中梅毒10例并进行随访及治疗。乙肝阳性15人，对其新生儿都免费接种乙肝免疫球蛋白，按上级要求完成三病筛查工作。全县共筛查宫颈癌754例，并全部进行HPV筛查，阳性32例（16、18阳性9例，除16、18的其他阳性23例）。全县35岁以上高血压患者登记管理数2661人，规范管理2661人，血压控制950人，控制率36%；糖尿病患者登记管理24人，规范管理24人，血糖控制5人，控制率21%。65岁以上老年人健康管理2051人；严重精神障碍患者管理数80人，规范管理80人。按照基本公共卫生服务管理规范要求，隆子县对11个各乡镇卫生院慢性病督导2次；开展乡村医务人员能力提升培训1次；相关慢性病宣传4次。

【文化事业】 2022年，隆子县组织开展“学习国家通用语言文字　共享中华优秀传统文化”为主题的“4·23”世界读书日全民阅读系列活动等文化惠民活动20场次，全面推动广场文化活动，由县艺术团演职人员带头，每晚平均参与人数达到200余人，共开展97场次，县艺术团深入行政村文艺演出队开展文艺指导培训，完成23个行政村文艺演出队指导培训，并成功举办2022年春节、藏历新年晚会和首届乡村“村晚”。县艺术团深入基层农牧区、军营、学校、企业等开展“奋进新征程　喜迎二十大”暨“文化润边”等巡回文艺演出活动共60场次。各行政村文艺演出队结合重大节日，开展各类文艺文化活动500余场次。疫情防控期间，通过文化隆子公众号开展“共赏文化魅力　喜迎党的二十大”线上文艺精品展播14次，网信隆子、隆子融媒等媒体上展播文艺精品展播30余次。以喜迎中共二十大为主题，创作《扎日董萨》等7部文艺作品，先后精心创作隆子县抗疫歌曲+MV《凡人英雄》等2部作品以及抗疫宣传短片《我们一起加油》等4部作品。紧扣时代主题、展现时代精神、讴歌人民奋斗，共创作16部文艺精品。全县非物质文化遗产代表性项目共24个，其中国家级1个、自治区级4个、市级3个、县级16个。申报扎日藏白酒酿制技艺传承人平措多吉、俗坡雪“百”传承人阿旺扎西、珞巴服饰传承人琼达为第二批市级非遗项目代表性传承人。全县文物保护单位39处，其中全国重点文物保护单位1家、自治区级文物保护单位16家，县级文物保护单位22家；野外文物点共17处，其中，自治区级野外文物点5处，县级12处。

【社会保障】 2022年，隆子县新增低保16户、28人，其中农村低保14户、24人；城镇低保2户、4人，共落实城乡低保金1217948.67元（含边境增发10%低保金、增发一次性生活补贴），其中落实2022年全年农村低保金929373.67元（139户、293人）、城镇低保金288575元（32户、47人）。全县清退低保对象33户、78人。截至年底，兑现常规临时救助金41.4万元，涉及52户、160人，疫情防控期间，开通“12349”救助热线，累计接听救助热线81起，其中受理救助49起，转办32起，发放生活救助物资及慰问金共计50191元，其中现金救助37295元，物资救助折合人民币12896元，涉及180人；共落实特困人员2022年补助资金1678335元（其中分散特困人员生活补助资金1201635元，涉及152人；发放集中特困人员零花资金476700元，涉及186人）。落实2022年1—10月残疾人“两项补贴”资金2671100元，涉及1773人。残疾证新申请办证42人次、到期换证共11人次、死亡注销47人、康复注销8人。为全县残疾康复人员适配残疾人辅助器具423件，全国助残日活动慰问残疾儿童18人，落实慰问金9000元。全年兑现精神障碍监护补贴19.2万元，涉及80人。

【旅游发展】 2022年，隆子县共接待游客5.2万人次，实现旅游综合收入1303.68万元。全县在建重点旅游项目共计3个，项目总投资达4730万元。列麦红色美丽村庄基础建设已经建成投入使用。玉麦旅游基础设施建设项目，以隆子县重点景区景点及沿线游步道、观景台、停车场、旅游标识标牌等配套设施为主要内容，全年完成工程进度的87%，民宿改造提升建设项目，于6月16日开工建设，全年完成工程进度的90%，斗玉珞巴民族乡旅游基础设施建设、隆子县庄那2号亚绕2号搬迁点民宿提升改造、G219隆子旅客集散中心、热荣瑟尔空温泉改造提升、扎日乡边境第一村旅游基础设施建设等5个项目前期工作已完成前置手续。

按照精准扶贫、精准脱贫、乡村振兴的要求,筛选识别出符合要求的50户边境家庭旅馆,投资330万元进行提升改造,其中扎日乡改造35户,斗玉乡改造15户。完成家庭旅馆从业人员培训一次,受益群众50人。

【生态环保】 2022年,隆子县环境空气质量达到Ⅱ类标准,全县空气质量良好天数保持在96%以上;地表水各项监测指标达到国家Ⅲ类标准,集中式饮用水水源地(县城供水站)各项指标均达到国家Ⅱ类标准,达标率100%,县城区水环境质量保持优良。第二轮中央生态环境环保督察转办案件整改工作中,严格落实"党政同责、一岗双责"责任,督察组进驻期间共计受理7起转办案件,7起转办案件全部完成整改销号。建设项目环境影响评价采取网上备案方式登记备案50余个,总投资5.8725亿元,无"两高项目"。对机场、矿山、采砂、县城周边、生活垃圾填埋场及污水处理厂等重点区域、重点领域开展环保专项督导检查30余次,开展娱乐场所声环境执法检查7次,开展各类环境综合整治行动8次,下达现场检查(勘查)笔录9份。在环境卫生、市容乱象、建筑垃圾、渣土运输、出店经营等综合执法专项整治工作中,共清理整治各类违法运输渣土、建筑垃圾20多宗,清理超门线、占道经营行为500多宗。累计清理户外广告、乱拉横幅等40余条(份),并持续开展非法河道采砂专项整治行动,对重点河流进行全方位排查整治,严格落实河道采砂管理和监督责任,主动接受社会监督,进一步完善河道采砂管理体制机制。共清理河道垃圾234.23吨,整治河道361.7千米,排查整改"四乱"问题1处。

【乡村振兴】 2022年,隆子县脱贫人口人均纯收入达17277.57元,增长17.5%。其中,人均工资性收入9277.98元,占比54%;人均生产经营性收入2446.08元,占比14%;人均财产性收入903.05元,占比5%;人均转移性收入4650.46元,占比27%。全县财政统筹整合涉农资金总规模为2.76亿元(中央、自治区、市级三级统筹整合涉农资金2.68亿元,县级配套资金785.2万元)实施建设项目31个。全县累计监测三类重点对象6户、16人,通过"一对一、多对一"帮扶,落实医疗保障、社保兜底、就业帮扶、产业带动等措施,消除风险监测对象3户、7人,存量监测对象3户、9人。累计组织动员883名县、乡、村三级干部群众,在全县范围内先后开展两轮防止返贫监测帮扶集中排查,第一轮排查涉及全县12389户农牧民群众,第二轮排查涉及全县10181户。市县两级财政共解决17.4万元,为145户(含监测户、易地搬迁户)每户发放1200元的一次性生活补助。完成编制《隆子县"十四五"巩固拓展脱贫攻坚成果同乡村振兴有效衔接规划》,拟定隆子县"十四五"期间脱贫县统筹整合使用财政涉农资金项目109个、计划总投资12.52亿元。优化调整2023年项目库,2023年计划实施项目19个、计划总投资2.8亿元。制定《隆子县乡村建设行动实施方案》,明确"十四五"期间乡村建设任务。共实施美丽宜居乡村振兴示范村6个,总投资1.82亿元。开展农牧区人居环境整治行动,累计发动群众17200余人次,开展集中清洁行动50余次,清理垃圾70余吨,清理村内塘沟60个,清理村内沟渠数量68千米,清理畜禽养殖粪污等废弃物9吨,清理村内淤泥4吨,清理乱堆乱放45处,完成农村户厕改厕户数7870户,兑现资金1124.2万元,群众满意率达100%,普及率达95%以上。9641户实施人畜分离,占全县总户数的95%。秸秆综合利用率在95%以上、实现农膜回收率86%、畜禽粪污综合利用率95%。

【强基惠民】 2022年,隆子县强基办先后深入56个村居调研,召开全县驻村工作调度会2次,听取驻村工作临时党支部工作汇报,安排部署驻村工作。结合"为民办实事专项行动",开展"党的二十大精神进万家"活动,深入田间地头、帐篷牧场,采取集中宣讲、用微信群、LED显示屏、广播、横幅标语等"线上""线下"媒介和群众喜闻乐见的方式大力宣讲,推动中共二十大精神在隆子深入人心、落地生根。全县11个临时党支部、83个驻村工作队已开展集中学习研讨、宣传宣讲2000余场次,覆盖全县3.6万余人。开展村干部国家通用语言文字教育培训328场次,开展各类宣讲教育3000余场次,覆盖群众3.5万人次。全县驻村工作队协助开展农牧民实用技能培训15场次、823人,开展知识政策宣传186场次,覆盖群众1.7

万余人次。协调做好全县3219名干部与2022户群众的结对帮扶工作，落实帮扶资金201.5万余元。制定各类维稳方案预案251个，组建“四护队”143支、法治宣讲队77支，开展维护稳定宣传310场次，覆盖群众2.8万余人次，协助做好重点领域排查530余次，开展治安巡逻7250余次。积极配合做好军地基层党组织“五共五固”结对共建，大力宣传卓嘎、央宗姐妹守土固边先进事迹，联合开展边境巡逻活动200余次。驻斗玉村工作队组织军警地基层党组织结对共建活动其典型做法在人民日报客户端刊发。疫情期间，全县驻村工作队共成立疫情防控应急队伍183支，设立疫情防控值班排查点148处，发放口罩、消毒液等防疫物资33.73万余个(件)，帮助群众秋收2918余亩，解决群众急难愁盼问题15510余件。

【宣传工作】 2022年，隆子县各级党委(党组)理论学习中心组学习485次，做到重点内容跟进学、全覆盖；各级中心组配备《习近平谈治国理政》第四卷。县委理论学习中心组撰写理论文章《以习近平总书记回信精神为引领，扎实推进固边兴边富民行动》，并在“微山南官方”微信公众号上刊发。全县各级宣讲队伍开展理论宣讲2698场次，组织广大干部群众举办“庆七一·喜迎党的二十大”理论知识竞赛活动。通过各类新媒体网络平台和群众微信服务群推送以习近平新时代中国特色社会主义思想及各项方针政策等245条次。在媒体上开办专栏策划制作推出“喜迎党的二十大、幸福的歌声献给党”“谈变化话党恩、喜迎党的二十大”系列短视频16条，推出“非凡十年·看隆子”系列成就报道5篇。全县各级党委(党组)累计开展学习研讨240余场次。印制藏语和汉语版《党的二十大精神应知应会》口袋书2300本，《党的二十大精神宣讲提纲(基层版群众)》600本。公路沿线和县城范围内大中型户外广告牌上制作中共二十大宣传标语54幅。全年累计接待上级主流媒体采访组36批次，中央、自治区媒体共刊发隆子县新闻135条次，“学习强国”刊播95条，重点涉及强边、生态、民生、疫情防控等领域的典型做法和成就报道。全县媒体累计采写发布各类新闻2840条，阅读量达724.34万次。特别是疫情期间组织媒体记者深入一线挖掘采写反映隆子县防疫一线工作人员和志愿者典型做法、感人故事、先进事迹等文字视频稿件共101篇。全县志愿服务队伍，围绕中心服务大局，累计组织群众开展实践志愿服务活动3979场次，参与群众达20.36万人次，有力服务乡村振兴。11个乡镇新时代文明实践工作经费纳入年度预算，升级改造县新时代文明实践中心，为全县各“农家书屋”和“寺庙书屋”更新图书，创建“甜茶馆话党恩”示范点1个，“文化银行”国通语言推广示范点2个。全年累计开展基层文艺演出、“全民阅读”等活动累计34场次。

【兴边富民】 2022年，隆子县新建安置点9个，占全市任务的69%，总体形象进度达到60%以上。新建的边境搬迁安置点同步实施村内道路、饮水、幼儿园、卫生室、村级活动场所等基础设施和公共服务设施。对接乡村振兴资金3543万元实施9个安置点民居采暖工程。总投资1.145亿元的老旧城区功能提升等4个第一批兴边富民项目全部开工。投资3.37亿元的县城集中供暖和投资1.7亿元的“一河两岸”生态修复工程有序开工建设。民政部援助工作累计落地资金2542万元，其中特困人员集中供养服务中心设备采购进入尾声，加玉乡强木金村农村幸福院建成使用，完成日当镇日当村农村幸福院建设工作并新开工实施扎日乡珞瓦新村等5个农村幸福院。隆子支线机场建成通航，国道219线隆子机场迁改工程竣工通行，建成机场搬迁安置一期工程并实现入住，加快推进机场搬迁安置二期工程，形象进度达到70%以上。米林朗共至扎日边防公路以及三林完小至乃加村公路等4条农村公路加快建设，贡那至莫嘎岗拉等5条边防公路已被列入建设计划，觉姆拉等3个边境搬迁安置点3条公路项目被列入自治区“十四五”中期评估调整总盘子，总投资6092万元的乡村振兴示范先行村和示范引领村等3个项目加快建设。整合资金2.79亿元实施2022年度乡村振兴项目30个，谋划申报7类19个2023年乡村振兴项目盘子，规划总投资2.8亿元。县域内农村安全饮水普及率、行政村通电率、道路通达率、移动信号覆盖率、通宽带率均达到100%。

【产业发展】 2022年，隆子县推

动农业现代化产业园发展，编制完成《隆子县现代产业园建设规划（2022—2026年）》，投入资金2927万元实施黑青稞发酵基地升级改造和玉麦湘藏香猪养殖基地能力提升、仲斯巴藏香猪养殖场改扩建项目。投资1160万元的准巴乡、加玉乡边贸市场投入使用，投资1000万元的县城商业体系建设项目（标准化冷链物流）项目计划2月底开工建设。编制完成《隆子县临空经济区规划》，委托开展隆子县现代物流综合保障基地项目预可研编制工作，对接争取打造和发展机场临空经济区。华钰矿业稳定生产，西巴霞曲流域综合开发项目被列入市级重大项目包保计划，三峡、华能等实力企业多次赴隆子县对接新能源开发事宜。

【维护稳定】 2022年，隆子县组织召开维护国家安全和社会稳定工作专题会议、视频调度会议13次，参观指导重要节点武装拉练4次，参加区市指挥部调度会议15次，汇报6次。指挥部办公室制定并下发《2022年全县维护国家安全和社会稳定工作总体方案》《关于深刻汲取“2·25”事件教训进一步强化维稳重点工作任务分工方案》《隆子县3月维稳重点工作实施方案》《党的二十大全县维稳安保工作实施方案》等文件40份。县维稳专班督导组不定期深入各级各部门，检查指导各部门维稳工作开展、推动工作落实。全年共开展督导检查236次，覆盖全县56家单位，11个乡（镇）、83个行政村、11个寺管会，发现问题53个，均已整改。充分利用“全民国家安全教育日”等扎实开展主题宣传活动，宣传卓嘎、央宗姐妹爱国守边典型事迹，用身边人身边事，教育引导干部群众坚定感党恩、听党话、跟党走的信心和决心，不断巩固农牧民群众“我要稳定”的思想意识。共开展宣讲活动13次，参与群众达6000余人次，发放宣传教育资料7000余份。隆子县从组织、力量、装备、物资等各方面做好处突准备，在县城设置2个应急处突点，储备应急处置力量60余名、车辆18台，确保一旦出现突发事件，能够迅速果断高效处置。

【项目建设】 2022年，隆子县投入资金0.49亿元续建、新建18个公共教育基础设施项目。其中小学教师周转房、学校卫生厕所等11个项目竣工投用；热荣乡小学风雨操场等7个项目总体形象进度达85%以上。投资896万元的艺术团排练场和扎果寺修缮保护近期开工，总投资540万元的扎日乡、玉麦乡文化站项目待资金到位后开工建设。投入400余万元升级人民医院信息系统并投入使用。总投资2090万元的雪沙乡卫生院、准巴乡卫生院维修、县疾控中心、斗玉乡卫生院等4个项目均已完成前期工作，待资金下达。扎实推进旅游基础设施项目4个，项目总投资达5230万元，其中投资400万元的列麦红色美丽村庄和投资330万元的民宿改造提升项目全面建成，投资4000万元的玉麦旅游基础设施和投资1500万元的玉麦游客服务中心进入收官阶段，旅游服务能力持续提升，玉麦乡被列入全国乡村旅游重点村。投资2000万元的公共实训基地项目有序开工建设。

【招商引资】 2022年，隆子县推动“招商引资百日攻坚”行动，开展上门招商，组建工作专班，制定细化方案，收集整理并形成招商引资宣传手册、宣传片等资料，立足县城资源实际，谋划清洁能源开发等9个重点招商项目，适时视情启动区外招商。全年累计开复工招商引资项目4个，总投资1.35亿元，完成投资1.01亿元，同比下降54%。豫信加油站综合服务区和扎日宾馆提升改造已建成投产。

【特色产业】 2022年，隆子县委、县政府按照现代化理念谋划农业发展的思路，培育龙头企业3个，完成农产品加工总量306.176吨，建设国家级标准化奶牛养殖场1家，国家级标准化藏猪养殖场1家，藏猪集中养殖基地4个，藏鸡集中养殖合作社2家，小型黑青稞加工企业6家，带动农户3560户，占全县农户数的35.6%。“十三五”争取农业产业发展资金3.1658亿元，示范企业扶持资金450万元，包括黑青稞产业8458万元，黄改产业1.3亿元，藏猪产业1.43亿元，藏鸡产业850万元。隆子黑青稞在“2018年国际商标博览节”上荣获金奖，2019年隆子黑青稞获批“中国气候好产品”证书，2021年加玉农产品发展有限公司的黑青稞糌粑和黑青稞获批黑青稞有机食品认证和绿色食品认证，隆子镇忙错藏黑鸡养殖专业合作社鸡蛋获批绿色食品认证。全年实现收购黑青稞原料231.176吨，加工黑青稞231.176吨，其中用于生产糌粑131.176吨，实现产值251.4万元；用于生产青稞酒100吨，实现年产值600万元；实现黑青稞面包等产值44.668万元；合计实现黑青稞加工产值896.068万元。出售黑青稞种子55吨，创收32.6万元。聂雄标准化奶牛养殖基地现存栏奶牛948头，现日产鲜奶6吨，年均出栏牛犊400余头、出售奶制品75吨，年均创收1300万元。连续3年为隆子县692名建档立卡贫困群众累计产业分红收益金额208.9万元。

【重点集体经济简介】 隆子县玉麦湘藏香猪标准化养殖基地项目于2020年4月底正式签约，项目总投资3.5亿元，第一期投资1.3亿元，截至2022年底，基地存栏种猪800余头、仔肥猪5200余头，两个基地员工共计26名，其中藏族同胞有20名。通过项目建设安排藏族劳务人员100多人，带动周边村民增收达400多万元。饲料厂、屠宰场在手续完善后即将投入使用，标准化基地猪舍改造、玉麦生态基地监控改造、研究院、观光房的建设已经开始动工（猪舍改造计划为4栋产房、4栋保育，将启用地暖、产床、投料设备作为试点），完成后将形成标准化养殖、种猪、饲料加工、屠宰、冷链、物流、研究院的全产业链发展模式。并已与山南市政府合作，建立藏香猪试验场，与西藏自治区农牧科学院畜牧兽医研究所、湖南农业大学就“高寒地区藏香猪养殖技术”进行共同研究，同时与湖南省科技厅就“藏香猪智能生态养殖模式研究与示范”进行深入研究。基地主要特色主要体现在产业护疆、产业固边、促进群众就近就地就业，提高农牧民收入、带动村集体经济收入。实现藏香猪从传统家庭养殖模式到规模化养殖模式的转变，从小规模分散养殖到万头猪场建设，从小散扶贫到国有股份制养殖企业成立。

【经济社会发展典型案例】 2022年，隆子县发展壮大特色龙头企业，提供更多的就业岗位，并辐射带动周边群众增收致富，依靠这一思路，西藏山南隆子县走出一条巩固拓展脱贫攻坚成果与推动乡村振兴有效衔接的新路，让当地群众拥有更多获得感、幸福感。

山南市永创发展建设有限公司。创建于2016年11月，其前身为隆子镇扎果村农民劳务施工队。公司立足当地实际，一心一意谋发展，成为一家拥有1000多名员工的隆子县知名企业。公司下辖有隆子河酒店管理有限公司、隆子县贫困户就业批发部、隆子县聂雄乳业有限公司、错那县觉拉乡蔬菜基地、乃东区白荣乳业有限公司等分公司，主要从事房屋建筑、城市及道路照明、水利水电、园林绿化等工程施工以及奶牛养殖、黄牛改良技术培训、货物运输等业务。在扩大规模的同时，该公司积极履行社会责任，在慈善事业、兴教助学、扶贫济困等方面发挥积极作用，累计捐资达3200万元，吸纳隆子县本地高校毕业生就业66人，旗下各分公司累计吸纳当地群众就业1200余人，荣获“自治区吸收农牧区劳动力就业先进集体”“山南市抗击新冠疫情先进民营企业”等称号。

隆子县“菜篮子”工程园区。由国家投资5160.41万元建设，共有244座温室及蔬菜冷藏库配套设施，是隆子县“十三五”精品产业项目之一。项目采取“公司+基地+贫困户”的运作模式，每年可生产蔬菜125万千克，基本实现瓜果蔬菜自给自足，价格比其他县区低20%左右。

隆子县聂雄标准化奶牛饲养基地。自2018年10月投入运营以来，基地有奶牛1000余头，年产奶1400余吨。通过销售鲜奶、奶渣、酥油、公犊牛等方式，累计创收1300余万元，带动63人就业，其中贫困户44人、月收入4000元左右，大学毕业生15人、月收入7000元。2020年，基地还为692名建档立卡贫困户人均分红1000元。

曲松县

【概况】 曲松县位于喜马拉雅山北侧，雅鲁藏布江中游南岸，东部与加查县、朗县接壤，南部与隆子县相连，西部与乃东县毗邻，北部与桑日县交界。曲松县四面高山环绕，河谷狭窄纵横，地势南高北低。境内山脉系喜马拉雅山脉北侧分支，主要有布章拉和亚堆扎拉两大山脉，均由北向南延伸，纵贯全县。县境内主要河流有色布河、贡布河、江扎布河等3条三级河，另有18条四级河，6条内流河，15条季节性河。全县河流总长度1217千米。县境内还有大小湖泊30余个，总面积500公顷，最大的酱错湖，面积320公顷。曲松县属于高原半干旱大陆性季风气候，因受海拔和高空西风带控制，属喜马拉雅雨影区，旱雨季分明，年降水量 470 毫米，以夜雨为主。光照充足，辐射强烈，无霜期短，年均无霜期 110 天，年平均气温 8.7℃，最高气温 28.5℃，最低气温 -21.5℃，气温年差较小，昼夜温差较大，全年平均日较差 13.5℃。全县平均海拔 4200 米，县城所在地海拔 3987 米，距乃东县泽当镇 60 千米，距贡嘎机场 147 千米，距拉萨 210 千米。全县辖区面积 1967 平方千米，主要以农牧产业为主，农业包括青稞、小麦、油菜、蔬菜等作物，畜牧业包括牦牛、绵羊等。全县有耕地 1681.8 公顷，粮食播种面积 1163.32 公顷，经济作物耕地面积 518.48 公顷。林地面积 385.88 公顷，森林覆盖率 0.2%。辖 3 个乡，2 个镇，21 个行政村，189 个自然村，5064 户，总人口 15027 万人。其中，农村人口 12773 人，人口出生率 6.4‰，自然增长率 1.7‰。国家级野生动物有獐子、青羊、藏羚羊、岩羊、盘羊、狐狸、猞猁、水獭等，主要野生植物有冬虫夏草、贝母、雪莲花、红景天、党参、当归等数百个品种。已探明矿产资源有铬铁、铅、沙金、铂族等金属矿藏及玉石、水晶、大理石等矿产资源。人文景观有拉加里王宫（被列为全国重点文物保护单位）、堆随拉日石窟、洛村石窟、井嘎塘古墓群、朗真寺、东嘎曲德寺、加日贡寺、日果曲德寺、吾金古如拉康、拉加里产房遗址。自然景点有色吾温泉、布丹拉山、巴玉沟原始森林、邱多江草原、切错湖、下洛湿地。特色产品有邱多江乡的风干牦牛肉、慈成藏香、贡康沙陶瓷。2022 年，曲

2022年2月24日，曲松县召开十四届人民代表大会第三次会议

松县实现地区生产总值 11.04 亿元、按可比价增长 2.2%；固定资产投资 1.77 亿元、增长 0.5%；财政收入 5065 万元、增长 5%；税收收入 8793.47 万元、增长 0.2%；社会消费品零售总额 18800 万元，下降 5.8%；农村居民人均可支配收入 19284 元、增长 7.6%。

【重要决策事项】 2022 年，曲松县坚决贯彻执行党中央决策精神、区党委、市委部署要求，切实做到令行禁止、政令畅通。“放管服”改革持续深化，“互联网＋政务服务”加快推进，“一网、一门、一次”改革形成新体系。建成县级标准化政务服务中心 1 个，引进窗口单位优化调整为 14 家，各窗口单位进驻事项优化提升到 51 项，整合建立综合服务窗口、“跨省及区内通办”窗口、帮办代办窗口、投诉建议与“办不成事”综办窗口，政务服务大厅可办事项达 203 项，实现线下政务服务事项标准化办理。全年共接待群众 10044 人次，办结件 9530 件，其中即办件 8909 件，承诺件 267 件，答复件 354 件，办结率达 100%。推行党务政务公开，高质量办理人大代表建议和政协委员提案，办复率达 100%。全年完成招商引资固定资产投资 2006 万元，签订清洁能源开发意向协议企业 5 家，先后召开清洁能源开发专题座谈会 5 次，加快雅江中游清洁能源开发富集区建设，总装机 150 万千瓦罗布沙、加娃水光互补项目已提交至市级审批审查。

【特色产业】 2022 年，曲松县粮、经、饲比例为 68 : 17 : 15，高质量完成 9000 亩高标准农田建设项目，全年粮食产量达 7963.44 吨，其中青稞产量达 6788.6 吨。全面完成“春秋两季”重大动物疫病防控工作，春季接种疫苗 92979 头（匹、只），秋季接种疫苗 100670 头（匹、只），免疫注射率均达到 100%。肉、蛋、奶产量分别达到 2178.58 吨、37.4 吨和 5992.33 吨。江南矿业、西藏矿业累计开采铬铁矿 19.93 万吨，协信科能 3.5 万千瓦光伏电站发电 4949.67 万千瓦时。慈成

藏香、琼嘎藏药材专业合作社实现总产值990万元。扶贫产业项目累计分红88.16万元，惠及群众1140户。农产品集散中心运营良好，年租金达17.6万余元，专业市场投入运营。电子商贸中心装修改造完成，创新打造“艾邱多江”线上销售商城，累计销售各类农畜产品价值180余万元。

【重要会议】2022年1月14日，曲松县召开改进作风狠抓落实工作动员部署会。2月22日，中国人民政治协商会议第三届曲松县委员会第二次会议在曲松县政协三楼会议室开幕，来自全县各界别、各行业的政协委员参加会议。2月24日，曲松县第十四届人民代表大会第三次会议举行第三次全体会议。本次大会应到代表125名，实到106名，符合法定人数。2月25日，曲松县纪委十届二次全会召开，总结2021年工作，部署2022年任务。

【重要活动】2022年5月17日，由曲松县委宣传部、县教育局、司法局、文化局、卫健委、乡村振兴局等13个部门开展的2022年曲松县文化科技卫生“三下乡”集中示范活动在堆随村启动。10月16日，在集中收看中共二十大开幕盛况后，曲松县级干部充分发挥党员领导干部的示范带动、领学促学作用，召开收看中共二十大开幕会交流研讨会，及时学习领会中共二十大精神特别是习近平总书记在开幕会上所作的报告精神，为全县学习宣传贯彻落实中共二十大精神带好头、起好步。

【农牧业】2022年，曲松县各类农作物播种面积达2.6万亩，其中粮食作物面积1.75万亩。全年调运种子38342.85千克，积造农家肥3万吨以上，推广青稞良种面积1.31万亩以上，完成土地深松面积0.35万亩，主要粮食作物机械收割率达80%。全县牲畜存栏83579头（只、匹）、出栏34628头（只、匹）；肉产量2178.58吨、完成年度目标的99%；奶产量5992.33吨、完成年度目标的113%；蛋产量37.4吨、完成年度目标94%。坚持把就业稳岗摆在突出位置，转移就业6410人、创收5963万元，全面完成“春秋”两季重大动物强制防疫和抽样检测工作，重大动物免疫密度达90%，抗体达70%以上。开展冬季饲草料储备摸底工作，全县储备饲草料207.9吨、精饲料1085.6吨。

【旅游发展】2022年，曲松县接待游客2.5万人次，创收196.31万元。金融业保持健康发展，金融存款余额6.8221亿元，同比增长0.91%，金融贷款余额5.4679亿元，同比增长0.17%。实体经济加快发展，新增市场主体165户，总量达1490户，招商引资工作成效显著，招商引资突破1亿元。

【重点项目】2022年，曲松县研究制定全县重大项目包保推进工作机制，建立领导包保重大项目清单，明确罗布沙、加娃水光互补光伏发电等14个项目包保责任，建立政府投资项目咨询评估机构“短名单”，项目审批工作机制进步完善。全面加强项目谋划，充分利用“十四五”规划期评估调整等契机，申报曲松县“十四五”规划中期评估调整储备项目69个，总投资18.47亿元，其中新增项目65个，总投资17.06亿元，调整项目4个，总投资1.41亿元。全面推进项目前期，“十四五”规划储备项目65个，均已完成前期工作。全面加强项目建设，全年实施重点项目35个，完成全社会固定资产投资3.03亿元，其中续建项目18个，新建项目17个。总投资6503万元的县城防洪堤加固提升工程、总投资2719万元的2021年公租房和总投1283万元的曲松村乡村振兴示范引领试点村等重大项目顺利建成投用。严格按照征集初定、审议票决两个环节确定民生实事人大票决制项目库，全年实施项目36个，总投资528万元，已全部建成并投入使用。谋划申报债券类项目11个，涉及投资2.6亿元，专项债券资金需求1.78亿元。

【生态环境】2022年，曲松县推进国土绿化“见缝插绿”行动，下洛国家湿地公园修复与保护项目完成招投标工作，雅江中游重要生态功能区保护工程进度达80%，飞播造林3.5万亩，“四旁”植树6.39万株，修复治理退化草原2万亩。落实第三轮草原生态补助资金595.8万元。完成国土空间规划方案编制，“三区三线”第二轮划定成果已报自然资源部审查。全县空气质量率、集中饮用水源地和主要江河湖泊水质达标率均达100%。各级河湖长累计巡河451千米，河道清淤2.5万立方米。

【脱贫成效】2022年，曲松县落实

2022年5月17日，2022年曲松县文化科技卫生“三下乡”集中示范活动在堆随村启动

帮扶资金87万元，兑现生态补偿脱贫岗位政策资金1266.7万元，投放小额信贷资金454万元，26个扶贫产业项目兑现分红资金88万元，脱贫人口人均纯收入14897元、增长14.8%，高于全县农牧民收入增速。48户、184名群众在错那边境安居，兑现县级边境搬迁配套政策资金125.4万元。消除监测对象14户、47人，按照“应纳尽纳”原则，15户、47人新纳入监测对象，截至年底，共有监测对象21户、63人。

【乡村振兴】 2022年，曲松县乡村基础设施条件显著改善，总投资1.7亿元的13个财政衔接推进乡村振兴补助资金项目全部开工，曲松镇下洛村吾金古如自然组公路、邱多江乡色吾村乡村旅游民宿等项目建成投用，农村集中供水率、自来水普及率、行政村公路通达率、电力人口和广播电视覆盖率均达到100%。“厕所革命”推进有序，累计完成户厕改造2808户，兑现户厕奖补资金553万元，卫生户厕普及率达87%。深入开展农村人居环境整治提升，荣获全市农村人居环境整治优秀县和邱多江乡获“十佳乡镇”称号，曲松镇东嘎村、贡麦村入选第六批中国传统村落名录。

【市场环境】 2022年，曲松县持续深化小微企业金融服务，发放小微企业贷款3519万元。新增各类市场主体165个，注册资金达8197.75万元。招商引资到位资金1亿元。县际客运班线改革成效显著，全年公路交通旅客周转量212.68万人。信息化建设高效推进，新建4G基站9个、基站扩容3个、光宽带端口536个，总投资580万元。政务服务中心高效运行，“放管服”改革持续深化，全年共接待群众10044人次，即办件8909件，答复件354件，承诺件267件，办结件9530件，办结率达100%。

【社会保障】 2022年，曲松县本级财政安排资金582万元实施36个民生实事项目。教育质量稳步提升，投入资金600万元实施曲松镇小学基础设施能力提升项目，加快推进高海拔学校供暖工程建设，试点开展县中学学生“点对点”接送服务，中考总成绩居县（区）第一、全市第三，刷新建校以来最好纪录。通过政府购买服务，自来水、污水处理、生活垃圾收集处置实现全托管，县城绿化率达40%。健康曲松加快建设，县藏医院通过市“一级甲等”民族医院创建评审，5个乡镇实现医保直接结算，家庭医生签约服务全覆盖，孕产妇住院分娩率99.2%。文化事业繁荣发展，创作文艺作品17个，部分作品在西藏首届文化艺术节、首届小戏小品曲艺大赛获奖，开展文化惠民和文艺演出248场次。文化惠民工程深入实施，围绕喜迎中共二十大，创作一批反映中共十九大以来五年成就的文艺作品，“村晚”、文艺演出、全民健身等文化惠民活动大放异彩，文化产品供给保障有力。非遗文化传承保护力度持续加大，完成《走进曲松·文化之乡》游记初稿编制。荣获第五届自治区“县级文明城市”称号。投入507.6万元用于城乡居民最低生活保障、特困人员救助供养、临时救助、残疾人事业、关爱儿童服务等方面，全民参保率保持在99%。

【生态环保】 2022年，曲松县持续推进生活垃圾分类处置。完成国土空间规划方案编制，“三区三线”第二轮划定成果已上报自然资源部审查。持续打好污染防治攻坚战，全县空气质量优良率、集中饮用水水源地和主要江河湖泊水质达标率均达100%。各级河湖长累计巡河451

千米，河道清淤2.5万平方米，林长制全面落实。自治区级生态文明乡村创建工作已提交自治区审核。

【社会治理】 2022年，曲松县深入开展反分裂斗争，依法管理宗教事务，"八五"普法工作全面开展，社会局势持续和谐稳定。坚持和发展新时代"枫桥经验"，开展矛盾纠纷排查1363场次，办理群众来信来访4批、5人次，协调解决资金158万元，办结率和满意率均达100%。曲松镇曲松村入选全国"扫黄打非"进基层示范点。坚持以铸牢中华民族共同体意识为主线，深化各民交往交流交融，获评市级民族团结进步模范集体，邱多江乡、曲松镇下洛村分别获评自治区、市民族团结进步模范单位。深入开展安全生产大检查和城镇燃气、危化品、自建房等领域集中整治，突出抓好罗布沙矿区安全生产整改工作，安全生产形势保持稳定，未发生较大及以上事故。

【援藏工作】 2022年，曲松县援藏项目资金987万元已全部拨付到位。援藏计划内项目已完工1个，完成投资2500万元，占总投资的19.92%。正在实施项目5个，累计完成投资510万元。与湖北援藏企业洽谈合作，投资2500万元开展藏鸡委托养殖，有效带动5个村集体经济发展，带动增收55.83万元。推动下江村乡村振兴等项目建设，吸纳群众就业1833人次，带动增收68.48万元。黄石市先后援助总价值161万元的抗疫应急物资，及时缓解防疫物资短缺困难，充分发挥援藏工作队经验优势，在抗击疫情、复工复产、稳经济等各个环节发挥重要作用。促进各民族交往交流交融，14名曲松籍学生考入其他省市西藏班。持续擦亮组团式市场化就业服务品牌，30名曲松籍大学生在湖北实现就业。

【党建工作】 2022年，曲松县持续探索党建品牌创建途径，突出"红""领""竞"创新开展国家通用语言文字教育培训，推进"红旗党支部"创建、"红星党员"争创、"红色'家'风"传承等活动，着力打造红色基层党组织，全力推动基层党建工作再上新台阶。"中部党建长廊""三个专项行动""六个基本"等稳步推进，"八星党支部"创建有力，软弱涣散基层党组织整顿工作扎实开展，村干部轮流坐班和"集中办公日"制度有效落实，"1+7"驻村工作任务高效推进，基层战斗堡垒作用和党员先锋模范作用发挥明显。坚持新时期好干部标准和民族地区干部"四个特别要求"，持续加大干部交流轮岗培养力度，正向激励机制不断完善，干部干事创业激情充分激发。

【党风廉政】 2022年，曲松县党风廉政建设和反腐败斗争不断深化，召开县纪委十届二次全会、党风廉政述责述廉会等，专题研究部署党风廉政和反腐败工作，完成涉粮专项巡察整改工作，高效完成十届县委第二轮巡察，巡察反馈的196条问题基本完成整改，党在基层的执政地位更加坚实。开展"身边事教育身边人"等廉政警示教育活动，持续强化警示震慑，始终保持反腐高压态势，坚持抓早抓小，防微杜渐，全年共办理问题线索7件，初核了结1件，函询了结2件，立案办结2件，给予党内严重警告2人，政务降级1人，降低岗位等级1人，正在办理2件。

【民族团结进步创建活动】 2022年，曲松县坚持把党的领导贯穿民族团结创建全过程、各环节，纳入全县重要议事日程，以"一张图纸管到底"的方式做好创建工作短、中、长期规划，定目标、划重点、明责任。制定印发《曲松县创建自治区民族团结进步模范县实施方案》《关于以铸牢中华民族共同体意识为主线和战略性任务推进新时代民族工作高质量发展实施意见》，召开创建工作专题会议、座谈研讨会12次，开展督导检查和互观互检活动30余场次。统筹全县力量，安排资金530万元，用于保障创建工作高位推动、高效运行。设立民族团结主题宣传栏60个，设立民俗展示墙56处，挂牌命名"九进"模范单位90家。在"网信曲松"微信公众号上开设民族团结专栏，制作《曲松民族团结报》，组织红色宣讲员，创新开展"十百千万""4+9+N"等"九进"宣讲活动700余场次。把民族团结内容纳入《村规民约》《寺规僧约》，打造曲松镇、下洛村等6个民族团结示范基地。曲松镇小学"七个一"、贡康沙小学"五彩一周"创新活动亮点纷呈。采取开办夜校、驻村工作队领学等方式，创新开展国家通用语言文字"红·领·竞"活动。坚持把宗教工作、寺庙工作、僧人工作作为民族团结进步事业的重要内容，创新"十个一""一看两学”工作举措，深入推进法律进宗教活动场所，助推藏传佛教中国化，积极引导藏传佛教与社会主义社会相适应。

【经济社会发展案例】 2022年，曲松县应对疫情对经济社会发展造成的冲击和影响，实现全县地区生产总值11.04亿元，增长2.2%，一般公共预算收入5065万元，同口径比较增长5%，农村居民人均可支配收入19284元，增长7.6%，社会消费品零售总额1.88亿元。本级财政安排资金3216万元不折不扣落实自治区、市稳经济系列政策措施，因地制宜制定8条县级配套政策措施。坚持把稳投资放在突出位置，总投资5.67亿元的41个在建项目全部复工复产，13个项目冬季不停工。吉昌老旧小区改造、2021年公租房等18个项目建成投用。整治抛荒撂荒地284亩，建成高标准农田2.54万亩。兑现耕地地力保护补贴、一次性良种补贴、农机具购置补贴共计221.6万元。玛如村牧业改革和下洛、下江、堆随农机合作社项目设计加快推进。农村集中供水率、自来水普及率、行政村公路通达率、电力人口和广播电视覆盖率均达100%。进一步明确巴玉水电站利益分配占比，重启大古水电站利益分配事宜洽谈，县域经济社会表现出坚强韧性和巨大潜能。

【重点集体经济简介】 2022年，曲松县确认农村集体经济组织成员3878户、13720人，量化集体资产9870万元，经营性资产2788万元，成立21个村集体经济合作社。创新打造“艾邱多江”线上农畜产品销售商城，帮助群众实现营收180万元。其中，规模较大的有琼嘎藏药材种植合作社、慈城藏香等。慈城藏香现有固定员工32人，其中具有大学文化程度的4人，初中文化程度的6人，其他22人。公司固定资产3000多万元，公司旗下由慈成藏香厂、慈成农产品加工专业合作社两个部门组成。公司原出让占地面积4600平方米的基础上，修建原料库、预车间、生产车间、包装室、办公室、职工生活区等，总建筑面积达2370平方米。在原有的基础上，拉萨、日喀则、山南、成都等地设慈成藏香专卖店。开展藏香配方及制作技艺研究和生产、供应、销售等业务。已生产26种具有地域风格的特色藏香产品。

加查县

【概况】 加查县位于西藏自治区东南部，县境东与林芝市朗县交界，西与山南市桑日、曲松两县相连，南与山南市隆子县毗邻，北与林芝市工布江达县接壤，平均海拔4000米。地处冈底斯山—念青唐古拉山与喜马拉雅山大地构造单位之陷凹地带，地貌区域为藏南谷地，地势西高东低，地形复杂，水资源丰富，属多河流峡谷地带。全县有大小河、沟260余条。县境内有拉姆拉错、雍错、江斯拉错等天然湖泊160多个，主要分布在西北和北部高山地区，海拔4500—5000米。加查县属高原温带半湿润气候，日照充足，辐射强烈，热量低，气温年变化相对小且昼夜温差大，无霜期短，降水量小且降水集中，雨季明显，干湿季节分明，冬春季干燥多风。全县大致可分为五种气候类型，即河、沟谷温暖半湿润气候，山地温和半温润气候，亚高山温凉半湿润气候，高山寒冷半湿润气候，高山寒冻半湿润气候。主要物产有虫草、贝母、麻黄、枸杞、红景天等数百个品种，以及麝香、熊胆等几十种名贵药材。距山南市政府所在地乃东区107千米，自治区首府拉萨市255千米。全县辖5个乡2个镇，74个行政村，289个村民小组（自然村），6934户，总人口23183人。其中，农业户数5557户，人口20727人。全县核定干部职工总编制1188人，实有干部职工1381人。辖区面积4390平方千米，主要以农业为主，农业包括青稞、小麦、豌豆、蚕豆、油菜、萝卜、土豆等作物，畜牧业包括牦牛、犏牛、马、驴、骡、山羊、绵羊、猪、鸡等，农作物播种面积24228.62亩，森林覆盖率30.55%，林地面积178951.026公顷。探明矿产资源有铬铁、岩金、铜、铅、锌等，主要旅游景点拉姆拉错湖、久布荣原始森林、色布荣曲风景、琼果杰风光、那玉河风光、结罗拉雪山、布丹拉山、涅尔喀大瀑布、千年核桃林等。特色产品核桃、木碗、石锅、虫草、蓝莓、竹编等。2022年，全县地区生产总值完成230750.5万元，同比增长1.9%；固定资产投资完成10.64亿元；财政收入完成6000万元，同比下降3.95%；社会消费品零售总额完成2.48亿元；接待游客82293人次，实现旅游综合收入1562.05万元，同比下降54.07%。农村居民人均可支配收入达到23947元，同比增长9%。

【重要会议】2022年1月14日，加查县在会务中心一楼召开县委经济工作会议。会议深入学习贯彻中央、区党委、市委经济工作会议精神，总结2021年经济工作，分析经济形势，部署2022年经济工作。1月14日，中国共产党加查县第十届委员会第五次全体会议在加查县会务中心一楼召开。会议传达学习市委第二届二次全会精神，审议通过《中共加查委员会关于深入学习贯彻党的十九届六中全会和自治区第十届党代会及市第二次党代会精神　加快推进加查长治久安和高质量发展的实施方案》。2月23日，加查县委农村工作会议在加查县政府十楼视频会议室召开。会议总结全县2021年度“三农”工作，安排部署2022年各项工作。3月11日，中国共产党加查县第十届纪律检查委员会第二次全体会议在加查县政府十楼视频会议室召开。会议深入学习贯彻区纪委十届二次全会和市纪委二届二次全会精神，回顾总结2021年全县党风廉政建设和反腐败斗争工作取得的成效，安排部署2022年的工作任务。10月28日，加查县传达学习中共二十大精神干部大会在加查县会务中心一楼召开。12月15日，中国共产党加查县第十届委员会第六次全体会议在加查县会务中心一楼召开。全会讨论李贤荣受县委常委会委托所作的工作报告、县委常委会2022年抓党的建设工作情况报告、改进作风狠抓落实工作情况报告，审议通过《中共加查委员会关于深入贯彻落实党的二十大精神　全面建设社会主义现代化新加查的实施细则》，对学习贯彻中共二十大和自治区党委十届三次全会、市委二届五次全会精神，全面建设社会主义现代化新加查作出安排部署。

【重要活动】2022年3月28日，加查县在县荆州文化广场举行纪念西藏百万农奴解放63周年“升国旗、唱国歌”活动。6月29日，在县会务中心举行“务实展作风·喜迎二十大”主题演讲比赛。来自全县各乡镇、教育、卫生等单位系统中的14名优秀选手紧扣演讲主题进行演讲。7月1日，在荆州文化广场举行“庆七一·奋进新征程　喜迎党的二十大”红歌会庆祝活动。县“四大家”在岗县级干部及来自7个乡镇的70余名农牧民党员、村“两委”班子成员参加活动，同时为11名党龄满50周年的老党员颁发“光荣在党50年”纪念章。7月15日，举行“颂歌献给党·喜迎二十大”全民歌手大赛。共有13组选手参与比赛，通过歌声抒发对党、对祖国、对人民的真诚祝福。

【班子和队伍建设】2022年，加查县委坚持将党的政治纪律和政治规矩挺在前面，不断加强新时代党的政治建设，始终在政治立场、政治方向、政治原则、政治道路上同党中央保持高度一致。县委班子成员积极参加所在党支部“三会一课”、主题党日、组织生活会等活动，做到率先垂范。严格落实新时期好干部标准和民族地区干部“三个特别”要求，坚持正确用人导向、选拔优秀年轻干部、优化班子结构、注重交流的原则，全年共提拔调整（含进一步使用）、公务员职级晋升77人，其中“90后”干部44人、占57.14%。同时加大县直部门与乡镇、乡镇与乡镇、高低海拔之间的干部交流，一般干部进行轮岗交流23人，进一步激发干部整体活力。

【农牧业发展】2022年，加查县农作物播种面积24228.62亩，完成粮食产量7710.93吨，青稞产量同比增加701.18吨。全县现有设施大棚285座，均得到有效种植，疫情期间，各蔬菜生产基地、先后向市场供应各类蔬菜72.78吨。全年虫草产量达2292.18千克，实现虫草收入2.5亿元，采挖群众平均创收3.5万元。持续发展壮大核桃产业，投入2000余万元实施乡村振兴核桃种植项目，全年核桃种植面积增加约3000亩。投资引进核桃肽深加工生产线与核桃油生产线，生产加工核桃油11余吨，产值达400余万元。完成黄牛改良任务359头，完成牦牛经济杂交任务398头，兑现2021年配种相关补贴资金743800元。加大接羔育幼工作力度，全县新生仔畜共有36385头（只、匹），成活35258头（只、匹），成活率达到96.9%。强化动物疫病防控，春秋季重大动物疫病免疫力度均达100%。兑现2022年草畜平衡奖励资金5731539.16元，草原监督员补贴资金392000元。加大牛羊出售补贴工作宣传力度，兑现补贴资金585720元。根据中央财政下达的2022年生猪（牛、羊）大县奖励资金（237万元），按照以奖代补模式，加快奖励资金使用，制定资金使用方案，确保发挥资金效益。按照“以人定燃料，以畜定草料”的原则，加强农牧民牲畜饲草料等防抗灾物资储备，县乡村储备饲草料623吨，群众自筹自购储备饲草7000吨，全年无重大灾害发生。

【教育事业】 2022年，加查县共有各级各类学校28所，其中初级中学1所，小学7所，幼儿园20所。在校生3731人（学前952名，小学2045名，初中734名）。实有专任教师292人，初中78名，小学164名，学前50名。全年预算教育事业经费17186.92万元；已支付10644.45万元，支出进度21.97%，待支付7304.21万元。义务教育初中阶段净入学率100%，毛入学率103.67%，在校生三年巩固率100%，毕业率100%，升学率100%；小学适龄儿童正常入学率100%，毛入学率100.49%，在校生六年巩固率100%，毕业率100%，升学率100%；学前三年毛入园率98.96%。小学学段学生考入西藏初中班（校）10名，初中学段学生考入西藏高中班（校）14名；考入区内重点高中52名；考入区内普通高中56名。全年完成297名教师岗位等级设置任务，足额发放乡镇教师补助资金498.34万元。完成4名拟晋升高级职称教师考察、11名初级教师聘任工作。强化教师培养，按照年度公用经费预算总额5%的标准，足额预算教师培训经费14.4万元。选派404人次教师参加线上线下各级各类培训，提升教师教书育人水平。严格落实“送教上门”服务政策，组织助学支教志愿服务队，开展“送知识、送政策、送温暖”等服务活动28次。预算15年免费教育补助资金203.25万元，拨付营养改善经费163.93万元，“三包”经费691.703万元。实施县中学改扩建、农牧区学校供暖工程等12个教育系统建设项目。

【医疗卫生】 2022年，加查县投资175万的7个村级卫生室新建项目完成主体验收。利用远程诊疗中心，开展远程会诊、远程培训，不断提升医疗服务能力。顺利通过藏医院“一级甲等”评审，不断研究拓展新业务新技术。投入85万余元的老医院院内综合环境整治工程项目完成主体验收。统筹谋划“十四五”项目申报工作，并争取到总投资600万元的加查县疾控中心能力提升项目被列入“十四五”项目库，努力改造全县卫生医疗条件。开展卫生健康宣教8次，发放各种宣传手册、画报、健康素养宣传单1500余份。完成2022年度全民健康体检工作，应体检20841人，实际体检人数19421人，体检率达93.19%。

【文化事业】 2022年，加查县开展重大主题文艺活动，举办庆祝中国共产党成立101周年红歌会和“务实展作风　喜迎二十大”主题演讲比赛和“奋进新征程　喜迎二十大”第三届书法展，全县干部职工、师生、僧尼、社会各界人士踊跃投稿260余件作品。深入基层、学校开展“喜迎二十大　永远跟党走”“喜迎党的二十大　强国复兴有我”“喜迎二十大　同心护未来‘绿书签行动’”“引领读书热潮·营造书香加查—喜迎二十大”等系列宣传教育活动。达布文化艺术中心各功能室全部实行免费对外开放，每周开放时间均达到56小时以上。全年开展“送文艺下乡”活动47场次，观众达4700余人次。县电影队深入基层播放藏语、汉语红色爱国电影410余场次，观看干部群众达7850余人。疫情期间，利用抖音平台开展佳木斯快乐舞步健身操公益性培训暨健身操全民推广线上活动，参与观众7258人次。创作4个关于疫情防控的小品及短视频，语言类线上作品2个，其他作品14个。

【社会保障】 2022年，加查县制定出台《加查县鼓励企业吸纳就业实施意见（试行）》，开发就业岗位180个，岗位推荐337个，城镇新增就业319人。开展职业技能培训14期，实现农牧民转移就业6698人，创收5238万元。加查籍高校毕业生就业276人，就业率达97%。自主就业创业30人，兑现就业创业补助133.82万元。义务教育阶段净入学率、毕业率均达100%。预算15年免费教育补助资金203.25万元，拨付营养改善经费163.93万元、“三包”经费691.703万元。全县城乡居民基本医疗保险参保率99.9%。兑现城乡低保资金112.1万元、特困人员救助补助资金72.37万元、残疾人“两项补贴”及生活补贴207.09万元、临时救助资金25.39万元、集中供养人员零花钱和生活支出59.59万元。全年完成农房改造135户，兑现资金203万元。公租房项目有序推进。投入超3亿元实施农村公路、水利设施等项目，开通覆盖7个乡镇52个行政村的乡村客运和城市公交。

【旅游发展】 2022年，加查县接待旅游人数82293人次，实现旅游收入1562.05万元，同比下降54.07%。编制《加查县全域旅游规划》，制定《加查县旅游产业扶持奖励（暂行）办法》。“游加查”官方抖音账号正式开通，举办“藏南秘境 秀美加查”首届全民摄影大赛与山南市旅游文化投资有限责任公司签订为期20年、投资1亿元的全域旅游战略合作协议，与26家旅行社签订合作协议，推动发展全域旅游。

【生态环保】 2022年，加查县制发《加查县关于着力推动加强生态文明建设走在全区前列的实施方案》《加查县关于着力推动加强生态文明建设走在全区前列2022年工作方案》，实施土壤污染防治行动计划、危险废物专项治理检查、白色污染治理、环境综合整治，投入85万元完成索朗沟集中式饮用水水源地保护区维修工作。投入160余万元实施垃圾转运处理，开展“四清两改”村庄清洁行动。安排资金224.3万元，实施县城1500户水表安装改造项目。安排资金94.4万元，完善县城污水处理厂环保设施。安排资金85万元，实施县城饮用水水源地保护工程。通过“门前三包”等制度明确村民责任，试点推进“八奖八惩”积分制管理办法，推动村庄清洁行动制度化、常态化、长效化。统筹抓好河长制、路长制、林长制责任落实，加快推进易地搬迁拆旧复垦和拉林铁路、水电站等重大项目临时用地生态恢复及土地复垦验收工作，完成植树造林600亩。编制完成全县7个乡镇生态文明建设示范乡建设规划和安绕镇索囊村等72个行政村生态文明建设示范村建设方案、乡镇、行政村创建提档工作报告及规划，生态文明建设迈上新台阶。

【乡村振兴】 2022年，加查县脱贫户637户、1776人，脱贫群众人均收入达14843.39元，同比增长12.9%。农村居民人均可支配收入完成23947元，同比增长9%。全县严格落实“四不摘”政策要求，统筹整合涉农资金15451.39万元，实施项目11个。实施乡村振兴美丽宜居村庄建设项目6个。巩固拓展脱贫攻坚成果，建立完善防返贫动态监测机制，排查边缘易致贫户13户38人。持续抓好产业扶贫、就业扶贫、易地扶贫搬迁后续帮扶等工作。

【强基惠民】 2022年，加查县按照区、市驻村干部轮换选派要求，精准选派第十一批驻村工作队74支，选派驻村干部322名，其中：市直部门选派35人，县直部门选派32人，乡镇选派92人，各类专干163人。为更好更快地帮助驻村干部尽快进入工作角色，提高履职能力，组织174名驻村干部进行集中培训，并召开加查县第十一批驻村工作临时党支部书记推进会议，梳理27条驻村工作队建议。总领队、副总领队和县强基办工作人员先后深入全县74个村居对加查县干部驻村工作开展情况以及存在的困难、问题进行调研走访，实地调研村集体经济，检查指导驻村工作计划、各类应急处突预案、国通语培训、新时代文明实践队伍建设等工作，做到全覆盖、不留死角，并形成调研报告。自入驻以来累计开展督导检查60余次，下发工作提醒单12次，累计为各驻村工作队发放慰问经费和物资18万余元。县强基办及时发布《本周重点驻村工作提示》《各驻村工作队信息提示》，加强日常监督提醒，提高驻村工作效率。疫情防控期间，各驻村工作队协助医护人员每天进行全方位、无死角消杀工作，协助村“两委”设立村级卡点120余个，累计协助医护人员做

2022年11月9日，加查县举行“119”消防宣传月启动仪式暨农牧区智慧消防装备器材配发仪式

核酸检测，发放口罩、消毒液等防疫物资15万余个（箱、件）。推进干部驻村工作五项重点任务，以结对帮学、文化补习夜校等形式实施村干部国家通用语言文字教育培训3359场次、累计参与419875人次，对村（社区）主干125人进行全覆盖，驻村汉族干部自行组织开展藏语学习233场次，944人次参加学习。开展党史、新中国史、改革开放史、社会主义发展史以及西藏地方和祖国关系史宣讲教育活动146场次，受教育群众18460人次。在民族团结进步月开展铸牢中华民族共同体意识教育155场次，受教育群众13644人次，进一步增强群众“五个认同”“三个离不开”思想。累计组织开展中共二十大精神宣讲95场次，参与群众21000余人次。驻村工作队队员结对帮扶153户359人，帮助解决困难和问题314个。帮助村（社区）“两委”理清发展思路232条，制定、完善、实施经济发展规划32项，协助做好易返贫致贫人口常态化监测50次。

【宣传工作】 2022年，加查县召开县委常委会（扩大）会议11次、县委理论学习中心组学习会15次。审定制发《习近平新时代中国特色社会主义思想全民性宣传教育体系建设细化方案》《中共加查县委理论学习中心组2022年专题学习重点内容安排》《全县各级党委（党组）理论学习中心组2022年专题学习重点内容安排》《加查县推进“党的创新理论大众化”工作实施方案》，县委班子成员带头深入基层、深入一线开展宣传宣讲人均2次以上，新时代文明实践中心（所、站）宣讲志愿服务队开展理论宣讲980场次、受众3.96万人次。开展以“庆七一·喜迎二十大”为主题的系列活动，组织党员干部开展知识竞赛和理论测试。举办庆祝建党101周年红歌会和“务实展作风 喜迎二十大”主题演讲比赛等“喜迎二十大”系列宣传教育活动。县电影队深入基层播放藏语、汉语红色爱国电影410余场次，观看干部群众达7850余人。开展“送文艺下乡”活动47场次，观众人数达4700余人次。坚持把党的民族政策理论纳入县委常委会（扩大）会议、县委理论学习中心组会议学习范围，持续开展涉宗领域“每日30分钟”学习会，县委、县政府组织学习相关内容达34场次。印发《民族团结应知应会》。深入开展民族团结进步“九进”宣传教育和民族宗教政策进乡村、进企业、进修行区巡回宣讲，制作“核桃树下话团结、雅江河畔感党恩”宣传片，及时转发民族团结小知识、民族团结音视频，不断增强“五个认同”。持续加强民族团结宣传阵地建设，全县各级共开展集中宣讲59场次，受众1162人次。线上宣讲42场次，推送政策40余次，参学1551人次。开展实践活动47场次，受众1432人次。打造“核桃树下话团结 雅江河畔感党恩”宣传品牌，完成第一期“共建宜加一家亲”民族团结宣传片制作工作，深挖琼果杰寺《胜乐金刚》永乐织锦唐卡历史上交往交流交融意义，制作专题展板1块。

【产业发展】 2022年，加查县产业发展提质增效。第一产业增加值10577.8万元，同比增长4.2%。全年虫草产量达2292.18千克，实现虫草收入2.5亿元，采挖群众平均创收3.5万元。总投资4500万元的加查县沿江生态走廊核桃产业种植项目已完工，总投资1800万元（分五年实施）的高原核桃产业技术研究项目已完成2022年实施任务。全年生产加工核桃油11余吨，产值达440余万元。第二产业增加值125056.2万元，同比增长1.6%，其中，工业总量完成68192.3万元，同比增长6.3%；建筑业完成56863.9万元，同比下降3.5%。高原益生菌绿色制造产业化项目正式落户加查。冷达水电站一期营房主体、输变电工程和街需水电站玛罗村至街需村跨江交通桥完成建设。第三产业增加值95116.4万元，同比增长2.1%。制定出台《加查县旅游产业扶持奖励（暂行）办法》，“游加查”官方抖音账号正式开通，举办“藏南秘境 秀美加查”首届全民摄影大赛。与山南市旅游文化投资有限责任公司签订为期20年、投资1亿元的全域旅游战略合作协议，与15家旅行社签订合作协议，发展全域旅游的基础越来越坚实。

【维护稳定】 2022年，加查县召开维稳工作会议20余次，严格落实“县级干部包乡、乡干部包村”分包责任制，制订《2022年度县级领导同志督导乡镇和寺庙维稳工作方案》，安排14名县级领导对全县7个乡镇开展维稳督导，3名县级领导负责全县社会面维稳工作，2名县级领导带队督导全县维稳工作，落实乡镇干部包村制度。检查生

2022年6月17日，加查县举行户外劳动者驿站交接仪式

产经营单位86家次，排查隐患140处，完成整改125处。组织动员治安巡逻，每日巡逻人数达400余人、1600余人次，提高街面“见警率”、路面“执勤率”。强化“三级信访接待日”制度，严格落实矛盾纠纷排查调处责任和信访包案制度，排查各类矛盾纠纷92起。全县来访信访案件12件，成功协调处理信访7件；受理拖欠民工工资投诉案件14起，涉及人数37人，金额65.2471万元，受理欠薪线索系统案件10起，涉及人数10人，金额71.63万元。常态化开展扫黑除恶打非治乱专项斗争，结合“缉枪治爆”“黄赌毒”等专项行动，开展行业领域专项整治。开展反诈宣传30次，引导群众下载“国家反诈中心”App1200余人，按照预警线索，开展预警劝阻工作，累计预警100余人次，预警劝阻完成率达到100%。

【项目建设】 2022年，加查县落实重大项目包保推进工作机制，全年实施项目48个，总投资93302万元，计划完成投资38954万元。印发《加查县重点企业、行业和项目工地疫情防控复工复产工作指导意见》，协调重大项目、企业等返藏务工人员163人，办理市内通行证转运材料83次，申请办理区外材料转运9次，解决材料紧缺的问题。53个在建重点项目均有序复工复产，并成立项目专班，研究解决项目建设中的人员短缺、物流不畅等堵点问题。高原益生菌绿色制造产业化项目正式落户加查。冷达水电站一期营房主体、输变电工程和街需水电站玛罗村至街需村跨江交通桥完成建设；冷达水电站改线公路项目已开工。开工建设加查县县级农牧业防抗灾物资储备库建设项目，工程形象进度达85%以上。完成2022年连片人工种草任务3000亩，兑现补助资金450万元。完成江塘村“三岩”搬迁土地开发项目竣工验收。安绕镇塘麦农副产品产业园、千年核桃产业园巩固提升项目竣工验收，正在开展竣工决算审核和工程尾款支付工作。

【招商引资】 2022年，加查县建立招商引资“掌上地图”，征收500亩土地用于项目储备用地，简化土地征用环节。申报如米产业园区建设债券项目，配套实施道路、供水供电、污水处理等基础设施建设，解决落地引资企业后顾之忧。全县招商引资项目共7个，完成固定资产投资22084万元。其中加查县水电站固定资产投资12275万元，藏木水电站固定资产投资1231万元，街需水电站固定资产投资2050万元，冷达水电站固定资产投资6528万元。持续发展壮大核桃产业，投入2000余万元实施乡村振兴核桃种植项目，全年核桃种植面积增加约3000亩，援藏投资1700万元引进核桃肽深加工生产线，已正式投产。投入1515万元增加核桃油生产线。西藏安琪珠峰生物科技益生菌项目、西藏缘合生物科技有限公司青稞食品加工项目招商落地。

【特色产业】 2022年，加查县持续加强与湖北宜昌市安琪集团的对接，推动安琪集团与雅江实业、达布投资公司、清诺孵化公司及县政府的合作，筹建年产200吨高原益生菌项目，延长特色产业链条。加查县沿江生态走廊核桃产业种植项目完工，全年核桃种植面积增加约3000亩，开发核桃肽、核桃油等农特产品市场，生产加工核桃油11吨，产值达440余万元。长江大学西藏高原核桃产业研究所优质核桃种质资源研究取得新突破。

【党建工作】 2022年，加查县持续深入巩固党史学习教育成果，常态化开展党性教育、政治教育、理想信念教育，举办集中培训班4期、参训374人，选派村干部赴区内培训25人、区外培训10人，选派干部职工参训46人。针对74个村级党组织班子队伍和成员发挥作用情况以发放民主测评表、问卷调查和现场走访谈话的形式开展“回头看”工作，经查全县74个村级党组织班子队伍及成员政治建设牢固，工作开展及时，群众满意度达95%以上。全年全县共发展党员70名。“回头看”工作中共排查认定整改问题41条，其中一类问题1条（冷达乡仲沙村洛桑顿珠带病入党问题），四类问题40条，均已整改完成。全面开展农牧民党员思想政治教育活动，清理违规悬挂宗教标识物。持续深化“沿江党建长廊”建设，申报冷达乡共康村民族团结进步示范点、安绕镇塘麦村生态文明建设示范点、加查镇努巧村生态文明建设示范点3个市级农牧区基层党建示范点。排查整顿县级软弱基层党组织3个。虫草采集期间成立虫草采集点临时党支部21个，1678名农牧民党员到所在采集点临时党支部报到，覆盖农牧民群众7700余人，“有困难找党员，有困难找支部”的口号响彻虫草采集区。各临时党支部共开展理论宣讲130余场次，发放宣传资料16000余份，开展系列主题党日活动40余次，为虫草采集群众解决急难愁盼问题60余件。

【廉洁建设】 2022年，加查县全面推进党风廉政建设和反腐败工作。全年共受理问题线索41件，处置问题线索30件，移交相关党组织处理11件，办结12件（含2021年遗留7件），正在办理25件，立案6件，给予党纪政务处分9人，组织处理7人。综合运用“四种形态”处置14人，收缴违纪资金48.47万元。严肃查处并移送巴桑某严重违纪违法案。下发纪检监察建议书2份，规范宣读处分决定9次，联审层批精准回复廉政意见71批次622人，提出暂缓使用2人，不宜使用2人。召开以案促改和警示教育大会2次，开展“身边事教育身边人”警示教育展20余场，发送廉洁提醒8次，受教9000余人。制作发放家庭助廉倡议书300份、民情联系卡500份，组织1000余人参加线上廉政知识考试，通报各类典型案例5期，开展廉政集体谈话59人次，各乡镇党政“一把手”面对面谈话1次，落实“三个区分开来”受处分人员回访教育6次。

【援藏工作】 2022年，宜昌市投入资金500万元用于支持加查行政服务中心项目建设；投入资金180万元用于支持加查县崔久乡高寒供氧项目建设；整合资金290多万元，用于加查特色农产品展厅、加查档案数字化、县退役军人服务中心和加查县卫生服务中心等项目建设。加大民生援藏投入，远程对接宜昌优质医疗、教育资源，重点解决农牧民群众急需解决的民生问题。组织宜昌市中心人民医院、宜昌市第一人民医院和宜昌市第二人民医院由院长带队的医务人员3批次，共计27名医务人员到加查考察交流。推进“互联网+教育”，全面启用“两个平台”，组织全县中小学共录制17节电子白板竞赛课实录，进行典型案例推广。开启“空中课堂”教学模式，保障疫情期间全县中小学（幼儿园）在线教学全面开课等各项工作。多渠道持续加大岗位开发，组织54家在藏企业和援藏企业提供岗位652个，其中援藏组团式就业开发岗位112个。加查县高校毕业生总人数276人，就业人数270人，就业率达到98%。

【重点集体经济简介】 加查县雪域贡发农业开发有限责任公司于2013年10月成立，以“公司+合作社+农户”方式运行，由老农王公司负责管理，全村共有125户入股，资金约300万元。2019年公司正式移交嘎玛吉塘村管理，种植销售新鲜蓝莓、蓝莓饮料及蓝莓酒，增加村内就业2人，带动137户542人，每户年增收3000元左右。2022年，公司产值158万元左右。

桑日县

【概况】 山南市桑日县地处冈底斯山南麓，喜马拉雅山以北，位于西藏自治区中南部，山南市东北部，东邻加查县，东南接曲松县，西南与乃东区毗邻，北靠墨竹工卡县，东北与工布江达县相连。地处北纬29°00′—29°50′，东经91°50′—92°36′，平均海拔4065米，最低海拔3143米，辖区面积2633.62平方千米。辖4个乡镇（3乡1镇），43个行政村（社区），83个村民小组（自然村），县城距山南市30千米，距拉萨市227千米。地形地貌特征有高山地貌、河谷地貌和风沙地貌三大地貌类型，桑日县属于高原温带季风半湿润气候，有“一年无四季，一日见四季”之说；干湿季分明，降水较少，蒸发强烈；立体气候显著，阴阳坡分异明显；灾害性天气频繁。主要山川有沃德贡杰雪山。主要旅游景点有思金拉措、沃卡温泉，达古峡谷景区、马鹿自然保护区、沃德贡杰雪山、鲁定颇章景区。主要物产有达古石锅（自治区级非物质文化遗产项目）、达古木碗、沃卡清油、藏香猪、曲果萨糌粑、白青稞糌粑、葡萄酒、藏香、贝母、虫草、麝香、黄连、柴胡、雪莲、三颗针、红景天等。主要农作物有青稞、小麦、豌豆、油菜、土豆等。畜牧业包括牦牛、黄牛、犏牛、山羊、绵羊、藏香猪、藏鸡等。国家级野生保护动物有棕熊、马鹿、雪豹、麝獐、岩羊、原羚、黑熊、猞猁、雪鸡、马鸡、藏猕猴等。矿产资源有铬、铜等。全县共有5460户，总人口17889人。其中农牧民户数4217户，人口15674人。耕地面积2.3万亩，其中粮食播种面积1.74万亩（青稞面积1.265万亩，小麦面积4745亩，杂粮面积53亩），经济作物面积4213.2亩（油菜面积1800亩，蔬菜面积2413.2亩），饲草面积1433.8亩。2022年，全县生产总值完成22.58亿元；规上工业增加值完成6.36亿元；全社会固定资产投资完成17.03亿元；社会消费品零售总额完成1.67亿元；农村居民人均可支配收入完成22300元。

【重要会议】 2022年1月12日，桑日县召开县委经济工作会议，县委书记康爱民出席会议并讲话，县委副书记、县长索朗巴珠主持会议并具体安排全县经济工作。1月26日，召开党史学习教育总结大会，县委书记康爱民出席会议并讲话，全面总结全县党史学习教育工作，巩固拓展党史学习教育成果，动员全县党员干部群众持续从百年党史中汲取智慧和力量，为推进桑日长治久安和高质量发展努力奋斗。2月24日，桑日县召开县委农村工作会议，县委副书记、县长索朗巴珠参加会议，县委副书记张鑫主持会议。会议分析全县当前“三农”工作面临的形势任务，研究部署2022年“三农”工作。3月10日，桑日县召开十届纪律检查委员会第二次会议，大会总结2021年工作，部署2022年工作任务。12月8日，召开全县干部大会，宣布孙守英任桑日县委书记，山南市常委、组织部部长冯小义出席大会并讲话，孙守英作表态发言。12月14日，召开中国共产党桑日县十届委员会第六次全体会议，全会由县委常委会主持，县委书记孙守英讲话。12月15日，召开桑日县科级干部学习贯彻中共二十大精神专题研讨班，县委书记孙守英出席开班式并作第一讲。

【重要活动】 2022年2月18日，县新时代文明实践中心组织各志愿服务分队，在绒乡开展“文化进万家”暨“五下乡”宣传服务活动。2月21日，县文化局开展“我们的中国梦——文化进万家”文艺会演活动暨桑日县首届村级演出队文艺演出大赛。3月1日，举行桑日县内设机构和事业单位集中揭牌仪式。3月28日，桑日县举行庆祝百万农奴解放纪念日升旗仪式。4月20日，桑日县人大常委会开展区、市、县三级人大代表视察活动。6月6日，县委宣传部联合“扫黄打非”办开展“护助少年儿童健康成长　拒绝有害出版物及信息”系列活动。6月30日，开展“光荣在党50年”纪念章办法仪式暨“两优一先”表彰大会。10月5日，开展“喜迎二十大　奋进新征程　红歌献给党”“老少同声诵读红色经典　携手喜迎二十大”“童心心向党　喜迎二十大”。12月13日，举办首届农牧国家通用文字演讲比赛活动。12月19日，开展“争星晒成绩　头雁大比拼”抓党建促乡村振兴擂台比武活动。

【班子和队伍建设】 2022年，桑日县晋升事业单位职员等级6人，推荐晋升四级调研员7人，二级调研员2人。落实自治区《关于鼓励引导人才向艰苦边远地区和基层一线流动的若干措施》《高层次和急需紧缺人才引进办法》和《山南市基层专技人才“县管乡用”实施办法》，注重将政治素质过硬、有发展潜力的优秀年轻干部选派到维护稳定最前沿、经济发展主战场、生态环境主阵地、固边强边第一线经风雨、见世面、壮筋骨、长才干。

【农牧业发展】 2022年，桑日县粮、经、饲比例调整为76∶18∶6，粮食种植规模继续呈现扩大态势，比2021年增加9个百分点。全县粮食播种面积达到1.91万亩，粮食产量达到9968.48吨，同比增长4.1%。实施投资2135.13万元和1971.97万元的2021年、2022年高标准农田建设项目，涉及三乡一镇13个行政村，改造农田5500余亩。全县牲畜总头数8.38万头（只、匹），新生仔畜数1.86万头，仔畜成活率达95%以上，牲畜出栏率20%。在桑日镇雪巴、奴卡社区试点推广“人畜分离”工作。采取房前屋后种植与集中连片种植相结合的方式，因地制宜种植油菜、青稞等作物。发展设施农业和现代牧业，在葡萄、饲草、藏药材、蔬菜种植以及牦牛、藏鸡、藏香猪规模养殖上实现重点突破，实现农畜产品加工业总产值年均增长10%。

【教育事业】 2022年，桑日县全面贯彻党的教育方针，全年落实“三包”经费882.33万元。改善办学条件，17所学校供暖项目全面推进，教学质量稳步提升，县中学被评为自治区级文明校园。

【医疗卫生】 2022年，桑日县加快建设健康桑日，深入开展地方病及慢性病防治工作，全面加强“两降一升”管理，孕产妇、婴幼儿死亡率均控制在指标内，家庭签约率达100%。县人民医院附属工程建设、住院楼等卫生基础设施建设项目有序推进。全面启动核酸检测分检中心。健全医疗保障体系，充分运用医保信息系统，实现城乡居民医疗报销一站式、一单制结算。全年城乡居民职工手工零星报销1198人、321.63万元。因势精准调整疫情防控措施，研究制定《桑日县“三大节日”期间疫情防控工作方案》《桑日县应对大规模感染应急预案》和《桑日县乡村三级包保制度》等，终坚持人民至上、生命至上，本级财政投入140万元，储备抗原检测试剂5.5万余份，各类急救药品6万余盒（袋）。确保物资储备保障充足，供应到位。全县疫情形势总体平稳，无重症、无死亡病例。

【文化事业】 2022年，桑日县本级投入188.6万元开展《走进桑日》编撰工作。常态化开展文艺下乡活动，发挥村级文艺演出队作用，全年完成文艺下乡活动130场以上。惠及群众达15250人次。加大文物和文化遗产保护力度，加快实施投资500万元的桑日县丹萨梯寺保护工程，185万元的桑日县综合文化活动中心提档升级项目，桑日县巴朗曲康寺线路改造项目和桑日县丹萨梯寺芒卡尔拉康屋顶矮墙维修项目。

【社会保障】 2022年，桑日县城乡居民医疗保险参保人数15309人，参保率达到98%。城乡居民手工零星报销人数259人，报销金额199.88万元；医疗救助73人，10.72万元；职工手工零星报销115人、121.75万元，职工生育报销48人、82.18万元。

【旅游发展】 2022年，桑日县本级投入1800万元实施思金拉措旅游景区基础设施建设项目，全年共接待游客20.68万人次，完成旅游总收入884.11万元。

【生态环保】 2022年，桑日县坚持山水林田湖草沙一体化保护和系统治理，全面推行“林长制”“河（湖）长制”。完成基本草原划定工作。实施国土绿化暨全民义务植树、乡村“四旁”植树活动，全年完成植树造林1600余亩、13万余株。强化国土空间规划和用途管控，落实生态保护、基本农田、城镇开发等空间管控边界，实行最严格生态保护制度。编制完成桑日县创建生态文明建设示范县五年规划。投入765万元实施增期乡雪巴村污水处理站项目。全县空气质量优良率、集中式饮用水水源地和主要江河湖泊水质达标率均达到100%。

【乡村振兴】 2022年，桑日县全面推进乡村振兴，统筹整合涉农资金项目13个，总投资13671.84万元。聚焦返贫风险人群，建立监测机制，坚决守住不发生规模性返贫的底线。持续动员边境搬迁工作，有意愿搬迁群众48户162人。健全农村金融服务体系，为121户脱贫户及边缘易致贫户提供扶贫小额信贷590万元。积极谋划、推动实施一批带动强、效益好、持续长的乡村振兴项目，一体推进43个行政村村庄规划编制工作。建成塔木村、雪巴村2个乡村振兴示范点项目，开工建设比巴、冲达等7个宜居宜业和美乡村建设项目。

【强基惠民】 2022年，桑日县委常委会先后2次召开专题会议安排部署第十一批干部驻村工作，选派驻村干部174名，其中干部93名，各类专干81名，开展为期2天的专题培训。紧紧围绕干部驻村工作“五项重点任务”，研究制订《桑日县关于在驻村工作队中开展“五比五看”，争当‘六员’驻村干部，争创‘五好’驻村工作队活动”实施方案》，研究印发《桑日县强基惠民项目申报审批流程》，理顺项目申报流程，重申工作要求，切实保障强基惠民项目运行规范。指导各驻村工作队认真开展铸牢中华民族共同体意识、带领群众致富、维护社会稳定、守卫边疆领土、开展反分裂斗争干部驻村“五项重点任务”。各驻村工作队以集中宣讲，入户宣传等方式，宣传《西藏自治区民族团结进步模范区创建条例》256 次，受教育群众 1.7 万余人次。开展集中学习 434 场次，受教育党员群众 1.4 万余人次，帮助 3500 名农牧民党员群众下载“藏译通”。协助做好常态化防返贫监测 198 次，切实守住不发生规模性返贫的底线；协助开展农牧民实用技能培训 13 场次，受训群众 417 人次，帮助 32 名群众实现就业，增加现金收入 85700 元。开展矛盾纠纷排查 2000 余次，排查安全隐患 2100 余次。采取点对点的方式开展法律知识宣讲 262 场次，覆盖群众 1.1 万余人次。开展人居环境整治 1321 场次，参与群众 5.4 万人次。展反分裂斗争宣传教育 150 余场次，受教育群众 4.1 万余人次。

【宣传工作】 2022 年 6 月，“桑日青稞小讲堂”在全县 43 个行政村开设，为老百姓搭建起‘大舞台’，让他们通过讲‘小故事’来树立‘大榜样’，推动党员干部把身子沉下去，让基层群众的声音传上来，促进全民素质整体提升，这一文化品牌受到山南市重点推介。全年共开办“桑日青稞小讲堂”87 期，吸收理论宣讲志愿服务队队员 18 名，培育基层骨干宣讲员 2 名。为迎接和学习宣传贯彻中共二十大精神、乡村振兴、疫情防控、保护生态环境、创建全国文明城市、民族团结进步等，累计制作宣传栏、户外广告、宣传标语等 310 个，制作发放防诈骗、“非法集资”等宣传资料 1435 份，制作推出《网络中国节》《大美桑日》《创建全国文明城市你我共同参与》《网红看西藏交通》《疫情防控千万条　接种疫苗第一条》以及改进作风、防诈骗等主题原创短视频 36 个，累计点击量达 80 万人次以上。

【产业发展】 2022 年，桑日县形成规模的产业共计 5 类。种植业项目 5 个，分别为总投资 352.65 万元的追塘坝易地搬迁土地开发项目、总投资 2937.35 万元的追塘坝易地搬迁高效温室项目、总投资 1400 万元的程巴村苗圃基地项目、总投资 500 万元的赤康村苗圃基地项目和正在积极推进总投资 4.1247 亿元的葡萄基地建设项目。加工业项目 2 个，分别为 2019 年打造完成总投资 3642 万元的桑日县葡萄基地精细化改造项目和总投资 400 万元的白堆乡菜籽油精加工项目。文化旅游类项目 1 个，为总投资 567 万元的雪巴村旅游改扩建项目。商贸流通类 2 项，分别为 2018 年建设完成总投资 528 万元的冲达村扶贫增收基地和 499 万元的藏嘎村扶贫增收基地。资源开发类 1 项，为 2019 年入股洛扎拉康电站 3000 万元。通过发展产业项目累计实现收益 2509.94 万元，辐射带动全县 4288 名群众实现增收。实现资产收益 159.49 万元，全县 3712 名脱贫群众（建档立卡群众）分红 372.62 万元。

【维护稳定】 2022 年，桑日县公安局共组织警力开展各类处突演练 20 余次、反自焚演练 10 余次，相继投入警力近 200 人次，车辆 50 余辆次。开展各类巡逻防控 1450 余次，出动警力 3000 余人次。召开县委常委会、县委国安指挥部视频会议 8 次，制定下发重要文件 10 余份。组织召开情报信息分析研判会 3 次，上报风险隐患排查摸排报告 6 份，开展各类督导检查 50 余次，形成督导检查情况报告 2 份。

【项目建设】 2022 年，桑日县实施项目 57 个，总投资 9.73 亿元。其中

2021年9月28日，岳阳市短期援藏考察团调研桑日县葡萄基地

续建项目9个，计划新建项目48个。制订《桑日县加快推进今冬明春重点项目建设攻坚行动方案》，梳理冬季不停工项目23个，年底新开工项目21个，冬季备工备料项目3个，推进前期工作项目21个，年度债券项目11个。深入推进"十四五"规划内项目前期工作，桑日县涉及"十四五"规划内项目54个，总投资399.8亿元。全年完成前置手续项目36个，完成率达到90%。完成2023年中央预算内投资计划项目申报16个（本县业主项目14个），总投资1.28亿元。全县实施统筹整合涉农资金项目13个，总投资13671.84万元。实施"以工代赈"项目2个，总投资234万元。完成11个项目的扶贫资产清理确权工作，形成扶贫资产2亿余元。全年400万元以下政府投资项目交由农牧民施工企业实施39个，总投资4360.68万元，吸纳农牧民用工人数728人，实现农牧民劳务增收654万元。

【招商引资】 2022年，桑日县实施招商引资项目5个，完成投资7303万元。

【特色产业】 桑日县葡萄基地项目于2011年由曲水荣顺生物科技开发有限公司在桑日镇塔木村进行葡萄种植试验，试种面积15亩，试验品种11个，资金来源为本级财政资金和社会资金。2014年试验获得初步成效，2015年进行大规模种植，2022年全县葡萄产业基地规模达8600亩。年产量350吨，葡萄酒产量17.3万支，销售量181.64万元。

2021年7月21日，湖南民委工作组到桑日县调研民族团结工作

【党建工作】 2022年，桑日县严格落实县级领导干部督导联系点制度，深入实施区市县三级基层党建示范点联评联创3年行动计划，申报创建区市县三级基层党建示范点22个，全面推行村干部"集中办公日"制度，深入开展"争星晒成绩·头雁大比拼"村党组织书记抓党建促乡村振兴擂台比武活动，深化"十个一"系列活动，创新"八学模式"，推动学习宣传贯彻中共二十大精神走深走实，依托"云视讯"会议系统、"桑日青稞小讲堂""六微六学"课堂等平台载体，抓实党员干部教育培训工作，创新开展"五比五看"活动，推动干部驻村工作更好地向中心聚力、为大局发力。

【党风廉政建设】 2022年，桑日县纪检监察机关收到信访举报、巡察移交、监督检查发现问题线索共计21件。全年共受理问题线索22件，谈话函询2件，移送2件，初核了结7件，立案审查调查5件，正在办理中6件（已处置），给予党纪政务处分10人次，移送司法机关2人，挽回经济损失41.6万元，结案率达73%以上。实现全县中共十九大以来办理第四种形态案件零的突破，精准运用"两书一函"，下发监察建议4份、检查建议2份。对受理的问题线索实行集中管理、动态更新、定期汇总，结合日常监督、审查调查、巡视巡察成果，对党员干部所在单位政治生态状况进行准确画像，严格回复廉政意见，严防"带病提拔""带病上岗"。对党员干部、村"两委"班子成员、乡村振兴专干、专业技术人员等480人次的提拔、评优、晋升职级以及职称评定等进行党风廉政意见复函。

【重点集体经济简介】 2022年，桑日县重点集体经济共120个，总收入1347万，其中增期乡雪巴村温泉、宾馆实现收入381万元。绒乡冲达村综合服务园区实现收入30万元。桑日镇比巴村农机农民专业合作社实现收入24万元。增期乡措巴村温泉实现收入12万元。绒乡吉隆村收入桑林惠民粮油加工合作社实现收入10万元。

荣　誉

受地厅级以上表彰的先进集体名录

表 9

获奖单位	获奖名称	表彰时间	授予单位
措美县文化市场综合行政执法队	基层文化市场综合执法队伍先进集体	2022 年 6 月	中央宣传部、文化和旅游部、国家广播和电视总局
乃东区融媒体中心作品《乃东区纵深推进平安建设纪实》	全国县级融媒体中心优秀作品春赛二等奖	2022 年	中央宣传部
桑日县民间艺术团	2021 年全国文化科技卫生“三下乡”活动优秀团体	2022 年	中央宣传部
市人民检察院	《雪域的正义使者》（视频）获第六届平安中国“三微”比赛致敬政法英模特别奖	2022 年 3 月	中央政法委
市人民检察院	《雪域的正义使者》（视频）获第六届平安中国“三微”比赛微电影二等奖	2022 年 3 月	中央政法委
市人民检察院	《人民检察官一直在你身边》（视频）获第六届平安中国“三微”比赛微动漫三等奖	2022 年 3 月	中央政法委
山南边境管理支队勒布边境派出所	“五一”劳动节成绩突出集体	2022 年 1 月	公安部
山南边境管理支队玉麦边境派出所	全国公安机关爱民模范集体	2022 年 5 月	公安部
山南边境管理支队玉麦边境派出所	全国第二批“枫桥式公安派出所”	2022 年 5 月	公安部
乃东区公安局泽当街道办事处公安派出所	全国公安机关爱民模范集体	2022 年	公安部
市网络安全保卫支队	全国优秀公安基层单位	2022 年 5 月	公安部
市公安局执法办案管理中心	全国公安机关建设应用成效突出执法办案管理中心	2022 年 12 月	公安部
市公安局国内安全保卫支队专业侦察大队	全国公安政治安全工作先进集体	2022 年 4 月	公安部
市住建局	全国住房和城乡建设系统先进集体	2022 年 12 月	人力资源和社会保障部、住房城乡建设部

续表 9

获奖单位	获奖名称	表彰时间	授予单位
错那县	全国“四好农村公路”示范县	2022 年 12 月	交通运输部、农业农村部、国家邮政局、国家乡村振兴局
市教育局（体育局）	全国消防 119 消防先进集体	2022 年 11 月	应急管理部
市博物馆	全国文物系统先进集体	2022 年 7 月	人力资源和社会保障部、国家文物局
市人社局	全国人力资源社会保障系统先进集体	2022 年	人力资源和社会保障部
贡嘎县公安局（户）政股	全国巾帼文明岗称号	2023 年 3 月	中华全国妇女联合会
桑日县妇联	全国三八红旗集体	2022 年 3 月	中华全国妇女联合会
乃东区民族哔叽手工编织专业合作社	全国巾帼建功先进集体	2023 年 2 月	中华全国妇女联合会
乃东区	国家级健康促进县区	2022 年	国家卫生健康委
琼结县	第六批国家生态文明建设示范县	2022 年	生态环境部
琼结县加麻乡	第六批中国传统村落名录	2022 年 1 月	住房和城乡建设部
隆子县统战部	第十批全国民族团结进步示范县	2023 年 1 月	国家民族事务委员会
加查县安绕镇嘎麦村	第六批中国传统村落	2022 年 1 月	住房和城乡建设部
加查县崔久乡普卖囊村	第六批中国传统村落	2022 年 1 月	住房和城乡建设部
加查县冷达乡巴达村	第六批中国传统村落	2022 年 1 月	住房和城乡建设部
中国人民银行山南市中心支行	节约型机关	2022 年 10 月	国家机关事务管理局、中共中央直属机关事务管理局、国家发展和改革委员会、财政部
曲松县乡村振兴局	全国“村庄清洁先进县”	2022 年 3 月	农业农村部、国家乡村振兴局
曲松县自然资源局	第三次全国国土调查先进集体	2022 年 12 月	自然资源部
市烟草专卖局	2016—2020 年烟草行业依法治理创建活动先进单位	2022 年 5 月	国家烟草专卖局
市林草局	2022 年度先进国家级中心测报点	2023 年 2 月	国家林业和草原局
山南边境管理支队玉麦边境派出所	集体二等功	2022 年 1 月	国家移民管理局
山南边境管理支队勒布边境派出所	全国公安机关执法示范单位	2022 年 4 月	国家移民管理局
山南边境管理支队雪布下边境检查站	集体二等功	2022 年 4 月	国家移民管理局
山南边境管理支队	“国门铸盾 -2022”演练集体二等功	2022 年 10 月	国家移民管理局
乃东区	全国信访工作示范县（区）	2022 年 12 月	中央信访工作联席会议办公室、国家信访局
扎囊县	全国信访工作示范县（区）	2022 年 12 月	中央信访工作联席会议办公室、国家信访局

续表 9

获奖单位	获奖名称	表彰时间	授予单位
市住建局	西藏自治区重大活动先进集体	2022 年 10 月	中共西藏自治区委员会、西藏自治区人民政府
市农业农村局	2022 年度全区农牧民增收等工作成效考核奖	2022 年	中共西藏自治区委员会、西藏自治区人民政府
市人大常委会办公室	西藏自治区民族团结进步模范集体	2022 年 12 月	中共西藏自治区委员会、西藏自治区人民政府
市委政法委	西藏自治区重大活动先进集体	2022 年 8 月	中共西藏自治区委员会、西藏自治区人民政府
市二职	西藏自治区重大活动先进集体	2022 年 8 月	中共西藏自治区委员会、西藏自治区人民政府
市文化局	西藏自治区重大活动先进集体	2022 年 8 月	中共西藏自治区委员会、西藏自治区人民政府
市人社局	2022 年度全区劳动力转移就业先进地市	2022 年	中共西藏自治区委员会、西藏自治区人民政府
市人社局	西藏自治区就业创业工作先进集体	2022 年	中共西藏自治区委员会、西藏自治区人民政府
市人社局	西藏自治区民族团结进步模范集体	2022 年 12 月	中共西藏自治区委员会、西藏自治区人民政府
乃东区大庆办	西藏自治区重大活动先进集体	2022 年 8 月	中共西藏自治区委员会、西藏自治区人民政府
乃东区委、区政府	西藏自治区民族团结进步模范集体	2022 年 12 月	中共西藏自治区委员会、西藏自治区人民政府
乃东区昌珠镇扎西曲登社区	西藏自治区民族团结进步模范集体	2022 年 12 月	中共西藏自治区委员会、西藏自治区人民政府
天马商贸有限责任公司	西藏自治区民族团结进步模范集体	2022 年 12 月	中共西藏自治区委员会、西藏自治区人民政府
贡嘎县	西藏自治区重大活动先进集体	2022 年 8 月	中共西藏自治区委员会、西藏自治区人民政府
浪卡子镇浪卡子社区	自治区级民族团结多民族和谐社区	2022 年 4 月	中共西藏自治区委员会、西藏自治区人民政府
隆子县人社局	西藏自治区就业创业工作先进集体	2022 年 2 月	中共西藏自治区委员会、西藏自治区人民政府
错那县勒乡	全区民族团结进步模范乡（镇）	2023 年 1 月	中共西藏自治区委员会、西藏自治区人民政府
错那县麻麻乡	全区民族团结进步模范乡（镇）	2023 年 1 月	中共西藏自治区委员会、西藏自治区人民政府
错那县吉巴门巴民族乡	西藏自治区民族团结进步模范集体	2022 年 12 月	中共西藏自治区委员会、西藏自治区人民政府
隆子县斗玉珞巴民族乡	西藏自治区民族团结进步模范集体	2022 年 12 月	中国共产党西藏自治区委员会、西藏自治区人民政府
隆子县斗玉珞巴民族乡斗玉村	西藏自治区民族团结进步模范集体	2022 年 12 月	中国共产党西藏自治区委员会、西藏自治区人民政府

续表 9

获奖单位	获奖名称	表彰时间	授予单位
曲松县邛多江乡	全区民族团结进步模范乡（镇）	2023 年 1 月	中共西藏自治区委员会、西藏自治区人民政府
琼结县	西藏自治区民族团结进步模范县	2023 年 1 月	中共西藏自治区委员会、西藏自治区人民政府
市委政法委	2019—2021 年度铁路护路联防工作先进集体	2022 年 11 月	中共西藏自治区委员会、平安西藏建设领导小组铁路护路联防专项组
市委组织部	2022 年格桑花开短视频大赛最佳效果奖	2023 年 2 月	中共西藏自治区委员会组织部
贡嘎县	《幸福蜜码》2022 年“格桑花开”短视频大赛最佳传播奖	2023 年 2 月	中共西藏自治区委员会组织部
琼结县委组织部	全区组织系统信息工作先进集体	2022 年 3 月	中共西藏自治区委员会组织部
市委老干部局泽当老干部服务站	全区老干部工作先进集体	2022 年	西藏自治区党委组织部、自治区人力资源和社会保障厅、自治区党委老干部局
贡嘎县艺术团	小品《追债》小戏小品曲艺大赛业余组比赛三等奖	2022 年 7 月	西藏自治区党委宣传部、自治区文化厅
市艺术团舞剧《信·党的光辉照边疆》	格桑花舞台美术奖	2022 年 7 月	西藏自治区党委宣传部、自治区文化厅
市博物馆	西藏自治区爱国主义教育基地	2022 年	西藏自治区党委宣传部
曲松县文化局	小品《父母的期望》荣获首届西藏文化艺术节二等奖	2022 年 7 月	西藏自治区党委宣传部、自治区文化厅
曲松县文化局	相声《新面貌》荣获自治区首届小戏小品曲艺大赛三等奖	2022 年 7 月	西藏自治区党委宣传部、自治区文化厅
贡嘎县顿布曲果寺	自治区民族团结集体奖	2023 年 1 月	西藏自治区党委统战部
贡嘎县委统战部	自治区 2022 年度全区统战信息工作先进单位	2023 年 2 月	西藏自治区党委统战部
琼结县委统战部	全区统战信息工作先进单位	2023 年	西藏自治区党委统战部
市委政法委	西藏自治区“先进双联户”创建活动先进集体	2023 年 1 月	平安西藏建设领导小组
乃东区结巴乡结巴村新时代文明实践站	自治区新时代文明实践示范中心（所、站）	2022 年 12 月	西藏自治区精神文明建设指导委员会
琼结县新时代文明实践中心	自治区新时代文明实践示范中心（所、站）	2022 年 12 月	西藏自治区精神文明建设指导委员会
隆子县三安曲林乡	自治区新时代文明实践示范中心（所、站）	2022 年 12 月	西藏自治区精神文明建设指导委员会
曲松县邛多江乡小学	第二届西藏自治区文明校园	2022 年 12 月	西藏自治区精神文明建设指导委员会
曲松县邛多江乡	自治区新时代文明实践示范中心（所、站）	2022 年 12 月	西藏自治区精神文明建设指导委员会
贡嘎县加麻乡人民政府	西藏自治区 2021 年幸福宜居示范村	2022 年 1 月	西藏自治区农村人居环境整治工作领导小组
贡嘎县统计局	第七次全国人口普查先进集体	2022 年 7 月	西藏自治区第七次全国人口普查领导小组

续表 9

获奖单位	获奖名称	表彰时间	授予单位
乃东区民族哗叽手工编织专业合作社	西藏自治区“五一”劳动先进集体	2022 年 5 月	西藏自治区总工会
山南贡桑禽业发展有限责任公司	西藏自治区“五一”劳动先进集体	2022 年 5 月	西藏自治区总工会
山南边境管理支队玉麦边境派出所	西藏自治区“五一”劳动先进集体	2022 年 5 月	西藏自治区总工会
曲松县税务局	2021—2022 年度自治区级青年文明号	2022 年 3 月	共青团西藏自治区委员会
隆子县玉麦乡	第 18 届“西藏青年五四奖章集体”	2022 年 5 月	共青团西藏自治区委员会、西藏自治区青年联合会
国家税务总局山南市琼结县税务局	自治区三八红旗集体	2023 年 2 月	西藏自治区妇联
山南国省公路接管组曲松养护段“女子工区”	自治区三八红旗集体	2023 年 2 月	西藏自治区妇联
加查县人民医院	自治区三八红旗集体	2023 年 2 月	西藏自治区妇联
市博物馆	西藏自治区妇女儿童爱国主义教育基地	2022 年	西藏自治区妇联
市公安局治安管理支队	2016-2020 年度全区实施妇女儿童发展规划先进集体	2022 年 2 月	西藏自治区人民政府妇女儿童工作委员会
琼结县教育局	全区实施妇女儿童发展规划先进单位	2022 年 2 月	西藏自治区人民政府妇女儿童工作委员会
市公安局监所管理支队	凝聚监管力量“微视频创作”二等奖	2022 年 9 月	公安部监所管理局
市公安局流调溯源组	集体二等功	2022 年 12 月	西藏自治区公安厅
市公安局机场前端组	集体三等功	2022 年 12 月	西藏自治区公安厅
市公安局指挥中心	嘉奖	2022 年 12 月	西藏自治区公安厅
市公安局技侦支队	嘉奖	2022 年 12 月	西藏自治区公安厅
市公安局交通警察支队泽贡高等级公路交巡警大队	成绩突出集体	2022 年 12 月	西藏自治区公安厅
市公安局驻森布日备勤组	成绩突出集体	2022 年 12 月	西藏自治区公安厅
市公安局看守所	成绩突出集体	2022 年 12 月	西藏自治区公安厅
琼结县公安局	西藏自治区公安厅疫情防控集体三等功	2022 年 7 月	西藏自治区公安厅
扎囊县公安局	集体二等功	2022 年 12 月	西藏自治区公安厅
扎囊县公安局吉汝乡公安派出所	集体三等功	2022 年 12 月	西藏自治区公安厅
扎囊县公安局扎塘镇公安派出所	集体二等功	2022 年 12 月	西藏自治区公安厅
扎囊县公安局扎其乡公安派出所	成绩突出集体	2022 年 12 月	西藏自治区公安厅
贡嘎县公安局江塘镇派出所	三等功	2022 年 12 月	西藏自治区公安厅
贡嘎县公安局甲竹林镇派出所	2022 年全区公安机关打击新冠肺炎疫情工作成绩突出集体	2022 年 12 月	西藏自治区公安厅

续表 9

获奖单位	获奖名称	表彰时间	授予单位
贡嘎县交警大队	抗击新冠肺炎疫情先进集体	2022 年 3 月	西藏自治区公安厅
隆子县公安局交警大队	疫情防控集体嘉奖	2022 年 12 月	西藏自治区公安厅
隆子县公安局	二十大安保集体三等功	2022 年 12 月	西藏自治区公安厅
市人民检察院第六检察部	西藏自治区首届公益诉讼检察业务技能竞赛优秀组织	2022 年 7 月	西藏自治区人民检察院
琼结县人民法院	全区优秀法院	2023 年 1 月	西藏自治区高级人民法院
桑日县司法局工地流动调解工作室	2021 年度市级金牌调解工作室	2022 年	西藏自治区司法厅
市财政局	2022 年度财政预算管理绩效考核情况通报“良好”地（市）	2023 年 2 月	西藏自治区人民政府办公厅
市商务局	商贸领域先进集体	2023 年 2 月	西藏自治区商务厅
市林草局	2022 年度拉萨南北山绿化先进单位	2023 年 3 月	西藏自治区拉萨南北山绿化指挥部
市教育局（体育局）	全国校外培训机构治理优秀案例	2022 年 1 月	教育部校外教育培训监管司
市职业技术学校	“共庆百年华诞 唱响时代赞歌”短视频征集活动优秀作品	2022 年 5 月	中共西藏自治区委员会网络安全和信息化委员会办公室
洛扎县中学	第二批西藏非物质文化遗产进校园示范基地	2022 年 3 月	西藏自治区文化厅、自治区教育厅
洛扎县	第一批西藏自治区公共文化服务体系示范县（区）创建资格	2022 年 11 月	西藏自治区文化厅
市民宗局	先进集体	2022 年	西藏自治区民族事务委员会
市人社局	就业创业政策兑现先进集体	2022 年	西藏自治区人社厅
市人社局	深化职称制度改革先进集体	2022 年	西藏自治区人社厅
市消防救援支队	2018—2021 年群众体育先进集体	2022 年	西藏自治区体育局
乃东区昌珠广场	第二批国家级夜间文化和旅游消费集聚区	2022 年	文化和旅游部办公厅
乃东区委农村工作领导小组办公室	全国农村集体产权制度改革工作先进集体	2022 年	农业农村部办公厅
乃东区作品《天灾无情，人有情；上下同心，励志行！#防汛抗洪#洪水无情人有情#防汛》	全国县融媒体中心抖音平台优秀作品	2022 年	新华通讯社新闻信息中心
乃东区融媒体中心作品《振兴有门道 乡村添光彩》	第二届中国西藏网络影像节视频类优秀奖	2022 年	中共西藏自治区委员会网络安全和信息化委员会办公室
乃东区嘎玛庆社区居委会、郭莎社区居委会、结莎社区居委会、金鲁社区居委会、鲁琼社区居委会、罗布林卡社区居委会、乃东社区居委会、琼嘎顶社区居委会、色嘎顶社区居委会、泽当社区居委会	西藏自治区生态文明建设示范村居	2022 年	西藏自治区生态环境厅

续表 9

获奖单位	获奖名称	表彰时间	授予单位
琼结县	第十批全国民族团结进步示范县	2022 年	国家民委民族团结促进司
琼结县	2022 年国家乡村振兴示范县	2022 年	农业农村部发展规划司、国家乡村振兴规划财务司
琼结县教育局	全区教育系统先进集体	2023 年	西藏自治区教育厅
琼结县中学	西藏非物质文化遗产进校园示范基地	2022 年 1 月	西藏自治区文化厅、西藏自治区教育厅
琼结县水利局	全区水利系统先建集体	2022 年 3 月	西藏自治区人力资源和社会保障厅、西藏自治区水利厅
琼结县	西藏自治区生态文明建设示范区	2022 年	西藏自治区生态建环境厅
贡嘎县总工会	全国“最美工会户外劳动者服务站点”	2022 年 12 月	中华全国总工会办公厅
贡嘎县退役军人事务中心	西藏自治区 2022 年度示范型退役军人服务中心（站）创建工作“温馨窗口”称号	2023 年 3 月	西藏自治区退役军人事务厅
浪卡子镇浪卡子社区	自治区级新时代文明实践示范站	2022 年 6 月	西藏自治区文明办
浪卡子县消防救援大队	2022 年度安全工作先进单位	2023 年 2 月	西藏自治区消防救援总队
隆子县人社局	2022 年度全区人社乡村振兴工作“帮扶边境地区固边兴边富民先进集体”	2023 年 1 月	西藏自治区人力资源和社会保障厅
市广电局	2022 年度广播电视公益广告扶持项目优秀组织机构	2022 年	西藏自治区广电局
加查县冷达乡中心小学	第三批乡村温馨校园	2022 年 1 月	教育部基础教育司
曲松县曲松镇小学	全区教育工作先进集体	2022 年	西藏自治区教育厅
市教育局（体育局）	2018—2021 年自治区群众体育先进集体	2022 年 8 月	西藏自治区体育局
洛扎县文化局	大型综艺节目《格桑花开——青稞飘香》第二季语言类二等奖	2022 年 7 月	西藏广播电视台
洛扎县文化局	大型综艺节目《格桑花开——青稞飘香》第二季创作类舞蹈类三等奖	2022 年 7 月	西藏广播电视台
琼结镇完全小学	西藏自治区防震减灾示范学校	2022 年 5 月	西藏自治区地震局
琼结县	2022 年度全市劳动力转移就业先进县区	2022 年	中共山南市委员会、山南市人民政府
琼结县	2022 年度全市粮食安全先进县区	2022 年	中共山南市委员会、山南市人民政府
琼结县加麻乡人民政府	2022 年山南市民族团结进步模范单位	2023 年 1 月	中共山南市委员会、山南市人民政府
市委党校	2022 年山南市民族团结进步模范单位	2023 年 1 月	中共山南市委员会、山南市人民政府
错那县	全市民族团结进步模范县	2023 年 1 月	中共山南市委员会、山南市人民政府
错那县错那镇错那社区	山南市多民族和谐街道、社区	2023 年 1 月	中共山南市委员会、山南市人民政府
错那县贡日门巴民族乡	2022 年山南市民族团结进步模范单位	2023 年 1 月	中共山南市委员会、山南市人民政府

续表 9

获奖单位	获奖名称	表彰时间	授予单位
错那县贡日门巴民族乡贡日村	2022 年山南市民族团结进步模范单位	2023 年 1 月	中共山南市委员会、山南市人民政府
错那县吉巴门巴民族乡	2022 年山南市民族团结进步模范单位	2023 年 1 月	中共山南市委员会、山南市人民政府
错那县觉拉边境派出所	2022 年山南市民族团结进步模范单位	2023 年 1 月	中共山南市委员会、山南市人民政府
错那县觉拉乡	民族团结进步模范乡（镇）	2023 年 1 月	中共山南市委员会、山南市人民政府
错那县库局边境派出所	2022 年山南市民族团结进步模范单位	2023 年 1 月	中共山南市委员会、山南市人民政府
错那县浪坡乡肖村	2022 年山南市民族团结进步模范单位	2023 年 1 月	中共山南市委员会、山南市人民政府
错那县勒布沟景区	民族团结进步模范景区	2023 年 1 月	中共山南市委员会、山南市人民政府
错那县勒门巴民族乡	2022 年山南市民族团结进步模范单位	2023 年 1 月	中共山南市委员会、山南市人民政府
错那县勒门巴民族乡	2022 年山南市民族团结进步模范单位	2023 年 1 月	中共山南市委员会、山南市人民政府
错那县麻麻门巴民族乡	2022 年山南市民族团结进步模范单位	2023 年 1 月	中共山南市委员会、山南市人民政府
错那县麻麻门巴民族乡小学	2022 年山南市民族团结进步模范单位	2023 年 1 月	中共山南市委员会、山南市人民政府
错那县人民医院	2022 年山南市民族团结进步模范单位	2023 年 1 月	中共山南市委员会、山南市人民政府
错那县文化（文物）局	2022 年山南市民族团结进步模范单位	2023 年 1 月	中共山南市委员会、山南市人民政府
错那县乡村振兴局	2022 年山南市民族团结进步模范单位	2023 年 1 月	中共山南市委员会、山南市人民政府
错那县信访局	山南市城市流动人口服务优秀窗口单位	2023 年	中共山南市委员会、山南市人民政府
错那镇吉松居委会	民族团结进步模范村（居）	2023 年 1 月	中共山南市委员会、山南市人民政府
贡嘎县岗堆镇	2022 年山南市民族团结进步模范单位	2023 年 1 月	中共山南市委员会、山南市人民政府
隆子县斗玉珞巴民族乡	2022 年山南市民族团结进步模范单位	2023 年 1 月	中共山南市委员会、山南市人民政府
隆子县人民政府	2022 年度全市促进农牧民增收先进县区	2023 年 2 月	中共山南市委员会、山南市人民政府
隆子县委统战部	2022 年山南市民族团结进步模范单位	2023 年 1 月	中共山南市委员会、山南市人民政府
罗布次仁和卓嘎拉姆家庭	山南市多民族和谐家庭	2023 年 1 月	中共山南市委员会、山南市人民政府
市农业农村局	山南市创先争优强基础惠民生活动优秀组织单位	2022 年 6 月	中共山南市委员会、山南市人民政府
琼结县拉玉乡人民政府	2022 年山南市民族团结进步模范单位	2023 年 1 月	中共山南市委员会、山南市人民政府
琼结县	2022 年度全市粮食安全先进县区	2023 年 2 月	中共山南市委员会、山南市人民政府
琼结县拉玉乡小学	山南市教育系统民族团结示范学校	2022 年 5 月	中共山南市委员会、山南市人民政府
曲松县委宣传部	2022 年山南市民族团结进步模范单位	2023 年 1 月	中共山南市委员会、山南市人民政府
山南边境管理支队洛扎边境管理大队	2022 年山南市民族团结进步模范单位	2023 年 1 月	中共山南市委员会、山南市人民政府

续表 9

获奖单位	获奖名称	表彰时间	授予单位
市人大常委会办公室	2022 年山南市民族团结进步模范单位	2023 年 1 月	中共山南市委员会、山南市人民政府
市人社局	2022 年度全市巩固拓展脱贫攻坚成果同乡村振兴有效衔接工作综合评价好	2023 年 2 月	中共山南市委员会、山南市人民政府
市人社局	2022 年山南市民族团结进步模范单位	2023 年 1 月	中共山南市委员会、山南市人民政府
市消防救援支队	2022 年山南市民族团结进步模范集体	2023 年 1 月	中共山南市委员会、山南市人民政府
市烟草专卖局	2022 年山南市民族团结进步模范单位	2023 年 1 月	中共山南市委员会、山南市人民政府
市财政局	2022 年度全市巩固拓展脱贫攻坚成果同乡村振兴有效衔接工作综合评价好	2023 年 2 月	中共山南市委员会、山南市人民政府
市纪委监委	2022 年山南市民族团结进步模范单位	2023 年 1 月	中共山南市委员会、山南市人民政府
市交通运输局	2022 年度全市巩固拓展脱贫攻坚成果同乡村振兴有效衔接工作综合评价好	2023 年 2 月	中共山南市委员会、山南市人民政府
市气象局	2022 年山南市民族团结进步模范单位	2023 年 1 月	中共山南市委员会、山南市人民政府
市市场监督管理局	2022 年度山南市民族团结进步模范单位	2023 年 1 月	中共山南市委员会、山南市人民政府
市委组织部	2022 年山南市民族团结进步模范单位	2023 年 1 月	中共山南市委员会、山南市人民政府
市卫生健康委	2022 年山南市民族团结进步模范单位	2023 年 1 月	中共山南市委员会、山南市人民政府
市幸福家园建设管理局	2022 年山南市民族团结进步模范单位	2023 年 1 月	中共山南市委员会、山南市人民政府
市医保局	2022 年山南市民族团结进步模范单位	2023 年 1 月	中共山南市委员会、山南市人民政府
市医保局	2022 年度全市巩固拓展脱贫攻坚成果同乡村振兴有效衔接工作综合评价好	2023 年 2 月	中共山南市委员会、山南市人民政府
团市委	2022 年山南市民族团结进步模范单位	2023 年 1 月	中共山南市委员会、山南市人民政府
小安和格桑卓玛家庭	民族团结进步模范家庭	2023 年 1 月	中共山南市委员会、山南市人民政府
扎囊县桑耶镇人民政府	2022 年山南市民族团结进步模范单位	2023 年 1 月	中共山南市委员会、山南市人民政府
扎囊县文化局	2022 年山南市民族团结进步模范单位	2023 年 1 月	中共山南市委员会、山南市人民政府
扎囊县文化局	2022 年山南市民族团结进步模范单位	2023 年 1 月	中共山南市委员会、山南市人民政府
浪卡子镇哈西社区	2022 年山南市民族团结进步模范单位	2023 年 1 月	中共山南市委员会、山南市人民政府
扎囊县乡村振兴局	全市巩固拓展脱贫攻坚成果同乡村振兴有效衔接工作综合评价好	2023 年 2 月	中共山南市委员会、山南市人民政府
中共洛扎县拉郊乡委员会	2022 年山南市民族团结进步模范单位	2023 年 1 月	中共山南市委员会、山南市人民政府
中国人民银行山南市中心支行	2022 年度全市巩固拓展脱贫攻坚成果同乡村振兴有效衔接工作"综合评价好"	2023 年 2 月	中共山南市委员会、山南市人民政府
中国人民银行山南市中心支行	2022 年山南市民族团结进步模范单位、山南市民族团结进步城市民族工作服务管理优秀集体	2023 年 2 月	中共山南市委员会、山南市人民政府

续表 9

获奖单位	获奖名称	表彰时间	授予单位
市委组织部	2022 年度全市巩固拓展脱贫攻坚成果同乡村振兴有效衔接工作综合评价好	2023 年 2 月	中共山南市委员会、山南市人民政府
贡嘎县东拉乡玉曲村	山南市第三届文明村	2022 年 12 月	山南市人民政府
浪卡子县农业农村局	荣获 2022 年度全市畜牧业生产先进县区	2022 年	山南市人民政府
隆子县水利局	2021 年度实行最严格水资源管理制度考核第一名	2022 年 12 月	山南市人民政府

受地厅级以上表彰的先进个人名录

表10

姓名	性别	民族	工作单位	获奖名称	表彰时间	授予单位
索朗达杰	男	藏族	山南边境管理支队浪卡子边境管理大队	全国人民满意公务员	2022年8月	党中央、国务院
措　姆	女	藏族	山南市藏医医院	第七批全国岗位学雷锋标兵	2022年	中央宣传部
刘大将	男	汉族	市纪委监委	嘉奖	2022年9月	中央纪委、国家监委
索朗达杰	男	藏族	山南边境管理支队浪卡子边境管理大队	“双百”政法英模	2022年1月	中央政法委
次春梅	女	藏族	市公安局督察支队	全国三八红旗手	2022年2月	中华全国妇女联合会
格桑美措	女	藏族	市妇联	第十三届全国五好家庭	2022年5月	中华全国妇女联合会
次仁宗巴	女	藏族	加查县安绕镇热果村	第十三届全国五好家庭	2022年5月	中华全国妇女联合会
央　珍	女	藏族	扎囊县扎塘镇羊嘎社区	第十三届全国五好家庭	2022年5月	中华全国妇女联合会
洛桑次成	男	藏族	贡嘎县东拉乡吉琼村	2022年全国最美家庭	2022年5月	中华全国妇女联合会
巴桑拉姆	女	藏族	乃东区罗布林卡社区	2022年全国最美家庭	2022年5月	中华全国妇女联合会
达　嘎	女	藏族	市税务局	2022年全国最美家庭	2022年5月	中华全国妇女联合会
贵桑曲珠	女	藏族	浪卡子县普玛江塘乡下索村	2022年全国巾帼建功标兵	2023年2月	中华全国妇女联合会
袁浩杰	男	汉族	山南边境管理支队玉麦边境派出所	全国青年岗位能手	2022年9月	共青团中央、人力资源和社会保障部
张　昊	男	汉族	山南市消防救援支队	全国青年岗位能手	2022年9月	共青团中央、人力资源和社会保障部
巴　桑	男	藏族	乃东区民族哗叽手工编织专业合作社	全国“五一劳动奖章”	2022年4月	全国总工会
何军义	男	汉族	山南边境管理支队	全国公安机关政治工作成绩突出个人	2022年3月	公安部
王　微	男	汉族	山南边境管理支队玉麦边境派出所	全国优秀人民警察	2022年5月	公安部
何军义	男	汉族	山南边境管理支队	移民局百名思想整治工作骨干	2022年7月	公安部
王　微	男	汉族	山南边境管理支队玉麦边境派出所	最美基层民警	2022年9月	公安部
扎　西	男	藏族	扎囊县公安局	全国优秀人民警察	2022年5月	公安部
次仁罗布	男	藏族	市中级人民法院	全国法院环境资源审判工作先进个人	2022年9月	最高人民法院
索朗央金	女	藏族	山南市中级人民法院	全国优秀法官	2022年11月	最高人民法院
旦增赤列	男	藏族	曲松县人民法院	全国人民法院媒体融合工作先进个人	2023年1月	最高人民法院
尊追曲培	男	藏族	市文化局	2022年全国扫黄打非先进个人	2023年2月	全国“扫黄打非”办公室

续表 10

姓名	性别	民族	工作单位	获奖名称	表彰时间	授予单位
索朗央宗	女	藏族	山南隆子县玉麦乡纽林塘村妇联	全国第二届“最美河湖卫士”	2022 年 11 月	水利部、全国总工会、全国妇联
达　琼	女	藏族	市信访局	全国信访工作先进个人	2022 年 5 月	人力资源和社会保障部、国家信访局
郑思良	男	汉族	市林草局	全国绿化先进工作者	2022 年 8 月	国家林业和草原局
旦巴旺久	男	藏族	市文化局	2022 年全国石窟寺专项调查优秀个人	2022 年 5 月	国家文物局
仝义鹏	男	汉族	市文化局	文化和旅游系统“七五”普法优秀个人	2022 年 6 月	文化和旅游部
尼　玛	男	藏族	琼结县下水乡久河村	2021 中国非遗年度人物	2022 年 6 月	文化和旅游部
扎西群培	男	藏族	洛扎县文化局	“圆梦工程”优秀志愿者	2022 年 2 月	文化和旅游部
旦　达	男	藏族	洛扎县文化局	2022 年度乡村文化和旅游带头人支持项目拟入选人员	2022 年	文化和旅游部
扎西曲珍	女	藏族	隆子县统计局	全国统计系统先进个人	2022 年 9 月	国家统计局
江　参	男	藏族	隆子县三安曲林乡	2021 年度全国乡村振兴青年先锋	2022 年 12 月	中国农业农村部、共青团中央委员会
冯佩雄	男	汉族	山南边境管理支队边巴边境派出所	全国移民管理系统抗击新冠肺炎疫情成绩突出个人	2022 年 1 月	国家移民管理局
久美南杰	男	藏族	山南边境管理支队雪布下边境检查站	百名岗位建功新警标兵	2022 年 7 月	国家移民管理局
林路遥	男	汉族	山南边境管理支队拉康边境派出所	个人二等功	2022 年 11 月	国家移民管理局
次仁顿珠	男	藏族	琼结镇完全小学	全国优秀少先队辅导员	2022 年 12 月	共青团中央教育部、全国少工委
扎西拉姆	女	藏族	琼结县委办档案馆	国家级档案专家、全国档案工匠型人才、全国青年档案业务骨干	2022 年 12 月	国家档案局
仁增洛追	男	藏族	洛扎县生格乡卫生院	2021—2022 年度全国优秀乡镇卫生院院长	2022 年 7 月	中国农村卫生协会
邱建亮	男	汉族	隆子县玉麦乡卫生院	2021—2022 年度全国优秀乡镇卫生院院长	2022 年 7 月	中国农村卫生协会
袁浩杰	男	汉族	山南边境管理支队玉麦边境派出所	西藏自治区民族团结进步模范个人	2022 年 12 月	中共西藏自治区委员会、西藏自治区人民政府
尼玛曲珍	女	藏族	扎囊县桑耶寺派出所	西藏自治区民族团结进步模范个人	2022 年 12 月	中共西藏自治区委员会、西藏自治区人民政府
扎西德吉	女	藏族	曲松县乡村振兴局	西藏自治区民族团结进步模范个人	2022 年 12 月	中共西藏自治区委员会、西藏自治区人民政府
侯呈翼	男	汉族	市消防救援支队	西藏自治区重大活动先进个人	2022 年 8 月	中共西藏自治区委员会、西藏自治区人民政府

续表 10

姓名	性别	民族	工作单位	获奖名称	表彰时间	授予单位
次仁欧珠	男	藏族	市群艺馆	西藏自治区重大活动先进个人	2022 年 8 月	中共西藏自治区委员会、西藏自治区人民政府
普布次仁	男	藏族	市人社局	西藏自治区就业创业工作先进个人	2022 年	中共西藏自治区委员会、西藏自治区人民政府
马文军	男	回族	山南瑞信实业发展有限公司	西藏自治区民族团结进步模范个人	2022 年 12 月	中共西藏自治区委员会、西藏自治区人民政府
张国良	男	汉族	泽当天马商圈	西藏自治区民族团结进步模范个人	2022 年 12 月	中共西藏自治区委员会、西藏自治区人民政府
桑杰罗布	男	藏族	贡嘎县国安办	西藏自治区重大活动先进个人	2022 年 8 月	中共自治区委员会、西藏自治区人民政府
次仁江措	男	藏族	洛扎县生格乡古局村	西藏自治区重大活动先进个人	2022 年 8 月	中共西藏自治区委员会、西藏自治区人民政府
阿旺曲桑	男	藏族	洛扎县拉郊乡	西藏自治区抗击疫情先进个人	2022 年	中共西藏自治区委员会、西藏自治区人民政府
古桑曲珍	女	藏族	隆子县斗玉珞巴民族乡	西藏自治区民族团结进步模范个人	2022 年 12 月	中共西藏自治区委员会、西藏自治区人民政府
土旦次仁	男	藏族	错那县麻麻门巴民族乡	西藏自治区民族团结进步模范个人	2022 年 12 月	中共西藏自治区委员会、西藏自治区人民政府
次仁旦增	男	藏族	贡嘎县公安局	先进个人	2022 年 8 月	中共西藏自治区委员会
旦增卓玛	女	藏族	隆子县委组织部	全区先进老干部工作者	2022 年 12 月	西藏自治区组织部、老干部局、人社局
尹延康	男	汉族	琼结县委组织部	全区组织系统信息工作先进个人	2022 年 3 月	西藏自治区党委组织部
索朗卓玛	女	藏族	市群艺馆	业余组民族唱法金奖	2022 年 7 月	西藏自治区党委宣传部、区文化厅
达娃曲珍	女	藏族	浪卡子县白地乡人民政府	学习积极分子	2022 年 9 月	西藏自治区党委宣传部
艾兄组合	男	藏族	曲松县艺术团	大型综艺节目《格桑花开——青稞飘香》第二季中获得声乐类十强选手荣誉称号	2022 年 8 月	西藏自治区党委宣传部
艾兄组合	男	藏族	曲松县艺术团	大型综艺节目《格桑花开——青稞飘香》第二季中获得声乐类三等奖	2022 年 8 月	西藏自治区党委宣传部
张甜甜	女	回族	琼结县委统战部	全区统战系统优秀信息员	2022 年 3 月	中共西藏自治区委员会统战部
唐小华	女	汉族	贡嘎县委统战部	2022 年度全区统战信息工作优秀信息员	2023 年 2 月	西藏自治区党委统战部

续表10

姓名	性别	民族	工作单位	获奖名称	表彰时间	授予单位
洛桑旦增	男	藏族	琼结县委宣传部	全区新时代文明实践工作先进个人	2022年8月	西藏自治区精神文明建设指导委员会
边巴达杰	男	藏族	浪卡子县浪卡子社区	第七届自治区道德模范（诚实守信模范）	2022年8月	西藏自治区精神文明建设指导委员会
潘飞宏	男	汉族	错那县作风办	全区新时代文明实践工作先进个人	2022年8月	西藏自治区精神文明建设指导委员会
黄辉	男	汉族	市统计局	西藏自治区第七次全国人口普查先进个人	2022年8月	自治区第七次全国人口普查领导小组
古桑拉宗	女	藏族	市统计局	西藏自治区第七次全国人口普查先进个人	2022年8月	自治区第七次全国人口普查领导小组
次旦白玛	女	藏族	隆子县统计局	西藏自治区第七次全国人口普查先进个人	2022年8月	自治区第七次全国人口普查领导小组
刘立	女	汉族	市职校	全区优秀共青团干部	2022年5月	共青团西藏自治区委员会
其米拉珍	女	藏族	市卫健委	全区实施妇女儿童发展规划先进个人	2022年	西藏自治区人民政府妇女儿童工作委员会
向巴丹曲	男	藏族	山南边境管理支队雪布下边境检查站	全区优秀共青团干部	2022年5月	共青团西藏自治区委员会
李福	男	汉族	市消防救援支队	2022年“西藏向上向善好青年”	2022年	共青团西藏自治区委员会
巴桑拉姆	女	藏族	乃东区罗布林卡社区	西藏自治区百户“最美民族团结家庭”	2022年	西藏自治区妇女联合会
色珍	女	藏族	浪卡子县医疗保障局	2022年自治区“三八红旗手”	2023年2月	西藏自治区妇联
沈纤	女	汉族	乃东区妇联	2022年自治区“三八红旗手”	2023年2月	西藏自治区妇联
尼玛曲宗	女	藏族	琼结县平若水磨糌粑有限公司	2022年自治区“三八红旗手”	2023年2月	西藏自治区妇联
顿珠卓玛	女	藏族	乃东区妇联	2016—2020年全区实施妇女儿童发展规划先进个人	2022年	西藏自治区人民政府妇女儿童工作委员会办公室
次仁顿珠	男	藏族	琼结镇完全小学	全区优秀少先队辅导员	2022年12月	共青团西藏自治区委员会、西藏自治区教育厅、少先队西藏自治区委员会
李治亚	男	汉族	浪卡子县政务服务中心	2022年西藏自治区民族团结杯征文比赛“歌词类”三等奖	2022年	西藏自治区总工会、文联
顿珠	男	藏族	浪卡子县浪卡子社区	继续保留“自治区级文明家庭”称号	2022年12月	西藏自治区文明办
余洋	男	汉族	市公安局	全区公安机关抗击新冠肺炎疫情工作个人三等功	2022年12月	西藏自治区公安厅
马俊勇	男	汉族	市公安局	全区公安机关抗击新冠肺炎疫情工作个人三等功	2022年12月	西藏自治区公安厅
扎西旺堆	男	藏族	市公安局特警支队	全区公安机关抗击新冠肺炎疫情工作个人三等功	2022年12月	西藏自治区公安厅

续表 10

姓名	性别	民族	工作单位	获奖名称	表彰时间	授予单位
扎西平措	男	藏族	市公安局特警支队安检排爆大队	全区公安机关抗击新冠肺炎疫情工作个人三等功	2022 年 12 月	西藏自治区公安厅
嘎松加措	男	藏族	市公安局治安管理支队	全区公安机关抗击新冠肺炎疫情工作个人三等功	2022 年 12 月	西藏自治区公安厅
杨　　磊	男	汉族	市公安局情报中心	全区公安机关抗击新冠肺炎疫情工作个人嘉奖	2022 年 12 月	西藏自治区公安厅
格桑仁增	男	藏族	市公安局网络安全保卫支队	全区公安机关抗击新冠肺炎疫情工作个人嘉奖	2022 年 12 月	西藏自治区公安厅
扎西次仁	男	藏族	市公安局刑事侦查支队	全区公安机关抗击新冠肺炎疫情工作个人嘉奖	2022 年 12 月	西藏自治区公安厅
次仁加措	男	藏族	市公安局指挥中心	全区公安机关抗击新冠肺炎疫情工作个人嘉奖	2022 年 12 月	西藏自治区公安厅
索朗顿珠	男	藏族	市公安局车辆管理所	全区公安机关抗击新冠肺炎疫情工作个人嘉奖	2022 年 12 月	西藏自治区公安厅
西绕曲杰	男	藏族	市公安局技术侦察支队加查县技术侦查大队	全区公安机关抗击新冠肺炎疫情工作个人嘉奖	2022 年 12 月	西藏自治区公安厅
杨　　磊	男	汉族	市公安局科技信息化支队	全区公安机关抗击新冠肺炎疫情工作个人嘉奖	2022 年 12 月	西藏自治区公安厅
米玛旺久	男	藏族	市公安局办公室	全区公安机关抗击新冠肺炎疫情工作个人嘉奖	2022 年 12 月	西藏自治区公安厅
朱　　根	男	汉族	市公安局治安管理支队	全区公安机关抗击新冠肺炎疫情工作个人嘉奖	2022 年 12 月	西藏自治区公安厅
桑旦罗布	男	藏族	隆子县公安局	全区公安机关抗击新冠肺炎疫情工作个人嘉奖	2022 年 12 月	西藏自治区公安厅
程　　浩	男	汉族	隆子县公安局	全区公安机关抗击新冠肺炎疫情工作个人嘉奖	2022 年 12 月	西藏自治区公安厅
拉姆玉珍	女	藏族	市公安局治安管理支队	“630”专项行动个人嘉奖	2022 年 4 月	西藏自治区公安厅
巴桑仁青	男	藏族	隆子县公安局	二十大安保个人嘉奖	2022 年 12 月	西藏自治区公安厅
普布罗亚	男	藏族	扎囊县公安局株洲广场便民警务站	个人二等功	2022 年	西藏自治区公安厅
白玛吉	女	藏族	扎囊县公安局治安管理大队	成绩突出个人	2022 年	西藏自治区公安厅
次仁多吉	男	藏族	扎囊县公安局	成绩突出个人	2022 年	西藏自治区公安厅
拉巴加措	男	藏族	扎囊县公安局法制室	个人嘉奖	2022 年	西藏自治区公安厅
梁　　栋	男	汉族	市公安局拘留所	全国公安监管部门抗击新冠肺炎成绩突出个人	2022 年 7 月	公安部监管局
邹慧娟	女	汉族	市人民检察院检察监督线索管理部	西藏自治区首届公益诉讼检察业务技能竞赛十佳标兵	2022 年 7 月	西藏自治区人民检察院
王典文	男	藏族	洛扎县委巡察组	2022 年度自治区优秀巡视干部	2022 年 6 月	西藏自治区巡视办

续表 10

姓名	性别	民族	工作单位	获奖名称	表彰时间	授予单位
朗色旺堆	男	藏族	扎囊县公安局刑事侦查大队	先进个人	2022 年	西藏自治区禁毒委员会
普　珍	女	藏族	贡嘎县水利局	2022 年自治区水利系统先进个人	2022 年	西藏自治区水利厅、自治区人社厅
李　龙	男	汉族	浪卡子县消防救援大队	2022 年度安全工作先进个人	2023 年 2 月	西藏自治区消防救援总队
土旦加措	男	藏族	浪卡子县消防救援大队	23022 年度优秀基层干部	2023 年 2 月	西藏自治区消防救援总队
格桑次仁	男	藏族	隆子县农业农村局	基层科普行动计划先进个人	2022 年 10 月	西藏自治区科协
拉　珍	女	藏族	隆子县三安曲林乡	西藏自治区 2022 年度示范性退役军人服务中心（站）创建工作岗位标兵	2023 年 3 月	西藏自治区退役军人事务厅、西藏自治区退役军人服务中心
索朗顿珠	男	藏族	曲松县中学	全区优秀校长	2022 年	西藏自治区教育厅
吾金次仁	男	藏族	曲松县曲松镇小学	全区中小学名校长	2022 年	西藏自治区教育厅
索朗江村	男	藏族	曲松县贡康沙小学	全区优秀教师	2022 年	西藏自治区教育厅
格桑尼玛	男	藏族	市税务局	雪域高原最美税务人	2022 年 1 月	国家税务总局西藏自治区税务局
边　旦	男	藏族	市烟草专卖局	全区烟草系统卷烟打假打私先进个人	2022 年 6 月	西藏自治区烟草专卖局
巴桑次仁	男	藏族	市林草局	2022 年度拉萨南北山绿化先进个人	2023 年	西藏自治区拉萨南北山绿化指挥部
王若东	男	汉族	琼结县中学	中华民族共同体意识网络培训优秀学员	2022 年 4 月	中国教师研修网
格桑次仁	男	藏族	琼结县加麻乡小学	西藏自治区乡村教师从教 25 年终身奖	2023 年 1 月	西藏自治区教育厅
扎西巴珠	男	藏族	琼结县加麻乡小学	西藏自治区乡村教师从教 25 年终身奖	2023 年 1 月	西藏自治区教育厅
洛桑多吉	男	藏族	琼结县加麻乡小学	西藏自治区乡村教师从教 25 年终身奖	2023 年 1 月	西藏自治区教育厅
边单次仁	男	藏族	琼结县加麻乡小学	西藏自治区乡村教师从教 25 年终身奖	2023 年 1 月	西藏自治区教育厅
巴桑群宗	女	藏族	琼结县加麻乡小学	西藏自治区乡村教师从教 25 年终身奖	2023 年 1 月	西藏自治区教育厅
平措欧珠	男	藏族	琼结县加麻乡小学	西藏自治区乡村教师从教 25 年终身奖	2023 年 1 月	西藏自治区教育厅
德吉卓嘎	女	藏族	琼结县拉玉乡小学	西藏自治区乡村教师从教 25 年终身奖	2023 年 1 月	西藏自治区教育厅
大普布次仁	男	藏族	琼结县拉玉乡强吉小学	西藏自治区乡村教师从教 25 年终身奖	2023 年 1 月	西藏自治区教育厅
尼玛次央	女	藏族	琼结县拉玉乡强吉小学	全区优秀教师	2023 年 1 月	西藏自治区教育厅

续表10

姓名	性别	民族	工作单位	获奖名称	表彰时间	授予单位
尼玛扎西	男	藏族	琼结县教育局	全区优秀教育工作者	2023年1月	西藏自治区教育厅
田雨路	男	汉族	琼结县委宣传部网评中心组	短视频作品《新时代民族团结典范——扎西央宗》获得“喜迎党的二十大·我们的新时代”第四届“三月三”网络短视频大赛三等奖	2022年8月	西藏自治区广电局
曲杰	男	藏族	琼结县委宣传部	作品《收获分红　感怀幸福》《仁增片多实现致富梦》获得短视频征集活动三等奖	2022年5月	西藏自治区网信办
伦珠泽仁	男	藏族	琼结县委宣传部	作品《携手抗疫　助农秋收》获得西藏日报社2022年度新闻摄影一等奖	2023年2月	西藏日报社
曲杰	男	藏族	琼结县委宣传部	摄影作品《精雕细琢》入选全区“喜迎二十大·礼赞新时代——创建国家固边兴边富民行动示范区第十五届西藏珠穆朗玛摄影大展”	2022年12月	西藏珠穆朗玛摄影大赛组委会
巴桑片多	女	藏族	琼结县卫生服务中心	拉萨市抗击新冠肺炎疫情优秀援助医疗队员	2022年9月	中共拉萨市委员会、拉萨市人民政府
李颜丽	女	汉族	琼结县卫生服务中心	拉萨市抗击新冠肺炎疫情优秀援助医疗队员	2022年9月	中共拉萨市委员会、拉萨市人民政府
王丽华	女	汉族	琼结县卫生服务中心	拉萨市抗击新冠肺炎疫情优秀援助医疗队员	2022年9月	中共拉萨市委员会、拉萨市人民政府
查朵	女	藏族	琼结县卫生服务中心	拉萨市抗击新冠肺炎疫情优秀援助医疗队员	2022年9月	中共拉萨市委员会、拉萨市人民政府
归桑措姆	女	藏族	琼结县卫生服务中心	拉萨市抗击新冠肺炎疫情优秀援助医疗队员	2022年9月	中共拉萨市委员会、拉萨市人民政府
群杰多吉	男	藏族	扎囊县藏医院	拉萨市抗击新冠肺炎疫情优秀援助医疗队员	2022年9月	中共拉萨市委员会、拉萨市人民政府
尼玛仓	男	藏族	扎囊县藏医院	拉萨市抗击新冠肺炎疫情优秀援助医疗队员	2022年9月	中共拉萨市委员会、拉萨市人民政府
妮措姆	女	藏族	扎囊县人民医院	拉萨市抗击新冠肺炎疫情优秀援助医疗队员	2022年9月	中共拉萨市委员会、拉萨市人民政府
强巴卓嘎	女	藏族	扎囊县人民医院	拉萨市抗击新冠肺炎疫情优秀援助医疗队员	2022年9月	中共拉萨市委员会、拉萨市人民政府
巴桑扎西	男	藏族	扎囊县人民医院	拉萨市抗击新冠肺炎疫情优秀援助医疗队员	2022年9月	中共拉萨市委员会、拉萨市人民政府
丹增欧珠	男	藏族	扎囊县人民医院	拉萨市抗击新冠肺炎疫情优秀援助医疗队员	2022年9月	中共拉萨市委员会、拉萨市人民政府
江白次仁拉姆	女	藏族	扎囊县人民医院	拉萨市抗击新冠肺炎疫情优秀援助医疗队员	2022年9月	中共拉萨市委员会、拉萨市人民政府
普布潘多	女	藏族	扎囊县人民医院	拉萨市抗击新冠肺炎疫情优秀援助医疗队员	2022年9月	中共拉萨市委员会、拉萨市人民政府
德吉卓玛	女	藏族	扎囊县人民医院	拉萨市抗击新冠肺炎疫情优秀援助医疗队员	2022年9月	中共拉萨市委员会、拉萨市人民政府

续表 10

姓名	性别	民族	工作单位	获奖名称	表彰时间	授予单位
强巴赤列	男	藏族	贡嘎县朗杰学乡卫生院	拉萨市抗击新冠肺炎疫情优秀援助医疗队员	2022 年 9 月	中共拉萨市委员会、拉萨市人民政府
伟　色	女	藏族	隆子县准巴乡人民政府	拉萨市抗击新冠肺炎疫情优秀援助医疗队员	2022 年 9 月	中共拉萨市委员会、拉萨市人民政府
普布央金	女	藏族	隆子县藏医院	拉萨市抗击新冠肺炎疫情优秀援助医疗队员	2022 年 9 月	中共拉萨市委员会、拉萨市人民政府
次旺曲吉	女	藏族	隆子县藏医院	拉萨市抗击新冠肺炎疫情优秀援助医疗队员	2022 年 9 月	中共拉萨市委员会、拉萨市人民政府
多吉旺堆	男	藏族	隆子县藏医院	拉萨市抗击新冠肺炎疫情优秀援助医疗队员	2022 年 9 月	中共拉萨市委员会、拉萨市人民政府
扎西卓玛	女	藏族	隆子县藏医院	拉萨市抗击新冠肺炎疫情优秀援助医疗队员	2022 年 9 月	中共拉萨市委员会、拉萨市人民政府
旦增拉珍	女	藏族	隆子县藏医院	拉萨市抗击新冠肺炎疫情优秀援助医疗队员	2022 年 9 月	中共拉萨市委员会、拉萨市人民政府
桑　珠	男	藏族	隆子县藏医院	拉萨市抗击新冠肺炎疫情优秀援助医疗队员	2022 年 9 月	中共拉萨市委员会、拉萨市人民政府
达娃仓决	女	藏族	隆子县藏医院	拉萨市抗击新冠肺炎疫情优秀援助医疗队员	2022 年 9 月	中共拉萨市委员会、拉萨市人民政府
王　健	男	汉族	市纪委监委	2022 年度山南市民族团结进步模范个人	2023 年 1 月	中共山南市委员会、山南市人民政府
王振宇	男	汉族	市人民检察院办公室	山南市创先争优强基础惠民生活动先进驻村（社区）工作队队员	2022 年 5 月	中共山南市委员会、山南市人民政府
毛时成	男	藏族	市气象局	2022 年山南市民族团结进步模范个人	2023 年 1 月	中共山南市委员会、山南市人民政府
郭　龙	男	汉族	贡嘎县东拉乡人民政府	山南市“庆七一喜迎二十大”党员干部知识竞赛三等奖	2022 年	中共山南市委员会、山南市人民政府
旦增白吉	女	藏族	贡嘎县白地乡人民政府	党员干部知识竞赛优秀奖	2022 年	中共山南市委员会、山南市人民政府
巴桑曲珍	女	藏族	贡嘎县白地乡	党员干部知识竞赛优秀奖	2022 年	中共山南市委员会、山南市人民政府
甲　竹	男	藏族	浪卡子县浪卡子社区	山南市创先争优强基础惠民生活动先进驻村（社区）工作队队员	2022 年 5 月	中共山南市委员会、山南市人民政府
白玛坚才	男	藏族	隆子县农业农村局	山南市创先争优强基础惠民生活动先进驻村（社区）工作队队员	2022 年 5 月	中共山南市委员会、山南市人民政府
巴桑次仁	男	藏族	隆子县国安办	山南市创先争优强基础惠民生活动先进驻村（社区）工作队队员	2022 年 5 月	中共山南市委员会、山南市人民政府
古桑曲珍	女	藏族	隆子县斗玉珞巴民族乡	2022 年山南市民族团结进步模范个人	2023 年 1 月	中共山南市委员会、山南市人民政府
闫振升	男	汉族	隆子县人民医院	2022 年山南市民族团结进步模范个人	2023 年 1 月	中共山南市委员会、山南市人民政府
曹文磊	男	汉族	错那县委	2022 年山南市民族团结进步模范个人	2023 年 1 月	中共山南市委员会、山南市人民政府

续表 10

姓名	性别	民族	工作单位	获奖名称	表彰时间	授予单位
土旦次仁	男	藏族	错那县麻麻门巴民族乡	2022 年山南市民族团结进步模范个人	2023 年 1 月	中共山南市委员会、山南市人民政府
罗布扎西	男	藏族	错那县夏日路便民警务站	山南市城市流动人口服务优秀窗口个人	2023 年 1 月	中共山南市委员会、山南市人民政府
贺学博	男	汉族	曲松县税务局	山南市城市流动人口服务优秀窗口个人	2023 年 1 月	中共山南市委员会、山南市人民政府
旦增白珍	女	藏族	曲松县堆随乡	山南市创先争优强基础惠民生活动先进驻村（社区）工作队队员	2022 年 5 月	中共山南市委员会、山南市人民政府
丹增欧珠	男	藏族	扎囊县人民医院	日喀则抗击新冠肺炎疫情优秀援助医疗队员	2022 年 9 月	中共日喀则市委员会、日喀则市人民政府
江白次仁拉姆	女	藏族	扎囊县人民医院	日喀则抗击新冠肺炎疫情优秀援助医疗队员	2022 年 9 月	中共日喀则市委员会、日喀则市人民政府
索朗达杰	男	藏族	山南边境管理支队浪卡子边境管理大队	2022 年情暖山南系列人物	2022 年 7 月	中共山南市委员会
陈诗帆	男	汉族	洛扎县边巴乡雪玛村	山南市“七一”“喜迎二十大”党员干部知识竞赛先进个人三等奖	2022 年 6 月	中共山南市委员会
王彦德	男	汉族	洛扎县边巴乡人民政府	山南市“七一”“喜迎二十大”党员干部知识竞赛先进个人三等奖	2022 年 6 月	中共山南市委员会
彭成峰	男	汉族	洛扎县边巴乡美秀村	山南市“七一”“喜迎二十大”党员干部知识竞赛先进个人三等奖	2022 年 6 月	中共山南市委员会
柯成	男	汉族	洛扎县边巴乡人民政府	山南市“七一”“喜迎二十大”党员干部知识竞赛先进个人三等奖	2022 年 6 月	中共山南市委员会

附 录

党政机构和负责人

中共山南市委员会

书 记 许成仓
副书记 次仁平措(藏族)
杨 昶(湖南援藏)
尼玛旦增(藏族)
汪华东(安徽援藏,7月免)
单 强(安徽援藏,7月任)
李修武(湖北援藏,7月免)
王云清(湖北援藏,7月任)
常 委 邓稳根
常委、秘书长
赫 沛(4月免)
常 委 丹 增(藏族)
燕 红(女,藏族,12月免)
李亚祥
扎西平措(藏族)
牟永文
冯小义
刘圣育
常务副秘书长
西洛次仁(藏族)
副秘书长
李国伟(正处级,中粮集团援藏,9月免)
袁 迪(9月任)
达瓦顿珠(藏族)
刘艳雄(湖南援藏,7月免)
孙 科(安徽援藏,7月任)
赵孙恕
蒋 敏(女)
小次仁罗布(藏族)
米玛央宗(女,藏族)
市纪委监委驻市委办公室纪检监察组组长
安政扬

山南市人民代表大会常务委员会党组

书 记 王德文
副书记 陈海清(藏族,11月免)
成 员 邓 荃
松 嘎(藏族)
沈百存(女)
安兴国
索朗多吉(藏族)
牛 堃
赵天武
晋 美(藏族)
姜艳红(女)

山南市人民代表大会常务委员会

主 任 王德文
副主任 陈海清(藏族,11月免)
邓 荃
松 嘎(藏族)

沈百存(女)
安兴国
索朗多吉(藏族)
牛 堃
赵天武
晋 美(藏族)
秘书长 姜艳红(女)
副秘书长
杨娟宏(女)
扎西桑布(藏族)

山南市人民政府党组

书 记 次仁平措(藏族)
副书记 汪华东(安徽援藏,7月免)
李修武(湖北援藏,7月免)
杨 昶(湖南援藏)
王云清(湖北援藏,7月任)
单 强(安徽援藏,7月任)
牟永文
成 员 杨红兵
江 嘎(藏族)
次 仁(藏族)
郑传经(援藏,11月任)
平 措(藏族)
张 维
刘雪英(女,8月免)
刘宗昌
赵 敏

山南市人民政府

市 长 次仁平措(藏族)
常务副市长
汪华东(安徽援藏,7月免)
李修武(湖北援藏,7月免)
杨 昶(湖南援藏)
王云清(湖北援藏,7月任)
单 强(安徽援藏,7月任)
牟永文
副市长 杨红兵
江 嘎(藏族)
次 仁(藏族)
郑传经(援藏,11月任)
平 措(藏族)
张 维
刘雪英(女,8月免)
刘宗昌
秘书长 赵 敏
派驻纪检组组长
达娃次仁(藏族)
副秘书长
顾国爱(正县级,6月任)
晋 美(藏族)
罗 珍(女,藏族)
朱 江(湖北援藏,7月免)
余海舟(安徽援藏,7月免)
陈元鹏
周志远(湖北援藏,7月任)
江海洪
肖飞飞(湖南援藏,7月任)
达瓦顿珠(藏族)

政协山南市委员会党组

书 记 巴 珠(藏族)
副书记 洛桑扎西(藏族)
赤列央金(女,藏族)
邓建军
成 员 罗天华
吾 金(藏族)
孙红章
董安学
桑杰群培(藏族,12月任)
郭建军

政协山南市委员会

主 席 巴 珠(藏族)
副主席 洛桑扎西(藏族)
赤列央金(女,藏族)
邓建军
罗天华
达娃次仁(藏族)
吾 金(藏族)
孙红章

董 安 学
桑杰群培（藏族，12 月任）
秘书长 郭 建 军
副秘书长
巴桑旺堆（藏族，5 月任）
田 华

中共山南市纪律检查委员会

书 记 李 亚 祥
副书记 李 绍 荣
杨 立

山南市监察委员会

主 任 李 亚 祥
副主任 李 绍 荣
杨 立

山南市中级人民法院党组

书 记 卓玛央宗（女，藏族）
副书记 杨 彦（土家族）

山南市中级人民法院

院 长 卓玛央宗（女，藏族）
常务副院长
杨 彦（土家族）

山南市检察院党组

书 记 刘 发 林
副书记 扎 桑（藏族）

山南市检察院

检察长 刘 发 林
常务副检察长
扎 桑（藏族）

中共山南市委组织部

部 长 冯 小 义
常务副部长
曹 祖 宇

中共山南市委老干部局

局 长 潘 华 泉

中共山南市委宣传部

部 长 燕 红（女，藏族，12 月免）
常务副部长
何 广 海

中共山南市委统战部

部 长 丹 增（藏族）
常务副部长
邢 飞

中共山南市委政法委

书 记 扎西平措（藏族）
副书记 刘 宗 昌
革 新（藏族）

中共山南市委政研室

主 任 次仁达瓦（藏族）

中共山南市委党校（市行政学校）

常务副校长
尤 刚

中共山南市直属机关工作委员会

书 记 赫 沛（4 月免）
专职副书记
索朗顿珠（藏族）

山南市强基惠民活动领导小组办公室

主 任 曹 祖 宇

山南市总工会党组

书 记 白玛顿珠（藏族）
副书记 杨 拼 兰（6 月免）

山南市总工会

主 席 杨 拼 兰（女，6 月免）
沈 百 存（女，11 月任）
代主席 沈 百 存（女，7 月任）
常务副主席
白玛顿珠（藏族，11 月任）
副主席 白玛顿珠（藏族，11 月免）

共青团山南市委员会党组

书　记　黄　　华

共青团山南市委员会

书　记　黄　　华

山南市妇女联合会党组

书　记　马玉玲（女）

山南市妇女联合会

主　席　马玉玲（女）

山南市工商联党组

书　记　张联聪（6月任）

山南市工商联

主　席　赤列央金（女，藏族）

常务副主席

张联聪（6月任）

山南市残疾人联合会党组

书　记　吴菊玲（女）

山南市残疾人联合会

理事长　吴菊玲（女）

山南市发改委（粮食局）党组

副书记　翟　　坤

山南市发改委（粮食局）

主任（局长）

翟　　坤

山南市统计局党组

书　记　维色顿珠（藏族）

副书记　周　　平

山南市统计局

局　长　周　　平

副局长　维色顿珠（藏族）

国家统计局山南调查队党组

书　记　王　　猛

国家统计局山南调查队

队　长　王　　猛

山南市经济和信息化局（政府国资委、大数据发展管理局）党委（组）

书　记　索朗格桑（藏族）

副书记　顾国爱（4月免）

刘国军（4月任）

山南市经济和信息化局（政府国资委、大数据发展管理局）

局长（主任）

顾国爱（4月免）

刘国军（4月任）

副局长（副主任）

索朗格桑（藏族）

山南市教育局（体育局）党委

书　记　董安学（9月免）

赤列边巴（藏族，10月任）

副书记　白江山

山南市教育局（体育局）

局　长　赤列边巴（藏族，10月免）

白江山（10月任）

副局长　赤列边巴（藏族，10月任）

山南市科技局党组

书　记　次仁多布庆（藏族）

副书记　郎立辉（4月免）

杨拼兰（女，6月任）

山南市科技局

局　长　郎立辉（4月免）

杨拼兰（女，10月任）

局长人选

杨拼兰（女，6月任）

副局长　次仁多布庆（藏族）

山南市民族宗教事务局党组

书　记　扎　　西（藏族）

副书记　孟子伟

山南市民族宗教事务局

局　长　孟子伟

副局长　扎　　西（藏族）

山南市公安局党委

书　记　扎西平措(藏族)
副书记　刘宗昌
　　　　夏仕全
　　　　杨世斌(藏族)

山南市公安局

局长、督察长
　　　　刘宗昌
常务副局长
　　　　夏仕全

山南边境管理支队党委

书　记　毕　强(藏族)
副书记　吕旭峰

山南边境管理支队

支队长　毕　强(藏族)
政治委员　吕旭峰

山南市消防救援支队党委

书　记　杨　毅
副书记　多　拉(藏族)

山南市消防援藏支队

支队长　多　拉(藏族)
政治委员　杨　毅

山南市民政局党组

书　记　油顺禄
副书记　周　青(女,藏族)

山南市民政局

局　长　周　青(女,藏族)
副局长　油顺禄

山南市幸福家园建设管理局党组

书　记　刘雪英(女,11月免)
副书记　白玛旺扎(藏族)

山南市幸福家园建设管理局

局　长　白玛旺扎(藏族)

山南市司法局党组

书　记　杨国福
副书记　旦　增(藏族)

山南市司法局

局　长　旦　增(藏族)
副局长　杨国福

山南市财政局党组

书　记　仓　决(女,藏族)
副书记　赵忠琼(女)

山南市财政局

局　长　赵忠琼(女)
副局长　仓　决(女,藏族)

山南市自然资源局党组

书　记　马小强
副书记　巴桑次仁(藏族,4月任)

山南市自然资源局

局　长　巴桑次仁(藏族,4月任)
副局长　马小强

山南市人力资源和社会保障局党组

书　记　雷　丰(藏族)
副书记　张　超

山南市人力资源和社会保障局

局　长　张　超
副局长　雷　丰(藏族)

山南市住房和城乡建设局党组

书　记　尼玛次仁(藏族)
副书记　谭修生

山南市住房和城乡建设局

局　长　谭修生
副局长　尼玛次仁(藏族)

山南市交通运输局党组

书　记　洛　桑(藏族)
副书记　刘　洁

山南市交通运输局

局　长　刘　洁

副局长　洛　　桑(藏族)

山南市水利局党组

书　记　沈新军

副书记　念　　扎(藏族)

山南市水利局

局　长　念　　扎(藏族)

副局长　沈新军

山南市农业农村局党组

书　记　拉巴次仁(藏族)

副书记　黄卫军

山南市农业农村局

局　长　黄卫军

副局长　拉巴次仁(藏族)

山南市商务局党组

副书记　索朗仁增(藏族)

山南市商务局

局　长　索朗仁增(藏族)

山南市文化局(文物局)党组

书　记　司刚存

副书记　拉　　元(女,藏族)

山南市文化局(文物局)

局　长　拉　　元(女,藏族)

副局长　司刚存

山南市广播电视局党组

书　记　严乃锦(4月任)

副书记　索朗德吉(女,藏族,4月任)

山南市广播电视局

局　长　索朗德吉(女,藏族,4月任)

副局长　严乃锦(4月任)

山南市卫生健康委员会党组

书　记　邵东华(安徽援藏,7月任)

副书记　其米拉珍(女,藏族)

山南市卫生健康委员会

主　任　其米拉珍(女,藏族)

副主任　邵东华(安徽援藏,7月任)

山南市审计局党组

书　记　罗　　布(藏族)

副书记　张春梅(女)

山南市审计局

局　长　张春梅(女)

副局长　罗　　布(藏族)

山南市外事办公室党组

书　记　何才康

副书记　西　　洛(藏族)

山南市外事办公室

主　任　西　　洛(藏族)

副主任　何才康

山南市市场监督局党组

书　记　杨日军

副书记　罗布次仁(藏族)

山南市市场监督局

局　长　罗布次仁(藏族)

副局长　杨日军

山南市烟草局(公司)党组

书　记　米玛次仁(藏族)

副书记　安志献

山南市烟草局(公司)

局长、副经理

米玛次仁(藏族)

副局长、经理

安志献

中国石油西藏山南销售分公司党委

书　记　陆　　诚

中国石油西藏山南销售分公司

总经理　索朗旦增(藏族,11月免)

伍晨红(11月任)

西藏农牧业生产资料集团山南有限公司

总经理　雷兴光

山南市林业和草原局党组

书　记　刘敬峰

副书记　桑旦罗布（藏族）

山南市林业和草原局

局　长　桑旦罗布（藏族）

副局长　刘敬峰

山南市旅游发展局党组

书　记　旺　青（藏族）

山南市旅游发展局

副局长　旺　青（藏族）

山南市生态环境局党组

书　记　旺　庆（藏族）

副书记　邢运江

山南市生态环境局

局　长　邢运江

副局长　旺　庆（藏族）

山南市应急管理局党组

书　记　仁增旺扎（藏族）

副书记　渠　伟

山南市应急管理局

局　长　渠　伟

副局长　仁增旺扎（藏族）

山南市信访局党组

书　记　王万军

副书记　阿旺多吉（藏族）

山南市信访局

局　长　阿旺多吉（藏族）

副局长　王万军

山南市退役军人事务局党组

书　记　周智德

副书记　拉巴次仁（藏族）

山南市退役军人事务局

局　长　拉巴次仁（藏族）

副局长　周智德

山南市行政审批和便民服务局党组

书　记　李爱辉

副书记　巴桑次仁（藏族）

山南市行政审批和便民服务局

局　长　巴桑次仁（藏族）

副局长　李爱辉

山南市医疗保障局党组

书　记　陈孝沾

副书记　米玛次仁（藏族）

山南市医疗保障局

局　长　米玛次仁（藏族）

副局长　陈孝沾

山南市城市管理和综合执法局党组

书　记　张志福

副书记　达娃次仁（藏族）

山南市城市管理和综合执法局

局　长　达娃次仁（藏族）

副局长　张志福

山南市乡村振兴局党组

书　记　次仁达娃（藏族）

副书记　付成聪

山南市乡村振兴局

主　任　付成聪

副主任　次仁达娃（藏族）

山南市藏语委办（市编译局）党组

书　记　洛桑平措（藏族）

副书记　洛桑次仁（藏族）

山南市藏语委办（市编译局）

主任（局长）

洛桑次仁（藏族）

副主任（副局长）

洛桑平措（藏族）

山南市地震局

副局长 吕 琳

国家税务总局山南市税务局党委

书 记 边巴仓决(女,藏族)

国家税务总局山南市税务局

局 长 边巴仓决(女,藏族)

山南市气象局党组

书 记 毛时成(藏族)

山南市气象局

局 长 毛时成(藏族)

山南市文学艺术界联合会党组

书 记 次仁明久(藏族)

山南市文学艺术界联合会

主 席 次仁明久(藏族)

国网西藏电力有限公司山南供电公司党委

书 记 罗布次仁(藏族)

副书记 张明敏(4月任)

国网西藏电力有限公司山南供电公司

总经理 张明敏(4月任)

副总经理 罗布次仁(藏族)

山南市邮政管理局党组

书 记 邹 华(3月任)

山南市邮政管理局

局 长 邹 华(3月任)

中国邮政集团公司山南市分公司党委

书 记 谭 兵

中国邮政集团公司山南市分公司

总经理 谭 兵

中国电信山南分公司党委

书 记 才旦次仁(藏族)

中国电信山南分公司

总经理 才旦次仁(藏族)

中国移动西藏山南分公司党委

书 记 普布次仁(藏族)

中国移动西藏山南分公司

总经理 普布次仁(藏族)

中国联通山南分公司党支部

书 记 王小海

中国联通山南分公司

总经理 王小海

中国铁塔股份有限公司山南市分公司党委

书 记 高 嘉(3月免)

孙 城(3月任)

中国铁塔股份有限公司山南市分公司

总经理 高 嘉(3月免)

孙 城(3月任)

山南市职业技术(教师进修)学校党委

书 记 方承红(女)

副书记 小洛桑(藏族)

山南市职业技术(教师进修)学校

校 长 小洛桑(藏族)

副校长 方承红(女)

山南市第二中等职业技术学校党委

书 记 田凤元

副书记 仓 决(女,藏族)

山南市第二中等职业技术学校

校 长 仓 决(女,藏族)

副校长 田凤元

中国人民银行山南市中心支行党委

书 记 次仁罗布(藏族)

中国人民银行山南市中心支行

行 长 次仁罗布(藏族)

中国农业银行山南分行党委

书 记 公松尼玛(藏族)

中国农业银行山南分行

行 长 公松尼玛(藏族)

中国建设银行山南分行党委

书 记 张 勇

中国建设银行山南分行

行 长 张 勇

中国银行山南分行党委

书 记 晁东升

中国银行山南分行

行 长 晁东升

西藏银行山南分行党委

书 记 玉 珍(女,藏族)

西藏银行山南分行

行 长 玉 珍(女,藏族)

人保财险山南分公司党委

副书记 张添明

人保财险山南分公司

副总经理 张添明

中国人寿山南分公司党支部

书 记 李祥振(河南援藏)

中国人寿山南分公司

副总经理 李祥振(河南援藏)

山南市人民医院党委

书 记 吾根单增(藏族)

副书记 许 力(安徽援藏)

山南市人民医院

院 长 许 力(安徽援藏)

副院长 吾根单增(藏族)

山南市藏医医院党委

书 记 侯宝萍(5月任)

副书记 扎西次仁(藏族,5月免)

拉巴次仁(藏族,5月任)

山南市藏医医院

院 长 扎西次仁(藏族,5月免)

拉巴次仁(藏族,5月任)

副院长 侯宝萍(5月任)

乃东区

区委书记 张 维

人大常委会主任

梅先阳(土家族)

区 长 索朗平措(藏族)

政协主席 格 桑(藏族)

琼结县

县委书记 韩 亮

人大常委会主任

蒋芝辉

县 长 秦梅鸯宗(女,藏族)

政协主席 仁增多吉(藏族)

扎囊县

县委书记 唐 勇

人大常委会主任

牛献智

县 长 索朗格桑(藏族)

政协主席 查 斯(藏族)

贡嘎县

县委书记 刘圣育

人大常委会主任

邓 博

县 长 平 措(藏族)

政协主席 西 洛(藏族)

浪卡子县

县委书记 布 多(藏族)

人大常委会主任

白江山(7月免)

县 长 罗 云

政协主席 布 琼(藏族)

洛扎县

县委书记 赵天武

人大常委会主任
王勇波
县　　长　扎西多布杰(藏族)
政协主席　洛桑次仁(藏族)

措美县

县委书记　范和平
人大常委会主任
杜祝涛
县　　长　桑　旦(藏族)
政协主席　索朗欧珠(藏族)

错那县

县委书记　巴桑欧珠(藏族)
人大常委会主任
李浩路
县　　长　鲁绪超
政协主席　巴桑旺堆(藏族,5月免)
次仁顿珠(藏族,7月任)

隆子县

县委书记　次仁加措(藏族)
人大常委会主任
廖仕平
县　　长　李　宁
政协主席　古桑旦增(藏族)

曲松县

县委书记　李世平
人大常委会主任
魏军辉
县　　长　边巴次仁(藏族)
政协主席　米玛次仁(藏族)

加查县

县委书记　李贤荣
人大常委会主任
谭金元
县　　长　格桑次仁(藏族)
政协主席　普　琼(藏族)

桑日县

县委书记　康爱民(11月免)
孙守英(12月任)
人大常委会主任
王雅峰
县　　长　索朗巴珠(藏族)
政协主席　巴桑次仁(藏族)

关于第二轮中央生态环境保护督察转办、反馈问题和自治区各类生态环境问题整改情况的报告

成仓书记：

根据您的指示，我办对第二轮中央生态环境保护督察转办、反馈问题和自治区各类生态环境问题整改情况进行梳理，现将有关情况报告如下：

一、第二轮中央生态环境保护督察转办案件整改情况

中央环保督察组进驻西藏期间，全区共受理1115件信访转办案件，其中涉及我市44件（含空港新区5件、回访件1件），目前已办结39件，阶段性办结5件，分别为：1. 空港新区污水直排问题；2. 贡嘎县4家砖厂侵占林地问题；3. 扎囊县鑫玉采石场生态破坏问题（两次举报按2件计算）；4. 扎囊县松嘎铜矿生态破坏问题。其中，贡嘎县4家砖厂侵占林地问题，待4月自治区整改办下达通知后办结贡嘎县4家砖厂侵占林地问题。（详见附表1）

难点：1. 空港新区污水直排问题（典型案例）。因污水处理厂建设项目未落地及空港新区污水管网收集未达到销号条件，导致近期无法办结；2. 扎囊县鑫玉采石场生态破坏问题。鑫玉采石场矿山生态修复项目已启动招投标程序，但生态恢复项目周期长，导致近期无法办结；3. 扎囊县松嘎铜矿生态破坏问题。该矿厂处于停工状态，但采矿许可证延续问题，无明确文件可依，目前未进行生态修复工作，导致近期无法办结。

建议：1. 贡嘎县和市住建局积极对甲竹林镇群众宣传污水直排问题的危害性，持续加强污水处理厂建设项目工作，同步完成污水收集管网工作；2. 扎囊县和市自然资源局积极沟通自然资源厅对松嘎铜矿采矿许可证延续问题，持续跟进鑫玉采石场后期生态修复工作。

二、中央第四生态环境保护督察组反馈问题整改情况

（一）对照中央生态环境保护督查反馈意见，全区反馈问题43项，我市共认领问题24项，制定整改具体措施112条。24项问题中，2022年底前完成整改4项，分别为：1. 对保护好青藏高原生态重要性认识不够深刻；2. 全区水泥熟料产能控制不到位；3. 生态保护考核流于形式；4. 草原划定工作滞后。目前已全部完成整改。2023年底前完成整改6项，分别为：1.2.3.4.5.6.。2024年底前整改到位3项、2025年底前整改到位11项，已完成整改1项（自然保护地矿业权退出整改任务未完成），63条措施已整改完成，待与上级部门沟通协调后逐步销号。（详见附表2）

难点：贡嘎建筑垃圾、扎囊

建议：组织部、自然资源局、林草局、经信局等部门与上级部门沟通衔接，尽快完成整改措施销号工作。

（二）24项整改任务中，涉及山南的个性问题共10项，分别为：1. 一些地方和部门执行国家法律法规“宽松软”，违法违规禁而不绝，山南市乃东区昌珠镇恒峰钢化玻璃厂因未批先建等问题（已完成验收，并已销号）。2. 山南西藏空港新区污水处理设施建设严重滞后生活污水长期直排（正在整改）。3. 刘琼矿山恢复治理滞后（已完成整改，待销号）。4.36个露天采场恢复治理未完成（正在整改）。5. 冰川周边区域生产经营活动管控不力，山南市岗布冰川等景区均建有便道或栈道直达临近冰川区域，游客甚至可直接进入冰面。（已完成禁止前往冰川公告，正在做评估报告）。6. 羊卓雍错水污染

防治项目推进实施不力(直排问题已整改,正在开展浪卡子县污水处理厂扩容提标项目前期工作)。7.城市生活污水集中收集率低,山南市污水处理厂二期推进项目尽快落地(已获得可研批复,初步设计已通过评审,待资金明确后下达批复)。8.县城污水处理设施建设管理有待加强,积极推进错那、洛扎、措美县城生活污水处理厂项目建设前期工作,实现全区所有县城污水集中处理设施建设全覆盖(错那、措美、洛扎3个县县城完成县城污水处理厂项目前期工作,措美县县城污水处理厂形象进度达30%;洛扎县县城污水处理厂项目已申报西藏专项资金项目,待批复;错那县县城污水处理厂因错那县撤县设市原因,原县城污水处理厂项目已暂时从住建厅"十四五"规划盘子中取消)。9.生活垃圾处理能力不足,部分垃圾填埋场运行管理不到位,山南市乃东区生活垃圾填埋场已满库容(扩容项目可研、初设审查工作,技术方案已通过自治区市政基础设施领导小组审查并修改完毕,可研批复已下达,正在争取资金)。10.医疗废物处理短板明显,日喀则、林芝、山南等市一些特定类别的医疗废物需集中转运至拉萨市处置,导致部分医疗废物处置不及时,存在环境风险(医疗废物处置中心提标升级项目已建设,正在运行,正在开展医废处置中心提标升级项目竣工环境保护验收监测工作)。

难点:一是2023年6月30日前销号的任务中,贡嘎县建筑垃圾填埋场未批先建问题,整改进展缓慢,可能会影响6月30日前完成整改销号任务;涉及浪卡子岗布冰川问题市旅游局需要加快整改进度;二是垃圾填埋场满库容问题12个县区基本都存在的共性问题,目前资金争取难度大,推进比较缓慢;三是洛扎县和错那县污水处理厂还在争取资金阶段,属于第一轮、第二轮中央环保督察共同提出的问题。

建议:一是贡嘎县尽快采取有效措施,解决好建筑垃圾填埋场未批先建问题,确保6月30日前完成整改任务;二是市旅游局尽快推动冰川评估报告,确保6月30日前完成整改任务;三是市住建局牵头与相关县政府积极筹措资金,尽快推动污水处理厂建设项目,有效解决城市生活污水收集率低的问题。

三、自治区级各类生态环保护问题整改情况

(一)自治区生态环境调研问题整改情况

2022年3月初、生态环境厅中部专员办对山南市生态环境问题整改情况进行调研,反馈问题15个,其中矿产资源开发类8个,环境基础设施类6个,重点项目建设类1个(详见附表3)。截至目前,已完成整改8个,未完成整改7个,(分别为:1.乃东区结巴乡努日矿山探矿点(企业自行恢复)、扎木日苏采石场(列入山水林田项目)、多若采石场(乃东区本级恢复)截至目前整改恢复工作无进展。(中央环保督察反馈问题18-3范畴)。责任单位:乃东区人民政府、市自然资源局。责任人:索朗平措、巴桑次仁。整改时限:2023年12月30日。2.中铁十七局集团承建普当隧道、昂嘎出口施工井石料堆放不规范,造成石料滑坡。破坏滑坡地植被,施工污水中存在危险废物,直排外环境雅江。单位:浪卡子县人民政府、市生态环境局。责任人:罗云、邢运江。整改时限:弃渣清运:2023年10月30日,生态恢复:2024年4月30日。3.白鸡山采石场采挖造成生态破坏。责任单位:扎囊县人民政府、市自然资源局。责任人:索朗格桑、巴桑次仁。整改时限:2023年12月30日。4、章达山采石场采挖造成生态破坏。责任单位:扎囊县人民政府、市自然资源局。责任人:索朗格桑、巴桑次仁。整改时限:2023年12月30日。5.孤西鸟山采石场采挖造成生态破坏。责任单位:扎囊县人民政府、市自然资源局。责任人:索朗格桑、巴桑次仁。整改时限:2023年12月30日。6.祁连山水泥厂上矿山道路两侧料石随意倾倒,造成沿线道路生态破坏。责任单位:贡嘎县人民政府。责任人:平措。整改时限:2023年12月30日。7.错那县未建污水处理厂。责任单位:错那县人民政府、市住建局。责任人:鲁绪超、谭修生。整改时限:2024年12月30日。)其中,矿产资源开发类5个,环境基础设施类1个,重点项目建设类1个。

难点:一是基础设施类中错那县因撤县设市原因,目前未见污水处理厂,二是矿山修复问题项目落地周期长,无法短时间内完成整改任务。

建议:错那县人民政府和市住建局积极争取污水处理厂建设项目,争取资金,争取项目早日落地。

（二）自治区暗访发现问题整改情况

1.2022 年 2 月及 6 月分别对山南市生态环境问题进行暗访，2 月暗访反馈问题 12 个，其中水环境类 5 个，基础设施类 2 个，生态破坏类 3 个，固废类 1 个，督察整改类 1 个（详见附表 4）。截至目前，已完成整改 6 个，未完成整改 6 个，（分别为：1. 乃东区垃圾填埋场垃圾堆存量已超出设计库容 3 万吨，新建垃圾处置设施建设规划还未实施，垃圾减量化资源化利用程度低，各类垃圾混合堆存。责任单位：乃东区人民政府、市城市管理和综合执法局。责任人：索朗平措、陈敬。整改时限：2023 年 12 月 31 日。2. 乃东区结巴乡多若村的雅砻水泥厂采石点，生态破坏严重。责任单位：乃东区人民政府、市自然资源局。责任人：索朗平措、巴桑次仁。整改时限：2023 年 12 月 31 日。3. 山南市滨江路西段结莎社区生活污水直排雅鲁藏布江。责任单位：乃东区人民政府、市住建局、市城市管理和综合执法局。责任人：索朗平措、谭修生、陈敬。整改时限：2023 年 12 月 31 日。4. 贡嘎县昌果乡薛仁村祁连山水泥厂矿区道路修建过程中，未严格落实环境保护措施，施工弃渣随坡倾倒，造成生态破坏。责任单位：贡嘎县人民政府。责任人：平措。整改时限：2023 年 12 月 31 日。5. 扎囊县阿扎乡章达村白鸡山、章达、孤西鸟三处采石场，整改工作不够彻底，未开展生态恢复，采石场位于高速公路可视范围，景观影响十分突出。责任单位：扎囊县人民政府、市自然资源局。责任人：索朗格桑、巴桑次仁。整改时限：2023 年 12 月 31 日。6. 空港新区甲竹林镇竹林酒店用品清洁服务部，厂区环境脏乱差，一体化污水处理设施闲置，生产废水未经处理直排吉雄干渠。责任单位：责任单位：贡嘎县人民政府、贡嘎县空港新区。责任人：平措。整改时限：2023 年 12 月 31 日。）

难点：基础设施类中乃东区垃圾填埋场超负荷问题，属全市共性问题，部分县（区）垃圾填埋场已超出设计库容约 3 万吨，华新水泥生活垃圾焚烧厂暂满足部分县（区）垃圾处置能力，经实践证明生活减量化和资源利用化成下一步我市处理生活垃圾主要趋势，引进国内先进水平，对生活垃圾进行资源利用化。

建议：各县（区）积极向群众宣传生活垃圾源头分类知识，市住建局对生活垃圾资源化利用方面统筹推进，学习国内先进处理水平，引进生活垃圾科学资源化实施企业。

2.6 月暗访反馈 7 个问题（详见附表 5），其中已完成整改 1 个，未完成整改 6 个，分别为：（1. 山南市贡嘎县垃圾填埋场超负荷运行。垃圾堆体已超出坝高近 2 米，填埋作业仍在进行，据了解远期方案为将垃圾运往华新水泥厂进行焚烧处置，但由于运距过远、成本过高，垃圾处理问题无法得到根本解决。责任单位：市住建局。责任人：谭修生。整改时限：2022 年 12 月 31 日，并长期坚持。2. 甲竹林镇甲日村 5 组非法黏土取料点，隶属空港新区甲竹林镇管辖，经历多年开采现场留下巨大取料坑，既有老百姓取料也有商品经营性开采行为，涉嫌侵占农田，破坏电力设施、农田灌溉设施和环境监测取样环境，导致贡嘎县垃圾填埋场两处监测井无法取样。责任单位：市自然资源局。责任人：巴桑次仁。整改时限：2023 年 8 月 31 日。3. 空港新区吉雄干渠污水直排问题被中央第四生态环境保护督察作为典型案例予以通报，经整改。干渠水质明显改善。暗访发现，整改问题出现反复，污水收集管网多处出现破损、渗漏点；个别排污单位废水未有效收集，仍处在直排状态，干渠水体又呈现灰黑色。责任单位：市住建局。责任人：谭修生。整改时限：2025 年 12 月 31 日。4. “40 冰川”，又名岗布冰川，位于西藏山南市浪卡子县卓姆拉日康雪山北坡山脚下，与日喀则市康马县交界。受全球气候变暖影响，冰川消融退化呈现加剧趋势。由于冰雪资源开发利用规划滞后，对旅游活动缺乏科学管理，游客可经浪卡子、康马、洛扎三县随意进入冰川区域，与冰川近距离接触；自驾游车辆不按规定路线行驶，在草原上随意穿行碾压草场，生态扰动和破坏面积较大。责任单位：市旅发局。整改时限：立行立改、长期坚持；5. 卡若拉冰川位于浪卡子县和江孜县交界的宁金康桑雪山，归山南和日喀则市共同管辖，由于没有制定统一的冰雪资源开发和利用规划，当地政府和群众大多抱着靠山吃山、占山为王的理念，分别在冰川四周建设有江孜县的卡若拉景区、江孜县热龙乡嘎吉卓绒生态旅游景区、浪卡子县的岗布沟景区，尤其是岗布沟景区修建长约10千米的栈道直抵冰川边缘，冰雪资源盲目开发、无序开发的现象突出。责任单位：市旅发局。整改时限：2024年12月31日；6.中铁十七局3、4号斜井施工弃渣随坡倾倒（浪卡子县卡热乡，拉萨至日喀则高速公路项目点），隧道口形成大型弃渣场，隧道涌水沿施工便道四处流淌，沉淀池未发挥作用，污水直排雅江。责任单位：市交通局。责任人：刘洁。整改时限：2022年12月31日。）

难点：贡嘎县非法黏土问题整改推进缓慢，其余问题与反馈问题重复。

建议：贡嘎县与市自然资源局尽快推动贡嘎县非法黏土取料点整改问题。

（三）自治区整改办拍摄组发现问题整改情况

2023年2月自治区整改办摄制组对山南市生态环境问题进行拍摄，共拍摄22个问题（详见附表6），截至目前，已完成整改2个，部分完成整改3个，未完成整改17个，（分别为：1.幸福家园投资集团有限公司（砂石厂、拌合站、），未按相关要求进行场内地面硬化，未设置危废暂存间，废矿物油随意堆放于场区内，场区整体管理较为粗放。责任单位：贡嘎县人民政府。责任人：平措。整改时限：2023年6月15日；2.西藏山南市森布日污水处理厂，在线监测数据从试运行起，存在间接性的无数据；人工湿地部分植被干枯。责任单位：市住建局。责任人：谭修生。整改时限：2023年4月15日；3.山南市泽当城区建筑垃圾临时消纳点，超面积堆料，运行过程中不断扩大面积，生活垃圾与建筑垃圾混存现象较为突出，导致大量白色垃圾飘至周边空地及农田。同时，现场管理人员管理不到位，垃圾运输车随意倾倒，基本处于无人管理状态，进场道路积尘严重，运输过程中产生大量扬尘，影响周边居民区及幼儿园的正常生活和教育教学。责任单位：乃东区人民政府。责任人：索朗平措。整改时限：2024年12月31日；4.山南市乃东区兴开畜牧养殖合作社，养殖散户近40余家，共养殖上千头牲畜，属于泽当城区“十个一律外迁”工作内容，此项工作进度缓慢。该场周边部分牲畜尸体、屠宰血水、动物内脏及粪便、随意丢弃，无任何治污设施，周围环境散发恶臭，严重影响周边群众正常的生活。责任单位：乃东区人民政府。责任人：索朗平措。整改时限：2024年12月30日；5.山南市扎囊县污水处理厂，因涉及改扩建，污水超负荷运行，导致每天800余方污水未得到有效处置，直排至厂区东侧天然湿地内，汇入雅江河流。责任单位：扎囊县人民政府。责任人：索朗格桑。整改时限：2023年4月25日；6.山南市扎囊县城生活垃圾填埋场，垃圾场基本处于满库容状态，垃圾未及时覆土碾压，部分倒气石隆井被掩埋，现场扬尘较大，无防尘措施，现场无人看管。责任单位：扎囊县人民政府。责任人：索朗格桑。整改时限：2023年12月31日；7.山南市泽西泵站北侧水渠内（火车站后侧），直排未接入市政管网的老城区生活污水，汇入雅江河流，水体颜色异常，散发恶臭。责任单位：乃东区人民政府。责任人：索朗平措。整改时限：2025年12月31日；8.中铁十七局集团承建普当隧道，普当隧道进口处弃渣随坡倾倒10万余方，弃渣清理工作进展缓慢，大量植被仍处于碾压状态。责任单位：浪卡子县人民政府。责任人：罗云。整改时限：2024年2月20日；9.山南市贡嘎县机场2跑道取料点，无防扬尘措施。责任单位：贡嘎县人民政府。责任人：平措。整改时限：立行立改；10.山南市贡嘎县生活垃圾填埋场，处于满库容状态，最高处垃圾基本与放飞网持平。责任单位：贡嘎县人民政府。责任人：平措。整改时限：2023年8月31日；11.山南市贡嘎县甲竹林镇甲竹林村5组非法黏土取料点，历史遗留巨大取料坑，涉嫌侵占农田，破坏电力设施、农田灌溉设施和环境监测取样环境，致使贡嘎县垃圾填埋场2处监测井无法取样（整改进展缓慢）。责任单位：贡嘎县人民政府。责任人：平措。整改时限：2023年8月31日；12.甲竹林镇朗杰林社区四家砖厂毁林建厂破坏生态环境问题，原属空港新区管辖，目前，四家砖厂已完成地面厂房、电力设施及生产设备等附属物的拆除工作，但成品砖处理进度缓慢，对于生态修复工作带来一定影响。责任单位：贡嘎县人民政府。责任人：平措。整改时限：2023年3月31日；13.山南市贡嘎县西藏盛云天禾实业有限公司养殖场，养殖近2千余头藏香猪，污水处理设施未发挥任何作用，一、二、三级沉淀池水质均为浑浊状态，二级沉淀池内甚至发现多个牲畜尸体，池内污水直接灌溉周边草地。脱干污泥随意晾晒，未按规范要求进行处置。场区内随处可见牲畜尸体未及时无害化处置，同时，生活垃圾存在就地丢弃掩埋现象。责任单位：贡嘎县人民政府。责任人：平措。整改时限：立行立改；14. 山南市桑日县西藏昆布实业有限公司，该拌合站属于雅江风景名胜区缓冲区内，目前无相关手续。责任单位：桑日县人民政府。责任人：索朗巴珠。整改时限：2023 年 12 月 31 日；15. 山南市桑日县白堆村村集体混凝土搅拌站，未按环评要求进行场内地面硬化，无废水沉淀池，污水和洗车泥浆直排至增期曲下游。责任单位：桑日县人民政府。责任人：索朗巴珠。整改时限：2023 年 3 月 31 日；16. 山南市加查县洛林乡沃崔宗线 K9+870 至江惹村公路工程，护边护坡措施落实不到位，随意倾倒渣土，随意修建施工便道，造成大面积植被破坏，存在野蛮施工现象。降尘措施落实不到位，道路扬尘严重影响周边居民生产生活。责任单位：加查县人民政府。责任人：格桑次仁。整改时限：2023 年 7 月 30 日；17. 山南市加查县康桑顶铬铁矿，位于加查县拉绥乡，矿区总面积 0.48 平方千米，现处于停采状态，因涉及矿产资源转让纠纷问题，生态恢复工作仍未得到有效处理。责任单位：加查县人民政府。责任人：格桑次仁。整改时限：2025 年 12 月 31 日。）

难点：泽西泵站北侧水渠内生活污水直排雅江问题，市政管网建设项目落实不到位，城市污水集中收集率偏低。

建议：各县（区）和水利局进一步加强对入河排污口管控工作，严格落实河长制，坚持举一反三，持续排查辖区内入河排污口，积极争取项目资金，对存在的排污口并网城市污水管网。

（四）自治区督察办督导发现问题整改情况

2023 年 2 月 3 日至 14 日，自治区督察办对拉萨、山南、那曲市督导检查时，我市反馈生态环境保护督察方面问题 6 个，现已全部整改完成（详见附表 7）。

四、存在问题

（一）重视程度有待提升。

（二）销号工作推进缓慢。部分单位推动整改工作的主动性不够、积极性不强，思路不宽、办法不多。24 项整改事项涉及的 112 条整改措施中已整改完成的只有 63 条，而这 63 条中已完成销号程序并在市整改办备案的只有 1 条措施，其余只是在进度表中体现，仍未完成销号程序，导致我市整改工作推进缓慢、迟迟未完成销号任务，尤其是对暗访问题、调研问题重视不够。

（二）协调配合有待加强。个别牵头单位只管自己的事项，不督促责任单位、也不汇总责任单位整改情况，各牵头单位与上级牵头单位衔接不力，有的牵头单位不主动到上级牵头单位对接汇报整改事项，导致问题整改进度不明显，甚至上级牵头单位不知问题进展情况，直接挂名为未整改，有的责任单位不配合牵头单位，认为这只是牵头单位工作，存在迟报、不报、漏报，影响我市整改销号进度。

五、下一步工作建议

市委督察室、市纪委组成督导小组，下沉到各责任单位、牵头单位，查阅资料方式全面检查一次整改落实情况，督促已整改完成的尽快完成销号程序，未整改完成的按时限要求整改，以便顺利推动后续整改工作。

山南市2022年国民经济和社会发展统计公报

山南市统计局

2023年3月27日

2022年是党和国家历史上极为重要的一年，也是山南历史发展进程中极不平凡的一年。党的二十大胜利召开，擘画全面建设社会主义现代化国家、以中国式现代化全面推进中华民族伟大复兴的宏伟蓝图。面对疫情冲击和多重压力，在市委、市政府坚强领导下，全市上下坚持以习近平新时代中国特色社会主义思想为指导，统筹疫情防控和经济社会发展，统筹发展和安全，坚持稳中求进工作总基调，完整、准确、全面贯彻新发展理念，加快构建新发展格局，着力推动高质量发展，积极应对超预期因素冲击，经济保持平稳增长，发展质量稳步提升，就业物价总体平稳，粮食安全和人民生活得到有效保障，经济社会大局保持稳定，全面建设社会主义现代化山南新征程迈出坚实步伐。

一、综合

初步核算，全市地区生产总值242.98亿元，增长1.7%。其中，第一产业增加值9.88亿元、增长5.2%；第二产业增加值115.69亿元、增长1.8%；第三产业增加值117.41亿元、增长1.3%。第一产业增加值占地区生产总值比重4.1%；第二产业增加值占地区生产总值比重47.6%；第三产业增加值占地区生产总值比重48.3%，与2021年相比一产、二产比重均提升0.3个百分点，三产比重下降0.6个百分点，三次产业比调整为4.1 ∶ 47.6 ∶ 48.3。全年全市人均地区生产总值68609元、增长2.7%。

图1 2018—2022年生产总值及增长速度

图2 2018—2022年三次产业结构比

年末全市人口35.32万人，比上年末减少0.19万人，其中城镇人口114956人，城镇化率32.5%。全年出生人口2936人、出生率8.17‰；死亡人口2134人、死亡率5.94‰；自然增长率2.23‰。

图3 2018—2022年常住人口数

全年居民消费价格指数（CPI）累比涨幅1.3%。八大类商品和服务价格累比呈“六涨一降一平”态势。其中,交通和通信类、食品烟酒类、其他用品和服务类、衣着类、教育文化及娱乐类、医疗保健类价格累比分别上涨4.8%、1.4%、1.3%、0.2%、0.2%、0.1%;生活用品及服务类价格累比下降0.2%;居住类价格累比持平。

2022年居民消费价格指数情况表(上年同期=100)

表1

指标	上年同期=100
居民消费价格指数	101.3
其中:食品烟酒类	101.4
衣着类	100.2
居住类	100
生活用品及服务类	99.8
交通和通信类	104.8
教育文化及娱乐类	100.2
医疗保健类	100.1
其他用品和服务类	101.3

二、农牧业

全年农林牧渔业总产值18.22亿元、增长9.5%。其中,农业产值8.03亿元、增长7.2%,占总产值比重44.1%;林业产值0.3亿元、增长6.4%,占总产值比重1.6%;牧业产值9.37亿元、增长12.1%,占总产值比重51.4%;农林牧渔专业及辅助性活动产值0.51亿元、增长1.8%,占总产值比重2.7%。

全年粮食作物种植面积25481.45公顷,比上年增加1068.64公顷、增长4.4%。其中青稞种植面积18285.07公顷,比上年增加2762.06公顷、增长17.8%;小麦种植面积6557.67公顷,比上年减少1191.69公顷、下降15.4%;油菜籽种植面积2534.64公顷,比上年减少284.41公顷、下降10.1%;蔬菜种植面积2566.68公顷,比上年增加102.78公顷、增长4.2%。

全年粮食总产量16.92万吨,比上年增加0.12万吨、增长0.7%。其中青稞产量11.44万吨,比上年增加1.53万吨、增长15.4%;小麦产量5.23万吨,比上年减少1.09万吨、下降17.3%;油菜籽产量0.76万吨,比上年减少0.03万吨、下降2.6%;蔬菜产量6.77万吨,比上年减少0.18万吨、下降2.4%。

年末牲畜存栏头数126.59万头(只、匹),其中牛、羊、猪、马驴骡分别为50.24万头、72.11万只、3.16万头、1.07万头(匹)。全年牛羊猪出栏总头数41.59万头(只),其中牛、羊、猪出栏13.96万头、24.94万只、2.69万头,出栏率32.6%。

全年猪牛羊禽肉产量24136.36吨、下降5.7%。其中猪肉产量2494.4吨、下降2.5%;牛肉产量17346.82吨、下降6.2%;羊肉产量3502.9吨、下降3.3%;禽肉产量792.24吨、下降14.2%。禽蛋产量6238.9吨、增长365%。牛奶产量72778.23吨、增长11.4%。

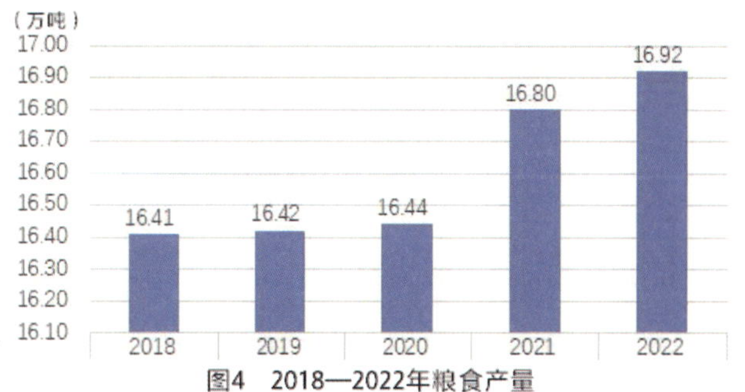

图4 2018—2022年粮食产量

三、工业和建筑业

全年全部工业增加值22.96亿元、下降4.1%。其中规模以上工业增加值21.69亿元、增长1.9%。全部工业企业总产值46.14亿元,其中规模以上工业企业产值39.29亿元、增长0.2%。分三大门类看,规模以上工业电力生产和水的供应业增加值10.84亿元、增长23.1%,占规模工业增加值比重50%;采矿业增加值6.36亿元、下降7.6%,占规模工业增加值比重29.3%;制造业增加值4.49亿元、下降19.1%,占规模工业增加值比重20.7%。分产品产量看,规模工业发电量58.98亿千瓦时、增长24.5%;包装饮用水38088.1吨、增长21.2%;铬矿石19.93万吨、下降7.7%;商品混凝土53.05万立方米、下降38%;水泥172.99万吨、下降20.1%;中成药13.55吨、下降28%。分重点行业看,规模工业电力生产业增加值增长23.3%;黑色金属矿采选业增加值下降0.8%;包装饮用水制造业增加值增长23%;有色金属矿采选业增加值下降12.6%;水泥制造业增加值下降18%;医药制造业增加值下降27.7%。

全年全市完成规模以上清洁能源产值14.87亿元、增加值10.07亿元、同比增长23.3%，占规模以上工业增加值比重46.4%。

年末全市已建成投产发电装机容量204.5万千瓦、增长0.9%，占全区清洁能源装机容量比重31.2%。其中水电装机容量171.39万千瓦、增速与2021年持平；并网太阳能发电装机容量30.91万千瓦、增长6.4%；风电装机容量2.2万千瓦、增速与2021年持平。

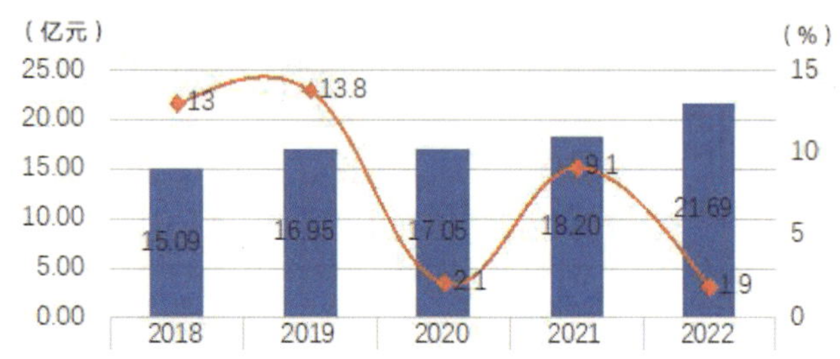

图5　2018—2022年规模工业增加值及增长速度

全年建筑业增加值92.73亿元，增长3.4%。

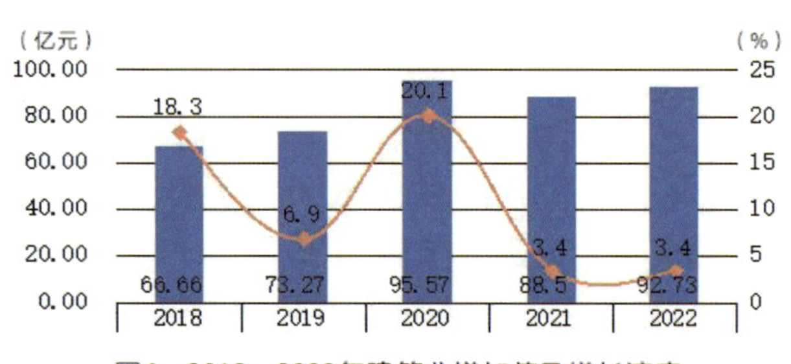

图6　2018—2022年建筑业增加值及增长速度

四、服务业

全年批发和零售业增加值15.96亿元、下降9.3%；交通运输、仓储和邮政业增加值3.75亿元、下降17.4%；住宿和餐饮业增加值1.78亿元、下降28.1%；金融业增加值26.84亿元、增长9.9%；房地产业增加值4.42亿元、下降3.1%；信息传输、软件和信息技术服务业增加值16.3亿元、增长4.6%；租赁和商务服务业增加值8.81亿元、下降5.8%。全年规模以上服务业企业营业收入下降10.1%。

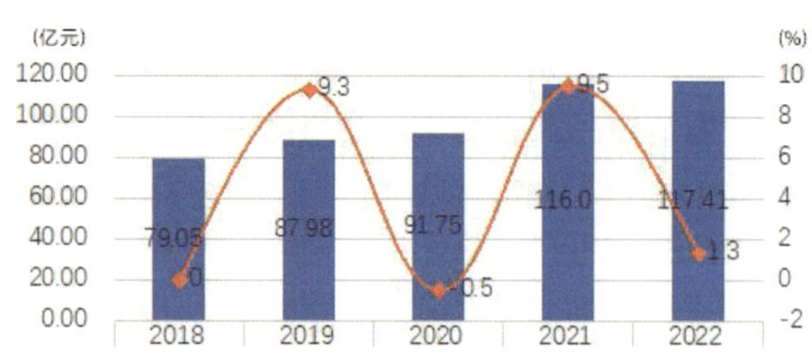

图7　2018—2022年服务业增加值及增长速度

全年货物运输总量502.9万吨、下降12.2%；货物运输周转量128965.4万吨千米、下降9.7%。

全年旅客运输总量52.9万人次，下降35.3%；旅客运输周转量5316万人千米，下降40.8%。

年末全市民用汽车保有量62762辆，比上年末增加3828辆。其中载客汽车保有量39880辆，增加2963辆；载货汽车保有量21317辆，增加914辆。

全年完成邮政行业业务收入5001.07万元、下降12.6%。邮政行业寄递业务量累计1562.6万件、增长3.3%，其中快递业务量累计43.46万件、下降12.5%；邮政寄递服务业务量累计1519.14万件、增长3.8%。全年完成电信业务总量2.7亿元、增长11%；移动业务总量3.08亿元、增长4.3%，联通业务总量0.28亿元、增长29.7%。年末电信电话用户数15万户，移动电话用户16.27万户，联通电话用户1.6万户。电信、移动、联通互联网上网用户分别达到8万户、6.43万户、0.26万户。

五、国内贸易

全年社会消费品零售总额67.54亿元、下降7.3%。按经营地分，城镇消费品零售额56.14亿元、下降6.8%；乡村消费品零售额11.4亿元、下降9.6%。按消费类型分，商品零售额63.4亿元、下降6.7%；餐饮收入额4.14亿元、下降15.6%。

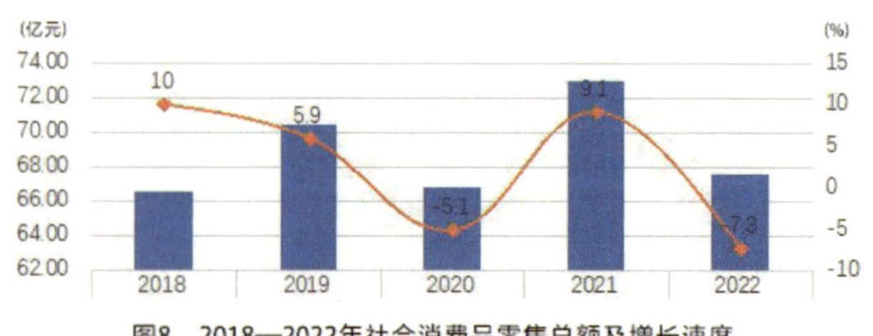

图8　2018—2022年社会消费品零售总额及增长速度

全年限额以上单位商品零售额中，粮油、食品类零售额下降 10.1%；饮料类下降 2.6%；烟酒类下降 12.7%；服装、鞋帽、针纺织品类下降 18.4%；化妆品类下降 29.4%；金银珠宝类增长 3.2%；日用品类增长 8.3%；家用电器和音像器材类增长 19.6%；中西药品类下降 67.6%；文化办公用品类下降 8.2%；通信器材类增长 6.4%；石油及制品类下降 3.4%；汽车类增长 25.6%。

六、固定资产投资

全年全市固定资产投资下降 18.2%。分产业看，第一产业投资下降 57.1%；第二产业投资下降 1.1%；第三产业投资下降 16.2%，结构为 5.7∶19.5∶74.9。分领域看，国家投资下降 14.3%，占总投资比重 88.6%；民间投资下降 39.3%，占总投资比重 11.4%。分行业看，基础设施投资下降 6.6%；工业投资下降 1.1%；房地产开发投资下降 59.1%。

图9 2018—2022年固定资产投资增速（%）

七、财政金融

全年全市一般公共预算收入 12.19 亿元、下降 36.7%。其中，税收收入 7.37 亿元、下降 40.7%，占一般公共预算收入比重 60.5%。增值税收入 4.25 亿元、下降 48.9%；企业所得税收入 0.43 亿元、下降 57%；个人所得税 0.89 亿元、增长 7.2%。

图10 2018—2022年一般公共预算收入及增长速度

预算支出 208.29 亿元、增长 17.6%。其中一般公共服务支出 39.64 亿元、增长 16.3%；公共安全支出 14.23 亿元、增长 24.2%；教育支出 26.11 亿元、增长 11.6%；文化旅游体育与传媒支出 4.17 亿元、增长 59.8%；国防支出 0.1 亿元、增长 25%；科学技术支出 0.46 亿元、增长 64.3%；社会保障和就业支出 14.11 亿元、增长 44.1%；卫生健康支出 16.33 亿元、增长 55.8%；节能环保支出 3.26 亿元、增长 76.2%；农林水支出 43.91 亿元、下降 17.6%；城乡社区事务支出 19.24 亿元、增长 12.3%；住房保障 7.26 亿元、增长 32%。

全市年末金融机构各项存款余额 516.55 亿元、增长 18.6%。其中住户存款 146.05 亿元，较年初增加 25.51 亿元，增长 21.2%，占各项存款比重 28.3%；非金融企业存款余额 106.59 亿元，较年初增加 2.81 亿元，增长 2.7%，占各项存款比重 20.6%。各项贷款余额 337.82 亿元、增长 1.9%。其中住户贷款余额 96.23 亿元、增长 5.1%；企（事）业单位贷款余额 241.6 亿元、增长 0.7%。

2022年年末全市金融机构存贷款余额及其增长速度情况表

表 2

指标	年末数（亿元）	比上年末增长（%）
一、各项存款余额	516.55	18.6
1. 住户存款	146.05	21.2
2. 非金融企业存款	106.59	2.7
3. 机关团体存款	111.66	25.9
4. 财政性存款	152.24	24.2
二、各项贷款余额	337.82	1.9
1. 住户贷款	96.23	5.1
（1）短期贷款	18.13	–9.1
（2）中长期贷款	78.1	9
2. 企（事）业单位贷款	241.6	0.7
（1）短期贷款	13.32	–40.5
（2）中长期贷款	227.78	5.9

八、居民收入和社会保障

全年城镇居民人均可支配收入 45233 元、增长 4.9%。其中工资性收入 35278 元、增长 4.6%；经营净收入4342元、增长4.6%；财产净收入2714元、增长6.7%；转移净收入2899元、增长8.5%。

全年农村居民人均可支配收入19845元、增长7.6%。其中工资性收入7303元、增长8.4%；经营净收入7509元、增长6.6%；财产净收入472元、增长18.6%；转移净收入4561元、增长7.2%。

城乡居民人均可支配收入比值为2.28，较上年缩小0.06个百分点。

2022年城镇居民人均可支配收入结构情况表

表3

指标	绝对量（元）	比重	比上年增长（%）
人均可支配收入	45233	100	4.9
工资性收入	35278	78	4.6
经营性收入	4342	9.6	4.6
财产性收入	2714	6.0	6.7
转移性收入	2899	6.4	8.5

2022年农村居民人均可支配收入结构情况表

表4

指标	绝对量（元）	比重	比上年增长（%）
人均可支配收入	19845	100	7.6
工资性收入	7303	36.8	8.4
经营性收入	7509	37.8	6.6
财产性收入	472	2.4	18.6
转移性收入	4561	23	7.2

全年全市各类社会保险参保26.36万人次（不含医疗、生育），其中企业职工基本养老保险18651人；机关事业单位养老保险23007人；工伤保险39240人；城乡居民基本养老保险155273人；失业保险26429人；参保率均达97%以上。征缴保费13.54亿元，其中企业职工基本养老保险3.3亿元；机关事业单位基本养老保险9.4亿元；城乡居民基本养老保险2931.55万元；工伤保险3054.9万元；失业保险2461.4万元。全市开发就业岗位33392个。全年新增城镇就业6701人，完成农牧民转移就业11.04万人，创收11.3亿元。

年末全市共有1824户4591人享受农村最低生活保障，全年落实资金1700.35万元；348户557人享受城镇生活最低保障，全年落实资金397.04万元。全市特困供养2954人，其中集中供养1443人，分散供养1511人。儿童福利院集中收养孤儿319名（那曲148名），有意愿收养率100%。

九、教育

全年全市共有各类学校446所，在校生62669人。其中高中生6972人、初中生11655人、中职在校生4242人、小学生27014人、幼儿园12679人、特校生107人。全市各级各类学校专任教师5674人，其中高中697人、初中1222人、中职349人、小学2463人、幼儿园893人、特校50人。学前教育毛入园率达96.99%，小学入学率达100%，初中毛入学率达103.91%，高中阶段毛入学率达96.99%。

2022年全市教育主要指标情况表

表5

指标	在校学生（人）	专任教师（人）
中等职业技术学校	4242	349
普通中学（含高中）	18627	1919
小学	27014	2463
幼儿园	12679	893
特校	107	50

十、文化旅游、卫生健康

全年全市共有专业艺术团体1个，从业人员63人；县（区）艺术团体13个，从业人员319人；县级综合文化活动中心12个，从业人员131人。广播电视综合覆盖率分别达到99.2%、99.4%。

全年全市共接待国内外旅游者310.27万人次、下降40.8%，实现旅游收入13.23亿元、下降36.1%。

全年全市共有卫生机构776家，其中医院26家（含私立医院、民族医院）、卫生院82个、疾病预防控制中心12个、妇幼保健院（站）13个，各类诊所及医务室67个。实际开放床位1561张，其中市级855张、县级499张、乡镇级207张。卫生技术人员3838人（含村医），其中市级公立医院1045人、县级公立医院797人、乡镇级748人、村级卫生人员1103人、私立医院及诊所医务室技术人员145人。

十一、安全生产

全年全市发生各类事故42起、死亡17人，较2021年同期分别减少27起、10人，分别下降39.1%、37%。生产安全事故7起、死亡7人、受伤1人，较2021年同期分别减少11起、7人、6人，分别下降61.1%、50%、85.7%。其中道路交通事故34起、死亡10人、受伤34人，事故起数、死亡人数较2021年同期分别减少18起、4人，分别下降34.6%、28.6%；建筑施工事故3起、死亡3人、受伤1人，事故起数、死亡人数较2021年同期分别减少8起、4人，分别下降72.7%、57.1%；非煤矿山事故3起、死亡4人，事故起数、死亡人数较2021年同期分别减少3起、2人，分别下降50%、33.3%。

注释：

[1] 本公报中数据均为初步统计数。部分数据因四舍五入的原因，存在总计与分项合计不等的情况。正式数据以《山南统计年鉴（2022）》为准。

[2] 地区生产总值、三次产业及相关行业增加值绝对数按现价计算，增长速度按不变价格计算。

[3] 交通运输、邮电、旅游、财政、金融、教育、文化、卫生、体育、社会保障、安全生产方面的数据均由市各有关部门提供。

[4] 出生率、死亡率、自然增长率采用公安局户籍人口计算。

西藏自治区各地（市）地区生产总值一览表

表 11

各市（地）	2020 年（亿元）	2021 年（亿元）	2022 年（亿元）	同比增速（%）
全　区	1902.65	2080.17	2132.64	1.1
拉　萨	678.16	741.84	747.57	0.2
日喀则	322.78	348.29	361.92	1.0
昌　都	252.89	279.24	298.28	3.7
山　南	215.4	237.27	242.98	1.7
林　芝	191.34	209.01	208.29	1.0
那　曲	171.41	186.86	193.20	0.9
阿　里	70.67	77.65	80.51	0.5

西藏自治区各地（市）第一产业增加值一览表

表 12

各市（地）	2020 年（亿元）	2021 年（亿元）	2022 年（亿元）	同比增速（%）
全　区	150.4	164.12	180.16	6.2
拉　萨	22.45	24.45	26.74	4.7
日喀则	47.33	51.78	57.59	6.5
昌　都	31.09	32.92	35.04	3.8
山　南	8.14	8.99	9.88	5.2
林　芝	12.29	12.56	13.35	3.6
那　曲	21.49	25.11	27.93	6.4
阿　里	7.61	8.15	8.69	3.4

西藏自治区各地（市）第二产业增加值一览表

表 13

各市（地）	2020 年（亿元）	2021 年（亿元）	2022 年（亿元）	同比增速（%）
全　区	796.61	757.28	804.67	5.6
拉　萨	290.44	278.08	291.25	2.3
日喀则	123.3	109.17	114.01	2.9
昌　都	114.05	110.25	120.39	6.0
山　南	115.51	112.33	115.69	1.8
林　芝	74.05	70.97	73.09	1.8
那　曲	54.35	49.48	50.01	−0.1
阿　里	24.91	24.35	23.56	−4.2

西藏自治区各地(市)第三产业增加值一览表

表 14

各市(地)	2020 年(亿元)	2021 年(亿元)	2022 年(亿元)	同比增速(%)
全 区	955.64	1157.77	1147.81	-2.4
拉 萨	365.27	439.31	429.58	-1.3
日喀则	152.15	187.31	190.32	-1.4
昌 都	107.75	136.07	142.85	2.0
山 南	91.75	115.95	117.41	1.3
林 芝	105	125.48	121.85	0.3
那 曲	95.57	112.27	115.26	0.2
阿 里	38.15	45.15	48.26	2.2

西藏自治区各地(市)固定资产投资一览表

表 15

各市(地)	2019 年	2020 年	2021 年	2022 年
全 区	-2.10	5.4	-14.2	-8.2
拉 萨	-3.1	5.3	-19	-37.3
日喀则	11.2	3.8	-10.6	-13.6
昌 都	14.5	8.9	-25.6	3.9
山 南	-7.4	7.2	0.9	-18.2
林 芝	-22.8	4.0	8	-12.0
那 曲	-5.5	7.0	-40.1	-17.5
阿 里	0.5	-7.2	8	15.8

备注:2018 年投资统计口径调整,总量暂不提供。

西藏自治区各地(市)一般公共财政预算收入一览表

表 16　　单位:亿元

各市(地)	2019 年(亿元)	2020 年(亿元)	2021 年(亿元)	2022 年(亿元)	同比增速(%)
全 区	222	220.98	215.59	179.65	-16.7
拉 萨	117.04	107.26	106.94	72.48	-32.2
日喀则	15.69	15.67	14.56	13.41	-9.8
昌 都	18.03	18.26	20.34	21.23	4.3
山 南	19.28	20.22	19.25	12.19	-36.7
林 芝	9.96	14.3	15.02	12.70	-15.5
那 曲	8.72	7.53	7.04	5.71	-18.9
阿 里	4.3	5.18	3.76	5.54	47.1

西藏自治区各地（市）工业总产值一览表

表 17

各市（地）	2019 年（亿元）	2020 年（亿元）	2021 年（亿元）	2022 年（亿元）
全　区	306.71	331.15	400.45	442.86
拉　萨	169.2	181.9	205.31	229.55
日喀则	33.92	36.73	29.98	34.91
昌　都	32.42	31.17	84.48	99.9
山　南	36.68	41.54	42.1	46.14
林　芝	17.08	20.1	24.66	20.72
那　曲	11.17	14.04	10.06	9.37
阿　里	6.27	5.69	3.86	2.27

西藏自治区各地（市）规模以上工业增加值一览表

表 18

各市（地）	2019 年（亿元）	2020 年（亿元）	2021 年（亿元）	2022 年（亿元）	同比增速（%）
全　区	99.51	113.72	147.93	185.41	13.0
拉　萨	54.22	64.22	74.41	95.43	17.1
日喀则	8.55	9.74	6.96	10.27	15.4
昌　都	10.72	11.15	35.72	44.61	16.0
山　南	16.95	17.05	18.2	21.69	1.9
林　芝	6.21	7.55	9.3	9.50	–2.3
那　曲	2.28	3.32	2.81	3.42	–0.9
阿　里	0.56	0.69	0.53	0.49	–6.1

西藏自治区各地（市）社会消费品零售总额一览表

表 19

各市（地）	2019 年（亿元）	2020 年（亿元）	2021 年（亿元）	2022 年（亿元）	同比增速（%）
全　区	773.65	745.76	810.4	726.87	–10.3
拉　萨	383.94	369.35	399.38	353.42	–11.5
日喀则	143.93	140.19	152.98	135.23	–11.6
昌　都	73.70	72.67	79.47	74.70	–6.0
山　南	70.39	66.81	72.88	67.54	–7.3
林　芝	53.49	51.40	56.23	52.19	–7.2
那　曲	31.20	29.08	31.70	27.68	–12.7
阿　里	16.89	16.26	17.72	15.93	–10.1

西藏自治区各地(市)农村居民人均可支配收入一览表

表 20

各市(地)	2019年(元)	2020年(元)	2021年(元)	2022年(元)	同比增速(%)
全 区	12951	14598	16935	18209	7.5
拉 萨	16216	18286	21198	22756	7.3
日喀则	11580	13080	15217	16396	7.7
昌 都	11545	13041	15159	16333	7.7
山 南	14116	15874	18435	19845	7.6
林 芝	16710	18791	21767	23345	7.2
那 曲	12150	13651	15792	16984	7.5
阿 里	12228	13765	15959	17147	7.4

西藏自治区各地(市)城镇居民人均可支配收入一览表

表 21

各市(地)	2019年(元)	2020年(元)	2021年(元)	2022年(元)	同比增速(%)
全 区	37410	41156	46503	48753	4.8
拉 萨	39686	43640	49299	51591	4.6
日喀则	36455	39992	45286	47482	4.8
昌 都	32650	36002	40586	42432	4.5
山 南	34650	38100	43100	45233	4.9
林 芝	33041	36480	41346	43433	5.0
那 曲	37870	41635	46977	49208	4.7
阿 里	39989	43962	49620	51828	4.4

全国主要经济数据一览表

表 22

指标	单位	2019 年	2020 年	2021 年	2022 年	
		总量	总量	总量	总量	同比增速 %
年末总人口	万人	140005	141178	141260	141175	–0.06
城镇常住人口	万人	84843	90199	91425	92071	0.7
农村常住人口	万人	55162	50979	49835	49104	–1.5
地区生产总值	亿元	990865	1015986	1143670	1210207	3
第一产业增加值	亿元	70467	77754	83086	88345	4.1
第二产业增加值	亿元	386165	384255	450904	483164	3.8
第三产业增加值	亿元	534233	553977	609680	638698	2.3
人均生产总值	元	70892	——	80976	85698	3
粮食产量	万吨	66384	66949	68285	68653	0.5
固定资产投资	亿元	560874	527270	552884	579556	4.9
社会消费品零售总额	亿元	411649	391981	440823	439733	–0.2
一般公共预算收入	亿元	190382	182895	202539	203703	0.6
全国居民人均可支配收入	元	30733	32189	35128	36883	2.9
农村居民人均可支配收入	元	16021	17131	18931	20133	4.2
城镇居民人均可支配收入	元	42359	43834	47412	49283	1.9

注：收入增速是扣除价格因素,是实际增长速度。

山南市地区生产总值一览表

表 23

指标	2019 年		2020 年		2021 年		2022 年	
	总量（亿元）	同比增长（%）	总量（亿元）	同比增长（%）	总量（亿元）	同比增长（%）	总量（亿元）	同比增长（%）
地区生产总值	187.77	8.3	215.4	7.9	237.27	6.9	242.98	1.7
第一产业	7.5	6.5	8.14	7.8	8.99	5.8	9.88	5.2
第二产业	92.29	7.4	115.51	17.1	112.33	4.3	115.69	1.8
工业	19.02	9.1	19.94	5.4	23.83	7.8	22.96	–4.1
建筑业	73.27	6.9	95.57	20.1	88.5	3.4	92.73	3.4
第三产业	87.98	9.3	91.75	–0.5	115.95	9.5	117.41	1.3
人均GDP（元、%）	53102	8.7	60676	14.3	66808	10.1	68609	2.7
山南市地区生产总值构成（%）	100.0		100.0		100.0		100.0	
第一产业	4.0		3.8		3.8		4.1	
第二产业	49.3		53.6		47.3		47.6	
工业	10.1		9.3		10.0		9.4	
建筑业	39.0		44.4		37.3		38.2	
第三产业	46.9		42.6		48.9		48.3	

注：增速均为可比价增速

山南市分时期主要经济指标情况一览表

表 24

指标	2019 年	2020 年	2021 年	2022 年
人口（人）				
年末总人口数	354700	355200	355100	353200
城镇人口	—	113420	113420	114956
农业人口	—	241780	241780	238244
地区生产总值（亿元）	187.77	215.4	237.27	242.98
第一产业	7.5	8.14	8.99	9.88
第二产业	92.29	115.51	112.33	115.69
第三产业	87.98	91.75	115.95	117.41
固定资产投资增速（%）	-7.4	7.2	0.9	-18.2
财政（亿元）				
一般公共预算收入	19.28	20.22	19.25	12.19
一般公共预算支出	182	218.62	117.19	208.3
物价指数（上年=100）				
商品零售价格总指数	101.8	102.6	101.8	
居民消费价格总指数	102.5	102.9	100	101.3
人均可支配收入（元）				
农村居民人均可支配收入	14116	15874	18435	19845
城镇居民人均可支配收入	34650	38100	43100	45233
农林木渔业产值（亿元）				
农林牧渔业总产值	13.63	14.88	16.64	18.22
农业产值	6.18	6.77	7.49	8.03
牧业产值	6.75	7.46	8.36	9.38
主要农畜产品产量				
粮食（吨）	164213	164491	168001	169156
油菜籽（吨）	0.85	0.7	0.78	0.76
肉类（吨）	2.49	2.5	2.56	2.41
年末牲畜存栏（万头只）	127.89	125.43	127.41	126.59
大牲畜（万头）	47.5	48.68	50.9	51.32
猪（万头）	2.98	3.79	4.03	3.16
羊（万只）	77.44	72.97	72.48	72.11
牛（万头）	46.02	47.35	49.7	50.24
工业总产值（亿元）	36.68	40.77	40.77	46.14
规上工业主要产品产量				
铬矿石（吨）	7.84	13.76	21.6	19.93
发电量（亿千瓦时）	27.29	24.29	36.48	58.98
水泥（万吨）	250.6	255.9	216.5	173

续表 24

指标	2018 年	2019 年	2020 年	2021 年
运输、邮电				
货运总量（万吨）	292.8	553	462.07	502.9
客运总量（万人次）	113.3	77.99	82.57	52.9
货物周转量（万吨千米）	99966	132725	117537.1	128965.4
旅客周转量（万人千米）	20336	10679	9086.46	5316
邮电业务量（万元）	—	—	0.45	0.5
国内贸易				
社会消费品零售总额（亿元）	59.1	66.8	72.88	67.56
城镇	49.6	55.8	60.26	56.14
乡村	9.5	11	12.62	11.4
对外贸易				
进出口总额（万美元）	320.254	264.64	—	—
进口	269.08	264.64	—	—
出口	51.274	0	0	
旅游				
旅游人数总计（万人次）	493.0	480.6	524.04	310.27
旅游收入（亿元）	19.3	19.25	20.73	13.23
金融				
金融机构各项存款（亿元）	376.85	410.64	435.7	516.55
城乡居民储蓄存款余额（亿元）	98.8	110.1	120.54	146.05
金融机构各项贷款（亿元）	296.84	301.81	331.47	337.82
教育				
中、小、幼学校所数（所）	423	415	427	446
中等职业技术学校	2	2	2	2
普通中学	19	19	19	19
小学	91	91	91	93
在校学生数（人）	58252	60362	61938	62669
中等职业技术学校	3253	3993	4407	4242
普通中学	18551	18323	18501	11655
小学	24806	25552	26042	27014
卫生				
医院、卫生院机构数（个）	206	750	750	776
医院、卫生院床位数（张）	1561	1561	1561	1561
卫生人员总数（人）	3476	3781	3781	3838

山南市全社会固定资产投资增速一览表

表 25 单位：%

指标	2020 年	2021 年	2022 年
投资完成额	7.2	0.9	-18.2
国家投资	7.3	-4.9	-14.3
民间投资	6.2	51.6	-39.3
房地产投资	96.1	-14.9	-59.1
基础设施投资	-15.1	26.4	-6.6
工业投资	5.6	-34.0	-1.1
一、按产业分			
第一产业	136.0	113.4	-57.1
第二产业	6.2	-34.4	-1.1
第三产业	3.4	5.1	-16.2
二、按构成分			
建筑安装工程	0.7	3.4	-24.3
设备、工器具购置	105.8	-20.6	-38.0
其他费用	25.9	-2.7	69.2
三、按建设性质分			
新建	13.4	0.6	-18.6
扩建	-49.5	-63.2	216.0
改建	-71.7	88.2	22.6
四、按控股类型分			
国有控股	7.3	-5.0	-14.4
集体控股	104.4	58.6	-78.5
私人控股	2.8	42.1	-36.9
其他	-31.4	212.9	-14.5
五、本年资金来源小计（5000万元及以上含房地产）	-7.6	13.7	-10.8
（1）国家预算内资金	-50.8	32.2	50.4
（2）国内贷款	44.2	-71.7	201.6
（3）债券	40.1	451.5	-37.2
（4）自筹资金	63.8	7.8	-50.8
（5）其他资金来源	184.7	-20.3	-43.2

注：2018 年投资统计口径调整，总量暂不提供。

山南市金融一览表

表 26

指标	2019年	2020年	2021年	2022年
一、境内各项存款余额（亿元）	376.85	410.65	435.69	516.55
1.住户存款	98.8	110.08	120.54	146.05
（1）活期存款	74.04	78.9	83.28	97.8
（2）定期及其他存款	24.76	31.18	37.26	48.25
2.非金融企业存款	75.62	97.52	103.81	106.6
（1）活期存款	51.28	54.72	56.05	60.17
（2）定期及其他存款	24.34	42.8	47.75	46.42
3.广义政府存款	202.41	203.05	211.34	263.9
（1）财政性存款	89.89	108.4	122.62	152.24
（2）机关团体存款	112.52	94.65	88.72	111.66
4.非银行金融机构存款	0.043	0.0083	0.0028	0.0073
二、境内各项贷款余额（亿元）	296.83	301.81	331.47	337.82
1.住户贷款	75.54	85.68	91.57	96.23
（1）短期贷款	7.84	13.53	19.9	18.13
（2）中长期贷款	67.69	72.15	71.62	78.10
2.企（事）业单位贷款	221.29	216.14	239.9	241.6
（1）短期贷款	10.82	14.49	22.39	13.32
（2）中长期贷款	206.47	190.63	215.03	227.78

山南市物价一览表

表 27　　上年同期 =100

指标	2019 年	2020 年	2021 年	2022 年
居民消费价格指数	102.5	102.9	100	101.3
食品烟酒类	104.8	107.4	98.6	101.4
衣着类	102.5	99	98.1	100.2
居住类	101.1	99.8	100	100.0
生活用品及服务类	103.1	102.7	100.4	99.8
交通和通信类	98.7	97.7	103.5	104.8
教育文化类	99.8	99.7	100.2	100.2
医疗保健类	103.6	102.7	103.4	100.1
其他用品和服务类类	98.9	101.9	97.8	101.3

山南市城镇居民家庭人均收支一览表

表 28

指标	2020 年	2021 年	2022 年	同比增速（%）
一、调查户数（户）	100	100	100	
二、可支配收入（元）	38100	43100	45233	4.9
工资性收入	30641	33735	35278	4.6
经营性收入	3361	4150	4342	4.6
财产性收入	1857	2543	2714	6.7
转移性收入	2278	2672	2899	8.5

山南市农村居民家庭人均收支一览表

表 29

指标	2020 年	2021 年	2022 年	同比增速（%）
一、调查户数（户）	200	200	200	
二、可支配收入（元）	15874	18435	19845	7.6
工资性收入	5378	6738	7303	8.4
经营性收入	6288	7044	7509	6.6
财产性收入	268	398	472	18.6
转移性收入	3940	4255	4561	7.2

山南市农林牧渔业一览表

表 30

指标	2020 年	2021 年	2022 年	同比增速（%）
农林牧渔业总产值（万元）	148843.1	166353	182179.2	9.5
农业	67744.26	74923	80328	7.2
林业	2397	2845	3028	6.4
牧业	74584	83595	93746	12.1
渔业	0	0	0	0
农林牧渔服务业	4118.06	4990	5077	1.7
农林牧渔业结构（%）	100	100	100	
农业	45.5	45.0	44.1	
林业	1.6	1.7	1.7	
牧业	50.1	50.3	51.5	
渔业	0.0	0.0	0	
农林牧渔服务业	2.8	3.0	2.8	

注：增速按现价计算。

山南市农林牧渔业一览表(续一)

表 31

指标	2020 年	2021 年	2022 年	同比增长(%)
粮食作物播种面积(公顷)	24952.48	24412.8	25481.45	4.4
青稞	17894.11	15523.01	18285.07	17.8
小麦	6255.39	7749.36	6557.67	-15.4
豆类	609.1	978.29	457.41	-53.2
油料	2666.74	2819.05	2534.64	-10.1
蔬菜	2071.87	2463.9	2566.68	4.2
粮食产量(吨)	164491.4	168001.55	169155.93	0.7
青稞	110425.9	99126.54	114409.5	15.4
小麦	50363.2	63157.37	52259.9	-17.3
豆类	3355.6	4403.13	1259.47	-71.4
油菜籽	7163.9	7849.3	7587.99	-3.3
蔬菜	61788.8	69483.92	67731.17	-2.5

山南市农林牧渔业一览表(续二)

表 32

指标	2020 年	2021 年	2022 年	同比增长(%)
年末牲畜存栏头数(万头、只)	125.43	127.41	126.59	-0.6
大牲畜	48.68	50.9	51.32	0.8
牛	47.35	49.7	50.24	1.1
羊	72.97	72.48	72.11	-0.5
猪	3.79	4.03	3.16	-21.6
出栏头数(万头、只)	45.13	42.92	41.59	-3.1
牛	14.1	14.48	13.96	-3.6
羊	28.74	25.77	24.94	-3.2
猪	2.29	2.67	2.69	0.7
牲畜出栏(%)	35.29	34.2	32.6	
猪牛羊肉产量(吨)	23790.92	24664.8	23344.1	-5.4
牛肉	18221.01	18484.8	17346.8	-6.2
羊肉	4124.33	3620.62	3502.9	-3.3
猪肉	1445.58	2559.38	2494.4	-2.5
家禽肉产量(吨)	1236.02	923.29	792.24	-14.2
禽蛋(吨)	895	1341.71	6238.9	365
奶类产量(吨)	61860.26	66974.7	74251.6	10.9

山南市社会消费品零售总额一览表

表 33

指 标	2019 年（亿元）	2020 年（亿元）	2021 年（亿元）	2022 年（亿元）	同比增长（%）
社会消费品零售总额	70.40	66.80	72.88	67.54	-7.3
按销售地区分					
城镇	59.00	55.80	60.26	56.14	-6.8
乡村	11.40	11.00	12.62	11.40	-9.6
按行业分					
批发零售业	65.20	62.50	67.97	63.41	-6.7
住宿餐饮业	5.20	4.30	4.91	4.14	-15.7
限额以上	12.30	11.57	14.05	13.64	-7.1
限额以下	58.10	55.20	58.83	53.9	-7.4

山南市工业经济一览表

表 34

指标	2019 年	2020 年	2021 年	2022 年
工业总产值（亿元）	36.68	40.77	42.1	46.14
规模以上工业产值（亿元）	33.11	34.73	34.89	39.29
1.按轻重工业分				
轻工业	0.63	1.53	1.39	1.35
重工业	32.5	33.2	31.79	37.94
2.按经济类型分				
国有经济	1.98	1.96	10.18	13.83
股份制企业	31.13	32.52	22.74	25.27
规模工业主要产品产量				
发电量（亿千万时）	27.29	25.40	36.48	58.98
水泥（万吨）	250.6	255.9	216.5	172.99
中成药（吨）	46.3	18.58	18.8	13.55
铬矿石（万吨）	7.84	13.76	21.6	19.93
规模以上工业增加值（亿元）	16.96	17.05	18.2	21.69
规模以下工业产值（万元）	35679	60497	72056.6	68479
规模以下工业增加值（万元）	20633	38140	40352	33451

山南市旅游一览表

表 35

指标	2020 年	2021 年	2022 年	同比增速（%）
接待旅游者人数（万人次）	480.6	524.04	310.27	–40.8
其中，国内旅游者	480.5	254.01	310.24	–40.8
外宾人数	0.07	0.03	0.02	–41.6
旅游营业总收入（亿元）	19.25	20.73	13.23	–36.1
其中，国内旅游收入	19.25	20.73	13.23	–36.2
外汇收入（万美元）	8.22	6.61	19	187.4

山南市及各县（区）人口一览表（2022 年）

表 36　　单位：人

市 / 各县（区）	总人口	其中：城镇人口	农村人口
山南市	353200	114956	238244
乃东区	81169	54449	26720
扎囊县	36493	10213	26280
贡嘎县	53400	14497	38903
桑日县	18028	2373	15655
琼结县	15210	2818	12392
曲松县	12678	3200	9478
措美县	12063	4904	7159
洛扎县	19960	5068	14892
加查县	23484	5093	18391
隆子县	33694	5688	28006
错那县	14042	2958	11084
浪卡子县	32979	3694	29285

山南市及各县(区)生产总值一览表

表 37

市 / 县（区）名	2021 年		2022 年	
	总量（万元）	增速（%）	总量（万元）	增速（%）
乃东区	760589.0	7.5	776674.5	1.8
扎囊县	195158.9	7.3	199571.8	2.1
贡嘎县	236285.9	7.0	246320.4	2.1
桑日县	217095.0	6.5	222527.0	2.3
琼结县	65450.5	6.8	67842.9	1.7
曲松县	107887.7	7.1	110364.8	2.2
措美县	99493.1	7.0	101391.0	1.7
洛扎县	83755.0	7.1	85019.9	1.3
加查县	226449.1	6.9	230891.0	1
隆子县	183267.9	7.0	186009.0	1
错那县	89004.1	7.4	91285.8	2.3
浪卡子县	108244.1	6.8	111157.8	2.7

山南市各县(区)第一产业增加值一览表

表 38

县（区）名	2021 年		2022 年	
	总量（万元）	增速（%）	总量（万元）	增速（%）
乃东区	16242.8	6.6	17944.1	5.2
扎囊县	10034.2	5.4	11027.7	5.2
贡嘎县	10233.7	6.5	11371.2	5.3
桑日县	5859.0	5.7	6425.3	5.2
琼结县	4357.3	7.0	4741.9	5.0
曲松县	4909.4	6.9	5326.3	4.9
措美县	3508.7	6.4	3934.9	5.4
洛扎县	5427.1	2.7	5792.6	2.1
加查县	10151.5	4.8	11093.6	5.1
隆子县	9341.0	6.6	10458.8	5.4
错那县	3273.6	7.0	3549.9	4.9
浪卡子县	6527.1	4.2	7106.4	5.0

山南市各县（区）第二产业增加值一览表

表 39

县（区）名	2021 年		2022 年	
	总量（万元）	增速（%）	总量（万元）	增速（%）
乃东区	287589.2	5.9	293421.9	2.9
扎囊县	110475.9	6.9	113168.9	3.1
贡嘎县	106379.0	5.7	113946.5	3.0
桑日县	129183.2	–8.2	133644.5	2.8
琼结县	27698.1	–2.2	29339.3	2.3
曲松县	60080.9	13.6	61787.0	2.5
措美县	55612.0	–0.1	56957.5	1.7
洛扎县	41224.6	2.2	41229.3	1.5
加查县	123137.5	11.8	125857.0	0.6
隆子县	90076.4	11.1	91160.9	0.5
错那县	43498.6	8.0	45243.5	2.5
浪卡子县	48294.4	–5.1	50396.4	3.5

山南市各县（区）第三产业增加值一览表

表 40

县（区）名	2021 年		2022 年	
	总量（万元）	增速（%）	总量（万元）	增速（%）
乃东区	456757.0	8.6	465308.5	1.0
扎囊县	74648.8	8.2	75375.2	1.1
贡嘎县	119673.2	8.4	121002.7	1.1
桑日县	82052.8	44.3	82457.2	1.7
琼结县	33395.1	15.9	33761.8	1.5
曲松县	42897.4	1.1	43251.5	2.3
措美县	40372.5	20.7	40498.7	1.9
洛扎县	37103.4	13.8	37997.9	2.3
加查县	93160.1	1.7	93940.5	1.9
隆子县	83850.5	6.1	84389.4	1.9
错那县	42231.9	6.8	42492.4	2.0
浪卡子县	53422.6	20.9	53654.9	1.6

山南市及各县（区）一般公共预算收入一览表

表 41

市 / 县（区）名	2020 年（万元）	2021 年（万元）	2022 年（万元）	增速（%）
山南市	202164	192539	121868	-36.70
乃东区	33966	34428	20368	-40.84
扎囊县	4394	5721	4717	-17.55
贡嘎县	11111	11390	665	-94.16
桑日县	10149	10133	-12446	-222.83
琼结县	3418	3222	2952	-8.38
曲松县	6691	6833	5065	-25.87
措美县	3284	2468	646	-73.82
洛扎县	5129	5266	5314	0.91
加查县	7486	6247	6471	3.59
隆子县	7003	7852	8222	4.71
错那县	3788	4313	5240	21.49
浪卡子县	2792	3581	2046	-42.87

山南市及各县（区）税收收入一览表

表 42

市 / 县（区）名	2020 年（万元）	2021 年（万元）	2022 年（万元）	增速（%）
山南市	375019	538025	459087	-14.70
乃东区	52088	76508	59272	-22.50
扎囊县	4775	20411	16344	-19.90
贡嘎县	16711	28344	18486	-34.80
桑日县	19522	23927	-9382	-139.20
琼结县	2989	12218	12284	0.50
曲松县	4880	16955	16437	-3.10
措美县	1923	9566	8466	-11.50
洛扎县	6213	13926	18724	34.50
加查县	6596	14321	19777	38.10
隆子县	12488	23712	22975	-3.20
错那县	4544	12042	12960	7.60
浪卡子县	3587	17199	14606	-15.10

山南市及各县（区）农牧业生产一览表

表 43

市/县（区）名	农林牧渔业总产值（万元）			粮食产量（吨）	蔬菜产量（吨）	油菜产量（吨）	牲畜存栏（头只匹）	肉类总产量（吨）	奶类产量（吨）
		农业	牧业						
山南市	182179	80328	93746	169155.93	67731	7588	1265896	24136.36	74251.57
乃东区	34070	14118	18115	25600.01	18820.99	1259.15	89109	4710.29	9758.94
扎囊县	19469	9505	8740	26847.34	12714.82	1283.62	85678	1815.52	5495.35
贡嘎县	22214	11208	10180	35610.07	6667.32	775.49	141765	2134.24	7931.92
桑日县	11421	5392	5600	9968.48	3002.5	328.33	81722	1683.87	5339.74
琼结县	9066	5761	2983	11448.05	8264.1	712.23	43073	870.34	1294.00
曲松县	10337	3132	6941	7963.44	3300.46	410.01	83579	2178.58	5992.33
措美县	6919	1686	4964	3313.5	1000.77	190.57	127305	2188.16	5277.70
洛扎县	8917	3847	4631	9780.32	3064.88	885.52	59101	1057.28	3767.65
加查县	20354	7911	6148	7710.93	3215.5	171.13	60575	1722.21	4602.87
隆子县	19525	7911	10717	20101.12	3737.6	462.46	156659	1820.78	12161.28
错那县	6838	2422	4008	5614.71	3160.59	400.26	59829	1620.45	4965.81
浪卡子县	13048	1737	10719	5197.96	781.64	709.32	277501	2334.64	7663.98

山南市及各县（区）农村居民人均可支配收入一览表

表 44

市/县（区）名	2020 年（元）	2021 年（元）	2022 年（元）	增速（%）
山南市	15874	18435	19845	7.6
乃东区	18839	21855	23406	7.1
扎囊县	14693	16896	18265	8.1
贡嘎县	16125	18576	20044	7.9
桑日县	17075	19909	21403	7.5
琼结县	15830	18394	19811	7.7
曲松县	15543	17922	19284	7.6
措美县	14235	16355	17729	8.4
洛扎县	15637	18045	19525	8.2
加查县	19154	21970	23442	6.7
隆子县	14907	17291	18779	8.6
错那县	14007	16360	17849	9.1
浪卡子县	14163	16201	17400	7.4

山南市及各县（区）固定资产投资一览表

表 45　　单位：%

市 / 县（区）名	2019 年	2020 年	2021 年	2022 年
山南市	–7.4	7.2	0.9	–18.2
乃东区	15.2	46.1	4.4	–27.9
扎囊县	–42.7	–10.9	50.8	–14.2
贡嘎县	42.9	43.0	2.5	–39.0
桑日县	–6.2	23.9	–17.0	–28.2
琼结县	–54.4	–29.5	–13.7	35.1
曲松县	–43.2	12.6	–6.9	–28.9
措美县	–64.6	–11.6	–30.5	60.3
洛扎县	26.6	–40.6	–14.8	–18.3
加查县	0.8	–15.3	–39.3	–20.8
隆子县	–14.3	–40.5	45.8	64.3
错那县	–29.7	–14.6	33.9	23.7
浪卡子县	–11.4	–46.4	22.3	0.5

山南市及各县（区）社会消费品零售总额一览表

表 46

市 / 县（区）名	2019 年（万元）	2020 年（万元）	2021 年（万元）	2022 年（万元）	增速（%）
山南市	704037	668147	728776	675415	–7.3
乃东区	464488	444663	490756	458699.6	–6.5
扎朗县	23035.6	22640	23360	20660.9	–11.6
贡嘎县	25341	23245	25932	20929.9	–19.3
桑日县	17597.2	16634	17950	16746	–6.7
琼结县	14079.2	12597	13659	12903	–5.5
曲松县	19706.5	18501	19980	18820	–5.8
措美县	20414.6	18661	20139	18734.6	–7.0
洛扎县	21823.3	20250	21838	20356	–6.8
加查县	27158.6	26451	25814	22999	–10.9
隆子县	24640.6	22784	24680	22929.5	–7.1
错那县	22523.8	20650	22439	21073.4	–6.1
浪卡子县	23228.9	21071	22230	20564	–7.5

备注：1993—2018 年只对山南市总量做修订，各县区总量未做修订，2019 年以后市县（区）两级均做修订。

山南市组织收入情况表

表 47

收入 \ 项目	2022 年收入额（万元）	2021 年同期（万元）	比同期 ± 额（万元）	比同期 ±（%）	占税收收入（%）
总　计	459.087	538.021	-78.934	-14.67	—
一、税务部门组织收入	459.087	538.021	-78.934	-14.67	—
（一）税收收入合计	207.562	333.922	-126.360	-37.84	100.00
其中，中央级	131.598	208.319	-76.721	-36.83	63.40
地方级	75.964	125.603	-49.639	-39.52	36.60
其中，省级	2.613	2.488	125	5.02	1.26
市级	57.383	59.114	-1.731	-2.93	27.65
县级	15.968	64.001	-48.033	-75.05	7.69
1.国内增值税	84.574	164.682	-80.108	-48.64	40.75
其中，中央级	42.287	82.341	-40.054	-48.64	20.37
地方级	42.287	82.341	-40.054	-48.64	20.37
其中，免抵调库	0	0	0	0.00	0.00
2.国内消费税（中央级）	6.545	5.892	653	11.08	3.15
3.企业所得税	68.992	109.690	-40.698	-37.10	33.24
其中，中央级	64.740	99.723	-34.983	-35.08	31.19
地方级	4.252	9.967	-5.715	-57.34	2.05
4.个人所得税	21.957	20.970	987	4.71	10.58
其中，中央级	13.174	12.582	592	4.71	6.35
地方级	8.783	8.388	395	4.71	4.23
5.资源税	3.359	3.607	-248	-6.88	1.62
6.城镇土地使用税	103	115	-12	-10.43	0.05
7.城市维护建设税	9.470	11.658	-2.188	-18.77	4.56
8.印花税	1.913	1.854	59	3.18	0.92
9.土地增值税	3.194	2.372	822	34.65	1.54
10.车船税	1.688	1.540	148	9.61	0.81
11.车辆购置税（中央级）	4.852	7.781	-2.929	-37.64	2.34
12.耕地占用税	273	3.443	-3.170	-92.07	0.13
13.环境保护税	204	243	-39	-16.05	0.10
14.契税	438	75	363	484.00	0.21
（二）非税收入合计	251.525	204.099	47.426	23.24	—
二、出口退税	0	0	0	—	—

山南市税务部门组织社保和非税收入情况表

表 48

收入 \ 项目	2022 年收入额（万元）	2021 年同期（万元）	比同期 ± 额（万元）	比同期 ±（%）
总　计	251.525	204.099	47.426	23.24
一、社会保险基金收入合计	197.653	189.523	8.130	4.29
1.企业职工基本养老保险费	31.386	26.497	4.889	18.45
2.城乡居民基本养老保险费	2.778	2.792	–14	–0.50
3.机关事业单位基本养老保险费	88.660	80.037	8.623	10.77
4.职工基本医疗保险费	48.513	51.602	–3.089	–5.99
5.城乡居民基本医疗保险费	205	5.228	–5.023	–96.08
6.失业保险费	2.921	2.494	427	17.12
7.工伤保险费	3.054	1.246	1.808	145.10
8.其他补充保险费	4.345	5.211	–866	–16.62
9.职业年金	15.791	14.416	1.375	9.54
二、非税收入合计	52.142	14.576	37.566	257.73
1.教育费附加	4.380	5.118	–738	–14.42
2.地方教育附加	2.920	3.412	–492	–14.42
3.税务部门其他罚没收入	86	224	–138	–61.61
4.残疾人就业保障金收入	5.639	3.877	1.762	45.45
5.水土保持补偿费收入	827	1.166	–339	–29.07
6.防空地下室易地建设费	285	779	–494	–63.41
7.国有土地使用权出让收入	37.995	0	37.995	—
8.矿产资源专项收入	10	0	10	—
三、工会经费收入	1.730	0	1.730	—

山南市分产业、行业税收收入情况表

表 49

行业 \ 收入	2022 年收入额（万元）	2021 年同期（万元）	比同期 ± 额（万元）	比同期 ±（%）	占全部收入（%）
合 计	207.562	333.922	–126.360	–37.84	100.00
一、第一产业	5	278	–273	–98.20	0.00
二、第二产业	44.981	112.468	–67.487	–60.01	21.67
（一）工业	–1.143	56.055	–57.198	–102.04	–0.55
1.采矿业	11.437	14.039	–2.602	–18.53	5.51
2.制造业	25.174	37.880	–12.706	–33.54	12.13
3.电力、热力、燃气及水的生产和供应业	–37.754	4.136	–41.890	–1.012.81	–18.19
（二）建筑业	46.124	56.413	–10.289	–18.24	22.22
三、第三产业	162.576	221.176	–58.600	–26.49	78.33
1.批发和零售业	80.751	85.723	–4.972	–5.80	38.90
2.交通运输、仓储和邮政业	1.126	3.004	–1.878	–62.52	0.54
3.住宿和餐饮业	425	461	–36	–7.81	0.20
4.信息传输、软件和信息技术服务业	1.260	1.788	–528	–29.53	0.61
5.金融业	12.022	12.043	–21	–0.17	5.79
6.房地产业	11.290	8.898	2.392	26.88	5.44
7.租赁和商务服务业	48.146	96.034	–47.888	–49.87	23.20
8.科学研究和技术服务业	1.437	2.949	–1.512	–51.27	0.69
9.水利、环境和公共设施管理业	193	362	–169	–46.69	0.09
10.居民服务、修理和其他服务业	380	1.343	–963	–71.71	0.18
11.教育	270	142	128	90.14	0.13
12.卫生和社会工作	378	177	201	113.56	0.18
13.文化、体育和娱乐业	61	651	–590	–90.63	0.03
14.公共管理、社会保障和社会组织	639	614	25	4.07	0.31
15.其他行业	4.198	6.987	–2.789	–39.92	2.02

山南市及各县(区)分征收单位组织收入情况表

表 50

项目／地区	税务部门组织收入					其中：税收收入					其中：中央级		
	2022 年（万元）	累计（万元）	2021 年同期	比同期 ± 额	比同期 ±（%）	2022 年（万元）	累计（万元）	2021 年同期	比同期 ± 额	比同期 ±（%）	2022 年（万元）	累计（万元）	比同期 ±（%）
全　市	55.524	459.087	538.021	−78.934	−14.67	18.424	207.562	333.922	−126.360	−37.84	9.274	131.598	−36.83
一分局	18.004	243.626	260.692	−17.066	−6.55	9.741	163.707	187.438	−23.731	−12.66	4.755	107.640	−18.14
二分局	382	4.512	8.200	−3.688	−44.98	382	4.512	8.200	−3.688	−44.98	382	4.512	−32.25
乃　东	5.635	59.272	76.508	−17.236	−22.53	2.094	33.545	58.323	−24.778	−42.48	959	16.317	−47.70
贡　嘎	2.831	18.486	28.344	−9.858	−34.78	968	−5.272	13.349	−18.621	−139.49	474	−2.495	−138.33
扎　囊	1.702	16.344	20.411	−4.067	−19.93	211	3.277	8.995	−5.718	−63.57	100	1.685	−66.88
琼　结	1.500	12.284	12.218	66	0.54	725	3.457	3.663	−206	−5.62	353	1.674	−3.74
浪卡子	3.285	14.606	17.199	−2.593	−15.08	354	537	3.808	−3.271	−85.90	172	311	−84.98
措　美	1.209	8.466	9.566	−1.100	−11.50	348	−1.814	1.567	−3.381	−215.76	168	−873	−213.38
曲　松	1.936	16.437	16.955	−518	−3.06	637	6.687	8.775	−2.088	−23.79	303	2.418	−21.54
隆　子	4.329	22.975	23.712	−737	−3.11	1.013	10.258	10.858	−600	−5.53	481	5.045	3.51
错　那	2.342	12.960	12.042	918	7.62	400	2.112	4.441	−2.329	−52.44	194	1.057	−55.49
桑　日	7.742	−9.382	23.927	−33.309	−139.21	440	−27.644	13.430	−41.074	−305.84	345	−13.840	−295.48
洛　扎	1.801	18.724	13.926	4.798	34.45	787	9.310	6.290	3.020	48.01	429	5.922	80.16
加　查	2.826	19.777	14.321	5.456	38.10	324	4.890	4.785	105	2.19	159	2.225	5.95

续表 50

项目／单位	地方级			社会保险费收入			非税收入			工会经费收入		
	2022 年（万元）	累计（万元）	比同期 ±（%）	2022 年（万元）	累计（万元）	比同期 ±（%）	2022 年（万元）	累计（万元）	比同期 ±（%）	2022 年（万元）	累计（万元）	比同期 ±（%）
全　市	9.150	75.964	−39.52	28.198	197.653	4.29	8.349	52.142	257.73	553	1.730	0.00
一分局	4.986	56.067	0.20	8.051	62.155	−5.84	29	17.203	137.54	183	561	0.00
二分局	0	0	—	0	0	—	0	0	—	0	0	—
乃　东	1.135	17.228	−36.48	3.460	18.692	13.99	78	6.832	282.32	3	203	0.00
贡　嘎	494	−2.777	−140.61	1.820	15.040	7.09	43	8.718	816.72	0	0	0.00
扎　囊	111	1.592	−59.25	1.400	11.195	2.12	38	1.669	268.43	53	203	0.00
琼　结	372	1.783	−7.33	723	8.252	0.24	18	430	33.13	34	145	0.00
浪卡子	182	226	−87.00	2.563	13.522	2.60	368	547	158.02	0	0	0.00
措　美	180	−941	−218.07	850	8.421	10.29	11	1.859	410.71	0	0	0.00
曲　松	334	4.269	−25.01	923	8.647	11.89	376	1.103	144.03	0	0	0.00
隆　子	532	5.213	−12.88	3.160	11.646	−4.20	94	864	23.96	62	207	0.00
错　那	206	1.055	−48.94	1.760	10.191	40.99	156	548	46.92	26	109	0.00
桑　日	95	−13.804	−317.39	1.094	11.418	17.65	6.183	6.709	747.10	25	135	0.00
洛　扎	358	3.388	12.82	1.002	8.494	16.48	12	920	167.44	0	0	0.00
加　查	165	2.665	−0.74	1.392	9.980	11.51	943	4.740	708.87	167	167	0.00

山南市分经济类型税收收入情况表

表 51

项目 收入	2022 年收入额（万元）	2021 年同期（万元）	比同期 ± 额（万元）	比同期 ±（%）	占全部收入（%）
税收收入合计	207.562	333.922	–126.360	–37.84	100.00
其中，1.国有企业	12.154	11.760	394	3.35	5.86
2.集体企业	1.530	1.178	352	29.88	0.74
3.股份合作企业	22	0	22	0.00	0.01
4.联营企业	0	0	0	0.00	0.00
5.有限责任公司	86.912	146.164	–59.252	–40.54	41.87
6.股份有限公司	53.756	47.245	6.511	13.78	25.90
7.私营企业	40.726	103.342	–62.616	–60.59	19.62
8.港澳台商投资企业	332	6.691	–6.359	–95.04	0.16
9.外商投资企业	4.493	4.453	40	0.90	2.16
10.个体经营	1.386	2.297	–911	–39.66	0.67
11.其他企业	79	124	–45	–36.29	0.04
12.非企业单位	6.172	10.668	–4.496	–42.14	2.97
一、国内增值税	84.574	164.682	–80.108	–48.64	40.75
其中，1.国有企业	4.350	4.159	191	4.59	2.10
2.集体企业	995	864	131	15.16	0.48
3.股份合作企业	19	0	19	—	0.01
4.股份公司	58.733	119.645	–60.912	–50.91	28.30
5.私营企业	17.931	33.288	–15.357	–46.13	8.64
6.涉外企业	1.333	4.398	–3.065	–69.69	0.64
7.个体经营	855	1.337	–482	–36.05	0.41
8.其他企业	358	991	–633	–63.87	0.17
二、国内消费税	6.545	5.892	653	11.08	3.15
其中，1.国有企业	6.545	5.892	653	11.08	3.15
三、企业所得税	68.992	109.690	–40.698	–37.10	33.24
其中，1.国有企业	65	–124	189	–152.42	0.03
2.集体企业	213	139	74	53.24	0.10
3.股份合作企业	2	0	2	—	0.00
4.股份公司	56.608	47.447	9.161	19.31	27.27
5.私营企业	8.682	55.760	–47.078	–84.43	4.18
6.涉外企业	3.326	6.385	–3.059	–47.91	1.60
7.其他企业	96	83	13	15.66	0.05

山南市国家级非物质文化遗产代表性项目名录

表 52

序号	项目类别	项目名称	入选批次及时间	项目保护单位
1	传统戏剧	雅砻扎西雪藏戏	2006年第一批国家级非物质文化遗产代表性项目	乃东区文化局（文物局）
2		卡卓扎西宾顿藏戏	2006年第一批国家级非物质文化遗产代表性项目	琼结县文化局（文物局）
3		门巴阿吉拉姆	2006年第一批国家级非物质文化遗产代表性	错那县文化局（文物局）
4	传统舞蹈	拉康加羌姆	2009年第三批国家级非物质文化遗产代表性	洛扎县文化局（文物局）
5		琼结久河卓舞	2014年第一批国家级非物质文化遗产代表性项目	琼结县文化局（文物局）
6		昌果卓舞	2006年第一批国家级非物质文化遗产代表性项目	贡嘎县文化局（文物局）
7		贡嘎曲德寺阿羌姆	2009年第三批国家级非物质文化遗产代表性项目	贡嘎县文化局（文物局）
8		桑耶寺羌姆	2014年第四批国家级非物质文化遗产代表性项目	桑耶寺管理委员会
9		门巴族拔羌姆	2014年第四批国家级非物质文化遗产代表性项目	错那县文化局（文物局）
10	民俗	望果节（吉那望果节、曲德沃望果节、颇章雪望果节）	2014年第四批国家级非物质文化遗产代表性项目	西藏非遗保护中心贡嘎县文化局（文物局）、乃东区文化局（文物局）
11		珞巴族服饰	2008年第二批国家级非物质文化遗产代表性项目	隆子县文化局（文物局）
12		扎扎服饰	2008年第二批国家级非物质文化遗产代表性项目	措美县文化局（文物局）
13	传统医药	藏医药浴法	2014年第四批国家级非物质文化遗产代表性项目	市藏医医院
14		藏医尿诊法	2008年第二批国家级非物质文化遗产代表性	市藏医医院
15	传统技艺	泽帖尔编织技艺	2021年第五批国家级非物质文化遗产代表性项目	乃东区文化局（文物局）
16		扎囊木雕	2021年第五批国家级非物质文化遗产代表性项目	扎囊县文化局（文物局）
17		藏族邦典织造技艺	2006年第一批国家级非物质文化遗产代表性项目	贡嘎县文化局（文物局）
18		敏珠林寺藏香制作技艺	2021年第五批国家级非物质文化遗产代表性项目	扎囊县文化局（文物局）
19	传统音乐	门巴族萨玛民歌	2021年第五批国家级非物质文化遗产代表性项目	错那县文化局（文物局）

山南市自治区级非物质文化遗产代表性项目名录

表 53

序号	项目类别	代表性项目名称	入选批次及时间	项目保护单位
1	传统舞蹈	泽当嘎尔巴谐玛	2008年第二批自治区级非物质文化遗产代表性项目	乃东区文化局（文物局）
2		洋嘎卓舞	2013年第四批自治区级非物质文化遗产代表性项目	扎囊县文化局（文物局）
3		扎塘果谐	2008年第二批自治区级非物质文化遗产代表性项目	扎囊县文化局（文物局）
4		羊卓姜谐	2008年第二批自治区级非物质文化遗产代表性项目	浪卡子县文化局（文物局）
5		羊卓果谐	2009年第三批自治区级非物质文化遗产代表性项目	浪卡子县文化局（文物局）
6		卡热卓舞	2013年第四批自治区级非物质文化遗产代表性项目	浪卡子县文化局（文物局）
7		多颇章卓舞	2008年第二批自治区级非物质文化遗产代表性项目	乃东区文化局（文物局）
8		农巴郭孜	2013年第四批自治区级非物质文化遗产代表性项目	贡嘎县文化局（文物局）
9		白林羌姆	2008年第二批自治区级非物质文化遗产代表性项目	洛扎县文化局（文物局）
10		若浪霞波卓	2013年第四批自治区级非物质文化遗产代表性项目	洛扎县文化局（文物局）
11		甲日果谐	2009年第三批自治区级非物质文化遗产代表性项目	贡嘎县文化局（文物局）
12		哲巴卓舞	2009年第三批自治区级非物质文化遗产代表性项目	加查县文化局（文物局）
13		邱多江卓舞	2009年第三批自治区级非物质文化遗产代表性项目	曲松县文化局（文物局）
14		达古扎念弹唱	2009年第三批自治区级非物质文化遗产代表性项目	桑日县文化局（文物局）
15		堆随果谐	2013年第四批自治区级非物质文化遗产代表性项目	曲松县文化局（文物局）
16		雪萨亚羌姆	2009年第三批自治区级非物质文化遗产代表性项目	隆子县文化局（文物局）
17		仲嘎曲德寺羌姆	2013年第四批自治区级非物质文化遗产代表性项目	隆子县文化局（文物局）
18		拉玉谐钦	2008年第一批自治区级非物质文化遗产代表性项目	琼结县文化局（文物局）
19		增期贡布卓舞	2013年第四批自治区级非物质文化遗产代表性项目	桑日县文化局（文物局）
20		德庆曲果寺噶尔羌姆	2018年第五批自治区级非物质文化遗产代表性项目	贡嘎县文化局（文物局）

续表 53

序号	项目类别	代表性项目名称	入选批次及时间	项目保护单位
21	传统舞蹈	卡久寺普羌姆	2018年第五批自治区级非物质文化遗产代表性项目	洛扎县文化局（文物局）
22		巴朗卓巴谐玛	2018年第五批自治区级非物质文化遗产代表性项目	桑日县文化局（文物局）
23		江塘果巴郭孜	2018年第五批自治区级非物质文化遗产代表性项目	贡嘎县文化局（文物局）
24		多吉扎寺羌姆	2018年第五批自治区级非物质文化遗产代表性项目	贡嘎县文化局（文物局）
25	曲艺	加玉古尔鲁	2008年第二批自治区级非物质文化遗产代表性项目	隆子县文化局（文物局）
26		曲松喇嘛玛尼	2008年第二批自治区级非物质文化遗产代表性项目	曲松县文化局（文物局）
27	传统技艺	贡祖腰带编织技艺	2009年第三批自治区级非物质文化遗产代表性项目	洛扎县文化局（文物局）
28		藏纸加工制作技艺	2009年第三批自治区级非物质文化遗产代表性项目	加查县文化局（文物局）
29		扎囊杂玉陶器制作技艺	2008年第二批自治区级非物质文化遗产代表性项目	扎囊县文化局（文物局）
30		曲松陶器制作技艺	2008年第二批自治区级非物质文化遗产代表性项目	曲松县文化局（文物局）
31		卡达藏刀制作技艺	2008年第二批自治区级非物质文化遗产代表性项目	错那县文化局（文物局）
32		门巴族服装编织技艺	2008年第二批自治区级非物质文化遗产代表性项目	错那县文化局（文物局）
33		森布日制胶技艺	2013年第四批自治区级非物质文化遗产代表性项目	贡嘎县文化局（文物局）
34		贡嘎堆氆氇编织技艺	2018年第五批自治区级非物质文化遗产代表性项目	贡嘎县文化局（文物局）
35		托嘎铜器制作技艺	2018年第五批自治区级非物质文化遗产代表性项目	贡嘎县文化局（文物局）
36		德庆铁器制作技艺	2018年第五批自治区级非物质文化遗产代表性项目	琼结县文化局（文物局）
37		扎董制作技艺	2018年第五批自治区级非物质文化遗产代表性项目	扎囊县文化局（文物局）
38		盔甲制作技艺	2018年第五批自治区级非物质文化遗产代表性项目	扎囊县文化局（文物局）
39		克西木雕技艺	2018年第五批自治区级非物质文化遗产代表性项目	贡嘎县文化局（文物局）
40		拉绥竹器编织技艺	2018年第五批自治区级非物质文化遗产代表性项目	加查县文化局（文物局）
41		达布石锅制作技艺	2013年第四批自治区级非物质文化遗产代表性项目	桑日县增期乡人民政府（项目在桑日县）

续表53

序号	项目类别	代表性项目名称	入选批次及时间	项目保护单位
42	传统技艺	隆子忙措木器制作技艺	2018年第五批自治区级非物质文化遗产代表性项目	隆子县文化局（文物局）
43		阿扎金银锻制作技艺	2018年第五批自治区级非物质文化遗产代表性项目	浪卡子县文化局（文物局）
44		加查木碗制作技艺	2009年第三批自治区级非物质文化遗产性项目	加查县文化局（文物局）
45	民俗	羊卓婚俗	2009年第三批自治区级非物质文化遗产代表性项目传承人	浪卡子县文化局（文物局）
46		羊卓服饰	2009年第三批自治区级非物质文化遗产代表性项目传承人	浪卡子县文化局（文物局）
47		达隆集市	2009年第三批自治区级非物质文化遗产代表性项目	浪卡子县文化局（文物局）
48		洞嘎扎西热丹达羌节	2018年第五批自治区级非物质文化遗产代表性项目	错那县文化局（文物局）
49		敏珠林寺天文历算	2018年第五批自治区级非物质文化遗产代表性项目	敏竹林寺庙管理委员会
50		那若波岗节	2013年第四批自治区级非物质文化遗产代表性项目	贡嘎县文化局（文物局）
51		隆东集市	2009年第三批自治区级非物质文化遗产代表性项目	洛扎县文化局（文物局）
52	传统戏剧	曲括子藏戏	2009年第三批自治区级非物质文化遗产代表性项目	浪卡子县文化局（文物局）
53		鲁古拉姆藏戏	2009年第三批自治区级非物质文化遗产代表性项目	洛扎县文化局（文物局）
54	传统音乐	普玛江塘孔丝	2013年第四批自治区级非物质文化遗产代表性项目	浪卡子县文化局（文物局）
55		那若劳动歌	2013年第四批自治区级非物质文化遗产代表性项目	贡嘎县文化局（文物局）
56	传统美术	桑耶寺泥塑	2018年第五批自治区级非物质文化遗产代表性项目	桑耶寺管理委员会
57		埃赤体	2018年第五批自治区级非物质文化遗产代表性项目	曲松县文化局（文物局）
58	传统音乐	扎洞扎念弹唱	2018年第五批自治区级非物质文化遗产代表性项目	错那县文化局（文物局）
59		曲宗谐旺	2018年第五批自治区级非物质文化遗产代表性项目	浪卡子县文化局（文物局）
60	传统医药	藏医门玛配伍技艺	2018年第五批自治区级非物质文化遗产代表性项目	市藏医医院

山南市市级非物质文化遗产代表性项目名录

表 54

序号	项目类别	代表性项目名称	入选批次及时间	项目保护单位
1	传统美术	齐乌岗派泥塑造像及唐卡绘画技艺	2016年第一批市级非物质文化遗产代表性项目	乃东区文化局（文物局）
2		艾赤派唐卡绘画技艺	2016年第一批市级非物质文化遗产代表性项目	乃东区文化局（文物局）
3		达杰林寺彩沙坛城绘制技艺	2020年第二批市级非物质文化遗产代表性项目	乃东区文化局（文物局）
4		藏族唐卡–免塘派	2020年第二批市级非物质文化遗产代表性项目	浪卡子县文化局（文物局）
5		藏文书法–敏智体	2020年第二批市级非物质文化遗产代表性项目	市第二职业技术学校
6	传统舞蹈	亚桑寺庙羌姆	2016年第一批市级非物质文化遗产代表性项目	乃东区文化局（文物局）
7		艾卓谐玛	2016年第一批市级非物质文化遗产代表性项目	曲松县文化局（文物局）
8		唐布齐寺噶尔羌姆	2016年第一批市级非物质文化遗产代表性项目	琼结县文化局（文物局）
9		德庆曲果寺噶尔羌姆	2016年第一批市级非物质文化遗产代表性项目	贡嘎县文化局（文物局）
10		玛悟觉寺羌姆	2016年第一批市级非物质文化遗产代表性项目	措美县文化局（文物局）
11		卡秋寺普羌姆	2016年第一批市级非物质文化遗产代表性项目	洛扎县文化局（文物局）
12		昌珠阿尔谐（夯土歌）	2020年第二批市级非物质文化遗产代表性项目	乃东区文化局（文物局）
13	传统技艺	杰德秀传统印染技艺	2016年第一批市级非物质文化遗产代表性项目	贡嘎县文化局（文物局）
14		强钦青稞酒酿制技艺	2020年第二批市级非物质文化遗产代表性项目	琼结县文化局（文物局）
15		曲松县下江丁肉烹饪技艺	2020年第二批市级非物质文化遗产代表性项目	曲松县文化局（文物局）
16		拉加里慈成藏香制作技艺	2020年第二批市级非物质文化遗产代表性项目	曲松县文化局（文物局）
17		岗则铜器锻制技艺	2020年第二批市级非物质文化遗产代表性项目	贡嘎县文化局（文物局）
18		藏族文房四宝制作技艺	2020年第二批市级非物质文化遗产代表性项目	贡嘎县文化局（文物局）
19		岗堆镇乃萨面具制作技艺	2020年第二批市级非物质文化遗产代表性项目	贡嘎县文化局（文物局）

续表 54

序号	项目类别	代表性项目名称	入选批次及时间	项目保护单位
20	传统技艺	雪沙轧塌编织技艺	2020年第二批市级非物质文化遗产代表性项目	隆子县文化局（文物局）
21		扎日藏白酒酿制技艺	2020年第二批市级非物质文化遗产代表性项目	隆子县文化局（文物局）
22		门巴族竹器编织技艺	2020年第二批市级非物质文化遗产代表性项目	错那县文化局（文物局）
23		羊卓岗绥制作技艺（风干牛肉）	2020年第二批市级非物质文化遗产代表性项目	浪卡子县文化局（文物局）
24		羊卓邦典编织制作技艺	2020年第二批市级非物质文化遗产代表性项目	浪卡子县文化局（文物局）
25		洞热索玛制作技艺	2020年第二批市级非物质文化遗产代表性项目	浪卡子县文化局（文物局）
26		吉堆皮鼓制作技艺	2020年第二批市级非物质文化遗产代表性项目	洛扎县文化局（文物局）
27		生格荞麦饮食烹调技艺	2020年第一批市级非物质文化遗产代表性项目	洛扎县文化局（文物局）
28		扎囊县洋嘎传统藏帽次仁金果制作技艺	2020年第一批市级非物质文化遗产代表性项目	扎囊县文化局（文物局）
29		热正岗甲替印染技艺	2020年第二批市级非物质文化遗产代表性项目	扎囊县文化局（文物局）
30		玉布陶器制作技艺	2020年第二批市级非物质文化遗产代表性项目	扎囊县文化局（文物局）
31	民俗	康如达羌节	2016年第一批市级非物质文化遗产代表性项目	浪卡子县文化局（文物局）
32		洞嘎扎西热丹达羌节	2016年第一批市级非物质文化遗产代表性项目	错那县文化局（文物局）
33		普巴天文历算	2016年第一批市级非物质文化遗产代表性项目	市藏医医院
34	传统医药	藏医达布学派	2016年第一批市级非物质文化遗产代表性项目	市藏医医院
35	传统体育	茶如“朵果”	2020年第二批市级非物质文化遗产代表性项目	乃东区文化局（文物局）
36		甘扎赛马	2020年第二批市级非物质文化遗产代表性项目	浪卡子县文化局（文物局）
37	传统音乐	门巴族牧歌	2020年第二批市级非物质文化遗产代表性项目	错那县文化局（文物局）
38		门当央谐（剪羊毛歌）	2020年第二批市级非物质文化遗产代表性项目	洛扎县文化局（文物局）
39	曲艺	日当俗坡霞“百”	2020年第二批市级非物质文化遗产代表性项目	隆子县文化局（文物局）
40	民间文学	民间谚语（气象谚语）	2020年第二批市级非物质文化遗产代表性项目	市气象局

山南市国家级非物质文化遗产项目代表性传承人名单

表 55

序号	传承人姓名	性别	民族	出生日期	项目名称	项目类别	保护单位
1	索　朗	男	藏族	1974年6月	山南昌果卓舞	传统舞蹈	贡嘎县文化局（文物局）
2	边巴次仁	男	藏族	1963年5月	山南昌果卓舞		
3	次仁旺堆	男	藏族	1975年3月	藏戏（雅隆扎西雪巴）	传统戏剧	乃东区文化局（文物局）
4	尼玛次仁	男	藏族	1971年8月	藏戏（雅隆扎西雪巴）		
5	嘎玛次仁	男	藏族	1948年4月	藏戏（琼结卡卓扎西宾顿）		琼结县文化局（文物局）
6	白　玛	男	藏族	1971年9月	藏戏（琼结卡卓扎西宾顿）		
7	格桑旦增	男	藏族	1971年10月	门巴阿吉拉姆		错那县文化局（文物局）
8	巴　桑	男	藏族	1950年10月	门巴阿吉拉姆		
9	格桑次仁	男	藏族	1965年8月	藏医药（藏医尿诊法）	传统医药	市藏医医院
10	白玛群久	男	藏族	1941年4月	羌姆（拉康加羌姆）	传统舞蹈	洛扎县文化局（文物局）
11	土旦群培	男	藏族	1969年6月	羌姆（曲德寺阿羌姆）		贡嘎县文化局（文物局）
12	嘎　日	男	藏族	1963年11月	藏族邦典、卡垫织造技艺	传统技艺	贡嘎县文化局（文物局）
13	尼　玛	男	藏族	1945年5月	卓舞（琼结久河卓舞）	传统舞蹈	琼结县文化局（文物局）
14	扎　西	男	藏族	1963年5月	藏族唐卡（钦泽画派）	传统美术	西藏大学
15	阿旺旦达	男	藏族	1970年10月	藏族服饰（扎扎服饰）	民俗	措美县文化局（文物局）
16	明　珠	男	藏族	1965年3月	藏医药（山南藏医药浴法）	传统医药	市藏医医院

山南市自治区级非物质文化遗产项目代表性传承人名单

表56

序号	传承人姓名	性别	民族	出生日期	项目名称	项目类别	保护单位
1	朗　桑	男	藏族	1971年8月	泽当嘎尔巴谐玛	传统舞蹈	乃东区文化局（文物局）
2	巴　桑	男	藏族	1967年4月	泽帖尔编织技艺	传统技艺	
3	尼玛欧珠	男	藏族	1970年10月	多颇章卓舞	传统舞蹈	
4	桑珠次仁	男	藏族	1946年4月	久河卓舞	传统舞蹈	琼结县文化局（文物局）
5	格　桑	男	藏族	1964年8月	拉玉谐钦	传统舞蹈	
6	多　吉	男	藏族	1954年6月	德庆铁器制作技艺	传统技艺	
7	洛桑多吉	男	藏族	1974年10月	达古扎念弹唱	传统舞蹈	桑日县文化局（文物局）
8	克　珠	男	藏族	1944年9月	增期贡卓	传统舞蹈	
9	索朗次仁	男	藏族	1960年3月	巴朗卓巴谐玛	传统舞蹈	
10	其米旦增	男	藏族	1976年12月	达布石锅制作技艺	传统技艺	
11	罗布群宗	女	藏族	1964年7月	曲松喇嘛玛尼	曲艺	曲松县文化局（文物局）
12	格桑次仁	男	藏族	1973年8月	邱多江卓舞	传统舞蹈	
13	多吉扎西	男	藏族	1949年11月	堆随果谐	传统舞蹈	
14	古桑索朗	男	藏族	1960年12月	曲松陶器制作技艺	传统技艺	
15	次仁罗布	男	藏族	1960年9月	哲巴卓舞	传统舞蹈	加查县文化局（文物局）
16	索朗多吉	男	藏族	1956年5月	达布石锅制作技艺	传统技艺	
17	欧　珠	男	藏族	1971年3月	加查藏纸加工制作技艺	传统技艺	
18	松觉拉姆	女	藏族	1970年1月	拉绥竹器编制	传统技艺	

续表 56

序号	传承人姓名	性别	民族	出生日期	项目名称	项目类别	保护单位
19	平措若杰	男	藏族	1949年5月	扎塘果谐	传统舞蹈	扎囊县文化局（文物局）
20	仁增卓嘎	女	藏族	1946年5月	扎塘果谐	传统舞蹈	
21	索　朗	男	藏族	1963年9月	洋嘎卓舞	传统舞蹈	
22	加　果	男	藏族	1964年8月	扎囊木雕	传统技艺	
23	白玛占堆	男	藏族	1960年5月	扎囊木雕	传统技艺	
24	当曲旦增	男	藏族	1967年10月	敏竹林寺藏香制作技艺	传统技艺	
25	云旦扎西	男	藏族	1975年9月	藏文书法—乌尔都体	传统美术	
26	阿旺旦增	男	藏族	1984年7月	敏珠林寺天文历算	民俗	
27	普布次仁	男	藏族	1969年8月	扎董制作技艺	传统技艺	
28	洛布桑珠	男	藏族	1975年12月	盔甲制作技艺	传统技艺	
29	阿尼次仁	男	藏族	1971年4月	扎囊杂玉陶器制作技艺	传统技艺	
30	次　旦	男	藏族	1949年4月	吉那望果节	民俗	贡嘎县文化局（文物局）
31	达　瓦	男	藏族	1961年7月	吉那望果节	民俗	
32	格桑群培	男	藏族	1974年10月	贡嘎曲德寺阿羌姆	传统舞蹈	
33	卓　嘎	女	藏族	1948年2月	甲日果谐	传统舞蹈	
34	达　瓦	女	藏族	1967年5月	甲日果谐	传统舞蹈	
35	阿旺顿珠	男	藏族	1951年3月	农巴郭孜	传统舞蹈	
36	次旦多吉	男	藏族	1948年2月	那若劳动歌	传统音乐	
37	贡　布	男	藏族	1958年12月	那若劳动歌	传统音乐	

续表56

序号	传承人姓名	性别	民族	出生日期	项目名称	项目类别	保护单位
38	曲　宗	女	藏族	1953年4月	森布日制胶技艺	传统技艺	贡嘎县文化局（文物局）
39	土　登	男	藏族	1966年2月	贡嘎克西木雕	传统技艺	
40	巴　桑	男	藏族	1966年4月	江塘果巴果孜	传统舞蹈	
41	多吉热旦	男	藏族	1981年3月	多吉扎寺羌姆	传统舞蹈	
42	强久桑布	男	藏族	1970年11月	德庆曲果寺噶尔羌姆	传统舞蹈	
43	边巴顿珠	男	藏族	1931年9月	羊卓姜谐	传统舞蹈	浪卡子县文化局（文物局）
44	多吉仁增	男	藏族	1991年2月	羊卓姜谐	传统舞蹈	
45	旦增洛追	男	藏族	1966年11月	曲括子藏戏	传统戏剧	
46	久　巴	男	藏族	1960年4月	羊卓果谐	传统舞蹈	
47	格桑旺姆	女	藏族	1975年4月	羊卓果谐	传统舞蹈	
48	米玛多杰	男	藏族	1975年1月	羊卓服饰	民俗	
49	米玛加布	男	藏族	1964年7月	羊卓婚俗	民俗	
50	边巴益西	男	藏族	1961年1月	卡热卓舞	传统舞蹈	
51	朗杰扎西	男	藏族	1962年10月	普玛江塘孔丝	传统音乐	
52	普布次仁	男	藏族	1963年2月	阿扎金银锻制技艺	传统技艺	
53	桑杰曲珠	男	藏族	1986年10月	曲宗谐旺	传统舞蹈	
54	美朵曲宗	女	藏族	1984年6月	贡祖腰带编织技艺	传统技艺	洛扎县文化局（文物局）
55	巴桑次仁	男	藏族	1967年6月	鲁古拉姆藏戏	传统戏剧	
56	美　朵	女	藏族	1974年10月	鲁古拉姆藏戏	传统戏剧	

续表 56

序号	传承人姓名	性别	民族	出生日期	项目名称	项目类别	保护单位
57	拉 琼	男	藏族	1974年5月	若浪霞波卓	传统舞蹈	洛扎县文化局（文物局）
58	伍金才旺	男	藏族	1991年7月	白林羌姆	传统舞蹈	
59	伍金旦增	男	藏族	1976年4月	卡久寺普羌姆	传统舞蹈	
60	加 油	女	藏族	1955年6月	珞巴服饰	民俗	隆子县文化局（文物局）
61	其米多吉	男	藏族	1981年9月	加玉古尔鲁	传统音乐	
62	扎西次仁	男	藏族	1956年11月	雪萨亚羌姆	传统舞蹈	
63	阿旺金巴	男	藏族	1974年4月	仲嘎曲德寺羌姆	传统舞蹈	
64	巴 珠	男	藏族	1973年8月	隆子忙措木器制作技艺	传统技艺	
65	扎西巴珠	男	藏族	1967年2月	卡达藏刀制作技艺	传统技艺	错那县文化局（文物局）
66	卓 嘎	女	藏族	1958年8月	门巴族服装编织技艺	传统技艺	
67	旦增旺杰	男	藏族	1969年4月	门巴族拔羌姆	传统舞蹈	
68	索朗次仁	男	藏族	1984年9月	门巴族拔羌姆	传统舞蹈	
69	白玛次仁	男	藏族	1969年2月	门巴族萨玛酒歌	传统音乐	
70	次仁曲宗	女	藏族	1965年10月	门巴族萨玛酒歌	传统音乐	
71	次仁顿珠	男	藏族	1971年3月	扎洞扎念弹唱	传统舞蹈	
72	巴桑伦珠	男	藏族	1968年3月	藏医门玛配伍技艺	传统医药	市藏医医院
73	普布次仁	男	藏族	1975年8月	桑耶寺羌姆	传统舞蹈	桑耶寺管理委员会
74	多 布 杰	男	藏族	1972年7月	桑耶寺泥塑制作技艺	传统技艺	

山南市市级非物质文化遗产项目代表性传承人名单

表 57

序号	传承人姓名	性别	民族	出生日期	项目名称	项目类别	保护单位
1	尼玛洛桑	男	藏族	1970年10月	齐乌岗派唐卡绘画暨泥塑制作技艺	传统美术	乃东区文化局（文物局）
2	朗　赛	男	藏族	1966年3月	埃赤派唐卡绘画	传统美术	曲松县文化局（文物局）
3	贡觉次仁	男	藏族	1981年10月	亚桑寺羌姆	传统舞蹈	乃东区文化局（文物局）
4	达　娃	男	藏族	1964年5月	托嘎铜器制作技艺	传统技艺	贡嘎县文化局（文物局）
5	巴　桑	男	藏族	1964年2月	朗杰学堆氆氇编织技艺	传统技艺	贡嘎县文化局（文物局）
6	普布次仁	男	藏族	1971年3月	唐布齐寺噶尔羌姆	传统舞蹈	琼结县文化局（文物局）
7	古桑君美	男	藏族	1980年1月	玛悟觉寺羌姆	传统舞蹈	措美县文化局（文物局）
8	边　巴	男	藏族	1985年8月	扎扎打奶歌	民间音乐	措美县文化局（文物局）
9	多吉次仁	男	藏族	1981年10月	埃赤派藏文书法	传统美术	曲松县文化局（文物局）
10	索朗多吉	男	藏族	1970年3月	艾卓谐玛	传统舞蹈	曲松县文化局（文物局）
11	桑　珠	男	藏族	1982年5月	嘎玛吉塘木碗制作技艺	传统技艺	加查县文化局（文物局）
12	白　张	男	藏族	1975年7月	藏医达布学派	传统医药	市藏医医院
13	罗布次仁	男	藏族	1966年5月	普巴天文历算	民俗	市藏医医院
14	巴　桑	女	藏族	1962年8月	杰德秀传统印染技艺	传统技艺	贡嘎县文化局（文物局）
15	洛桑尼玛	男	藏族	1988年9月	加查木碗制作技艺	传统技艺	加查县文化局（文物局）

索 引

说 明

一、本索引采用主题分析法编制。索引范围包括篇目、类目、部(门)目、条目等。
二、本索引按主题词首字汉语拼音音序(同音按音调)排列,若首字拼音相同则按第二字音序排列,以此类推。
三、索引款目后的数字表示内容所在的页码,数字后的拉丁字母(a、b、c)表示栏别(从左至右)。
四、篇目、类目、部(门)目用黑体字。

A

B

C

D

E

F

G

H

J

K

L

M

N

O

P

Q

R

S

T

W

X

Y

Z